I0874534

Daniel Stahl

Bedrohliches Geschäft

Studien zur Internationalen Geschichte

Herausgegeben von
Eckart Conze,
Julia Angster,
Simone Derix,
Marc Frey,
Kiran Klaus Patel und
Johannes Paulmann

Band 59

Daniel Stahl

Bedrohliches Geschäft

Waffenhandel und Völkerrecht in Zeiten imperialer Expansion

DE GRUYTER
OLDENBOURG

Gedruckt mit der freundlichen Unterstützung der Fritz Thyssen Stiftung.

Fritz Thyssen Stiftung
für Wissenschaftsförderung

ISBN 978-3-11-123939-2
e-ISBN (PDF) 978-3-11-157163-8
e-ISBN (EPUB) 978-3-11-157215-4
ISSN 2190-149X

Library of Congress Control Number: 2024947293

Bibliografische Information der Deutschen Nationalbibliothek
Die Deutsche Nationalbibliothek verzeichnet diese Publikation in der Deutschen Nationalbibliografie; detaillierte bibliografische Daten sind im Internet über http://dnb.dnb.de abrufbar.

Einbandabbildung: Arms traffic. The disaster at Dibai [i.e. Dubai].
The surrendered rifles on the quarter deck of the HMS Fox, between
1910 and 1915, Library of Congress, LCCN 92501011.

www.degruyter.com

Inhalt

Einleitung

Mitten im Ersten Weltkrieg setzte das Committee of Imperial Defence die völkerrechtliche Regulierung des Waffenhandels auf die Liste der Themen, die die britische Regierung nach Kriegsende angehen sollte. In einer Anfang 1917 vorbereiteten Kabinettsvorlage erklärten die Komitee-Mitglieder, warum das Thema so wichtig sei. Man müsse davon ausgehen, dass die europäischen Staaten nach Kriegsende versuchen würden, Teile ihrer Waffenbestände an private Händler zu verkaufen. Das stelle für das britische Empire mit seinen umfangreichen kolonialen Besitzungen in Asien und Afrika eine Gefahr dar; überschüssige Gewehre der europäischen Armeen könnten in großen Mengen in die Hände jener Gruppen geraten, die sich gegen die britische Herrschaft wehrten. Um insbesondere die Verbreitung moderner Handfeuerwaffen und der dazugehörigen Munition zu unterbinden, sei es dringend angesagt, einen internationalen Vertrag auszuhandeln. Doch obwohl nach Beendigung des Krieges höchstwahrscheinlich mehr Waffen in den Kolonien im Umlauf sein würden als zuvor, gebe es auch Grund für Zuversicht. Die Kontrolle kolonialer Territorien werde in Zukunft dank der besseren Verfügbarkeit neuer Waffentechnologien einfacher werden. Mithilfe von Flugzeugen könne man gefahrlos die Bewegungen der „wilden" und „halbzivilisierten" Stammeskrieger beobachten. Probleme, mit denen man noch wenige Jahre zuvor zu kämpfen gehabt habe, als ortskundige Verbände die britischen Truppen auf ihnen unbekanntem Terrain in Hinterhalte gelockt hätten, würden der Vergangenheit angehören. Und dank gepanzerter Fahrzeuge und Maschinengewehre sei man in der Lage, Angriffe ohne allzu große eigene Verluste schnell niederzuschlagen.[1]

Das Committee of Imperial Defence blieb nicht allein mit seiner Forderung nach völkerrechtlichen Regeln für das internationale Geschäft mit Rüstungsgütern. Auch britische Friedensaktivist*innen sowie Politiker der Labour und Liberal Party hielten eine Regulierung für äußerst dringlich.[2] Doch ihre Gefahrenanalyse war eine ganz andere. In Pamphleten und auf öffentlichen Veranstaltungen warnten sie vor privatwirtschaftlichen Unternehmen, die eben jene modernen Waffen und Waffensysteme produzierten, von denen sich das Komitee eine effektive Kontrolle der Kolonien versprach. Diese Unternehmen hätten mit ihrem in-

---

1 Vgl. Committee of Imperial Defence: Report of Sub-Committee on Arms Traffic, 10.3.1917; Memorandum by Lieutenant-Colonel Sir Mark Sykes, 12.1.1917, beides in: TNA, CAB 29/1. Wortlaut: „savage", „semi-civilised" (Report, S. 1).

2 In dieser Studie verwende ich den Gender-Stern nicht durchgehend, sondern nur dann, wenn die gemeinten Akteur*innen unterschiedlichen Geschlechtern angehörten. Bei Paraphrasierungen verzichte ich selbstverständlich genau wie bei Zitaten auf diese Schreibweise.

https://doi.org/10.1515/9783111571638-001

ternationalen Geschäft maßgeblich das Wettrüsten befeuert, das dem Krieg vorausgegangen sei. Sie hätten sich zu internationalen Kartellen zusammengeschlossen und mit grenzübergreifenden Pressekampagnen Wettrüsten in Gang gesetzt, um auf diese Weise Umsatz und Gewinne zu steigern. Solange das Geschäft mit Rüstungsgütern privatwirtschaftlichem Gewinn diene, werde jeder Frieden gefährdet bleiben. Die Union of Democratic Control, der so prominente Politiker wie der 1914 zurückgetretene Labour-Vorsitzende Ramsay MacDonald sowie international renommierte Intellektuelle wie Norman Angell angehörten, forderte deshalb, die Verstaatlichung der Rüstungsindustrie völkerrechtlich verbindlich festzuschreiben[3] – eine Position, die sich auch die Labour Party 1917 zueigen machte.[4]

Die Forderungen nach einer völkerrechtlichen Regulierung des grenzüberschreitenden Geschäfts mit Rüstungsgütern, die während des Ersten Weltkriegs in Großbritannien formuliert wurden, stellen einen kleinen Ausschnitt einer umfassenderen Geschichte dar. Zwischen dem ausgehenden 19. Jahrhundert und dem Ausbruch des Zweiten Weltkriegs gab es zahlreiche Versuche, völkerrechtliche Regeln für den Waffenhandel festzulegen. Sowohl die Regierungen der Großmächte als auch Regierungen einiger Staaten des Globalen Südens, Politiker unterschiedlicher Couleur, Gewerkschaften und zahlreiche Friedensorganisationen in den nordatlantischen Gesellschaften warnten eindringlich vor der Gefahr für den Frieden, die vom grenzüberschreitenden Geschäft mit Rüstungsgütern ausgehe, und setzten sich für international gültige Kontrollen und Beschränkungen ein. Gleich mehrere einschlägige Konventionen und Verträge wurden unterzeichnet, deren Normen Eingang in nationalstaatliche Gesetze fanden und zur Grundlage internationaler Kontrollpraktiken wurden. In verschiedenen Ländern befassten sich parlamentarische Untersuchungskommissionen mit dem Thema, und Friedensaktivist*innen gelang eine nie wieder erreichte Mobilisierung der Öffentlichkeit für Waffenhandelsbeschränkungen.

Von diesen Debatten und Verrechtlichungsversuchen handelt diese Studie. Sie untersucht, warum das Geschäft mit Rüstungsgütern zum Gegenstand völkerrechtlicher Regulierungsbemühungen wurde, was diese Bemühungen über die internationale Politik des frühen 20. Jahrhunderts aussagen und inwiefern sie internationale Politik veränderten. Zwei Entwicklungen prägten diese Zeit maßgeblich: einerseits die imperiale Expansion der nordatlantischen Staaten, die immer mehr Gesellschaften und Territorien in ein global verflochtenes kapitalistisches Wirtschaftssystem integrierten, und andererseits die Einbindung neuer Akteur*innen

3 Vgl. Union of Democratic Control: The International Industry of War; Inaugurance Meeting of the General Council of the UDC, 19.11.1914, in: HHC, UDDC 1/1: Minute, 1914–1918.

4 Vgl. Callaghan: The Labour Party and Foreign Policy, S. 50.

in die Strukturen internationaler Politik. Die Ausweitung der Herrschaftsbereiche der europäischen Kolonialmächte in Afrika und Asien erreichte rein geografisch gesehen ihren Höhepunkt mit der Etablierung des Mandatssystems auf der Pariser Friedenskonferenz 1919. Aber auch jenseits der zu Kolonien und Mandaten erklärten Gebiete nutzten die Imperialmächte, zu denen trotz aller antikolonialen Rhetorik auch die USA gehörten, militärische Mittel, um sich Zugang zu Märkten, Ressourcen und Handelsrouten zu verschaffen und diese zu sichern. Die Interventionen der USA in Zentralamerika sind dafür ein Beispiel.[5] Gleichzeitig entstand mit dem Völkerbund eine Struktur, die es den Regierungen kleinerer Staaten, aber auch nichtstaatlichen Akteur*innen wie Gewerkschaften, Friedensorganisationen und Expert*innen ermöglichte, sich auf der internationalen Bühne Gehör zu verschaffen, Anliegen einzubringen und politische Prozesse mitzugestalten.[6] Schließlich ging auch die Einführung des Frauenwahlrechts in immer mehr Staaten damit einher, dass eine völlig neue Wählerinnengruppe Mitspracherechte in internationalen Angelegenheiten einforderte.[7]

Das frühe 20. Jahrhundert war somit eine Zeit, in der politische und wirtschaftliche Machthierarchien unter neuen Bedingungen austariert wurden. Waffen kam dabei eine wichtige Funktion zu; immerhin waren sie Instrumente zur Durchsetzung politischer Macht. Indem diese Studie die Bemühungen untersucht, den Zugang zu Waffen völkerrechtlich zu regulieren, möchte sie erstens zu einem besseren Verständnis beitragen, wie und mit welchem Ergebnis in Zeiten imperialer Expansion und erweiterter Mitgestaltungsmöglichkeiten globale Machthierarchien verhandelt, infrage gestellt und durchgesetzt wurden. Zweitens zielt sie darauf, anhand der Waffenhandelsthematik herauszuarbeiten, welche Rolle dabei die Auseinandersetzung mit dem Kapitalismus spielte.

Die eingangs skizzierten Diskussionen über die völkerrechtliche Regulierung des Waffenhandels, die während des Ersten Weltkriegs in Großbritannien geführt wurden, lassen verschiedene Facetten des Verhältnisses erkennbar werden, in dem Waffen, Machthierarchien und Kapitalismus zueinanderstanden: Der Zugang zu modernen Rüstungsgütern war eine wichtige Voraussetzung, um Hegemonialansprüche über große Territorien in verschiedenen Weltregionen und Hierarchien zwischen verschiedenen Gesellschaften und Staaten durchzusetzen. Imperialmächte wie Großbritannien verfügten über eine leistungsstarke Rüstungsindustrie, die sie mit Waffen und Waffensystemen versorgte. Neben Flugzeugen, Panzerfahrzeugen und Maschinengewehren gehörten dazu auch schnelle, mit Kohle und später

5 Siehe u. a. McPherson: The Invaded.
6 Vgl. Jackson/Mulligan/Sluga (Hg.): Peacemaking.
7 Vgl. Owens/Rietzler (Hg.): Women's International Thought.

Öl betriebene Patrouilleschiffe und Kreuzer, die Dominanz nicht nur auf dem Land, sondern auch entlang der Handelsrouten ermöglichten. Gleichzeitig aber verschaffte der Waffenhandel jenen Akteur*innen Zugang zu modernen Waffen, die sich der imperialen Expansion zu widersetzen suchten. Während der zweiten Hälfte des 19. Jahrhunderts etablierten private Rüstungsunternehmen und Handelshäuser globale Netzwerke, über die Rüstungsgüter, die dem neuesten technologischen Stand entsprachen, in allen Weltregionen verkauft wurden. Der globalisierte Waffenhandel stand in einem ambivalenten Verhältnis zur imperialen Politik. Einerseits trug er dazu bei, die Rüstungsindustrie der Imperialmächte zu stärken. Andererseits aber drohte er, ihre waffentechnologische Überlegenheit zu vermindern. Und schließlich zeigen die Argumente, mit denen in der britischen Gesellschaft während des Ersten Weltkriegs über völkerrechtliche Waffenhandelskontrollen diskutiert wurde, dass das internationale Geschäft mit Waffen Fragen nach den Gefahren eines sich globalisierenden Kapitalismus aufwarf. Was bedeutete es für die internationale Politik, wenn private Unternehmen über den Zugang zu Waffen entscheiden konnten, die die Produktion von und den Handel mit Rüstungsgütern darauf ausrichteten, Gewinne zu generieren und neue Märkte zu erschließen?

Wie man den Zugang zu Rüstungsgütern regelte, hatte also weitreichende Implikationen. Waffen dienten sowohl der Durchsetzung einer imperialen Ordnung als auch dem Widerstand.[8] Mit Waffenlieferungen ließen sich Verbündete unterstützen, während Gegner geschwächt werden konnten, indem man ihnen den Zugang zu Waffen verwehrte oder erschwerte. Waffen, aber auch die Regulierung des Waffenhandels, dienten dem Schutz globaler Handelsnetzwerke und des Privateigentums, das Staatsangehörige der Imperialmächte überall auf der Welt anhäuften. Gleichzeitig gefährdete die Verfügbarkeit von Waffen beides.[9] Darüber hinaus stellten Rüstungsexporte für die Imperialmächte ein Mittel dar, die heimische Rüstungsindustrie zu stärken und somit den eigenen Zugang zu modernen Waffen zu sichern. Bei der völkerrechtlichen Gestaltung des Zugangs zu Waffen ging es deshalb immer auch darum, politische und ökonomische Hierarchien zwischen Gesellschaften der nordatlantischen Staaten einerseits und denen des globalen Südens andererseits durchzusetzen, aufrechtzuerhalten oder infrage zu stellen.

Mit dieser Perspektive auf die Regulierung des Waffenhandels knüpft die vorliegende Studie sowohl an die neuere Völkerrechtsgeschichte als auch an die Internationale Geschichte an, die beide seit einigen Jahren verstärkt das Verhältnis zwischen internationalem Recht, internationaler Politik und Imperialismus in

8 Vgl. Brahm: Merchandise of Power; Chew: Arming the Periphery; Haedrick: Tools of Empire; Schmitz: Illegaler Waffenhandel.

9 Siehe zur Bedeutung von Waffenhandelsregulierungen für die kapitalistische Expansion die anregende Studie von Johan Mathew „Margins of the Market“, S. 82–112.

den Blick nehmen. Mittlerweile liegt eine Vielzahl von Arbeiten vor, die zeigen, wie Imperialismus die Entwicklung völkerrechtlicher Konzepte und Normen prägte und wie die Erfahrungen und Praktiken imperialer Herrschaft Eingang in die seit 1919 entstehenden Internationalen Organisationen fanden. Während einige dieser Studien herausarbeiten, auf welche Weise Völkerrecht[10] und Internationalen Organisationen[11] der Aufrechterhaltung und Verstetigung von Elementen imperialer Herrschaft dienten, nehmen andere auch gegenläufige Tendenzen in den Blick. Sie fragen nach kolonialen Akteur*innen, Expert*innen, Frauen und nicht-weißen Jurist*innen und Diplomat*innen, die Kritik an der imperialen Ordnung übten oder Völkerrecht und internationale Organisationen nutzten, um eine emanzipatorische Agenda voranzutreiben.[12] Diese Studie verbindet beide Perspektiven und zeigt, wie bei Fragen der Regulierung des Waffenhandels imperiale und antiimperiale Politiken aufeinanderprallten.

Eng verflochten mit dieser Konfliktlinie waren Fragen nach den Gefahren eines Kapitalismus, der in immer mehr gesellschaftliche Bereiche eindrang. Die imperiale Expansion veränderte nicht nur das internationale, sondern auch innergesellschaftliche Machtgefüge industrialisierter Staaten. Der Ausbau der Rüstungsindustrie und das globale Geschäft mit ihren Produkten wurde in erster Linie von privatwirtschaftlichen Rüstungsproduzenten und Händlern betrieben, während staatliche Fertigungsstätten ab dem Ende des 19. Jahrhunderts zunehmend an Bedeutung verloren.[13] Auf diese Weise weiteten private Unternehmen erstens ihre Möglichkeiten aus, orientiert an wirtschaftlichen Interessen Einfluss auf die internationale Politik zu nehmen. Sie waren nicht nur beteiligt an Entscheidungen darüber, an wen Waffen exportiert werden sollten. Auch die Regierungen der Länder, in denen sie über Fertigungsstätten verfügten, machten sich in zunehmendem Maße von ihren Produktionskapazitäten abhängig. Die daraus resultierende Machtposition privater Rüstungsunternehmen warf Fragen danach auf, wie kapitalistische Wertschöpfung die Gestaltung nationaler und internationaler Politik prägte und welchen Einfluss sie auf Fragen nach Krieg und Frieden hatte. Zweitens

10 Vgl. Anghie: Imperialism; Benton/Ford: Rage for Order; Berman: Passions et Ambivalences; Coates: Legalist Empire; Klose: „In the Cause of Humanity"; Koskenniemi: Gentle Civilizer; Rasilla: International Law and History; Scarfi: Hidden History; Schabas: The International Legal Order's Colour Line; Tzouvala: Capitalism as Civilisation.

11 Vgl. Bandeira Jerónimo/Monteiro (Hg.): Internationalism, Imperialism; Mazower: No Enchanted Palace; Ribi Forclaz: Imperial Humanitarianism; Wagner: Colonial Internationalism; Zaidi: Technological Internationalism.

12 Vgl. Becker Lorca: Mestizo International Law; Getachew: Worldmaking after Empire; Gorman: The Emergence; Owens/Rietzler: Women's International Thought; Pedersen: The Guardians; Sluga: Internationalism in the Age of Nationalism; Vitalis: White World Order.

13 Vgl. Krause: Arms and the State, S. 54–72.

standen die Staatsausgaben, die in die Geschäfte der Rüstungsunternehmen flossen, bei Haushaltsverhandlungen in direkter Konkurrenz zu Ausgaben für soziale Belange. Die Machtposition dieser Unternehmen bedrohte somit den Zugang zu staatlichen Ressourcen anderer gesellschaftlicher Gruppen und berührte das Problem sozialer Gerechtigkeit.

Kapitalismus als Untersuchungsgegenstand lenkt somit den Blick auf Hierarchien, die nicht nur die internationalen Beziehungen, sondern auch die innergesellschaftlichen Beziehungen der nordatlantischen Gesellschaften prägten. Um untersuchen zu können, wie diese innergesellschaftlichen Konstellationen mit internationalen Entwicklungen zusammenhingen, ist es notwendig, den Analyserahmen zu erweitern. Völkerrechtliche und diplomatische Debatten und Prozesse, die das Geschehen in Genf oder auf internationalen Konferenzen kennzeichneten, bieten nur begrenzten Aufschluss. Es ist unabdingbar, die Infragestellungen oder auch Behauptungen kapitalistischer Wertschöpfung in die Untersuchung miteinzubeziehen, die jenseits internationaler Foren Gegenstand politischer Aushandlungsprozesse waren. Im Sinne einer Erweiterung und Pluralisierung der Internationalen Geschichte, wie sie nun bereits seit einigen Jahren zu verzeichnen ist,[14] öffnet diese Vorgehensweise Möglichkeiten, Themen wie Kapitalismuskritik und Akteur*innen wie die Gewerkschaften oder die pazifistische Frauenbewegung in die Bearbeitung übergreifender Fragestellungen zu integrieren.

Historiker*innen, die zu ökonomischen Aspekten der Internationalen Geschichte, insbesondere zur Global Governance arbeiten, beginnen allmählich, den Zusammenhang zwischen Kapitalismus und internationaler Politik im frühen 20. Jahrhundert näher in den Blick zu nehmen. Zuletzt sind einige Studien erschienen, die sich mit Expert*innen, Regierungen und Institutionen befassen, die die Internationalisierung der Wirtschaftspolitik während dieses Zeitraums vorantrieben. Sie argumentieren, dass es das zentrale Anliegen dieser Akteur*innen gewesen sei, eine an kapitalistischen Prinzipien orientierte globale Wirtschaftsordnung in Zeiten von Protektionismus und nationalistischer Wirtschaftspolitik aufrechtzuerhalten. Aus diesem Grund hätten sie sich für den Aufbau internationaler Organisationen und die Weiterentwicklung des Völkerrechts eingesetzt.[15] Diese Studie erweitert die Perspektive, indem sie nicht allein die Bemühungen zur Rettung des Kapitalismus thematisiert. Sie fragt nach der Entstehung von Deutun-

14 Für ein entsprechendes Plädoyer und einen aktuellen Überblick über die Debatte siehe Klose/Schors (Hg.): Wie schreibt man Internationale Geschichte?

15 Vgl. Clavin: Securing the World Economy; Lynch Dungy: Order and Rivalry; Martin: The Meddlers; Schulz: Globalisierung; Schulz-Forberg: Neoliberals; Slobodian: Globalists. Für eine Diskussion dieses Forschungsfeldes, das sich keineswegs auf die erste Hälfte des 20. Jahrhunderts beschränkt, siehe Ballor/Pitteloud (Hg.): Capitalism and Global Governance.

gen, die bestimmte wirtschaftliche und politische Entwicklungen als bedrohliche Folgen des Kapitalismus darstellten, und untersucht, wie diese Deutungen internationale Politik und Verrechtlichungsprozesse prägten.

Die Thematik der Waffenhandelsregulierung eignet sich, um die beiden hier skizzierten Forschungsfelder zusammenzuführen. Studien zum Völkerrecht und Imperialismus legen den Fokus darauf, wie politische Machthierarchien rechtlich und institutionell verankert wurden. Sie zeigen beispielsweise, wie die Großmächte mithilfe völkerrechtlicher Konzepte wie Souveränität und Zivilisation – zwei umfangreich beforschte Schlüsselkonzepte –, auf der internationalen politischen Bühne In- und Exklusions-Mechanismen schufen, die es ihnen ermöglichten, ihre hegemoniale Position zu behaupten oder auszubauen. Studien zur Global Governance und Kapitalismus hingegen legen den Schwerpunkt darauf, wie ökonomische Beziehungen mithilfe internationaler Institutionen und Normen strukturiert wurden. Dabei rücken sie wesentlich stärker als die Imperialismus-Forschung das Krisenhafte eines von den nordatlantischen Staaten dominierten Kapitalismus – insbesondere während der 1920er und 1930er Jahre – in den Mittelpunkt. Die Regulierung des Waffenhandels liegt an der Schnittstelle beider Forschungsfelder: Die institutionellen und rechtlichen Rahmenbedingungen des grenzüberschreitenden Geschäfts mit Rüstungsgütern, die im späten 19. und frühen 20. Jahrhundert verhandelt wurden, betrafen sowohl politische als auch ökonomische Beziehungen. Durch sie werden die Ambivalenzen einer internationalen Ordnung erkennbar, die gleichzeitig von einer Expansion des nordatlantischen Imperialismus und von der Krise des Kapitalismus geprägt war, auf dem dieser Imperialismus fußte.

Zur Konjunktur völkerrechtlicher Waffenhandelsregulierung

Die Verhandlungen und Debatten über die völkerrechtliche Kontrolle des internationalen Geschäfts mit Rüstungsgütern waren ein Spezifikum der Jahrzehnte zwischen dem ausgehenden 19. Jahrhundert und dem Ausbruch des Zweiten Weltkriegs. In dieser Zeit durchlief das internationale Geschäft mit Rüstungsgütern einen tiefgreifenden Wandel, angetrieben durch die Rüstungsindustrie der nordatlantischen Industriestaaten, die einen beispiellosen Aufschwung erlebte. Sie erweiterte ihre Produktpalette kontinuierlich und setzte einen Prozess beschleunigten technologischen Wandels in Gang. Umständliche Vorderladergewehre und -kanonen, die über Jahrhunderte Standard gewesen waren, gehörten bald zur veralteten Technologie. Die Hersteller entwickelten in der zweiten Hälfte des 19. Jahrhunderts immer präzisere Handfeuerwaffen und Geschütze, die leichter zu bedienen waren, größere Reichweite und Durschlagkraft besaßen und immer schneller abgefeuert werden konnten. An die Stelle hölzerner Segelschiffe, die bestenfalls mit Metall verkleidet waren, traten durch Kohle und später Öl betriebene Kriegs- und Patrouille-Schiffe, deren Panzerung mithilfe komplexer Verfahren der Stahlproduktion immer widerstandsfähiger wurde und die mit modernen Geschützen ausgestattet waren. Ab Anfang des 20. Jahrhunderts ermöglichten Flugzeuge sowohl Angriffe aus der Luft als auch die Überwachung großer Territorien. Die Liste rüstungstechnologischer Neuerungen zwischen dem ausgehenden 19. und frühen 20. Jahrhundert ließe sich problemlos über mehrere Seiten fortführen und um rauchschwaches Pulver, Sprengstoffe, Torpedos, Panzerfahrzeuge, Flugzeugträger, Feuerleitanlagen und vieles mehr ergänzen.[16]

Während im Zuge dieser Entwicklung die Zahl der Standorte sank, wo Rüstungsgüter entwickelt und hergestellt werden konnten, die dem jeweils aktuellen Stand der Technologie entsprachen, wuchs der weltweite Handel mit Waffen, die nun größtenteils in den nordatlantischen Staaten produziert wurden. Erstens etablierten sich globale Vertriebsnetze für den Handel mit modernen Handfeuerwaffen, die es nicht-staatlichen Akteuren selbst in weit vom Produktionsort entfernten Regionen ermöglichten, Hinterladergewehre mit gezogenem Lauf und die dazugehörige Munition zu erstehen.[17] Zweitens löste der technologische Wandel ein Umrüsten der staatlichen Streitkräfte aus. Die großen privaten Rüstungsunternehmen in Europa und den USA versorgten nicht nur die Armeen und Flotten der industrialisierten Staaten mit Kriegsschiffen, Torpedos, Geschützen, Flugzeugen und Feuerleitern, sondern erhielten Aufträge aus allen Teilen der Welt. Sowohl Großmächte wie Japan und das Osmanischen Reich als auch die neu entstehenden Staaten Osteuropas interessierten sich dabei nicht nur für fertige Produkte, sondern versuchten auch, mithilfe privater Unternehmen eine Rüstungsindustrie im eigenen Land aufzubauen.[18]

Am Ende des 19. Jahrhunderts setzten Bemühungen ein, diesen im Aufschwung befindlichen Markt völkerrechtlich zu regulieren. Den ersten Schritt unternahmen die europäischen Kolonialmächte, als sie 1890 auf einer Konferenz in Brüssel einen Vertrag unterzeichneten, der Regeln für das Geschäft mit Handfeuerwaffen in Afrika enthielt. In den Folgejahren gab es Versuche, die Bestimmungen dieses

---

16 Zum waffentechnologischen Wandel seien hier exemplarisch nur ein paar Titel aufgeführt: Bastable: Arms and the State (Kanonen, Kriegsschiffe); Chew: Arming the Periphery, S. 9–46 (Handfeuerwaffen); Edgerton: England and the Aeroplane; Epstein: Torpedo; Haedrick: Tools of Empire (Handfeuerwaffen und Kriegsschiffe); Murray/Millett: Military Innovation in the Interwar Period.

17 Vgl. Brahm: Merchandise of Power; Chew: Arming the Periphery; Grant: Rulers, Guns, and Money, S. 37–77.

18 Grant: Rulers, Guns, and Money; ders: Between Depression and Disarmament; Krause: Arms and the State, S. 54–72; Stoker/Grant: Girding for Battle.

Vertrags auf die Region am Persischen Golf auszuweiten. Daran knüpften die Kolonialmächte im Rahmen der Friedensverhandlungen 1919 an. In Paris unterzeichneten sie den ersten völkerrechtlichen Waffenhandelsvertrag, der den Geltungsbereich der 1890 ausgehandelten Normen erweiterte, darüber hinaus aber auch erstmals international gültige Regeln enthielt. Unabhängig von diesen Ansätzen einer kolonialen Waffenhandelskontrolle entfaltete sich in den USA und in den westeuropäischen Gesellschaften eine Diskussion über die internationalen Geschäfte privater Rüstungsunternehmen. Parteien des linken Spektrums und verschiedene Friedensorganisationen prangerten an, dass große Unternehmen wie Krupp, Vickers, Armstrong und Schneider Creusot ihre neu gewonnene Macht nutzten, um Konflikte anzuheizen und so ihre wirtschaftlichen Gewinne zu steigern. Auf diese Debatte reagierten die Friedensmacher in Paris, als sie im Abrüstungsparagrafen festhielten, gegen die „üblen Folgen" privater Rüstungsproduktion vorgehen zu wollen.

Während der folgenden Jahre prägten die beiden Ansätze zur Regulierung des internationalen Rüstungsgeschäfts – imperiale Waffenhandelskontrolle und die Einhegung privater Rüstungsunternehmen – die Verhandlungen in Genf über weitere völkerrechtliche Instrumente. Nachdem die Konvention 1919 keine ausreichende Anzahl an Ratifizierungen erlangt hatte, fand 1925 eine große internationale Waffenhandelskonferenz statt, die in einer zweiten Konvention mündete. Und als sich 1933 das Scheitern der Abrüstungskonferenz abzeichnete, setzten die Delegierten in Genf das Thema des internationalen Rüstungsgeschäfts erneut auf die Tagesordnung in der Hoffnung, zumindest für einen begrenzten Aspekt der Abrüstungsproblematik eine Einigung erzielen zu können. In enger Wechselwirkung mit diesen Verhandlungen und vor dem Hintergrund sowohl der Weltwirtschaftskrise als auch zunehmender internationaler Spannungen entfaltete sich Mitte der 1930er Jahre eine intensive Debatte in Westeuropa und den USA über das internationale Geschäft der privaten Rüstungsindustrie. Friedensaktivist*innen gelang mit dem Thema eine umfassende soziale Mobilisierung und es gab in verschiedenen Ländern parlamentarische Untersuchungskommissionen. Zwar sollten die verschiedenen Waffenhandelsverträge, die bis Ende der 1930er Jahre verhandelt worden waren, allesamt nie in Kraft treten. Dennoch griffen Staaten wie Großbritannien, Frankreich und die USA einige der dort entwickelten Normen auf und richteten ihre nationalen Gesetze sowie Kontrollpraktiken an ihnen aus.

Die Versuche, den internationalen Waffenhandel völkerrechtlich zu regulieren, erfuhren nach 1945 keine Fortsetzung. Das unterscheidet den Umgang mit dem grenzübergreifenden Geschäft mit Rüstungsgütern von anderen Feldern internationaler Politik. Vergleichbare Bemühungen zur Regulierung des internationalen Drogen- oder Menschenhandels, die etwa zeitgleich mit dem Waffenhandel begonnen hatten, wurden nach dem Zweiten Weltkrieg aufgegriffen; bestehende

Normen und Vertragswerke weiterentwickelt.[19] Auch jenseits solcher Verrechtlichungsprozesse haben neuere Forschungen die zahlreichen Verbindungslinien herausgearbeitet, die die beiden Jahrhunderthälften über die einschneidende Zäsur des Zweiten Weltkriegs hinweg verbanden. Die Institutionen, Methoden, Netzwerke und Ansätze internationaler Politik, die Diplomat*innen, Expert*innen und Politiker*innen seit dem ausgehenden Jahrhundert und insbesondere seit der Gründung des Völkerbundes entwickelt hatten, spielten eine wichtige Rolle in der Gestaltung einer Nachkriegsordnung.[20]

Auch bei der Kontrolle des Waffenhandels gab es solche Verbindungslinien, doch der Ansatz, diese Kontrolle auf Völkerrecht zu gründen und mithilfe internationaler Organisationen voranzutreiben, spielte in den Verhandlungen zur Neuordnung der Internationalen Beziehungen nach 1945 eine bestenfalls marginale Rolle[21] und verschwand bald völlig von der Agenda. Wenn dieser Sachverhalt hier hervorgehoben wird, dann geschieht das nicht mit dem Ziel, einer Geschichte des Scheiterns das Wort zu reden, wie sie für die Abrüstungspolitik üblich ist. Wie noch zu zeigen sein wird, hält ein solches Narrativ mit Blick auf die Regulierung des Waffenhandels einer genaueren Prüfung nicht stand. Vielmehr verweist der Bedeutungsverlust der Verrechtlichungsbemühungen auf die Kontextabhängigkeit völkerrechtlicher Konjunkturen. Die Geschichte, die hier erzählt werden soll, lenkt den Blick auf Entwicklungen seit dem späten 19. Jahrhundert, die Mitte des 20. Jahrhunderts abbrachen, und auf das, was die internationale Politik der Zeit bis zum Zweiten Weltkrieg von der danach unterscheidet. Dabei werden Narrative fortschreitender Verrechtlichung internationaler Beziehungen konterkariert.

Recht, Macht und Frieden

Den Untersuchungsgegenstand von Studien, die sich mit der Geschichte des Völkerrechts befassen, bilden üblicherweise entweder internationale Konferenzen, wobei häufig ein diplomatiegeschichtlicher Ansatz zum Tragen kommt, Biografien

19 Zu Völkerrecht und Menschenhandel siehe Gallagher: The International Law of Human Trafficking, S. 55–143; Lauben: Weißer Markt. Für einen umfassenden Überblick über die Geschichte der internationalen Regulierung des Drogenhandels im 20. Jahrhundert siehe McAllister: Drug Diplomacy.

20 Vgl. Clavin: Securing the World Economy; Gram-Skjoldager/Ikonomou/Kahlert (Hg.): Organizing the 20th Century; Mazower: No Enchanted Palace; Housden: The League of Nations; Lynch Dungy: Order and Rivalry; Löhr: Die Globalisierung; Maul: The International Labour Organization; Pedersen: The Guardians; Slobodian: Globalists; Sluga: Internationalism.

21 Vgl. McKenzie: Rebuilding the Postwar Order.

von Personen oder Personengruppen, denen Bedeutsamkeit mit Blick auf die Entwicklung des Völkerrechts zugeschrieben wird, oder die Entwicklung völkerrechtlicher Schlüsselkonzepte wie Souveränität oder Selbstbestimmungsrecht, die mithilfe eines ideengeschichtlichen Zugriffs untersucht werden. In manchen Fällen lässt sich auch eine Kombination dieser Zugänge beobachten – etwa, wenn die Weiterentwicklung völkerrechtlicher Konzepte im Kontext internationaler Konferenzen untersucht wird oder als Verbindung biografischer und ideengeschichtlicher Ansätze.[22] Diese Studie macht hingegen völkerrechtliche Normentwürfe und Normen sowie ihre Aushandlung zum Ausgangspunkt der Analyse. Im Zentrum steht die Geschichte verschiedener Einzelnormen zur Regulierung des internationalen Geschäfts mit Rüstungsgütern, die zu Beginn des 20. Jahrhunderts die Debatten über den Waffenhandel prägten: die Kategorisierung verschiedener Waffentypen, ein Verbot von Rüstungsproduktion für den privatwirtschaftlichen Gewinn, die Kontrolle des Produktionsprozesses durch internationale Organisationen beziehungsweise Staaten, die Erteilung von Produktions- und Ausfuhrlizenzen, die Veröffentlichung dieser Lizenzen, die Festlegung von Regionen mit besonders strikten Bestimmungen für den Waffenhandel, Regeln für den Verkauf von Handfeuerwaffen in diesen Regionen oder die Durchsuchung von Schiffen nach illegal gehandelten Gewehren und Munition.

Dieser Zugang stellt eine Möglichkeit dar, die Geschichte des Völkerrechts gesellschafts- und kulturgeschichtlich zu erweitern. Die Studie analysiert den Prozess, in dessen Zuge Normentwürfe in unterschiedlichen sozialen und politischen Kontexten formuliert, diskutiert und zu Normen erhoben wurden, die schließlich Rechtsgültigkeit erlangten und Anwendung fanden. Sie nimmt die verschiedenen Akteur*innen in den Blick, die Rechtsnormen zur Kontrolle des Waffenhandels entwickelten, forderten oder bekämpften, und fragt danach, welche Bedeutung sie ihnen zuschrieben, wie sie bereits fixierte Normen mit Blick auf die eigene Agenda umdeuteten oder sie in konkrete rechtlich begründete Praxis übersetzten. Internationale Verhandlungen, an denen Staaten mit ihren Delegationen teilnahmen, spielen dabei selbstverständlich eine wichtige Rolle. Die Geschichte, die hier erzählt werden soll, geht allerdings in diesen Ereignissen nicht auf. Erstens geht es auch um politische Kampagnen nicht-staatlicher Akteur*innen und Aushandlungsprozesse innerhalb von Parteien, Friedensorganisationen, Gewerkschaften und Regierungsbehörden, für die die Regulierung des Waffenhandels ein wichtiges politisches Anliegen war und die mit eigenen Normentwürfen aufwarteten beziehungsweise

22 Für eine Diskussion dieser Zugänge siehe Fassbender/Peters: Towards a Global History of International Law.

die anderer Akteure aufgriffen und bekräftigten. Zweitens wird auch die Frage nach der Implementierung einzelner Normen adressiert.

Dabei orientiere ich mich an neueren Forschungen zur Geschichte des Völkerrechts, die die Kontextabhängigkeit von Recht betonen.[23] Seine Aushandlung, Anwendung und Durchsetzung sowie die völkerrechtlichen Konzepte, auf denen diese Prozesse fußen, folgen keiner strikt rechtlichen Logik, die sich von externen Faktoren abgrenzen ließe. Vielmehr ist Völkerrecht in hohem Maße von sozialen, wirtschaftlichen und politischen Hierarchien geprägt. Es muss deshalb daraufhin untersucht werden, inwiefern es solche Hierarchien reproduziert, aber auch, inwiefern es zur Infragestellung von Machtverhältnissen genutzt wird.[24] Das heißt allerdings nicht, Recht darauf zu reduzieren, Spiegel solcher Machtverhältnisse oder hegemoniales Instrument zu sein. Trotz Kontextabhängigkeit handelt es sich um eine eigenständige Größe, deren Legitimationskraft darauf beruht, wie glaubhaft es gelingt, eine gewisse Unabhängigkeit von Machtverhältnissen zu demonstrieren. Bedeutungsoffenheit heißt deshalb nicht Beliebigkeit. Vielmehr legen rechtliche Normen Bedeutungskorridore fest, die zur Durchsetzung von Machtinteressen genutzt werden können, die allerdings der Machtausübung gleichzeitig Grenzen setzen und deren Überschreitung einen Verlust der Legitimationskraft nach sich zieht. Und nicht zuletzt können Normen innerhalb dieses Korridors auch subversiv umgedeutet werden und eine Stoßrichtung erhalten, die von der Intention abweicht, mit der sie ursprünglich implementiert wurden.[25]

Ein solches Verständnis von Völkerrecht, das die Bedeutung von Machtverhältnissen betont, scheint auf den ersten Blick im Widerspruch zu stehen zu der Vorstellung von seiner friedensstiftenden Funktion. Der Bedeutungszuwachs des Völkerrechts ab der zweiten Hälfte des 19. Jahrhundert war eng mit dem Narrativ verknüpft, dass eine Verrechtlichung internationaler Beziehungen gerade dazu beitragen werde, machtpolitisch motivierte Ambitionen von Staaten einzuhegen und auf diese Weise Kriege zu verhindern und Frieden zu sichern.[26] Auch die Debatten und Verhandlungen über die völkerrechtliche Regulierung des Waffenhan-

23 Für einen Überblick über „contextual approaches" in der Völkerrechtsgeschichte siehe Rasilla: International Law in History, S. 41–74.

24 Wegweisend für die neuere Völkerrechtsgeschichte waren dabei die Arbeiten Martti Koskenniemis: From Apology to Utopia; Koskenniemi: International Law and Hegemony; Kosekenniemi: The Gentle Civilizer. Aus geschichtswissenschaftlicher Perspektive u. a. Düllfer: Recht, Normen und Macht.

25 Vgl. Krisch: International Law in Times of Hegemony; Payk: Frieden durch Recht, insbesondere S. 5–12; Tzouvala: Capitalism as Civilization, S. 35–43.

26 Vgl. Grewe: The Epochs, S. 445–482; O'Connell: Peace and War, S. 277–289; Paech/Stuby: Völkerrecht und Machtpolitik, S. 108–124.

dels fügten sich in dieses Begründungsmuster ein. Sie galten als Teil der Abrüstungspolitik – ein Politikfeld, das wie kein zweites von allen Beteiligten als zentrales Element internationaler Friedenssicherung verstanden wurde. Friedensaktivist*innen machten ihre Forderungen nach Beschränkungen von Waffenexporten zum Teil ihrer abrüstungspolitischen Agenden, Regierungen flaggten Maßnahmen zur Kontrolle von Waffentransfers als Beitrag zur internationalen Abrüstung aus und beim Völkerbund waren die Abrüstungsabteilung sowie die diversen Abrüstungskomitees und -kommissionen für das Thema zuständig. Die Kontrolle des Waffenhandels kann deshalb nicht losgelöst von den Bemühungen der Zwischenkriegszeit zur Sicherung eines globalen Friedens analysiert werden.

Diese friedenspolitische Einbettung gilt es ernst zu nehmen und in Beziehung zur Frage zu setzen, wie im Zuge der Konferenzen und Debatten über den internationalen Waffenhandel Machthierarchien verhandelt wurden. Das geschieht nicht mit dem Ziel, überholte Dichotomien wiederzubeleben, die lange Zeit die Diskussion über Abrüstung strukturiert haben. Die Unterscheidung zwischen einem Internationalismus, der von pazifistischen Idealen geleiteten gewesen sei, und einer Politik, die sich an nationalstaatlichen Machtinteressen orientiert habe, hat sich längst als wenig brauchbar erwiesen.[27] Stattdessen orientiere ich mich an Untersuchungen, die sich an der Schnittstelle von Friedens- und Konfliktforschung und Postcolonial Studies bewegen und die zuletzt verstärkt darauf hingewiesen haben, dass das Reden über Frieden immer eingebettet sei in globale Machthierarchien. Der Gehalt dessen, was unter Frieden verstanden werde, sei durch diese Hierarchien bedingt und deshalb auch historischem Wandel unterworfen.[28] Ich knüpfe an die Prämisse an, dass Ordnungsvorstellungen, mit denen politische und wirtschaftliche Machtverhältnisse begründet werden, mal mehr mal weniger explizit formulierte Friedenskonzepte inhärent sind. Diese definieren, welche Formen der Gewalt überwunden und sanktioniert werden sollen und mit welchen Mitteln dies geschehen kann. Friedenskonzepte legen allerdings immer auch fest, welche Formen sowohl struktureller als auch direkter Gewalt zur Herstellung von Frieden als legitim zu gelten haben. Und schließlich treffen sie Aussagen darüber, was unerwünschte Formen der Gewalt auslöst.

Obwohl aus der Historischen Friedens- und Konfliktforschung (HFKF) heraus bereits durchaus ähnliche Forderungen wie die der postkolonialen Friedens- und Konfliktforschung nach einer systematischen Historisierung von Friedensverständnissen formuliert wurden,[29] sind Studien, die dieses Desiderat einlösen, Mangelware.

27 Siehe beispielsweise Sluga: Internationalism in the Age of Nationalism.

28 Vgl. Azarmandi: Racial Silence; Azarmandi: Freedom from Discrimination; Cruz: Colonial Power and Decolonial Peace; Pauls: Neokolonialer Frieden; Sabaratnam: Avatars of Eurocentrism.

29 Vgl. Ziemann: Perspektiven, insbesondere S. 24–28.

Eine Erklärung dafür dürfte sein, dass die in der Friedensbewegung wurzelnde HFKF stets an einer Normativität festgehalten hat, die sich am Friedensideal und an Gewaltlosigkeit orientierte.[30] Eine solche Normativität, deren Grundlage ein affirmativer Friedensbegriff ist, bietet wenig Raum und Impulse für eine Analyse der Gewalt und Machtstrukturen, die Friedensvorstellungen immanent sind.

Eine Alternative zeigt Petra Goedde in ihrer 2019 erschienenen Untersuchung von Friedenspolitiken im Kalten Krieg auf. Darin geht sie der Frage nach, wie sich ganz unterschiedliche Akteur*innen im Kalten Krieg auf dieses vermeintlich universale Konzept beriefen und es ihren jeweiligen Bedürfnissen anpassten.[31] Einen etwas anderen Weg haben Julie Gottlieb und Gaynor Johnston in einem von ihnen herausgegebenen Sonderheft gewählt. Die von ihnen zusammengetragenen Beiträge arbeiten heraus, welche geschlechtergeschichtlichen Vorstellungen mit Friedensbegriffen verknüpft waren.[32] Solche Zugänge zeigen Möglichkeiten auf, durch eine Historisierung des Friedensbegriffs die Historische Friedens- und Konfliktforschung anschlussfähiger für aktuelle Diskussionen in benachbarten Forschungsfeldern wie der Internationalen Geschichte oder der Geschlechtergeschichte zu machen.

Der Waffenhandel eignet sich dabei als Gegenstand, um dem Zusammenhang zwischen historisch zu verortenden Friedensbegriffen und globalen Hierarchien zu analysieren. Er bedrohte nicht nur Machtverhältnisse beziehungsweise konsolidierte bedrohliche Machtverhältnisse. Vielmehr gefährdete er immer auch Frieden – und was das bedeutete, darüber gab es sehr unterschiedliche Auffassungen. Kennzeichnend für das frühe 20. Jahrhundert war die rasch wachsende Zahl von Akteur*innen, die sich für die Schaffung und Stärkung internationaler Organisationen oder völkerrechtlicher Instrumente einsetzten, deren Engagement allerdings stark voneinander abweichende Ordnungsvorstellungen zugrunde lagen. Dementsprechend gab es nicht den einen Internationalismus, sondern eine Vielzahl verschiedener Internationalismen.[33] Jeder dieser Internationalismen brachte ganz eigene Friedenskonzepte hervor und ermöglichte ganz unterschiedliche Schluss-

---

30 Vgl. Gerster/Hansen/Schregel (Hg.): Historische Friedens- und Konfliktforschung, dort insbesondere den Beitrag von Gassert; Kerkhof: Historische Friedensforschung. Auch jenseits der HFKF ist ein solches normatives Friedensverständnis nach wie vor zentral, siehe beispielsweise das gerade erst erschienene Handbuch zum englischsprachigen Pendant der HFKF, der Peace History (Howlett/Peterson/Buffton/Hostetter (Hg.): The Oxford Handbook of Peace History).

31 Vgl. Goedde: The Politics of Peace.

32 Vgl. Gottlieb/Johnston (Hg.): Gendering Peace in Europe (Special Issue).

33 Vgl. Laqua (Hg.): Internationalism Reconfigured; Fischer/Zimmermann: Internationalismen; Gorman: The Emergence; Reinisch (Hg.): Agents of Internationalism (Special Issue); Sluga/Clavin (Hg.): Internationalisms; Wagner: Colonial Internationalism.

folgerungen mit Blick auf die Gefahren des Waffenhandels. Das Geschäft mit Handfeuerwaffen in den Einflusssphären der Großmächte gefährdete den Frieden sowohl des liberalen als auch des kolonialen Internationalismus. Gewerkschafter und Frauenbewegung hielten Frieden dort für unmöglich, wo private Unternehmen die Herstellung von Rüstungsgütern wirtschaftlichem Kalkül unterwarfen, lateinamerikanische Staaten sahen den Frieden durch imperiale Expansion gefährdet. Den Gehalt der Friedensbegriffe dieser unterschiedlichen Internationalismen gilt es zu historisieren und herauszuarbeiten, auf welche Weise sie mit der Auseinandersetzung um politische und wirtschaftliche Machtstrukturen verzahnt waren. Was bedeutete Frieden aus der Perspektive kolonialer Behörden, zentralamerikanischer Regierungen, nordatlantischer Friedensaktivist*innen oder europäischer Gewerkschafter? Und welche Maßnahmen erachteten sie für notwendig, um Frieden zu schützen, wie sie ihn verstanden?

Das bringt uns zu der Frage nach den Akteur*innen, die im Fokus dieser Untersuchung stehen. Die Verhandlungen über Waffenhandelskonventionen und Einzelnormen wurden zu einem großen Teil von den Regierungen der industrialisierten Staaten vorangetrieben. Drei von ihnen nimmt diese Studie besonders in den Blick: Großbritannien, die USA und Frankreich. Sie hegten nicht nur weitreichende imperiale Interessen, sondern verfügten darüber hinaus über eine ausdifferenzierte und international beachtliche Rüstungsindustrie innerhalb der eigenen Grenzen. In der Konsequenz verfolgten die britischen, französischen und US-amerikanischen Delegationen auf den verschiedenen Konferenzen eine ausgesprochen offensive Strategie und klar konturierte Agenda. Alle wesentlichen Initiativen gingen von mindestens einem dieser Staaten aus.

Demgegenüber hatten es die sogenannten nichtproduzierenden Staaten, die nur einen geringen Teil des eigenen Waffenbedarfs im eigenen Land herstellen konnten, deutlich schwerer, Akzente zu setzen. Dennoch soll am Beispiel El Salvadors gezeigt werden, dass sie die Verhandlungen über die Regulierung des Waffenhandels mitunter nutzten, um globale Machtverhältnisse infrage zu stellen. Der zentralamerikanische Staat lag innerhalb der imperialen Einflusssphäre der USA und war auf Rüstungsimporte angewiesen. Gleichzeitig war er ein Gravitationszentrum antiimperialistischer Politik in der Region – und das auf verschiedenen Ebenen. Die wirtschaftliche Abhängigkeit von Investitionen US-amerikanischer Unternehmen war zu Beginn der 1920er Jahre geringer als in den meisten Nachbarstaaten. Das eröffnete wechselnden salvadorianischen Regierungen Handlungsspielräume, um den Versuchen der US-Regierung, den Einfluss in der Region auszuweiten, mit diplomatischen und völkerrechtlichen Mitteln entgegenzutreten. Dieser Kurs prägte bis in die 1920er Jahre hinein die salvadorianische Außenpolitik und verfügte über einen breiten Rückhalt in der Bevölkerung, in der Antiimperialismus zu einem wichtigen Mobilisierungsfaktor wurde. Er schlug sich nicht zuletzt auf die Verhandlungsführung El Salvadors in Genf nieder. Auf der Waffenhandelskonferenz 1925 nahm die salvadorianische Delegation unter denen der nichtproduzierenden Staaten eine Schlüsselrolle ein und nutzte sie, um Vorschläge einzubringen, die auf die Einhegung des US-amerikanischen Einflusses zielten.

Neben diesen Staaten prägte der Völkerbund die Verhandlungen über die Regulierung des Waffenhandels. Wie die neuere Forschung gezeigt hat, war der Völkerbund weit mehr als ein Forum zur Verhandlung staatlicher Interessen. Seine Abteilungen und Komitees entwickelten sich zu eigenständigen Akteuren, deren Prioritäten und Agenden sich von denen der Mitgliedstaaten unterschieden.[34] Das galt auch für die Regulierung des Waffenhandels. Das Generalsekretariat mit seiner Abrüstungsabteilung und die Temporary Mixed Commission, ein Gremium bestehend aus formal unabhängigen Experten, ergriffen immer wieder die Initiative, entwickelten statitistische Instrumente zur Rüstungskontrolle oder erarbeiteten Regulierungsvorschläge. Gleichzeitig verschafften diese Gremien nicht-staatlichen Akteuren wie den Gewerkschaften oder Friedensorganisationen Zugang zu internationalen Verhandlungen.

Die Bedeutung der Positionen, die auf internationaler Ebene vertreten wurden, erschließt sich jedoch nur teilweise durch die Analyse diplomatischer Aushandlungsprozesse und internationaler Interessenkonstellationen. Vielmehr spiegelten sich in ihnen häufig gesellschaftliche Auseinandersetzungen und Konflikte, deren Epizentren fernab der diplomatischen Bühne lagen. Besonders prägend für die Auseinandersetzung um den Waffenhandel waren Friedensorganisationen wie die Union of Democratic Control und die Internationale Frauenliga für Frieden und Freiheit sowie die Gewerkschaften. Vor allem die französischen Gewerkschaften, deren Wurzeln im revolutionären Syndikalismus in der Zwischenkriegszeit noch deutlich erkennbar waren, sahen in der Verstaatlichung der Rüstungsindustrie einen wichtigen Schritt hin zur Überwindung des Kapitalismus. Dass sie dieser Position Gehör verschaffen konnten, lag nicht zuletzt an der Schlüsselrolle, die ihnen in der internationalen Gewerkschaftsbewegung der Zwischenkriegszeit und insbesondere innerhalb der Internationalen Arbeitsorganisation (ILO) zukam. Darüber hinaus gilt es aber auch, Parteien und ihre Vertreter in den Blick zu nehmen, die sich dezidiert und mit Nachdruck zum Thema Waffenhandel positionierten: etwa Vertreter der deutschen Sozialdemokratie, die französischen Sozialisten, Labour, aber auch bestimmte Abgeordneten-Gruppen in den USA – sowohl

---

34 Vgl. Akami: Beyond the Formula; Borowy: Coming to Terms; Bourmaud/Neveu/Verdeil (Hg.): Experts et expertise; Clavin/Wessels: Transnationalism; Clavin: Securing the World Economy; Cloet: „A fuller knowledge of the facts"; Friis: The Scandinavian Center; Fuchs: Der Völkerbund; Pedersen: Guardians; Rodogno/Kozma (Hg.): The League of Nations Work on Social Issues; Schulz-Forberg: Neoliberals; Tollardo: Fascist Italy, S. 159–213.

aus dem demokratischen als auch republikanischen Lager. Einigen nicht-staatlichen Akteuren gelang es auf dem Höhepunkt ihrer Mobilisierung Anfang der 1930er Jahre, direkt an den in Genf stattfindenden Verhandlungen beteiligt zu werden. Vor allem aber nutzten sie andere Bühnen wie Parlamente, selbstorganisierte Konferenzen oder Demonstrationen.

Zwei Akteursgruppen hingegen treten im Zusammenhang mit den Kontroversen um eine völkerrechtliche Regulierung des Waffenhandels kaum beziehungsweise gar nicht in Erscheinung. Rüstungsunternehmen wählten in den seltensten Fällen den Weg über die Öffentlichkeit, sondern machten in erster Linie von den Kontakten in die Ministerialbürokratie Gebrauch, über die sie dank ihrer Rolle als Lieferanten der Armeen verfügten. Als transnational vernetzter Akteur mit einer gemeinsam abgestimmten Agenda trat in dieser Zeit nur die Handfeuerwaffenindustrie in Erscheinung und das nur einmal: im Zusammenhang mit der Genfer Waffenhandelskonferenz 1925. Völlig abwesend waren Angehörige kolonialisierter Bevölkerungsgruppen. Wie noch zu zeigen sein wird, waren sie unmittelbar betroffen von den Praktiken, die auf der Grundlage der verhandelten Normen in den Kolonien und imperialen Grenzregionen implementiert wurden. Jedoch lassen sich keine Hinweise darauf finden, dass sie versucht hätten, den Völkerbund zu nutzen, um dort ihren Interessen mit Blick auf den Zugang zu Waffen Gehör zu verschaffen.

Die Geschichte der Abrüstungspolitik als Forschungsgegenstand

Ein Anliegen dieser Studie ist es, die Geschichte der Abrüstung anschlussfähig für die neuere Forschung zum Internationalismus und zur internationalen Politik des frühen 20. Jahrhunderts zu machen. Die meisten Untersuchungen zur Abrüstungspolitik des frühen 20. Jahrhunderts stammen aus den 1980er und 1990er Jahren. Diese Forschungskonjunktur spiegelt die Aufmerksamkeit wider, die der Thematik vor dem Hintergrund einer erstarkenden Friedensbewegung, öffentlicher Debatten über Abrüstungsverträge und Aufrüstungsbemühungen sowie dem Ende des Kalten Kriegs zukam. Seither ist das Forschungsfeld weitgehend unberührt geblieben von den Impulsen, die seit einigen Jahren von der internationalen Geschichte und der Geschichte des Internationalismus ausgehen. Indem diese Historiografie die Verflechtungen und Beziehungen zwischen verschiedenen Weltregionen in den Blick genommen, dabei die Bedeutung des Imperialismus für die Entwicklung einer globalen Weltordnung herausgearbeitet und die Rolle nicht-staatlicher Akteure beleuchtet hat, hat sie unser Verständnis dieser Epoche grundlegend verändert. Diese Erweiterung der Perspektive hat sich bisher nur in Ansätzen in den Forschungen zur Abrüstung bemerkbar gemacht – und das, obwohl ihm in den internationalen Beziehungen der

Zwischenkriegszeit große Bedeutung zukam. Bisher gibt es nur vereinzelte Versuche, Eurozentrismus und Staatszentriertheit der Abrüstungsforschung zu überwinden.

Die Fokussierung auf Europa und die Großmächte ist an den drei dominierenden Themenschwerpunkten unschwer erkennbar. Ein großer Teil der Literatur widmet sich den Auseinandersetzungen zwischen Frankreich und Großbritannien im Zuge der Genfer Abrüstungskonferenz über die Frage, wie die Forderung nach Abrüstungspolitik einerseits und das Bedürfnis der französischen Regierung nach Sicherheitsgarantien für den Fall eines Wiedererstarkens des Deutschen Reiches andererseits in Einklang zu bringen seien.[35] Einen zweiten Schwerpunkt bilden Untersuchungen zur Flottenabrüstung, über die die europäischen Großmächte, die USA und Japan während der 1920er und 1930er Jahre verhandelten.[36] Als dritter Schwerpunkt sind Studien zur Abrüstung der Mittelmächte, insbesondere Deutschlands, zu nennen.[37] Diese Forschungen haben wesentlich dazu beigetragen, die Deutung einer vermeintlich idealistischen Abrüstungspolitik, die im Widerspruch zu realpolitischen Interessen gestanden habe, zu überwinden – eine Deutung, die über mehrere Jahrzehnte hinweg sowohl öffentliche Debatten als auch historische Untersuchungen dominierte. Sie haben gezeigt, dass es den Großmächten weniger darum ging, Weichenstellungen vorzunehmen, die eine dauerhafte Abrüstung der industrialisierten Staaten ermöglicht hätten. Vielmehr stellten völkerrechtliche Abkommen eine Möglichkeit dar, in Zeiten angespannter Staatshaushalte die Kosten für Rüstung zu reduzieren, und Spannungen zwischen Großmächten abzubauen.

Dass der Eurozentrismus dieser Studien relevante Aspekte ausblendet und die Kontrolle des Zugangs zu Waffen in Zeiten des Imperialismus nicht als ein alleiniges Problem der Großmächte analysiert werden kann, macht ein Blick auf die Empire-Forschung deutlich. Völlig unverbunden mit der Abrüstungsforschung hat sie in den letzten Jahren damit begonnen, Rüstungskontrollen in Afrika und Asien im 19. und 20. Jahrhundert in den Blick zu nehmen. Sie hat gezeigt, welche Rolle die Regulierung von Waffenbesitz und Waffenhandel für die imperiale Durchdringung von

35 Vgl. Jackson: Beyond the Balance of Power; Kitching: Britain and the Geneva Disarmament Conference; Richardson: Evolution of British Disarmament Policy; Towle: British Security; Vaïsse: Sécurité d'abord; Vaïsse: Security and Disarmament; Webster: Strange Allies.

36 Vgl. Buckley: The United States; Fanning: Peace and Disarmament; Hall: Britain, America; Kaufman: Arms Control; Keefer: The Law of Nations; Maiolo: Naval Armaments; O'Connor: Perilous Equilibrium; Tate: The United States. Für einen Sammelband, der sowohl Beiträge zur Flottenrüstung als auch zur Genfer Abrüstungskonferenz enthält, siehe McKercher (Hg.): Arms Limitation.

37 Vgl. Barros: Disarmament as a Weapon; Dülffer: Weimar, Hitler und die Marine; Shuster: German Disarmament; Stevenson: Origins of German Disarmament; Tenfelde: Disarmament and Big Business.

Gesellschaften und Räumen spielte. Dabei konzentrierten sich die Kolonialmächte nicht allein auf Maßnahmen innerhalb der eigenen Territorien, sondern sie machten Waffenkontrollen – mal mehr, mal weniger erfolgreich – zum Gegenstand interimperialer Kooperation. Gleichzeitig haben diese Studien Waffenkulturen in den Blick genommen und gezeigt, welche kulturellen, sozialen, politischen und ökonomischen Bedeutungen Waffen in kolonialisierten Gesellschaften zukamen und wie vielfältig motiviert deshalb der Widerstand gegen Kontrollmaßnahmen war.[38]

Einen ersten Versuch, eine Brücke zwischen den Ergebnissen dieser Studien und der Abrüstungsforschung zu schlagen, stellt das Themenheft „Arms Regimes across Empires“ dar. Dessen Beiträge zeigen, dass Debatten und Verhandlungen über internationale Rüstungskontrolle in der Zwischenkriegszeit stark von den Erfahrungen der Kolonialmächte und von Bemühungen geprägt waren, imperiale Einflusssphären zu sichern.[39] Solche Verbindungen nimmt auch Waqar Zaidi in seiner Studie über die Regulierung des Luftkriegs in den Blick. Zwar konzentriert er sich auf europäische Akteure, indem er die Vorschläge britischer Abrüstungsexperten zur Internationalisierung der Luftstreitkräfte zum Gegenstand seiner Analyse macht. Doch er geht zumindest systematisch der Frage nach, wie die Erfahrungen der Imperialmächte mit der Luftüberwachung ihrer Kolonien diese Vorschläge prägten.[40] Solche ersten Schritte in Richtung einer De-Eurozentrierung der Forschung zur Abrüstungspolitik sollen in dieser Studie weiterverfolgt werden. Dabei wird nicht die dominierende Rolle abgestritten, die die industrialisierten Großmächte aufgrund ihrer hochgerüsteten Streitkräfte und ihrer international agierenden Rüstungsindustrie auf dem Feld der Rüstungspolitik und ihrer völkerrechtlichen Regulierung ohne Frage spielten. Vielmehr geht es darum, die Regulierung des Waffenzugangs als ein Politikfeld in den Beziehungen zwischen den Großmächten einerseits und der Bevölkerung in den Kolonien bzw. Regionen imperialer Einflussnahme andererseits in den Blick zu nehmen.

---

38 Vgl. Aderinto: Guns and Society; Beachey: The Arms Trade; Brahm: East Africa; Brahm: Banning the Sale; Brahm: Merchandise of Power; Cooper: Race, Sovereignty, and the Free Trade; Crouzet: The Persian Gulf; Dzüvichü: Guns in the Hills; Grant: Rulers, Guns, and Money; Jones/Macola/Welch (Hg.): A Cultural History of Firearms; Macola: The Gun in Central Africa; Sané: Le côntrole des armes; Chew: Arming the Periphery; Satia: Empire of Guns; Schmitz: Illegaler Waffenhandel; Storey: Guns, Race and Power; Stahl: The Decolonization of the Arms Trade.

39 Brahm/Stahl (Hg.): Arms Regimes across Empires. Mit Blick auf die Verknüpfung von Abrüstungs- und Empire-Forschung siehe in dem Themenheft vor allem die Beiträge Biela: Disarming the Periphery; Richardson-Little: Arms Intervention; Stahl: Confronting Imperialism. Siehe in diesem Sinne auch Biela: Contesting Imperialism.

40 Vgl. Zaidi: Technological Internationalism, S. 49–73; Zaidi: „Aviation Will Either Destroy or Save Our Civilization“.

Die Staatszentrierung der oben genannten Abrüstungsliteratur wurde in den letzten Jahren durch einige wenige Studien durchbrochen, die dezidiert nach der Rolle des Völkerbundes, seiner Komitees und seines Mitarbeiterstabs, sowie nach Experten fragen, die innerhalb und außerhalb dieser Institutionen zu einer Professionalisierung der Abrüstungsdebatte beitrugen. Die Regulierung moderner, technologisch anspruchsvoller Waffen erforderte aus ihrer Sicht eine spezifische Expertise. Jenseits der großen internationalen Konferenzen, auf denen der Fokus eines Großteils der Literatur liegt, entwickelten die Abrüstungsabteilung des Generalsekretariats und die Temporary Mixed Commission Instrumente zur Messung von Rüstungsausgaben und -transfers, mit deren Hilfe die Diskussion auf eine empirische Basis gestellt werden konnte. Darüber hinaus arbeiteten sie Vorschläge zur Reduzierung der Rüstung aus, die Eingang in die internationalen Verhandlungen fanden. Diese Akteure waren mehr als nur Vollzugsbeamte oder Stichwortgeber. Sie waren ein neuer Faktor auf der internationalen Bühne, deren Arbeit immer wieder in Widerspruch zu den Interessen geriet, die die Delegierten der Großmächte in Genf vertraten.[41]

Obwohl es sich aber bei Abrüstung um ein Politikfeld handelt, das während der Zwischenkriegszeit unzählige Friedensorganisationen bespielten, und obwohl es ihnen zeitweise gelang, Tausende zu mobilisieren, ein hohes Maß an gesellschaftlicher Sichtbarkeit herzustellen und die Debatten über Rüstung maßgeblich zu prägen, haben Studien über Abrüstungsverhandlungen bisher kaum systematisch analysiert, was diese Mobilisierung mit Blick auf das Verhandlungsgeschehen bedeutete. Was wir wissen, ist, dass die Regierungen Großbritanniens, Frankreichs und der USA immer ein Auge auf die „Weltöffentlichkeit" hatten – ein Konzept, das trotz oder gerade aufgrund seiner Vagheit in der Zwischenkriegszeit Wirkmächtigkeit entfaltete.[42] Regierungen achteten sorgfältig darauf, mit ihrer Verhandlungsführung nicht als Abrüstungsverhinderer dazustehen. Doch inwiefern die inhaltlichen Vorschläge gesellschaftlicher Akteur*innen auf internationalen Konferenzen auf Resonanz stießen und welche Rolle sie dort spielten, ist bisher kaum untersucht worden. Richard Fannings Studie zur Flottenabrüstung, in der er zumindest mit Blick auf die britischen und US-amerikanischen Organisationen ei-

---

41 Vgl. Lincove: Data for Peace; Sarè: The League of Nations; Webster: Making Disarmament Work; Webster: The Transnational Dream; Webster: From Versailles to Geneva; Webster: „Absolutely Irresponsible Amateurs"; Zaidi: Technological Internationalism; Zaidi: „Aviation Will Either Destroy or Save Our Civilization".

42 Vgl. Hucker: International History and the Study of Public Opinion; Hucker: Public Opinion, S. 21–74; McCarthy: The British People, S. 15–45; Steller: Zwischen Geheimnis und Öffentlichkeit; Wertheim: Reading the International Mind. Für einen knappen Überblick über Abrüstungsverhandlungen und „öffentliche Meinung" siehe Pedersen: Back to the League, S. 1096 f.

nen begrenzten Erfolg konstatiert, bildet eine Ausnahme. Allerdings versäumt er es, neben den Forderungen der Friedensbewegung andersgelagerte wirtschaftliche oder politische Motive in die Analyse mit einzubeziehen, die aus staatlicher Sicht für abrüstungspolitische Maßnahmen gesprochen haben mögen. Auf diese Weise bleibt auch bei ihm unklar, in welchem Verhältnis zueinander gesellschaftliche Mobilisierung und staatliche Abrüstungspolitik standen.[43]

Ähnliche Schwierigkeiten lassen sich auch bei Studien zur Geschichte der Friedensbewegung beobachten. Diese haben einerseits viel dazu beigetragen, das Bild jener Gruppen zu korrigieren, die sich zwischen den beiden Weltkriegen für Abrüstung einsetzten. Lange Zeit hielt sich das von Vertretern der realpolitischen Schule internationaler Beziehungen etablierte Narrativ, die Friedensbewegung habe sich unter Verkennung politischer Entwicklungen in Großbritannien für Appeasement, in den USA für isolationistische Positionen stark gemacht und mit Abrüstungsforderungen zu einer militärischen Schwächung der westeuropäischen Demokratien beigetragen. Mittlerweile hat die Forschung diesem Narrativ ein differenzierteres Bild der völkerrechtlichen und außenpolitischen Positionen friedenspolitischer Gruppen entgegengesetzt, die keineswegs die vom aufsteigenden Faschismus ausgehende Gefahr ignorierten und deren vielfältige Vorschläge zur internationalen Politik sich in den wenigsten Fällen als Isolationismus beschreiben lassen. Allerdings zeigen diese Studien auch, wie schwierig sich die Frage danach beantworten lässt, was das friedenspolitische Engagement bewirkte. Dass die Friedensorganisationen öffentliche Debatten über Abrüstung prägten und umfassend für dieses Anliegen mobilisierten, lässt sich noch gut belegen. Doch warum eine solche Mobilisierung gelang und was daraus folgte, darauf finden sich nach wie vor wenig Antworten. Selbst dort, wo sich Forderungen der Friedensaktivist*innen auf der Agenda von Regierungen wiederfanden, bleibt die Frage, inwiefern dies dem gesellschaftlichen Aktivismus zugeschrieben werden kann oder ob es ganz andere Gründe dafür gab.[44] Es ist deshalb symptomatisch und spiegelt den Forschungsstand, dass Überblicksdarstellung zur internationalen Geschichte der Zwischenkriegszeit Abrüstungspolitik und die Mobilisierung der Friedensbewegung – so sie überhaupt thematisiert werden – unverbunden nebeneinander stehenlassen.[45]

---

43 Vgl. Fanning: Peace and Disarmament.

44 Vgl. Birn: The League of Nations Union; Cortright: Peace, insbesondere S. 93–108; Davies: The Possibilities of Transnational Activism; Foster: The Women and the Warriors; Holl: Pazifismus, S. 174–189; Ingram: The Politics of Dissent; Lynch: Beyond Appeasement; Pugh: Liberal Internationalism, S. 48–68; Siegel: The Moral Disarmament; Vaïsse (Hg.): Le pacifisme en Europe; Vaïsse: Le pacifisme français.

45 Siehe beispielsweise Steiner: The Lights that Failed, S. 755–799. Insbesondere die Überleitung auf S. 763 f. ist erhellend, wo sie nach einer Schilderung der Mobilisierungserfolge im Konjunktiv for-

Was fehlt, sind Analysen, die systematisch die abrüstungspolitischen Agenden von Friedensaktivist*innen, anderen nicht-staatlichen Akteur*innen und Regierungen in Beziehung zueinander setzen und dabei ein differenzierteres Bild von Konfliktlinien, aber auch Interessenkongruenzen zeichnen.

Schließlich gilt es, auf eine Leerstelle der Abrüstungsgeschichte zu verweisen: Der Waffenhandel war bisher nicht Gegenstand dieses Forschungsfeldes. Lediglich David Stone hat in einem Aufsatz die beiden Waffenhandelskonferenzen der Zwischenkriegszeit analysiert und argumentiert, dass dort imperiale Großmachtinteressen und die Forderung nach Souveränität kleinerer Staaten aufeinandergeprallt seien.[46] Stattdessen hat Mary Barton die Geschichte der Waffenhandelsregulierungen der Zwischenkriegszeit im Kontext der Terrorismusforschung etwas genauer in den Blick genommen. Ihre Analyse der völkerrechtlichen Regulierung als Instrument der Terrorismusbekämpfung eröffnet einerseits aufschlussreiche Perspektiven auf die Aushandlung globaler Machthierarchien. Andererseits aber überstrapaziert sie mit diesem Framing die Bedeutung, die Terrorismus bei der Aushandlung von Waffenhandelsregulierungen spielte.[47]

Die Vernachlässigung des internationalen Geschäfts mit Rüstungsgütern ist auch jenseits der Abrüstungsthematik charakteristisch für die Geschichtswissenschaft. Neben der oben erwähnten Forschung zum Waffenhandel und zur Waffenkultur in den Kolonien, die sich fast ausschließlich mit der Zeit vor 1914 befasst, gibt es lediglich etwas mehr als eine Handvoll umfassender monografischer Studien, die sich mit dem Waffenhandel seit dem ausgehenden 19. Jahrhundert bis in die Zeit des Kalten Krieges befassen. Sie alle verbindet, dass sie sich insbesondere für die Funktion von Rüstungsexporten als Instrument internationaler Politik interessieren. Anders als von den industrialisierten Mächten erhofft – so das fast durchgängige Fazit –, sei es ihnen nicht gelungen, aus der Belieferung anderer Staaten mit Rüstungsgütern langfristig politische Vorteile zu ziehen.[48] Doch obwohl der Zugang zu Waffen stets ein wichtiger Faktor in zwischenstaatlichen, regionalen und internationalen Konflikten und Kriegen war, ist die Geschichtswissenschaft weit davon entfernt, von einem eigenständigen Forschungsfeld sprechen zu können, das die politischen, gesellschaftlichen, wirtschaftlichen und rechtlichen Di-

---

muliert: „If world public opinion meant anything in 1932, the World Disarmament Conference should have been a great success." In der anschließenden Darstellung dieser Verhandlungen und ihres Scheiterns wird die Diskrepanz allerdings nicht weiter thematisiert.

46 Vgl. Stone: Imperialism and Sovereignty.

47 Vgl. Barton: Counterterrorism between the Wars.

48 Vgl. Chan: Arming the Chinese; Grant: Rulers, Guns, and Money; Grant: Between Depression and Disarmament; Sater/Herwig: The Grand Illusion; Schäfer: Deutsche Militärhilfe; Stoker: Britain, France and the Naval Arms Trade; Storkmann: Geheime Solidarität; Valone: A Policy.

mensionen ausleuchtet, aufeinander bezieht und in einem globalgeschichtlichen Kontext verortet. Mit dieser Studie soll ein Schritt in diese Richtung unternommen werden.

Was in einer Studie über Regulierungsbemühungen hingegen nicht geleistet werden kann, ist eine umfassende Analyse des internationalen Geschäfts mit Rüstungsgütern in den Jahren der beiden Weltkriege. Zwar wird auf Schauplätze und Entwicklungen, die für die Herausbildung bestimmter Verhandlungspositionen von Bedeutung waren, auf der Grundlage vorhandener Forschungsliteratur näher eingegangen: auf den Aufstieg der privaten Rüstungsindustrie zu einem wichtigen Player auf dem internationalen Parkett um die Jahrhundertwende, auf das Geschäft mit Munition und Handfeuerwaffen am Arabischen Meer, auf Rüstungstransfers im zentralamerikanischen Raum, auf die internationalen Geschäfte der deutschen Rüstungsindustrie der Zwischenkriegszeit sowie auf die Transformation des Rüstungsmarktes in den 1920er und 1930er Jahren. Eine quellenbasierte wirtschaftsgeschichtliche oder sozialgeschichtliche Analyse der Akteure, die in diesem Geschäft eine Rolle spielten, und der Bedeutung, die dieser Handel in den verschiedenen Weltregionen hatte, bleibt – so dringend sie nötig ist – ein Forschungsdesiderat.

Diese Studie stützt sich erstens auf Archivalien der Außenministerien, die im Zuge der Verhandlungen entstanden, in den National Archives in Kew, London, in den National Archives in Washington, im Politischen Archiv des Auswärtigen Amtes sowie im Centre des Archives diplomatiques de La Courneuve in Paris. Ebenfalls berücksichtigt wurden die Bestände des britischen India Office, das in Waffenhandelsfragen eine wichtige Rolle in Großbritannien einnahm. Das salvadorianische Außenministerium verfügt leider über keine Unterlagen aus der Zeit, die für den hier untersuchten Gegenstand relevant wären.[49] Zweitens fußt diese Arbeit auf der Überlieferung des Völkerbundes im League of Nations Archive in Genf. Die dort einsehbaren Unterlagen und Protokolle geben nicht nur Einblick in den Verlauf der Verhandlungen, sondern ermöglichen auch die Rekonstruktion der Positionen und Interessen von Staaten, deren eigene Überlieferung nicht konsultiert werden konnte.[50] Um die Auseinandersetzung mit dem internationalen Rüstungsgeschäft zwischen den Weltkriegen in längere Entwicklungslinien einbetten zu können, wurden darüber hinaus die Bestände der Vereinten Nationen in New York und Genf hinzugezogen. Drittens macht diese Arbeit Gebrauch von Sammlungen der Friedensorganisationen, die in der Zwischenkriegszeit aktiv waren. Diese finden sich

49 Vgl. https://www.minrel.gob.cl/minrel/ministerio/archivo-general-historico/radi/archivo-de-la-cancilleria-de-el-salvador [aufgerufen am 15.5.2023].

50 Zum Zeitpunkt der Recherchen waren diese Bestände noch nicht digitalisiert. Nur vereinzelt habe ich im Nachgang weitere Akten online eingesehen.

teilweise im Völkerbund-Archiv. Berücksichtigt wurden aber auch die Überlieferung der Women's International League for Peace and Freedom im Swarthmore College, Philadelphia, und die der Union of Democratic Control in der Bibliothek der Hull University.

Zum Aufbau der Studie

Die Arbeit folgt weitgehend einem chronologischen Aufbau, der gleichzeitig die Verschiebung der Schwerpunktsetzungen in der Auseinandersetzung mit dem Waffenhandel sichtbar macht. Das erste Kapitel nimmt die Verhandlungen über den sogenannten Abrüstungs-Artikel der Völkerbundsatzung (Art. 8) zum Ausgangspunkt, der privatwirtschaftliche Profitinteressen als eine Gefahr für den Frieden definierte und Maßnahmen forderte, dieser Gefahr entgegenzuwirken. Es fragt, warum ausgerechnet die US-amerikanische und britische Delegationen eine solche Formel einbrachten und auf welche Entwicklungen und Diskurse sie damit reagierten. In den Blick gerät dabei der Aufstieg privater Rüstungsunternehmen seit dem späten 19. Jahrhundert, die zunehmend international aktiv und multinational verflochten waren. Diese Entwicklung prangerten Vertreter der SPD, der Labour-Partei, der französischen Sozialisten und Friedensorganisationen wie die Union of Democratic Control an. In einer Serie von Publikationen skandalisierten sie 1913 und 1914 die Praktiken der Rüstungsunternehmen, die den globalen Waffenhandel prägten, und erreichten dabei auf beiden Seiten des Atlantiks ein beachtliches Maß an Resonanz, die nicht zuletzt Ergebnis transnationaler Vernetzungen linker Politiker und der Friedensbewegung waren. Sie forderten die Verstaatlichung der Rüstungsproduktion, um zu verhindern, dass privates Profitstreben das internationale Wettrüsten befeuerte.

Diese Forderung, die in Europa eine dezidiert kapitalismuskritische Stoßrichtung hatte, war aus zwei Gründen anschlussfähig für die politische Agenda des US-Präsidenten Woodrow Wilson. Erstens war der Kampf gegen den Zusammenschluss großer Unternehmen zu Trusts und die damit einhergehende Herausbildung von Monopolen ein zentrales Projekt, mit dem er angetreten war. Wilsons Anti-Trust-Politik richtete sich nicht zuletzt gegen die großen Rüstungsunternehmen, deren Einfluss wichtige Vertreter seiner Regierung für eine Gefahr hielten. Zweitens machte Wilsons Regierung Rüstungsunternehmen als Vehikel europäischer Einflussnahme in Zentralamerika aus. Der Kampf gegen diese Einflussnahme war Teil einer im Kern imperialen Politik, die darauf zielte, die Region stärker unter die Kontrolle Washingtons zu bringen. Diese Möglichkeit, die Kontrolle der Rüstungsindustrie für eine imperiale Politik nutzbar zu machen, bildete auch die Voraussetzung dafür, dass sich die britischen Delegierten in Paris dem Vorschlag Wilsons anschließen konnten. Die von ihm eingebrachte Formel von den Gefahren der privaten Rüstungsindustrie blieb während der gesamten Zwischenkriegszeit ein wichtiger Bezugspunkt der Waffenhandelsdebatte und behielt dabei die Vieldeutigkeit bei, die bereits seine Genese gekennzeichnet hatte.

Im Zentrum des zweiten Kapitels steht die Waffenhandelskonvention, die 23 Staaten am Rande der Pariser Friedensverhandlungen Mitte 1919 unterzeichneten. Sie basierte im Wesentlichen auf dem Brüsseler Akt von 1890, der einen ersten Versuch dargestellt hatte, den Waffenhandel in den Kolonien mithilfe internationalen Rechts einzuhegen. Die Konvention machte deutlich, dass der in Paris angestrebte Frieden nicht nur auf Europa zielte, sondern durchaus global gemeint war, und dass Friedenssicherung im kolonialen Kontext immer auch Herrschaftssicherung bedeutete. Mit einem besonderen Augenmerk auf Großbritannien und seine Kolonien nimmt das Kapitel die Bemühungen zur Regulierung des Waffenhandels in den Kolonien und imperialen Grenzregionen seit dem ausgehenden 19. Jahrhundert in den Blick. Gefragt wird sowohl nach dem Kampf um die Inkraftsetzung völkerrechtlicher Verträge, der auf diplomatischem Parkett stattfand, als auch nach der Praxis des Waffenschmuggels in kolonialen Räumen und der Implementierung von Kontrollmechanismen auf lokaler und regionaler Ebene. Gleichzeitig war es vor allem die britische Regierung, die gegen internationale Beschränkungen des Handels mit technologisch fortschrittlichen Waffen kämpfte. Der Handel mit diesen Rüstungsgütern erschien aus ihrer Sicht nämlich unabdingbar, um andere Staaten an den Kosten zu beteiligen, die eine international konkurrenzfähige Rüstungsindustrie verursachte. Schon bald nach 1919 wurde deutlich, dass diese Politik in einem spannungsreichen Verhältnis stand zur Inkraftsetzung der Waffenhandelskonvention.

Während die Bemühungen um eine Beschränkung des Handels mit Kleinwaffen in den imperialen Einflusszonen auf die Aufrechterhaltung bestehender machtpolitischer und wirtschaftlicher Hierarchien zielte, sahen andere Akteure in Waffenhandelsbeschränkungen ein Instrument, solche Hierarchien aufzubrechen. Davon handelt das dritte Kapitel. Die international organisierten Gewerkschaften knüpften an die Waffenhandelsdebatte der Jahre 1913/1914 und den Abrüstungsartikel des Völkerbundstatuts an und forderten die Verstaatlichung der Rüstungsindustrie, um eine profitgetriebene globale Verbreitung von Waffen zu unterbinden. Anders als bei Wilson war diese Forderung Teil einer politischen Agenda, die auf die Überwindung des Kapitalismus zielte. Und auch die Regierungen einiger mindermächtiger Staaten forderten, den Hebel nicht beim Transfer, sondern bei der Produktion anzusetzen, um bestehende Machtverhältnisse aufzubrechen. Eine zentrale Rolle spielte El Salvador, dessen Regierung außenpolitisch eine gegen die USA gerichtete antiimperialistische Agenda verfolgte. Sie prangerte Handelskontrollen als Instrument des US-Imperialismus an und forderte stattdessen die

Kontrolle der Waffenproduktion, um einer ungesteuerten Verbreitung von Waffen entgegenzuwirken.

Das Kapitel nimmt die Debatten über Waffenhandels- und Produktionskontrolle auf der Völkerbundebene in den Blick, die 1925 in der Unterzeichnung einer zweiten Konvention mündeten. Es beleuchtet Synergien und Spannungsverhältnisse zwischen antikapitalistischen und antiimperialistischen Ansätzen der Produktionskontrolle und fragt, wie sie sich zu der im vorangegangenen Kapitel geschilderten Politik der Kolonialmächte verhielten. Dabei werden nicht nur Konfliktlinien deutlich, sondern es zeigt sich auch, welche Interessenkonstellationen es marginalen Akteuren wie Gewerkschaften und El Salvador ermöglichten, ihre Positionen in die Verhandlungen einzubringen. Eine zentrale Rolle kommt dabei der Regierung des Cartel des Gauches (1924–1926) zu. Sie wies nicht nur eine große Nähe zu den Gewerkschaften auf, sondern sie sah zudem in der Produktionskontrolle eine Möglichkeit, geheime Rüstungskooperationen der deutschen Industrie mit ausländischen Firmen aufzudecken.

Die 1930er Jahre sind der Gegenstand des vierten Kapitels. Mit der Weltwirtschaftskrise und dem drohenden Scheitern der Genfer Abrüstungskonferenz 1932/1933 geriet die private Rüstungsindustrie wieder ins Zentrum einer internationalen Debatte, die maßgeblich von Friedensorganisationen vorangetrieben wurde. Mithilfe transnational koordinierter Kampagnen und parlamentarischer Untersuchungskommissionen popularisierten sie die These, dass der internationale Waffenhandel nicht nur eine Ursache für den Ersten Weltkrieg gewesen sei, sondern nach wie vor den Frieden bedrohe. Vor diesem Hintergrund erlebte die Forderung eine neue Konjunktur, privaten Profit durch den Handel mit Rüstungsgütern völkerrechtlich zu verbieten und so den „merchants of death" – so der Titel eines populären, zeitgenössischen Buchs – das Handwerk zu legen. Dass ein solcher Schritt eingebettet sein musste in eine Strategie zur Überwindung des Kapitalismus beziehungsweise des Imperialismus, war eine Position, die Friedensaktivist*innen und linke Politiker auf beiden Seiten des Atlantiks vertraten. Die zentrale Rolle, die dabei die Frauenliga für Frieden und Freiheit spielte, verweist darauf, wie eng verflochten die Geschichte der Abrüstungspolitik mit der Geschichte der Frauenemanzipation war. Das neue gewonnene Wahlrecht verlieh ihren Forderungen, denen sie häufig eine auf geschlechterspezifische Unterschiede abstellende Argumentation zugrunde legten, ein vorher nicht dagewesenes Gewicht.

Die Kritik an den privaten Rüstungsunternehmen erwies sich dabei anschlussfähig sowohl für die französischen Regierungen unter Édouard Herriot, Joseph Paul-Boncour (1932) und Léon Blum (1936–1937 und 1938) als auch für die Regierung Roosevelts. Wenn letztere auch die Forderung nach Verstaatlichung nicht teilte und nicht die Überwindung, sondern Reform des Kapitalismus anstrebte, so waren Maßnahmen zur Kontrolle der Rüstungsindustrie doch in beiden

Staaten Teil einer staatsinterventionistischen Agenda zur Bewältigung der Wirtschaftskrise. Dass die Kontrolle der Rüstungsindustrie ab Mitte der 1930er Jahre auch bei den Delegationen in Genf auf große Resonanz stieß, lag aber auch daran, dass sich dieses Instrument als Maßnahme zur Koordinierung von Aufrüstungsbemühungen eignete, die mittlerweile allerorts einsetzten. Zunehmend verlor die Forderung nach Kontrolle der Rüstungsindustrie und ihres internationalen Geschäfts ihre ursprünglich friedenspolitische Stoßrichtung.

Das fünfte Kapitel und der Schluss reflektieren diese Vieldeutigkeit der Normen zur Regulierung des Waffenhandels, fragen danach, welche Wirkung sie auf globale Machthierarchien entfalteten, und beleuchten Kontinuitäten und Brüche, die diese Geschichte mit den vorangegangenen Jahren und dem darauffolgenden Kalten Krieg verbinden beziehungsweise sie von ihnen trennt. Dabei wird ausführlich auf Entwicklungen im internationalen Rüstungsgeschäft, im Völkerrecht und in der Friedensbewegung eingegangen.

1 Frieden
Der Waffenhandel und die Neuordnung der Welt

Eine der ersten Maßnahmen der Delegierten, die sich nach dem Ersten Weltkrieg zur Friedenskonferenz in Paris einfanden, war die Einberufung einer Kommission, die mit der Ausarbeitung einer Satzung für den zu gründenden Völkerbund betraut wurde. Während der ersten zwei Februarwochen 1919 verhandelten Vertreter Frankreichs, Japans, Brasiliens, Serbiens, Großbritanniens, Belgiens, Italiens, Chinas, der USA und Portugals, um die verschiedenen Vorschläge und Vorstellungen bezüglich der Organisation, die einen dauerhaften Frieden ermöglichen sollte, in einem ersten Textentwurf zusammenzuführen. Eine Schlüsselrolle spielte dabei der US-amerikanische Präsident Woodrow Wilson, der der Völkerbundkommission eine solche Bedeutung beimaß, dass er als einziges Staatsoberhaupt persönlich teilnahm. Während seine Amtskollegen Georges Clemenceau und David Lloyd George der Gründung einer internationalen Organisation eher abwartend bis gleichgültig gegenüberstanden, stellte sie aus seiner Sicht ein zentrales Element der globalen Nachkriegsordnung dar.

Am vierten Tag ging es um Abrüstung. Der zur Diskussion stehende Passus, der eine Offenlegung aller Rüstungsbemühungen festschrieb, ging Wilson nicht weit genug – er forderte, dass die Produktion von Rüstungsgütern durch privatwirtschaftliche Unternehmen verboten werden solle. Diese Forderung hatten bereits verschiedene Friedensorganisationen in Europa und den USA im Laufe des Krieges vorgebracht. Als Begründung hatten sie stets darauf verwiesen, dass ein dauerhafter Frieden unmöglich sei, solange sich die Produktion von Rüstungsgütern in privatwirtschaftlicher Hand befinde. Profitstreben werde immer wieder zu Rüstungsspiralen und Kriegen führen. Wilson sorgte nun dafür, dass diese Deutung Eingang in die Pariser Verhandlungen fand. Der britische Delegierte Robert Cecil, der nur zwei Plätze entfernt von Wilson saß, sprang ihm zur Seite. Schnell notierte er einen Textvorschlag auf einen Zettel und schob ihn dem Präsidenten zu: „The High Contracting Parties further agree that munitions and implements of war should not be manufactured by private enterprise and direct the Executive Council to consider how this practice can be dispensed with." Wilson war einverstanden mit diesem Vorschlag und hatte nur eine Kleinigkeit zu verbessern: Er verschärfte die Formulierung leicht, indem er aus „consider" ein verbindlicheres „advise" machte,

https://doi.org/10.1515/9783111571638-002

das noch dazu die Rolle des Rats stärkte. Die Delegierten nahmen den Vorschlag ohne weitere Debatte an.[1]

Die „Friedensmacher“ (Margaret MacMillan) in Paris stellten 1919 auch mit Blick auf den Waffenhandel wichtige Weichen. Neben der Kontrolle des Waffenhandels in den kolonialisierten Räumen – ein Thema, das im nächsten Kapitel in den Blick genommen wird – machten sie die Kontrolle beziehungsweise das Verbot privater Rüstungsproduktion zu einem festen Bestandteil der Bemühungen, die grenzübergreifende Verbreitung von Waffen einzuhegen. Ein effektiver Mechanismus – so eine weit verbreitete Ansicht, die die Abrüstungsdebatten der Zwischenkriegszeit prägen sollte, – dürfe nicht erst greifen, wenn Rüstungsgüter nationale Grenzen überschritten, sondern müsse dort regulierend wirken, wo man diese herstelle.

Die Rolle, die die Delegierten der USA und Großbritanniens in diesem Zusammenhang spielten, ist erklärungsbedürftig. Beide galten als Verfechter einer freien Marktwirtschaft, nicht als Verstaatlichungsbefürworter. Beide verfügten über eine bedeutsame und wirtschaftskräftige private Rüstungsindustrie. Das private Unternehmertum hatte in beiden Ländern einen entscheidenden Beitrag zur Kriegsmobilisierung geleistet. Wie kam es dazu, dass ausgerechnet die Vertreter dieser beiden Staaten versuchten, ein Verbot der privaten Rüstungsproduktion in die neu entstehende Weltordnung einzuschreiben? Auf welchen Ideen und Vorstellungen beruhten ihre Vorschläge und an welche Debatten knüpften sie an? Auf welche Entwicklungen auf dem Rüstungsmarkt reagierten sie? Das Kapitel geht diesen Fragen nach und zeigt, dass die Bemühungen, den Waffenhandel durch völkerrechtliche Produktionskontrollen zu beschränken, ihren Ursprung in drei sehr unterschiedlichen, grenzübergreifenden Projekten hatten: der Ausübung imperialer Kontrolle, der Überwindung von Problemen, die dem kapitalistischen System zugeschrieben wurden, sowie der Entwicklung eines globalen Systems zur Friedenssicherung, das auf internationalen Institutionen fußte. Diese Projekte sollten die Verhandlungen zur völkerrechtlichen Regulierung des Waffenhandels weit über 1919 hinaus während der gesamten Zwischenkriegszeit maßgeblich prägen.

1 Vgl. Miller: The Drafting of the Covenant, Vol. I, S. 172. Bereits 15 Jahre später war dieser Vorgang so schwer erklärbar, dass die Mitglieder einer von der britischen Krone eingesetzten Untersuchungskommission Mühe hatten, die Zusammenhänge zu erklären: The Origin of Article VIII, Paragraph 5, of the Covenant of the League of Nations, Memorandum by Sir Maurice Hankey, in: Royal Commission: Minutes of Evidence, S. 736–741.

1.1 Der globale Rüstungsmarkt um 1900

Die Vorschläge, die in Paris diskutiert wurden, reagierten auf Entwicklungen, die in die Zeit vor dem Ausbruch des Ersten Weltkriegs zurückreichten. Mit Blick auf die Regulierung des Waffenhandels waren Weichenstellungen von Bedeutung, die bereits im ausgehenden 19. Jahrhundert vollzogen worden waren. Damals hatten Europas Großmächte eine grundlegende Kehrtwende im Umgang mit Rüstungsexporten vorgenommen: Gab es Mitte des Jahrhunderts noch weitreichende nationale Gesetze, die der Ausfuhr von Waffen enge Grenzen setzten, so gingen die Regierungen der europäischen Industriestaaten Ende des Jahrhunderts dazu über, die heimische Rüstungsindustrie bei Exporten zu unterstützen. Diese Neubewertung des Waffenhandels stand in einem engen Zusammenhang mit der Privatisierung der Rüstungsproduktion – ein Prozess, der bisher nicht systematisch und trotz der internationalen Verflechtungen zwischen Unternehmen und der Gleichzeitigkeit, mit der sie in verschiedenen Staaten stattfand, nicht länderübergreifend untersucht worden ist. Trotzdem lässt die Forschungsliteratur über Rüstungsunternehmen und die Rüstungspolitik der Großmächte des späten 19. Jahrhunderts einige länderübergreifende Linien erkennbar werden.

Die Herstellung von Rüstungsgütern galt lange Zeit als Teil des staatlichen Gewaltmonopols. Die technischen Verfahren zur Produktion von Gewehren und Geschützen waren seit Jahrhunderten nahezu unverändert und – das gilt zumindest für Europa und Amerika – die meisten Staaten waren in der Lage, ihren Bedarf an Waffen zumindest teilweise zu decken. Regierungen stellten ihre Kriegsschiffe in staatseigenen Werften und die Kanonen in staatlichen Arsenalen her oder sie überwachten die Produktion strikt. Im Zeitalter des Merkantilismus und bis in die Mitte des 19. Jahrhunderts hinein galten Waffenexporte als Problem. Die europäischen Regierungen und Militärs gingen davon aus, sie würden das militärische Potenzial des Staates schwächen. Es gab eine Vielzahl nationalstaatlicher Gesetze, die Rüstungsausfuhren enge Grenzen setzten.[2]

Die Privatisierung der Rüstungsproduktion

Das begann sich zu ändern, als die Stahlindustrie, die sich im Zuge der Industrialisierung etabliert hatte, nach Möglichkeiten zur Erweiterung der eigenen Produktpalette zu suchen begann, um vom langsamer werdenden Ausbau des Eisenbahnnetzes unabhängiger zu werden. Den Anfang machten in den 1850er Jahren

2 Vgl. Krause: Arms and the State, S. 44–61.

das britische Unternehmen Armstrong und die Essener Firma Krupp. Sie entwickelten Geschütze, die die etablierten Waffen in Feuergeschwindigkeit und Durchschlagskraft übertrafen. Die militärische Elite Großbritanniens und Preußens reagierte jedoch zunächst skeptisch auf die Angebote ziviler Unternehmer, ihre Armeen mit innovativen Geschützen auszurüsten. Das lag nur teilweise daran, dass die neuen Waffen häufig störanfälliger waren als die alten. Militärs und sehr häufig auch Vertreter der adligen Schicht fürchteten vor allem, in Fragen der staatlichen Sicherheit in ein Abhängigkeitsverhältnis zur privaten Wirtschaft zu geraten.[3] Bis in die 1880er Jahre hinein waren die privaten Rüstungsunternehmen deshalb nicht viel mehr als Lückenbüßer, die einsprangen, wenn die staatseigenen Arsenale den Bedarf der Armeen nicht decken konnten. Den besten Stand hatten noch Schneider Creusot in Frankreich und Krupp in Deutschland, die im Zuge des deutsch-französischen Wettrüstens der 1870er Jahre erstmals umfassend an der Produktion von Geschützen beteiligt wurden.[4]

Um die sehr schwankende und immer wieder gegen null tendierende Nachfrage der Heimatstaaten auszugleichen, bemühten sich die privaten Rüstungsunternehmen, ihre Produkte ins Ausland zu exportieren. Allerdings waren auch Exporte riskant: Nicht selten kam es vor, dass ein Staat seine Rechnung nicht begleichen konnte und Zahlungsfristen verstrichen. Die Nachfrage in den 1860er und 1870er Jahren war jedoch groß: In den USA tobte ein Bürgerkrieg, Preußen kämpfte gegen Österreich und Frankreich, auf dem Balkan bekämpften sich Russland und die Türkei, China und Japan rüsteten gegeneinander und in Südamerika gab es mehrere Kriege.[5] Diese Konflikte erklären, warum die privaten Unternehmen trotz der Skepsis der heimischen Führungselite auf dem Rüstungsmarkt Fuß fassen konnten. Sie erklären aber nicht, wie aus einem riskanten Geschäftsmodell, das von wechselhaften außenpolitischen Konjunkturen und klammen Staatsfinanzen abhängig war, eine Erfolgsgeschichte werden konnte.

Ihren Boom erlebte die private Rüstungsindustrie ab Mitte der 1880er Jahre. Fast zeitgleich entschieden sich die europäischen Großmächte, die private Industrie in einem vorher nie dagewesenen Umfang in ihre Rüstungsprojekte einzubeziehen. Natürlich gab es in jedem Land spezifische Interessenkonstellationen, die diese Entscheidungen begünstigten. Dennoch verweist die Gleichzeitigkeit der Privatisierung darauf, dass vor allem länderübergreifende Konstellationen als Erklärung herangezogen werden müssen. Es spricht einiges dafür, den Ausgangspunkt der

---

3 Vgl. Wolbring: Krupp und die Öffentlichkeit, S. 39–54; Gall: Krupp, S. 133–163; Bastable: William Armstrong, S. 19–66.

4 Vgl. Crouzet: Remarques sur l'industrie des armements; Ropp: The Development of a Modern Navy, S. 63–67; Wolbring: Krupp und die Öffentlichkeit, S. 64 f.; James: Krupp, S. 67–71.

5 Vgl. Grant: Rulers, Guns, and Money, S. 15–47.

Privatisierung in der Krise zu suchen, in der sich die europäische Industrie Mitte der 1880er Jahre wähnte. Nachdem die Industrialisierung einen wirtschaftlichen Boom ohnegleichen ausgelöst hatte, kam es ab 1873 zu einer konjunkturellen Abkühlung, die bis in die 1890er Jahre währte; Investitionen brachen ein und zahlreiche Unternehmen gingen bankrott. Das nun verminderte Wirtschaftswachstum stellte aus Sicht der Zeitgenossen bereits eine „Große Depression" dar.[6]

Die Stahlindustrie verstärkte in Reaktion auf diese Entwicklung ihre Bemühungen, bei nationalen Rüstungsprojekten berücksichtigt zu werden. Dabei stieß sie auf heftigen Widerstand der militärischen Aristokratie und konservativ-agrarischer Kreise, die ein tiefes Misstrauen gegenüber den zivilen Aufsteigern aus der Wirtschaft hegten. Die konservativen Privatisierungskritiker hielten die Abhängigkeit von privaten Unternehmen im sensiblen Bereich der Rüstung für ein im Krisenfall unkalkulierbares Risiko. Dennoch wurde in Großbritannien eine Privatisierungskampagne, die das Unternehmen Armstrong Ende der 1870er Jahre begonnen hatte, 1886 von Erfolg gekrönt. Als Teil des Versuchs, die englische Industrie zu stärken, erleichterte die konservative Regierung Lord Salisburys die Vergabe von Rüstungsaufträgen an private Unternehmen.[7] In Frankreich waren es die der Industrie nahestehenden gemäßigten Republikaner, die 1885/86 die Weichen zugunsten einer Privatisierung der Rüstungsproduktion stellten, indem sie die strikten Exportbeschränkungen für nicht-staatliche Unternehmen lockerten. Einerseits ging es darum, der Wirtschaftskrise entgegenzuwirken, in der sich die heimische Industrie befand. Andererseits legten die Erfahrungen, die man im Krieg 1871 mit den gegnerischen Krupp-Geschützen gemacht hatte, und der Aufstieg der britischen privaten Unternehmen nahe, dass sich eine umfassende militärische Mobilisierung mit staatlichen Werften und Arsenalen nicht mehr bewerkstelligen ließe.[8] Wenige Jahre später entschied sich die Regierung Caprivi für eine Konjunkturspritze zugunsten der privaten Rüstungsindustrie. Die im sogenannten Kleinen Militärgesetz von 1890 vorgesehene Aufrüstung sollte erstmals vor allem von privaten Unternehmen durchgeführt werden. Diese Wende in der deutschen Beschaffungspolitik wurde verstetigt, als Staatssekretär des Reichsmarineamts Alfred von Tirpitz sein Flottenprogramm auf den Weg brachte und dabei auf die privaten Unternehmen setzte, um auf diese Weise das gegen die Krise kämpfende industrielle Bürgertum stärker an die Regierung zu binden.[9]

---

6 Vgl. Lewis: Growth and Fluctuations; Saul: The Myth of the Great Depression.

7 Vgl. Bastable: Arms and the State, S. 201–215; Spear: The Business of Armaments, S. 17–80.

8 Vgl. Ropp: The Development of a Modern Navy, S. 65–73; Crouzet: Recherches sur la production, S. 64–67; Stevenson: Armaments, S. 29 f.

9 Vgl. Geyer: Deutsche Rüstungspolitik, S. 45–83; Epkenhans: Die wilhelminische Flottenrüstung 1908–1914; Berghahn: Rüstung und Machtpolitik; Berghahn: Der Tirpitzplan; Stein: Heerespolitik,

Die Rüstungsprogramme, die die europäischen Großmächte, aber auch die USA seit Mitte der 1880er Jahre auf den Weg brachten und die die Rüstungsausgaben sprunghaft in die Höhe schnellen ließen, waren aber weit mehr als eine Konjunkturspritze für die Stahlindustrie und Werften. Sie sollten den neuen Imperialismus des ausgehenden 19. Jahrhunderts militärisch absichern. Hier zeigt sich ein weiterer Zusammenhang zwischen der Privatisierung der Rüstungsindustrie und der wirtschaftlichen Krisenstimmung des ausgehenden 19. Jahrhunderts. In Europa und Nordamerika machte sich die Überzeugung breit, dass die Saturierung der eigenen Wirtschaft der Grund für die „Große Depression" sei. Um weiter wachsen zu können, sei die Erschließung neuer Märkte notwendig. Asien, Afrika und Lateinamerika, die bis dahin aufgrund ihrer Ressourcen für die Wirtschaften der nordatlantischen Staaten von Bedeutung gewesen waren, wurde nun eine weitere Funktion zugeschrieben: Sie sollten zu Absatzmärkten werden. Dabei ging es nicht mehr darum, diese Märkte in einen möglichst schrankenlosen globalen Warenaustausch einzugliedern. Vielmehr gaben die Regierungen der industrialisierten Großmächte zentrale Glaubenssätze des Liberalismus auf und versuchten, die Stellung des eigenen Staates zu verbessern, indem sie Interessenssphären absteckten. Die USA beanspruchten eine Sonderstellung mit Blick auf die lateinamerikanischen Staaten, die europäischen Mächte teilten den afrikanischen Kontinent und die asiatischen Gebiete untereinander auf. Die sozioökonomischen Hintergründe der imperialen Expansion waren dabei eng verschränkt mit kulturell-ideologischen Entwicklungen, die diesen Prozess befeuerten: Der Aufstieg des europäischen Nationalismus als staatliches Ordnungsprinzip und als gesellschaftliches Bindemittel, das Entstehen des Sozialdarwinismus, der Expansionspolitik als Mittel nationalstaatlicher Existenzsicherung begriff, und die Verbreitung des Navalismus, der politische Macht über den Besitz von Überseegebieten definierte.[10]

Der neue Imperialismus des ausgehenden 19. Jahrhunderts hatte zahlreiche Implikationen für die private Rüstungsindustrie. Um den Handel mit entfernten Weltregionen zu sichern und die eigenen wirtschaftlichen Interessen auch fern der Heimat durchsetzen zu können, benötigten die europäischen Kolonialmächte und

S. 89–98; Wolbring: Krupp und die Öffentlichkeit. Länderübergreifende Beobachtungen zur Privatisierung der Rüstungsindustrie am Ende des 19. Jahrhunderts bei Krause: Arms and the State, S. 54–61.

10 Vgl. Cain/Hopkins: British Imperialism, S. 107–202; Förster/Mommsen/Robinson: Bismarck; Hobsbawm: Das imperiale Zeitalter, S. 79–111; Hopkins: American Empire, S. 255–286; Wehler: Bismarck und der Imperialismus. Der britische Ökonom John Hobson argumentierte bereits 1902 in seiner Studie „Imperialism", dass die imperiale Expansion eine Reaktion auf die ökonomische Krise sei, deren Ursache er in der Überproduktion und einer zu langsam wachsenden Kaufkraft der Bevölkerung industrialisierter Staaten ausmachte.

die USA Kriegsflotten. Parlamente und Regierungen beschlossen deshalb ab den 1880er Jahren umfangreiche Schiffsbauprogramme. Diese erfüllten gleichzeitig den Zweck, die sozialen Folgen der Depression abzufedern: Durch die geschaffenen Arbeitsplätze sollte sozialen Spannungen und einer Stärkung der Arbeiterbewegung vorgebeugt werden.[11] Die Schiffsbauprogramme der Großmächte machten einen enormen Ausbau der Rüstungsindustrie erforderlich: Die modernen, gepanzerten Schlachtschiffe waren komplexe Waffensysteme, für deren Herstellung Unmengen an Stahl notwendig waren; von der Bestückung der Schiffe profitierten auch die Panzerplatten-, Geschütz- und Munitionssparten. Infolge des Flottenbaus und der mit ihm einhergegangenen Privatisierung floss eine vorher nie dagewesene Menge an Kapital in den Ausbau immer aufwendigerer Produktionsstätten. Die Herstellung von Waffen, die zunächst Teil einer unternehmerischen Diversifizierungsstrategie gewesen war, wurde mehr und mehr zum wichtigsten Standbein zahlreicher Firmen. Das britische Unternehmen Vickers kam gar zu dem Schluss, dass das Rüstungsgeschäft so tragfähig sei, dass man sich vollständig auf diesen Bereich konzentrieren könne. Die Geschäftsleitung beschränkte sich deshalb darauf, die Rüstungsproduktion selbst zu diversifizieren und mit Munition, Geschützen, Maschinengewehren, U-Booten und Schlachtschiffen in allen Sparten des Geschäfts vertreten zu sein.[12]

Auch für die Einführung neuer Waffentechnologien erwiesen sich die Kolonien als ergiebiges Experimentierfeld. Maschinengewehre beispielsweise galten den konservativen europäischen Militärs zunächst als eine Waffe, die gegen ihr Berufsethos verstoße. Im Kampf gegen die „unzivilisierten Völker" spielten solche Bedenken hingegen keine Rolle. Maschinengewehre ermöglichten eine Aufstandsbekämpfung, die die Leben der eigenen Soldaten schonte und Kosten reduzierte. So gelangten diese Waffen über den Umweg der Kolonien in die europäischen Armeen.[13]

Vor allem die langfristig angelegten Schiffsbauprogramme trugen entscheidend dazu bei, die Privatisierung der Rüstungsindustrie in Europa und den USA zu verstetigen. Im ersten Jahrzehnt des zwanzigsten Jahrhunderts spielten die staatlichen

11 Zu Frankreich siehe Ropp: The Development of a Modern Navy; Zu Deutschland siehe Berghahn: Der Tirpitz-Plan; Berghahn: Rüstung und Machtpolitik; Epkenhans: Die wilhelminische Flottenrüstung; Kehr: Der Primat der Innenpolitik, siehe dort insbesondere den Aufsatz „Klassenkämpfe und Rüstungspolitik". Zu den USA siehe Cooling: Gray Steel, S. 139–160; Hagan: American Gunboat Diplomacy; Hopkins: American Empire, S. 352–355. Zu Großbritannien siehe Bastable: Arms and the State, S. 201–212; Gray: Steam Power and Sea Power; Scott: Vickers, S. 46–60; sowie eine Diskussion der Forschungsliteratur zum Verhältnis von Navy und Empire in Gough: The Royal Navy.

12 Vgl. Scott: Vickers, S. 40–94; Trebilcock: The Vickers Brothers, S. 26–51.

13 Vgl. Haedrick: The Tools of Empire, S. 101–103.

Arsenale und Werften kaum noch eine Rolle.[14] Das Aufrüsten der Großmächte barg aus Sicht der Rüstungsunternehmen allerdings das Risiko, einseitige Abhängigkeiten zu schaffen. Sollten die Rüstungsprogramme beendet werden, drohten Gewinneinbrüche. Die bis dahin dominierende staatliche Rüstungsindustrie hatte ihre Produktion stets an den Sicherheitsinteressen der eigenen Regierung ausgerichtet und keine langfristige Wachstumsstrategie verfolgt. Anders stellte sich die Situation mit dem Aufstieg der privaten Rüstungsindustrie dar: Um erfolgreich zu bleiben, war sie beständig darum bemüht, einseitige Abhängigkeiten zu vermeiden. Trotz starker heimischer Nachfrage versuchte sie deshalb, den Absatzmarkt zu vergrößern, um auch weiterhin einen signifikanten Anteil der Rüstungsgüter an auswärtige Kunden zu liefern.[15]

Rüstungsexport-Politik

Dank einer Vielzahl regionaler Konkurrenzen und nationalstaatlicher Konsolidierungsprozesse gelang ihnen das auch. Russland, das nur verzögert eine eigene Rüstungsindustrie aufbaute, war ein wichtiger Kunde vor allem der britischen und französischen Unternehmen. Die Spannungen zwischen dem Deutschen Reich und Frankreich einerseits, die durch die imperiale Expansionspolitik beider Staaten noch befeuert wurde, und Russland und dem Deutschen Reich andererseits brachten die Regierungen in Moskau und Paris dazu, eine rüstungspolitische Allianz einzugehen. Die französische Regierung wollte einen erneuten Angriff Deutschlands vorbeugen, indem sie die Aufrüstung der russischen Streitkräfte unterstützte. Die Aufrüstung Russlands hatte Effekte auf andere Regionen. Angesichts russischer Machtambitionen in Ostasien und am Schwarzen Meer sahen sich auch China, Japan und die Türkei genötigt aufzurüsten. In Südamerika konkurrierten Chile, Brasilien und Argentinien um die Hegemonie und eine Reihe von ungeklärten Grenzfragen ließ auch die kleineren Staaten aufrüsten. Auf dem Balkan bemühten sich Griechenland und die neugegründeten Nationalstaaten Serbien, Bulgarien und Rumänien, ihre Souveränität durch Waffenkäufe bei Krupp, Vickers, und Schneider Creusot abzusichern.[16]

Obwohl die heimischen Aufträge zwischen dem Ende des 19. Jahrhunderts und dem Ersten Weltkrieg umfangreicher waren als je zuvor, wuchsen auch die Exporte. Jedes europäische Rüstungsunternehmen verkaufte zwischen den 1880er Jahren

---

14 Vgl. Stevenson: Armaments, S. 18–40.

15 Vgl. Krause: Arms and the State, S. 56–61.

16 Vgl. Beaud: De L'Expansion Internationale; Bradley: Tuns for the Tsar; Goldstein: Vickers and the Tsarist Regime; Grant: Rulers, Guns, and Money; Grant: The Sword of the Sultan; Sater/Herwig: The Grand Illusion; Schäfer: Deutsche Militärhilfe an Südamerika.

und dem Ersten Weltkrieg im Schnitt 30 Prozent seiner Rüstungsgüter ins Ausland. Wenn auch der Anteil der Exporte gemessen am Inlandsmarkt zurückging, so stiegen die absoluten Zahlen dennoch deutlich.[17] Das Unternehmen Krupp ist ein gutes Beispiel dafür. Zwischen 1875 und 1891 lag der Anteil der fürs Ausland produzierten Rüstungsgüter im Schnitt bei 80 Prozent, zwischen 1900 und 1914 sank er um die Hälfte ab. Im gleichen Zeitraum stieg der im Ausland gemachte Jahresumsatz um das drei- bis vierfache.[18] Die Privatisierung der Rüstungsproduktion und die Aufrüstung der Kolonialmächte wirkten also überaus stimulierend auf den internationalen Waffenhandel.

Das lag auch daran, dass die Steigerung der Waffenexporte von den Regierungen der Großmächte gewollt war. Bis in die 1880er Jahre hinein hatten sie die Waffenexporte der heimischen Industrie bestenfalls toleriert. Doch der Privatisierungsschub seit Mitte der 1880er Jahre änderte dies. Fortan waren Exporte fester Bestandteil der Rüstungspolitik europäischer Großmächte. Diese Kehrtwende gründete auf der Ausrichtung der Rüstungsproduktion an einer marktwirtschaftlichen Logik. Die Befürworter der Privatisierung in allen Ländern – sowohl die Rüstungsunternehmen als auch ihre Verbündeten in den Parlamenten und Regierungen – hatten sich von Beginn an auf die marktliberale Verheißung berufen, dass Wettbewerb Innovation und angemessene Preise generieren werde. Diese Argumentation ging einher mit einer Diskreditierung der staatlichen Rüstungsindustrie. Die einem Monopol gleichkommende Stellung der staatlichen Arsenale und Werften sei ein Hemmschuh für den Aufbau einer schlagkräftigen Armee und Marine; sie gefährde deshalb das Staatswohl. Die Anwendung marktwirtschaftlicher Prinzipien auf die Rüstungsproduktion galt den Verfechtern der Privatisierung als Garant waffentechnischer Überlegenheit. Charakteristisch ist ein Memorandum, in dem Stuart Rendel, einer der einflussreichsten Direktoren Armstrongs, Anfang der 1880er Jahre von der Regierung forderte: „Encourage private enterprise generally, and give England once more the chance of recovering a fair share of the gun trade of the world, and so extending its manufacturing renown and resources.“ Mit anderen Worten: Um die eigene Rüstungsindustrie zu stärken, müsse man sie darin unterstützen, auf dem weltweiten Markt Fuß zu fassen und dort mit anderen Unternehmen zu konkurrieren. Nur die Behauptung im internationalen Wettbewerb

17 Vgl. Krause: Arms and the State, S. 59 f.

18 Vgl. die Tabellen bei Epkenhans: Die wilhelminische Flottenrüstung, S. 455 und Umsatzstatistik der Krupp-Werke von 1848 bis 1891, in: Boelcke: Krupp, Anhang (ohne Seitenzahl). Siehe außerdem zur Entwicklung der Rüstungsexport Jindra: Zur Entwicklung.

garantiere die Versorgung der eigenen Armeen und Flotten mit innovativen und überlegenen Waffen.[19]

Dieses Dogma setzte sich Mitte der 1880er Jahre in allen Rüstungsgüter produzierenden Staaten durch. Die deutsche und britische Regierung gingen dazu über, ihre Unternehmen bei der Einfädelung von Rüstungsdeals tatkräftig zu unterstützen, ebenso die französische Regierung, die 1885 die weitreichenden Exportbeschränkungen für die heimische Rüstungsindustrie aufhob. Die Botschaften wurden angewiesen, bei anstehenden Rüstungsprojekten im Ausland die eigene Rüstungsindustrie ins Gespräch zu bringen und gegebenenfalls politischen Druck auszuüben, um Deals einzufädeln. Ein weiteres Mittel, um Aufträge für die heimische Industrie an Land zu ziehen, war die Vergabe von Krediten: Vor allem Frankreich ermöglichte interessierten Käufern die Aufnahme risikoreicher Kredite zum Kauf von Waffen mit der Bedingung, dass diese bei den französischen Rüstungsunternehmen bestellt werden müssten.[20]

Um jenen Kritikern entgegenzutreten, die an der Auffassung festhielten, Rüstungsexporte seien ein Beleg für die „Vaterlandslosigkeit" der Rüstungsunternehmen, pflegten die privaten Rüstungsunternehmen offensiv das Image patriotischer Unternehmen. Aufträge aus dem Ausland wurden zu Akten des Patriotismus umgedeutet, indem man sie zu Beweisen für die Überlegenheit der nationalen Industrie erklärte. Sich als „nationale Unternehmen" und unabkömmliche Verbündete „ihres Staates" darzustellen, war eine wichtige – wenn auch nicht immer erfolgreiche – Geschäftsstrategie, um auf dem heimischen Markt das Vertrauen der politischen Eliten zu erlangen und sich ihre Unterstützung im Kampf um Absatzmärkte zu sichern.[21]

Transnationale Verflechtungen im Rüstungsgeschäft

Gleichzeitig waren die Rüstungsunternehmen Vorreiter in Sachen Transnationalisierung – ein Charakteristikum, das sie allerdings wohlweislich nicht zum Bestandteil ihrer Imagepflege machten. Diese Transnationalisierung hatte ihren Ur-

19 Vgl. Bastable: Arms and the State, S. 161–200, Zitat S. 181. Siehe außerdem Crouzet: Recherches sur la production; Crouzet: Remarques sur l'industrie des armements en France; Gatrell: Government, Industry and Rearmament in Russia, S. 103–199; Harkavy: The Arms Trade and International Systems, S. 35 f; Wolbring: Krupp und die Öffentlichkeit; S. 52 f.

20 Vgl. Grant: Rulers, Guns, and Money, S. 15–36, 78–144; Ropp: The Development of a Modern Navy, S. 67–73; Sater/Herwig: The Grand Illusion, S. 132–175.

21 Vgl. Bastable: Arms and the State, S. 111–125; Wolbring: Krupp und die Öffentlichkeit, S. 220–252. Zur zeitgenössischen Kritik an dieser Imagepflege in Frankreich siehe Delaisi: Le patriotisme.

sprung genau wie der Boom des Waffenhandels in der Depression, die den privaten Rüstungsproduzenten zum Durchbruch verholfen hatte. Die Führungsetagen der Rüstungsunternehmen verwiesen zur Durchsetzung ihrer Position zwar gerne auf die heilende Wirkung des Wettbewerbs. Als Lehre aus dem Konjunktureinbruch des späten 19. Jahrhunderts stellten sie diesen Glaubenssatz bei der Entwicklung ihrer Geschäftsstrategie jedoch infrage – eine Entwicklung, die sich auch in anderen Branchen beobachten lässt. Uneingeschränkter Wettbewerb erschien ihnen nicht mehr ausschließlich als positive Errungenschaft. Stattdessen verfolgten sie die Strategie, durch Absprachen, Zusammenschlüsse und Kooperation den Wettbewerb auf dem Waffenmarkt einzudämmen, um trotz der starken Konkurrenz ein gewisses Preisniveau zu wahren. Dazu bildeten die großen Stahlunternehmen, Sprengstoffhersteller und Gewehrproduzenten grenzübergreifende Kartelle.[22]

Mit Blick auf einen sehr klar begrenzten Teil ihrer Produktpalette trafen die in Kartellen organisierten Rüstungsunternehmen Vereinbarungen bezüglich der Preise, der Zuständigkeit für bestimmte Weltregionen und Länder sowie bezüglich der Nutzung von Patenten. Die Organisationsformen, Strukturen und der Umfang der Kooperation variierten sehr stark. Kartelle stellten in der Regel zeitlich begrenzte Kooperationsstrukturen zwischen Unternehmen dar. Wenn beispielsweise ein Patent ablief oder aufgrund neuer Techniken bedeutungslos wurde, endete auch die Zusammenarbeit im Kartell. Ein gutes Beispiel dafür ist die Harvey-Steel. Der Amerikaner Hayward Harvey hatte Anfang der 1890er Jahre ein neues Verfahren zur Herstellung von Panzerplatten entwickelt, die für den Bau von Schlachtschiffen benötigt wurden. 1894 gründeten die Panzerplatten-Hersteller Frankreichs, Großbritanniens, Deutschlands und der USA die Harvey Steel Company. Dem Kartell gehörten die britischen Unternehmen Vickers, Cammell, Armstrong und John Brown an, die Dillinger Hütte und Krupp, Acières de la Marine, Schneider Creusot und Chatillon aus Frankreich sowie Bethlehem Steel und Carnegie aus den USA. Sie vereinbarten eine gemeinsame Preispolitik für Regionen außerhalb der vier Länder beim Verkauf von Produkten, die nach dem Harvey-Verfahren hergestellt worden waren. Armstrong kam zu dem Ergebnis, dass es auf diese Weise gelungen sei, den Durchschnittspreis für Stahl bei 115 Dollar pro Tonne zu stabilisieren. In einem Wettbewerbssystem wäre er diesen Berechnungen zufolge auf 40 Dollar pro

22 Die Geschichte der Rüstungskartelle wurde bisher nur in Ansätzen untersucht. Zu Kartellen allgemein siehe Barjot: Introduction; Gerber: Law and Competition; Harding: Regulating Cartels in Europe; Kerkhof: Von der Friedens- zur Kriegswirtschaft, S. 169–186. Liefmann: Internationale Kartelle. Zu Sprengstoffkartellen siehe Martin: Kartellbildung in der deutschen Sprengstoffindustrie; Stevens: The Powder Trust. Beispiele für die Arbeitsweise von Rüstungskartellen finden sich bei Epstein: Torpedo; Sater/Herwig: The Grand Illusion, S. 156–160, Trebilcock: The Vickers Brothers, S. 91–103.

Tonne gesunken. Als die Patente 1911 ausliefen, löste sich auch die Harvey Steel auf. Gleichzeitig gehörten die in der Harvey Steel zusammengeschlossenen Unternehmen anderen Kartellen an oder hatten Verträge mit anderen Unternehmen zur Nutzung von Patenten. Vickers beispielsweise hatte einen Vertrag mit den Deutschen Waffen- und Munitionsfabriken, die letzteren erlaubte, Lizenzprodukte außerhalb Frankreichs, der USA und der Kolonien zu verkaufen. Die Gewinne wurden nach einem festgelegten Schlüssel geteilt.[23] Damit verschwand der Wettbewerb zwar nicht aus dem Geschäft; in den nicht regulierten Bereichen wurde weiterhin mit harten Bandagen gekämpft. Es gelang den Rüstungsunternehmen aber immerhin, die Gewinnspannen auf einem heftig umkämpften Markt spürbar zu erhöhen.

Kartelle dienten mitunter auch der Gründung neuer Unternehmen. Deutsche Sprengstoffhersteller taten sich beispielsweise in den 1890er Jahren zusammen, um in London die Chilworth Gunpowder zu gründen, da die britische Regierung nur von englischen Unternehmen kaufte. Auch andere Unternehmen kooperierten bei der Gründung von ausländischen Produktionsstätten. Britische, deutsche und französische Unternehmen gründeten gemeinsame Unternehmen in Spanien, Italien, Japan, Russland oder der Türkei.[24] Auf diese Weise entstand in den drei Jahrzehnten vor dem Ersten Weltkrieg ein kaum noch zu durchschauendes Geflecht zwischen privaten Rüstungsunternehmen, die international agierten und mal eng zusammenarbeiteten, dann wieder in Konkurrenz zueinander standen.

1.2 Die Entdeckung des „armament ring"

Kritik an diesen Verhältnissen begleitete die Etablierung internationaler Rüstungsunternehmen von Anfang an. In Debatten über die Vergabe von Rüstungsaufträgen monierten Politiker die „Vaterlandslosigkeit" des Kapitals, Friedensaktivist*innen prangerten den Umstand an, dass das Geschäft ausschließlich der Gewinnmaximierung skrupelloser Unternehmer diene.[25] Doch erst 1913/1914 entwickelte sich eine internationale Debatte über die Rüstungsindustrie, die von Ent-

---

23 Scott: Vickers, S. 86–88; Bastable: Arms and the State, S. 213f.; Trebilcock: The Vickers Brothers, S. 91–103.

24 Vgl. Martin: Kartellbildung in der deutschen Sprengstoffindustrie, S. 73f.; Goldstein: Vickers and the Tsarist Regime; Grant: Big Business in Russia; Bastable: Arms and the State, S. 213.

25 Siehe z. B. Verhandlungen des Reichstages, Bd. 203 (1903/05), 173. Sitzung, 27.3.1905, S. 5623f. oder Verhandlungen des Reichstages, Bd. 285 (1912/14,3), 62. Sitzung, 14.5.1912, S. 1994C. Popularität erlangte George Bernard Shaws Theaterstück „Major Barbara" aus dem Jahr 1905, das von einem skrupellosen Waffenhändler handelt.

hüllungen britischer, französischer, russischer, japanischer und deutscher Journalisten und Politiker gespeist wurde und eine langfristige Wirkung entfaltete. Auslöser war dabei jedoch nicht der Anstieg des internationalen Waffenhandels, sondern der Wehrausgaben rüstungsproduzierender Staaten.

Fast alle europäischen Mächte verzeichneten seit dem Ende des 19. Jahrhunderts kontinuierlich steigende Rüstungsausgaben. Eine wichtige Rolle spielte dabei der Ausbau der Flotten, der durch das Zusammenspiel technologischer Neuerungen und imperialer Machtansprüche vorangetrieben wurde und immer größere Schlachtschiffe mit immer stärkeren Panzerungen, immer mehr Geschütztürmen und immer großkalibrigeren Kanonen hervorbrachte. Häufig folgte auf den Bau neuer Schlachtschiffe durch eine Großmacht die Forderung nach Aufstockung der Flotten anderer Großmächte. Ein zentrales Ereignis, das dieser Spirale Antrieb verlieh, war die Flotten-Novelle von 1908, mit der die Regierung des Deutschen Reiches den Bau von Schlachtschiffen beschleunigte. Diese Entscheidung lieferte der britischen Regierung 1909 das Argument, die eigene Flotte aufzustocken. Begleitet wurden die Debatten im britischen Unterhaus von einer Medienkampagne, die auf drastische Weise vor der drohenden Überlegenheit der deutschen Flotte warnte und die als *navy scare* in die Geschichte eingehen sollte. Wie sich wenige Jahre später herausstellte, waren diese Ängste völlig überzogen. Das änderte aber nichts daran, dass es der Regierung gelang, Ausgabensteigerungen für die Navy durchzusetzen.[26]

Solche konstruierten Bedrohungsszenarien waren jedoch Symptom einer sehr realen Krise der europäischen Beziehungen. Diese spitzte sich 1911 weiter zu, als der Kampf um Einfluss in Nordafrika in einem ernsthaften Konflikt zwischen Frankreich und dem Deutschen Reich mündete. Zwar konnte diese sogenannte zweite Marokkokrise entschärft werden. Doch obwohl es nicht zu einem Krieg kam, trieb das Ereignis das Wettrüsten weiter an. Kurz darauf brach 1912 Krieg zwischen Serbien, Montenegro, Bulgarien und Griechenland auf der einen Seite und dem Osmanischen Reich auf der anderen Seite aus. Wieder waren weitreichende Interessen der Großmächte im Spiel, die sich veranlasst sahen, ihre Wehrausgaben zu erhöhen, um im Bedarfsfall militärisch reagieren zu können. Marokkokrise und Balkankrieg verschärften insbesondere das deutsch-französische Wettrüsten. Bereits 1911 hatte sich gezeigt, dass die Angriffsdrohungen der Reichsregierung kaum noch ernst genommen wurden. Um das zu ändern, sah ihre Wehrvorlage von 1912 und 1913 enorme Ausgabensteigerungen vor. In Reaktion darauf gab Frankreichs

26 Vgl. Berghahn: Der Tirpitz-Plan, S. 556–590; Epkenhans: Die wilhelminische Flottenrüstung; Seligmann: Intelligence Information; Stevenson: Armaments, S. 165–180.

Regierung Anfang 1913 bekannt, die Verlängerung des Wehrdienstes auf drei Jahre zu beabsichtigen.[27] Gleichzeitig verabschiedete der Reichstag 1912 abermals ein Gesetz, das einen weiteren Ausbau der Flotte vorsah. Die britische Regierung reagierte ihrerseits mit der Ankündigung, weitere Schiffe bauen zu wollen.[28]

Die steigenden Rüstungsausgaben belasteten die Haushalte der europäischen Staaten spürbar. Das Deutsche Reich hatte 1906 noch umgerechnet 57,1 Millionen Pfund für Rüstung ausgegeben, 1913 waren es bereits 93,4 Millionen. Frankreich verzeichnete im gleichen Zeitraum einen Anstieg von 46,2 Millionen auf 72 Millionen Pfund, Österreich-Ungarn von 13,7 auf 25 Millionen, Italien von 14,8 auf 39,6 Millionen. Lediglich in Großbritannien blieben die Ausgaben relativ konstant zwischen 60 und 70 Millionen Pfund – was aber eher daran lag, dass sie hier bereits seit 1900 mit einem Anteil von 30 bis 40 Prozent des Haushalts sehr hoch gewesen waren.[29]

Die Rüstungsausgaben schränkten die Handlungsspielräume in anderen Politikfeldern ein. Es verwundert deshalb nicht, dass es insbesondere Parteien und Politiker mit einem ausgeprägten sozialpolitischen Profil waren, die gegen die Aufrüstung vorzugehen versuchten. Im Deutschen Reich kamen sie meist aus der Sozialdemokratie, in Frankreich gehörten sie den Sozialisten an und in Großbritannien entweder der noch jungen Labour-Partei oder dem radikalen Flügel der britischen Liberalen. Allerdings stießen ihre Bemühungen, den ständig steigenden Rüstungsausgaben auf parlamentarischer Ebene etwas entgegenzusetzen, angesichts der internationalen Dynamiken und der sich zuspitzenden Krise der europäischen Beziehungen permanent an Grenzen. Der Verweis auf Aufrüstungsbemühungen anderer Staaten erwies sich als zugkräftiges Argument für immer neue Ausgaben, dem schwer beizukommen war. Vor diesem Hintergrund begannen rüstungskritische Abgeordnete ab dem frühen 20. Jahrhundert, sich transnational zu vernetzen. Das Büro der Zweiten Internationale spielte dabei eine wichtige Rolle. Hier wurden Vorschläge für ein gemeinsames Vorgehen entwickelt, diskutiert und beschlossen.[30]

27 Vgl. Hermann: The Arming of Europe, S. 147–198; Geyer: Deutsche Rüstungspolitik, S. 102–113; Krumeich: Aufrüstung und Innenpolitik.

28 Vgl. Epkenhans: Die wilhelminische Flottenrüstung, S. 93–142.

29 Vgl. Hobson: The Military-Extraction Gap, S. 464 f.; Stevenson: Armaments and the Coming of War, S. 1–14.

30 Vgl. Haupt: Socialism and Great War; Lademacher: Die Illusion vom Frieden, S. 170–190.

Karl Liebknecht und die Skandalisierung des internationalen Rüstungsgeschäfts

Der Sozialdemokrat Karl Liebknecht zählte zu denjenigen, die diese Strategie mit besonders viel Engagement vorantrieben. Vor allem aber trug er maßgeblich dazu bei, das Augenmerk der Debatten über das Wettrüsten auf private Rüstungsunternehmen und ihre internationalen Geschäfte zu lenken – und das nicht nur in Deutschland, sondern auch in anderen europäischen Staaten sowie in Japan und den USA. Liebknecht war im Jahr der deutschen Reichsgründung als Sohn des prominenten SPD-Politikers Wilhelm Liebknecht geboren worden und hatte früh den Weg in die Politik gefunden. Er galt als Vertreter des linken Flügels der SPD und gehörte zu den rüstungspolitischen Experten seiner Partei. Für ihn war das Konzept des Militarismus zentral, das bereits fest im diskursiven Kanon seiner Partei verankert war. Seit dem ausgehenden 19. Jahrhundert wurde es beispielsweise verwendet, um Kritik daran zu üben, dass Personen, die zuvor in der Rüstungsindustrie tätig gewesen waren, ins Kriegsministerium wechselten und umgekehrt. Der Vorwurf des Militarismus konnte aber auch allgemeiner genutzt werden, um Kriegsbegeisterung in der Gesellschaft oder die Herausbildung von Monopolen in der Rüstungsindustrie anzuprangern. Für Parteigrößen wie Karl Kautsky war Militarismus dabei ein typisch deutsches Phänomen, das die Gesellschaft des Kaiserreichs von denjenigen kapitalistischer Staaten wie Frankreich oder Großbritannien unterschied. Noch dazu war er das Kennzeichen einer Epoche, die mit der Globalisierung des Kapitalismus und den damit einhergehenden wirtschaftlichen Verflechtungen an ein Ende gelangte. Dieser Lesart zufolge waren Kapitalismus und Militarismus nicht notwendigerweise miteinander verbunden – ja Militarismus behindere geradezu die Weiterentwicklung des Kapitalismus.[31]

Karl Liebknecht knüpfte zwar an diesen Diskurs an, er deutete Militarismus aber neu. In seiner 1907 veröffentlichten Schrift „Militarismus und Antimilitarismus“, für die er in einem aufsehenerregenden Prozess wegen Hochverrats zu eineinhalb Jahren Festungshaft verurteilt wurde, interpretierte er den Militarismus als ein Element, das jedem kapitalistischen System immanent sei:

> Kein Zweifel, der Militarismus ist dem Kapitalismus in vieler Hinsicht selbst eine Last, aber diese Last sitzt ihm so fest auf dem Nacken, wie der geheimnisvoll mächtige Greis auf den Schultern Sindbads, des Seemanns. Er bedarf seiner, wie man im Kriege der Spione bedarf und in Friedenszeiten der Scharfrichter und Henkersknechte. [...] Der Militarismus ist eine Erb-

---

31 Vgl. Berghahn: Militarism, S. 7–30; Stargardt: The German Idea of Militarism, S. 112–126.

sünde des Kapitalismus, die zwar hie und da der Besserung zugänglich ist, von der ihn aber erst das Fegefeuer des Sozialismus läutern wird.[32]

Liebknecht entwickelte aber nicht nur ein Militarismus-Konzept, das über den spezifisch deutschen Kontext hinauswies – er trieb auch die Suche nach einer grenzübergreifenden Strategie der europäischen Linken voran. Das verband ihn mit den französischen Sozialisten und Gewerkschaften, die bereits seit der Jahrhundertwende darauf drängten, den Kampf gegen den Militarismus zu internationalisieren. Als die französischen Sozialisten 1913 vorschlugen, angesichts des sich zuspitzenden Wettrüstens zwischen Deutschland und Frankreich eine gemeinsame Resolution zu verabschieden, gehörte Liebknecht zu den Fürsprechern. Das war keine Selbstverständlichkeit; mächtige Parteifreunde wie August Bebel und Philipp Scheidemann reagierten skeptisch. Das Verhältnis zwischen Sozialdemokraten und französischen Sozialisten war in Fragen der Friedenspolitik in den vorangegangenen Jahren nicht einfach gewesen. Während Letztere vehement dafür plädierten, Streiks zum zentralen Bestandteil einer Antikriegsstrategie der internationalen Arbeiter*innenbewegung zu machen, warnten Erstere vor der staatlichen Repression, die eine solche Strategie nach sich ziehen könnte. Dennoch gelang es beiden Seiten, sich im Februar 1913 auf ein gemeinsames Manifest zu einigen, in dem sie sich dezidiert dem Thema der privaten Rüstungsindustrie widmeten.[33] Sie beklagten, die „führende Klasse" befördere gezielt den Völkerzwist, verwiesen auf die bereits erfolgreichen Bemühungen, das „Doppelspiel der Chauvinisten und Rüstungsunternehmen zu demaskieren" und bekräftigten, diesen Kampf auch weiterhin gemeinsam mit allen Mitteln führen zu wollen.[34]

Man kann Liebknechts politisches Vorgehen der folgenden Monate durchaus als Versuch interpretieren, dieses gemeinsame Manifest mit Leben zu füllen. Im März 1913 führte ihn eine ausgiebige Vortragsreise nach Paris, Brüssel, Antwerpen und London, wo er Kontakte zu Publizisten und Politikern knüpfte. Zu seinen Vortragsthemen gehörte auch die deutsche Aufrüstung.[35] Vor allem aber bereitete er eine Enthüllung vor, die weit über Deutschland hinaus auf Resonanz stoßen sollte. Zum Zeitpunkt der Unterzeichnung des deutsch-französischen Manifests la-

32 Liebknecht: Militarismus und Antimilitarismus, S. 45.

33 Vgl. Haupt: Socialism and the Great War, S. 11–122; Lademacher: Die Illusion vom Frieden, S. 191–194; Miller: From Revolutionaries, S. 66–91.

34 Manifeste socialiste contre le projet de service de trois ans, 1. 3. 1913, http://histoire-socialiste.over-blog.fr/2014/03/manifeste-socialiste-contre-le-projet-de-service-de-trois-ans.html [aufgerufen am 9. 3. 2020, 12:30]. Wortlaut: „classes dirigeantes"; „[...] démasqué le double jeu, le jeu perfide des chauvins et des fournisseurs militaires des deux pays [...]."

35 Vgl. Wolgemuth: Liebknecht, S. 219.

gen ihm bereits seit einigen Monaten höchst kompromittierende Informationen über Krupp vor.[36] Als einen Monat später im April 1913 der Reichstag über die nächste Wehrvorlage diskutierte, die weitere Ausgabensteigerungen für Garnisonsbauten, Festungen und die Gehälter des Militärs vorsah, nutzte Liebknecht die Gelegenheit, um mit dieser Information an die Öffentlichkeit zu gehen.

In seiner Rede vor dem Reichstag konkretisierte Liebknecht seine Militarismustheorie auf der Grundlage der ihm vorliegenden Informationen. Zunächst führte er eine Reihe von Zeitungsartikeln an, in denen unverhohlen die Hoffnung auf einen baldigen Krieg zum Ausdruck kam, um im zweiten Schritt Verflechtungen der privaten Rüstungsunternehmen mit Pressehäusern anzuprangern, die er für diese Stimmungsmache verantwortlich machte. Solche Verflechtungen seien aber nur ein Beispiel dafür, dass diese Unternehmen alles in ihrer Macht Stehende täten, um Profite zu machen. Er verfüge nun über Dokumente, die belegten, dass Krupp über Jahre hinweg in Berlin Militärs bestochen habe, um an Rüstungspläne des Heeres zu gelangen und so seine Gewinne zu maximieren. Krupp sei aber kein Einzelfall – kein privates Rüstungsunternehmen, egal in welchem Land es seinen Sitz habe, habe ein Interesse an der Sicherheit des Staates. In Umkehrung der Vorstellung einer sozialistischen Internationale zeichnete er das Bild einer Internationalen der Rüstungsunternehmen. Diese führten zwar beständig das Wort Vaterland im Munde. Tatsächlich diene das patriotische Vokabular aber dazu, grenzübergreifend die Kriegsstimmung anzustacheln, um bessere Geschäfte machen zu können. Es sei notwendig „zu verstehen, wie dieses Kapital hetzerisch arbeiten kann in Frankreich und Deutschland“. Ob der Feind beliefert werde, sei den Rüstungsunternehmen völlig gleichgültig. Vielmehr würden sie „stets ihre gemeinsamen Interessen“ befördern. Deutsche Rüstungsunternehmen seien mit französischem Kapital gefüttert; die Unternehmensvorstände, die doch über Fragen der nationalen Sicherheit informiert sein müssten, seien international besetzt. Das europäische Wettrüsten lasse sich deshalb letztlich auf eine gemeinschaftliche Geschäftsstrategie international kooperierender Unternehmen zurückführen. Dem „internationalen Rüstungskapital“ war auf der Grundlage von Liebknechts Militarismustheorie nur mit den Mitteln des Sozialismus beizukommen: „Die Verstaatlichung der gesamten Rüstungsindustrie muss in aller Eile durchgeführt werden, koste es, was es wolle, weil es nur damit möglich ist, eine Interessenklasse auszumerzen, deren Existenz eine ständige Kriegsgefahr für die ganze Welt bedeutet, und

36 Siehe zu den Hintergründen und Reaktionen der sogenannten Kornwalzer-Affäre Bösch: Krupps „Kornwalzer“.

damit eine Wurzel des Rüstungswahnsinns und eine Wurzel des Völkerzwistes zu vernichten."[37]

Liebknechts Enthüllungen erhielten zusätzliche Brisanz, als auf ihrer Grundlage drei Monate später ein erster Prozess gegen Mitarbeiter von Krupp geführt wurde, auf den im Herbst ein zweiter folgte. In diesen Prozessen kamen Krupps internationale Verflechtungen und Exporte ausführlich zur Sprache.[38] Auch außerhalb Deutschlands war die Resonanz groß. Das lag nicht nur an Liebknechts guter, internationaler Vernetzung, sondern vor allem daran, dass die Reichstagsdebatten über den Wehretat angesichts des europäischen Wettrüstens auch im Ausland aufmerksam verfolgt wurden. Im Anschluss an Liebknechts Rede entwickelte sich eine internationale Debatte über das weltweite Geschäft der Rüstungsindustrie, an der sich Journalisten und Politiker des linken Spektrums verschiedener europäischer Länder beteiligten und in deren Zuge immer neue Details über die Praktiken der privaten Rüstungsindustrie ans Licht kamen. In Frankreich etwa veröffentlichten den Sozialisten nahestehende Publizisten wie André Morizet, der mit Liebknecht in Verbindung stand, und Francis Delaisi eine Reihe von Artikeln, in denen sie die internationalen Praktiken der französischen Rüstungsindustrie in den Blick nahmen.[39]

Eine transnationale Kampagne

Besonders nachhaltig waren die Reaktionen in Großbritannien, wo gerade einen Monat zuvor im März 1913 über neue Ausgaben für die Navy abgestimmt worden war. Für das rüstungskritische Lager der Labour-Partei stellte das Abstimmungsergebnis eine schwere Niederlage dar. Zwar hatten der Parteigründer Keir Hardie, nach wie vor eine wichtige Parteigröße, sowie die der Partei nahestehende Zeitung *Labour Leader* im Vorfeld der Abstimmung versucht, die 41 Abgeordneten auf Budgetkürzungen einzuschwören. Doch als aus den eigenen Reihen ein entsprechender Vorschlag in die Parlamentsdebatte eingebracht worden war, hatten lediglich 16 von ihnen dafür gestimmt.[40] Einmal mehr hatte sich gezeigt, wie gespalten die britische Arbeiter*innenbewegung in Sachen Rüstung war. Bei Labour spielten Gewerkschafter eine wichtige Rolle. Rüstungsunternehmen, nicht zuletzt die großen privaten Werften Vickers und Armstrongs, waren wichtige Arbeitgeber.

37 Verhandlungen des Reichstages, Bd. 289 (1913), 143. Sitzung, 18.4.1913, S. 4910–4913, Zitat S. 4913.

38 Vgl. Bösch: Krupps „Kornwalzer", S. 361–371. Eine ausführliche Dokumentation des Prozesses siehe Zimmermann (Hg.): Prozeß Brandt und Genossen.

39 Vgl. Delaisi: Le patriotisme; Otto: Liebknecht contra Rüstungskapital, S. 92 f.

40 Vgl. Newton: British Labour, S. 305 f.

Gleichzeitig war auch in der Partei die Überzeugung weit verbreitet, dass die britische Wirtschaft auf globalen Freihandel angewiesen sei, der nur durch Schlachtschiffe gesichert werden könne. Aus diesen Gründen war ein geeintes Vorgehen der Partei gegen steigende Rüstungsausgaben schwer durchzusetzen. Als der Wehretat 1910 Ausgabensteigerungen vorsah, konnten die parteiinternen Rüstungskritiker erst nach heftigen Auseinandersetzungen durchsetzen, gemeinsam mit Abgeordneten des linken Flügels der liberalen Partei, den sogenannten Radikalen, eine Abrüstungskampagne zu organisieren. Sie argumentierten, dass der Wehretat letztlich darauf ziele, Sozialreformen zu verhindern. 1912 hingegen stimmte ein signifikanter Teil der Labour-Abgeordneten für die Gesetzesvorlagen der Regierung, die Steigerungen der Rüstungsausgaben vorsah.[41]

Liebknechts Rede wurde zum Ausgangspunkt eines Versuchs, diese innerparteiliche Spaltung durch eine gemeinsame Interpretation des Wettrüstens zu überwinden. Die britischen Medien berichteten ausführlich.[42] Die Rüstungskritiker innerhalb der Labour-Partei bemühten sich, herauszustellen, dass die gegen Krupp erhobenen Vorwürfe auch mit Blick auf die britische Rüstungsindustrie zutreffend seien. Eine besondere Rolle spielte dabei Walton Newbold. Der 25-jährige Quäker war 1910 der Partei beigetreten und schrieb für den *Labour Leader*. Er hatte Liebknecht kennengelernt, als dieser im März 1913 in London einen Vortrag gehalten hatte. Bei dieser Gelegenheit hatten beide offenbar eine gemeinsame Veröffentlichung über die internationale Rüstungsindustrie vereinbart.[43]

In zahlreichen Zeitungsartikeln und dem viel rezipierten Pamphlet *The War Trust Exposed*, zu dem Liebknecht das Vorwort lieferte, knüpfte Newbold an die These des Sozialdemokraten an. Es ging ihm darum zu zeigen, dass der Kern des Problems in Deutschland wie in Großbritannien der Kapitalismus sei. Konsequenterweise arbeitete er die Ähnlichkeiten zwischen beiden Ländern heraus und richtete sein Augenmerk auf jene Praktiken britischer Unternehmen, die Liebknecht bereits thematisiert hatte: Auch britische Rüstungsunternehmen lieferten an solche Staaten, die aus bündnispolitischen Gründen potenzielle Feinde Großbritanniens seien; auch britische Firmen seien in internationale Kartelle eingebunden; und auch in Großbritannien hätten Unternehmensinteressen großen Einfluss auf die Politik. Dabei zeichneten sich Newbolds Publikationen einerseits dadurch aus, dass sie auf ausgiebigen Recherchen basierten. Er lieferte die bis dahin detaillierteste Beschreibung jener internationalen Kartelle, in denen britische Unternehmen organisiert waren: Zur Harvey United Steel Co., in der Unternehmen

41 Vgl. Callaghan: The Labour Party, S. 1–23; Newton: British Labour.

42 Vgl. Woodward: Great Britain and the German Navy, S. 513.

43 Vgl. Bösch: Krupps „Kornwalzer", S. 343; Wolgemuth: Karl Liebknecht, S. 219.

zusammengeschlossen waren, die das sogenannte Harvey-Verfahren zur Herstellung von Panzerungen anwandten, würden nicht nur britische Unternehmen gehören, sondern auch die US-amerikanische Bethlehem Steel Co., Schneider Creusot aus Frankreich, die italienische Societa degli Alti Forni Fondiere, die deutschen Dillinger Hüttenwerke und Krupp. Dass solche Kartelle allerdings in ihrer Funktion begrenzt waren und nur bestimmte Segmente des Marktes koordinierten, keineswegs aber der Durchsetzung einer geschlossenen Geschäftsstrategie dienten, blendete Newbold aus. Weiterhin belegte er anhand von Zahlen, dass der Aufstieg der privaten Rüstungsunternehmen auf Kosten der staatlichen Werften gegangen sei. Er listete Abgeordnete und einflussreiche Persönlichkeiten auf, die Aktionäre von Rüstungsunternehmen seien. Er berichtete davon, dass Italien – verbündet mit dem Deutschen Reich – seine Flotte mit Kanonen des britischen Unternehmens Vickers ausstatte. Liebknecht schlussfolgerte in dem von ihm beigesteuerten Vorwort, dass diese Befunde die Existenz einer „Verschwörung" der „kapitalistischen Internationale" gegen den Frieden belegten.[44]

Obwohl Newbold über kein Abgeordnetenmandat verfügte, so wurden seine Argumente und Rechercheergebnisse doch dankbar von Parteigrößen wie Ramsay MacDonald und Keir Hardie aufgegriffen.[45] Philip Snowden, der neben den beiden Genannten zu den Schwergewichten innerhalb der Partei gehörte, tat sich dabei besonders hervor. Die antikapitalistische Stoßrichtung der Rüstungskritik fügte sich gut in seine wirtschaftspolitischen Überzeugungen. Snowden vertrat die Meinung, dass der Kapitalismus nicht die Bedingungen für eine gleichmäßige Verteilung von Wohlstand und für die Verbesserung der Lebensumstände der breiten Bevölkerung schaffen könne – im Gegenteil, unter einem kapitalistischen System werde es zwangsläufig zu einer immer größeren Konzentration des Kapitals kommen. Militarismus sei dabei wesentlicher Bestandteil eines Systems, das beständig seinen Einflussbereich vergrößern müsse, um neue Gebiete ausbeuten zu können. Die einzige Möglichkeit, einen dauerhaften Frieden herzustellen, sei deshalb eine soziale Revolution, in deren Zuge der Privatbesitz von Land und industriellem Kapital abgeschafft und in öffentlichen Besitz und unter öffentliche Kontrolle gebracht werden müsse. Unter sozialer Revolution verstand Snowden nicht einen gewaltvollen Umbruchsmoment, sondern die graduelle Aneignung politischer Macht und die allmähliche Transformation des kapitalistischen Systems.[46]

44 Vgl. Newbold: The War Trust Exposed; Newbold: How Asquith Helpeld the Armour Ring. Zu dieser Kampagne siehe Newton: British Labour, S. 308 f.; Trebilcock: Radicalism, S. 180 – 183.

45 Vgl. Newton: British Labour, S. 309 f. Für weitere Literatur aus dem Kontext dieser Debatte siehe Brailsford: The War of Steel and Gold; Brockway: The Devil's Business; Perris: The War Traders.

46 Vgl. Snowden: Socialism and Syndicalism; Thompson: Political Economy, S. 69 – 73.

In seinen Reden vor dem Parlament, in denen Snowden sich gegen weitere Ausgaben für die Navy aussprach, griff er ausgiebig auf Newbolds Reportagen zurück. Die internationalen Netzwerke von Aktionären und privaten Unternehmen bezeichnete er dabei als „armament ring“, was bald schon ein viel genutztes Schlagwort im Diskurs über internationale Rüstungsgeschäfte werden sollte. Die Harvey Steel United stelle die „aktuellste und umfassendste Form kapitalistischer Organisation“ dar. Ganz im Sinne seiner wirtschaftspolitischen Vorstellungen machte er die wirtschaftlichen Privatinteressen hinter der Rüstungsproduktion als den Kern des Problems aus. Die gesamten Ausgabensteigerungen der letzten Jahre seien den privaten Unternehmen zugutegekommen, nicht den staatlichen. Statt deshalb weiter öffentliche Gelder in Aufrüstung zu stecken, gelte es, endlich die Aufrüstung zu stoppen und Gelder für sozialpolitische Maßnahmen freizusetzen.[47]

Die sogenannte Kornwalzer-Affäre Krupps sollte nicht der einzige Rüstungsskandal am Vorabend des Ersten Weltkriegs bleiben. Das plötzliche Interesse an der internationalen Rüstungsindustrie zog weitere Enthüllungen nach sich. Karl Richter, Stenotypist bei Siemens in Japan, hatte versucht Dokumente zu verkaufen, die Schmiergeldzahlungen seiner Firma an die japanische Regierung belegten. Mithilfe dieser Zahlungen war es Siemens gelungen, ein Monopol auf die Elektroausrüstung im Rüstungsbereich zu erlangen. Als Richter 1913 nach Deutschland zurückkehrte, klagte ihn die Firma an. Als Anwalt entschied er sich für niemand anderen als Liebknecht. Der Prozess fand im Januar 1914 statt und löste in Japan einen Skandal aus, der auch auf andere Staaten abstrahlte. Richters Dokumente belasteten nämlich nicht nur das deutsche Unternehmen, sondern belegten auch, dass Vickers Bestechungsgelder in großem Umfang gezahlt hatte, um an Aufträge zu kommen. Was den Rüstungskritikern in Großbritannien und Deutschland weitere Munition in ihrem Kampf gegen hohe Rüstungsausgaben bescherte, führte in Japan letztlich zum Rücktritt der Regierung im März 1914.[48]

Auch die kleinen europäischen Staaten gerieten in den Blick der Rüstungskritiker als wichtiger Absatzmarkt der großen Rüstungsunternehmen. Zwischen Oktober 1912 und August 1913 tobten in Osteuropa zwei Kriege, in denen sich Serbien, Bulgarien, Rumänien, Griechenland, Albanien und die Türkei in wechselnden Bündnissen gegenübergestanden. Die Presse war voll von Berichten über Massaker und Gräuel, die die Streitkräfte aller involvierten Länder begangen hatten. Korrespondenten der großen Zeitungen und Diplomaten zeigten sich über das Ausmaß der Gewalt schockiert. Das veranlasste die US-amerikanische Carnegie Foundation,

---

47 Snowden: Dreadnoughts and Dividends, Zitat S. 16. Wortlaut: „the Harvey Trust [...] represented, I think, the most up-to-date and complete form of capitalist organization“.

48 Otto: Liebknecht, S. 97–107; Mitchell: Political Bribery in Japan, S. 28–30; Takenaka: Siemens in Japan.

eine Untersuchungskommission ins Leben zu rufen, die den Berichten auf den Grund gehen und Lehren zur Friedenssicherung aus dem soeben beendeten Krieg formulieren sollte. Sie bestand aus acht renommierten Völkerrechtlern, Publizisten und Politikern aus Großbritannien, Frankreich, Deutschland, den USA, Österreich und Russland. Die sogenannte Balkan-Kommission arbeitete zwischen Juli 1913 und Februar 1914.[49]

Die Entsendung einer Expertenkommission war Ausdruck einer recht jungen Entwicklung in der Friedensbewegung. In Abgrenzung zu einem Aktivismus, der vorrangig auf moralische Argumente setzte, sahen immer mehr einflussreiche Friedensaktivist*innen in Europa und den USA den Schlüssel zum Erfolg in einem Ansatz, den sie als wissenschaftlich verstanden. Die Aufgabe der Friedensbewegung sei es, Krieg zu einem Forschungsgegenstand zu machen, um präzise Aussagen über dessen Ursache und über mögliche Lösungsstrategien machen zu können. Solche Pläne sprachen Andrew Carnegie an, einen US-amerikanischen Stahlmagnaten. Er sah in einer solchen Verwissenschaftlichung eine „effiziente" Strategie und erklärte sich bereit, ein großes Vermögen in Friedensforschung zu stecken. Ausgestattet mit einem Stiftungsvermögen in Höhe von einer Millionen Dollar nahm das Carnegie Endowment for International Peace 1910 seine Arbeit auf. Die Entsendung der Balkan-Kommission war eines ihrer ersten Großprojekte.[50]

Zu den Mitgliedern der Balkan-Kommission gehörte auch Francis Wrigley Hirst, Herausgeber des *The Economist*, einer der einflussreichsten Zeitungen Großbritanniens. Seit Jahren war er ein versierter britischen Rüstungskritiker. Er hatte nicht nur ausgiebig über Liebknechts Enthüllungen berichtet,[51] sondern auch über die Geschäfte Krupps und Creusots auf dem Balkan, die aus seiner Sicht maßgeblich zur Destabilisierung der Region beigetragen hatten.[52] Auch sein Landsmann Henry Brailsford hatte sich bereits vor seiner Berufung in die Kommission mit der internationalen Rüstungsindustrie beschäftigt.[53] Die Balkankommission führte ihre Untersuchungen zeitgleich zur Debatte über die internationale Rüstungsindustrie durch und es verwundert deshalb nicht, wenn sie auch das Thema der Waffenexporte in den Blick nahm und beklagte: „A large body of persons, possessing immense capital, is engaged in the manufacture of armaments;

49 Vgl. Müller: Die Balkankriege; Müller/Troebst (Hg.): Philantropy; Rausch: Internationales Recht; Segesser: Recht Statt Rache, S. 143–150.

50 Vgl. Marchand: The American Peace Movement, S. 99–143. Zum „wissenschafltichen Pazifismus" siehe auch Chickering: Imperial Germany.

51 Vgl. Woodward: Great Britain and the German Navy, S. 495–517, besonders S. 513 f.; Bastable: Arms and the State, S. 163.

52 Vgl. Hirst: The Balkan War, in: Hirst: Six Panics, S. 133–141, 137–139.

53 Vgl. Brailsford: The War of Steel and Gold.

more still, a formidable plant which must be sunk has been created and continues to be created every day. Is there anyone who will ignore this accumulation of strength and of riches? Who will be able to stop short this impulse?“[54]

So unterschiedlich die Situationen in Japan, dem Deutschen Reich und auf dem Balkan auch waren, auf die die Debatte über die internationale Rüstungsindustrie Bezug nahm – vor dem Hintergrund der Aufrüstung westeuropäischer Staaten erhielten sie eine gemeinsame Bedeutung: Sie dienten als Beleg dafür, dass hohe Rüstungsausgaben nicht in erster Linie mit Verweis auf die Sicherheitslage eines Landes zu erklären seien, sondern mit den Profitinteressen der großen privaten Unternehmen.

Kriegsausbruch und die Forderung nach völkerrechtlichen Lösungen

Der Ausbruch des Ersten Weltkriegs ließ diese Diskussion nicht etwa abreißen, sondern er verlieh ihr zusätzlichen Auftrieb. Viele Rüstungskritiker sahen ihre Auffassung bestätigt, dass die vom privaten Profitstreben befeuerte Aufrüstung der zentrale Grund für Kriege sei. Insbesondere in Großbritannien knüpften Vertreter der Labour-Partei an die Vorkriegsdebatte an, um die Politik ihrer Regierung zu kritisieren und Reformen anzumahnen. Unterstützung für ihre regierungskritische Linie erhielten sie von den sogenannten Radikalen – dem sozialreformerischen Flügel der Liberalen Partei. Bis zur Jahrhundertwende hatte diese Gruppierung – ähnlich wie einige der Kollegen aus der Labour-Partei – die hohen Ausgaben für die Navy als Notwendigkeit gesehen, um den internationalen Freihandel zu verteidigen. Doch die steigenden Kosten der Schlachtschiffe standen ihrem eigentlichen Anliegen, Sozialreformen, im Wege. Seit 1905 hatten sie deshalb immer wieder gegen weitere Ausgabensteigerungen opponiert und sich für Abrüstung eingesetzt.[55] Die Kritik an der britischen Rüstungspolitik war ein wichtiges Schnittstellenthema zwischen Radikalen und der Friedensbewegung, die in den Jahren vor dem Krieg auch in England an Einfluss gewann.[56] In Labour-Kreisen herrschte hingegen bis 1914 Skepsis gegenüber der bürgerlichen Friedensbewegung vor – darin ähnelten sich die britische Partei und die deutschen Sozialdemokraten, die erst 1910 begonnen hatten, die Nähe zu pazifistischen Gruppen zu suchen.[57]

---

54 Report of the International Commission, S. 17.

55 Vgl. Jordan: Pensions not Dreadnoughts; Morris: The English Radical's Campaign for Disarmament; Woodward: Great Britain and the German Navy.

56 Vgl. Laity: The British Peace Movement, S. 176–215; Morris: The English Radical's Campaign.

57 Vgl. Newton: British Labour, S. 179–181; Haupt: Socialism and the Great War, S. 11–29.

Im September 1914 gründete eine Gruppe rüstungskritischer Labour-Politiker, radikaler Liberaler sowie Publizisten, die diesen beiden Gruppen und der Friedensbewegung nahestanden, die Union of Democratic Control. Ausgegangen war die Initiative von dem Labour-Abgeordneten Ramsay MacDonald, dem radikalen Liberalen Charles Trevelyan sowie den beiden „public intellectuals" Norman Angell und Edmund Morel. Nicht nur Ramsay MacDonald, der gerade erst als Labour-Vorsitzender zurückgetreten war, weil seine Partei für Kriegskredite gestimmt hatte, war eine angesehene Persönlichkeit des öffentlichen Lebens. Trevelyan war als parlamentarischer Sekretär für Bildungsfragen zuständig. Angell war ein international renommierter Redner und Publizist, dessen fortschrittsoptimistischen Thesen von der friedensstiftenden Wirkung internationaler wirtschaftlicher Verflechtungen insbesondere unter Friedensaktivist*innen in Europa und den USA auf große Resonanz stießen. Morel hatte um die Jahrhundertwende zu den führenden Köpfen der Kampagne gegen Zwangsarbeit im Kongo-Freistaat gehört und galt seither als eine international anerkannte moralische Autorität. Zu den ersten Mitgliedern gehörte auch Brailsford, der gerade erst die Arbeiten am Bericht der Balkankommission abgeschlossen hatte. Sie alle waren in und außerhalb Großbritanniens gut vernetzt und hatten Kontakte bis in die Regierungsspitze. Und sie alle trieb ein Unbehagen an der Politik der britischen Regierung um. Aus ihrer Sicht zeigte der Ausbruch des Krieges, dass die internationalen Beziehungen einer grundlegenden Reform bedurften. Die Bedrohung der Demokratie ginge nicht allein von den Mittelmächten aus, sondern auch und vor allem von einer intransparenten „Geheim- und Klassendiplomatie" sowie vom Einfluss der „Rüstungsorganisationen". Beides präge auch die Politik der eigenen Regierung.[58]

Das Ziel der UDC war es, einen Reformplan zu entwickeln, der von Vertretern unterschiedlicher Lager akzeptierbar sein und in Zukunft einen dauerhaften Frieden ermöglichen sollte. Dabei griffen sie Ideen auf, die bereits seit einigen Jahren in der Friedensbewegung auf beiden Seiten des Atlantiks diskutiert wurden. Das Programm fußte auf vier Forderungen: Ein Verbot kriegerischer Annektionen, parlamentarische Kontrolle internationaler Verträge, die Schaffung eines öffentlich arbeitenden „internationalen Rats" anstelle geheimer Allianzen und schließlich Abrüstung: „Great Britain shall propose as part of the Peace settlement a plan for the drastic reduction by consent of the armaments of all the belligerent Powers, and to facilitate that policy shall attempt to secure the general nationalisation of the manufacture of armaments, and the control of the export of armaments by one

58 Ramsay MacDonald, Charles Trevelyan, Norman Angell, Edmund Morell, September 1914, in: HHC, UDDC 1/1: Minute, 1914–1918. Zu den innerhalb der UDC diskutierten Ideen siehe Stöckmann: The First World War.

country to another."[59] Während die Forderung nach einer völkerrechtlich abgesicherten Reduzierung der Rüstung an die Haager Friedenskonferenzen von 1899 und 1907 anknüpfte, die von der Friedensbewegung mit viel Hoffnung verfolgt worden waren, war die Verstaatlichungsforderung das Resultat der Debatte über das europäische Wettrüsten der beiden Vorkriegsjahre. Dabei ist es bemerkenswert, dass dieser Vorschlag, der aus einer antikapitalistischen Agenda hervorgegangen war, nun auch von Liberalen mitgetragen wurde. Ganz offensichtlich gingen auch liberale Friedensaktivisten wie Angell, der stets die friedensstiftende Wirkung internationaler Verflechtung hervorgehoben hatte und Kapitalismus und Krieg nicht als unweigerlich miteinander verknüpft sah, davon aus, dass ein Ende der privaten Rüstungsindustrie sowohl notwendig sei, als auch der angestrebten Überparteilichkeit des UDC-Programms nicht im Wege stehen würde.

Um den Rückhalt in der Bevölkerung für diese Forderungen zu gewinnen, ging die UDC mit Pamphleten und Vorträgen an die Öffentlichkeit. Eines der ersten Druckerzeugnisse fasste unter dem Titel „The International Industry of War" zusammen, was Liebknecht, Newbold, Brailsford und andere zusammengetragen hatten. Darüber hinaus bemühten sich die UDC-Mitglieder, Kontakte mit pazifistischen Organisationen in anderen Ländern aufzubauen. Aus Sicht der Regierung stellten diese Aktivitäten eine Bedrohung dar. Sekundiert von der konservativen Presse verdächtigte sie die Friedensaktivist*innen, von Deutschland finanziert zu werden. Die Justiz beschlagnahmte Publikationen, das Foreign Office versuchte den Versand von Pamphleten ans Ausland zu verhindern und die Polizei weigerte sich, UDC-Veranstaltungen vor den Übergriffen aus der Bevölkerung zu schützen, was angesichts der Presseberichterstattung dringend notwendig war. Die Liberale Partei, der einige der exponiertesten UDC-Mitglieder angehörten, ging auf Distanz zu den Forderungen.[60]

Rückhalt fanden die Mitglieder der Friedensorganisation lediglich in der Labour-Partei, die es ihnen immer wieder ermöglichte, ihre Vorschläge und Forderungen unter den Arbeiter*innen zu verbreiten und auf öffentlichen Veranstaltungen zu diskutieren. Hatten unmittelbar nach Kriegsausbruch Patriotismus und Kriegsbegeisterung auch in Labour-Kreisen überwogen, so wendete sich das Blatt im Sommer 1916, als der Krieg immer mehr Opfer forderte, ohne dass ein baldiges Ende in Sicht gewesen wäre. Im August 1917 stellte sich MacDonalds Nachfolger Arthur Henderson öffentlich hinter das Programm der UDC.[61] Wenig später ver-

---

59 Inaugurance Meeting of the General Council of the UDC, 19.11.1914, in: HHC, UDDC 1/1: Minute, 1914–1918.

60 Vgl. Swartz: The Union of Democratic Control; Harris: Out of Control.

61 Vgl. Swartz: The Union of Democratic Control, S. 141–165.

abschiedete Labour ein Statement, mit dem sich die Partei die vier Forderungen der Friedensorganisation zueigen machte. Darin hieß es: „the entire abolition of profit-making armament firms, whose pecuniary interests always lie in war scares and rivalry in preparations of war."[62]

Darüber hinaus war es der UDC in der Zwischenzeit vor allem gelungen, trotz Behinderung durch die eigene Regierung ihren Vorschlägen auch außerhalb Großbritanniens Gehör zu verschaffen. Sie hatte sich innerhalb kurzer Zeit zu einer transnational vernetzten Organisation entwickelt, die in engem Austausch mit Friedensaktivist*innen in anderen Ländern stand.[63] Im April 1915 fand in Den Haag der erste Internationale Frauenkongress statt, der ungefähr 1.000 Frauen zusammenbrachte und aus dem die Internationale Frauenliga für Frieden und Freiheit hervorging. Die UDC hatte – trotz der Vorbehalte einiger prominenter Mitglieder wie Angell und Trevelyan – Frauen als Mitglieder akzeptiert. Helena Swanwick wurde sogar ins Exekutiv-Komitee gewählt.[64] Swanwick und einige weitere Mitglieder der neu gegründeten Friedensorganisation waren auf dem Kongress vertreten und brachten dort die Vorschläge aus dem Vier-Punkte-Programm der Union ein. Entsprechend hieß es in der verabschiedeten Resolution: „This International Women's Congress sees in the private profits accruing from the great arms factories a powerful hindrance to the abolition of war. It urges that by international agreement each country should take over as a state monopoly the manufacture and control of arms and munitions as a step to complete and final international disarmament."[65]

Auch die Teilnehmer*innen des zeitgleich in Den Haag stattfindenden Treffens pazifistischer Organisationen aus den USA und Europa griffen das Thema auf. Dabei wurde deutlich, wie weit fortgeschritten der Zerfallsprozess in der internationalen Friedensbewegung bereits war. Morel beobachtete: „The representatives from the countries [...] can hardly have been said to voice any really important bodies of opinion." Die Situation der UDC war eine andere. Trotz Verfolgung und Schikanen gehörten ihr maßgebliche Persönlichkeiten des öffentlichen Lebens an. Und sie hatte ein Programm anzubieten. Alle vier Punkte, auch die Forderung nach Verstaatlichung der Rüstungsindustrie, wurden von den Delegierten der anderen

62 Zitiert nach Callaghan: The Labour Party and Foreign Policy, S. 50.

63 Vgl. Stöckmann: The First World War.

64 Vgl. Patterson: The Search for Negotiated Peace, S. 41–48.

65 Resume of History and Campaign of Women's International League, n. d., S. 1, in: SCPC, Dorothy Detzer, DG 86, Series 2, Box 3: Correspondence. Zu der Konferenz siehe außerdem Wilmers: Pazifismus, S. 35–55.

Länder angenommen.[66] Tatsächlich entdeckten schon bald auch Völkerrechtler das Thema. Eine kleine Gruppe von Juristen wie Hans Wehberg, die der Friedensbewegung nahestanden, begann, über die Verstaatlichung der Rüstungsindustrie nachzudenken.[67]

Innerhalb weniger Jahre war die Forderung einiger Sozialisten nach Verstaatlichung für ganz unterschiedliche Akteur*innen anschlussfähig geworden. Dabei vertraten diese Position nicht mehr nur diejenigen, die eine solche Maßnahme als Schritt in Richtung Überwindung des Kapitalismus verstanden. Die Verstaatlichung schien einem breiten Spektrum verschiedener Aktuer*innen eine plausible Reaktion auf die Herausbildung eines stetig expandierenden internationalen Rüstungsmarkts zu sein. Die Forderung nach einem Verbot privatwirtschaftlicher Rüstungsunternehmen war ein Bindeglied zwischen sozial- und wirtschaftsreformerischen Ideen, die auf die nationalstaatliche Ebene zielten, und Agenden zur Reform der internationalen Beziehungen. Es ging in dieser Diskussion nicht nur um eine friedvollere zwischenstaatliche Ordnung. Frieden war eng verknüpft mit der Umverteilung staatlicher Ressourcen, die für sozialpolitische Projekte freigemacht werden sollten. Insofern war die Diskussion über die private Rüstungsindustrie symptomatisch für das imperiale Zeitalter, in dem der Einsatz für internationalen Frieden häufig aus einem politischen Engagement für Sozialreformen hervorging.[68]

Der Kampf, den die in der Zweiten Internationalen zusammengefassten Arbeiterorganisationen gegen die fortschreitende Eskalation der Konflikte im Vorfeld des Ersten Weltkriegs führten, gilt als eine Geschichte des Scheiterns. Dieses Urteil ist mit Blick auf das Verhalten der linken Parteien und Gewerkschaften unmittelbar nach Ausbruch des Krieges durchaus plausibel. Massenstreiks, die eine Kriegsmobilisierung verhindern sollten und die in den Jahren zuvor auf den Konferenzen der Internationalen als wichtiges Mittel im Kampf gegen Krieg diskutiert worden waren, blieben aus. Wenige Abgeordnete des linken Lagers stimmten in ihren Parlamenten gegen Gesetzesvorlagen zur Finanzierung der Kriegskassen.[69] Die Kampagne gegen

---

66 Vgl. Report of the Statement made by Morel at the third meeting of the General Council on June 22, 1915: HHC, UDDC 1/1: Minute, 1914–1918

67 Für einen Überblick über die Diskussion bis zum Ende des Ersten Weltkriegs siehe Wehberg: Die internationale Beschränkung der Rüstung, pp. 356–360; Nippold: Development of International Law, S. 95–97.

68 Siehe z.B. Lynch: Beyond Appeasement, 39–60; Marchand: The American Peace Movement; Sager: The Social Origins of Victorian Pacifism.

69 In diesem Sinne Haupt: Socialism and the Great War; Lademacher: Die Illusion vom Frieden. Thomas Imlay widerspricht dieser Deutung nicht grundsätzlich, weist jedoch darauf hin, dass mit dem Ausbruch des Krieges die Zusammenarbeit unter sozialistischen Parteien keineswegs zum Ende kam (Imlay: The Practice of Socialist Internationalism).

die private Rüstungsindustrie lässt sich jedoch durchaus als Beispiel erfolgreicher transnationaler Mobilisierung verstehen. Liebknecht, Newbold, Snowden und Moizet hatten die Idee des sozialistischen Internationalismus mit Leben gefüllt und in eine Praxis überführt, die auf investigativer Recherche basierte.[70] So hatten sie die empirische Grundlage für eine gemeinsame Interpretation von Kriegsursachen geschaffen, die Anknüpfungspunkte für Debatten in ganz unterschiedlichen nationalstaatlichen Kontexten und für einen sich als wissenschaftlich verstehenden Friedensaktivismus bot. Und es war ihnen gelungen, eine breite Öffentlichkeit in verschiedenen Ländern auf internationale Rüstungsgeschäfte aufmerksam zu machen und Vertreter aus anderen politischen Lagern von der Notwendigkeit einer Verstaatlichung zu überzeugen. Sie hatten die Grundlage einer Debatte geschaffen, die während der folgenden zwei Jahrzehnte die Diskussionen über Rüstung prägen sollte.

1.3 US-amerikanischer Imperialismus und Wilsons Anti-Trust-Politik

Der US-amerikanische Präsident Woodrow Wilson war der erste Staatschef, der eine völkerrechtlich bindende Verstaatlichung der Rüstungsindustrie auf seine Agenda setzte. Als er 1913 sein Amt antrat, galten die internationalen Beziehungen weder als seine Kernkompetenz noch als sein zentrales politisches Anliegen. Sozial- und wirtschaftspolitische Reformprojekte hatten seinen Wahlkampf bestimmt, außenpolitisch war er gänzlich unerfahren. Erst mit Ausbruch des Weltkrieges wandte sich Wilson dem Projekt zu, mit dem er in die Geschichte eingehen sollte: der Reform internationaler Beziehungen. Die Frage, wie sich die USA zu den Ereignissen in Europa verhalten sollte, drängte, als er am 12. August 1914 eine knappe Woche nach dem Tod seiner Frau an seinen Schreibtisch im Weißen Haus zurückkehrte. Dort türmten sich Berichte und Telegramme der Botschaften und des State Departments, aber auch Memoranda mit Vorschlägen aus der amerikanischen Gesellschaft. Ein Brief des Harvard-Präsidenten Charles William Eliot erregte Wilsons besondere Aufmerksamkeit. Darin analysierte dieser nicht nur die Ereignisse, sondern entwarf auch eine Nachkriegsordnung. Wilson diskutierte diese Vorschläge mit dem Bruder seiner verstorbenen Frau und engem Vertrauten, Stockton Axson und machte sich unverzüglich daran, auf der Grundlage von Eliots Skizzen erste Überlegungen für die Herstellung eines dauerhaften Friedens zu skizzieren.

70 Zur Praxis des Internationalismus siehe Thomas Imlay: „The Practice of Socialist Internationalism".

Vier Punkte erschienen ihm essenziell: ein Annektionsverbot, gleiche Rechte für kleine und große Staaten, die Gründung einer internationalen Organisation und ein Verbot privater Rüstungsproduktion.[71]

Die Schilderung dieses Gesprächs, die auf den Erinnerungen und Notizen Axsons beruht, wirft mehr Fragen auf als sie beantwortet. Es wird nicht klar, auf welcher Grundlage Wilson zu der Ansicht gekommen war, dass die Verstaatlichung der Rüstungsindustrie eine sinnvolle Maßnahme sein könne. Und es wird auch nicht klar, warum diese Frage für ihn einen so hohen Stellenwert hatte, dass er sie in seine erste Skizze einer reformierten internationalen Ordnung aufnahm. Mit Blick auf die Entscheidungsgrundlage kann man nur Vermutungen anstellen. Für Eliot, dessen Memorandum den Ausgangspunkt der Überlegungen war, waren Monarchien, große stehende Armeen und Geheimdiplomatie die Hauptgründe für Krieg – private Rüstungsunternehmen spielten in seinen Analysen keine Rolle.[72] Offensichtlich hatte Wilson die internationale Debatte über die Geschäfte der internationalen Rüstungsindustrie verfolgt. Möglicherweise hatte er vom Balkan-Bericht der Carnegie-Stiftung gehört, in dem raunend die „Versenkung“ der internationalen profitorientierten Rüstungsindustrie angemahnt wurde.[73] Immerhin war er als ehemaliger Präsident der American Peace Society gut vernetzt in der US-amerikanischen Friedensbewegung.

Weil die Quellengrundlage so dürftig ist, haben Wilsons frühe Biografen seinen Vorschlag leicht irritiert erwähnt, ohne weiter darauf einzugehen,[74] während die florierende jüngere Forschung über die Planungen einer Nachkriegsordnung ihn schlicht ignoriert. Dabei spielte die Forderung eines völkerrechtlichen Verbots der privaten Rüstungsindustrie eine durchaus zentrale Rolle in Wilsons frühen Friedensplänen und ein näherer Blick vermag aufschlussreiche Erkenntnisse zutage zu fördern, worauf sie aufbauten. Geht man nämlich der Frage nach dem Stellenwert auf den Grund, der dem Vorschlag in Wilsons politischer Agenda zukam, wird erkennbar, wie Wilsons Pläne für eine Reform der internationalen Beziehungen mit anderen Reformagenden verknüpft waren. Die Forderung nach Verstaatlichung der Rüstungsindustrie war ein Bindeglied zwischen Wilsons Vorstellungen einer internationalen Nachkriegsordnung, seiner wirtschaftspolitischen Agenda und seiner Lateinamerika-Politik, die trotz anderslautender Rhetorik keinen Bruch mit dem imperialen Ansatz seiner Vorgänger darstellte.

---

71 Vgl. Baker: Woodrow Wilson, Life and Letters, Neutrality, S. 60–75; Notter: The Origins of the Foreign Policy, S. 328–331.

72 Vgl. Eliot: The Road to Peace, siehe insbesondere S. 153 f.

73 Report of the International Commission, S. 17.

74 Vgl. Baker: Woodrow Wilson, Life and Letters, Neutrality, S. 60–75; Notter: The Origins of the Foreign Policy, S. 330 f.

Wilsons wirtschaftspolitische Agenda und die US-amerikanische Rüstungsindustrie

Eines der zentralen Wahlkampfthemen Wilsons war 1912 der Kampf gegen Trusts gewesen, wie kartellhafte Strukturen in den USA bezeichnet wurden. Seit dem späten 19. Jahrhundert nahm die Konzentration des Kapitals auch in der US-amerikanischen Wirtschaft ständig zu. Großunternehmen drängten immer mehr kleine und mittelständische Firmen aus dem Geschäft oder kauften sie auf. Untereinander bildeten sie nicht selten Trusts; Stakeholder verschiedener Unternehmen kamen überein, die Verwaltung von Anteilen an ihrem Unternehmen Gruppen von unternehmensübergreifenden Treuhändern zu übertragen. Deren Aufgabe war es, die Preispolitik zu koordinieren, um den Wettbewerb zu reduzieren. Diese Entwicklungen führten dazu, dass eine kleine Gruppe von Unternehmern zunehmend die Wirtschaft dominierte.[75] Schon im ausgehenden 19. Jahrhundert hatte sich der Protest gegen Trusts und die Monopolstellung großer Unternehmen formiert und mit Anti-Trust-Gesetzen erste Erfolge gefeiert. Auch im Vorfeld der Wahlen von 1912 spielten diese Themen eine wichtige Rolle.[76] Die sogenannten *progressivists*, eine lose Gruppe von Sozialreformern, sah in den Trusts den Grund für Preissteigerung, Inflation und schlechte Arbeitsbedingungen. Um der Herausbildung von Monopolen entgegenzuwirken, forderten sie ein stärkeres Engagement des Staates bei der Regulierung der Wirtschaft. Sie kämpften für eine reformierte kapitalistische Ökonomie, in der starke klein- und mittelständische Unternehmen frei konkurrierten und auf diese Weise die Wirtschaft stabilisierten. Diese Bewegung war vor allem im agrarisch geprägten Süden fest verankert, wo man die in den Ostküsten-Metropolen ansässige Wirtschaftselite skeptisch beobachtete.[77]

In diesem Zusammenhang spielte auch die Kritik an der Navy eine wichtige Rolle, die seit den 1880er Jahren befeuert vom sogenannten Mahanismus massiv aufgerüstet worden war. In seinem international breit diskutierten und rezipierten Buch *The Influence of Seapower* hatte der Militärhistoriker Alfred Thayer Mahan argumentiert, dass eine starke Navy wichtig sei, um neue Märkte außerhalb der eigenen Landesgrenzen zu gewinnen, wodurch wiederum soziale Spannungen in der Gesellschaft abgebaut werden sollten. Dieses Argument, das nicht nur in den USA eine wichtige Legitimationsgrundlage für den kostenintensiven Ausbau der Flotte und den damit einhergehenden Imperialismus darstellte,[78] vermochte im agrarischen Süden kaum zu überzeugen. Hier war man antiimperial eingestellt. Der

75 Vgl. Lanoreaux: The Great Merger Movement; Porter: The Rise of Big Business.

76 Vgl. Freyer: Regulating Big Business, S. 11–120.

77 Vgl. Gerber: The Limits of Liberalism.

78 Vgl. Mahan: The Influence of Seapower. Zum Ausbau der Navy siehe Cooling: Gray Steel.

globalisierte Kapitalismus galt als Gefahr, weil die Landwirte fürchteten, Importe aus den lateinamerikanischen Staaten, die zur imperialen Einflusssphären der USA gehörten, könnten die Preise für ihre Produkte ruinieren. Außerdem gingen sie davon aus, dass die Gewinnung imperialer Einflusssphären zum Abfluss von Investitionen führen werde. Die Navy galt deshalb als Instrument des Großkapitals, von dessen Ausbau wiederum die großen Stahlunternehmen der Ostküsten-Metropolen profitierten, während Landwirte und Kleinunternehmer auch noch die steuerlichen Kosten einer für sie schädlichen Politik zu tragen hätten.[79]

Wilson, der ebenfalls aus dem Süden kam, teilte die wirtschaftspolitischen Überzeugungen der *progressivists*, die zu seinen entscheidendsten Unterstützern zählten. Auch er hielt eine Reform des amerikanischen Kapitalismus für dringend notwendig und er sah den Staat in der Pflicht, den Tendenzen zur Kapitalkonzentration und Monopolbildung entgegenzuwirken. Nach den Wahlen machte er mit dem Publizisten Josephus Daniels einen besonders exponierten Kritiker der Trusts zum Marineminister. Damit setzte er ein starkes Signal.[80] Die großen Stahlunternehmen waren die wichtigsten Vertragspartner der Navy und standen im Zentrum der Kritik. Während der Wahlkampagne hatte die Anti-Trust-Lobby Informationen erhalten, dass die Stahlunternehmen bei der Vergabe von Regierungsaufträgen Preisabsprachen getroffen hätten, die gegen bestehende Gesetze verstießen. Unmittelbar nach seiner Amtsübernahme ging Daniels den Vorwürfen nach und konnte schon bald öffentlich bestätigen, dass die Navy auf Ausschreibungen stets identische Angebote von unterschiedlichen Unternehmen erhalten hatte. Weitere Nachforschungen zeigten, dass es tatsächlich ein Abkommen der großen Stahlproduzenten gab, staatliche Aufträge untereinander aufzuteilen. Auf diese Weise vermieden sie Wettbewerb und sicherten sich stabile, hohe Preise. Bald zeigte sich, dass ähnliche Praktiken auch bei der Pulver-Industrie üblich waren.[81]

Vor diesem Hintergrund entfaltete die in Europa initiierte Debatte über die internationalen Verflechtungen und Geschäfte der Rüstungsindustrie ihre Relevanz in den USA. In den vorangegangenen Jahren hatten sich enge Netzwerke und ein intensiver Austausch zwischen europäischen Sozialreformer*innen und US-amerikanischen *progressivists* entwickelt. Diese transnationalen Verflechtungen hatten die Reformbewegung in den USA maßgeblich geprägt.[82] Der Einfluss machte sich auch beim Thema Rüstung bemerkbar. Die Berichte über grenzübergreifende Kar-

79 Vgl. Johnson: The Peace Progressivists, S. 34–69.
80 Vgl. Williams: Josephus Daniels, S. 7f.
81 Vgl. Cooling: Gray Steel, S. 183–199; Urofsky: Josephus Daniels.
82 Vgl. Schäfer: Britain, Europe and the Critique of Capitalism.

telle zur Profitsteigerung stießen in einem Land auf Resonanz, in dem das Thema Trusts wirtschaftspolitische Debatten dominierte. Daniels erklärte im Februar 1914 vor dem Naval Committee des Repräsentantenhauses: There „is no doubt of an armourplate trust all over the world".[83]

Der Marineminister schaute nicht nur sehr genau auf die Diskussion, die sich in Europa entfaltete, sondern auch auf die Lösungen, die dort erprobt wurden. Besonders interessierte er sich für Ansätze, die auf staatliche Produktionsstätten als Gegengewicht zu privaten Unternehmen setzten. Er ging zwar nicht so weit, ein Verbot der privaten Rüstungsindustrie zu fordern. Einen so massiven Eingriff hätte er niemals im Kongress durchsetzen können. Allerdings begann er bereits im Mai 1913 in Zusammenarbeit mit einigen demokratischen Abgeordneten und sehr zum Ärger der großen Stahlunternehmen, konkrete Pläne für staatliche Stahlfabriken zu entwickeln. Sie sollten als Messlatte dienen, um die Preise der privaten Unternehmen auf ihre Stichhaltigkeit zu überprüfen.[84] 1914 brachte die Regierung ein Gesetz auf den Weg, das den Kauf von Rüstungsgütern nur dann erlaubte, wenn die Kapazitäten staatlicher Werften und Arsenale ausgelastet seien. Daniels erklärte, was er sich von diesem Gesetz erhoffte und ließ dabei durchblicken, dass er die in Europa entwickelte Deutung der Gefahr privater Rüstungsproduktion teilte: „[T]hat policy would prevent effective agitation or organization for big preparations for war conducted by those who make profit by the manufacture of war supplies. It has been suspected in some countries that makers of armor and powder, guns and fighting craft have promoted steadily increasing equipment for giant navies and large armies for their personal enrichment".[85]

Der Pan-Amerikanische Pakt und das Verbot privater Rüstungsproduktion

Auf außenpolitischer Ebene hingegen entwickelte die Wilson Regierung radikalere Ideen – Wilsons Skizze eines völkerrechtlichen Verbots privater Rüstungsunternehmen vom August 1914 war ein erster Aufschlag in diese Richtung. Außenminister William Jennings Bryan, der sich maßgeblich für die Ernennung seines Freundes Daniels eingesetzt hatte, war sehr angetan. Es sei ein „exzellenter" Vorschlag.[86] Und

83 Temporary Commission for the Reduction of Armaments, Sub-Committee No. 1: Manufacture by private enterprise of munitions and implements of war, 13. 8. 1921, in: LNA, Répertoire Général, R 194, 11297: Private Manufacture, 15429.

84 Vgl. Cooling: Gray Steel, S. 188–190.; Urofsky: Big Steel, S. 123–125.

85 Annual Report of the Secretary of the Navy, 1.12.1914, in: Annual Reports of the Navy Department for the Fiscal Year 1914, Washington 1915, S. 13 f., Zitat S. 14.

86 Bryan: The Memoires, S. 391.

auch Edward Mandell House sah darin einen wichtigen Beitrag für eine dauerhafte Friedensordnung. House war ein texanischer Geschäftsmann und enger Freund Wilsons, der zwar keinen offiziellen Posten im Kabinett innehatte, dennoch weitreichenden Einfluss auf außenpolitische Fragen ausübte. Am 16. Dezember 1914 stattete House Wilson einen Besuch im Weißen Haus ab, um über seine bevorstehende Reise nach Europa zu sprechen. Die Reise hatte das Ziel, in Gesprächen mit europäischen Regierungen die Möglichkeiten für einen Friedensprozess auszuloten – ein Thema, mit dem sich Wilson seit seinen Gesprächen mit Axson kaum befasst hatte. Am Ende des Treffens brachte House das Gespräch auf Lateinamerika. Während die Wahrscheinlichkeit, erfolgreich auf die europäischen Mächte einzuwirken, begrenzt sei, gäbe es dennoch etwas, was man tun könne. Warum versuche man nicht, mit den lateinamerikanischen Staaten einen „Plan" zu vereinbaren, der den europäischen Staaten als Modell dienen könne? House schlug vor, in einen solchen Plan zwei Punkte aufzunehmen: eine Garantie der territorialen Integrität der Unterzeichnerstaaten und ein Verbot der privaten Waffenproduktion. House hatte den Eindruck, dass dieser Vorschlag Wilson aufmunterte, der seit dem Tod seiner Frau mit einer Depression kämpfte und sich kaum für seine täglichen Aufgaben begeistern konnte. Der Präsident ging zu seiner Schreibmaschine und notierte, House' Vorschlag abschwächend: „Mutual agreement that the government of each of the contracting parties acquire complete control within its jurisdiction of the manufacture and sale of munitions of war."[87] Der von House und Wilson initiierte Plan war die Grundlage für einen Pan-Amerikanischen Pakt, den die Regierung in den kommenden Monaten verfolgen sollte.

Wieder war der Vorschlag nicht eingebettet in einen ministeriellen Abstimmungsprozess entwickelt worden, sondern das Ergebnis eines abendlichen Gesprächs zwischen Wilson und einem seiner Vertrauten. Das erschwert die Interpretation. Dennoch gibt das Gespräch auch einige Aufschlüsse bezüglich der Frage, worauf Wilsons Interesse an einer völkerrechtlichen Regulierung der Rüstungsindustrie abzielte, indem es auf die Bedeutung des lateinamerikanischen Kontextes verweist.

In Washington bezeichnete man Lateinamerika gerne als eigenen Hinterhof. So wie die europäischen Kolonialmächte überall in der Welt ihre Einflusssphären absteckten, so sahen US-amerikanische Politiker und Unternehmer die anderen Staaten der sogenannten westlichen Hemisphäre und insbesondere Zentralamerika als Erweiterung des eigenen Wirtschaftsraums. Das Fundament dieser Politik bildete die sogenannte Monroe-Doktrin, die besagte, dass jeglicher Versuch europäi-

87 MS 466, Edward Mandell House Papers, Series II, Diaries, Vol. 2, S. 249 f.; Link: The Papers of Woodrow Wilson Vol. 31, S. 469 f.

scher Staaten, Einfluss auf die politischen Angelegenheiten der amerikanischen Staaten zu nehmen, als feindlicher Akt verstanden würde. Die rasch enger werdenden wirtschaftlichen Verflechtungen bestimmten die Beziehungen vor allem mit Zentralamerika maßgeblich. Seit dem ausgehenden 19. Jahrhundert hatte sich die Integration dieser Staaten in die globalisierende kapitalistische Wirtschaftsordnung, die die industrialisierten Staaten des Nordatlantiks dominierten, stark beschleunigt. Exportorientierte Wirtschaftsmodelle, die sich an den Konsumbedürfnissen industrialisierter Staaten orientierten und deshalb in erster Linie auf die Produktion von Kaffee und Bananen konzentrierten, lösten traditionelle, häufig subsistenzorientierte Wirtschaftsformen ab. In den zentralamerikanischen Gesellschaften war es eine als liberal bezeichnete Elite, die diesen Prozess vorantrieb. Sie betrachtete eine exportorientierte Wirtschaft als Mittel des Fortschritts. Gleichzeitig investierten ausländische Unternehmen wie die US-amerikanische United Fruit Company oder die Standard Fruit Company enorme Summen in Mexiko, Guatemala, Honduras, Nicaragua und Costa Rica. Sie kauften nicht nur riesige Ländereien auf, sondern bauten auch die Infrastruktur der zentralamerikanischen Staaten aus, indem sie Telegrafen- oder Schienennetze finanzierten.[88]

Der Aufkauf von Land in großem Maßstab und die Transformation von Volkswirtschaften brachte gesellschaftliche Spannungen mit sich. Der Ausbau der Infrastruktur durch Investoren kam nicht nur der regierenden Schicht zugute, sondern ermöglichte es auch der Mittelklasse, ihren Lebensstandard zu erhöhen. In einigen Regionen zahlten die ausländischen Unternehmen der Landbevölkerung, die zu lohnabhängigen Arbeiter*innen geworden war, stabile Löhne, die mitunter höher waren als die Einkommen selbstständiger Kleinbäuer*innen. Allerdings waren Löhne nicht rechtlich geregelt und in Krisenzeiten waren die Arbeiter*innen die ersten, die Kürzungen zu spüren bekamen. Die aggressive Landnahme ausländischer Unternehmen machte es vielen Arbeiter*innen in solchen Situationen unmöglich, zu traditionellen Formen der Landwirtschaft zurückzukehren. Die Unternehmen unterdrückten Proteste brutal mithilfe des Militärs oder krimineller Banden. Auch die liberale Elite erhielt nicht immer die erhofften Erträge. Die infrastrukturelle Entwicklung, mit denen die nordamerikanischen Unternehmen die Invasion ausländischer Territorien legitimierten, richtete sich nicht in erster Linie nach den Bedürfnissen der Bevölkerung, sondern denen der Unternehmen. Das befeuerte Nationalismus, Antiamerikanismus und Antiimperialismus unter den gebildeten Eliten.

88 Für einen Überblick über die hier und im Folgenden geschilderten Entwicklungen siehe Carrière/Karlen: Zentralamerika; Tobler: Mexiko; Gilderhus/LaFevor/LaRosa: The Third Century, S. 7–68.

Die gesellschaftlichen Spannungen, die durch diese Entwicklung hervorgerufen wurden, entluden sich häufig in Revolutionen, die das Bild lateinamerikanischer Staaten im Westen während dieser Jahre maßgeblich prägten. Revolutionen belasteten die Beziehungen zwischen den USA und Lateinamerika. Sie gefährdeten nicht nur die Geschäfte großer US-amerikanischer Unternehmen. Mit den Investitionen waren auch Zehntausende US-Amerikaner*innen nach Mittelamerika gekommen, sei es als Verwalter oder Manager der Unternehmen oder als deren Familienangehörige. Nicht selten entlud sich der Zorn der Bevölkerung gegen sie. Deshalb war es eines der zentralen Anliegen Washingtons, Leben und Eigentum von US-Amerikaner*innen im Ausland zu schützen. Daraus folgte, dass Washington politische Kräfte mit einer exportorientierten Agenda unterstützte, die versprachen, Privatbesitz zu schützen und die – wenn diese beiden Kriterien erfüllt waren – den größten gesellschaftlichen Rückhalt hatten. Letzteres diente dazu, das Risiko gesellschaftlicher Unruhen zu minimieren. Um diese Agenda durchzusetzen und genehme politische Akteure zu stärken, griffen US-Regierungen immer wieder auch auf militärische Interventionen zurück.[89]

Wilson stellte seine Lateinamerika-Politik gerne als einen neuen Aufbruch dar, indem er die Interventionspolitik seiner Vorgänger kritisierte und betonte, dass er die Souveränität der lateinamerikanischen Staaten respektieren werde. Und tatsächlich entsprachen einige seiner Maßnahmen den Forderungen jener, die den Imperialismus der USA kritisierten. Gleichzeitig aber griff gerade die Regierung Wilson häufig auf das Instrument militärischer Interventionen zurück. Das lag zum Teil am Ausbruch des Ersten Weltkriegs; in den USA kursierten Gerüchte über deutsche Invasionspläne in Zentralamerika und die Verteidigung des strategisch wichtigen Panama-Kanals wurde zu einem zentralen Bestandteil außenpolitischer Überlegungen. Zusätzlich bot der Krieg auch eine Gelegenheit, die Abwesenheit der europäischen Mächte für den Ausbau des eigenen Einflusses in der westlichen Hemisphäre zu nutzen. Am Ende des Krieges war das informelle US-amerikanische Imperium in Zentralamerika stärker institutionalisiert als zuvor.[90]

Der erste Punkt des Pan-Amerikanischen Pakts, den Wilson und House gemeinsam entwarfen und in dem die territoriale Integrität und politische Unabhängigkeit festgeschrieben werden sollte, ist ein gutes Beispiel dafür, wie Aufbruchsrhetorik und Ausbau des imperialen Einflusses zusammengingen. Der Pakt lässt erkennen, dass Wilsons Reden über die US-lateinamerikanischen Beziehungen viel mit Stilisierung zu tun hatte. Er fasste politische Unabhängigkeit lateinameri-

89 Vgl. McPherson: A Short History; McPherson: The Invaded.

90 Vgl. McPherson: World War I and US Empire; Capozzola: The United States Empire; Knight: US Anti-Imperialism.

kanischer Staaten sehr eng, indem er sie auf Staaten „mit republikanischer Regierung" beschränkte. Mit dieser Formulierung machte er deutlich, dass er sich letztlich wie seine Vorgänger auch das Recht auf Intervention vorbehielt, sollte eine Regierung in den Augen Washingtons nicht demokratisch legitimiert sein. Tatsächlich hat die neuere Forschung herausgearbeitet, dass Wilson das Fundament für ein stärkeres Engagement der USA in der Hemisphäre legte. Hatten die Vorgänger-Regierungen unter Berufung auf die Monroe-Doktrin die „politische Kontrolle" europäischer Staaten abgelehnt, prangerte Wilson auch die finanzielle Kontrolle über schwache Staaten als eine Gefahr für die westliche Hemisphäre an. Dabei dachte er nicht nur an die finanzielle Kontrolle durch europäische Banken und Unternehmen, sondern auch an das amerikanische *big business*, dem er als *progressivist* grundsätzlich skeptisch gegenüberstand:

> It is just as intolerable that Mexico should be dominated by English oil interests or American mining interests or German commercial interests or French banking interests as it is that the United States should be dominated by these interests, or by the Standard Oil interests, or the Steel interests, or the Tobacco Trust, or any other manifestation of so-called Big Business.[91]

Dieses Zitat verweist auf einen entscheidenden Nexus zwischen Wilsons wirtschafts- und außenpolitischen Agenda. Beiden lag die Überzeugung zugrunde, dass die Tendenz zur Kapitalkonzentration, die den modernen Kapitalismus auszeichnete, eine Gefahr darstelle und dass es dringend notwendig sei, die Handlungsfähigkeit des Staates gegenüber stetig expandierenden Unternehmen zu behaupten.

Welche Rolle spielten Rüstungsexporte und ihre Regulierung in dieser außenpolitischen Agenda? Wilsons erste Erfahrungen mit Fragen der internationalen Rüstungskontrolle betrafen die mexikanisch-amerikanischen Beziehungen. Der am Süden angrenzende Staat befand sich seit 1910 im Bürgerkrieg. Wilson hatte von seinem Vorgänger ein Waffenembargo geerbt, das Francisco Madero zugutekam und sich gegen die mit ihm verfeindeten Gruppierungen richtete. Madero war seit 1911 Präsident und von den USA als legitimes Staatsoberhaupt anerkannt. Er allein war in der Lage, in den USA Waffen zu kaufen. Kurz nach Wilsons Amtsübernahme vertrieben die Truppen Victoriano Huertas Madero aus Mexiko-Stadt. Die USA verweigerten ihm die Anerkennung und verhängten nun ein allgemeines Embargo gegen Mexiko, das auch die Regierung in der Hauptstadt betraf. Wilson forderte Japan und die europäischen Mächte auf, dem Beispiel der USA zu folgen. Dennoch gelangten auch weiterhin Waffen aus Übersee nach Mexiko, was Huerta zugutekam, der die Häfen kontrollierte. Ende 1913 gerieten die gegen Huerta kämpfenden

91 Link: The Papers of Woodrow Wilson, Vol. 29, S. 92 f. Zu Wilsons Lateinamerika-Politik siehe Gilderhus: Pan American Visions, siehe vor allem S. 16–20; Coates: Legalist Empire, S. 125–135.

Truppen zunehmend in die Defensive. Daraufhin hob die US-Regierung das Embargo wieder auf, sodass die im Inland konzentrierten oppositionellen Truppen über die US-Grenze mit Waffen versorgt werden konnten. Im April 1914 erfuhr die US-Regierung von einem unter deutscher Flagge fahrenden Schiff mit Waffen an Bord, das den mexikanischen Hafen Vera Cruz ansteuerte. Um ein Anlegen zu verhindern, beschoss die US-amerikanische Navy die Stadt. Wieder einmal standen europäische Waffenlieferungen an Mexiko US-amerikanischen Interessen entgegen.[92]

Diese Vorfälle zeigen, dass Rüstungskontrolle eine Rolle in Wilsons Lateinamerikapolitik spielte, die weit interventionistischer war, als seine Rhetorik es suggerierte. Sein Vorschlag, dass sich alle Staaten der westlichen Hemisphäre verpflichten sollten, vollständige Kontrolle über die Produktion von und den Handel mit Waffen auszuüben, muss als Versuch gedeutet werden, diese Politik zu stärken und völkerrechtlich verbindlich zu machen. Beides diente dazu, eine außenpolitische Agenda voranzutreiben, die von vielen Lateinamerikaner*innen als imperialistisch gebrandmarkt wurde.

House wandte sich noch im Dezember 1914 mit einem ersten Entwurf des Pan-Amerikanischen Pakts an die Botschafter Brasiliens, Argentiniens und Chiles, um die Erfolgschancen zu eruieren. Auf die Frage des argentinischen Botschafters, Punkt zwei genauer zu erklären, führte House aus: „The reason for government ownership of munitions of war was to prevent manufacturers from inflaming popular sentiment and influencing governments to maintain excessive armaments."[93] Bemerkenswert an dieser Äußerung ist nicht nur, dass House aus staatlicher Kontrolle privater Rüstungsproduktion wieder ein Verbot gemacht hatte. Es zeigt auch, wie stark er von der Debatte über internationale Rüstungskartelle und ihre friedenszerstörende Wirkung geprägt war. Und es zeigt, wie die US-Regierung diese Debatte an ihre auf die westliche Hemisphäre zielende außenpolitische Agenda anpasste. Die völkerrechtliche Einhegung international tätiger Rüstungsunternehmen fügte sich nahtlos ein in eine Politik, die darauf zielte, die Interessen des *big business* aus der Hemisphäre herauszuhalten und die Handlungsfähigkeit des Staates zu stärken.

Den Einfluss großer Unternehmen einzuhegen bedeutete allerdings nicht zwangsläufig, den Handlungsspielraum lateinamerikanischer Regierungen zu erweitern. Vielmehr hätte der im Pan-Amerikanischen Pakt formulierte Vorschlag einen Machtzuwachs für Washington bedeutet. Die USA waren das einzige Land der

92 Vgl. Atwater: American Regulation, S. 50–69; Gardner: Woodrow Wilson, S. 3–48.

93 The White House, Washington, 16.12.1914 and From the Diary of Colonel House, 29.12.1914, in: Yale University Library Digital Collections, MS 466, Edward Mandell House Papers, Series II, Diaries, Vol. II.

westlichen Hemisphäre, das in der Lage war, alle von den Streitkräften benötigten Rüstungsgüter innerhalb der eigenen Grenzen herzustellen. Vor allem die zentralamerikanischen Länder hingen vollständig von Waffenimporten ab. Solange sie ihren Bedarf bei privaten Produzenten und Händlern decken konnten, bestand zumindest ein gewisser Grad an Unabhängigkeit. Sobald die Regierungen Waffen produzierender Staaten jedoch die volle Kontrolle über Produktion und Handel erlangten, wären sie in der Lage, den Transfer von Rüstungsgütern vollständig an ihren Interessen auszurichten und systematisch zu kontrollieren, welche Waffen in die nicht-industrialisierten Länder exportiert wurden. Kurz: Wilsons Vorschlag würde die lateinamerikanischen Staaten abhängiger von Washington machen und das Machtgefälle zwischen dem Norden und Süden verstärken. Darüber hinaus hätte der angestrebte Pan-Amerikanische Pakt als Legitimationsgrundlage dienen können, Truppen in Länder zu entsenden, die als unfähig galten, den Waffenimport zu kontrollieren. Insofern gilt auch für diese frühen Überlegungen zu den Beziehungen innerhalb der westlichen Hemisphäre, was die jüngere Forschung mit Blick auf Wilsons Pläne für eine Nachkriegsordnung festgestellt hat: Seine Ideen liefen auf paternalistische Bevormundung und die Aufrechterhaltung von globalen Hierarchien hinaus.[94]

Besonders in Kriegszeiten stellte eine vollständig unter staatlicher Kontrolle befindliche Rüstungsproduktion für nichtindustrialisierte Staaten eine Gefahr dar. Die US-amerikanische Gesetzgebung grenzte die Interventionsmöglichkeiten der Regierung mit Blick auf Waffenexporte stark ein. Im Falle eines Krieges, in dem sich die USA neutral verhielten, hatte Washington nur wenig Möglichkeiten, Exporte zu verhindern. Wilson selbst hatte bereits im Dezember 1914 die für ihn ärgerliche Erfahrung machen müssen, Waffenverkäufe US-amerikanischer Unternehmen an die in Europa kämpfenden Mächte nicht unterbinden zu können.[95] Auf dieses Problem reagierte die im Pan-Amerikanischen Pakt vorgeschlagene Regulierung. Dem argentinischen Botschafter erklärte House auf die Frage, warum aus Sicht der US-Regierung ein Verbot privater Rüstungsproduktion so wichtig sei: If „the governments own armament factories, the question of the shipment to belligerent

94 Vgl. Ambrosius: Woodrow Wilson, insbesondere S. 26–42 und S. 94–113. Siehe dazu auch die Sammelrezension von Markus Payk, in der dieser zu Recht darauf verweist, dass Ambrosius als Verfechter der realistischen Schule der internationalen Beziehungen mit dieser Analyse anschlussfähig wird für die postkoloniale Historiografie (Vgl. Payk: Sammelrezension, S. 2 f.).

95 Vgl. Woodrow Wilson to Jacob Henry Schiff, 8.12.1914, in: Link: The Papers of Woodrow Wilson, Vol. 31, S. 425; Atwater: American Regulation, S. 7–21; Child: German-American Attempts.

nations of munitions of war would be settled."[96] Mit anderen Worten: Bei ausschließlich staatlicher Produktion würde das Neutralitätsgebot dazu führen, dass keine Waffen aus den USA in andere Kriegsgebiete gelangen könnten. Was jedoch aus Sicht Wilsons und Houses eine Lösung für ein Problem darstellte, war für die nichtproduzierenden Staaten eine Gefahr. Bei Ausbruch eines Krieges würden sich ihre Schwierigkeiten, an ausreichend Waffen zu kommen, erheblich verschärfen.

Die US-amerikanische Regierung war sich dieser Implikationen für nichtproduzierende Staaten vollends bewusst. Chile lehnte aus genau diesen Gründen den Vorschlag aus Washington ab.[97] Die Arbeiten am Pan-Amerikanischen Pakt gerieten ins Stocken. Schließlich trafen sich Wilson, House und Robert Lansing, der Bryan als Außenminister mittlerweile ersetzt hatte, im Oktober 1915, um den Vertragstext zu überarbeiteten. Sie einigten sich darauf, den Vorschlag bezüglich der Rüstungsproduktion und des Waffenhandels fallenzulassen – und zwar aus Gründen, die „der Völkerbund später als stichhaltig bestätigen würde". Welche Gründe dies waren, zeigt der Bericht der Abrüstungskommission des Völkerbundes aus dem Jahr 1921. Dort sollte die Kritik der nichtproduzierenden Staaten als Haupthindernis für eine Verstaatlichung der Rüstungsindustrie aufgeführt werden. Statt private Produktion zu verbieten oder staatliche Kontrolle anzumahnen, entschieden Wilson, House und Lansing, lediglich ein automatisches Waffenembargo im Falle von Revolutionen vorzuschlagen.[98]

Wilsons Pläne für eine Nachkriegsordnung

Auch wirtschaftspolitisch wurden bald die Grenzen staatlicher Kontrolle sichtbar und die enormen Hürden, auf die eine Verstaatlichung der Rüstungsindustrie stieß. In Reaktion auf die Versenkung der Lusitania durch ein deutsches U-Boot, bei der 128 US-amerikanische Staatsbürger*innen ums Leben kamen, erhielten jene gesellschaftlichen Kräfte Oberhand, die unter dem Schlagwort der *preparedness* eine verstärkte Aufrüstung der USA forderten. Im Juni 1916 verabschiedete der Kongress den National Defense Act, der einer enormen Steigerung der Rüstungsausgaben den

96 The White House, Washington, 16.12.1914 and From the Diary of Colonel House, 29.12.1914, in: Yale University Library Digital Collections, MS 466, Edward Mandell House Papers, Series II, Diaries, Vol. 2.

97 The Secretary of State to President Wilson, Washington, 21.4.1915, in: FRUS, The Lansing Papers, 1914–1920, Vol. II, Doc. 293.

98 Seymour: The Intimate Papers of Colonel House, Vol. I, S. 225. Siehe auch: The Secretary of State to the Argentine Ambassador (Naón), Washington, 13.4.1916, in: FRUS, The Lansing Papers, 1914–1920, Vol. II, Doc. 316.

Weg ebnete. Um diese zu finanzieren, schlug die Industrie die Erhöhung der Einkommenssteuer vor, was eine Mehrbelastung der Durchschnittsbevölkerung bedeutet hätte. Solche Vorschläge stießen in der Bevölkerung und bei der Regierung auf scharfe Kritik, die fürchteten, Großunternehmen könnten die politische Lage ausnutzen, um die eigenen Profite auf dem Rücken der Gesellschaft zu erhöhen. Wilson versuchte zu beruhigen: „If there is any thought on the part of those who make armor plate and munitions that they will get extraordinary profit out of preparation for national defense, all I have to say is that they will be sadly disappointed.“[99] Es ist bezeichnend, dass er nicht die privaten Unternehmen verteidigte, sondern die Fähigkeit der Regierung hervorhob, diese zu kontrollieren. Kurz nach dem Defense Act brachte seine Regierung mit Unterstützung der Demokraten den Revenue Act ein. Mit seiner Hilfe sollten Profite aus der Produktion von Waffen und Sprengstoffen mit 12,5 Prozent besteuert werden. Damit war die Debatte über Kriegsprofite allerdings nicht beendet. Sie begleitete die amerikanische Gesellschaft bis zum Ende des Krieges und zahlreiche weitere Gesetze gegen *war profiteering* sollten folgen.[100]

Doch die Profite der Rüstungsindustrie waren nur ein Teil des Problems, dem sich die Regierung gegenübersah. Eine schnelle Aufrüstung musste auch organisiert werden und dabei war sie auf die Zusammenarbeit mit den von ihr viel kritisierten Unternehmen angewiesen. Ein von der progressiven Regierung gern verwendetes Instrument in Krisensituationen waren Beratergremien, die nicht aus Politikern, sondern Experten bestanden. Dem lag die unter *progressivists* weit verbreitete Überzeugung zugrunde, dass die Lösung gesellschaftlicher oder wirtschaftlicher Probleme im Grunde keine politische, sondern eine technische Angelegenheit sei, zu deren Lösung in erster Linie Experten beitragen könnten. Auf der Suche nach Rat für die Gestaltung der Aufrüstung bildete die Wilson-Regierung 1916 verschiedene Gremien, in denen aller Kritik an den Großunternehmen zum Trotz Repräsentanten der Rüstungsbranche vertreten waren. Nach dem US-amerikanischen Kriegseintritt im April 1917 baute die Regierung dieses Instrument gar noch weiter aus. Auf dem Papier hatten diese Gremien lediglich eine beratende Funktion. In der Praxis befolgte die Regierung ihren Ratschlag jedoch fast immer. Das ermöglichte es Personen wie Charles Schwab, dem Präsidenten des Stahlunternehmens Bethlehem Steel, dem eigenen Unternehmen Aufträge zuzuspielen.[101]

---

99 An Address in Des Moines on Preparedness, 1.2.1916, in: Link: The Papers of Woodrow Wilson, Vol. 36, S. 83.

100 Vgl. Bank: War and Taxes, S. 53–55; Hensel: Profit Limitation, S. 192 f.; Rockoff: America's Economic Way of War, S. 111–118; Wilson: Destructive Creation, S. 8–21.

101 Vgl. Gerber: Limits of Liberalism, S. 140–184; Koistinen: Mobilizing for War, S. 187 f.; Urofsky: Big Steel, S. 152–191.

Es verwundert deshalb auch nicht, dass die Rüstungsindustrie die Gelegenheit wahrnahm und die Aufrüstung entsprechend ihrer eigenen Interessen gestaltete. Sie nutzte beispielsweise die Anstrengungen der Regierung, Kriegsprofite zu minimieren, um fixe Preise festzulegen und den Wettbewerb zwischen den Unternehmen zu vermindern. Damit wurden faktisch jene Praktiken offiziell bestätigt, die Daniels 1913 noch angeprangert hatte. Die neue Macht der Rüstungsindustrie, Aufträge zu verteilen, führte zu zahlreichen Verletzungen von Anti-Trust-Gesetzen und höhlte somit die gesetzgeberischen Initiativen der vorangegangenen Jahre aus. Um die Kriegsmobilisierung nicht zu gefährden, wurden solche Verstöße nicht mehr verfolgt. Die Situation war paradox: Unter jener Regierung, die sich den Kampf gegen die großen privaten Rüstungsunternehmen auf die Fahne geschrieben hatte, wurden die Verbindungen zwischen Militär und Industrie enger, sodass Historiker die Zeit des Ersten Weltkriegs als konstitutive Phase für die Entstehung eines militärisch-industriellen Komplexes in den USA identifiziert haben.[102]

Aufgrund dieser Politik sah sich die Regierung schon bald mit der Kritik genau jener Gruppen konfrontiert, die sie an die Macht gebracht hatten. Die Forderung nach Verstaatlichung der Rüstungsindustrie spielte dabei auch weiterhin eine Rolle. Bryan, der im Juni 1915 aus Protest gegen die aus seiner Sicht auf einen Kriegsbeitritt der USA hinauslaufende Politik Wilsons als Außenminister zurückgetreten war, konnte als Nichtregierungsmitglied seine eigenen Überzeugungen unumwunden öffentlich kundtun. Schon kurz nach seinem Rücktritt sprach er in New York vor Arbeiter*innen, die er für die natürlichen Träger*innen einer Friedensbewegung hielt. Der Rüstungsindustrie kam in seiner Rede eine zentrale Rolle zu. Unter dem tobenden Applaus der Zuhörerschaft erklärte er:

> It is natural, also, that labor should favor the Government ownership and operation of the manufacturing plants upon which the nation must rely for its weapons of defense and for the ammunition required. This reform would not only contribute to the Government's independence, but it would rid the country of the menace of a sordid private interest which sails under false flags, and, professing a superior patriotism, preaches the gospel of "preparedness for war" because it sees in this policy the prospect of securing rich Government contracts.[103]

Diese Position verfocht auch die in den USA starke Frauenbewegung, die sich auf dem internationalen Frauenfriedenskongress in Den Haag im April 1915 für eine entsprechende Resolution eingesetzt hatte.[104] Im Kongress forderte Clyde Tavenner,

---

102 Vgl. Cooling: Grey Steel, S. 205–212; Koistinen: Mobilizing for War, S. 187 f.; Urofsky: Big Steel, S. 152–191.

103 "Bryan asks Unions to Demand Peace", in: *New York Times*, 20.6.1915, S. 1 und 4.

104 Vgl. Patterson: The Search for a Negotiated Peace, S. 40 f., 76 f.,

der bis 1914 noch zusammen mit Daniels an einem Gesetz zur Schaffung einer staatlichen Stahlfabrik gearbeitet hatte, unter Verweis auf Verlautbarungen „praktisch aller Friedensorganisationen“ ein Verbot der privaten Rüstungsindustrie, die aufgrund ihrer Profitgier den Militarismus überall auf der Welt geschürt habe.[105]

Die Wilson-Regierung hätte aus den Erfahrungen der Kriegsmobilisierung die Schlussfolgerungen ziehen können, dass solche Forderungen in der Praxis nicht umzusetzen seien. 1918 war die gesamte amerikanische Wirtschaft kriegsmobilisiert. Nicht nur die großen Rüstungsunternehmen wie Bethlehem Steel, sondern auch unzählige Subunternehmer und Zulieferer, die ihre Produktion umgestellt hatten, profitierten von Rüstungsaufträgen. Wo sollte bei einer Verstaatlichung die Grenze zwischen staatlicher und privater Produktion gezogen werden? Wenn private Profite das Hauptproblem darstellten, wie die Kritiker meinten, wie wollte man dann verhindern, dass über Subunternehmen auch weiterhin private Unternehmen von der Herstellung von Waffen profitierten? Sollten gesamte Zuliefererketten verstaatlicht werden? Außerdem zeigten sich auch die Vorteile einer international vernetzten Rüstungsindustrie. Dass die Entente-Mächte auf die Wirtschaftskraft und Kapazitäten US-amerikanischer Unternehmen zurückgreifen konnten, erwies sich als kriegsentscheidender Vorteil.

Diese Erfahrungen wirkten sich jedoch nicht auf das Urteil der Regierung Wilsons über die private Rüstungsindustrie aus. Zwar zeigte Robert Lansing, Bryans Nachfolger als Außenminister, kein Interesse an einem völkerrechtlichen Verbot der privaten Produktion. Wilson, House und Daniels hielten allerdings daran fest, dass eine Verstaatlichung die einzige Lösung sei. Für sie standen die Probleme im Mittelpunkt, die sich aus der Abhängigkeit von einer privaten Rüstungsindustrie ergaben: die Gefahr drastisch steigender Kriegsgewinne der Rüstungsbranche bei gleichzeitiger Belastung des staatlichen Haushalts, die Aushöhlung der Anti-Trust-Gesetze und der Einfluss der großen Unternehmen. Daniels kämpfte weiter für seine staatliche Stahlfabrik, die allerdings erst nach dem Krieg die Produktion aufnehmen konnte.[106] Genau wie Wilson war ihm die enge Zusammenarbeit mit den Unternehmern im Zuge der Kriegsmobilisierung ein Dorn im Auge gewesen und er wollte diesen Zustand nach Kriegsende nicht nur so schnell wie möglich wieder rückgängig machen, sondern er deutete weitergehende Maßnahmen an: „We will not be afraid in peace to do revolutionary things.“[107] Daniels spezifizierte

---

105 Tavenner: The Navy League Unmasked, S. 6.

106 Vgl. Cooling: Gray Steel, S. 205–212. Zum Thema Verstaatlichungsbestrebungen der Regierung Wilson während des Kriegs siehe Wilson: Destructive Creation, S. 7–21.

107 Vgl. Gerber: Limits of Liberalism, S. 172 f., S. 292–308, Zitat S. 173.

nicht näher, was er damit meinte und Wilson wahrte Stillschweigen über seine Zukunftsvorstellungen.[108] Aufschluss geben jedoch die Planungen für eine Nachkriegsordnung, die Wilson und House Mitte 1918 konkreter werden ließen.

Die US-Regierung hatte Großes vor: Sie wollte die Verhandlungen nutzen, um einen Völkerbund zu gründen, dessen Satzung Teil des abzuschließenden Friedensvertrags werden sollte. Bereits Ende 1917 hatte Wilson die sogenannte Inquiry eingesetzt, ein Expertengremium, dem House vorstand und dessen Aufgabe es war, Vorschläge für die Verhandlungen zu erarbeiten. Die Mitglieder der Inquiry befasste sich allerdings hauptsächlich mit territorialen Problemen und Bevölkerungsfragen.[109] Zu Beginn der Tätigkeit scheint es Bestrebungen gegeben zu haben, auch das Thema Abrüstung zu bearbeiten. Walter Lippmann, der in den 1940er Jahren zu einem scharfen Kritiker der nach 1918 einsetzenden Abrüstungsbemühungen werden sollte, unternahm einen Versuch, sich auf der Grundlage vorhandener Literatur einen Überblick über die Thematik zu verschaffen. Von den in der US-amerikanischen Gesellschaft diskutierten Lösungsansätzen, unter denen die Verstaatlichung der Rüstungsindustrie eine wichtige Rolle spielte, hielt er nicht viel. Er forderte eine ausführliche „militärwissenschaftliche" Studie, die die Implikationen einer Rüstungsreduzierung genauer herausarbeiten sollte.[110] Eine solche Studie findet sich jedoch nicht in den Unterlagen des Expertengremiums. Als House im Juli 1918 im Auftrag Wilsons den Entwurf einer Völkerbundsatzung zu Papier brachte, stützte er sich bei der Formulierung des Abrüstungsparagrafen nicht auf Vorarbeiten aus der Inquiry oder dem Regierungsapparat. Vielmehr griff er Vorschläge auf, die in der Gesellschaft kursierten und die er und Wilson bereits in anderen Kontexten diskutiert hatten. So fand auch das Verbot privater Rüstungsproduktion, das Wilson schon im August 1914 als Element einer zukünftigen Friedensordnung ausgemacht hatte und das die Gespräche über den Pan-Amerikanischen Pakt geprägt hatte, Eingang in den US-amerikanischen Entwurf einer Völkerbundsatzung.[111]

Auf der Grundlage dieses Entwurfs begann Wilson im Juli seine Pläne und Vorstellungen zum Völkerbund zu konkretisieren. Es war typisch für seine Arbeitsweise, dass er dies in völliger Zurückgezogenheit tat und darauf verzichtete, weitere Meinungen einzuholen. Ein von seinen Zeitgenossen beschriebener Charakterzug war es, bei strittigen Fragen zunächst verschiedene Meinungen einzu-

108 Vgl. Urofksy: Big Steel, S. 295.

109 Vgl. Gelfand: The Inquiry.

110 Walter Lippmann to the Secretary of War, 27.10.1917, in: FRUS, The Paris Peace Conference 1919, Vol. I, S. 12 f.

111 Vgl. Seymour: The Intimate Papers, Vol. IV, S. 35.

holen und frühe Festlegungen zu vermeiden. War sein Entschluss jedoch einmal gefällt, verschloss er sich weiteren Argumenten.[112] Was den Völkerbund betraf, stand sein Entschluss Mitte 1918 fest und das galt auch für die private Rüstungsindustrie. Hatte er noch 1914 beim Verfassen eines Entwurfs des Pan-Amerikanischen Pakts den Vorschlag Houses abgeschwächt, so verschärfte er nun sogar noch die Formulierung seines Vertrauten. Nicht nur sollte die private Rüstungsproduktion verboten werden – nein, auch private Profite aus der Herstellung von Waffen sollten in den Mitgliedstaaten des künftigen Völkerbundes untersagt sein. In den kommenden Monaten sollte Wilson seinen Entwurf einer Völkerbundsatzung immer wieder überarbeiten. Der Absatz bezüglich des privaten Produktions- und Profitverbots blieb jedoch unverändert.[113]

Wilsons Entwurf bildete die Verhandlungsgrundlage für den zu gründenden Völkerbund, mit dem die von ihm angeführte Delegation im Januar 1919 nach Paris aufbrach. Zu Hause hatten die großen Rüstungsunternehmen in den zurückliegenden zwei Jahren die auf stärkere staatliche Kontrolle zielende Anti-Trust-Politik immer weiter ausgehöhlt. Und selbst eine teilweise Umstellung auf eine staatliche Rüstungsindustrie in Form einer Stahlfabrik hatte die Regierung nur gegen massive Widerstände im Kongress durchsetzen können. Vor diesem Hintergrund kann man Wilsons Plan, die private Rüstungsproduktion in Paris völkerrechtlich verbieten zu lassen, als Versuch deuten, neue Handlungsspielräume zu gewinnen. Um sein innenpolitisch unter Druck geratenes gesellschaftliches Reformprojekt zu retten, wich er auf die internationale Ebene aus. Insofern durchlief es dieselbe Entwicklung, die bei den europäischen Sozialreformern wie den Mitgliedern der UDC beobachtet werden konnte: Auch ihre Kritik an der Rüstungsindustrie hatte sich zunächst aus innenpolitischen Reformprojekten gespeist, bevor sie ein völkerrechtliches Verbot formulierten.

Dabei war Wilsons liberaler Internationalismus keineswegs deckungsgleich mit den Ideen, wie sie die liberalen Reformer formulierten, die in Friedensorganisationen wie der US-amerikanischen League to Enforce Peace, der französischen Association Française pour la Société des Nations und der britischen League of Nations Union organisiert waren. Sie forderten zwar auch einen Völkerbund, sahen in ihm jedoch in erster Linie eine Organisation, die eine Verrechtlichung internationaler Beziehungen sicherstellen sollte. Ihrer Vorstellung zufolge sollten zwischenstaatliche Konflikte immer auf der Grundlage von Völkerrecht entschieden

---

112 Siehe zu Wilsons Charakter und seinem Desinteresse an der Arbeit der Inquiry auch Macmillan: Peacemakers, S. 13–16.

113 Vgl. Baker: Woodrow Wilson and World Settlement, Vol. III, S. 89, 103, 112.

und Urteile internationaler Gerichte notfalls mithilfe militärischer Gewalt durchgesetzt werden. Wilson hingegen entwarf einen Völkerbund, der am Primat der Politik festhielt. Regierungen, nicht Richter und Rechtsexperten, sollten die internationalen Beziehungen gestalten und lenken.[114] Diese Überzeugung, die er mit der britischen Regierung teilte, ist jüngst in der Forschung als staatszentrierter Internationalismus bezeichnet worden.[115] Sie erwies sich als anschlussfähig sowohl für jene Vertreter eines liberalen Internationalismus, die wie Wilson die machtpolitischen Konflikte in Europa durch eine Stärkung internationaler Institutionen entschärfen wollten, als auch für imperiale Internationalisten, die internationale Organisationen als Instrumente interimperialer Kooperation begriffen. Wilsons Forderung, die private Rüstungsproduktion zu verbieten, lag ganz auf der Linie eines solchen staatszentrierten Ansatzes: Auch hier ging es darum, den Gestaltungsspielraum des Staates gegenüber anderen Akteuren – in diesem Fall Wirtschaftsunternehmen – zu verteidigen.

Es ist häufig beobachtet worden, dass Wilsons Ideen zur internationalen Politik höchst widersprüchlich waren.[116] Das gilt auch für die Passage zur Rüstungsproduktion, in der ganz unterschiedliche Erfahrungen und Agenden zusammenflossen. Auf der einen Seite fußte sie auf dem antiimperialistischen Protektionismus, wie er in den Südstaaten weit verbreitet war. Dieser Protektionismus, der eine imperiale Globalisierung als Bedrohung agrarischer Interessengruppen in den USA wertete, hatte die Kritik rüstungsproduzierender Stahlunternehmen der Westküste maßgeblich angefacht. Auf der anderen Seite fügte sich der Vorschlag zur Verstaatlichung aber durchaus in eine imperiale Agenda ein, die darauf abzielte, den Einfluss Washingtons auf die lateinamerikanischen Staaten zu stärken.

1.4 Britische Rüstungsunternehmen als Gefahr

Ähnlich wie in den USA intensivierte sich auch in Großbritannien während des Weltkriegs die öffentliche Kritik an privaten Rüstungsunternehmen. Diese Kritik knüpfte an die Debatte der Vorkriegszeit an, erfuhr aber unter den Bedingungen des Krieges Weiterungen. Die Auseinandersetzung mit der privaten Rüstungsindustrie während des Ersten Weltkriegs schuf die Voraussetzung dafür, dass der Vorschlag Wilsons während der Verhandlungen in Paris auf die Unterstützung der britischen Delegation stoßen konnte.

---

114 Vgl. Wertheim: The League of Nations; Payk: Frieden durch Recht, S. 495 – 653; Coates: Legalist Empire, S. 136 – 167.

115 Vgl. Payk: Frieden durch Recht, siehe insbesondere S. 495 – 653.

116 Siehe beispielsweise O'Toole: The Moralist.

Bei Ausbruch des Weltkriegs gingen die Militärstrategen überall auf der Welt davon aus, dass es sich um einen kurzen Krieg handeln werde. Entsprechend schlecht waren die britischen Truppen und die Wirtschaft auf das vorbereitet, was sie erwartete. Für den Stellungskrieg in Schützengräben wurden vor allem Kanonen und Granaten benötigt. Die großen Rüstungsunternehmen taten sich jedoch schwer, ihre Produktion umzustellen und die Kapazitäten für Granaten auszuweiten. Kurz dachte die Regierung deshalb Ende 1914 über ihre Verstaatlichung nach, verwarf den Plan aber schnell. Im Frühjahr 1915 spitzte sich die Lage weiter zu, als es nicht mehr gelang, den Bedarf an Granaten zu decken. Die sogenannte *shell crisis* verursachte eine schwere Regierungskrise, der liberale Premierminister Herbert Asquith war gezwungen, eine Koalition mit den Konservativen zu bilden. Derweil gerieten die großen Unternehmen in Erklärungsnot. Umfangreiche Rüstungsexporte waren stets mit dem Hinweis darauf legitimiert worden, dass sie einen wichtigen Beitrag zur Kapazitätssteigerung der Fabriken darstellten. Waffenlieferungen an ausländische Regierungen seien wichtig, um ihre kontinuierliche Auslastung zu gewährleisten, sodass im Kriegsfall die Produktion schnell auf die Aufgabe der Landesverteidigung umgestellt werden könne. Doch 1914 sträubten sich die Rüstungsunternehmen, bereits unterzeichnete Verträge mit dem Ausland auszusetzen, um die eigenen Truppen zu beliefern. Stattdessen hofften sie, davon zu profitieren, dass deutsche Firmen mit dem Kriegsausbruch von gewissen Märkten ausgeschlossen waren.[117]

Lieferengpässe waren jedoch nur ein Grund, warum die privaten Rüstungsunternehmen in die Kritik gerieten. Wie auch in den anderen kriegführenden Staaten entwickelte sich in Großbritannien eine Debatte über Kriegsgewinne. Wie konnte es sein, dass private Unternehmen – und allen voran die Rüstungsindustrie – massive Gewinne einfuhren, während der größte Teil der Gesellschaft Opfer bringen musste, ja an manchen Tagen Tausende Soldaten umkamen und immer mehr Familien Tote zu beklagen hatten? Vor diesem Hintergrund wuchs das Unverständnis darüber, dass private Rüstungsunternehmen höhere Preise für ihre Produkte forderten als staatliche Betriebe. Die Begründungen der Unternehmensführungen, dass das Geschäft mit der Herstellung von Waffen in Friedenszeiten höchst unsicher sei und höhere Gewinne in Kriegszeiten einen Ausgleich schafften, vermochte immer weniger zu überzeugen.

In der Debatte über überhöhte Preise spielten auch die internationalen Verflechtungen der Rüstungsindustrie eine Rolle. Auf dem Höhepunkt der *shell crisis*

117 Hier und im Folgenden French: The Military Background; Lloyd: Experiments in State Control; Lloyd-Jones/Lewis: Arming the Western Front, Kap. 5 und 6; Lloyd-Jones/Lewis: War of Machinery; Scott: Vickers, S. 97–100.

diskutierte das Parlament über einen Vertrag zur Nutzung von Granatzünder-Patenten, den Vickers 1902 mit Krupp geschlossen hatte. Damals war vereinbart worden, dass Vickers für jeden Auftrag über Granaten, in denen die von Krupp entwickelten Zünder verbaut waren, einen gewissen Prozentsatz an das deutsche Unternehmen zahlen musste. Zwar waren die Zahlungen an Krupp bei Kriegsausbruch auf der Grundlage des Trading with the Enemy Acts ausgesetzt worden. Dennoch hatte Vickers den Betrag stets in seinen Verträgen mit der britischen Regierung berechnet. Philipp Snowden, der bereits 1913 die Verflechtungen der Rüstungsindustrie in den Blick genommen und angeprangert hatte, hegte den Verdacht, dass solche Patentnutzungsverträge zwischen deutschen und US-amerikanischen Unternehmen dazu führen könnten, dass britische Aufträge an US-amerikanische Partner letztlich deutschen Rüstungsunternehmen zugutekämen.[118]

Auch die Praxis aus der Vorkriegszeit, Unternehmensvorstände international zu besetzen, weckte Unbehagen. Noch 1914 waren vier Deutsche im Leitungsgremium der Nobel Dynamite Trust vertreten gewesen, die auf Sprengstoffherstellung spezialisiert war. Mit Kriegsausbruch traten diese Personen zwar zurück, dennoch warf die Episode Fragen nach der Loyalität der Rüstungsunternehmen gegenüber der britischen Gesellschaft auf.[119] Zudem bestätigte die Allianzbildung nach Kriegsausbruch all jene, die schon 1914 Rüstungsexporte als eine Gefahr für das eigene Land kritisiert hatten. In den Jahren unmittelbar vor dem Krieg hatten Vickers und Armstrong die türkische Regierung mit ihrem Know-how und durch Investitionen beim Aufbau von Werften unterstützt. Da die Türkei sich jedoch auf die Seite des Deutschen Reiches stellte, sahen sich die britischen Streitkräfte mit einem Gegner konfrontiert, den britische Unternehmen zuvor aufgerüstet hatten.[120]

Die *shell crisis* und die Debatte über Kriegsprofite veranlassten die 1915 umgeformte Regierung Asquiths, weitgehende Maßnahmen zur Kontrolle der Rüstungsindustrie umzusetzen. Unter der Leitung des späteren Premierministers Lloyd George gründete sie das Ministry of Munitions, das die Probleme der Rüstungsmobilisierung angehen sollte. Das Ministerium weitete den staatlichen Zugriff auf die Industrie massiv aus. Sie koordinierte die Produktion und die Verteilung von Rohstoffen. Staatliche Arsenale, die in der Vorkriegszeit nachrangig bedacht worden waren, erhielten nun besondere Förderung vonseiten der Regierung; Unternehmen, die zuvor keine Waffen hergestellt hatten, wurde Unterstützung bei der Umstellung ihrer Produktion zuteil. Darüber hinaus verabschiedete die Regierung 1915 ein Gesetz, das Preise regulierte mit dem Ziel, Kriegsprofite angesichts der

118 Vgl. House of Commons, Debate 12.5.1915, Vol. 71, cc1632–3 1632; House of Commons, Debate 13.5.1915, Vol. 71, c1818; House of Commons, Debate 1.7.1915, Vol. 72, cc1938–9; Scott: Vickers, S. 150 f.

119 Vgl. House of Commons, Debate 16.6.1915, Vol. 72, cc646–7 646.

120 Vgl. House of Commons, Debate 24.6.1915, Vol. 72, c1338 1338.

rapide angewachsenen Nachfrage zu begrenzen. Auch wenn diese Eingriffe von der Rüstungsindustrie als Zumutung empfunden wurden, eröffnete die Situation auch neue Möglichkeiten der Einflussnahme. Ähnlich wie in den USA, wo Industrielle in Beratergremien eingebunden waren, arbeitete das Ministry of Munitions eng mit Vertretern der Rüstungsindustrie zusammen. Die Maßnahmen des neuen Ministeriums fruchteten und bald schon konnten die Lieferengpässe behoben werden.[121]

Das britische Militär und die Forderung nach einem Verbot privater Rüstungsunternehmen

Die Erfahrungen des ersten Kriegsjahres hatten das Image der privaten, spezialisierten Rüstungsindustrie allerdings nachhaltig beschädigt. Bald schon diskutierten nicht mehr nur die Friedensaktivist*innen der UDC und die Labour-Partei über eine völkerrechtlich verbindliche Verstaatlichung, sondern auch hochrangige Regierungsvertreter und Militärs. Zu den Befürwortern gehörte Admiral Rosslyn Wemyss. Er hatte seinen Dienst bei der Royal Navy bereits 1877 begonnen, noch bevor die britische Regierung Mitte der 1880er Jahre entschieden hatte, beim Flottenausbau in erster Linie auf private Rüstungsunternehmen zu setzen. Ihm dürften die Vorbehalte gegen das private bürgerliche Unternehmertum bekannt gewesen sein, die damals durchaus auch von konservativen Militärs vorgebracht wurden.[122] 1915 war er an der Schlacht von Gallipoli beteiligt gewesen, bei der die Briten versucht hatten, die Kontrolle über die asiatisch-europäische Meerenge zu erlangen. Die Schlacht endete in einer herben Niederlage gegen die türkischen Streitkräfte, auf deren Seite von Armstrong und Vickers entwickelte und produzierte Waffen zum Einsatz gekommen waren. 1917 wurde Wemyss auf den höchsten Rang der Navy befördert und zum Ersten Seelord ernannt. In dieser Funktion beauftragte er den Historiker William Harbutt Dawson damit, ein Memorandum über die private Rüstungsindustrie zu verfassen. Dawson war ein klassischer Vertreter des New Liberalism und stand somit der *laissez-faire*-Marktwirtschaft kritisch gegenüber. Als Deutschland-Experte blickte er mit Bewunderung auf den Bismarckschen Sozialstaat, während er gleichzeitig den deutschen Militarismus anprangerte. Er hatte mit großem Interesse die Reichstagsdebatten verfolgt und war genauestens informiert

---

121 Vgl. Lloyd-Jones/Lewis: Arming the Western Front, Kap. 5; Lloyd: Experiments in State Control; Wrigley: The Ministry of Munitions; Webb: How to Pay for the War; Packard: Whitehall, Industrial Mobilisation and the Private Manufacture, S. 41–43; Scott: Vickers, S. 126–133; Adams: Arms and the Wizard, S. 62–70.

122 Vgl. Bastable: Arms and the State, S. 161–200.

über Liebknechts Enthüllungen aus dem Jahr 1913. Dawson sah in der privaten Rüstungsindustrie einen Grund für den deutschen Militarismus.[123]

In seinem Memorandum für Wemyss argumentierte er, dass das Profitstreben privater Unternehmen ein Grundproblem für den Frieden darstelle. Rüstungsexporte spielten für die Gewinnsteigerung eine wichtige Rolle:

> For the more armaments are increased abroad, the more they must be increased at home. This interrelation between foreign and home trade in armaments is one of the most subtle and dangerous features of the present system of private production. The evil is intensified by the existence of international armament rings, the members of which notoriously play into each others' hands. So long as this subterranean conspiracy against peace is allowed to continue the possibility of any serious concerted reduction of armaments will be remote.[124]

Deshalb empfahl er, die Verstaatlichung der Rüstungsindustrie zum Gegenstand zukünftiger Friedensverhandlungen zu machen. Wemyss war ein Mann der Navy und ganz sicherlich kein Pazifist. Dass er sich die Forderung nach Verstaatlichung zueigen machte, muss eher so verstanden werden, dass die Kriegserfahrungen alte militärische Ressentiments gegen private Wirtschaftsunternehmen neu aufleben ließen.

Als Wemyss das Memorandum im Dezember 1918 der Admiralität zur Diskussion vorlegte, stieß es allerdings auf vehementen Widerspruch. Genauso wie Wemyss und andere Befürworter einer Verstaatlichung führten die Admirale der britischen Navy Erfahrungen der vorangegangenen Jahre ins Feld. Dabei argumentierten sie nicht nur gegen eine Verstaatlichung, sondern auch gegen eine völkerrechtlich bindende Kontrollfunktion des Staates. Die Lage der Entente-Mächte im Krieg wäre hoffnungslos gewesen, hätten sie nicht auf die in US-amerikanischen Fabriken hergestellten Rüstungsgüter zurückgreifen können. Wäre eine völkerrechtlich verbindliche Kontrolle der Rüstungsindustrie schon vor dem US-amerikanischen Kriegseintritt in Kraft gewesen, dann hätte Großbritannien keine Möglichkeit gehabt, von den umfangreichen Ressourcen der USA zu profitieren.[125] Tatsächlich waren 1916 allein 40 Prozent der Granaten aus den USA geliefert worden.[126] Die Erfahrungen des Ersten Weltkriegs waren also keineswegs eindeutig, sondern höchst widersprüchlich. Rüstungsexporte an andere Länder hatten die Kriegsmobilisierung behindert und dazu geführt, dass sich britische

---

123 Vgl. Dawson: What is Wrong with Germany; Berger: William Harbutt Dawson.

124 Abgedruckt in: Wester Wemyss: The Life and Letters, S. 405–407, Zitat S. 406.

125 Das Memorandum, das der Argumentation der Admiralität zugrunde lag, ist abgedruckt in: The Origin of Article VIII, Paragraph 5, of the Covenant of the League of Nations, Memorandum by Sir Maurice Hankey, in: Royal Commission: Minutes of Evidence, S. 736–741, hier S. 740.

126 Vgl. Leonhard: Die Büchse der Pandora, S. 785.

Truppen mit Gegnern konfrontiert sahen, die mit Waffen aus dem eigenen Land kämpften. Gleichzeitig waren die US-amerikanischen Ressourcen und Rüstungsexporte nach Europa tatsächlich von zentraler Bedeutung für die britischen und französischen Truppen gewesen. Der ambivalente Charakter des internationalen Handels mit Waffen seit 1914 ließ sich nicht ohne Weiteres auf völkerrechtliche Normen herunterbrechen. Wemyss jedenfalls kapitulierte, er sah sich nicht imstande, die Argumente seiner Admirale außer Kraft zu setzen.[127] Die Navy wurde nicht zum Sprachrohr eines völkerrechtlich bindenden privaten Produktionsverbots beziehungsweise Kontrollgebots.

Britische Friedenspläne und der Waffenhandel

Doch damit war das Thema noch längst nicht vom Tisch. Kurz vor Kriegsende setzte Jan Smuts es erneut auf die Agenda, nachdem Lloyd George, der mittlerweile Asquith als Premierminister abgelöst hatte, ihn um den Entwurf eines Völkerbundstatuts gebeten hatte. Smuts, der sicherlich zu den interessanteren Figuren der internationalen Geschichte des frühen 20. Jahrhunderts gehört und auch bei der Verfassung der Allgemeinen Erklärung der Menschenrechte nach dem Zweiten Weltkrieg eine Rolle spielen sollte, hatte seine politische Karriere in Südafrika begonnen. Um die Jahrhundertwende hatte er sich als außerordentlich geschickter Feldherr der Buren erwiesen – jene europäischen Siedler, die gegen eine Unterwerfung unter die britische Kolonialmacht kämpften. Nach der von allen Seiten als ehrenvoll bezeichneten Niederlage spielte er eine wichtige Rolle bei der Integration Südafrikas in das britische Empire. Seine Biografen haben diese Erfahrung später als grundlegend für seine Sicht auf die internationale Politik beschrieben. Bei Smuts habe sich damals die Überzeugung verfestigt, dass die Ausweitung des britischen Empires als Modell für eine sich immer weiter integrierende Staatengemeinschaft dienen könne. Das Ziel dieser Integration sei die Vereinigung der weißen Völker, um ihrer Zivilisierungsmission gerecht zu werden. Nach Ausbruch des Krieges wurde Smuts zunächst mit der Verteidigung der britischen Besitztümer in Afrika betraut. Anfang 1917 berief Lloyd George ihn ins Imperial War Cabinet, in dem Vertreter aus Kanada, Australien, Südafrika, Neuseeland und Neufundland über Fragen der Kriegsführung berieten; ein halbes Jahr später wurde er Mitglied des War Cabinets.[128]

---

127 Vgl. Wester Wemyss: The Life and Letters, S. 407.

128 Vgl. Hancock: Jan Smuts; Mazower: No Enchanted Palace, S. 28–65.

Während Smuts Kabinettskollegen Alfred Milner und Edward Carson den britischen Kriegsgegner*innen in der UDC und bei Labour feindlich gesinnt waren und sie mit zahlreichen repressiven Maßnahmen traktierten, hatte er mehrere Freunde, die sich offen in diesen beiden politischen Gruppen engagierten. Eine besonders enge Beziehung verband ihn mit E.W. Hobson, den er bereits seit seinem Studium in Cambridge kannte. Hobson hatte sich von Anfang an in der UDC engagiert. Als Smuts nach seiner Berufung ins War Cabinet nach London kam, legte Hobson ihm sofort deren Vier-Punkte-Programm vor. Mit Blick auf die Forderung einer stärkeren parlamentarischen Kontrolle britischer Außenpolitik blieb Smuts skeptisch. Doch der Forderung nach einem völkerrechtlichen Verbot privater Waffenproduktion stimmte er „aus vollem Herzen" zu.[129] Kurz darauf nahm auch Labour diesen Punkt in seinen Forderungskatalog auf und als Anfang 1918 Vertreter verschiedener europäischer sozialistischer Parteien in London zusammentrafen, sprachen auch sie sich für ein völliges Verbot „profit-orientierter Rüstungsunternehmen" aus.[130]

Diese Vorschläge lagen Smuts vor, als er sich Ende 1918 an die Verschriftlichung seines Entwurfs einer Völkerbundverfassung machte.[131] In seinen Überlegungen zur Abrüstung spielte die Verstaatlichung der Rüstungsindustrie eine zentrale Rolle, er sah darin einen „vernünftigen Vorschlag". Die zentralen Vorwürfe der Vorkriegsdebatte wiederholend, stellte er die private Rüstungsindustrie als eine permanente Gefahr dar. Nicht nur Krupp, sondern auch andere Unternehmen dieser Branche hätten maßgeblich zur Untergrabung des Friedens beigetragen. Aber anders als Wemyss versuchte Smuts, mögliche Gegenargumente zu antizipieren. Wo sollten kleinere Staaten, die auf die Produktion privater Waffenhersteller angewiesen seien, in Zukunft ihre Rüstungsgüter erhalten? Allerdings ließ Smuts sich von solchen Einwänden nicht beeindrucken. „I am not much impressed with this sort of argument. To keep up the high temperature of the war atmosphere over the world for the sake of indulging the small Balkan and other States in their special form of sport will not appeal to the great democracies of the world."[132] Ganz offensichtlich sah Smuts keine Ironie darin, herablassend über die Kriegslüsternheit der Balkan-Staaten herzuziehen, kurz nachdem die „zivilisierten Nationen" ihr gegenseitiges Massaker beendet hatten. Sein Argument machte es sehr deutlich, dass der Vorschlag der Verstaatlichung imperiale Implikationen hatte. In einer Welt, in der die Produktion von Waffen technisch so stark spezialisiert war, dass das für ihre Herstellung notwendige Know-how und die Infrastruktur in nur wenigen Ländern vorhanden waren, würde eine Verstaatlichung die Macht der Rüstung

129 Vgl. Hancock: Jan Smuts, S. 463; Swartz: The Union of Democratic Control, S. 170 f.
130 Vgl. McCurdy: A Clean Peace, S. 14.
131 Vgl. Baker: Woodrow Wilson and World Settlement, Vol. I, S. 226 f.
132 Smuts: League of Nations, S. 54–56, Zitat 55. Wortlaut: „This proposal is [...] a sound one."

produzierenden Staaten stärken – oder mit den Worten Smuts: die Macht der „großen Demokratien".

Solche Vorschläge zur Verstaatlichung der Rüstungsindustrie – so populär sie auch bei Labour, einigen Liberalen und Friedensorganisationen wie der UDC waren – blieben allerdings einzelne Meinungsäußerungen. Ein interministerieller Klärungsprozess zu dieser Frage fand nicht statt und ein Verstaatlichungsgebot wurde nicht in den Entwurf aufgenommen, mit dem die britische Delegation im Januar 1919 nach Paris aufbrach.[133] Die Zusammensetzung der Delegation war jedoch bemerkenswert. Smuts war nicht der Einzige, der sich kritisch zur privaten Rüstungsindustrie positioniert hatte. Robert Cecil, der zusammen mit ihm die Verhandlungen über den geplanten Völkerbund führen sollte, hatte den Gründungsaufruf der UDC mit der Forderung nach einem Verbot privatwirtschaftlicher Waffenproduktion unterstützt.[134] Allerdings war das Thema für Cecil mit Blick auf die Gestaltung der Nachkriegsordnung nicht von zentraler Bedeutung. In den Vorschlägen, mit denen er im Vorfeld der Friedenskonferenz aufwartete, tauchte es nicht auf.

Anders als Smuts, der nach den Pariser Friedensverhandlungen nicht wieder als Verfechter völkerrechtlicher Waffenhandelsbeschränkungen in Erscheinung trat, sollte Cecil in den folgenden Jahren die Völkerbund-Debatten über dieses Thema maßgeblich prägen. Der Sohn des dreimaligen Premierministers Robert Gascoyne-Cecil war trotz seiner 54 Jahre und seiner langjährigen politischen Karriere bei Kriegsende ein Neuling auf dem diplomatischen Parkett. Seit 1906 saß er für die Conservative Party im britischen Unterhaus, wo er sich vor allem innenpolitischen Themen gewidmet hatte. Doch obwohl er als Spross einer politisch einflussreichen Familie über gute Verbindungen verfügte, schien seine Karriere 1914 in einer Sackgasse angelangt zu sein. Seine Partei verpasste bei den Wahlen erneut die Chance auf eine Regierungsbildung. Darüber hinaus ließen seine eigenwilligen Positionen ihn in den Augen seiner Parteifreunde als einen wenig zuverlässigen Partner erscheinen. Der Krieg jedoch brachte eine ganz neue Wendung in Cecils Karriere und veränderte sie von Grund auf. Er begann für das Rote Kreuz zu arbeiten und als der Sohn seines Bruders, der in Ägypten kämpfte, verschwand, gründete er einen Suchdienst für vermisste Soldaten. Vor dem Hintergrund dieser Erfahrungen wandte er sich der Frage zu, wie ein dauerhafter Frieden gesichert werden könne. Die Rückkehr der Konservativen in die Regierungsverantwortung schuf dafür die Rahmenbedingungen. Als Premierminister Herbert Asquith im Mai

---

133 Vgl. League of Nations, Draft Convention, 20.1.1919, in: Baker: Woodrow Wilson and World Settlement, Vol. III, S. 130–143.

134 Vgl. Johnson: Lord Robert Cecil, S. 76 f.

1915 eine Mehrparteien-Koalition ins Leben rief – nicht zuletzt in Reaktion auf die *shell crisis* –, wurde Cecil mit dem Posten des Staatssekretärs im Foreign Office bedacht. Anfang 1916 wurde er zum Minister of Blockade ernannt. In dieser Funktion überschaute und koordinierte er die gegen das Deutsche Reich gerichtete wirtschaftliche Blockade.[135]

Cecil beschränkte sich aber nicht auf Fragen der Blockade-Politik, sondern entwickelte sich in der Regierung zu einem vehementen Fürsprecher der Völkerbund-Idee. 1917 überzeugte er Außenminister Arthur Balfour, dass es notwendig sei, die Initiative in dieser Angelegenheit nicht vollständig Woodrow Wilson zu überlassen. Balfour setzte daraufhin die sogenannte Phillimore Commission ein und beauftragte sie mit dem Entwurf eines Statuts. Überzeugt, dass eine enge Kooperation mit den USA im Interesse der britischen Regierung liege, trieb Cecil den Austausch zwischen Washington und London über die Völkerbund-Idee voran. Darüber hinaus unterhielt er enge Kontakte mit zivilgesellschaftlichen Organisationen, die sich die Gründung des Völkerbundes zum Ziel gesetzt hatten. Dieses Engagement ist ihm häufig als internationalistischer Idealismus ausgelegt worden, der in einem Spannungsverhältnis zu den Agenden stärker nationalstaatlich ausgerichteter Politker wie George Curzon gestanden habe, der ihm zeitweise als Außenminister vorstand. Eine solche Bewertung blendet allerdings aus, dass auch Cecil mit seinen Plänen stets britische Interessen fest im Blick behielt. Cecils Expertise in Sachen Völkerbund veranlasste die Regierung dazu, selbst nach seinem Rücktritt als Blockade-Minister Ende 1918 an ihm festzuhalten. Nur wenige Wochen nach seinem Rücktritt wurde er zum Leiter der neu gegründeten Völkerbund-Abteilung im Foreign Office bestellt und zum Mitglied der Friedensdelegation ernannt – eine Rolle, die er auf die ihm eigene Art und Weise ausfüllte. Er verhandelte gerne auf der Grundlage seiner eigenen Überzeugungen und Vorstellungen und ließ sich ungern von interministeriell abgestimmten Positionspapieren in seiner Handlungsfreiheit einschränken. Wo es ihm nötig erschien, handelte er sogar im Widerspruch zu den Weisungen des Premierministers Lloyd George.[136] Diese Arbeitsweise sollte auch mit Blick auf die Debatte über ein Verbot der privaten Rüstungsindustrie zum Tragen kommen.

Das zentrale Anliegen der britischen Regierung mit Blick auf das internationale Geschäft mit Rüstungsgütern, wie es im Vorfeld der Konferenz in Whitehall definiert worden war, zielte jedoch nicht auf die Verstaatlichung der Waffenproduktion, sondern auf die Kontrolle des Waffenhandels in jenen Regionen, in denen koloniale Interessen im Spiel waren. Wie im Kapitel über den Imperialismus zu zeigen sein

135 Vgl. Johnson: Lord Robert Cecil, S. 13–74.

136 Vgl. Johnson: Lord Robert Cecil, S. 75–119; Yearwood: Guarantee of Peace, S. 40–137.

wird, reiste die britische Delegation mit sehr konkreten Vorschlägen nach Paris, wie der Waffenhandel in diesen Regionen völkerrechtlich bindend zu regulieren sei. Damit reagierte die Regierung in London auf gesellschaftliche Unruhen in den kolonialisierten Räumen, die im Zuge des Krieges immer stärker zugenommen hatten. Waffenhandelskontrollen sollten Aufständischen den Zugang zu Waffen erschweren.

Die Bedrohungsszenarien, die dieser offiziellen Verhandlungsposition sowie den individuellen Überzeugungen bezüglich Abrüstung zugrunde lagen, mit denen die britische Delegation nach Paris aufbrach, hätten unterschiedlicher nicht sein können. Auf der einen Seite sahen Smuts und Cecil die großen privaten Rüstungsunternehmen als eine Gefahr. Sie verdächtigten sie, aus Gründen der Gewinnmaximierung globale Rüstungswettläufe anzuheizen. Diese Überzeugung teilten sie mit Labour und den Friedensaktivist*innen in der UDC, die die Internationalisierung von Rüstungsunternehmen in einem sich globalisierenden Kapitalismus als eines der Kernprobleme ausgemacht hatten, auf das sie mit der Reform der internationalen Beziehungen reagieren wollten. Gleichzeitig sah die Regierung in London Aufständische in den Kolonien als Gefahr. Sie erhoffte sich, eine neue Weltordnung zu schaffen, die es ermöglichen sollte, dem antikolonialen Widerstand mit der Hilfe des Völkerrechts zu begegnen. Dabei schlossen sich die Einhegung antikolonialer Aufständischer und privater Rüstungsunternehmer nicht gegenseitig aus. Im Gegenteil: Smuts ist das beste Beispiel dafür, dass der von Wilson und der britischen Regierung vertretene staatszentrierte Internationalismus die Anliegen eines paternalistischen Imperialismus mit denen einer Wirtschaftspolitik zu vereinen vermochte, die einen immer mächtiger werdenden und sich globalisierenden Kapitalismus einzuhegen suchte. Dieser Internationalismus zielte darauf, all jene Kräfte völkerrechtlich zu disziplinieren, die den Gestaltungsspielraum von Regierungen etablierter Staaten gefährdeten.

1.5 Der Kompromiss von Paris

Als Wilson im Dezember 1918 Europa erreichte, wurde er teils euphorisch empfangen. Dieser Empfang dürfte seine Überzeugung verfestigt haben, nicht nur die Interessen der USA zu vertreten. Er sah sich nicht zuletzt als Sprachrohr der europäischen Bevölkerung, deren Regierungen ihre Wünsche missachten und aus selbstsüchtigem Machtkalkül handelten.[137] Dabei war sein Verständnis dessen, was er als „öffentliche Meinung“ bezeichnete, stark paternalistisch und elitär. Weise,

137 Vgl. z. B. Leonhard: Der überforderte Frieden, S. 79–91; MacMillan: Peacemakers, S. 13–30.

vorausschauende Männer seien einerseits gehalten, den Willen der Bevölkerung zu interpretieren. Sie müssten andererseits erzieherisch tätig werden und Überzeugungen in der Bevölkerung formen.[138] Wilsons Vorstellung von der „öffentlichen Meinung" der europäischen Bevölkerung war stark geprägt von dem Bild, das House ihm nach seinen zwei Europa-Reisen 1915 und 1916 gezeichnet hatte. Eine besondere Rolle spielten dabei die in der UDC organisierten britischen Friedensaktivist*innen. House hatte sich während seiner Aufenthalte in England mit einigen von ihnen getroffen, unter anderem mit Francis Hirst, der auch schon der Balkan-Kommission von 1913/1914 angehört hatte. Außerdem stand der Texaner in regelmäßigem Briefverkehr mit Mitgliedern der UDC. Während Wilson und House der britischen Regierung gegenüber skeptisch eingestellt waren und in ihrer Großmachtpolitik einen Grund für das Fortdauern des Krieges sahen, machten sie die britischen Friedensaktivist*innen als ihre eigentlichen Gesinnungsgenossen aus. Diese wurden nicht müde, der amerikanischen Regierung zu versichern, dass die britische Bevölkerung kein Interesse an einer Fortsetzung der Kampfhandlung habe. Das Argument stieß auf offene Ohren. House berichtete Wilson 1916, dass in der Regierung zwar die Hardliner die Oberhand hätten, dass aber die UDC die „öffentliche Meinung" vertrete.[139] Es waren also Positionen wie die der UDC, die Wilson als den Willen der europäischen Bevölkerung ausmachte, als deren Sprachrohr er sich verstand. So gesehen war die Forderung nach einer Verstaatlichung der Rüstungsindustrie eben nicht nur sein persönliches Anliegen oder das der europäischen Friedensorganisationen, die sich sämtlich diese Position im Laufe des Krieges zu eigen gemacht hatten. Aus Wilsons Perspektive musste es dem Wunsch der europäischen Öffentlichkeit entsprechen, wenn er dieses Thema auf seine Pariser Agenda setzte.

Der Abstimmungsprozess zwischen der britischen und US-amerikanischen Delegation

Gleichzeitig durfte Wilson den Eindruck gewonnen haben, dass auch die britische Seite ein völkerrechtliches Verbot privater Rüstungsproduktion mittragen werde. Während seines Zwischenstopps in London auf dem Weg nach Paris hatte Lloyd George ihm neben einem Memorandum, das Cecil über den Völkerbund entworfen hatte, auch den Vorschlag Jan Smuts' überreicht, in dem dieser wie Wilson selbst ein Verbot der privaten Rüstungsindustrie vorschlug. Lloyd George ließ Wilson zwar

138 Vgl. Wertheim: Reading the International Mind, S. 40–44.
139 Vgl. Martin: Peace without Victory, S. 91–119.

ausrichten, dass das Kabinett Smuts' Entwurf nicht uneingeschränkt zugestimmt habe, dennoch wollte er betont wissen, dass er persönlich ihn sehr gut finde. Auf seiner Weiterreise nach Italien befasste Wilson sich Anfang Januar 1919 mit dem Entwurf und war tief beeindruckt. Tatsächlich veranlasste ihn die Lektüre nach seiner Ankunft in Paris, seinen eigenen Vorschlag einer Völkerbundsatzung in ein paar Punkten zu überarbeiten.[140]

Darüber hinaus kamen private Rüstungsunternehmen auch in den Unterhaltungen zwischen den Staatsoberhäuptern der Siegermächte zur Sprache, wie Lloyd George sich Jahre später erinnerte. Alle seien sich einig gewesen, dass Krupp wesentlich dazu beigetragen habe, die Kriegsstimmung im Deutschen Reich anzufachen. Georges Clemenceau soll darüber hinaus auch über den Einfluss französischer Rüstungsunternehmen auf die Presse gesprochen haben. „[I]n fact, there was not one there who did not agree that if you wanted to preserve peace in the world you must eliminate the idea of profit of great and powerful interests in the manufacture of armaments."[141] Diese Erinnerungen, die Lloyd George Mitte der 1930er Jahre im Rahmen einer parlamentarischen Untersuchung formulierte, sind begrenzt aussagekräftig. Fünfzehn Jahre nach den Pariser Friedensverhandlungen wurde in Großbritannien intensiv wie nie zuvor über die Geschäftspraktiken privater Rüstungsunternehmen debattiert. Umfragen zufolge forderten zu diesem Zeitpunkt über 80 Prozent der Bevölkerung die Verstaatlichung.[142] Es ist nicht unwahrscheinlich, dass der ehemalige Premierminister diese Stimmung rückprojizierte auf die Situation 1919. Außerdem wird nicht klar, wann Wilson, Clemenceau und Lloyd George über Rüstungsunternehmen sprachen, in welchem Kontext und wie offiziell der Charakter von Clemenceaus Äußerungen war. Doch bei aller interpretatorischen Vorsicht lassen sich Lloyd Georges Erinnerungen dennoch als Indiz deuten, dass Wilson Anfang 1919 den Eindruck gewinnen konnte, die Forderung nach einer Verstaatlichung der Rüstungsindustrie beruhe auf einem breiten Konsens.

Mitte Januar 1919 wurden die Friedensverhandlungen in Paris offiziell eröffnet und kurz darauf verabschiedete die Plenarsitzung eine Resolution zur Schaffung des Völkerbundes. Unmittelbar nach Verabschiedung dieser Resolution begannen die britische und US-amerikanische Delegation, auf der Grundlage ihrer jeweiligen Entwürfe einen gemeinsamen Vorschlag zu entwickeln. Diese enge Zusammenarbeit zwischen den beiden englischsprachigen Delegationen war einerseits begründet in der Skepsis, die Clemenceau gegenüber dem Projekt an den Tag legte. Auf der

140 Vgl. Curry: Wilson, Smuts, and the Versailles Settlement, S. 975 f.

141 Royal Commission: Minutes of Evidence, S. 544.

142 Vgl. Thompson: The „Peace Ballot", S. 152.

anderen Seite aber kam darin auch der Wunsch Lloyd Georges, Cecils und Smuts' zum Ausdruck, den Völkerbund zu nutzen, um die im Krieg begründete transatlantische Kooperation auch in Friedenszeiten sicherzustellen.[143] Den ersten Aufschlag machten Robert Cecil und David Hunter Miller. Miller war ein New Yorker Rechtsanwalt, der sich eigentlich auf Wirtschaftsrecht spezialisiert hatte. House hatte ihn in die Inquiry berufen und als zuständig für Völkerrechtsfragen erklärt. In Paris war er eine der Schlüsselfiguren der US-amerikanischen Delegation. Er gehörte zu jenen Juristen, die wesentlich dazu beitrugen, die oft vagen und widersprüchlichen Ideen des Präsidenten zu einem schlüssigen Programm zusammenzuführen, auf das schon die Zeitgenossen den Begriff Wilsonianism anwandten.[144]

Der am 27. Januar fertiggestellte Synthese-Entwurf Cecils und Millers machte deutlich, dass Wilson und House mit ihrem Vorschlag zur Verstaatlichung der Rüstungsindustrie über keinen Rückhalt in der US-amerikanischen Delegation verfügten. In dem Dokument fand sich kein Wort zum Thema.[145] Während die Verstaatlichung ganz am Anfang von Wilsons und Houses Planungen einer internationalen Friedensordnung gestanden und seit dem Pan-Amerikanischen Pakt einen festen Platz in den Entwürfen verschiedener Vertragswerke gehabt hatte, bereitete sie einigen Mitgliedern der Delegation Kopfschmerzen. Bereits unmittelbar nach der Ankunft in Paris hatte Miller, der im Grunde große Achtung vor dem Präsidenten hatte und wesentlich zu seiner späteren Verklärung beitrug, vergeblich versucht, Wilson davon zu überzeugen, die Passage zum Verbot privater Rüstungsproduktion zu streichen. Der Wirtschaftsanwalt fand, die US-amerikanische Regierung sei nicht befugt, die Produktion bestimmter Güter zu verbieten. Selbstverständlich sei das Beispiel Krupp eine Warnung. Allerdings werde man durch ein Verstaatlichungsgebot lediglich Staaten wie China dazu zwingen, eine eigene Rüstungsindustrie aufzubauen.[146] Miller hatte deshalb bereits als Mitglied der Inquiry einen alternativen Vorschlag ausgearbeitet. Angesichts der zentralen Funktion, die Nickel für die Herstellung jeglicher Waffen habe, könne Rüstungskontrolle über den Umweg der Kontrolle von Nickelproduktion sichergestellt werden. Dies sei umso leichter, als Nickel lediglich in Kanada, Neukaledonien und Finnland gefördert werde.[147] Diesen Vorschlag griff Miller in Paris nicht erneut auf. Er zeigte aber auch

143 Vgl. Cohrs: The New Atlantic Order, S. 429–431; Johnson: Lord Robert Cecil, S. 75–97; Leonhard: Der überforderte Frieden, S. 689 f.

144 Vgl. Payk: Frieden durch Recht, S. 136–146.

145 Vgl. Cecil-Miller Draft, 27.1.1919, in: Miller: The Drafting of the Covenant, Vol. II, S. 135.

146 Vgl. Wilson's Second Draft or First Paris Draft, 10.1.1919 with Comments and Suggestions by D.H.M., in: Miller: The Drafting of the Covenant, Vol. II, Doc. 7, S. 73.

147 Vgl. Gelfand: The Inquiry, S. 306.

keinen Ehrgeiz, das in Wilsons Entwurf enthaltene Produktionsverbot in den amerikanisch-britischen Vorschlag einfließen zu lassen.

Cecil, der sich kritisch gegenüber privaten Rüstungsunternehmen positioniert hatte, scheint dem Thema nicht so viel Bedeutung beigemessen zu haben, um sich gegenüber seinem US-amerikanischen Kollegen für ein Verbot stark zu machen. Darüber hinaus argumentierte zu diesem Zeitpunkt vor allem Eustace Percy auf britischer Seite gegen eine Aufnahme eines Verbots in den britisch-amerikanischen Entwurf. Der Berufsdiplomat vertrat gegenüber Miller die Position, dass der britische Vorschlag zur Kontrolle des Waffenhandels in jenen Ländern, in denen es „im allgemeinen Interesse" liege, ausreichend sei. Dass diese Formel allerdings auf die Kolonien und imperialen Einflusssphären zielte und gar nicht auf die Einhegung großer, international agierender Rüstungsunternehmen, wie es von Wilson und House intendiert war, blieb dabei unausgesprochen.[148] Percy antizipierte somit ein Argumentationsmuster, das die Briten in den folgenden Jahren noch häufiger verwenden würden, nämlich dass ihre Bemühungen, Waffen aus den Kolonien fernzuhalten, ein wichtiger Beitrag zur allgemeinen Abrüstung sei.

Wilson war nicht angetan vom Cecil-Miller-Draft und auch der zweite Entwurf, den Miller zusammen mit dem britischen Völkerrechtler Cecil Hurst verfasste, überzeugte ihn nicht: A „great many things had been taken out, some of which he thought were important". Doch Wilsons Versuch, den britisch-amerikanischen Entwurf zu überarbeiten und dabei unter anderem das private Produktionsverbot erneut aufzunehmen, scheiterte am straffen Zeitplan.[149] Als die Völkerbundkommission am 3. Februar ihre Sitzungen aufnahm, diente ihr Hursts und Millers Entwurf als Diskussionsgrundlage, in dem das aus Wilsons Sicht so wichtige Thema fehlte.

Die Verhandlungen in der Völkerbundkommission

In den nun beginnenden Verhandlungen der Völkerbundkommission verfügten die US-amerikanische und britische Delegation über eine für diplomatische Aushandlungsprozesse ungewöhnliche Flexibilität, die es ihnen ermöglichte, sehr persönliche Anliegen voranzutreiben. Als Staatsoberhaupt hatte Wilson einen Spielraum, über den niemand sonst am Tisch verfügte. Er musste zwar im Blick behalten, dass das Ergebnis auch im Kongress mehrheitsfähig sein würde, aber er war nicht

---

148 Vgl. The Origin of Article VIII, Paragraph 5, of the Covenant of the League of Nations, Memorandum by Sir Maurice Hankey, in: Royal Commission: Minutes of Evidence, S. 739.

149 Miller: The Drafting of the Covenant, Vol. I, S. 72–75, Zitat S. 72; Seymour: Intimate Papers, Vol. IV, S. 311–314.

weisungsgebunden. Gleichzeitig hatte Lloyd George Cecil und Smuts mit umfangreichen Vollmachten für die Verhandlungen über die Völkerbundakte ausgestattet. Der britische Premier sah im Völkerbund durchaus ein nützliches Werkzeug, ohne jedoch Eigeninitiative bei der Entwicklung des Projekts zu entwickeln. Die Klärung von Detailfragen überließ er im Gegensatz zu Wilson nur zu gerne den Diplomaten. Das bedeutete, dass auch Cecil und Smuts recht unabhängig verhandeln konnten. Insbesondere Cecil, der zunehmend frustriert war von der Haltung seines Premierministers, die er als Desinteresse deutete, hatte wenig Hemmungen, eigene Akzente zu setzen und Weisungen zu ignorieren, wenn ihm das geboten erschien.[150]

Vor diesem Hintergrund lässt sich die eingangs des Hauptkapitels geschilderte Episode verstehen. Als am vierten Tag der Verhandlungen der Abrüstungsartikel zur Debatte stand, nutzte Wilson die Gelegenheit, um die Wiederaufnahme eines privaten Produktionsverbots zu fordern. Cecil sekundierte ihm und lieferte einen Textvorschlag, der im Wesentlichen den Wortlaut von Wilsons Entwurf aufgriff mit der sehr wichtigen Ergänzung, dass der zu gründende Völkerbundrat Vorschläge zur Umsetzung entwickeln solle.[151] Der Völkerbundrat war ein Organ, das die Siegermächte konzipiert hatten, um die Vorrangstellung der Großmächte sicherzustellen. Sie würden hier über permanente Sitze verfügen und die Arbeit der internationalen Organisation maßgeblich prägen können. Insofern war Cecils von Wilson aufgegriffene Formulierung einmal mehr Ausdruck davon, dass das völkerrechtliche Verbot privater Rüstungsproduktion ein Versuch war, den Gestaltungsspielraum der Großmächte gegenüber anderen Akteuren – Unternehmen und kleineren Staaten – auszuweiten.

Dennoch legten zunächst nicht die mindermächtigen Staaten Widerspruch ein. Sie dürften vom Vorstoß Wilsons überrascht worden sein. Es waren die in Paris anwesenden Vertreter des britischen Militärs, die als erste Bedenken gegen ein grundsätzliches Verbot der privaten Rüstungsproduktion anmeldeten. Am Tag nach der Sitzung, in der die entsprechende Klausel in den Vertragstext eingebracht worden war, überreichten Generalmajor Frederick Sykes vom Luftfahrt-Ministerium, Generalmajor William Thwaites vom War Office und niemand anderes als Admiral Rosslyn Wemyss Cecil ein Memorandum. Sykes, der maßgeblich am Aufbau der 1918 gegründeten Royal Air Force mitgewirkt hatte, und Thwaites, Vertreter des Kriegsministeriums und bis 1917 General an der Westfront, waren die Schwierigkeiten der Kriegsmobilisierung bekannt. Sie konfrontierten Cecil mit den Argumenten, die bereits im Dezember 1918 in Reaktion auf Wemyss' Vorstoß von Vertretern der Navy formuliert worden waren. Sie betonten, dass die Entente in der

150 Vgl. Johnson: Lord Robert Cecil, S. 99–119; MacMillan: Peacemakers, S. 95–101.
151 Vgl. Miller: The Drafting of the Covenant, Vol. I, S. 172.

ersten Hälfte des Krieges auf Waffenlieferungen aus neutralen Staaten angewiesen gewesen war – eine Praxis, die mit der nun im Entwurf der Völkerbundakte stehenden Formel nicht mehr möglich sein würde. Sie verwiesen darauf, dass angesichts neuer Waffen – insbesondere Flugzeugen – es schwer sein würde, Grenzen zwischen der Produktion ziviler und militärischer Güter zu ziehen. Und schließlich sei völlig unklar, wie eine internationale Kontrolle des privaten Produktionsverbots umgesetzt werden könne. Solange nicht klar sei, ob der Völkerbund überhaupt über effektive Kontrollmöglichkeiten verfügen würde, wäre die vorgesehene Formel ein Blankoscheck zum Betrug für bösmeinende Mächte. Man solle das Thema deshalb aus der Völkerbundakte ausklammern und auf spätere Zeiten vertagen.[152]

Dieser nachträgliche Widerstand aus der britischen Delegation heraus machte nochmals deutlich, dass Cecils Hilfestellung bei der Ausformulierung des Produktionsverbots Ausdruck einer persönlichen Überzeugung sein mochte, die jedenfalls auch Smuts vertrat, dass die beiden Delegierten für eine solche Position jedoch über keinen Rückhalt im Regierungsapparat verfügten. Die finale Überarbeitung des Entwurfs der Völkerbundkommission am 12. Februar gab der britischen Delegation die Gelegenheit, ihre Meinungsverschiedenheiten zu beheben. Das Thema der privaten Produktion lag Wemyss nach wie vor am Herzen. Er hatte zwar die Kritik der Militärs an einem vollständigen Verbot mitgetragen. Allerdings scheint er von dem Vorschlag, das Thema aus der Völkerbundakte auszuklammern, nicht überzeugt gewesen zu sein. Seine Frau berichtete in einer nach seinem Tod herausgegebenen biografischen Sammlung seiner Briefe und Aufzeichnungen, dass er es immer bereut habe, sich nach dem Krieg nicht stärker für die Verstaatlichung der Rüstungsindustrie eingesetzt zu haben.[153] Seine Position in Paris nutzte er, um zumindest einen Schritt in diese Richtung zu machen.

Bevor das Drafting Committee, in dem Cecil, Miller, Hurst sowie der griechische, französische und serbische Delegierte vertreten waren, zur finalen Überarbeitung des eigenen Entwurfs zusammentrat, übergab Wemyss Cecil einen Kompromissvorschlag: „The High Contracting Parties further agree that the manufacture by private enterprise of munitions and implements of war lends itself to grave objections." Wemyss' Verhalten auf der Friedenskonferenz ist später als Widerstand gegen eine Verstaatlichung der Rüstungsindustrie interpretiert worden.[154] Diese Deutung stand allerdings schon immer in einem Spannungsverhältnis zu seinem

152 Vgl. The Origin of Article VIII, Paragraph 5, of the Covenant of the League of Nations, Memorandum by Sir Maurice Hankey, in: Royal Commission: Minutes of Evidence, S. 739 f.; Yearwood: Guarantee of Peace, S. 117 f.

153 Vgl. Wester Wemyss: Life and Letters, S. 409.

154 Vgl. The Origin of Article VIII, Paragraph 5, of the Covenant of the League of Nations, Memorandum by Sir Maurice Hankey, in: Royal Commission: Minutes of Evidence, S. 740.

Vorstoß vom Dezember 1918, als er versucht hatte, die britische Admiralität von der Maßnahme zu überzeugen. Es ist plausibler, seinen Vorschlag als Versuch zu deuten, die Kritik an der privaten Rüstungsindustrie trotz der Vorbehalte seiner Kollegen nicht vollständig aus der Völkerbundakte zu entfernen. Das Drafting Committee nahm den Vorschlag Wemyss' an und ergänzte ihn um einen Nachsatz, der erneut dem Völkerbundrat die entscheidende Befugnis übertrug, die Mitgliedstaaten zu beraten, wie verhindert werden könne, dass die private Rüstungsproduktion „üble Folgen" zeitige.[155]

Der Widerspruch Portugals

Am folgenden Tag trat die Völkerbundkommission zur finalen Lesung des überarbeiteten Entwurfs zusammen. Mittlerweile hatten auch jene Staaten ihren Widerstand organisiert, die über keine Rüstungsindustrie verfügten oder die nicht in der Lage waren, immer komplexer werdende Waffensysteme herzustellen. Für sie stand einiges auf dem Spiel. Wie Smuts bereits in seinem Entwurf der Völkerbundsatzung antizipiert hatte, würde ein privates Produktionsverbot sie von den industrialisierten Großmächten abhängig machen. Der Aufbau einer eigenen staatlichen Rüstungsindustrie, der die Staatshaushalte enorm belasten würde, wäre der einzige Weg, diese Abhängigkeit zumindest zu verringern. Und selbst auf diesem Weg wäre auch nur eine partielle Unabhängigkeit zu erreichen gewesen. Auch mindermächtige Staaten, deren Industrialisierungsgrad weit hinter dem der Großmächte lag, waren in der Lage, MGs, moderne Kanonen und Granaten herzustellen – Waffen, die den Stellungskrieg der Westfront bestimmt und geprägt hatten. Die neu gegründete Tschechoslowakei beispielsweise konnte auf die Skoda-Werke zurückgreifen, die all diese Waffen für das untergegangene Habsburgerreich produziert hatten. Und wie sich in den folgenden Jahren zeigen würde, waren auch Länder wie Polen und Rumänien in der Lage, diese Waffen herzustellen. Doch zeichnete sich bereits 1919 ab, dass der Aufbau beziehungsweise die Aufrechterhaltung der entsprechenden Infrastruktur nur mit umfangreicher Unterstützung privater Financiers aus dem Ausland und dem Know-how der ausländischen Rüstungsunternehmen möglich sein würde. Darüber hinaus hatte die Waffentechnik in

---

155 Vgl. The Origin of Article VIII, Paragraph 5, of the Covenant of the League of Nations, Memorandum by Sir Maurice Hankey, in: Royal Commission: Minutes of Evidence, S. 740. In der deutschen Fassung der Völkerbundsatzung lautet die Formulierung „schlimme Folgen". Um die Rezeptionsgeschichte dieser Formel jedoch besser nachvollziehen zu können, in der in Anspielung an die „evil consequences" von „six evils" die Rede war, bieten sich die Formulierungen „üble Folgen" und „sechs Übel" an.

den zurückliegenden Jahren enorme Fortschritte gemacht und der Kriegsverlauf legte den Schluss nahe, dass U-Boote und Flugzeuge in zukünftigen Kriegen von zentraler Bedeutung sein würden.[156] Eine Industrie aufzubauen, die diese Waffensysteme nicht nur herstellen, sondern auch weiterentwickeln konnte, hätte für viele Staaten einen erheblichen finanziellen Kraftakt bedeutet.

Das Protokoll der Sitzung vom 13. Februar ist lückenhaft und so lässt sich der Protest der nichtproduzierenden Staaten, wie Länder mit keiner oder nur einer partiellen Rüstungsindustrie in den Abrüstungsverhandlungen des Völkerbundes bald bezeichnet werden sollten, nicht im Detail nachvollziehen. Jedenfalls ergriff der portugiesische Delegierte Jaime Batalha Reis die Initiative. Die von Wemyss angeregte Änderung des Wortlauts kam seinem Anliegen bereits große Stücke entgegen, schließlich war eine vollständige Verstaatlichung fürs Erste vom Tisch. Die Formulierung, dass es „schwere Bedenken" gegen die private Rüstungsproduktion gebe, war hinreichend schwammig, um in diesem Rahmen auch in Zukunft die eigenen Interessen vertreten zu können. Einzig das Gewicht der Großmächte durch die dem Völkerbundrat übertragene Rolle galt es auszugleichen. Er schlug deshalb eine Ergänzung vor. Der Rat solle verpflichtet werden, die „Bedürfnisse der Bundesmitglieder" zu berücksichtigen, die nicht in der Lage seien, „selbst die für ihre Sicherheit erforderlichen Mengen an Munition und Kriegsgerät herzustellen".[157]

Portugal verfügte zwar über eine staatliche Rüstungsindustrie zur Herstellung von Feuerwaffen.[158] Was aber die Marine betraf, war das Land, in dessen Geschichte die Seefahrt eine zentrale Rolle gespielt hatte, vollständig auf Rüstungsimporte aus den Großmächten angewiesen. Die Marine war in zweifacher Hinsicht wichtig für die Landesverteidigung. Auf der einen Seite kam ihr eine strategische Bedeutung zu, um Angriffe von See abzuwehren. Andererseits war Portugal nach wie vor eine Kolonialmacht und verfügte mit Mozambique, Guinea und Angola über große Territorien in Afrika. Bei der Niederschlagung antikolonialer Aufstände spielte die Marine eine wichtige Rolle. Allerdings hatte die portugiesische Regierung aufgrund stets klammer Staatskassen große Schwierigkeiten bei der kolonialen Durchdringung. Lediglich 25 Prozent ihrer afrikanischen Territorien befanden sich unter der Kontrolle portugiesischer Behörden. Trotz der Kosten, die eine koloniale Verwaltung mit sich brachte, sah die Regierung in den

---

156 Zur Entwicklung der Rüstungsindustrie in kleineren Staaten während und nach dem Ersten Weltkrieg siehe Krause: Arms and the State, S. 74 f.; Grant: Between Depression and Disarmament.
157 Vgl. Miller: The Drafting of the Covenant, Vol. I, S. 259. Wortlaut: „due regard being paid in such recommendations to the necessities of those countries which are not able to manufacture for themselves munitions necessary for their safety."
158 Vgl. Pinto: As Indústrias Militares.

Kolonien einen wichtigen Wirtschaftsfaktor, auf den sie nicht verzichten wollte. Dass die Kolonialpolitik in Paris unter ganz neuen Prämissen verhandelt werden würde, hatte sich bereits im Vorfeld abgezeichnet – nicht nur wegen der Irritationen, die Wilsons Postulat vom Selbstbestimmungsrecht der Völker unter Kolonialpolitikern auslöste. Auch aufgrund der Niederlage des Deutschen und Osmanischen Reiches stand eine Neuordnung des Raumes in Afrika und im Nahen und Mittleren Osten auf der Agenda. Vor diesem Hintergrund war für die portugiesische Delegation die Sicherung des eigenen, fragilen Imperiums das Hauptanliegen in Paris.[159] Diesem Ziel diente auch die von Reis eingebrachte Ergänzung des Abrüstungsartikels. Er sollte sicherstellen, dass Portugals Zugang zu modernster Waffentechnik zur Herrschaftssicherung in den eigenen Kolonien nicht eingeschränkt würde.

Die Prämisse, unter der die Völkerbundsatzung am 13. Februar diskutiert wurde, kam dem Anliegen von Staaten entgegen, die auf Rüstungsimporte angewiesen waren. Vor allem den Großmächten war es wichtig, eine Organisation zu schaffen, der möglichst viele Staaten angehörten. Vor diesem Hintergrund mahnten sie wiederholt an, die Artikel so zu formulieren, dass sie kein Hindernis für jene Staaten darstellten, die nicht am Verhandlungstisch saßen, aber in Zukunft darüber nachdenken würden, dem Völkerbund beizutreten.[160] Dass aus diesem Grund auch eine Klausel hilfreich sein konnte, die die Berücksichtigung der Interessen kleiner Staaten in Rüstungsfragen anmahnte, wird zwar nicht ausdrücklich im Protokoll der Sitzung erwähnt. Es dürfte aber dazu beigetragen haben, dass Portugals Ergänzungswunsch in der Völkerbundkommission auf keinen Widerstand stieß. Bei einem Treffen mit den neutralen Mächten im März unternahmen Dänemark, Norwegen und die Schweiz zwar einen Versuch, ein Verbot der privaten Rüstungsindustrie zurück auf die Tagesordnung zu bringen, doch der Vorstoß fruchtete nicht.[161] Es blieb bei der Formulierung der britischen Delegation mit der portugiesischen Ergänzung.

Die Formel von den schweren Bedenken gegen die private Rüstungsindustrie fand Eingang in das Völkerbundstatut, obwohl das Für und Wider nur von britischen Experten in den zuständigen Ministerien der involvierten Staaten diskutiert worden war – und das erst nach Verhandlungsbeginn und unter großem Zeitdruck. Stattdessen war die Formel stark mit der persönlichen Agenda Wilsons und Houses verknüpft. Das Anliegen dieser beiden Männer, private Rüstungsproduktion zu verbieten, war zwar eingebettet in zwei großangelegte Projekte, die weit

---

159 Vgl. Canas: The Treaty of Versailles; Aires: Portugal's Empire in the Wake of WWI.
160 Vgl. Minutes of the Commission on the League of Nations. Preliminary Peace Conference. Commission on the League of Nations, Document 19, in: Miller: My Diary, Vol. II, S. 306–319.
161 Vgl. Miller: My Diary, Vol. II, S. 626.

in die Vorkriegszeit zurückreichten – die Anti-Trust-Politik und der Ausbau des Einflusses auf die politischen Belange lateinamerikanischer Länder. Doch die Annahme, dass das Verbot der privaten Rüstungsproduktion auch darüber hinaus ein effektives Mittel sei, um den internationalen Frieden zu sichern, verfügte selbst in ihrem unmittelbaren Umfeld über wenig Rückhalt. Dabei lässt sich beobachten, dass das Thema im Verlauf der Zeit stark an Bedeutung verloren hatte. In den ersten, spontanen Überlegungen, die Wilson und House 1914 zu einer Nachkriegsordnung anstellten, war das private Produktionsverbot ein Schlüsselelement gewesen. Auch wenn sich Wilson in Paris veranlasst sah, in der Völkerbundkommission ein Plädoyer für ein Verbot privater Rüstungsproduktion zu halten, so rückte das Thema im Verlauf der Verhandlungen auch für ihn in den Hintergrund und wurde von anderen Fragen überlagert, die sich als weit drängender erwiesen.

Es wäre allerdings falsch, die „schweren Bedenken" gegen die private Rüstungsproduktion lediglich als das Werk Wilsons zu verstehen. Vielmehr amalgamierten sich in dieser Formel eine Vielzahl politischer Projekte und Internationalismen. Für europäische Sozialisten wie Karl Liebknecht, Walton Newbold oder Philip Snowden, deren Enthüllungen 1913 und 1914 wesentlich dazu beigetragen hatten, die Debatte über die friedenzerstörende Wirkung privater Profite durch Rüstungsproduktion anzustoßen, war die Forderung nach einer Verstaatlichung Teil einer antikapitalistischen Agenda. Ihrem Einsatz lag die Auffassung zugrunde, dass Militarismus und Krieg letztlich Ergebnis der Widersprüche waren, die dem kapitalistischen System innewohnten, das es zu überwinden galt. Im Gegensatz dazu ging es britischen Radikalen und amerikanischen Trust-Kritikern wie Wilson oder Daniels darum, den Kapitalismus durch Reformen zu stabilisieren. Bei Wemyss scheinen die Vorbehalte konservativer Militärs gegen die Involvierung des bürgerlichen Unternehmertums in die Landesverteidigung eine Rolle gespielt zu haben. Dass die amerikanische und die britische Delegation den Vorschlag der Verstaatlichung in Paris mit großer Ernsthaftigkeit vorantrieben, lag aber auch daran, dass er den Handlungsspielraum der Regierungen in Washington und London nicht einschränkte, sondern sich vielmehr in ihre imperiale Politik einfügte.

Genauso uneindeutig war der Widerstand gegen ein Verbot privater Rüstungsproduktion. Es gibt keinen Hinweis darauf, dass große Unternehmen Einfluss auf die Verhandlungen in Paris genommen hätten. Bemerkenswert ist aber die Interessenkongruenz zwischen mindermächtigen Staaten und der so viel gescholtenen privaten Rüstungsindustrie. Während Friedensaktivist*innen ein Verbot als notwendigen Schritt in Richtung Völkerverständigung werteten, registrierten diese Staaten besorgt, dass ein solches dazu beitragen würde, die Dominanz der Großmächte zu verfestigen. Doch auch wenn die Forderung nach einem Verbot der privaten Rüstungsindustrie imperiale Implikationen hatte, so zeigt das Beispiel Portugal, dass der Widerstand dagegen nicht gleichbedeutend mit einer antiimperialen Agenda war. Diese Vieldeutigkeit der in Paris festgeschriebenen „schweren Bedenken“ sollte den Diplomaten, Völkerrechtlern, internationalen Organisationen und Friedensaktivist*innen in den kommenden Jahren wiederum zahlreiche Spielräume bei der Auslegung des achten Artikels der Völkerbundakte eröffnen.

Doch bei aller Vieldeutigkeit gab es auch eine wichtige Übereinstimmung im Widerstand gegen private Rüstungsunternehmen, den die Delegierten in Paris nach dem Ersten Weltkrieg in völkerrechtliche Formeln gossen. Sie alle werteten den Aufstieg privater Rüstungsunternehmen seit dem ausgehenden 19. Jahrhundert, ihre zunehmende transnationale Verflechtung und ihre globalen Geschäfte als eine Gefahr für den Frieden. Diese neuen Akteure auf dem internationalen Parkett hatten Muster globaler Kooperation und Interessenabstimmungen etabliert, in denen ihre Kritiker*innen einen Widerpart zur internationalen Kooperation zwischen Regierungen sahen. Was in Paris geschah, war deshalb auch ein Versuch, Staaten die verloren geglaubte Gestaltungshoheit über internationale Beziehungen zurückzugeben.

2 Imperialismus Waffenhandelskontrollen als Instrumente der Herrschaftssicherung

In Paris wurde nicht nur die Kontrolle der Rüstungsproduktion in das neue internationale Regelwerk eingeschrieben. Die britische Delegation reiste mit einem Vorschlag an, der vorsah, den Völkerbund mit der Überwachung des Waffenhandels zu beauftragen. Der Vorschlag stieß bei den anderen Delegationen auf keinen nennenswerten Widerstand und wurde ohne weitere Diskussionen in die Völkerbundakte eingeschrieben. Die Briten wollten ihn jedoch nicht in Artikel 8 integriert sehen, der Bestimmungen zur Abrüstung enthielt. Stattdessen kamen die Gründer des Völkerbundes überein, die Kontrolle des Waffenhandels in einem Artikel unterzubringen, der sozialen Themen gewidmet war: Arbeitsbedingungen, Kinder- und Mädchenhandel, Opiumhandel und Krankheitsbekämpfung. Jörn Leonhard hat die Völkerbundakte als einen Vertrag charakterisiert, der „alte Ordnungsprinzipien und progressive Ansätze“ vereint habe. Artikel 23 mit seinen sozialen Bestimmungen führt er als Beispiel für Letzteres auf. In diesem Artikel spiegele sich die Erkenntnis wider, dass Kriegsfolgen nicht nur mit diplomatischen Mitteln zu bewältigen seien. Er lasse eine „Erweiterung des Friedensbegriffs in Richtung eines politischen und gesellschaftlichen Sicherheitskonzeptes“ erkennen und habe somit „etwas substanziell Neues“ geschaffen.[1]

Dieser Einschätzung ist zweifellos in vielerlei Hinsicht zuzustimmen[2] und sie trifft – wie noch zu zeigen sein wird – teilweise auch auf den Waffenhandel zu. Einerseits. Andererseits – und darauf liegt das Hauptaugenmerk dieses Kapitels – fanden über die Bestimmung zum Waffenhandel auch alte Ordnungsprinzipien ihren Eingang in die Völkerbundakte und die internationalen Beziehungen der Zwischenkriegszeit. Der britische Vorschlag zielte nämlich nicht auf den Transfer von Rüstungsgütern zwischen den selbstdeklarierten zivilisierten Staaten. Artikel 23 war eingebettet in eine außenpolitische Strategie zur Herrschaftssicherung in den Kolonien und Regionen imperialer Einflussnahme, die auch von anderen Staaten verfolgt wurde, und die an Erfahrungen und Praktiken interimperialer Kooperation aus der Vorkriegszeit anknüpfte. Der Völkerbund solle lediglich jene Länder beaufsichtigen, „bei denen die Überwachung dieses Handels im allgemeinen

---

1 Leonhard: Der überforderte Frieden, S. 702–704, Zitat S. 704.

2 Siehe zu den verschiedenen Erweiterungen des Friedensbegriffs und der Friedenspolitik im Zuge der Pariser Verhandlungen auch Jackson/Mulligan/Sluga (Hg.): Peacemaking.

https://doi.org/10.1515/9783111571638-003

Interesse unumgänglich“ sei[3] – und das waren aus britischer Sicht Regionen und Staaten in der imperialen Einflusssphäre. Die britische Delegation beschränkte sich allerdings nicht auf die Völkerbundakte. Sie hatte darüber hinaus bereits einen elaborierten Entwurf für eine Waffenhandelskonvention im Gepäck, mit deren Hilfe die Bestimmungen der Völkerbundakte zum Waffenhandel konkretisiert werden sollten. Auch mit diesem Vorstoß hatte sie Erfolg. Am Rande der Friedensverhandlungen unterzeichneten die wichtigsten Kolonialmächte und die USA einen Vertrag, der dem britischen Anliegen entsprechend eine völkerrechtliche Grundlage für Waffenhandelskontrollen in den imperialen Einflusssphären schuf.

Der britische Vorschlag für Waffenhandelskontrollen lässt sich als Ausdruck eines kolonialen Internationalismus verstehen. In der jüngeren Forschung wird dieses Konzept verwendet, um Vorstellungen und Praktiken trans- und interkolonialer Zusammenarbeit sowie Transferprozesse zwischen Kolonien in den Blick zu nehmen.[4] Im Zusammenhang mit Waffenhandel bietet es sich an, kolonialen Internationalismus als einen Politikansatz der Großmächte zu verstehen, der darauf zielte, koloniale Kontrolle durch Völkerrecht und internationale Institutionen zu flankieren. Der Völkerbund und internationale Verträge erfüllten dabei vor allem den Zweck, Kolonialismus zu legitimieren und andere Staaten in die Durchsetzung kolonialer Herrschaft einzubinden. Kolonialbeamte und -politiker verstanden diesen Ansatz als Teil einer *civilizing mission*, die den kolonialisierten Gesellschaften Fortschritt bringe. In diesem Sinne passten Waffenhandelskontrollen auch besser zu einem Artikel, der Fürsorgepflichten von Staaten definierte, als zum Abrüstungsartikel, der zur Befriedung zwischen den Großmächten beitragen sollte.

Neuere Forschungen zu den Pariser Friedensverhandlungen und ihren Nachwirkungen haben verstärkt deren koloniale Dimension in den Blick genommen. Im Zentrum steht dabei die Frage, inwiefern die dort verhandelten Ordnungskonzepte wie das Selbstbestimmungsrecht der Völker, aber auch das Mandatssystem des Völkerbundes dazu beigetragen hätten, imperiale Machthierarchien infrage zu stellen[5] oder auch zu verfestigen.[6] Dieses Kapitel knüpft an diese Diskussion an, indem es die Entstehung und Umsetzung der in Paris verhandelten Bestimmungen zur Waffenhandelskontrolle in die Geschichte imperialer Politik einbettet und dabei die Zeit seit dem ausgehenden 19. Jahrhundert bis Anfang der 1920er Jahre in

---

3 The Covenant of the League of Nations, (Including Amendments adopted to December, 1924), Art. 23d, https://avalon.law.yale.edu/20th_century/leagcov.asp. Wortlaut: „countries in which the control of this traffic is necessary in the common interest“.

4 Vgl. Wagner: Colonial Internationalism, S. 7 f.

5 Vgl. Manela: Wilsonian Moment; Pedersen: The Guardians.

6 Vgl. Getachew: Worldmaking after Empire, S. 37–70; Thomas: The Challenge of an Absent Peace; Wagner: Naturism; Wagner: Colonial Internationalism, S. 209–256.

den Blick nimmt. Der Fokus liegt auf Großbritannien, dessen zentrale Bedeutung schon an seiner Rolle in Paris erkennbar wird, und setzt sie in Beziehung zur Politik anderer Kolonialstaaten. Besondere Aufmerksamkeit gilt dabei den imperialen Peripherien am Rande der indischen Kolonie, dem Kronjuwel des Britischen Empires. An welche kolonialen Praktiken und Vertragswerke knüpfte die britische Delegation mit ihren Vorschlägen in Paris an? Welche Reaktionen und Auseinandersetzungen lösten die britischen Bemühungen zur Inkraftsetzung völkerrechtlicher Waffenhandelskontrollen auf dem diplomatischen Parkett aus? Welche Rolle spielte der Völkerbund in diesen Verhandlungen? Und welche Konsequenzen hatten völkerrechtliche Weichenstellungen für die Praxis der Waffenkontrolle?

Wie zu zeigen sein wird, blieb die Kontrolle des Waffenhandels in den Einflusssphären der Kolonialreiche keineswegs ausschließlich ein Projekt des kolonialen Internationalismus. Vielmehr erwies es sich durchaus als anschlussfähig für liberale Internationalisten, die sich als Diplomaten verschiedener Länder oder als unabhängige Experten in Genf für die Stärkung internationaler Institutionen einsetzten. Anders als imperiale Internationalisten stand für sie dabei nicht die Absicherung der Kolonialherrschaft im Vordergrund. Vielmehr begriffen sie diese Institutionen als Instrumente zur Einhegung machtpolitischer Ambitionen von Staaten. Während es die Funktion des Völkerrechts sei, staatlichem Handeln international verbindliche Grenzen zu setzen, sahen sie im Völkerbund und den dort etablierten Verfahren ein Mittel zur Schaffung von Transparenz, das es der Öffentlichkeit ermöglichen sollte, Kontrolle über die Außenpolitik ihrer Regierungen zu üben.[7] Die 1919 verhandelte Waffenhandelskonvention stand aus ihrer Perspektive im Einklang mit diesen Zielen. Somit vertieft dieses Kapitel die Beobachtungen des vorangegangenen zur Komplementarität von kolonialem und liberalem Internationalismus.[8]

7 Vgl. Pugh: Liberal Internationalism, S. 2–4.

8 Zum Verhältnis zwischem imperialem und liberalem Internationalismus siehe Bell: Reordering the World; Mazower: No Enchanted Palace; Morefield: Convenants without Swords; Morefield: Empires without Imperialism (zum frühen 20. Jahrhundert Kapitel 1, 2 und 3); Pedersen: Empires, States and the League of Nations; Thomas: The Challenge of an Absent Peace. Zuletzt hat sich John Ikenberry in seiner als Streitschrift für den liberalen Internationalismus zu lesenden Studie dafür stark gemacht, die liberale Kritik am Imperialismus stärker in den Mittelpunkt der Analyse zu rücken (Ikenberry: A World Safe for Democracy).

2.1 Waffenkontrolle und die Expansion europäischer Imperien

Die Unterzeichnung der Waffenhandelskonvention 1919 war kein Neuaufbruch, sondern sie zielte darauf, bestehende Praktiken kolonialer Rüstungskontrolle, bi- und multilaterale Verträge durch international gültiges Völkerrecht abzusichern und zum Bestandteil der in Paris entstehenden globalen Ordnung zu machen. Die Konvention knüpfte nahtlos an eine Politik an, die die Kolonialmächte im Verlauf der zweiten Hälfte des 19. Jahrhunderts etabliert hatten. Der Zugang zu möglichst tödlichen Waffen war von jeher entscheidend im Kampf zwischen den europäischen Kolonialmächten und den kolonialisierten Gesellschaften gewesen. Die Frage des Zugangs hatte eine technologische und eine handelspolitische Dimension. Wer verfügte über die Technologie, um effektivere Waffen herzustellen? Und wer verfügte über die Mittel, die Verbreitung von Waffen zu regulieren?

Im Zuge der industriellen Revolution gelangen europäischen und nordamerikanischen Waffenherstellern einige rüstungstechnologische Innovationen, die weitreichende Folgen für die globale Machtverteilung haben sollten. Waffen mit gezogenem Lauf, der der Munition beim Abfeuern einen Drall gab und auf diese Weise Präzision, Reichtweite und Durchschlagskraft erhöhte, gab es bereits seit Längerem. Doch ihre Beladung von vorne war umständlich und zeitraubend. Dank der Entwicklung der Hinterladertechnik konnten sie viel besser geladen werden, sodass sie nicht mehr nur für die Jagd interessant waren, sondern ab den 1850er Jahren in immer mehr Armeen zur Standardausrüstung wurden. Die Erfindung der Patrone und des Hinterladergewehrs erhöhte die Feuergeschwindigkeit, da nun mit wenigen Handgriffen nachgeladen werden konnte. Zur erhöhten Feuergeschwindigkeit, Durchschlagskraft und Reichweite trug auch das rauchschwache Pulver bei, das in der zweiten Hälfte des 19. Jahrhunderts entwickelt wurde. Diese Erfindungen ebneten den Weg für Handfeuerwaffen mit Magazinen, die mehrmals nacheinander abgefeuert werden konnten, und schließlich des Maschinengewehrs, das den Rückschlag des Gewehrlaufs nutzte, um automatisch nachzuladen. Rüstungstechnologische Entwicklungen ließen die Herstellung von Waffen immer komplizierter werden. Obwohl ägyptische, persische und afghanische Waffenschmiede schnell lernten, die europäischen Handfeuerwaffen zu kopieren, kam das Gros bald fast ausschließlich aus den Staaten Europas und Nordamerikas, wo große Waffenhersteller wie die britische Birmingham Small Arms Company, die in Österreich ansässigen Gebrüder Mauser, die belgische Fabrique Nationale und die Deutsche Waffen- und Munitionsfabriken die industrielle Produktion perfektionierten. Die rasche Folge technologischer Veränderungen hatte aber auch zur Folge, dass die europäischen Armeen ihre Arsenale zwischen den 1850er und 1870er Jahren modernisierten und große Mengen ausgemusterter Gewehre auf den Markt gelangten. Die Industrien in Birmingham und Lüttich spezialisierten sich auf die Überarbeitung dieser Waffen für den Verkauf in anderen Regionen. Darüber hinaus bauten sie aber auch gezielt günstigere Gewehre für den außereuropäischen Markt.[9]

Innerhalb kurzer Zeit entstand so ein global vernetzter Markt für Waffen. Für die Geschichte der Regulierung sollte vor allem der Handel in Asien und Afrika relevant werden, der in der zweiten Hälfte des 19. Jahrhunderts einen signifikanten Teil des weltweiten Geschäfts mit Kleinwaffen ausmachte. Handfeuerwaffen erfüllten in den afrikanischen und asiatischen Gesellschaften zahlreiche Funktionen. Sie dienten dem Schutz von Karawanen, die die im Inland gelegenen Regionen an den sich globalisierenden Welthandel anschlossen; immer mehr Armeen integrierten Gewehre in ihre Waffenarsenale; sie waren ein Wirtschaftsfaktor – etwa in Afrika, wo aufgrund der Nachfrage nach Elfenbein die Elefantenjagd ein wichtiger Bestandteil der regionalen Ökonomie war; und sie erfüllten eine wichtige soziale Funktion als Prestigeobjekte. Diese Interessen befeuerten die Herausbildung internationaler Lieferketten. Von den europäischen Häfen in Antwerpen, Hamburg, London und Marseilles brachten private Handelshäuser Handfeuerwaffen meist per Schiff über das Mittelmeer und den Suezkanal ans Horn von Afrika und auf die Arabische Halbinsel. Dschibuti, Aden und das weiter südlich gelegene Sansibar waren bis ins späte 19. Jahrhundert wichtige Umschlagplätze. Hier wurde die Fracht der aus Europa kommenden Schiffe von Karawanen in Empfang genommen oder auf die kleineren Dhaus – Segelschiffe arabischer Bauart – verladen. Auf diesen Wegen gelangten sie nicht nur ins afrikanische und arabische Hinterland, sondern auch nach Iran, Afghanistan und schließlich nach Indien.[10]

Interimperiale Kontrolle des Waffenhandels

War der Handel für europäische Waffenhersteller und -händler auch lukrativ, so erschwerte die Verbreitung moderner Waffen aus Sicht der Kolonialbehörden und -politiker doch die Unterwerfung außereuropäischer Räume. Deshalb begannen sie in allen kolonialen Territorien Maßnahmen zu implementieren, die den Zugang zu Waffen erschwerten. Dazu gehörten die Registrierung von Waffenbesitz, die Einführung von Lizenzen, die nur bestimmten Personen den Handel mit Handfeuer-

9 Hier und im Folgenden Ball: The Battle of Dubai; Brahm: Merchandise of Power, S. 35–103; Chew: Arming the Periphery; Crews: Trafficking in Evil; Grant: Rulers, Guns, and Money, S. 37–77; Haedrick: Tools of Empire, S. 96–104.

10 Vgl. Brahm: Merchandise of Power, S. 70–100; Haedrick: Tools of Empire, S. 105–114; Macola: The Gun in Central Africa, S. 29–116; Storey: Guns, Race and Power. In manchen Gesellschaften vollzog sich die Integration von Handfeuerwaffen in den Alltag allerdings sehr viel später im 20. Jahrhundert, wie Saheed Aderinto in „Guns and Society“ gezeigt hat.

waffen erlaubten, die Kontrolle von Handelsrouten sowie die strafrechtliche Verfolgung des illegalisierten Handels. Die Kontrolle des Handels mit Waffen und Pulver hatte schon in der vorkolonialen Zeit zu den Instrumenten machtpolitischer Auseinandersetzungen gehört – etwa im Konflikt zwischen dem Sultan von Sansibar und ostafrikanischen Machthabern.[11] Nun wurde sie integraler Bestandteil kolonialer Durchdringung und diente der Errichtung rassistischer Gesellschaftsordnungen.

Insbesondere die Grenzregionen des kolonialisierten Raums stellten die Kolonialbehörden vor große Herausforderungen. Die imperiale Expansion in Indien ist ein Beispiel. Mitte des 19. Jahrhunderts entdeckten britische Unternehmen, dass die Täler in den nordöstlichen Regionen Indiens – dort, wo Indien heute zwischen Bangladesch und Myanmar über einen Außenposten verfügt – außerordentlich geeignet für den Tee-Anbau waren. Bis 1870 weiteten sie ihre Anbauflächen immer weiter aus. Dabei kam es häufig zu militärischen Auseinandersetzungen zwischen Kolonialtruppen und Lushais, Kukis und Nagas, die in dieser Region lebten und die sich zunehmend in die Berge zurückzogen. Viele der Waffen, die die Kolonialbehörden nach Kämpfen konfiszierten, stammten aus Großbritannien. In Reaktion darauf erließen sie 1860 das erste Gesetz, das den Besitz von Waffen im Nordosten Indiens nur mit einer Lizenz erlaubte. In den folgenden Jahren weiteten sie es schrittweise aus, etwa indem auch für den Transport von Waffen Lizenzen notwendig wurden. 1879 erlangte dieses Gesetz für ganz Indien Gültigkeit.[12]

Ähnlich ging Frankreich in Westafrika vor. Bis zur Mitte des 19. Jahrhunderts war es lediglich im Besitz einiger weniger Handelszentren an der westafrikanischen Küste. Diese hatten im 18. Jahrhundert vor allem als Umschlagplatz für Sklaven gedient. Mit der fortschreitenden Illegalisierung des Sklavenhandels und dem Beginn der Industrialisierung änderten sich die Interessen. Nun weckte das afrikanische Gummi europäische Begehrlichkeiten, das im Landesinnern angebaut wurde und ein wichtiger Rohstoff für die rapide wachsenden Industrien Europas war. Ende der 1840er Jahre ging die französische Regierung deshalb dazu über, entlang des Senegal-Flusses ein Netz von Handelszentren auszubauen, um besser an die begehrten Rohstoffe zu kommen. Bisher hatten die afrikanischen Staaten in der Region Zölle auf die exportierten Güter erhoben. Diese Praxis minderte den Gewinn für französische Händler. Beginnend in den 1850er Jahren, führte der französische Gouverneur Louis Faidherbe mehrere Kriege, er unterwarf das Königtum Waalo und drängte das Emirat Trarza zurück. Ein wichtiger Bestandteil seiner Strategie war es, die Waffenzufuhr in diese Staaten zu unterbinden. Die kolonialen Raubzüge

11 Vgl. Brahm: Merchandise of Power, S. 105–144.
12 Vgl. Dzüvichü: Guns in the Hills.

der französischen Truppen wurden begleitet von Gesetzen, die den Verkauf von Waffen in Westafrika streng regulierten.[13]

Bald schon zeigte sich allerdings, dass sich der Waffenhandel kaum sinnvoll begrenzen ließ, solange die verschiedenen Kolonialmächte das Problem alleine in den Griff zu kriegen versuchten. Frankreich haderte in Westafrika mit britischen Waffenimporten, Großbritannien beschwerte sich über französische Waffenhändler in Ostafrika. Der Anstoß für eine interimperiale Kooperation in Sachen Waffenkontrolle kam schließlich vom Deutschen Reich. In den 1880er Jahren begannen sich europäische Geschäftsmänner für das ostafrikanische Inland zu interessieren. Die Region war bekannt für den Handel mit Elfenbein, doch die klimatischen Bedingungen schienen optimal für eine darüber hinausreichende agrarische Erschließung. 1884 gründeten deutsche Unternehmer die Deutsch-Ostafrikanische Gesellschaft und brachten einige politische Einheiten in dem Gebiet, wo sich heute Tansania befindet, dazu, Schutzverträge zu unterzeichnen. Aus diesen Schutzverträgen leitete die Gesellschaft Herrschaftsrechte ab. Doch auch der Sultan von Sansibar meldete Ansprüche auf diese Region an. Um sich ihm entgegenstellen zu können, war die Deutsch-Ostafrikanische Gesellschaft auf Rückendeckung der Reichsregierung angewiesen. Reichskanzler Otto von Bismarck hatte zwar zunächst kein Interesse an kolonialer Expansion, doch schließlich gab er dem Druck der imperialen Deutschnationalen im Reichstag nach. Im August 1885 tauchten deutsche Kreuzer vor Sansibar auf. Im Angesicht der Kanonen, die auf seine Stadt gerichtet waren, gab der Sultan schließlich nach.[14]

Die Deutsch-Ostafrikanische Gesellschaft setzte von Anfang an auf Repression gegen die Bevölkerung, um die eigene Herrschaft zu sichern. Wie auch in den französischen und britischen Kolonien spielten Waffenkontrollen dabei eine wichtige Rolle. Der für sein herrisches und rücksichtsloses Auftreten berüchtigte Agent der Gesellschaft Emil von Zelewski kündigte an, den Waffenhandel strikt zu kontrollieren und das offene Tragen von Waffen zu verbieten. Zelewskis Ankündigung zusammen mit dem herabwürdigenden Auftreten der deutschen Kolonialherren und einer weiteren Ankündigung, Land ohne Besitznachweis zu konfiszieren, löste einen Aufstand aus, der schnell auf die gesamte Region übergriff. Wieder war die Deutsch-Ostafrikanische Gesellschaft auf Hilfe der Reichsregierung angewiesen. Diese wandte sich an die anderen europäischen Mächte in der Region und schlug eine gemeinsame Seeblockade vor, die vor allem den Zugang der kolonialisierten Bevölkerung zu Waffen erschweren sollte. Die Unterstützung Großbritanniens war entscheidend – wenn auch alles andere als selbstverständlich. Immerhin

13 Vgl. Sané: Le contrôle des armes, S. 30–47.

14 Vgl. Bührer: Die Kaiserliche Schutztruppe.

war Deutschland ein weiterer Konkurrent in Ostafrika. Doch London hatte ein Interesse daran, den Sklavenhandel in der Region zu bekämpfen. Dies war seit Jahrzehnten ein zentrales Thema britischer Außenpolitik, das gleichzeitig in der britischen Öffentlichkeit auf breites Interesse stieß – nicht zuletzt aufgrund der Arbeit von Missionar*innen. Darüber hinaus sah die britische Regierung den Waffenhandel in Ostafrika ähnlich problematisch wie die Reichsregierung. Auch sie fürchtete, dass zu viele Waffen die Aufrechterhaltung einer kolonialen Ordnung erschweren würden.[15]

Schließlich gelang es Berlin, nicht nur London an Bord zu holen, sondern gemeinsam mit Großbritannien auch die anderen europäischen Mächte mit Interessen am Horn von Afrika für ihr Anliegen zu gewinnen: Portugal, Frankreich und Italien. Zwischen Dezember 1888 und September 1889 patrouillierten insgesamt 24 Kreuzer mit dampfgetriebenen Beibooten vor der ostafrikanischen Küste und machten Jagd auf die kleinen Dhaus, die im Verdacht standen, Waffen und Sklaven zu transportieren. Der Erfolg der Blockade war zwar nicht so durchschlagend, wie die Reichsregierung es erhofft hatte; im Februar 1889 sah sie sich gezwungen, zusätzlich Truppen zu entsenden. Doch immerhin wurden einige größere Waffenlieferungen gestoppt und bald schon hatten die Aufständischen Schwierigkeiten, an Pulver zu kommen. Erstmals ließ sich ein Muster beobachten, dass die Bemühungen zur Kontrolle des Waffenhandels auch in Zukunft prägen sollte: Um die Verbreitung von Handfeuerwaffen zu unterbinden, griffen die Kolonialmächte auf ihre Marine zurück. Die weltweite Einsatzbereitschaft großer Waffensysteme ermöglichte die Unterbindung der Verbreitung kleiner Rüstungsgüter.

Dass große Teile der im Zuge der Blockade am Horn von Afrika konfiszierten Waffenlieferungen in Hamburg verschifft worden waren, war kein Zufall. Importregister zeigten, dass 65 Prozent der legal importierten Waffen in der Region von Handelshäusern stammten, die in der Hansestadt ansässig waren. Daran wird deutlich, wie widersprüchlich die wirtschaftlichen Interessen der Kolonialmächte am Handel mit Afrika waren. Auf der einen Seite war der Kontinent ein willkommener Absatzmarkt für die europäische Rüstungsindustrie. Auf der anderen Seite minderte dieser Handel die waffentechnologische Überlegenheit, auf der die koloniale Ausbeutung fußte. Beides ließ sich nicht ohne Weiteres auf einen Nenner bringen.

Die Reichsregierung befürchtete – und in dieser Angst bestärkten die deutschen Händler sie – dass ein Vorgehen gegen Waffenexporte auf der Grundlage nationaler

---

15 Vgl. hier und im Folgenden Brahm: Merchandise of Power, S. 201–227; Brahm: Banning the Sale of Modern Firearms; Brahm: Guns in Africa; Beachey: The Arms Trade in East Africa; Grant: Rulers, Guns, and Money, S. 47–64; Cooper: Race, Sovereignty, and Free Trade.

Gesetze lediglich dazu führen werde, das Geschäft anderen Waffenproduzenten zu überlassen und sie zu stärken. Aus diesem Grund entwickelte die Reichsregierung schließlich die Idee eines Abkommens zwischen den Kolonialmächten, um den Waffenhandel dort zu regulieren, wo keine „zivilisierten Völker" lebten. Diesen Vorschlag brachte Berlin in die bereits von Großbritannien initiierte Konferenz gegen Sklaverei ein, die im November 1889 in Brüssel stattfand. Die deutsche Delegation war erfolgreich, es gelang ihr, die 17 Teilnehmerstaaten zu überzeugen. In den Artikeln 8 bis 13 des Brüsseler Vertrags verpflichteten sich die Unterzeichner, Kontrollen in kolonialen Territorien zwischen dem 20. Nord- und Südbreitengrad durchzuführen.[16]

Damit waren die Probleme der Kolonialmächte jedoch keineswegs gelöst. Zwar diente der Vertrag in den folgenden Jahren in der Subsahara (mit Ausnahme Südafrikas) als rechtliche Grundlage für Waffenkontrollen. Die Kolonialmächte wurden nicht müde, sich gegenseitig zur Einhaltung zu ermahnen. Doch es waren nicht nur die kolonialisierten Gesellschaften, die sich gegen solche Kontrollen zur Wehr setzten. Um die Waffenhandelskontrollen umzusetzen, monopolisierte die deutsche Kolonialbehörde in Ostafrika den Waffenhandel und wurde so selbst zum Waffen- und Pulverhändler. So entstand ein handelspolitisches und fiskalisches Interesse, das lukrative Geschäft mit Rüstungsgütern zu fördern.[17] Frankreich pochte in Westafrika zwar auf die Einhaltung des Vertrags, in Ostafrika bauten französische Waffenhändler ihre Rolle in der Region jedoch aus und stiegen zum wichtigsten Lieferanten auf. Dank ihnen blieb Dschibuti ein wichtiger Umschlaghafen.[18] Die anderen Häfen am Arabischen Meer – Sansibar und Aden – verloren hingegen an Bedeutung, ohne dass dadurch die Verbreitung von Waffen in der Region verringert worden wäre. Vielmehr verlagerten die arabischen Waffenhändler einfach ihre Routen. Ab dem Ende des 19. Jahrhunderts stieg das Sultanat Maskat am Persischen Golf zum neuen Waffenumschlagplatz auf. Der Hafen war strategisch günstig gelegen. Von hier aus konnten die über den Suezkanal gelieferten Waren aus Europa über den Persischen Golf nach Persien, Afghanistan und Indien verschifft werden. Zugleich hatten hier Karawanen ihren Ausgangspunkt.[19]

---

16 Vgl. Brahm: Merchandise of Power, S. 201–227; Miers: Britain and the Ending of the Slave Trade, S. 190–291.

17 Vgl. Brahm: Merchandise of Power, S. 227–247.

18 Vgl. Grant: Rulers, Guns, and Money, S. 65–77; Sané: Le contrôle des armes, S. 51–63.

19 Hier und im Folgenden Chew: Arming the Periphery, S. 98–123; Crews: Trafficking in Evil; Crouzet: The Persian Gulf Perspective.

Die britische Expansion am Persischen Golf

Um die Jahrhundertwende wurde dieser Waffenhandel zunehmend zu einem Problem für die Ausbreitung des britischen Empires im Mittleren Osten.[20] Im Nordwesten grenzte das indische Kolonialreich an das Emirat Afghanistan an. Immer wieder war es seit Mitte des Jahrhunderts zu Auseinandersetzungen zwischen den Kolonialtruppen und den im Grenzgebiet lebenden Paschtunen gekommen, die weitgehend autonom waren. Die Konflikte verschärften sich noch, als Russland versuchte, seinen Einfluss auszuweiten. Der Emir nutzte die Chance, die ein politisches Gegengewicht gegen die Briten ihm bot. 1878 empfing er eine russische Delegation, lehnte es jedoch ab, eine Delegation des indischen Vizekönigs zu treffen. Die Briten sahen ihre Macht in der Region gefährdet, griffen das Emirat an und zwangen nach längeren Auseinandersetzungen dem Emir den Vertrag von Gandamak auf. Mit diesem Vertrag sicherte sich das Kolonialreich die Zuständigkeit über Kabuls Außenpolitik und verpflichtete sich im Gegenzug, Afghanistan vor Angriffen zu schützen, was aus Perspektive der britischen Regierung bedeutete, russische Einflussnahme zu bekämpfen. Außerdem musste Afghanistan einige Territorien abtreten. Damit war bereits die Grundlage für den nächsten Konflikt gelegt. Die Paschtunen in den von den Briten annektierten Grenzregionen sahen ihre bisherige Autonomie gefährdet und wehrten sich. 1897 kam es zum offenen Aufstand in Malakand, einer Provinz nordwestlich von Islamabad, oberhalb von Peschawar.[21]

Es gelang den Briten, den Aufstand niederzuschlagen. Doch die gute Bewaffnung der Paschtunen in den Bergen der Grenzregion hinterließ einen bleibenden Eindruck und bereitete der Kolonialbehörde Sorgen. Der 22-jährige Winston Churchill nahm als Offizier der Kavallerie an der Niederschlagung des Aufstands teil und berichtete über diese Ereignisse als eine Art *embedded journalist* für britische Zeitungen. Er wollte nicht verstehen, warum sich die Paschtunen so vehement den Segnungen der britischen *civilizing mission* entzogen. Entsetzt schrieb er:

> These struggles are not conducted with the weapons which usually belong to the races of such development. To the ferocity of the Zulu are added the craft of the Redskin and the marksmanship of the Boer. The world is presented with that grim spectacle, the „strength of civilisation without its mercy." At a thousand yards the traveller falls wounded by the well-aimed bullet of a breech-loading rifle. His assailant, approaching, hacks him to death with the feroc-

20 Für eine analytisch anregende Studie darüber, wie Großbritannien den Waffenhandel am Arabischen Meer zu regulieren suchte und was sich daran über die Expansion des Kapitalismus lernen lässt, siehe Mathew: Margins of the Market.

21 Vgl. Simner: Pathan Rising.

> ity of a South-Sea Islander. The weapons of the nineteenth century are in the hands of the savages of the Stone Age.[22]

Der Kampf um Unabhängigkeit war in seinen Augen lediglich Ausdruck von Rückständigkeit. Auf der Grundlage solcher rassistischen Konstruktionen ridikülisierte Churchill den Besitz moderner Waffen durch kolonialisierte Völker und stellte ihn gleichzeitig als besondere Bedrohung dar. Das entsprach der Sichtweise der britischen Behörden, die den vermeintlichen Widerspruch zwischen „Wilden" mit modernen Waffen immer wieder in ihrer Korrespondenz bemühten, um die Aufrechterhaltung der eigenen waffentechnischen Überlegenheit zu legitimieren. Untersuchungen im Nachgang der Kämpfe zeigten, dass diese Waffen ihren Weg nicht nur aus Indien in die Grenzregion gefunden hatten, sondern dass einige auch aus Maskat stammten.[23]

Daraufhin verschärften die Briten ihr Vorgehen gegen den Waffenhandel in der Golfregion – sehr zum Ärger der europäischen Produzenten von Handfeuerwaffen.[24] Als Grundlage dienten eine Reihe ungleicher Verträge, die Großbritannien seit den 1880er Jahren mit den Staaten am Persischen Golf abgeschlossen hatte und mit denen London sein informelles Empire am Golf völkerrechtlich absicherte. Solche indirekte Herrschaftssicherung war die Folge kolonialer Machtausbreitung. Mit der Expansion des britischen Empires in Indien waren die Gewässer zwischen der Arabischen Halbinsel, Persien und Afghanistan Teil der imperialen Grenzregion geworden. Zwar wurde auch der Zugang zu Ölvorkommen allmählich zu einem Faktor, seit die britische Navy 1911 von Kohle auf Schweröl umstellte. Doch bis in die Zwischenkriegszeit hinein blieben die Sicherung der Handelsrouten nach Indien und der britischen Dominanz an den Grenzen des Empires die zentralen Ziele, an denen sich die britische Politik im Mittleren Osten orientierte.[25] Noch 1919 fasste ein Positionspapier die Bedeutung des Golfs für britische Politik so zusammen: „A glance at the map shows that, whether a threat to India came across Mesopotamia or across Persia it could only be effectively countered by British naval supremacy on the waters of the Gulf."[26]

Das Vorgehen gegen den Waffenhandel fügte sich in diese Politik. 1897 gelang es der britischen Regierung, eine Einigung mit dem persischen Schah zu erzielen, der

---

22 Churchill: The Story of the Malakand Field Force, Chapter 1.

23 Vgl. Crews: Trafficking in Evil, S. 132f.

24 Vgl. Ball: The Battle of Dubai, S. 178; Chew: Arming the Periphery, S. 122.

25 Vgl. Peterson: Britain and the Gulf; Sluglett: Formal and Informal Empire. Zur Frage, was diese Ziele mit Blick auf Waffenhandelsregulierung bedeuteten, siehe Mathew: Margins of the Market, S. 89f.

26 The British Position in the Persian Gulf, Januar 1919, in: QDL/IOR/L/PS/18/B305.

ebenfalls ein Interesse daran hatte, den Zugang zu Waffen in den notorisch rebellischen Randprovinzen seines Staates einzuhegen. Um Waffenimporte aus den anderen Golfstaaten kontrollieren zu können, erhielt die Royal Navy das Recht, alle Schiffe – auch persische – auf dem Weg nach Persien zu durchsuchen und Waffen zu beschlagnahmen. Letzteres entwickelte sich bald schon zu einem Streitpunkt, als die Regierung des Schahs versuchte, die unter eigener Flagge reisenden Schiffe vor dem Zugriff der Briten zu schützen. Mit Bahrain, Kuwait und den Emiraten im Süden des Persischen Golfs bestanden ähnliche Schutzverträge wie der mit Afghanistan. Die britische Regierung forderte sie zwischen 1892 und 1898 auf, Verträge zu unterzeichnen, die den Waffenhandel in ihren Territorien verboten und der Navy Durchsuchungs- und Beschlagnahmungsrechte übertrugen. In den folgenden Jahren wurden britische Kriegsschiffe zu einem entscheidenden Instrument bei der Unterdrückung des Waffenhandels am Golf.[27]

Der Rüstungsmarkt am Persischen Golf

Nur Oman blieb eine Ausnahme und das hatte viel damit zu tun, dass auch die anderen westlichen Großmächte Interessen in der Region hatten. Zwar verbot der Sultan 1898 auf britischen Druck hin den Export von Waffen aus seinem Territorium nach Indien und Persien. Und er ermächtigte britische Schiffe, dieses Verbot durchzusetzen. Doch anders als die anderen Anrainerstaaten des Golfs blieben Waffenimporte und -exporte in andere Länder als Persien und Indien erlaubt. Aufgrund der günstigen strategischen Lage des Hafens von Maskat existierten nämlich Handelsverträge mit Frankreich, den Niederlanden und den USA, die weitergehenden Restriktionen im Weg standen. Der Vertrag mit Frankreich hielt beispielsweise fest, dass kein Schiff daran gehindert werden dürfe, jede Art von Gütern ein- oder auszuführen. Auf dieser Grundlage war es europäischen Waffenhändlern möglich, Maskat zu einem florierenden Umschlagplatz auszubauen. Führend waren dabei französische und deutsche Handelshäuser. Der Franzose Antoine Goguyer kam 1899 nach Maskat und baute einen gut funktionierenden Vertrieb aus. Ihm kam zugute, dass Schiffe unter französischer Flagge freien Zugang zum Hafen des Emirats hatten. Konkurrenz machte ihm unter anderem der Deutsche Robert Wönckhaus, der eng mit der in Hamburg ansässigen HAPAG zusam-

27 Vgl. Arms Traffic in the Persian Gulf, 20.2.1913, S. 1 f., in: QDL/IOR/L/PS/18/B196; Supplementary Memorandum respecting British interests in the Persian Gulf. Foreign Office, Jan. 1912, S. 1–3, in: QDL/IOR/L/PS/18/B240a; Ball: The Battle of Dubai, S. 178.

menarbeitete. Einmal in Maskat angekommen, gelangten die Waffen auf Dhaus und mit Karawanen in die gesamte Region und bis nach Afrika. Auch wenn Indien und Persien nicht direkt beliefert werden durften, so gab es für die Bewohner Persiens und der indisch-afghanischen Grenzregion doch genügend Wege, auf indirekte Weise vom Waffenhandel in Maskat zu profitieren.[28]

Das Geschäft florierte und wurde zu einem wichtigen Bestandteil der Wirtschaft Maskats. 1906 kamen nach offiziellen Statistiken insgesamt 45.000 Handfeuerwaffen im Wert von 112.000 Pfund ins Land, ein Jahr später waren es bereits 87.500 im Wert von 279.000 Pfund.[29] Das entsprach in etwa der Hälfte des Werts aller exportierten Güter des Golfstaates. Selbstverständlich fand ein großer Teil der Wertschöpfung außerhalb Omans statt. Die meisten gehandelten Waffen waren in Europa produziert worden und wurden von europäischen Handelshäusern vertrieben. Doch der Weiterverkauf und -transport verschaffte auch der Bevölkerung Maskats Gewinnchancen und er steigerte die Bedeutung der Hafenstadt als Handelszentrum für andere Güter. Wer hierher kam, um Waffen zu kaufen, tätigte auch weitere Geschäfte. Dieser Handel wirkte sich belebend auf die in Abschwung begriffene Ökonomie des Golfstaates aus. Der Oman war Verlierer der vom Kolonialismus vorangetriebenen ersten Globalisierung des 19. Jahrhunderts. Seit den 1840er Jahren war Sansibar vor der ostafrikanischen Küste fester Bestandteil des Sultanats und dessen wirtschaftlicher Motor gewesen. Zusammen mit Maskat verfügte es über zwei entscheidende Bindeglieder des Handels zwischen Afrika und dem Mittleren Osten mit Sklav*innen, Waffen und Elfenbein. Die von Großbritannien beförderte Teilung des Sultanats 1861, die Sansibar politische Eigenständigkeit brachte, schwächte die ökonomische Bedeutung des Oman. Die Bekämpfung des Sklavenhandels verstärkte diesen Effekt. Hinzu kamen die Verbreitung des Dampfschiff-Verkehrs und die Inbetriebnahme des Suezkanals, die es Schiffen auf dem Weg von Europa nach Indien ermöglichten, auf einen Zwischenstopp in Maskat zu verzichten. Auch die Produktion von Stoffen, die zwar nicht die Haupteinnahmequelle gewesen war, aber doch über Jahrzehnte hinweg einen spürbaren Beitrag zur Wirtschaft geleistet hatte, brach ein, als billigere industrielle Güter aus Indien und Europa ins Land gelangten.[30] Der Waffenhandel war somit eine Möglichkeit, dem wirtschaftlichen Abschwung etwas entgegenzusetzen.

Aber auch für die europäischen Waffenhersteller wurden Exporte nach Maskat immer bedeutender. Das galt insbesondere für die britische Kleinwaffenindustrie.

---

28 Vgl. Crews: Trafficking in Evil, S. 131; Crouzet: The Persian Gulf Perspective, S. 71–79; Ball: The Battle of Dubai, S. 181f. Für eine besonders ausführliche Darstellung dieses Handels siehe Chew: Arming the Periphery, S. 135–148.

29 Vgl. Arms Traffic in the Persian Gulf, 20.2.1913, S. 50, in: QDL/IOR/L/PS/18/B196.

30 Vgl. Speece: Aspects of Economic Dualism in Oman.

1906 waren ca. 45 Prozent der nach Maskat gelangten Waffen britischen Ursprungs, aus Belgien stammten knapp die Hälfte, der Rest kam aus Frankreich. Zwei Jahre später war der britische Anteil bereits auf 22 Prozent gesunken. Das stellte jedoch keinen Einbruch in absoluten Zahlen dar, sondern lag lediglich daran, dass der Markt boomte und nun auch deutsche und rumänische Hersteller kräftig mitmischten. Der Waffenhandelsboom am Golf stand in einem krassen Gegensatz zum im Schrumpfen begriffenen europäischen Markt. Vor allem die britische Handfeuerwaffen-Industrie hatte zudem in den letzten Jahrzehnten des 19. Jahrhunderts Marktanteile an die aufstrebenden belgischen Produzenten verloren und befand sich um 1900 in einer Krise.[31] In Birmingham, dem Zentrum der britischen Handfeuerwaffen-Industrie, waren die Produktionszahlen kontinuierlich zurückgegangen. Waren zwischen 1865 und 1874 noch im Schnitt jährlich 719.000 Gewehrläufe zur Freigabe überprüft worden, so waren es in der Dekade zwischen 1895 und 1904 nur noch 374.000. Maskat war ein wichtiger Markt, um diesen Rückgang abzufedern. 1907 exportierten britische Hersteller insgesamt 141.000 Handfeuerwaffen in alle Teile der Welt,[32] davon gingen allein 30.800 an den Oman. Insgesamt registrierte die Verwaltung des Golfstaates in den Jahren zwischen 1907 und 1909 um die 85.000 importierte Handfeuerwaffen jährlich.[33] Man sollte die Bedeutung dieses Marktes für die europäischen Waffenhersteller also nicht unterschätzen.

Die Verschärfung der Kontrollmaßnahmen

Der britischen Regierung war die heimische Handfeuerwaffen-Industrie nicht gleichgültig, doch die kolonialen Sicherheitsinteressen im Mittleren Osten hatten Vorrang. Die Situation an der nordwestlichen Grenze Indiens blieb kritisch. 1907 griffen Paschtunen wiederholt Dörfer von Hindus an. Die Kolonialregierung Indiens beschwerte sich, dass ein beträchtlicher Teil der in Maskat gehandelten Waffen ihren Weg in die nordwestlichen Grenzregionen des britischen „Kronjuwels“ finde. 1907 schätzte sie, dass mehr als ein Drittel der 270.000 Einwohner dieser Region über Hinterladergewehre verfüge.[34] Der Zugang zu solchen Waffen stellte aus Sicht des britischen Außenministeriums eine ernstzunehmende Gefahr für die kolonialen Hierarchien dar, die man mit Mühe durchzusetzen suchte: „The wholesale ar-

31 Vgl. Chew: Arming the Periphery, S. 80–96.

32 Vgl. Statistical Abstract for the United Kingdom in Each of the Last Fifteen Years, 1894–1908, S. 169.

33 Vgl. Arms Traffic in the Persian Gulf, 20.2.1913, S. 50, in: QDL/IOR/L/PS/18/B196.

34 Vgl. Supplementary Memorandum respecting British interests in the Persian Gulf. Foreign Office, Januar 1912, S. 1 f., in: QDL/IOR/L/PS/18/B240a.

ming of tribesmen with modern weapons (to which the Muskat trade has led) has produced grave results on the North-West Frontier of India". Die „balance of power" sei erschüttert und der Friede ernsthaft gefährdet.[35] Friede – das war aus Sicht der britischen Kolonialbehörden die Aufrechterhaltung rassistisch begründeter Machtverhältnisse zwischen europäischen Kolonialherren und kolonialisierten „Stämmen", indem man die eigene waffentechnische Überlegenheit verteidigte.

Doch die britische Regierung stand vor demselben Dilemma wie schon die Reichsregierung einige Jahre zuvor: Es hätte ihr wenig gebracht, lediglich die eigene Rüstungsindustrie zu zwingen, auf das lukrative Geschäft am Persischen Golf zu verzichten. Auf diese Weise hätte man den am Golf konkurrierenden belgischen, französischen, deutschen und rumänischen Waffenherstellern Marktanteile zum Geschenk gemacht. Und die Abkommen mit den Herrschern am Golf erwiesen sich nur als begrenzt hilfreich, um den Waffenhandel vor Ort einzudämmen. Deshalb drängte London darauf, den Brüsseler Vertrag von 1890 neu aufzurollen und seine Gültigkeit für alle Staaten verbindlich auf die Arabische Halbinsel auszuweiten. Vor allem aber sollten die anderen Kolonialmächte den Briten freie Hand bei der Bekämpfung des Waffenhandels im Persischen Golf zusichern. Zumindest in Berlin stand man dem britischen Wunsch offen gegenüber. Der Aufstand der Herero und Nama in Deutsch-Südwestafrika und der Maji-Maji-Aufstand in Ostafrika (1905–1907) hatten die deutschen Kolonialbehörden dazu gebracht, die eigene Rolle im Handfeuerwaffen- und Pulverhandel zu überdenken und zu einer restriktiveren Verkaufspolitik zurückzukehren. Die Verhandlungen, die zwischen 1908 und 1910 in Brüssel stattfanden, zeitigten allerdings kaum Ergebnisse – nicht zuletzt aufgrund des Widerstands der französischen und belgischen Delegationen.[36]

Daraufhin entschied sich die britische Regierung eine Blockade in den Gewässern des Golfs durchzusetzen. Als rechtliche Grundlage dienten dabei weiterhin die Abkommen mit den Golfstaaten, doch ihre Durchsetzung sollte nun mithilfe der Navy forciert werden. Edmond Slade, der neuernannte Kommandeur der für den Indischen Ozean zuständigen East Indies Station, übernahm selbst die Leitung der Mission. Er erhielt Erlaubnis, fünf Kreuzer, drei Segelschiffe sowie sechs dampfgetriebene Beiboote für diesen Zweck in den Persischen Golf zu verlegen. Insgesamt wurden tausend Mann mobilisiert. Zunächst nur auf einige Monate angelegt, wurde das Unterfangen bald schon auf Bitten der indischen Kolonialregierung bis Ende 1912 verlängert.[37] Um die Schiffe, die unter der Flagge der anderen europäischen

35 Arms Traffic at Muskat, 15.2.1911, S. 2, in: QDL/IOR/L/PS/18/B182.

36 Vgl. Brahm: Merchandise of Powers, S. 262–282; Chew: Arming the Periphery, S. 118 f.

37 Siehe zu dieser Blockade Ball: The Battle of Dubai; sowie die zeitgenössische Darstellung Keppel: Gun-Running.

Mächte fuhren, kontrollieren zu können, fehlten die rechtlichen Grundlagen. Die Navy ging deshalb nur gegen die Dhaus der lokalen Händler vor. Zwischen Juni 1910 und November 1912 entdeckte sie bei 33 Durchsuchungen Waffen und Munition. Bei einigen dieser Einsätze wurden nur einzelne Gewehre und einige hundert Schuss Munition festgesetzt. Bis Mitte 1911 lagen die Zahlen beschlagnahmter Gewehre pro erfolgreicher Kontrolle aber meist im unteren dreistelligen Bereich. Im Falle einer Beschlagnahmung war der Preis hoch, den die Händler zu zahlen hatten. In der Regel verbrannten die britischen Seemänner ihre Dhaus und ließen die Besatzung von den lokalen Autoritäten inhaftieren.[38]

In zwei Fällen ging Slade aber über solche Gewalt hinaus, die die Briten unter Berufung auf völkerrechtliche Verträge legitimierten. Als er im Dezember 1910 Hinweise erhielt, die Handelsroute verschiebe sich nach Dubai, ordnete er an, dort an Land zu gehen und in der Stadt nach Waffen zu suchen. Dabei kam es zu einem heftigen Gefecht, bei dem ca. 40 Araber und fünf Briten ums Leben kamen. Einige Monate später legten britische Truppen an der persischen Küste am Golf von Oman an und stießen auf der Jagd nach Waffenhändlern ins Landesinnere vor. Sie stellten eine Gruppe von 200 Belutschen; im Maschinengewehr- und Kanonenhagel kamen acht von ihnen ums Leben, 24 wurden verletzt. Doch der Einsatz solcher offenen kriegerischen Gewalt behagte der indischen Kolonialregierung nicht und so distanzierte sie sich von solchem Vorgehen.[39] Das Selbstverständnis und nach außen hin vertretene Image, eine Ordnungsmacht zu sein, die den „rückständigen Völkern“ das Konzept des *rule of law* näherbringe, ließ sich glaubhafter aufrechterhalten, wenn man die eigenen Ordnungsvorstellungen nicht mit Kanonen und Schießereien, sondern mit Paragrafen und Verhaftungen durchsetzte.

Das britische Vorgehen am Golf war von Erfolg gekrönt. Waren vor der Blockade jährlich um die 80.000 importierte Gewehre in Maskat registriert worden, so sank die Zahl zwischen 1910 und 1912 auf 20.000. Man muss davon ausgehen, dass in der gleichen Zeit der Schwarzmarkt in Maskat wuchs. Dennoch kann man aus diesen Zahlen herauslesen, wie stark die Blockade den lokalen Waffenmarkt unter Druck setzte und den Handel mit Gewehren und Munition erschwerte. Tatsächlich zogen sich fast alle europäischen Waffenhändler aus dem Geschäft in Maskat zurück.[40] Doch auf die Dauer war die Blockade keine Lösung für die britische Regierung, da der massive Einsatz der Navy hohe Kosten verursachte. Stattdessen strebte sie nach wie vor rechtlich verbindliche Lösungen an, an deren Umsetzung sowohl

---

38 Eine detaillierte Übersicht über die Blockade findet sich in: Arms Traffic in the Persian Gulf, 20.2.1913, in: QDL/IOR/L/PS/18/B196. Sehr aufschlussreich mit Blick auf die Praxis ist vor allem der Appendix „Principal captures by the naval blockading since June 1910“ (S. 60f.).

39 Vgl. Ball: The Battle of Dubai; Keppel: Gun-Running, S. 169–178.

40 Vgl. Arms Traffic in the Persian Gulf, 20.2.1913, S. 50, in: QDL/IOR/L/PS/18/B196.

der Sultan von Oman als auch die anderen Kolonialmächte – vornehmlich Frankreich – beteiligt werden sollten. Die Blockade verschaffte ihr bei der Aushandlung solcher Lösungen einen strategischen Vorteil. Der einbrechende Waffenhandel hatte spürbare Konsequenzen für den ohnehin wirtschaftlich geschwächten Oman. Das machten sich die britischen Unterhändler zunutze und boten Sultan Faisal ibn Turki jährliche Zahlungen an, sollte er von ihnen entworfene, rigide Waffenkontrollmaßnahmen in Maskat einführen. Die Kombination aus politischem Druck und wirtschaftlichen Anreizen zeigte Wirkung. Faisal, der sich aufgrund der wirtschaftlichen Schwäche seines Staates seit Beginn seiner Herrschaft 1888 in immer stärkere Abhängigkeit von Großbritannien begeben hatte, gab schließlich nach. Im Juni 1912 akzeptierte er die Bedingungen gegen die Zahlung von 6.666 Pfund jährlich.[41] Das war freilich nur ein geringer Trostpreis für den belebenden Effekt, den der Waffenhandel mit seinem jährlichen Volumen von bis zu 280.000 Pfund gehabt hatte und der der Regierung im Jahr 1907 beispielsweise 14.500 Pfund an Importsteuern eingebracht hatte.[42]

Waffenhändler mussten sich fortan registrieren lassen und waren verpflichtet, ihre Güter bis zum Verkauf ausschließlich im staatlichen Waffenlager aufzubewahren. Käufer benötigten eine Lizenz, um die erstandenen Waffen und Munition abzuholen. Bei Zuwiderhandeln drohten sowohl den Händlern als auch den Käufern „schwere Strafen“ oder – im Falle von ausländischen Personen – die Ausweisung aus dem Land. Auf diese Weise war die völkerrechtlich verbriefte freie Einfuhr von Gütern nach Maskat gesichert, auf die die anderen europäischen Mächte pochten, während über die Vergabe von Lizenzen der Verkauf von Gewehren und Munition jederzeit nach Wünschen Großbritanniens reguliert werden konnte. Die britischen Behörden behielten sich vor, die Kompensationszahlungen einzustellen, sollte sich der für das Lagerhaus zuständige Beamte als „korrupt“ entpuppen. Nun musste nur noch Frankreich dazu gebracht werden, das neue Kontrollregime anzuerkennen. Das war deshalb so wichtig, weil französische Händler auch nach dem Ende der Blockade eine zentrale Rolle in Maskat spielten. Für Paris war die Frage der Waffenhandelskontrolle vor allem eine Frage des Prinzips. Man wollte verhindern, dass französische Bürger und Unternehmen in ihrem globalen Handel durch britische Expansionsbestrebungen eingeschränkt wurden. Schließlich gelang ein Kompromiss: Die Briten verpflichteten sich, alle im omanischen Lagerhaus hinterlegten Waffen französischer Händler aufzukaufen.[43]

41 Vgl. Ball: The Battle of Dubai, S. 170 f.

42 Vgl. Landen: Oman Since 1856, S. 391.

43 Vgl. „Warehouse Rules“, Appendix XX to Arms Traffic in the Persian Gulf, 20.2.1913, S. 62–64a, in: QDL/IOR/L/PS/18/B196; Ball: The Battle of Dubai, S. 175.

Doch während diese Maßnahmen darauf zielten, an den Grenzen des britischen Empires Frieden zu stiften, lösten sie im Oman eine Revolte aus. Die Einrichtung des Waffenlagers stieß auf vehementen Widerstand seitens der Bevölkerung und stellte den Zusammenhalt des Sultanats auf eine ernsthafte Probe. Schon seit dem 17. Jahrhundert gab es Spannungen zwischen den am Handel orientierten Küstenstädten und dem Inland, für dessen Bevölkerung die Erinnerung an das einst politisch unabhängige Imamat von Oman einen wichtigen identitätspolitischen Bezugspunkt darstellte. Die Abhängigkeit des Sultans von den christlichen Briten war aus Sicht derjenigen, die für die Wiedererrichtung eines vom Sultan unabhängigen Imamats eintraten, ein Beleg seiner Gottlosigkeit. Sein Einlenken in der Frage der Waffenkontrolle deuteten sie als „finalen Beweis" für seine „bedingungslose Unterwürfigkeit gegenüber den christlichen Ausländern und seiner häretischen Tendenzen". Lediglich der Einsatz britisch-indischer Truppen verhinderte den Sturz des Sultans. Der Aufstand führte zur dauerhaften Spaltung zwischen dem Sultanat in Maskat und dem Imamat, das fortan über die inneren Regionen herrschte.[44]

Der Aufstand machte zwei Dinge deutlich: Erstens war die Kontrolle des Waffenhandels keineswegs, wie von britischen Behörden oft behauptet, in jedem Fall ein Stabilitätsfaktor in der Region. Indem sie das britische Empire stabilisieren half, destabilisierte sie die in der Region bestehenden Herrschafts- und Machthierarchien. Zweitens veranschaulicht der Aufstand ein Kernproblem kolonialer Waffenkontrolle in informalen Imperien: Um die Kosten der eigenen Herrschaftssicherung tragen zu können, waren die Kolonialmächte auf Herrscher angewiesen, die zu schwach waren, um sich den Vorgaben der Metropolen zu widersetzen, die aber gleichzeitig stark genug waren, die erwünschten Regeln durchzusetzen. Deshalb war die britische Regierung auch immer bereit, Waffen an etablierte Herrscher zu liefern, die bei der Aufrechterhaltung imperialer Strukturen nützlich waren. In Afghanistan finanzierte sie gar den Aufbau von Waffenproduktionsstätten für die Regierung, während sie gleichzeitig den Handel aus Maskat zu unterbinden suchte.[45] Das Interesse an klaren Machtverhältnissen in der Peripherie des Imperiums verstärkte aber gleichzeitig das Bedürfnis nach einer Ausweitung der Waffenkontrolle. Es ging bald nicht mehr nur darum, Waffen aus der Grenzregion im nordwestlichen Indien fernzuhalten. Es ging auch darum, die Verbreitung von Waffen in den Golfstaaten so zu regulieren, dass die Herrschaft jener Machthaber

44 Landen: Oman Since 1856, S. 388–414, Zitat S. 392. Wortlaut: „final proof of his total subservience to Christian foreigners and of his heretic tendencies". Chew: Arming the Periphery, S. 134 f.; Mathew: Margins of the Market, S. 96.

45 Vgl. Crews: Trafficking in Evil, S. 133 f.

verfestigt wurde, mit denen man sich bereits auf einen Modus der Zusammenarbeit geeinigt hatte.[46]

Am Vorabend des Ersten Weltkrieges war es den Briten gelungen, ihr Problem mit Maskat zu lösen; der Waffenhandel in der Hafenstadt war bedeutungslos geworden und sollte sich auch in den folgenden Jahren nicht mehr erholen. Doch das Bedürfnis nach europäischen Waffen in der Region blieb bestehen und so verschoben sich die Handelsrouten einfach weiter nach Norden. Der Mittlere Osten blieb auch in den folgenden Jahren im Zentrum der Aufmerksamkeit, wenn es um Debatten zur Einhegung des Waffenhandels ging. Das kann kaum überraschen. Die Zwischenkriegszeit sollte der Höhepunkt imperialer Durchdringung dieser Region werden. Dabei war – und das hatten die europäischen Kolonialmächte im Laufe ihrer Expansion gelernt – eine rassisierte Kontrolle des Zugangs zu Handfeuerwaffen ein durchaus nützliches Instrument. Und um diese durchzusetzen – auch das war eine Lehre aus der Vorkriegszeit – waren zwei Dinge unverzichtbar: Völkerrecht und eine Flotte mit global einsetzbaren Kriegsschiffen. Waffendominanz verstetigte Waffendominanz.

2.2 Die Gefahr antiimperialer Aufstände

Bis zum Ausbruch des Ersten Weltkriegs waren aus Sicht der Kolonialmächte die „unzivilisierten Stammeskrieger“ der imperialen Grenzregionen die primären Adressaten völkerrechtlicher Waffenhandelskontrolle gewesen. Im Laufe des Ersten Weltkriegs machte man in London eine weitere Bedrohung für das Empire aus, der es völkerrechtlich entgegenzutreten galt: westlich gebildete Revolutionäre in den kolonialen Metropolen. Der globale Krieg befeuerte in verschiedenen Teilen der Welt Forderungen nach Selbstbestimmung und Unabhängigkeit von den Kolonialmächten. Gleichzeitig kamen immer mehr politische Gruppierungen in Europa, Asien und Afrika zu dem Schluss, dass der Zeitpunkt für die Veränderung von Machtverhältnissen gekommen sei und dass Revolutionen dafür ein vielversprechendes Mittel seien. Für die Kolonialreiche wurde diese Entwicklung zu einem Problem, dem sie nicht zuletzt mit Waffenhandelskontrollen beizukommen gedachten.

In Indien hatten revolutionäre Gruppen vornehmlich in den Provinzen Bengalen und Punjab bereits in den Jahren unmittelbar vor dem Krieg begonnen, sich zu organisieren und mit selbstgebauten Bomben Anschläge auf Personen und Institutionen der britischen Kolonialmacht zu verüben. Wirklich gefährlich wur-

46 Vgl. Biela: Securing the Established Order.

den sie ihr jedoch nicht. In Kalkutta gelang es den britischen Behörden, mehrere Bombenbauer festzunehmen, ein Anschlag gegen den Vizekönig im Jahr 1912 schlug fehl. Zu Beginn des Krieges saßen mehrere antikoloniale Anführer im Gefängnis. Dennoch schien die Gelegenheit für einen Aufstand 1914 günstig zu sein. Das Empire musste seine militärischen Kapazitäten auf den Schlachtfeldern Europas und am Mittelmeer konzentrieren. Zudem taten sich Chancen auf, eines der Hauptprobleme der Revolutionäre zu lösen: der Zugang zu Waffen. Die Unterstützung revolutionärer Bewegungen zur Schwächung des Kriegsgegners durch die deutsche Regierung begann nicht erst mit Lenins berühmter Zugdurchfahrt durchs deutsche Territorium. Bald nach Ausbruch des Krieges nahm sie über indische Studenten in Deutschland Kontakt zur Ghadar-Bewegung auf, die vor allem unter indischen Emigrant*innen in den USA und Kanada fest verankert war und deren Mitglieder die Abschaffung kolonialer Herrschaft durch revolutionären Kampf anstrebten. Über das deutsche Konsulat in San Francisco sollten Waffen in den USA gesammelt und nach Indien verschifft werden. Dort würden studentische Remigranten der Ghadar-Bewegung den Kontakt zu Widerstandsgruppen in Bengalen und Punjab herstellen und die Inempfangnahme der Waffen koordinieren. Der Plan scheiterte grandios. Das deutsche Konsulat versagte bei der Organisation des Transports, in Indien unterdrückten die Kolonialtruppen die Revolte im Februar 1915, die Aufständischen wurden verraten, verhaftet oder erschossen.[47] Insgesamt hielt sich zu Beginn des Krieges die Bereitschaft der indischen Bevölkerung in Grenzen, gegen die seit 1914 verschärfte Repressionspolitik der Kolonialregierung aufzubegehren. Die meisten politisch relevanten Gruppen erhofften sich vielmehr, durch Beteiligung an den Kriegsanstrengungen mehr Rechte zu erlangen.[48]

Auch Ägypten bereitete den britischen Behörden Sorgen. Das Land war wegen des Suezkanals von eminenter strategischer Bedeutung für das britische Empire: im Frieden, um die Handelsroute nach Indien aufrechtzuerhalten, im Krieg, um global zu mobilisieren. Der Kanal war auch der Grund gewesen, warum Großbritannien 1882 das zum Osmanischen Reich gehörende Land besetzt und nationalistische Strömungen im ägyptischen Militär niedergeschlagen hatte. Da aber die Osmanen gleichzeitig wichtige Verbündete Großbritanniens gegen eine Expansion Russlands am Mittelmeer gewesen waren, hatte London auf die Eingliederung Ägyptens in das eigene Kolonialreich verzichtet; formal blieb es Teil des Osmanischen Reiches. Das änderte sich erst, als mit Kriegsausbruch die ehemals Verbündeten zu Wider-

47 Vgl. Fraser: Germany and the Indian Revolution; Streets Salter: World War One in Southeast Asia, S. 88–110. Zu ähnlichen Überlegungen deutscher Kreise mit Blick auf die islamische Welt siehe Hanisch: Max Freiherr von Oppenheim; Jonas/Zinke: „Wir standen mit der Zukunft im Bunde"; Lemke: Der Irak und Arabien; Lemke: Globaler Krieg.

48 Vgl. Brown: Modern India, S. 194–207; Garton: The Dominions Ireland, and India.

sachern wurden. London erklärte Ägypten zum britischen Protektorat, setzte Vizekönig Abbas II. wegen Unterstützung der nationalistischen Bewegung ab und erklärte das Kriegsrecht. Doch die britische Regierung wusste, dass ihre Probleme damit nicht gelöst waren. Sie beobachtete seit Jahren die ägyptischen Nationalist*innen, die fest in der Gesellschaft verankert waren, und ging mit Vehemenz gegen jede Regung von Widerstand vor. Öffentliche Versammlungen und Kundgebungen waren untersagt; Gerichte verurteilten Widerständler für das Verteilen revolutionärer Literatur zu einem Jahr harter Strafarbeit. Überall in den Cafés saßen Spitzel und meldeten Personen, die antibritische Positionen vertraten. Protest drückte sich deshalb eher indirekt aus. Als der von den Briten eingesetzte Sultan Hussein Kamil die Law School in Kairo besuchte, boykottierten die Studierenden seinen Auftritt. Die effektive Unterdrückung jeglichen Widerstands in Ägypten hatte sehr viel mit der massiven Präsenz imperialer Truppen zu tun, die zur Verteidigung des Suezkanals im Land stationiert wurden. Anders als in Indien, wo sich die Kolonialbehörden Sorgen wegen des Abzugs von Soldaten und militärischen Ressourcen machen mussten, trug die Armee des Empires in Ägypten mit ihren 82.000 Mann militärische Stärke zur Schau. An bewaffneten Widerstand war hier nicht zu denken. Doch der Frieden am Suezkanal war fragil und beruhte auf militärischem Drohpotenzial.[49]

Gefährlicher für London wurde die Situation während des Krieges in Irland. Grundsätzlich dominierte in der irischen Gesellschaft zu Beginn des Krieges die Meinung, dass der Krieg gegen das Deutsche Reich legitim sei, da es sich um den Kampf gegen ein despotisches Regime handele. Dennoch gab es auch hier von Beginn an Widerstand. Eine kleine Gruppe militanter Republikaner*innen sah die Gelegenheit für einen bewaffneten Aufstand gegen die britische Herrschaft in Irland gekommen. Wieder spielte die Frage des Zugangs zu Waffen eine wichtige Rolle und wieder erhofften sich die Revolutionär*innen Unterstützung vom Deutschen Reich. Dem Diplomaten Roger Casement kam eine Schlüsselrolle zu. Er hatte sich einen Namen gemacht, als er zu Beginn des Jahrhunderts zusammen mit dem britischen Journalisten und Politiker Edmund Morel auf die brutalen kolonialen Herrschaftsmethoden im Kongo aufmerksam gemacht hatte. Zu Beginn des Krieges reiste Casement nach Deutschland. Obwohl er dort nur auf sehr zurückhaltende Reaktionen stieß, gelang es ihm, 20.000 Gewehre und Munition zu organisieren. Die Militärhilfe für die irischen Revolutionär*innen wurde zwar tatsächlich im April 1916 verschifft, doch die britischen Behörden fingen die Ladung ab. Der Aufstand fand ohne deutsche Waffen statt und wurde brutal von britischen Truppen innerhalb von sechs Tagen niedergeschlagen. 485 Menschen kamen ums Leben, davon ein

---

49 Vgl. Tignor: Maintaining the Empire.

hoher Anteil Zivilbevölkerung. Die 16 Anführer, unter ihnen Casement, wurden hingerichtet; 1.800 Personen kamen in Haftlager.[50]

Großbritannien war aber nicht die einzige Imperialmacht, die sich gegen Revolutionär*innen zur Wehr setzte. Und die Deutschen waren nicht die einzigen, die Waffenlieferungen als Mittel der subversiven Kriegführung nutzten. Im Nahen Osten machten sich die britischen Truppen im Kampf gegen das Osmanische Reich den arabischen Nationalismus zunutze. Nach Absprachen mit der britischen Regierung initiierte der Scherif von Mekka Hussein ibn Ali im Juni 1916 einen Aufstand gegen die osmanischen Truppen, um einen arabischen Staat zu schaffen, der von Jemen bis Aleppo reichen sollte. Die Briten lieferten Waffen und militärische Unterstützung. Auf diese Weise gelang den Aufständischen die Einnahme eines Territoriums, das die Westküste der Arabischen Halbinsel umfasste und bis nach Damaskus reichte.[51]

Mark Sykes und das Bedrohungsszenario der „revolutionären Intellektuellen“

Obwohl der Zugang zu Waffen für alle revolutionäre Gruppen in den Kolonien von großer strategischer Bedeutung war, blieb Waffenhandelskontrolle aus der Whitehall-Perspektive zunächst lediglich ein Instrument zur Unterwerfung von sogenannten Stammeskriegern. Für Januar 1917 lud das Committee of Imperial Defence deshalb Vertreter der Admiralität, des Foreign, War, India und Colonial Office zu einer Serie von Sitzungen ein, um die Frage zu diskutieren, wie nach dem Krieg der Waffenhandel mit „native races“ geregelt werden sollte.[52] Die nordwestliche Grenzregion Indiens stand dabei nach wie vor im Fokus. Wenn die Kämpfe mit den Paschtun*innen in der Region auch nach 1914 räumlich begrenzt geblieben waren und trotz der geringeren Präsenz kolonialer Truppen nicht an Intensität gewonnen hatten, so hielt London dennoch die Grenze mit Afghanistan für das Einfallstor osmanisch-deutscher Subversionsbemühungen. Hier galt es, nach dem Krieg vorzusorgen.[53]Auf den ersten beiden Komitee-Sitzungen diskutierten die britischen Regierungsbeamten noch vor allem die Regulierungspolitik der Vorkriegszeit in Ostafrika, am Horn von Afrika und am Persischen Golf. Im Mittelpunkt

50 Vgl. Gallagher: Ireland and the Great War; Pott: Auf der Suche nach Unterstützung.
51 Vgl. Mansfield: A History of the Middle East, S. 169–188.
52 Vgl. zur Arbeit dieses Komitees Barton: Counterterrorism between the Wars, S. 12–14.
53 Vgl. Bangash: The Tribal Belt.

stand die Frage, inwiefern nach dem Krieg an diese Maßnahmen angeknüpft werden könne.[54]

Erst beim dritten Treffen, als externe Referenten ihre Perspektive schilderten, rückte das Problem drohender Revolutionen in den Fokus. Unter den Referenten war Mark Sykes, ein Protegé des Kriegsministers Herbert Kitchener. Sein Beitrag, den er mit einem ausführlichen Memorandum untermauerte, hinterließ bleibenden Eindruck. Der 35-jährige Schriftsteller und Diplomat verfügte über ein überbordendes Selbstbewusstsein und war beflügelt von den Handlungsmöglichkeiten, die sich ihm im Krieg boten. Er befand sich Anfang 1917 seit einigen Monaten in London. Zuvor hatte er den Nahen und Mittleren Osten bereist, mit arabischen und französischen Vertretern verhandelt und dabei mit dem Sykes-Picot-Abkommen die Region aufgeteilt. Seine Mission sah er darin, die britische Regierung von einer Unterstützung der Arabischen Revolte gegen das Osmanische Reich zu überzeugen. Während seiner Reisen hatte er viele Gespräche mit Vertretern der intellektuellen Elite geführt und sich dabei ein Bild von der gesellschaftlichen Stimmung vor Ort gemacht. Mitte 1915 war er in Indien gewesen – kurz nach der Niederschlagung des Ghader-Aufstandes. Besonders erfreut war die Kolonialregierung nicht über den britischen Gesandten, der neugierig die Verhältnisse vor Ort auskundschaftete. Doch immerhin machte man sich die Mühe, ihn mit einigen Schriftstücken zufriedenzustellen. Auf dieser Grundlage formte sich Sykes sein Bild von der gesellschaftlichen Situation in der Kronkolonie.[55]

Dabei machte er vor allem eine Gruppe aus, von der er eine Gefahr ausgehen sah: die in Hochschulen nach europäischem Vorbild ausgebildeten „Intellektuellen". Sie würden sich zwar auf den Islam berufen, doch dabei gehe es ihnen lediglich darum, die traditionellen muslimischen Gelehrten zu marginalisieren und an ihrer Stelle „revolutionäre Anwälte und Schriftführer" in gesellschaftlich einflussreiche Positionen zu bringen. Auch im Osmanischen Reich seien es die von Deutschland bezahlten „kosmopolitischen Schlitzohren" – hier klang die Erfahrung mit der Finanzierung der Ghader-Bewegung an –, die Unruhe verbreiteten. Um diesen „revolutionären Intellektuellen" entgegenzutreten, müsse man sich auf die konservativen Reformer stützen.[56]

Während der Jahre 1915 und 1916 hielt sich Sykes die längste Zeit in Ägypten auf. Hier traf er sich nicht nur mit Arabern, die den Aufstand planten – die von ihm

54 Vgl. Appendix I and II: Comittee of Imperial Defence, Sub-Committee on the Arms Traffic, First and Second Meeting held at the India Office, 8./15.1.1917, in: TNA, CAB 29/1.

55 Vgl. hier und im Folgenden Berdine: Redrawing the Middle East, S. 4–107.

56 Sykes to Grant, 7.11.1915, in: QDL/IOR/L/PS/10/524_98. Wortlaut: „revolutionary lawyer, Pleader or editor", „rascals in the pay o Germany". Die Äußerungen fußen auf einem für Sykes verfassten „Memorandum on Indian Moslems", in: QDL/IOR/L/PS/10/524_104–108.

als konservative Reformer eingestuften und deshalb hofierten Muslime. Er erlebte auch aus nächster Nähe die Ablehnung, auf die der britische Einfluss unter der städtischen Elite Kairos stieß, und kam in engen Kontakt mit pan-arabischen, panislamischen und nationalistischen Intellektuellen, die mit ihrem Unmut über die Besatzung nicht hinter dem Berg hielten. Unter anderem sprach er mit Rashid Rida. Der Gelehrte war vieles gleichzeitig, was heute unvereinbar scheint. Er gehört zu den einflussreichsten Denkern des Salafismus und wollte zum Kalifat zurückkehren, gleichzeitig forderte er Reformen, etwa eine bessere Bildung auch für Frauen. Er unterstützte die Arabische Revolte, kritisierte aber die Briten, die die Revolte unterstützten. Aus Sicht eines Vertreters der britischen Oberschicht war Ridas selbstbewusstes, antiwestliches Auftreten arrogant und anmaßend: „He gave it as his view that the Egyptians would never be reconciled to British tutelage, and that Indian Moslem discontent would increase as time went on." Und empört – vielleicht auch etwas besorgt – fügte Sykes hinzu: „What struck me most was that he never pretended for a moment that if Great Britain assisted in this scheme [ein unabhängiger arabischer Staat] there would be the slightest diminuition of discontent either in India or Egypt."[57]

Aus diesen Erfahrungen, Gesprächen und Informationen schöpfte Sykes, als er im Januar 1917 vor dem Committee of Imperial Defence über Waffenhandelsbeschränkungen sprach. In der Vergangenheit, so führte er aus, seien plötzliche Hinterhalte ortskundiger „Stammeskrieger" ein großes Problem für die Ausbreitung und Verteidigung des Empires gewesen. Die britischen Kolonialtruppen hätten es nicht leicht gehabt, deren plötzlichen Überfällen etwas entgegenzusetzen. Doch die Weiterentwicklung der Rüstungstechnologie im Zuge des Weltkriegs habe die waffentechnologische Überlegenheit Großbritanniens enorm erhöht. Der kombinierte Einsatz von Flugzeugen, Panzerfahrzeugen und leichten Maschinengewehren werde es in Zukunft leichtmachen, ohne Verluste Stammesaufstände in den Kolonien niederzuschlagen:

> The sudden rush of the savage has almost become impossible owing to aeroplane reconnaissance [...] and can be met by machine gunfire on a scale hitherto unthought of. Instead of 600 men with two Maxims on wheels, we can, after this war, send 20 machine guns with every 100 men. [...] Therefore, assembled and organised rebellions of savages or irregulars will, after this war, be met by weapons beyond their ken or reach, and whether they have magazine rifles, single loaders, or musle loaders, their case will be bad.[58]

57 Report No. 14, 14.7.1915, in: Policy in the Middle East II. Select Reports and Telegrams from Sir Mark Sykes, in: QDL/IOR/L/PS/18/B218_5.

58 Memorandum by Lieutenant-Colonel Sir Mark Sykes, Bart, M.P., 12.1.1917, in: TNA, CAB 29/1.

Zudem werde man in der Lage sein, mithilfe von Flugzeugen den Persischen Golf und das Rote Meer besser zu kontrollieren. Damit nahm er vorweg, wie wichtig „air policing" und „air control" für die imperiale Machtsicherung in der Zwischenkriegszeit werden würden.[59] Die Sorgen, die Kolonialbehörden in der Vergangenheit zu strikteren Waffenkontrollen angetrieben hätten, seien somit bald schon überholt. Schließlich, so prophezeite er, werde die zunehmende koloniale Durchdringung des Raums mit Eisenbahnen und Telegrafen – Zivilisierung, wie er es ausdrückte – bald schon zum Verschwinden der „wilden oder halbwilden Stämme" führen.[60]

Doch solche Aussichten und die neue waffentechnologische Überlegenheit war aus Sykes' Sicht noch lange kein Grund, nachlässig zu werden und auf Waffenhandelskontrollen zu verzichten. Denn es drohe neues Ungemach. Wenn der Krieg erst einmal vorüber sei, könne man davon ausgehen, dass es in Asien zu massiven sozialen und politischen Unruhen kommen werde. Es gebe eine waffentechnische Neuerung, die den Kolonialbehörden zum Nachteil gereichen könne: die automatische Pistole. „These devilish inventions are cheap, accurate, small, and easy to smuggle." Diese Waffen konnte er sich gut in den Händen jener Gruppen ausmalen, die er während der letzten Jahre als neue Gefahr für die koloniale Ordnung ausgemacht hatte: „This is the weapon of the intellectual, the anarchist, the town desperado and the secret revolutionary society." Diese Gruppe werde in Zukunft an die Stelle der Stammeskrieger treten:

> I suggest that the disaffected intellectuals of Cairo and the Indian towns, plus magazine pistols, will be a far greater danger than will tribes armed with modern rifles. Any fool can shoot a Viceroy or a police inspector; and an academic student of 15 years of age can easily knock out a police patrol of five men. 10 or 12 desperados can hold up a street for hours, and three or four hundred spread panic through a city.[61]

Dieses Bedrohungsszenario war Anfang 1917 in hohem Maße aktuell und plausibel. Nicht nur lag der irische Osteraufstand erst ein halbes Jahr zurück. Während die Beamten in London über Waffenhandelskontrollen berieten, spitzte sich die Situation in Russland zu. Angesichts der schlechten Versorgungslage gingen die Menschen in dem mit Großbritannien verbündeten Land auf die Straße. Es kam zu Plünderungen und Anschlägen. Revolutionäre Gewalt war in Russland nichts Neues, doch sie erreichte im Januar 1917 eine neue Qualität, die nur einen Monat später zur

59 Vgl. Böhm: Die Royal Air Force; Omissi: Air Power and Colonial Control; Satia: The Defense of Inhumanity.

60 Vgl. Committee of Imperial Defence, Sub-Committee on Arms Traffic, Third meeting, 20.1.1917, in: TNA, CAB 29/1. Wortlaut: „savage or semi-savage tribesman will tend to disappear".

61 Memorandum by Lieutenant-Colonel Sir Mark Sykes, Bart, M.P., 12.1.1917, S. 3, in: TNA, CAB 29/1.

Abdankung des Zaren führen sollte. Sykes ließ es nicht aus, auf die Ereignisse in Irland und Russland und ihre Implikationen für das Problem des Waffenhandels zu verweisen. Er betonte, dass sie lediglich ein Vorgeschmack dessen seien, was die Briten in den Kolonien erwarte.

Es gab einen weiteren Grund, warum Sykes Waffenhandelskontrollen für ein nicht zu vernachlässigendes Thema hielt. Nach dem Krieg werde es große Mengen an Handfeuerwaffen in Europa geben. Es sei sehr wahrscheinlich, dass die europäischen Mächte versuchen würden, einen Teil ihrer Kriegsschulden durch den Verkauf überflüssig gewordener Rüstungsgüter zu begleichen. So bedrohlich das auch klinge, es gebe eine gute Nachricht. Diese Waffen hätten auch Nachteile für die kolonialisierten Gesellschaften. Im Gegensatz zu Einzelschussgewehren könne die Munition für Magazin-Waffen nicht mehr in lokalen Fertigungsstätten oder in Heimarbeit hergestellt werden. Der Wert der Waffen hänge davon ab, ob der Zugang zu Munition sichergestellt sei. Die Regulierung des Munitionshandels sei deshalb wichtiger als der Handel mit Handfeuerwaffen.[62]

Sykes' Vortrag überzeugte. Auf der Grundlage des von ihm entworfenen Szenarios kam das Komitee zu einem eindeutigen Schluss: „Our conclusion is that the regulation of the arms traffic after the war is a matter of vital importance to the future of the British Empire, and on which His Majesty's Government would be well advised to frame definite and considered policy with the least possible delay." Man empfehle deshalb, nach dem Ende des Krieges eine Waffenhandelskonvention anzustreben, um zu verhindern, dass Waffen in die Hände von Stammeskriegern – hier knüpfte der Vorschlag an die Politik der Vorkriegszeit an – und „Intellektuellen" und „Anarchisten" gerate.[63]

Dem Bericht war bereits der Entwurf einer Konvention beigefügt. Doch die Instrumente, mit denen die Komitee-Mitglieder auf die von Sykes prophezeiten sozialen und politischen Umwälzungen und die veränderte waffentechnologische Situation zu reagieren gedachten, waren alles andere als innovativ. Sie holten die 1909 in Brüssel gescheiterte Waffenhandelskonvention aus den Schubladen, die ihrerseits bereits nichts weiter als eine Weiterentwicklung der Konvention von 1890 gewesen war, und überarbeiteten sie lediglich in einigen Punkten. Wieder wurden die kolonialisierten Territorien als „prohibited zones" definiert und der Export von Waffen in diese Regionen beziehungsweise der Import durch Staaten, die hier lagen, grundsätzlich untersagt. Allerdings könnten Staaten den Waffenhandel mit diesen Regionen unter bestimmten Bedingungen erlauben, müssten dann aber Li-

62 Vgl. Memorandum by Lieutenant-Colonel Sir Mark Sykes, Bart, M.P., 12.1.1917, in: TNA, CAB 29/1, S. 1 f.

63 Committee of Imperial Defence, Report of Sub-Committee on Arms Traffic, 10.3.1917, in: TNA, CAB 29/1.

zenzen ausstellen. Die importierenden Staaten seien verpflichtet, Lagerhäuser einzurichten und zu verkaufende Waffen dort zu deponieren. Handfeuerwaffen durften nur nach einer Prüfung an die lokale Bevölkerung weiterverkauft werden – Europäer waren also ausgenommen von Kontrollen. Es sei verboten, Waffen auf Schiffen unter 500 Tonnen zu transportieren – eine Klausel, die lokalen Händlern mit ihren Dhaus das Handwerk legen sollte, mit dem Effekt, den Waffenhandel in den Händen der europäischen Händler zu monopolisieren.[64]

Diese Instrumente, das wird deutlich erkennbar, waren allesamt bereits erprobt – die Briten und Franzosen hatten sie vor dem Krieg mehr oder weniger erfolgreich in der Golfregion und Afrika durchgesetzt. Die ungleichen bilateralen Verträge der Jahrhundertwende zwischen Großbritannien und den arabischen Scheichs, dem persischen Schah und dem omanischen Sultan hatten die nun in den Konventionsentwurf aufgenommenen Maßnahmen längst rechtlich festgeschrieben. Und die Kolonialbehörden hatten eine gewissen Routine bei ihrer Umsetzung entwickelt.[65] Im Grunde zielte der Vorschlag also darauf, eine bereits etablierte Praxis völkerrechtlich absichern zu lassen, um auch andere europäische Staaten auf die Einhaltung der eigenen Maßnahmen zur Kontrolle des Waffenhandels zu verpflichten.

Die europäischen Imperien und die Zuspitzung sozialer Unruhen in Afrika und Asien

In Whitehall war man guter Dinge, dass die französische Regierung, die 1909 noch eine Einigung auf dieser Grundlage abgelehnt und immer wieder britische Kontrollbemühungen unterwandert hatte, den Konventionstext nach dem Krieg nicht erneut abschmettern würde. Für diesen Optimismus gab es Gründe. Seit Beginn des Krieges hatten sich die französischen Kolonialbehörden unter Einsatz von Gewalt und Zwang darum bemüht, die Bewohner der westafrikanischen Kolonien für den Fronteinsatz in Europa zu rekrutieren. Diese wiederum widersetzten sich häufig dem Zugriff der Kolonialherren. Zunächst verließen junge, waffenfähige Männer ihre Dörfer und flüchteten in abgelegene Regionen. Doch auf diese Weise ging vielen Familien dringend benötigte Arbeitskraft verloren. 1915 entschieden die Anführer verschiedener Gruppen, sich gemeinsam gegen die französischen Trup-

64 Vgl. Annexure: Draft of Proposed International Convention, in: Appendix IV, Committee of Imperial Defence, Sub-Committee on the Arms Traffic, Fourth and Fifth Meeting, 12./26. 2. 1917, S. 4–7, in: TNA, CAB 29/1.
65 Dazu ausführlicher Kapitel 2.1.

pen und Kolonialbehörden zur Wehr zu setzen. Die Mobilisierung der westafrikanischen Widerstandsbewegung war beträchtlich. Auf ihrem Höhepunkt 1916 kämpften bis zu 20.000 Aufständische in verschiedenen Teilen Westafrikas.[66] Die französische Kolonialregierung setzte neben militärischen Mitteln zur Niederschlagung des Widerstands auch auf verschärfte Waffenkontrollen. Sie verbot die Einfuhr von Gewehren, erhöhte die Waffenbesitzsteuer, traf Maßnahmen zur Entwaffnung der Bevölkerung und verschärfte die Strafen bei Verstößen gegen das Waffenrecht.[67] Auf Anregung des Kolonialministeriums wandte sich der Quai d'Orsay Ende 1916 zudem an die britische Regierung mit der Bitte, etwas gegen den Waffenhandel zwischen den britischen und französischen Besitzungen zu unternehmen. Diese Anfrage weckte Hoffnungen, dass die französische Regierung nach dem Krieg kooperativer mit Blick auf internationale Konventionen sein werde.[68]

Doch auch in den imperialen Einflusszonen Großbritanniens verschärfte die Kriegsmobilisierung die ohnehin angespannte Stimmung. Wie Sykes gewarnt hatte, nahmen zum Ende des Krieges hin die Unruhen überall zu und verliehen so dem Plan einer Waffenhandelskonvention weitere Dringlichkeit. Die Regierung in London griff zum Zweck der Kriegsmobilisierung stark auf die wirtschaftlichen Ressourcen und Bevölkerungen im Empire zurück. Sie kaufte die Ernteerträge ägyptischer Bauern in großem Umfang auf und setzte niedrige Preise durch, wodurch sich die Versorgungslage im Land im Verlauf des Krieges drastisch verschlechterte. Sie zwangsrekrutierte Arbeiter für den Ausbau der Schienen- und Telegrafen-Netzwerke am Suez-Kanal. Die Arbeitsbedingungen in diesen Brigaden waren äußerst hart. In den Wintern 1917 und 1918 starben beispielsweise Hunderte Kameltreiber. In Indien rekrutierte die britische Regierung ca. 1,4 Millionen Männer für die eigenen Truppen. Die Versorgungslage bei Lebensmitteln blieb zunächst stabil, doch die Preise für importierte Güter wie Kleidung, Stahl oder Zucker stiegen aufgrund kriegsbedingter Beschaffungs- und Transportschwierigkeiten auf ein Vielfaches des Vorkriegsniveaus. Als die Kolonialregierung 1918 die Rekrutierungsbemühungen verstärkte, mehr Lebensmittel an die in Europa kämpfenden Truppen lieferte und gleichzeitig der Monsun-Regen zu Ernteausfällen führte, verschärfte sich die Situation auch bei Grundnahrungsmitteln. Waren die Maßnahmen zur Kriegsmobilisierung in Indien und Ägypten zu Beginn des Krieges noch

66 Vgl. Michel: L'Appel à l'Afrique; Royer: La guerre coloniale du Bani-Volta; Saul/Royer: West African Challenge to Empire.

67 Vgl. Sané: Le contrôle des armes, S. 110–146.

68 Vgl. Committee of Imperial Defence, Sub-Committee on Arms Traffic, First meeting, 15.1.1917, in: TNA, CAB 29/1.

auf erstaunlich wenig Widerstand gestoßen, so nahmen die Proteste am Ende des Krieges zu.[69]

Die britische Kolonialregierung in Indien reagierte auf die zunehmenden Unruhen Anfang 1919 mit einer Reihe von Gesetzesverschärfungen, die der Kolonialregierung weitgehende repressive Möglichkeiten an die Hand gaben, wie etwa die zeitlich unbeschränkte Inhaftierung von Verdächtigen ohne Prozess. Diese Verschärfungen führten im März und April zu heftigen Protesten. Zehntausende gingen in allen Teilen des Landes auf die Straße, Widerständler verübten Anschläge gegen Infrastruktur wie Eisenbahnschienen und Telegrafenmasten. Am 13. April feuerten die Kolonialtruppen in Amritsar in eine Ansammlung von Menschen und töteten 400.[70] Auch in Ägypten gaben repressive Maßnahmen der britischen Besatzungsbehörden den Anlass zu Widerstand. Nach dem Krieg hatte eine Delegation unter Saad Zaghlul London um die Beendigung des Protektorats gebeten, woraufhin die Kolonialregierung ihn und weitere Anführer der nationalistischen Bewegung Anfang März 1919 verhafteten und exilierten. In Reaktion darauf kam es zu Streiks und Demonstrationen sowie zu Sabotageakten gegen die von den Briten erbaute Infrastruktur; der Aufstand ging als Ägyptische Revolution in die Geschichte ein.[71]

Am Persischen Golf drohte die britische Ordnung ebenfalls durch die Verwerfungen des Krieges aus den Fugen zu geraten. Das galt insbesondere für Persien. Osmanische, russische, britische und deutsche Truppen hatten seit Beginn des Krieges auf persischem Territorium operiert, Landschaften verwüstetet und Verbrechen an der Bevölkerung begangen. Unterbrochene Handelsrouten schnitten das Land von Importen ab und verhinderten Exporte, die wirtschaftliche Situation verschlechterte sich drastisch. Diese Umstände trugen zur Schwächung der Zentralregierung in Teheran bei, die den fremden Mächten nichts entgegenzusetzen hatte und die Kontrolle über mehrere Provinzen verlor. Zwischen 1914 und 1919 kam es zu einer Reihe von Regierungswechseln. In der Bevölkerung nahmen Unruhen zu; der Ärger richtete sich auch gegen die britischen Truppen, die den gesamten Süden des Landes besetzten und unverhohlen die britischen Machtansprüche in der Region zur Schau trugen. Für London stellte diese Entwicklung deshalb ein Problem dar, weil der informelle Imperialismus, auf dem die eigene Politik am Golf fußte, von einer gut funktionierenden und durchsetzungsfähigen Zentralgewalt abhängig war. Die Besatzung des Südens war eine kostspielige Angelegenheit und keine

69 Vgl. Goldberg: Peasants in Revolt; Saini: The Economic Aspects of India's Participation.

70 Vgl. Bentivoglio: The Empire Under Attack, S. 93–100; Tinker: India in the First World War; Wagner: Amritsar 1919.

71 Vgl. Goldberg: Peasants in Revolt.

dauerhafte Lösung.[72] Gleichzeitig bereitete den Briten auch die Situation in Afghanistan Probleme. Amanullah Khan, der nach internen Auseinandersetzungen im Februar 1919 den Thron bestieg, erklärte die uneingeschränkte Unabhängigkeit seines Landes und das Ende britischer Hoheit über die afghanische Außenpolitik. Im Mai kam es daraufhin zum Krieg zwischen beiden Ländern, der nach wenigen Wochen mit einem Vertrag beendet wurde, der die afghanische Unabhängigkeit festschrieb.[73]

Der wachsende Unmut in den imperialen Einflusszonen der europäischen Mächte verschaffte der Forderung nach einem Selbstbestimmungsrecht der Völker, die sowohl von den seit 1917 regierenden Bolschewisten als auch von Woodrow Wilson formuliert wurde, einen Resonanzraum. Die Oktoberrevolution 1917 hatte unmittelbare Auswirkungen auf die Staaten des Mittleren Ostens. Die Bolschewisten beendeten die Besatzung im Norden Persiens umgehend, widerriefen die ungleichen Verträge, die das Zarenreich Teheran aufgezwungen hatte, und verknüpften diese Schritte mit einer scharfen Kritik am britischen Imperialismus. Das Vorgehen der neuen Machthaber im Norden stieß auf Sympathien. Im Iran fanden kommunistische Schriften weite Verbreitung, die im Anschluss an Lenin das Selbstbestimmungsrecht der Völker forderten und sich gegen den „imperialistischen Kapitalismus" der Briten wandten. Die afghanische Regierung schloss einen Freundschaftsvertrag mit der Sowjetunion, um die neugewonnene Unnabhängigkeit abzusichern. Auch auf die indischen nationalistischen Revolutionäre übte der bolschewistische Antiimperialismus eine starke Anziehungskraft aus und Vertreter einer in Kabul residierenden Exilregierung der Ghadar-Bewegung reisten nach Moskau, um Trotzky und Lenin zu treffen. Die britische Kolonialregierung beobachtete solche Regungen in Persien, Afghanistan und Indien sehr genau. Doch statt die Resonanz, auf die kommunistische Schriften und Ideen in den imperialen Einflusszonen stießen, als eine Reaktion auf Kriegsmobilisierung, Versorgungskrise und Repression zu interpretieren, vermutete sie dahinter eine von den Bolschewisten ausgehende Subversion. So, wie man in London bereits die Zarenregierung verdächtigt hatte, soziale Unruhen am Golf zu schüren, um die britische Position zu schwächen, so sah man auch die neuen Herrscher in Moskau als eine Gefahr für die eigene Vormachtstellung. Allein, es gelang den britischen Behörden nicht, diesen

72 Vgl. Amanat: Iran, S. 392–407; Mueller: The Origins of the Arab-Iranian Conflict, S. 78–81; Central Asia, Persia, and Afghanistan. Bolshevik and Pan-Islamic Movements and connected Information, Dezember 1919, in: QDL/IOR/L/PS/18/A185; Situation in Middle East, Note by Major Bray, Political Intelligence Officer, attached to India Office, 18.11.1920, in: QDL/IOR/L/PS/18/B358.

73 Vgl. Robson: Crisis on the Frontier.

Verdacht zu erhärten. Untersuchungskommissionen scheiterten in schöner Regelmäßigkeit daran, eine bolschewistische Subversion zu belegen.[74]

Die zunehmend antiimperialistische Stimmung in den Kolonien erhielt darüber hinaus Impulse aus den USA. Woodrow Wilson formulierte die Forderung nach einem Selbstbestimmungsrecht der Völker in seiner 14-Punkte-Rede im Januar 1918. Sein Konzept war recht vage und weniger emanzipatorisch gemeint, als es oft gelesen wurde. Das wurde auf den Pariser Verhandlungen ein Jahr später deutlich erkennbar – etwa als er bereit war, mit den Mandatsgebieten neue Institutionen kolonialer Herrschaft zu etablieren. Doch die Vagheit tat seiner Rezeption in den imperialen Einflusssphären zunächst keinen Abbruch. Im Gegenteil – sie machte ihn zu einer idealen Projektionsfläche für die Anliegen der kolonialisierten Bevölkerungen. Seine Botschaft von der Selbstbestimmung verselbstständigte sich schon bald und Nationalist*innen sowie Antiimperialist*innen in so unterschiedlichen Gebieten wie Ägypten, Indien, China und Korea beriefen sich auf ihn, wenn sie ein Ende kolonialer Herrschaft forderten.[75]

Imperiale Waffenhandelskontrollen als moralpolitisches Projekt

Zwar war die koloniale Herrschaft und imperiale Vormachtstellung Großbritanniens Anfang 1919 weder in Indien noch am Persischen Golf noch in Ägypten ernsthaft bedroht. Doch die britische Regierung sah sich angesichts der lauter werdenden Forderungen nach Selbstbestimmung, ihrer eigenen Angst vor kommunistischer Unterwanderung in den Kolonien und dem Waffenüberfluss am Ende des Krieges zum Handeln gezwungen. Die Regulierung des Waffenhandels war ein Instrument unter vielen, mit dem die britische Regierung beabsichtigte, die koloniale Herrschaft in Indien und die imperiale Vormachtstellung am Persischen Golf und Suezkanal angesichts dieser Herausforderungen zu sichern. „The matter is one of real urgency", ließ die Zentrale in London die Delegation in Paris wissen.[76] Das Thema sollte auf zwei Wegen in die Pariser Friedensverhandlungen eingebracht

74 Vgl. Central Asia, Persia, and Afghanistan. Bolshevik and Pan-Islamic Movements and connected Information, Dezember 1919, in: QDL/IOR/L/PS/18/A185; Situation in Middle East, Note by Major Bray, Political Intelligence Officer, attached to India Office, 18.11.1920, in: QDL/IOR/L/PS/18/B358; Bentivoglio: The Empire under Attack; Tinker: India and the First World War; White: Colonial Revolution; Kitchen: The Empire, S. 186 f. Für einen solchen Untersuchungsbericht siehe Disorders Inquiry Committe: Report, S. 154–156.

75 Vgl. Manela: The Wilsonian Moment.

76 Foreign Office to Peace Delegation, 1.2.1919, S. 2, in: TNA, FO 608/217/9–11.

werden: erstens als Passus in der Völkerbundsatzung, zweitens als eigenständige Konvention.[77]

Die angestrebte Waffenhandelskontrolle fügte sich nahtlos in die Linie ein, die die britische Regierung mit Blick auf die bevorstehende Friedenskonferenz verfolgte. Und sie ließ Grundzüge der später von London aus betriebenen Völkerbundpolitik erkennbar werden. Britische Politiker, Ministerialbürokraten und Völkerrechtler dachten den Frieden von Anfang an global – er war weit mehr als eine europäische Angelegenheit. Ihr Hauptinteresse bei den Verhandlungen lag darin, den Bestand des Empires zu sichern. Den in Paris gegründeten Völkerbund und das dort geschaffene Völkerrecht sahen sie als Möglichkeit, die eigene Handlungsfähigkeit zu erweitern und andere Staaten in das Regelwerk einzubinden, das ein reibungsloses Funktionieren des Empires ermöglichen sollte.[78] Diese Strategie eines kolonialen Internationalismus ist häufig als machtpolitischer Ansatz einem idealistischen gegenübergestellt worden. Doch aus Sicht britischer Politiker, Völkerrechtler und Bürokraten schloss das eine das andere nicht aus. Die Sicherung des Friedens bedeutete mit Blick auf die Kolonien, die dort etablierten Machtverhältnisse aufrechtzuerhalten. Frieden hieß eben auch, den Status quo nicht infrage zu stellen. Deshalb war es auch nur folgerichtig, dass das Waffenhandelskomitee 1917 empfohlen hatte, das Thema in einer moralischen Sprache zu artikulieren: „We consider that the whole question of the future control of the arms traffic should be raised by His Majesty's Government at the Peace Conference as a high moral issue of the utmost consequence to civilisation in general."[79]

Die eigene Verhandlungsposition auf diese Weise moralisch zu rahmen, versprach auch Vorteile. In Whitehall ging man davon aus, dass die Frage der Abrüstung bei den Pariser Friedensverhandlungen eine zentrale Rolle spielen werde. Im Laufe des Krieges waren eine ganze Reihe möglicher Abrüstungsmaßnahmen diskutiert worden. Einige Vorschläge bereiteten den britischen Militärs und der Regierung große Sorgen. Das galt vor allem für die Vorschläge, den Umfang von Rüstung verbindlich festzulegen oder bestimmte Waffentypen wie Kriegsflugzeuge oder Gas zu verbieten. Es gehörte zu den gern gepflegten Mythen in Whitehall, das einzige Land zu sein, das sich tatsächlich an das Völkerrecht halte. Deshalb ging

---

77 Der Abdruck des britischen Satzungsentwurfs findet sich u. a. in Baker: Woodrow Wilson and World Settlement, Vol. III, S. 131.

78 Vgl. Mazower: No Enchanted Palace, S. 28–65; MacMillan: Peacemakers, S. 49; Payk: Frieden durch Recht, S. 297–306; Yearwood: Guarantee of Peace; Yearwood: „A Genuine and Energetic League of Nations Policy."

79 Committee of Imperial Defence: Report of Sub-Committee on Arms Traffic, 10. 3. 1917, S. 2, in: TNA, CAB 29/1.

man davon aus, dass solche Abrüstungsmaßnahmen letztlich nur den „skrupellosen Mächten" in die Hände spielen würden.[80]

Umso wichtiger war es, mit Gegenvorschlägen unter Beweis zu stellen, dass die britische Regierung ein großes Interesse an der Etablierung eines dauerhaften Friedens habe. Der Vorschlag, den Waffentransfer zu regulieren, war deshalb eine willkommene Möglichkeit, die Abrüstungsthematik konstruktiv und im Einklang mit dem zentralen Anliegen der britischen Regierung zu gestalten: der Aufrechterhaltung des Empires. Im Foreign Office zählte man den Waffenhandel gar zu den wichtigsten internationalen Fragen, die es auf der Friedenskonferenz zu klären galt. Wenn der britische Entwurf der Völkerbundsatzung vorsah, die neu zu gründende Organisation mit der Überwachung des Rüstungstransfers in jene Länder zu betrauen, in denen es im „allgemeinen Interesse liege", dann waren damit deshalb nicht die besiegten Mittelmächte gemeint. Nein, die Mitarbeiter des Foreign Office machten es sehr deutlich, dass es ihnen um Indien und Afrika ging, wo das Problem des Waffenhandels der Regierung in London so viel Sorge bereitete.[81]

Dem Wunsch der britischen Regierung nach international verbindlichen Waffenhandelskontrollen kam in den ersten Monaten 1919 ein solches Gewicht zu, dass selbst finanzielle Interessen zurücktreten mussten. Das Munitionsministerium hätte nach dem Kriegsende gerne begonnen, die gut gefüllten Waffendepots zu öffnen und mithilfe des Verkaufs der überschüssigen Rüstungsgüter die leeren Kassen zumindest ein wenig zu füllen. Damit hätte man jedoch gegen die Bestimmungen des Konventionsentwurfs verstoßen, der den Weiterverkauf von Kriegsbeständen untersagte – eine Regelung, mit der verhindert werden sollte, dass Waffen aus Europa nach Kriegsende in großem Umfang in die Kolonien gelangten. Das Munitionsministerium regte an, den entsprechenden Artikel einfach zu streichen, was jedoch im Kabinett umgehend abgelehnt wurde.[82]

Die Waffenhandelskonvention von 1919

In Paris zeigte sich, dass die Whitehall-Beamten mit ihrer Einschätzung der französischen Interessen Recht behalten sollten. Insbesondere die Lage in West-

80 Robert Cecil, 20.12.1918, War Cabinet Paper, in: TNA, CAB 29/2; Memorandum by Mr. A.E. Zimmern, Political Intelligence Department, Foreign Office, o.D., in: TNA, CAB 29/2. Wortlaut: „unscrupulous Powers".

81 Foreign Office: Arms Traffic, 18.12.1918, in: TNA, CAB 29/2.

82 War Cabinet, Draft Minutes of a Meeting held in 10, Downing Street, 6.3.1919, in: TNA, FO 608/217/9–11.

afrika, die aufgrund der gewalttägigen französischen Rekrutierungsmaßnahmen nach wie vor angespannt war, nährte dort das Interesse an einer Neuauflage und Weiterentwicklung international verbindlicher Waffenhandelskontrollen. Erst wenige Monate vor Beginn der Friedensverhandlungen hatte der Generalgouverneur Westafrikas dem Kolonialministerium von seinen anhaltenden Problemen bei der Entwaffnung der Aufständischen berichtet und darum gebeten, in London auf konsequentere Kontrollen in den britischen Besitzungen in Westafrika zu bestehen.[83] Als deshalb die britische Delegation in Paris ihren Vorschlag unterbreitete, waren sich das französische Kolonial- und Außenmministerium sofort einig, dass dies ein sinnvolles Projekt sei.[84] Ohne Gegenwind und Debatten fand der von den Briten vorgeschlagene Passus zur Waffenhandelskontrolle Eingang in die Völkerbundakte. Der Artikel 23 beauftragte die neugegründete Organisation, sich der Waffenhandelskontrolle in den noch näher zu bestimmenden Weltregionen anzunehmen.[85]

Gleichzeitig trieben die britische und französische Delegation das Konventionsprojekt voran und arbeiteten am Rande der Pariser Friedensverhandlungen einen gemeinsamen Entwurf aus. Ende Juni 1919 setzte der aus den Staatsoberhäuptern der Siegermächte bestehende Rat der Vier eine Kommission ein, die auf dieser Grundlage einen Konventionstext zur Unterzeichnung bringen sollte. Der Kommission gehörten Vertreter Frankreichs, Japans, Portugals, Italiens, Großbritanniens, der USA und Belgiens an. Es gelang ihnen, in nur sieben Treffen, die im Juli stattfanden, einen Vertrag auszuarbeiten. Dieses Tempo lässt sich einerseits mit Verweis auf den besonderen Pariser Kontext des Jahres 1919 erklären. Staatsoberhäupter, Außenminister und unzählige Diplomaten waren in einer Stadt versammelt und entwickelten eine gewisse Routine darin, in kurzer Zeit weitreichende Entscheidungen zu treffen. Gleichzeitig aber verweist die Geschwindigkeit auch darauf, dass ein grundlegender Konsens in der Sache bestand.

Dieser Konsens lautete imperiale Kontrolle. Alle an den Verhandlungen involvierten europäischen Staaten und Japan waren Kolonialmächte und standen nach dem Krieg vor der Herausforderung, auf soziale Unruhen und die lauter werdenden Forderungen nach Selbstbestimmung zu reagieren. Dass Waffenhandelskontrollen in den Kolonien ein Instrument der Herrschaftssicherung in der volatilen Nach-

---

83 Vgl. Le Ministre des Colonies à le Ministre des Affaires Étrangères, 27.9.1918, in: AD MAE, 53CPCOM/4, S. 1; Sané: Le contrôle des armes à feu, S. 149–154.

84 Vgl. Le Ministre des Colonies à Ministre des Affaires Étrangères, 18.2.1919, in: AD MAE, 53CPCOM/4, S. 11.

85 Vgl. Miller: The Drafting of the Covenant, Vol. II, Doc. 19, S. 323, 333, 355–357, 381. In den ersten Entwürfen Artikel 18, in den späteren Artikel 19.

kriegssituation sein konnten, darüber herrschte Einigkeit. Und nicht nur die britische Delegation wusste diese Politik moralisch zu begründen. Norton de Mattos, der portugiesische Delegierte erklärte beispielsweise, dass der Verkauf von Waffen einer der zentralen Gründe sei, dass die „Ureinwohner" Afrikas nicht den „erwünschten Fortschritt" erzielt hätten. Ein striktes Waffenhandelsverbot sei deshalb die beste Möglichkeit, ihre Situation zu verbessern.[86]

Auch wenn die USA dem Thema nicht dieselbe Dringlichkeit beimaßen wie Frankreich und Großbritannien, so konnte man sich im State Department doch gut vorstellen, dass eine Waffenhandelskonvention ein nützliches Instrument zur Kontrolle über die zentralamerikanischen Staaten werden könnte. Die wirtschaftliche Durchdringung dieser Region durch internationale Unternehmen seit dem ausgehenden 19. Jahrhundert hatte gesellschaftliche Verteilungskämpfe verschärft, die sich immer häufiger in Form von Revolutionen Bahn brachen. Die zahlreichen US-Unternehmen, die in der Region aktiv waren, sahen dadurch ihre Geschäfte beeinträchtigt.[87] Seit Langem gab es deshalb Bemühungen, durch die Regulierung des Waffenhandels jene politischen Kräfte zu stärken, die Washington genehm waren. Diesen Bemühungen waren aufgrund der grundsätzlichen Freizügigkeitsmaxime in Handelsfragen enge Grenzen gesetzt gewesen.[88] Der Kriegseintritt hatte es der US-Regierung ermöglicht, erstmals weitreichende Kontrollen über Rüstungsexporte zu erlangen, die allerdings mit dem Kriegsende wieder entfallen waren. Im State Department kam man deshalb zu dem Schluss, dass eine Konvention – so sie denn den Kongress passiere – „gute Effekte" haben könne.[89] Große Erwartungen, auch das kann man aus dieser Einschätzung herauslesen, knüpfte man allerdings nicht an solche Instrumente.

Dass die verhandelnden Parteien über eine gemeinsame Interessengrundlage verfügten, bedeutete nicht, dass es nicht auch Konflikte gegeben hätte. Im Laufe der Verhandlungen kristallisierten sich zwei zentrale Streitpunkte heraus: welche Waffenkategorien die Konvention betreffen sollte und in welchen Weltregionen besonders strikte Maßnahmen zu gelten hatten. Den Briten war es um Kleinwaffen gegangen, als sie ihre Initiative auf den Weg brachten. Ihr erster Entwurf hatte erklärt, dass die Begriffe „Waffen und Munition" Schuss- und Feuerwaffen aller Art umfassten, insbesondere aber Präzisionswaffen, automatische Pistolen, Bomben, Maschinengewehre und Kanonen. Waffensysteme wie Panzerfahrzeuge, Kriegs-

86 Procès-Verbal N° 1, Séance du 8 Juillet 1919, in: Commission pour la revision des actes généraux de Berlin et de Bruxelles, Procès-Verbaux et Rapport de la Commission, S. 5–10, hier S. 9, in: NARA, RG 256, Pub M820, Roll 180, 147–235. Wortlaut: „indigènes", „progrès désiderables".

87 Siehe dazu ausführlicher Kapitel 1.3.

88 Vgl. Atwater: American Regulation of Arms Exports, S. 7–33.

89 Beer to Stabler, 1.5.1919, in: NARA, RG 256, Pub M820, Roll 180, 147–235. Wortlaut: „a good effect".

schiffe oder Flugzeuge wurden gar nicht genannt und sollten auch in den folgenden Verhandlungen keine Rolle spielen.[90] Diese Auslassungen zeigen noch einmal deutlich, dass es sich aus britischer Sicht um ein Instrument der Aufstandsbekämpfung handelte. Wie stark dabei das von Sykes entworfene Bedrohungsszenario die Verhandlungsposition der Briten bestimmte, wird an der ausdrücklichen Erwähnung der automatischen Pistolen und Munition erkennbar. Auf die Kontrolle von Artillerie hingegen hätte die britische Delegation gerne verzichtet – diese Waffengattung war nicht Teil eines Szenarios, das im Untergrund agierende Aufständische imaginierte.[91] Dass dennoch neben Handfeuerwaffen auch Kanonen Gegenstand der Verhandlungen wurden, lag vielmehr an den USA. Anders als die Kolonialmächte ging es der US-Regierung nicht darum, den Zugang aufständischer Gruppen in den Kolonien zu Handfeuerwaffen zu unterbinden, sondern Rüstungsexporte an souveräne Staaten kontrollieren zu können, die für ihre Truppen auch größere Waffen orderten. Aus Sicht Washingtons war die Aufnahme von Kanonen deshalb notwendig.[92]

Belgien wiederum hatte ein Interesse, gewisse Typen von Handfeuerwaffen von internationalen Waffenhandelskontrollen auszunehmen, um den Handel mit diesen zu erleichtern. Die Schusswaffen-Industrie des Landes spielte in den Mobilisierungsstrategien des Militärs eine wichtige Rolle und war zudem ein wichtiger Wirtschaftsfaktor.[93] Diese Interessen versuchte Belgien gar nicht erst zu verbergen. Stattdessen bemühte die Delegation das Narrativ vom belgischen Opfer, das den Alliierten aufgrund des völkerrechtswidrigen Angriffs durch das Deutsche Reich nur zu vertraut war und das in der Kriegsmobilisierung Großbritanniens eine wichtige Rolle gespielt hatte: „C'est assez dire que la Belgique adhère à ce projet, tout au moins dans ses grandes lignes, quelques sacrifices ques on application doive coûter à une industrie importante de ce pays, industrie que la guerre a déjè cruellement atteinte." Auch die belgische Regierung war interessiert an einer Konvention, verfügte sie doch über eine Kolonie in Afrika.[94] Allerdings drängte sie darauf, den Begriff „kleinkalibrige Handfeuerwaffen" einzugrenzen und Revolver

90 Vgl. Draft Convention for the Control of the Arms Traffic, Art. 25, o. D., in: TNA, FO 608, 217/9–11.
91 Lindsay to Frank Polk, Acting Secretary of State, 9.3.1920, in: FO 371, 4419.
92 Memorandum de la Délégation Américaine sur le projet de Convention relatif au contròle du commerce des armes, o. D. in: Commission pour la revision des actes généraux de Berlin et de Bruxelles, Procès-Verbaux et Rapport de la Commission, S. 19–21, in: NARA, RG 256, Pub M820, Roll 180, 147–235.
93 Vgl. Hilbert: Waffenexport; Vgl. Chew: Arming the Periphery, S. 80–96.
94 Note de la Délégation Belge au sujet du projet de Convention relatif au contròle du commerce des armes à feu et des munitions, o. D. in: Commission pour la revision des actes généraux de Berlin et de Bruxelles, Procès-Verbal et Rapport de la Commission, S. 23 f., hier S. 23, in: NARA, RG 256, Pub M820, Roll 180, 147–235.

und Pistolen auszunehmen.[95] Schließlich handele es sich hierbei nicht um Kriegswaffen, sondern um Waffen für die Selbstverteidigung. Der britische Delegierte hingegen bestand darauf, dass automatische Pistolen ausdrücklich als Kriegswaffen zu listen seien, da gerade diese in den Händen von „Anarchisten" so gefährlich seien.[96] Der Kompromiss bestand schließlich darin, die Kategorie „kleinkalibrige Handfeuerwaffen" weder enger zu fassen noch automatische Pistolen ausdrücklich zu nennen und auf diese Weise den Vertragsparteien Interpretationsspielräume zu eröffnen.[97]

Der zweite zentrale Konflikt kreiste um die sogenannten Verbotszonen. Die Konvention verpflichtete die Unterzeichnerstaaten, jeglichen Export von Kriegswaffen einer Prüfung zu unterziehen und die Rechtmäßigkeit durch das Ausstellen von Lizenzen kenntlich zu machen. Die Lizenzen sollten einer Veröffentlichungspflicht unterliegen. Für die sogenannten Verbotszonen hingegen forderten die Kolonialmächte striktere Auflagen. Sie definierten sehr konkrete Kontrollinstrumente, mit denen der Handel in diesen Zonen völkerrechtlich verbindlich reguliert werden sollte: ein Kontrollrecht für einheimische Schiffe unter 500 Tonnen oder die obligatorische Einrichtung von Warenlagern zur Aufbewahrung importierter Waffen – ein Instrument, das der Scheich in Maskat auf Druck der Briten hin mit spürbarem Erfolg implementiert hatte.[98]

Das Völkerrecht war allerdings aus Sicht einer Kolonialmacht ein ambivalentes Instrument. Sollte es effektiv sein, musste es ein gewisses Maß an internationaler Kontrolle festschreiben. Dass Verbotszonen in weiten Teilen Afrikas, wo die Kolonien mehrerer europäischer Staaten aneinandergrenzten, ein hilfreiches Instrument zur Koordination der Waffenhandelskontrolle sein könnten, stand außer Frage. Doch internationale Kontrolle schränkte immer auch den Handlungsspielraum der Kolonialmächte ein. Im Laufe der Verhandlungen entwickelte sich deshalb ein Streit darüber, welche Gebiete konkret in die Verbotszonen aufzunehmen seien. Frankreich wollte Algerien ausnehmen, da es sich um einen integralen Bestandteil Frankreichs handele. Für Italien war das Anlass zu der Forderung, mit

95 Projet de convention relative au contrôle du commerce des armes, Observation de la Délégation belge, 22.7.1919; Note de la Delegation belge, o. d., beide in: AD MAE, 53CPCOM/4, S. 97–100.

96 Procès-Verbal N° 1, Séance du 8 Juillet 1919, S. 5–10, in: NARA, RG 256, Pub M820, Roll 180, 147–235, Zitate S. 6. Wortlaut „armes de petit calibre", „... les pistolets automatiques, très dangereux par exemple dans les mains des anarchistes", „pistolet es tune arme de défense".

97 Vgl. Convention for the Control of the Trade in Arms and Ammunition, and Protocol, Artikel 1.

98 Vgl. Convention for the Control of the Trade in Arms and Ammunition, and Protocol, Artikel 6–21.

Libyen ebenso zu verfahren.[99] London ging es in erster Linie darum, die Mandatsgebiete und Kolonien im Nahen Osten und Ostafrika zu Verbotszonen zu erklären. Man fürchtete, dass Waffen über die Häfen am Horn von Afrika, über Dschibuti und die Arabische Halbinsel an den Persischen Golf und von dort nach Indien gelangen könnten. Mit Blick auf den Persischen Golf hatte man in Whitehall zunächst darüber nachgedacht, ihn von der Verbotszone auszunehmen, da die Konvention ansonsten von anderen Mächten als Vorwand für eine Einmischung genutzt werden könne. Stattdessen hatte man geplant, vertraglich durchzusetzen, sich von den anderen Mächten die volle Verantwortung für Waffenhandelskontrollen in der Region übertragen zu lassen. Auf diese Weise hätte London sein informelles Empire in der Region völkerrechtlich weiter verfestigt. Doch das wäre kaum durchsetzbar gewesen angesichts der Handelsinteressen anderer Staaten in der Region. Deshalb beschränkte sich London auf die Position, dass Indien auf keinen Fall internationaler Kontrolle unterstellt werden dürfe und außerhalb der Verbotszonen bleiben müsse. Die Kontrolle am Persischen Golf solle hingegen durch die Bestimmungen zur Verbotszone in der Konvention sichergestellt werden.[100]

Doch das bedeutete, dass formal souveräne Staaten wie Persien einem internationalen Regime unterworfen worden wären, das vornehmlich für koloniale Territorien entwickelt worden war. Die USA befürchteten, dass die Konvention so zu einem Präzedenzfall für die Eindämmung des Freihandels mit souveränen Staaten werden könne und zur Stärkung europäischer Kolonialmächte beitragen würde. Unterstützt wurden sie von Belgien, das vor dem Krieg der wichtigste Waffenlieferant am Persischen Golf gewesen war. Die belgische und US-amerikanische Delegation schlugen deshalb vor, die Aufnahme Persiens von der Zustimmung der Regierung des Schahs abhängig zu machen. Doch das war schlicht inakzeptabel für die britische Delegation. Nachdem sie schon darauf verzichtet hatte, Großbritannien spezielle Kontrollrechte in der Region zusichern zu lassen, wollte sie nicht auch noch auf völkerrechtliche Kontrollmöglichkeiten verzichten. In den Debatten stellte sie unmissverständlich klar, dass es unerlässlich sei, jene Territorien in die Verbotszonen aufzunehmen, die für den Waffenhandel mit Indien eine Schlüsselfunktion erfüllten.[101] Im Gegenzug bestand London nicht auf der expliziten Nen-

99 Vgl. Procès-Verbal N° 2, Séance du 9 Juillet 1919, in: Commission pour la revision des actes généraux de Berlin et de Bruxelles, Procès-Verbaux et Rapport de la Commission, S. 35–39, hier S. 35 f., in: NARA, RG 256, Pub M820, Roll 180, 147–235.

100 Vgl. Appendix IV, Committee of Imperial Defence, Sub-Committee on the Arms Traffic, Fourth and Fifth Meeting, 12./26.2.1917, S. 2 f., in: NARA, RG 256, Pub M820, Roll 180, 147–235.

101 Vg. Procès-Verbal N° 2, Séance du 9 Juillet 1919, in: Commission pour la revision des actes généraux de Berlin et de Bruxelles, Procès-Verbaux et Rapport de la Commission, S. 35–39, hier S. 36–38; Procès-Verbal N° 3, Séance du 16 Juillet 1919, in: Commission pour la revision des actes

nung automatischer Pistolen und Revolver in der Definition von Kriegswaffen. Stattdessen wurde für die Verbotszonen eine erweiterte Waffendefinition eingeführt. In diesen Regionen galten die Bestimmungen generell für alle Feuerwaffen und für Munition.[102]

Wie aber sollte ein so behäbiges Instrument wie das Völkerrecht eingesetzt werden, um auf eine akute Situation zu reagieren, wie sie aus Sicht Frankreichs und Großbritanniens am Ende des Ersten Weltkrieg bestand? Schließlich zielte die Konvention darauf, zu verhindern, dass die Mengen an Waffen, die in Europa nicht mehr benötigt wurden, in jene Kolonien gelangten, in denen 1919 der Unmut über die koloniale Unterdrückung lauter und prononcierter wurde. Es bestand die begründete Gefahr, dass sich der Ratifikationsprozess hinziehen und die Konvention letztlich zu spät in Kraft treten würde, um als Instrument gegen die Aufrüstung der kolonialisierten Völker eingesetzt werden zu können. Deshalb drängte die britische Delegation darauf, schon drei Ratifikationen als ausreichend zu erklären, um die Konvention in Kraft treten zu lassen. Dieser Vorschlag stieß auf den dezidierten Widerstand der Belgier.[103] Schließlich einigte man sich auf ein Zusatzprotokoll, in dem sich die Unterzeichnerstaaten dazu verpflichteten, bis zum Inkrafttreten keine Maßnahmen zu ergreifen, die den Bestimmungen der Konvention widersprachen.[104] Und noch ein Instrument brachten die Briten in dem Vertrag unter, das ihm möglichst schnell eine breite Wirksamkeit verschaffen sollte. Artikel 1 bestimmte, dass Waffenexporte nur an andere Unterzeichnerstaaten möglich waren. Regierungen von Staaten wie Spanien oder den Niederlanden, die nicht an den Verhandlungen teilgenommen hatten, aber auf Rüstungstechnologie der Kolonialmächte angewiesen waren, standen nun vor der Wahl. Entweder traten sie der Konvention bei oder sie verzichteten darauf, Rüstungsgüter aus Großbritannien, Frankreich oder den USA kaufen zu können.

Am 8. September 1919 unterzeichneten 23 Staaten – neben den Kolonialmächten gehörten vor allem lateinamerikanische und osteuropäische Staaten zu den Unterzeichnern – den ersten völkerrechtlichen Vertrag, der den Waffenhandel international und nicht nur für eine bestimmte Region regelte. Zusammen mit dem Artikel 23 der Völkerbundsatzung waren somit die Grundlagen für ein globales Kontrollregime gelegt, das auf koloniale Waffenkontrolle aufbaute und diese

généraux de Berlin et de Bruxelles, Procès-Verbaux et Rapport de la Commission, S. 40–43, hier S. 42 f., in: NARA, RG 256, Pub M820, Roll 180, 147–235.

102 Vgl. Convention for the Control of the Trade in Arms and Ammunition, Artikel 2.

103 Vgl. Procès-Verbal N° 7, Séance du 25 Juillet 1919, in: Commission pour la revision des actes généraux de Berlin et de Bruxelles, Procès-Verbaux et Rapport de la Commission, S. 62–66, hier S. 65, in: NARA, RG 256, Pub M820, Roll 180, 147–235.

104 Vgl. Convention for the Control of the Trade in Arms and Ammunition, Protocol.

international verbindlich machte. Man sollte die Konvention von 1919 nicht als ein Nebenprodukt der Friedensverhandlungen verstehen. Nein, sie war integraler Bestandteil einer neuen internationalen Friedensordnung. Obwohl die Konvention in weiten Teilen nur den völkerrechtlichen Rahmen für Instrumente schuf, die seit der Jahrhundertwende zum Einsatz gekommen waren, reagierten die Kolonialmächte mit Artikel 23 und der Konvention doch auf eine spezifische, durch den Ersten Weltkrieg entstandene Konstellation. Der Krieg hatte nicht nur in Europa die gesellschaftlichen Spannungen verschärft und so die Voraussetzungen für Revolutionen geschaffen. Durch den Rückgriff auf Ressourcen und Menschen in den Kolonien im Zuge der Kriegsmobilisierung drohte die Gewalt auch in nichteuropäischen Gesellschaften weiter zuzunehmen. Nachdem die Kolonialmächte einen Teil der Kriegslasten erfolgreich auf die kolonialisierten Gesellschaften übertragen hatten, musste 1919 vermieden werden, dass auch die Mittel dorthin gelangten, mit denen sich die Menschen in den Kolonien dagegen hätten wehren können.

2.3 Die Implementierung völkerrechtlicher Waffenkontrollen

Was aber bedeutete die Unterzeichnung einer Waffenhandelskonvention in der Praxis? Um diese Frage zu beantworten lohnt es sich, die britischen Kontrollmaßnahmen am Persischen Golf näher in den Blick zu nehmen. Die britische Regierung hatte nicht nur die Vertragsverhandlungen angestoßen, sie entwickelte sich in den folgenden Jahren auch zu ihrem wichtigsten Verfechter auf internationaler Bühne. Das Hauptaugenmerk der britischen Regierung und Kolonialbehörden lag dabei wie schon in den Jahren unmittelbar vor 1914 auf den arabischen Scheichtümern und Persien. Die britischen Interessen am Golf und die regionalen Machtkonstellationen prägten maßgeblich die Implementierung der Konvention von 1919.

Lange Zeit hatten die Regierung in London und die indische Kolonialregierung die Region vor allem als eine Grenzregion des Empires wahrgenommen, deren Kontrolle mit Blick auf die Machtsicherung in Indien bedeutsam war. In den Jahren nach dem Ersten Weltkrieg setzte sich eine Entwicklung durch, die bereits vor 1914 erkennbar gewesen war: Die eigenständige Bedeutung des Golfs für die Aufrechterhaltung des weltumspannenden Empires war nicht mehr zu leugnen. Das lag in erster Linie an den Ölvorkommen im Iran. Durch die seit 1911 laufende Umstellung der britischen Navy von Kohle auf Öl war das Weltreich abhängig von der Förderung des Rohstoffs am Golf und in Mesopotamien geworden und wegen des Transports waren nun auch die Gewässer dieser Region von größerer Bedeutung als zuvor. Darüber hinaus hatte das Ende des Osmanischen Reiches neue Gebiete unter britische Herrschaft gebracht. Erstmals verfügte das Empire über ein zusammenhängendes Territorium, das vom Mittelmeer bis an den Golf reichte. Das ermöglichte den Aufbau von Telekommunikations- und Luftverkehrsverbindungen, die bis nach Indien reichten. Die Aufrechterhaltung dieser imperialen Infrastruktur war ein zentrales Anliegen Londons. Um diese Interessen am Golf verteidigen zu können, waren die britischen Kolonialbehörden auf die Zusammenarbeit mit den arabischen Scheichs, Sultanen und dem persischen Schah angewiesen. Rivalitäten zwischen verschiedenen Gruppen, Aufstände und Umstürze gefährdeten hingegen die Aufrechterhaltung der imperialen Ordnung. London hatte deshalb ein dezidiertes Interesse daran, die Herrscher der Region zu stärken und sie in ihre Politik einzubeziehen.[105]

Das galt auch mit Blick auf den Waffenhandel.[106] Nach dem Krieg stützten sich die britischen Stellen weiterhin auf die verschiedenen bilateralen Verträge, die sie mit den Regierungen der Golfstaaten um 1900 geschlossen hatten. Während jedoch vor 1914 der Großteil der Energie darauf verwendet worden war, den Sultan von Oman zur Zusammenarbeit zu bewegen, sahen sich die britischen Kolonialbehörden nach dem Krieg gezwungen, den Schwerpunkt ihrer Kontrollmaßnahmen zu verlagern. Der Hafen von Maskat war nicht mehr der Hauptumschlagplatz und die Waffen, die am Golf gehandelt wurden, kamen nicht mehr hauptsächlich per Schiff aus Europa. Stattdessen sah sich Großbritannien mit den Folgen seiner Strategie konfrontiert, die arabischen Stämme mit Waffen gegen das Osmanische Reich aufgerüstet zu haben. Diese Bestände kamen nun aus Mesopotamien an den Golf und gelangten von dort größtenteils nach Persien. Der Umfang des Handels war zwar nicht vergleichbar mit dem der Vorkriegszeit. In den ersten neun Monaten des Jahres 1920 gelangten nachweislich ca. 800 Gewehre an den Golf. Doch aus britischer Sicht war das immer noch ein ernsthaftes Problem, vor allem weil angenommen werden musste, dass die Dunkelziffer weit höher lag. Der Waffenhandel entfaltete dabei eine selbstverstärkende Dynamik. Da die Zentralregierung in Persien kaum noch Kontrolle über das Land hatte, war sie auch nicht in der Lage, wie von den Briten gefordert, gegen Händler vorzugehen, die Waffen ins Land brachten. Gleichzeitig erweckte der Scheich von Kuwait nicht den Eindruck, ein Interesse an der Einschränkung des Waffenhandels zu haben, der seinem Land wirtschaftlich zugutekam und von einflussreichen Persönlichkeiten betrieben wurde. Die einzige erfolgversprechende Methode aus britischer Sicht war deshalb die Kontrolle des

105 Vgl. Mueller: The Origins of the Arab-Iranian Conflict, S. 46–77; Peterson: Britain and the Gulf.
106 Zur Zusammenarbeit zwischen britischen Kolonialbehörden und den Regierungen der Golfstaaten siehe Biela: Securing the Informal Empire.

Schiffverkehrs in den Gewässern des Golfs durch Patrouillenschiffe der Royal Navy.[107]

Doch solche Kontrollen auf See – das hatte bereits die gegen Maskat zielende Blockade der Vorkriegszeit gezeigt – unterlagen einer entscheidenden Einschränkung: Großbritannien konnte lediglich die Schiffe kontrollieren, die unter der Flagge der Golfstaaten fuhren. Die rechtlich etwas wacklige Grundlage dafür waren die bilateralen „Schutzverträge" der Jahrhundertwende.[108] Schiffe, die unter der Flagge anderer europäischer Mächte fuhren, durften hingegen nicht durchsucht und beschlagnahmt werden. Es kam allerdings nicht selten vor, dass die arabischen und persischen Waffenhändler am Golf unter einer solchen Flagge fuhren.[109] Die Briten hatten deshalb bei den Konventionsverhandlungen eine striktere Regulierung der Ausflaggung von Schiffen und weitergehende Kontrollrechte durchgesetzt. Bei Verdacht auf rechtswidrige Verwendung einer Flagge durch ein „einheimisches Schiff" sollte es den Vertragsparteien erlaubt sein, in den Gewässern des Persischen Golfs auch die Schiffe anderer Vertragsparteien zu durchsuchen. Dabei legte der Konventionstext den Kontrollmaßnahmen ausdrücklich die Methoden des *racial profiling* zugrunde: „For this purpose, a vessel shall be considered as a native vessel if she is either owned by a native, or fitted out or commanded by a native, or if more than half of the crew are natives of the countries bordering on the Indian Ocean, the Red Sea, the Persian Gulf, or the Gulf of Oman."[110] Dies war einer der wenigen Punkte, in denen die Konvention deutlich über das hinausging, was zuvor völkerrechtlich erlaubt gewesen war.

Die interimperiale Abmachung zur Umsetzung der Konvention

Die Ratifizierung der Konvention geriet jedoch schnell ins Stocken. Sofort nach Unterzeichnung im September 1919 hatten Großbritannien und Frankreich ihre Bemühungen koordiniert, den Kreis der Unterzeichnerstaaten auszuweiten und so die internationale Akzeptanz der Konvention zu stärken. Das Foreign Office wandte sich, sekundiert vom Quai d'Orsay, an die Regierungen europäischer, asiatischer und südamerikanischer Länder und wies sie auf die neue Konvention hin.

---

107 The Arms Traffic in the Persian Gulf, September 1920; Political Agency, Kuwait, to the Deputy Political Resident Bushire, 2.6.1919; beides in: QDL/IOR/R/15/5/47, 3r und 33r–34v.

108 Vgl. Statement showing special agreements giving H.M. ships powers to search vessels suspected of being engaged in illicit traffic in arms, Appendix to Forwarded under Bushire, 5.10.1931, in: QDL/IOR/R/15/5/47, 72r-73r.

109 Vgl. Ball: The Battle of Dubai.

110 Vgl. Convention for the Control of the Trade in Arms and Ammunition, Art. 12 (Zitat), 14 und 16.

Stets erwähnten die beiden Kolonialmächte, dass Artikel 1 eine Bestimmung enthalte, derzufolge sie Kriegswaffen nur an andere Unterzeichnerstaaten exportieren dürften.[111] Ihrer Kommunikationsinitiative verliehen sie Nachdruck, indem sie von Ländern wie Spanien und Brasilien, die an einem Kauf von Rüstungsgütern französischer oder britischer Produktion Interesse zeigten, eine Absichtsbekundung zum Beitritt einforderten.[112] Diese Strategie zeigte Wirkung und im Laufe des Jahres 1920 erklärten mehrere Staaten ihre Absicht, der Konvention beitreten zu wollen.[113]

Die Erfolge mit Blick auf den Beitritt von Staaten, die auf Waffenimporte angewiesen waren, erwiesen sich jedoch schon bald als unzureichend. Im März 1920 übernahm in den USA der Republikaner Warren Harding die Regierungsgeschäfte. Im Gegensatz zu Woodrow Wilson, dessen Regierung 1919 in einem seltenen Kraftakt zahlreiche internationale Verträge ausgearbeitet hatte, stand seine Regierung völkerrechtlichen Selbstverpflichtungen mit großer Skepsis gegenüber. Das galt auch für die Waffenhandelskonvention, die zudem noch vom Kongress ratifiziert werden musste. Die Republikaner, die in beiden Kammern des Kongresses über eine Mehrheit verfügten, hatten bereits im Zuge der Präsidentschaftswahlen 1919 deutlich gemacht, wie wenig sie von Wilsons Völkerrechtspolitik hielten. Frisch im Amt, ließ die neue Regierung die anderen Vertragsparteien wissen, dass sie auf Grundlage der bestehenden Gesetzeslage Waffenexporte nur in sehr wenigen Fällen verbieten könne. Ohne neue Gesetze sei man aber nicht in der Lage, gemäß dem Protokoll die Bestimmungen der Konvention schon vor deren Inkrafttreten einzuhalten. Man sei allerdings gerne dazu bereit, davon abzusehen, Exporte zu befeuern. Von irgendwelchen Gesetzesvorhaben, die an dieser Lage etwas geändert hätten, war nicht die Rede.[114] Der Subtext war unmissverständlich: In Washington plante man nicht, die Konvention zu ratifizieren.

Die britische Regierung befand sich aufgrund der Weigerung Washingtons in einer Zwickmühle. Auf der einen Seite hatte sie nach wie vor ein dezidiertes Interesse an der Konvention, um Waffenhandelskontrollen am Persischen Golf durch einen völkerrechtlichen Vertrag abzusichern, dem auch die anderen Großmächte zugestimmt hatten. Auf der anderen Seite aber drohte der Rüstungsindustrie

111 Vgl. British Embassy to the Ministry of Foreign Affaires, 3.1.1920; Légation de la France a Stockholm à Pichon, Ministre des Affaires Étrangères, 14.1.1920; Le Président du Conseil, Ministre des Affaires Étrangères à Tokyo, Londres, Rome, Washington, Bruxelles, 9.2.1920, alle in: AD MAE, 53CPCOM/5, S. 53, 59 und 79 f.

112 Vgl. Télégramme Conty, Ambassade Rio de Janeiro, à Ministre des Affaires Étrangères, 25.11.1919; Le Ministre d'Etat Espagnol à Ambassadeur d'Espagne, 23.2.1920, beide in: AD MAE, 53CPCOM/5, S. 17 und 102.

113 Siehe Vorgänge in AD MAE, 53CPCOM/5 sowie AD MAE, 53CPCOM/6.

114 Vgl. Exportation of arms to American countries, 18.3.1920, in: TNA, FO 371, 4419.

Großbritanniens aufgrund der Weigerung der USA, der Konvention beizutreten oder sie auch nur einzuhalten, ein Nachteil zu entstehen. Ähnliche Sorgen hatten auch die anderen Unterzeichnerstaaten. Sie fürchteten, dass US-amerikanische Rüstungsunternehmen weltweit ihr Geschäft ausbauen könnten, während die europäischen und japanischen Hersteller gemäß den Bestimmungen der Konvention nur an andere Vertragsstaaten Waffen liefern durften. Aus dieser Sorge heraus unterbreitete die britische Regierung den Regierungen Italiens, Frankreichs, Belgiens und Japans den Vorschlag, die Konvention wie ursprünglich geplant nur auf den Handel mit Kleinwaffen anzuwenden. Hinter dem Vorschlag steckte ein altbekanntes Anliegen: „Chief obstacles to legitimate trade with civilised countries would be thus removed while most important feature of Convention would be retained namely prohibition of export to prohibited zones of arms etc. likely to be used by turbulent tribes.“[115] Wieder einmal ging es darum, rassistische Kriterien zur Grundlage des angestrebten völkerrechtlichen Waffenhandelsregimes zu machen.

Noch während der britische Vorschlag in den Amtsstuben der anderen Vertragspartner geprüft wurde, zeigte sich, wie berechtigt die Sorgen gewesen waren. Im April 1920 versuchte Vickers, der wichtigste britische Rüstungsproduzent, Munition an Spanien zu verkaufen. Munition war auf ausdrücklichen Wunsch Großbritanniens in die Konvention aufgenommen worden, da die Kontrolle des Handels mit Projektilen in Whitehall als wichtiges Instrument zur Kontrolle Aufständischer galt. Zwar war die Konvention noch nicht ratifiziert, dennoch fühlte sich die britische Regierung aufgrund des Zusatzprotokolls an das Waffenhandelsverbot gegenüber Staaten gebunden, die der Konvention nicht beigetreten waren. Da Spanien bisher nicht unterzeichnet hatte, wurde die Munitionslieferung untersagt.[116]

Der Geschäftsführung Vickers' dämmerte es, dass die Konvention eine grundlegende Gefahr darstellte. Sie bedrohte nicht nur den Export von Munition, sondern vor allem das lukrative Kerngeschäft mit komplexen Waffensystemen wie Kriegsschiffen. Das Unternehmen hatte bereits vor 1914 keine nennenswerte Diversifizierungsstrategie verfolgt, sondern sich auf Rüstungsproduktion konzentriert. Das brachte nach Kriegsende nicht nur erwartbare Umsatzeinbrüche mit sich, sondern beeinträchtigte auch die Möglichkeiten des Unternehmens, die Produktion umzustellen. Es fehlte schlicht an Know-how, um eine neue Geschäftsstrategie umzu-

115 Telegram Milner, Secretary of State for the Colonies, to the Officer Administering the Government of Canada and the Governors General of the Commonwealth of Australia, New Zealand and Union of South Africa and the Governor of Newfoundland, 9.4.1920, in: TNA, FO 371, 4419.

116 Vgl. Harmsworth, Foreign Office, 27.4.1920; Cecil Harmsworth, Foreign Office, to Major R. Glyn (MP), 4.5.1920, beides in: TNA, FO 371, 4422.

setzen. Hinzu kam die ohnehin schlechte ökonomische Lage nach Kriegsende, die alle Wirtschaftsbereiche erfasste. Nachdem die heimische Nachfrage nach Waffen eingebrochen war, waren deshalb Rüstungsexporte umso wichtiger. Eine Chance bot sich in Spanien, wo die Regierung 1920 dabei war, ein Flottenprogramm auf den Weg zu bringen.[117] Kriegsschiffe, die mit Kanonen und Panzerungen versehen werden mussten, waren die Spezialität Vickers'. Doch bereits zu Beginn des Jahres zeichneten sich ernstzunehmende Probleme ab. Das Unternehmen hatte vor dem Krieg einen Vertrag mit Spanien über die Bewaffnung von Kriegsschiffen mit Kanonen abgeschlossen. Als Vickers sich an die Umsetzung des Vertrags machen wollte, stellte man fest, dass laut Konvention auch Kanonen nicht an Staaten geliefert werden durften, die nicht unterzeichnet hatten.[118] In der Konsequenz bedeutete das, dass auch Kriegsschiffe zukünftig nur noch ohne Bewaffnung geliefert werden durften.

Vickers informierte umgehend dem Unternehmen nahestehende Abgeordnete und das Foreign Office über diese Probleme und stieß dort auf offene Ohren. Die private Rüstungsindustrie hatte seit dem späten 19. Jahrhundert die Expansion und Konsolidierung des britischen Empires mit ermöglicht. Imperialismus und der Aufstieg von Unternehmen wie Vickers und Armstrong waren aufs Engste miteinander verflochten.[119] Die enormen Probleme, mit denen sich diese Unternehmen ab 1919 konfrontiert sahen, hatten somit auch sicherheitspolitische Implikationen für das Empire. Das Ende des Krieges ließ die Nachfrage nach den von diesen Unternehmen produzierten Gütern dramatisch einbrechen und gefährdete die heimische Produktion. Das bereitete insbesondere der Admiralität große Sorgen, die nicht müde wurde, auf die Bedeutung starker Rüstungsunternehmen für das Empire hinzuweisen. Rüstungsexporte waren ein wichtiges Mittel, um die sinkende Nachfrage im eigenen Land zumindest etwas abzufedern und Produktionskapazitäten aufrechtzuerhalten.[120] Strikte Waffenhandelskontrollen in den imperialen Einflusssphären und möglichst laxe Kontrollen für den Transfer von Rüstungsgütern unter „zivilisierten Nationen“ waren deshalb zwei Seiten derselben Medaille. Beide Anliegen zielten auf die Verteidigung des Empires. Das war der Grund gewesen, warum London alle größeren Waffen und Waffensysteme aus der Kon-

---

117 Vgl. Packard: Whitehall, Industrial Mobilisation and the Private Manufacture of Armaments, S. 111–126; Scott: Vickers, S. 143–148.

118 Vgl. Rudkin, Vickers Ltd., to Major R. Glyn (MP), 10.6.1920, in: TNA, FO 371, 4422.

119 Am Beispiel der Handfeuerwaffen-Industrie zeigt das Satia: Empire of Guns. Siehe auch mit Blick auf komplexere Waffensysteme Haedrick: Tools of Empire; Bastable: Arms and the State, S. 201–228 sowie Kap. 1.1. in dieser Studie.

120 Vgl. Bell: The Royal Navy, S. 149–161, 180–183.

vention herausgehalten und darauf gedrungen hatte, die Kriegswaffendefinition auf Kleinwaffen einzugrenzen. Nun rächte sich, dass man dem Drängen der USA nachgegeben und Kanonen aufgenommen hatte. Die Konvention, die eigentlich zur Sicherung des Empires hatte beitragen sollen, drohte nun, die britische Verteidigungsfähigkeit zu mindern. Mit Blick auf Spanien ließ sich das Problem dadurch beheben, dass die spanische Regierung eine Beitritts-Absichtserklärung übermittelte. Als diese getätigt war, konnten die Waffen wieder in Richtung iberischer Halbinsel geliefert werden.[121]

Dennoch führten Vickers' Schwierigkeiten mit Exporten nach Spanien der britischen Regierung deutlich vor Augen, dass das aus der Konvention erwachsende Dilemma grundsätzlicher Natur war und einer dauerhaften Lösung bedurfte. Im Handelsministerium notierte man: „This Department can only view the present position with the gravest apprehension for the future of a trade which has, in the past, been very profitable in times of peace and of the highest importance to the country in times of war."[122] Der britische Vorschlag, zur Abwendung dieser Probleme die Konvention nur auf Kleinwaffen anzuwenden, stieß jedoch nicht auf Zustimmung bei den anderen Vertragsparteien. Der vehementeste Widerspruch kam wie zu erwarten aus Belgien. Doch in Brüssel hatte man auch einen Kompromiss zu bieten: Die Konvention solle lediglich mit Blick auf die Verbotszonen gelten. Auch Japan wartete mit einem ähnlichen Vorschlag auf, der wiederum für Großbritannien und Frankreich durchaus tragbar war.[123] Im Juli 1920 verständigten sich alle größeren Vertragsparteien außer den USA darauf, trotz fehlender Ratifizierungen jene Bestimmungen der Konvention einzuhalten, die auf die Verbotszonen zielten.[124] Aus britischer Sicht war diese Einigung durchaus charmant. Sie ermöglichte es, die unliebsamen Weiterungen, die der Vertrag im Zuge der Verhandlungen erfahren hatte, zu ignorieren und sich auf die Befriedung des Empires zu konzentrieren.

---

121 Harmsworth, Foreign Office, to Glyn (MP), 30.6.1920, in: TNA, FO 371, 4422; Alfonso Merry del Vai, Spanish Embassy in London, to Earl Curzon, Secretary of State for Foreign Affairs, 28.7.1920, in: TNA, FO 371, 4423.

122 Department of Overseas Trade: Memorandum to Foreign Office, 14.5.1920, Zitat S. 2, in: TNA, FO 371, 4419.

123 Vgl. Lockhart: The Proposed Modifiations in the Arms Traffic Convention, 17.5.1920, in: TNA, FO 371, 4419.

124 Vgl. Seymour, Foreign Office, to the Under-Secretary of State, Colonial Office, 11.8.1920, in: TNA, FO 371, 4419.

Die Umsetzung des Abkommens

Bald nach dieser Abmachung schien das Problem des Waffenhandels in Afrika, Mesopotamien und am Golf dringlicher zu werden. Das lag nicht etwa an steigendenden Zahlen des tatsächlichen Handels; am Golf beispielsweise fiel das Geschäft mit Handfeuerwaffen und Munition verglichen mit der Zeit um 1910 kaum noch ins Gewicht.[125] Doch während es gelungen war, mit den Verhandlungen in Paris den Krieg zwischen den Großmächten zu beenden, prägten Gewalt und Unruhen weiterhin das Leben in den Kolonien und Regionen wie dem Golf, wo die Imperialmächte um Einfluss rangen; gesellschaftliche Konflikte bereiteten den Boden für antiimperiale Widerstände.[126]

Im Oktober 1920 kamen britische Geheimdienste und Kolonialbehörden zu dem Schluss, dass die sowjetische Regierung diese Situation dazu nutze, die gesamte Golfregion zu unterwandern. In einem Bericht des India Office, der die Ergebnisse verschiedener Stellen zusammentrug, hieß es: „It is now generally recognised that it is the policy of the Soviet Government to make every possible attempt to break the backbone of the British Empire by means of an attack on India." Man dürfe sich unter einem Angriff nicht etwa die Invasion der Kronkolonie durch reguläre Truppen vorstellen: The „policy is to cause internal disorders in India itself, and to force our evacuation from Mesopotamia and Persia". Dabei gehe es nicht zuletzt um die Kontrolle der Ölfelder, „die den imperialistischen Regierungen ihre Stärke verliehen". Seit Mai verfolge Moskau die Strategie, die türkische, arabische, ägyptische und indische Nationalbewegung zu unterstützten. Der von der Komintern organisierte Kongress der Völker des Ostens in Baku im September 1920, an dem fast zweitausend Delegierte aus verschiedenen Teilen der Welt teilgenommen hatten, habe zwar gezeigt, dass die Zusammenarbeit nicht immer reibungslos funktioniere. Doch alle Schwierigkeiten könnten nicht darüber hinwegtäuschen, dass es ein gemeinsames Ziel gebe: „europäische Imperialisten und den Einfluss europäischen Kapitals" zu zerstören. Um dieses Ziel zu erreichen, leiste die Sowjetunion der türkischen Nationalbewegung, die gegen die Besatzung der alliierten Siegermächte kämpfe, finanzielle Hilfe beim Aufbau einer eigenen Rüstungsindustrie. Darüber hinaus liefere Italien Waffen. Gemeinsam beabsichtigten die türkischen Nationalisten und die Sowjetunion, Operationen gegen Indien und Ägypten durchzuführen. Zwar sei man nicht sicher, wie stark die Kräfte der Nationalisten und Bolschewiken

125 Vgl. Report of Conference held at Karachi from the 1st to the 5th August 1921 on the Arms Traffic in the Persian Gulf, in: QDL/IOR/L/PS/10/673, 233r-236r.
126 Vgl. Thomas: The Challenges of an Absent Peace.

tatsächlich seien, doch man dürfe nicht vergessen, dass ihr Krieg nicht mit Armeen geführt werde. Vielmehr sei ihre bevorzugte Methode, mit der Unterstützung geschulter Soldaten Rebellionen und Aufruhr zu stiften.[127]

Da war sie wieder – die Angst vor der Revolte in den Kolonien. Zwar fußte das Bedrohungsszenario auf realen Ereignissen und zutreffenden Beobachtungen: Die Sowjets hatten tatsächlich ein Interesse an den Ölfeldern Persiens und Mesopotamiens. Es gab auch durchaus Versuche wie den Kongress in Baku, eine Allianz mit den kolonialisierten Gesellschaften zu schmieden und die Weltrevolution voranzutreiben. Auf dem Komintern-Kongress im Sommer 1920 einigten sich die Delegierten auf Wunsch der Asiat*innen, den Klassenkampf in den Metropolen zu befeuern, kommunistische Strukturen aufzubauen und unter Leitung der Sowjetunion nationalistische Aufstände in den Kolonien zu organisieren. Während der folgenden Jahre unterstützte die Sowjetunion revolutionäre Gruppen in Indien. Sie betrieb ein militärisches Ausbildungslager für indische Muslime in Afghanistan und belieferte die Regierungen Irans und Afghanistans mit Waffen, um deren antikapitalistische Agenda zu stärken. Allerdings waren die Ressourcen und Möglichkeiten des im Umbruch befindlichen Staates außerordentlich begrenzt und schon bald setzte sich in Moskau eine pragmatische Linie der Außenpolitik durch, die zum Zweck der inneren Herrschaftskonsolidierung auf Konfrontation mit den europäischen Großmächten verzichtete. Bereits Mitte der 1920er Jahre war die Sowjetunion aus britischer Perspektive eher ein gescheiterter Staat als eine ernstzunehmende Bedrohung.[128] Ende 1920 jedoch war das Bedrohungsszenario plausibel genug, um das britische Interesse an einer international verbindlichen Umsetzung der Waffenhandelskonvention in den Verbotszonen zu befeuern.

Die Regierung in London und die indische Kolonialregierung bemühten sich deshalb, das informelle Abkommen zwischen den Kolonialmächten möglichst zügig mit Leben zu füllen. Zunächst einmal machte sich die britische Regierung daran, die eigenen Gesetze und Praktiken an die in der Konvention festgehaltenen Rahmenbedingungen anzupassen. Da die Konvention viele Bestimmungen lediglich bestätigte, die bereits seit der Jahrhundertwende in bilateralen Abkommen mit den Staaten in den Verbotszonen festgehalten worden waren, gab es für viele der Re-

127 Major Norman Bray, Situation in the Middle East, 18.11.1920, in: QDL/IOR/L/PS/18/B358. Zitate 2r f., 3r, 4r. Wortlaut: „from which the Imperialistic governments derive their strength"; „European Imperialists and Capital influence in Asia must be destroyed".

128 Vgl. Barton: Counterterrorism between the Wars, S. 47–60; Bentivoglio: The Empire under Attack; Jacobson: When the Soviet Union Entered World Politics, S. 32–120; Tooze: Sintflut, S. 509–528; Stone: Soviet Arms Exports; White: Britain and the Bolshevik Revolution, S. 81–140.

gelungen eine hinreichende Rechtsgrundlage im britischen Recht. Die Kolonialregierung in Indien, die für Maßnahmen entlang der arabischen und persischen Küste zuständig war, sah mit Blick auf die Kontrolle an Land keinen legislativen Handlungsbedarf. Die Vergabe von Lizenzen, die das Tragen von und Handeln mit Waffen regulierten, und die Lagerung von Waffen in Warenhäusern waren bereits fest etablierte Instrumente in der Region.[129] Lediglich in Territorien, die sich erst seit kürzerer Zeit unter britischer Herrschaft befanden wie das seit 1911 existierende Protektorat Nordrhodesien, waren legislative Maßnahmen notwendig, um auf der Grundlage der Konvention solche Kontrollen einzuführen.[130]

Auch ein Lizenzsystem, das die Ausfuhr von Rüstungsgütern aus Großbritannien regelte, existierte bereits. Es war kurz vor dem Ausbruch des Weltkriegs eingeführt und direkt nach Unterzeichnung der Konvention von 1919 angepasst worden, um Exporte in die Verbotszonen regulieren zu können. Unternehmen, die Waffen ausführen wollten, waren verpflichtet, einen Antrag einzureichen. Dieser wurde unter der Federführung des Board of Trade geprüft, das für seine Entscheidung in vielen Fällen das India Office, Colonial Office und Foreign Office konsultierte.[131] Legislativer Handlungsbedarf bestand hingegen bei jenen Bestimmungen der Konvention, die die Befugnisse britischer Behörden zugunsten des Empires erweiterten. Die Admiralität erinnerte daran, dass britische Kriegsschiffe und Patrouillenboote in den maritimen Verbotszonen ermächtigt und beauftragt werden mussten, gemäß der Konvention, Schiffe unter 500 Tonnen zu kontrollieren, die unter der Flagge der anderen Vertragsstaaten fuhren.[132]

Ein Jahr nach der Vereinbarung der Kolonialmächte, sich zumindest an jene Bestimmungen der Konvention zu halten, die sich auf die Verbotszonen bezogen, trafen sich britische Kolonialbeamte in Karatschi. Es sollte mit Blick auf den Waffenhandel Bilanz gezogen werden. Der Ort in der Nähe der nördlichen Grenze Indiens war nicht zufällig gewählt. Nach wie vor war dies die Region, die den britischen Behörden mit Blick auf den Waffenhandel die größten Sorgen bereitete. Doch die Zahlen, die sie zusammentrugen, boten Anlass zur Hoffnung. Der Geheimdienst der indischen Kolonialregierung schätzte die Anzahl der Waffen, die seit Anfang des

---

129 Vgl. Annex 3, Enclosure No. 3: India Office to Admiralty, 20.1.1921, in: India Office to the Governor General of India in Council, 20.1.1921, in: QDL/IOR/L/PS/12/4094, 266v – 267r oder QDL/IOR/L/PS/10/674, 6v – 7r.

130 Vgl. Macola: Reassesing the Significance of Firearms, S. 319.

131 Vgl. Board of Trade to the Foreing Office, 11.2.1921, in: QDL/IOR/L/PS/10/673, 330r; Atwater: British Control, S. 298 f.

132 Vgl. Enclosure No. 1, Annex: Admiralty to Foreign Office, 1.11.1920; Enclosure No. 2, Annex 1: Admiralty to Treasury, 1.12.1920, in: India Office to the Governor General of India in Council, 20.1.1921, in: QDL/IOR/L/PS/12/4094, 265v oder QDL/IOR/L/PS/10/674, 5v.

Jahres nach Persien gelangt waren, auf 300 Gewehre und zwischen 50.000 und 60.000 Schuss Munition. An der Makranküste, die von Persien bis zur Indusmündung reichte, lag die Zahl bei 200 Gewehren und 30.000 bis 40.000 Schuss. Dabei handele es sich im Wesentlichen um Waffen, die während des Weltkrieges an die befreundeten arabischen Einheiten geliefert worden waren, und die wie immer über die Häfen am Golf die Grenzen des britischen Empires erreichten. Selbstverständlich muss von einer hohen Dunkelziffer ausgegangen werden. Dennoch lassen sich die Zahlen als Indiz interpretieren, wie effektiv die britischen Kontrollmaßnahmen waren. Von dem florierenden Waffenhandel um die Jahrhundertwende mit frisch aus Europa importierten, neuwertigen Waffen war nicht mehr viel übrig. Es ist bemerkenswert, dass die erste internationale Waffenhandelskonvention insbesondere in jener Region mit Nachdruck durchgesetzt wurde, in der die Zahlen mittlerweile im weltweiten Vergleich nicht mehr ins Gewicht fielen.[133]

Die anwesenden Politischen Agenten, Residenten und Beamten der Navy waren jedoch Perfektionisten. Offiziell gesehen handelte es sich bei den Teilnehmern der Konferenz um diplomatische Vertreter Großbritanniens bei den Golfstaaten. Doch tatsächlich reichte ihre Macht sehr viel weiter. Sie achteten penibel darauf, dass sich die Scheichs und Sultane der Gegend an die ungleichen Schutzverträge hielten, die Großbritannien mit ihnen geschlossen hatte. Auf dieser Grundlage waren sie es gewohnt, erheblichen Druck auszuüben, um die britischen Interessen vor Ort durchzusetzen.[134] Die kaum noch relevanten Waffenhandelszahlen waren für sie kein Grund, die Kontrollen in der Region zurückzufahren. Vielmehr kamen sie zu dem Schluss, dass die Waffenhändler nur darauf warteten, endlich die aus Arabien kommenden Waffen in der Region gewinnträchtig verkaufen zu können. Besondere Gefahr drohe dabei von italienischen Händlern. Deshalb seien drei Maßnahmen notwendig: Die Anschaffung weiterer Patrouilleboote, die Installation drahtloser Kommunikationsmöglichkeiten mit britischen Schiffen und die Erhöhung des Drucks auf die Scheichs, die in der Konvention geforderte Registrierung von Waffen endlich einzuführen.[135] Die Kolonialregierung in Indien, das India Office und Foreign Office kamen jedoch angesichts der geringen tatsächlichen Zahlen zu dem

---

133 Vgl. Report of Committee on the Arms Traffic in the Persian Gulf, 5.8.1921, in: TNA, FO 371, 5530; sowie Report of Conference held at Karachi from the 1st to the 5th August 1921 on the Arms Traffic in the Persian Gulf, in: QDL/IOR/L/PS/10/673, 233r–236r. Beide Berichte sind identisch.

134 Zu den britischen Kolonialbeamten am Persischen Golf siehe Petersen: Britain and the Gulf, S. 281–283; Onley: Britain and the Gulf Shaikhdoms.

135 Report of Committee on the Arms Traffic in the Persian Gulf, 5.8.1921, in: TNA, FO 371, 5530; sowie Report of Conference held at Karachi from the 1st to the 5th August 1921 on the Arms Traffic in the Persian Gulf, in: QDL/IOR/L/PS/10/673, 235r-236r.

Schluss, dass weitere Investitionen in Überwachungsinfrastruktur überflüssig seien. Auf jeden Fall sei es empfehlenswert, politischen Druck auf die Golfstaaten auszuüben. Darüber hinaus solle man sehr genau das Verhalten der anderen europäischen Mächte beobachten und im Bedarsfall die Einhaltung der in der Konvention festgelegten Regeln einfordern. Das gelte insbesondere für Italien.[136]

Damit waren zwei der drei zentralen Funktionen angesprochen, die die Konvention für die Waffenhandelskontrolle in der Zwischenkriegszeit spielen sollte: Sie stellte die Zusammenarbeit zwischen Großbritannien und den Regierungen in den Verbotszonen auf ein völkerrechtliches Fundament und sie diente dazu, die anderen Kolonialmächte zur Einhaltung bestimmter Regeln zu verpflichten. Darüber hinaus – und das war den Kolonialbehörden fast noch wichtiger, verschaffte sie den Briten eine Rechtsgrundlage, um Schiffe, die die maritimen Verbotszonen befuhren, zu kontrollieren. Die Reaktionen der britischen Regierung und der Kolonialregierung in Indien zeigen dabei, dass der Berufung auf die Konvention und auf die dort enthaltenen Bestimmungen durchaus auch ökonomische Interessen zugrunde lagen. Es handelte sich um die kostengünstigere Variante informeller imperialer Herrschaft, die es ermöglichte, auf Investitionen in Überwachungstechnologie zu verzichten.

Waffenkontrollen zu Land und zur See

Das bedeutet nicht, dass sich die Briten völlig aus den Kontrollmaßnahmen vor Ort heraushielten und darauf beschränkten, Druck auszuüben. Während der Zwischenkriegszeit arbeiteten britische Stellen mit den Regierungen am Golf zusammen in ihrem Bemühen, den Waffenhandel einzuhegen. Besonders eng war diese Kooperation mit dem Scheich von Kuwait, Ahmad al-Dschabir, der 1921 die Macht von seinem Onkel übernahm. Der folgende Vorfall gibt einen Eindruck davon, wie sich diese Zusammenarbeit im Konkreten gestaltete. Anfang 1922 erhielt der Politische Agent in Kuwait eine Meldung von den britischen Truppen im irakischen Mandatsgebiet, dass zuletzt vermehrt Waffen aus dem Scheichtum nach Mesopotamien gelangten. Karawanen, bestehend aus 20 bis 50 Kamelen, versteckten Gewehre unter den regulären Gütern. Auf diese Weise kämen 400 bis 500 Waffen monatlich in den Irak.[137] Der Politische Agent in Kuwait brachte diese Hinweise in

136 Telegram, Viceroy of India, to Secretary of State of India, 27.10.1921, sowie die dazugehörigen Stellungnahmen der anderen Stellen in: TNA, FO 371, 5530; India Office to the Secretary of State, 28.10.1921, in: QDL/IOR/R/15/5/47, 95r.

137 Vgl. Extract from Report No. B62/56 from Special Service Officer, Pasrah, 8.2.1922, in: QDL/IOR/R/15/5/47, 118r–119r.

einem Gespräch mit dem Scheich zur Sprache. Dieser beteuerte, bereits alles in seiner Macht Stehende zu tun, um den von Kuwait ausgehenden Waffenhandel zu unterbinden. Unmittelbar nach dem Gespräch verschärfte er die Maßnahmen jedoch, indem er anordnete, an den Stadttoren genauer zu kontrollieren und Karawanen zu durchsuchen. Niemand durfte mehr Waffen aus der Stadt bringen, der nicht eine Genehmigung mit sich führte.[138] Auf diese Weise setzte al-Dschabir Artikel 8 der Konvention um, der den unerlaubten Transport von Waffen untersagte.

Das Gespräch zwischen dem Politischen Agenten und dem Scheich veranschaulicht eindrücklich das Verhältnis zwischen den beiden Akteuren. Es reichte aus, dass der britische Vertreter seinen Missmut zum Ausdruck brachte, um die erwünschten Maßnahmen herbeizuführen. Diese Machtstellung basierte auf den britisch-kuwaitischen Vertrag von 1899 und einer Reihe kleinerer Folgeverträge, in denen die Regierung Großbritanniens weitgehende Kontrolle über innere und äußere Angelegenheiten übertragen hatte. Im Gegenzug hatte die britische Regierung ihren Schutz zugesichert. Schutz bedeutete dabei in der Praxis einerseits die Abwehr von Einflussnahme anderer Staaten, andererseits aber auch Unterstützung gegen interne Rivalen. Der Machterhalt des Scheichs war vom Wohlwollen der Briten abhängig.[139] In diesem Punkt kamen die Interessen der Briten und der Scheichs zusammen. Tatsächlich war es eines der zentralen Anliegen der britischen Regierung, die bestehenden Herrschaftsstrukturen am Golf zu verfestigen. Um die Interessen in der Region zu verteidigen – den Zugang zu Öl, die Sicherung der Grenzregion Indiens und den Schutz sowohl von Privatvermögen als auch von Transport- und Kommunikations-Infrastruktur – war man auf durchsetzungsfähige Regierungen und auf personelle und politische Kontinuität in den Herrscherhäusern angewiesen.[140]

Es wäre deshalb unzutreffend, die Zusammenarbeit zwischen der britischen Regierung und den Scheichs ausschließlich als Ergebnis imperialen Zwangs zu interpretieren. Das war sie zweifelsohne auch und das Beispiel Maskat zeigt eindrücklich, wie dieser Zwang den Staaten am Golf mitunter erheblichen wirtschaftlichen Schaden zufügen konnte, indem ein wichtiger Wirtschaftszweig stillgelegt wurde. In anderen Fällen jedoch erfüllten die von Großbritannien forcierten Waffenhandelskontrollen auch aus Sicht der Regierungen vor Ort eine wichtige Funktion. Mitunter setzten die Herrscherhäuser eigeninitiativ die in den bilateralen Verträgen und in der Konvention festgelegten Maßnahmen durch. 1924 etwa schöpfte Scheich Ahmad al-Dschabir den Verdacht, dass der saudische König seine

---

138 Vgl. Political Agent Kuwait to the General Staff (Intelligence), General Headquarters, British Forces in Iraq, Baghdad, 4.5.1922, in: QDL/IOR/R/15/5/47, 130r.

139 Vgl. Peterson: Britain and the Gulf, S. 281–283.

140 Vgl. Biela: Securing the Informal Empire.

Anhänger in Kuwait mit Waffen aufrüstete, um eine ihm genehme Regierung zu installieren. Abwegig war das nicht. Ad al-Aziz ibn Saud war in den 1920er Jahren bemüht, seinen Herrschaftsbereich auszuweiten und die verschiedenen politischen Einheiten auf der Arabischen Halbinsel unter seiner Herrschaft zu vereinen. Um die Unterwanderung Kuwaits durch ibn Saud zu verhindern, ließ al-Dschabir alle Waffen in Kuwait-Stadt wie in der Konvention vorgesehen registrieren und führte Durchsuchungen durch. Diese Maßnahmen lösten nur Achselzucken bei den britischen Agenten aus, die die Befürchtungen der kuwaitischen Regierung nicht teilten.[141]

Teilweise machten sich die Regierungen in der Region auch die Forderung nach Waffenhandelskontrollen zueigen, um ihre Ansprüche gegen die britische Regierung durchzusetzen. In den 1930er Jahren etwa erhob die Regierung des gerade erst unabhängig gewordenen Iraks wiederholt Vorwürfe gegen Kuwait, den Waffenhandel nicht ausreichend zu kontrollieren. Begleitet wurden diese Vorwürfe von Verbesserungsvorschlägen, die allesamt auf die Abtretung von Souveränitätsrechten des Scheichs an die Regierung in Baghdad zielten. Eine solche Lösung lag ganz und gar nicht im Interesse Londons, das eine unabhängige Regierung in Kuwait bevorzugte. Der Streit endete erst 1941 mit der Niederlage Iraks gegen Großbritannien.[142]

Neben Maßnahmen zur Kontrolle des Waffenhandels in den zur Verbotszone gehörenden Staaten und Territorien kam die Konvention bei der Kontrolle von Schiffen zum Einsatz, die in der maritimen Verbotszone des Persischen Golf verkehrten. Dabei lässt sich beobachten, wie die britischen Kolonialbehörden bewusst Unschärfen bei der Interpretation der Konvention schufen, um ihren Handlungsspielraum zu erweitern. Der Vertrag legte fest, dass die Kriegsschiffe der Unterzeichnerstaaten das Recht hatten, „einheimische Schiffe“ unter 500 Tonnen auf See zu überprüfen sowie jene Schiffe, die sie verdächtigten, illegalerweise unter der Fahne eines anderen Unterzeichnerstaates zu fahren. Von einem Durchsuchungsrecht auf hoher See war jedoch nicht die Rede. Stattdessen legte die Konvention fest, dass Schiffe, die zwecks Waffenhandel unter einer falschen Flagge gefahren waren, im nächsten Hafen Autoritäten jener Macht zu übergeben seien, deren Flagge verwendet worden war.[143]

Tatsächlich etablierte sich jedoch eine andere Praxis. Sichteten britische Patrouillenboote und Kriegsschiffe in der Zwischenkriegszeit kleinere Schiffe, insbe-

141 Vgl. Biela: Securing the Informal Empire, S. 484 f.; Political Agency, Kuwait to the Political Resident in the Persian Gulf, Bushire: Arms Traffic, 4.5.1924, in: QDL/IOR/R/15/5/47, 220r.

142 Vgl. Biela: Securing the Informal Empire, S. 486 f.

143 Convention for the Control of the Trade in Arms and Ammunition, Art. 11–16. Wortlaut: „native vessel“.

sondere Dhaus, deren Kapitän aus der Region stammte oder deren Mannschaft größtenteils aus Einheimischen bestand, so hielten sie diese unter Berufung auf die Konvention von 1919 und in späteren Jahren die in dieser Hinsicht ähnlich lautende Konvention von 1925 an und überprüften die Papiere. Wenn diese nicht vorhanden waren und somit keine Gefahr bestand, die anderen Vertragsstaaten zu verärgern, schloss sich in der Regel auch eine sofortige Durchsuchung des Schiffs nach Waffen und deren Beschlagnahmung an. „Search by custom" bezeichneten die Briten diese Praxis und begründeten sie somit gewohnheitsrechtlich.[144] Das führte dazu, dass die Anrainerstaaten des Golfs bald davon ausgingen, diese Vorgehensweise sei völkerrechtlich gedeckt. Die britischen Kolonialbehörden wiederum fanden, dass man alles tun müsse, um diese „nützliche Illusion" aufrechtzuerhalten.[145] Darüber hinaus war die Admiralität bemüht, durch zweifelhafte Konstruktionen auch unter britischen Beamten den Eindruck zu erwecken, das eigene Vorgehen sei völkerrechtlich gedeckt. So erklärte sie gegenüber dem Foreign Office, dass obwohl die Konvention rein formal gesehen kein Recht gewähre, persische Schiffe zu durchsuchen, sie dennoch ein von der „Weltmeinung" gedecktes „moralisches Recht" schaffe.[146]

Die Briten nutzten die Konventionen auch, um Patrouillen in persischen Gewässern zu legitimieren. Persien sei schließlich nicht in der Lage, die in diesen Verträgen festgelegte Waffenhandelskontrolle umzusetzen. Dieses Vorgehen veranlasste wiederum die persische Regierung, selbst verstärkt gegen den Waffenhandel zur See vorzugehen. Es war eines der zentralen Ziele Teherans während der Zwischenkriegszeit, den Einfluss der Briten zurückzudrängen. Insbesondere Reza Khan, der bereits vor seiner Einsetzung als Schah 1925 der starke Mann der Regierung gewesen war, verkörperte ein neues Selbstbewusstsein Persiens. Er betrieb den Ausbau der persischen Flotte, um den Waffen- und Sklavenhandel einzudämmen und auf diese Weise britischen Kontrollen in den eigenen Hoheitsgewässern die legitimatorische Grundlage zu entziehen.[147] Daran wird erkennbar, dass die Machthaber am Golf nicht nur die in der Konvention festgelegten Verpflichtungen anerkannten, sondern dass sie in ihnen darüber hinaus ein wesentliches Attribut staatlicher Souveränität sahen. Daraus folgte, dass Waffenhandelskontrollen am

---

144 Slave and Arms Trade in the Persian Gulf, o. d., S. 3, übermittelt: Secretary of the Admiralty to the Under Secretary of State, India Office, 20.8.1931, in: QDL/IOR/L/PS/12/4094, 11r. Forwarded under Bushire, 5.10.1931: Illicit Arms Traffic, in: QDL/IOR/R/15/5/308, 69r.

145 Record of a Meeting held at the Foreign Office, 27.4.1933, Zitat 136r, in: QDL/IOR/L/PS/12/2182, 127r ff. Wortlaut: „useful illusion".

146 Seal, Admiralty, to Rendel, Foreign Office, 28.4.1933, in: QDL/IOR/L/PS/12/2182, 162r ff. Wortlaut: „moral right, backed up by the concensus of world opinion".

147 Vgl. Mueller: The Origins of the Arab-Iranian Conflict, S. 51, 63 f., 107, 120.

Golf geichzeitig Instrumente einer imperialen Politik Großbritanniens und einer antiimperialen Politik Persiens sein konnten.[148]

Die britischen Behörden führten während der Zwischenkriegszeit keine Statistiken über geschmuggelte Waffen. Die Unterlagen des India Office legen jedoch den Schluss nahe, dass der Zugang zu Waffen durch die britischen Maßnahmen deutlich erschwert und auf einem niedrigen Niveau gehalten wurde. Die notorisch unterbeschäftigten[149] Politischen Agenten am Golf gingen jedem noch so geringfügigen Hinweis ihrer zahlreichen Informanten nach, indem sie die Scheichs einschalteten oder Patrouillenboote informierten. Für die Effektivität der Kontrollmaßnahmen spricht auch, dass sich die Kolonialbehörden nach der Konferenz von Karatschi nie wieder veranlasst sahen, auf eine Verschärfung der Maßnahmen oder bessere Ausstattung wie Funksysteme und Patrouillenboote zu drängen. Die Zahl der konfiszierten Waffen stieg im Verlauf der 1920er Jahre zu keinem Zeitpunkt wesentlich an; die in Karatschi diskutierten Zahlen vermitteln einen Eindruck des Umfangs für die gesamte Zwischenkriegszeit.

Darüber hinaus schuf die Konvention die Grundlage, um den Erwerb von Waffen zu steuern. Sie legte fest, dass exportierende Staaten sicherzustellen hatten, dass die Waffen nur an rechtmäßige „Autoritäten" und Regierungen geliefert wurden.[150] Die britische Regierung setzte diese Bestimmung um, indem sie aus Großbritannien kommende Rüstungsgüter nur dann für den Export in den Golf freigab, wenn die Käufer eine entsprechende Lizenz vorlegen konnten. Diese Lizenzen stellten die Politischen Agenten vor Ort aus. Eine direkte Einflussnahme war auf diese Weise zwar nur für britische Importe möglich, doch ihre Vormachtstellung am Golf ermöglichte es den Briten, die Scheichs unter Druck zu setzen, britische Waffen zu kaufen. Auf diese Weise zogen sie ökonomischen Nutzen aus ihrer Position und verschafften sich gleichzeitig weitere Handlungsspielräume bei der Waffenhandelskontrolle.[151] Der Wert, den die Konvention für Großbritannien hatte, ging also weit darüber hinaus, Waffen von Aufständischen fernzuhalten. Die Kontrolle des Waffenzugangs ermöglichte es, aktiv Einfluss auf die Verteilung von Macht im Golf zu nehmen. Als 1925 Verhandlungen über eine Nachfolgekonvention anstanden, stellte die Kolonialregierung in Indien fest, dass diese Möglichkeit auch in Zukunft erhalten bleiben müsse:

148 Vgl. Biela: Contesting Imperialism.

149 Vgl. Peterson: Britain and the Gulf, S. 281f. Für eine gehaltvolle Analyse der Political Agents siehe Satia: The Defense of Inhumanity.

150 Vgl. Convention for the Control of the Trade in Arms and Ammunition, Art. 7.

151 Vgl. Biela: Securing the Informal Empire, S. 481.

> India's attitude to the Draft Convention is governed by the principal desiderata, a) that the established Governments of the countries on her borders [...] may be able to obtain the munitions they require for the defence of their country, and also for the subjugation of the turbulent tribesmen who form a proportion of their subjects; and b) that the traffic in arms should be so restricted as to prevent the acquistion by these tribesmen.[152]

Die Konvention als Instrument internationaler Politik

Von Beginn an nutzten die beiden Initiatoren der Konvention, Großbritannien und Frankreich, den Vertrag, um die anderen Kolonialmächte und Waffen exportierenden Staaten auf eine gemeinsame Linie in der Waffenhandels- und Kontrollpolitik in den Verbotszonen zu verpflichten. Als Belgien beispielsweise den Standpunkt vertrat, dass laut Konvention nicht die exportierenden Staaten, sondern die importierenden Staaten verantwortlich für die Umsetzung der Kontrollen seien, protestierte London heftig und suchte den Rückhalt der französischen Regierung. Die Last der Kontrolle ausschließlich den importierenden Staaten aufzuerlegen, hätte für Großbritannien bedeutet, allein dafür verantwortlich zu sein, welche Waffen die eigenen Kolonien erreichten. Stattdessen pochte man in London darauf, dass die Konvention auch die exportierenden Staaten in die Pflicht nehme und dass diese Position von allen Unterzeichnerstaaten einheitlich vertreten werden müsse.[153]

Waren Großbritannien und Frankreich sich in dieser Frage auch einig, so barg die Umsetzung der Konvention doch auch ausreichend Konfliktpotenzial in den Beziehungen zwischen beiden Kolonialmächten. Ein Blick auf Ostafrika verdeutlicht dies. Abessinien, der einzige Staat, der in dieser Region seine Unabhängigkeit gewahrt hatte, war Gegenstand permanenter Streitigkeiten zwischen den Kolonialmächten.[154] Die Grenze zwischen den britischen Territorien und Abessinien erstreckte sich über Tausende von Kilometern. Die britischen Kolonialbehörden zweifelten daran, dass die abessinische Regierung in der Lage sei, für Ordnung in den Grenzregionen zu sorgen und den Waffenschmuggel zu unterbinden.[155] Die Vereinbarung, die Konvention nur auf die Verbotszonen anzuwenden, war gerade erst getroffen, als die britische Gesandtschaft in Addis Abeba die Zentrale in London im August 1920 informierte, Frankreich beabsichtige 30.000 Gewehre aus dem unter

152 Memorandum, n.d. [ca. Feb. 1925], in: QDL/IOR/L/PS/10/675, 596r.

153 Vgl. Ambassade Briannique à Paris, à Monsieur le Président du Conseil, 22.4.1921; Direction politique, Afrique, à Lord Hardinge of Penshurst, Ambassadeur de Sa Majesté Britannique, 10.5.1921, beide in: AD MAE 242 QO, 962, S. 119, 123–125.

154 Siehe zum Folgenden auch Barton: Counterterrorism between the Wars, S. 21–25.

155 Vgl. Iadarola: Ethiopia's Admission.

seiner Kolonialherrschaft befindlichen Dschibuti an den abessinischen Regenten Haile Selassie I. zu liefern. Der britische Gesandte erinnerte, dass der von der Hafenstadt am Horn von Afrika ausgehende Waffenhandel in der Zeit vor 1914 zur Destabilisierung der Region beigetragen habe. Auf diesem Weg seien auch Waffen in britische Territorien gelangt. Nun jedoch verfüge man mit der Waffenhandelskonvention von 1919 über eine ausreichende Grundlage, um die Belieferung Selassies zu unterbinden. Immerhin befand sich Abessinien innerhalb der Verbotszone.[156]

Frankreich hingegen verfügte mit Dschibuti lediglich über ein überschaubares Territorium in der Region. Da Abessinien keinen eigenen Zugang zum Meer hatte, war der Handel über Dschibuti zentral für die abessinische Wirtschaft und die französische Kolonie profitierte von den Einnahmen aus diesem Handel. Frankreich war deshalb an guten Beziehungen zum abessinischen Herrscherhaus interessiert.[157] Von diesen Beziehungen profitierten zudem die zahlreichen französischen Waffenhändler, die sich in Dschibuti niedergelassen hatten. Beim Gouverneur beschwerten sie sich heftig über die Kontrollmaßnahmen und die dadurch drohenden Verluste. In Paris zeigte man viel Verständnis für ihr Anliegen.[158] Gegenüber London argumentierte die französische Regierung, dass die Konvention nicht angewandt werden könne. Die Unterzeichnerstaaten hätten es nämlich versäumt, Haile Selassie als Oberhaupt eines souveränen Staates über ihr Abkommen zu unterrichten. Der Streit über die Anwendbarkeit der Konvention zog sich über mehrere Monate. Obwohl Frankreich sich beharrlich weigerte, wird an diesem Vorgang erkennbar, dass die britischen Diplomaten sehr entschieden daran arbeiteten, die anderen Unterzeichnerstaaten auf die Einhaltung der Konvention zu verpflichten.[159] In den folgenden Jahren wurde es zur diplomatischen Routine, andere Staaten zu mahnen, wenn aus Sicht britischer Behörden ein Verstoß gegen die Konvention vorlag.[160] 1928 hielt das India Office fest: „the fact that the Convention of 1919 was signed, if not ratified, by the principal arms exporting countries other than the United States of America, has the advantage of reducing substantially

156 Vgl. Dodds (British Legation, Adis Abeba) to Curzon, 6.8.1920, in: TNA, FO 371, 4421.

157 Vgl. Iadarola: Ethiopia's Admission.

158 Vgl. Lauret, Gouverneur de la Côte française des Somalis à Monsieur le Ministre des Colonies, 10.10.1920, in: AD MAE 53CPCOM/5, S. 83–86.

159 Vgl. Dodds (British Legation, Adis Abeba) to Curzon, 18.10.1920, in: TNA, FO 371, 4421.

160 Siehe beispielsweise die Kritik gegenüber Italien und Frankreich, Vorgänge in TNA, FO 371, 7178 und 5527.

the danger of obstructive action such as that taken by France [...] in connection with the arms traffic in Muscat“.[161]

Solche Konflikte um die Anwendung der Konvention bedeuteten allerdings nicht, dass Frankreich kein Interesse an dem Vertrag hatte. In Westafrika, das sich zum großen Teil unter französischer Herrschaft befand, war die Konstellation genau umgekehrt. Hier waren es die französischen Kolonialbehörden, die sich regelmäßig über den Waffenhandel beschwerten, der von der britischen Gold Coast ausging, und die mehr Engagement bei der Umsetzung der vertraglich festgeschriebenen Kontrollen forderten.[162] Doch am meisten Sorgen bereitete ihnen nicht die Grenzregionen mit den britischen Besitzungen. Vielmehr lag ihr Hauptaugenmerk während der frühen 1920er Jahre auf dem seit 1912 unter französischer Herrschaft befindlichen Protektorat Marokko. In den Anfangsjahren des Protektorats war es schnell gelungen, die Küstenregionen zu kontrollieren und kolonialer Herrschaft zu unterwerfen. Doch weiter ins Landesinnere leistete die Bevölkerung nach wie vor Widerstand. Anfang der 1920er Jahre startete die französische Armee deshalb einen zweiten Versuch, den Widerstand zu brechen.[163]

Vor diesem Hintergrund wurde der Waffenhandel in der Region zu einem Problem und schnell meinten die Kolonialbehörden, einen Schuldigen ausfindig gemacht zu haben: Spanien, das nicht in der Lage sei, die im Süden an das Protektorat angrenzende Kolonie Spanisch-Sahara effektiv zu kontrollieren. Kolonialminister Albert Sarraut berichtete ans Außenministerium:

> Le Gouverneur Bonamy, Chef du Service des Affaires Musulmanes de mon Département, a signalé combien le non-occupation effective de l'hinterland du Rio de Oro par les Espagnols entravait notre action pour la pacification de l'Anti-Atlas et de la Région du Dras. L'activité des rezzous maures contre nos postes sahariens, nos convois isolés et les tribus ralliées à nos autorités, de Mauritanie, ne diminue pas et leur fréquence indique qu'une contrebande d'armes et de munitions s'exerce dans le territoire espagnol.[164]

Um dieses Problem zu lösen, übte die französische Regierung in den frühen 1920er Jahren Druck auf Madrid aus, die Waffenhandelskonvention zu unterzeichnen. Dabei verwies sie regelmäßig darauf, dass die Ratifizierung der Konvention ein

---

161 Arms traffic in the Persian Gulf, 1908–1928, memorandum by John Laithwaite (India Office), 8.10.1928, S. 4, in: QDL/IOR/L/PS/18/B410.

162 Vgl. bspw. Le Ministre des Colonies à le Président du Conseil, Ministre des Affaires Étrangères, 6.7.1920, in: AD MAE, 53CPCOM/5, S. 237–240; Ambassade de France en Angleterre à Président du Conseil, 14.10.1920, in: AD MAE, 53CPCOM/6, S. 46–52.

163 Vgl. Wyrtzen: Colonial State Building.

164 Ministre des Colonies a Président du Conseil, Ministre des Affaires Etrangères, 27.10.1923, in: AD MAE, 242QO, 962, S. 210.

notwendiger Schritt sei, um seinerseits Waffen aus Frankreich importieren zu können.[165] Angesichts der Tatsache, dass die Konvention niemals formal in Kraft trat, beließ es Madrid allerdings bei seiner Absichtsbekundung, der Konvention beitreten zu wollen.

Während jedoch das britische Empire die Konvention vor allem als Instrument zur Kontrolle des Waffenhandels in arabischsprachigen Regionen Asiens nutzte, hatte sie für Frankreich keine Bedeutung mit Blick auf die neu gewonnenen Mandate im Nahen Osten. Die Zuständigkeit für die Umsetzung der Waffenhandelskonvention lag im Außenministerium bei der Sous-Direction Afrique.[166] Weder 1919 noch in den folgenden Jahren spielten Überlegungen mit Blick auf das Völkerbundmandat für Syrien und Libanon eine wesentliche Rolle, wenn es um die Durchsetzung oder Weiterentwicklung der Konvention ging. In der französischen Praxis blieb sie ein Instrument zur Kontrolle Westafrikas.

Zur Bedeutung der Konvention von 1919

Die permanente Bezugnahme auf die Waffenhandelskonvention war dabei immer auch Ausdruck eines bestimmten Selbstverständnisses der Kolonialmächte, wie die britischen Unterlagen zeigen. Durch die Akten des India Office zieht sich als roter Faden der Topos von „unzivilisierten" oder „semi-zivilisierten" Völkern, die die von den Briten etablierte Ordnung herausforderten. In der Auseinandersetzung zwischen Kolonialisierern und Kolonialisierten spielte Recht eine zentrale Rolle – nicht um Gewalt grundsätzlich einzuhegen, sondern um koloniale Gewalt zu legitimieren. Recht schuf die Grundlage, um die eigene Gewalt als ordnungsstiftend zu charakterisieren und die Gewalt der Kolonialisierten als Unordnung verursachenden Faktor zu brandmarken.[167] In dieses Muster fügte sich auch der Umgang mit der Waffenhandelskonvention. Als im Juni 1925 in Genf der Versuch unternommen wurde, eine Nachfolgekonvention zu verhandeln, erklärte Percy Cox, der Vertreter der Regierung Indiens, mit Blick auf den Golf: „I must state frankly that, even today,

---

165 Vgl. Ministre des Colonies a Président du Conseil, Ministre des Affaires Etrangères, 27.10.1923, in: AD MAE, 242QO, 962, S. 210; L'Ambassadeur d'Espagne en France à Ministre d'Etat, Madrid, 23.2.1920, in: AD MAE, 53CPCOM/5, S. 99; Ministère des Affaires Étrangères, Direction des affaires politiques, Afrique, Note pour le Chef du service français de la SDN, 11.12.1923, in: AD MAE, 242QO, 962, S. 216.

166 Deshalb befinden sich die Akten zur Umsetzung der Konvention im Bestand „Correspondance Politique et Commerciale, 1914–1940 – Afrique", AD MAE 53CPCOM/1–10.

167 Zu dieser Funktion des Rechts siehe vor allem Benton/Ford: Rage for Order.

not only traffic in arms but piracy and traffic in slaves, intermittently prevail in the waters which we are discussing. [...] The evils are only kept under, fortunately to a considerable extent, by the presence and vigilance of the vessels of the British East India squadron and co-operative liaison between the Consular and local authorities in the main Gulf ports.“ Die Konvention war wichtig, um beispielsweise die Zerstörung von Dhaus nicht als Akte willkürlicher Gewalt aussehen zu lassen, sondern als legitimes Vorgehen gegen – wie Cox es ausdrückte – „rückständige und aufrührerische Gesellschaften“.[168]

Abrüstungsspezialisten in den Gremien des Völkerbunds waren sich einig, dass die Konvention nichts weiter als ein „toter Buchstabe“ bleiben werde, solange sie kaum ein Staat ratifiziere.[169] Sie täuschten sich gewaltig. Dass die Konvention von 1919 nie in Kraft trat, bedeutete keineswegs, dass sie bedeutungslos gewesen wäre. Zwar fehlen nach wie vor Forschungen, die genauer untersuchen, wie sich Belgien, Italien oder Portugal zu dem Vertrag verhielten. Und wir wissen auch nicht, welche Rolle sie für Waffenhandelskontrollen in Afrika und im Nahen Osten spielte.[170] Doch am Beispiel der Golfregion und Westafrikas wird hinreichend klar: Frankreich, aber vor allem Großbritannien setzten die Konvention effektiv als ein völkerrechtliches Instrument kolonialer Kontrolle ein. 1924 lobte Außenminister Curzon gegenüber dem Kabinett die Konvention, die durch das informelle Abkommen zwischen den Unterzeichnerstaaten einsatzfähig und unverzichtbar geworden sei: „By this means good work was being done in preventing arms from reaching turbulent races in Africa and the Middle East.“[171]

Entscheidend für die Wertschätzung, die die Konvention vonseiten der britischen Regierung und Regierungsbeamten erfuhr, war nicht zuletzt der Umstand, dass es mit ihrer Hilfe gelungen war, einen schwierigen Spagat zu meistern: den Waffenhandel mit und in den imperialen Einflusszonen zu begrenzen, ohne dabei die Rüstungsexporte britischer Waffenproduzenten zu stark zu beeinträchtigen. Und obwohl die Beantragung von Exportlizenzen in Großbritannien aus Sicht der

---

168 Conference for the Control of the International Trade in Arms, Munitions and Implements of War, 15.6.1925, in: QDL/IOR/L/PS/10/675, 140r–141r. Wortlaut: „backward and turbulent communities“.

169 Records of the Third Assembly. Meetings of the Committees. Minutes of the Third Committee. Geneva 1922, S. 80.

170 Sokhna Sanés Studie „Le contrôle des armes à feu“ über Frankreichs Waffenhandelskontrollen in Westafrika erwähnt zwar die Konvention, geht aber der Frage nach ihrer Bedeutung nicht systematisch nach.

171 Curzon of Kedleston: Recent Meeting of the Council of the League of Nations, 7.1.1924, in: TNA, FO 371, 10524.

britischen Unternehmen lästig sein mochte, so verschaffte ihnen das Kontrollregime am Golf auch einen privilegierten Zugang zum Waffenmarkt dieser Region.

Es ist allerdings auch bemerkenswert, dass das Bedrohungsszenario, auf das die britische Regierung mit der Konvention ursprünglich reagiert hatte, im Zuge der Zwischenkriegszeit an Bedeutung verlor – und das lag nicht etwa an Waffenhandelskontrollen, sondern an der Strategie der indischen Unabhängigkeitsbewegung. In den 1920er Jahren stieg Mahatma Gandhi zur zentralen Figur auf und machte die Gewaltlosigkeit zum wichtigsten Mittel des Widerstands, während revolutionäre Gruppen, die den bewaffneten Kampf propagierten, bedeutungslos blieben. Sykes lag zwar richtig mit Blick auf die Prognose sozialer Unruhen in den Kolonien. Es waren aber nicht die von ihm beschworenen bewaffneten Intellektuellen und Anarchist*innen mit automatischen Pistolen, die nach dem Krieg zur Bedrohung für das britische Empire wurden, sondern eine unbewaffnete Unabhängigkeitsbewegung. Ihrem Widerstand war mit Waffenhandelskontrollen nicht beizukommen.

2.4 „New Diplomacy“ und koloniale Waffenkontrolle

Welche Rolle spielte die Waffenhandelskonvention in Genf, wo Abrüstungspolitik in der Zwischenkriegszeit zu einem wichtigen Politikfeld wurde? Der Vertrag war verhandelt und unterzeichnet worden, noch bevor der Völkerbund seine Arbeit aufgenommen hatte. Doch die Regulierung des Waffenhandels war im Artikel 23 der Völkerbundakte klar als Aufgabengebiet der neugegründeten internationalen Institution ausgewiesen und Teile des Artikel 8 waren aus einer Debatte über die internationalen Geschäfte der Rüstungsindustrie hervorgegangen. Es dauerte deshalb nicht lange und die verschiedenen Völkerbundgremien begannen, die Umsetzung der Konvention als ihren Aufgabenbereich zu definieren. Die Vereinnahmung eines Instruments imperialer Kontrolle entbehrt nicht einer gewissen Ironie: Die Abrüstungspolitik der Zwischenkriegszeit galt ihren Befürworter*innen – insbesondere Friedensaktivist*innen – als wichtiger Bestandteil einer *new diplomacy*, die sie als eine Abkehr von imperialer Machtpolitik und Hinwendung zu einer an der „öffentlichen Meinung“ orientierten, demokratisch legitimierten Außenpolitik verstanden.[172]

Die historische Forschung hat längst herausgearbeitet, dass diese Dichotomisierung der Komplexität diplomatischen Handelns nicht gerecht wird und dass die Politik, die unter dem neuen Label verkauft wurde, häufig gar nicht so neu war, sondern in vielerlei Hinsicht an die Großmachtpolitik der Vorkriegszeit anknüpf-

172 Vgl. Sharp: The New Diplomacy.

te.[173] Und schon Edward Carr, der als Mitarbeiter im Foreign Office tiefe Einblicke in die Gestaltung der internationalen Beziehungen gewann, beobachtete nach seiner Abkehr von der aktiven Diplomatie in den 1940er Jahren, dass die Regierungen der Zwischenkriegszeit Abrüstungspolitik in klassisch machtpolitischer Absicht betrieben hätten – ein Befund, den die historische Forschung untermauert hat.[174]

Angesichts der Tatsache, dass die Kolonialmächte die Waffenhandelskonvention als ein Instrument imperialer Kontrolle konzipiert und implementiert hatten, wäre es naheliegend, davon auszugehen, dass die Aneignung der Konvention durch den Völkerbund Beispiel einer solchen abrüstungspolitischen Großmachtpolitik gewesen sei. Die Realität war jedoch komplizierter. Es ist bemerkenswert, dass es nicht in erster Linie Großbritannien oder Frankreich waren, die sich beim Völkerbund für die Unterzeichnung der Konvention einsetzten. Vielmehr taten sich Anfang der 1920er Jahre die Delegierten Südafrikas, Norwegens und Schwedens in Genf als Fürsprecher der Konvention hervor und setzten sie auf die Tagesordnungen der Völkerbundgremien. Sie integrierten den von den Kolonialmächten ausgehandelten Vertrag in eine Agenda, die auf die Reform internationaler Beziehungen zielte. Ihre Vorstellungen einer reformierten Weltordnung orientierten sich dabei an Vorschlägen und Ideen, die dem liberalen Internationalismus zugeordnet werden können: Sie forderten die Stärkung internationaler Organisationen und des Völkerrechts, mit deren Hilfe staatlicher Machtpolitik Grenzen gesetzt werden sollten, und betonten die Notwendigkeit einer neuen Diplomatie, die auf Transparenz setzte.[175]

Die Abrüstungsbefürworter beim Völkerbund

Die Ausgangsbedingungen für die Durchsetzung abrüstungspolitischer Reformideen waren zunächst jedoch denkbar schlecht. Um die Abrüstungsbestimmungen des Versailler Friedensvertrags umzusetzen, hatte der Völkerbundrat im Mai 1920 die Permanent Armaments Commission (PAC) geschaffen. Jedes Ratsmitglied durfte drei Vertreter ernennen, je einen militärischen Experten für See-, Land- und Luftstreitkräfte. Die PAC war nicht der Völkerbundversammlung, sondern dem Rat

173 Vgl. Pedersen: Back to the League; Steller: Zwischen Geheimnis und Öffentlichkeit; Wertheim: Reading the International Mind.

174 Carr: The Twenty Years Crisis, S. 73 f.; 140. Diesen Befund stützend und empirisch unterfütternd Richardson: The Evolution of British Disarmament Policy; Kitching: Britain and the Geneva Disarmament Conference; McKercher (Hg.): Arms Limitation and Disarmament; Fanning: Peace and Disarmament.

175 Vgl. Pough: Liberal Internationalism, insbesondere S. 2–4.

verpflichtet. Auf diese Weise schien es, als seien früh zwei wichtige Weichen in Sachen Abrüstung gestellt worden: Erstens würde es den Großmächten möglich sein, die Genfer Debatten weitgehend zu steuern; zweitens würde das Thema in erster Linie unter militärischen Gesichtspunkten diskutiert werden. Auch wenn die Kommission für die Umsetzung des Artikel 8 der Völkerbundakte zuständig war, in dem sich alle Mitglieder zu Abrüstungsmaßnahmen verpflichteten, gelang es Frankreich, dafür zu sorgen, dass sich die Kommission zunächst fast ausschließlich auf die Umsetzung der Abrüstungsauflagen der Verlierermächte konzentrierte.[176] Das zentrale Anliegen Paris' mit Blick auf die Abrüstungspolitik des Völkerbundes sollte es stets bleiben, Frankreich vor einem erneuten Angriff Deutschlands zu schützen. Dieser Ansatz hatte nicht nur zur Folge, dass die Abrüstung des östlichen Nachbars im Vordergrund stand. Darüber hinaus lehnte Paris während der ersten Hälfte der 1920er Jahre alle allgemeinen Abrüstungsmaßnahmen ab, denen man sich selber hätte unterwerfen müssen.[177]

Doch schon bald zeigte sich, dass das diplomatische Geschehen in Genf eine Eigendynamik entwickelte, die sich nicht so einfach von den Großmächten steuern ließ. Erstens wussten auch die weniger mächtigen Staaten die neu geschaffenen Instrumente internationaler Politik zu nutzen. Zweitens war der Völkerbund Projektionsfläche für Reformideen, die mitunter von den Delegierten der Großmächte vertreten wurden, auch wenn sie im Widerspruch zu den Interessen ihrer Regierungen standen. Und drittens eröffnete das im Völkerbund verkörperte Versprechen einer *new diplomacy*, die sich im Gegensatz zur klassischen Großmachtpolitik an den Interessen der Bürger*innen orientieren und transparent sein sollte, neue Argumentations- und Handlungsspielräume für Diplomaten mindermächtiger Staaten. Die Abrüstungsdebatte ist ein gutes Beispiel dafür.

Bevor im Dezember 1920 die Völkerbundversammlung zum ersten Mal im Plenum zusammentrat, tagten im November die verschiedenen thematischen Komitees. Ungefähr vierzig Delegierte fanden sich zur Sitzung des sechsten Komitees ein, um über Abrüstungsfragen zu sprechen. Die Voraussetzungen für eine angeregte Debatte waren gut. Der hohe, verspiegelte und mit Zitruspflanzen dekorierte Raum hielt ausreichend Sauerstoff bereit, die großen Fenster ließen viel Licht herein. René Viviani, der bei Ausbruch des Ersten Weltkriegs noch französischer Premier- und Außenminister gewesen war, berichtete über die bisherige Tätigkeit der PAC. Man sei zu dem Schluss gekommen, erklärte er, dass man keine substanziellen Diskussionen führen könne, solange man nicht über belastbare Daten zur Rüstung verfüge. Nach kursorischen Einlassungen zu den Themen Gaswaffenverbot

176 Vgl. Webster: Making Disarmament Work, S. 552 f.

177 Vgl. Jackson: France and the Problems of Security; Hovi: Security before Disarmament.

und „moralische Abrüstung", womit in der Zwischenkriegszeit meinungsbildende Maßnahmen gegen militaristische Tendenzen gemeint waren, beendete er auch schon den ersten Tätigkeitsbericht der PAC.[178]

Robert Cecil war seinen Ausführungen aufmerksam gefolgt – vornübergebeugt am Ende des Konferenztischs sitzend, den Blick fest auf den Referenten gerichtet. Als er aufstand und das Wort ergriff, konnte er seinen Ärger über den wenig gehaltvollen Vortrag nur schwer verbergen. Den langen, schmalen und gebeugten Körper auf die für ihn typische Weise leicht zur Seite geneigt, hob er zu einer für das diplomatische Parkett ungewöhnlich vernichtenden Kritik an. Viviani habe nur einen kleinen Teil der relevanten Themen angesprochen. Sein Vortrag habe viele Fragen offengelassen. Das zeige, dass die PAC nicht in der Lage sei, das Thema angemessen zu behandeln. Man dürfe die Frage der Abrüstung nicht auf ein paar wenige technische Details reduzieren, sondern müsse sie viel grundsätzlicher diskutieren. Wenn man nicht sofort damit beginne, werde man in der Generalversammlung und vor allem in der Öffentlichkeit einen unvorteilhaften Eindruck hinterlassen.

Cecil saß nicht etwa für Großbritannien im Komitee, sondern vertrat Südafrika, was viele Mitdelegierte verwirrte, die ihn noch als Schlüsselfigur der britischen Friedensdelegation in Paris in Erinnerung hatten. Sein ehemaliger Verhandlungspartner Jan Smuts war mittlerweile zum Premierminister Südafrikas gewählt worden und hatte entschieden, Cecil mit der Vertretung seines Landes beim Völkerbund zu betrauen. Auf diese Weise kam der Tory-Politiker in die Position, die Arbeit der neu gegründeten Organisation mitzugestalten – und zwar ohne weisungsgebunden gegenüber der britischen Regierung zu sein, die aus seiner Sicht kein großes Interesse an den Entwicklungen in Genf hatte. Seine Unzufriedenheit mit der britischen Politik beschränkte sich dabei nicht nur auf den Völkerbund. Er sah seine sehr eigenständigen politischen Vorstellungen kaum in der politischen Landschaft Großbritanniens abgebildet. Ihm fehlten aber die Mittel, um sie umzusetzen. Seine zeitweise gehegten Hoffnungen, auf dem Ticket der Torys Premierminister zu werden, hatten sich mittlerweile zerschlagen. Und auch sein Projekt, zusammen mit Edward Grey eine progressive Partei zu etablieren, erschien zunehmend aussichtslos. An beiden Fehlschlägen wird deutlich, wie weitreichend seine politischen Ambitionen waren – eine Charakteristik, die auch seine Arbeit beim Völkerbund prägte. Dabei agierte er in Genf häufig wenig diplomatisch und

---

178 Hier und im Folgenden: Records of the First Assembly. Meetings of the Committees II. Geneva 1920, S. 247–250. Von der ersten Sitzung des sechsten Komitees existieren ein paar kurze, tonlose Videosequenzen: https://www.criticalpast.com/video/65675029351_League-Committee-on-Disarmament_HAL-Fisher_Robert-Cecil_Viscount-Kikujiro.

kompromissbereit, wenn es um die Durchsetzung seiner ambitionierten Projekte und Ideen ging, und er bewahrte sich stets seinen Hang, die eigenen Vorstellungen selbst gegen Weisungen von Vorgesetzten voranzutreiben.[179]

Cecils Rede setzte den Ton für die kommenden Sitzungen des Abrüstungskomitees, das sich nun daranmachte, die drängendsten abrüstungspolitischen Themen abzustecken. Die skandinavischen Delegierten spielten dabei eine wichtige Rolle. Sie hatten bereits anderthalb Jahre zuvor auf der Friedenskonferenz deutlich zum Ausdruck gebracht, dass ihnen die allgemeine Abrüstung sehr am Herzen lag. Als kleine Staaten mit begrenzten Budgets hatten sie keine Möglichkeit, mit den Rüstungsausgaben der sie umgebenden Großmächte mitzuhalten. Gleichzeitig sahen sie im Wettrüsten der Großmächte eine Ursache für Kriege, die wiederum ihre Volkswirtschaften gefährdeten. Die sozialdemokratischen und liberalen Regierungen der skandinavischen Länder teilten die Interpretation, dass private Rüstungsunternehmen maßgeblich zur Eskalation der Krise beigetragen hatten, die in den Krieg gemündet war. In Paris hatten sie deshalb entschieden, aber erfolglos gegen die Verwässerung von Wilsons Vorschlag protestiert, die private Rüstungsindustrie zu verbieten. Und schon vor dem ersten Zusammentreffen in Genf hatten sie im Oktober 1920 den Völkerbundrat gedrängt, endlich effektive Maßnahmen zur Abrüstung umzusetzen.[180]

Es war deshalb auch wenig überraschend, dass sie Abrüstungsbefürworter als Delegierte entsandt hatten, die sowohl auf nationalem als auch auf internationalem Parkett über großes Ansehen verfügten. Der transnational gut vernetzte Norweger Christian Lange hatte bereits 1909 als Delegierter an der zweiten Haager Friedenskonferenz teilgenommen. Im selben Jahr war er zum Generalsekretär der Interparliamentary Union gewählt worden – eine Organisation, die sich für internationale Schiedsgerichtsbarkeit einsetzte und in verschiedenen nordatlantischen Staaten über Abteilungen verfügte. In dieser Funktion hatte er zu Beginn des Krieges die Ausarbeitung eines Programmes der skandinavischen Abteilung der Union für einen dauerhaften Frieden übersehen. Das Programm umfasste viele der Punkte, die liberalen Internationalisten am Herzen lagen: die Stärkung völkerrechtlicher Instrumente zur Konfliktbeilegung, Rüstungsbegrenzung, demokratische Kontrolle von Außenpolitik, die Achtung des Souveränitätsprinzips und mit Blick auf den internationalen Handel eine Politik der offenen Tür. Auch auf der Konferenz in Den Haag 1915, die ein Jahr nach Ausbruch des Krieges Vertreter*innen verschiedener europäischer und nordamerikanischer Friedensoganisationen zusammenbrachte, war er maßgeblich an der Ausarbeitung eines Frie-

179 Vgl. Johnson: Lord Robert Cecil, S. 75 f., 121–127.
180 Vgl. Miller: The Drafting of the Covenant, Vol. II, S. 357; Sarè: The League of Nations, S. 61–68.

densprogramms beteiligt gewesen. Und schließlich hatte er einem intergouvernementalen Komitee angehört, dessen Aufgabe es gewesen war, mit Blick auf die Friedenskonferenz eine gemeinsame Linie der skandinavischen Länder zu entwickeln. Im Zuge dieser Diskussionsprozesse hatte er sich mehr und mehr vom Grundsatz der Neutralität entfernt, der sowohl Fundament der norwegischen Außenpolitik als auch des Aktivismus norwegischer Friedensaktivist*innen gewesen war. Stattdessen legte er nun den Schwerpunkt auf die Stärkung internationaler Institutionen und auf die Möglichkeit, Völkerrecht auch mithilfe militärischer Mittel durchzusetzen.[181]

Schweden entsandte Hjalmar Branting, der Anfang des Jahres als erster sozialdemokratischer Premierminister die Regierungsgeschäfte übernommen hatte und erst kurz vor seiner Reise nach Genf zurückgetreten war, nachdem seine Partei bei den Parlamentswahlen elf Sitze verloren hatte. Branting stand für eine dezidiert antimilitaristische Agenda. Obwohl Schweden während des Kriegs Neutralität gewahrt hatte, war die Wirtschaft des Landes doch in große Schwierigkeiten geraten. 1917 wurden wichtige Lebensmittel wie Milch, Butter und Kartoffeln knapp, außerdem waren Kohlelieferungen aus dem Deutschen Reich unterbrochen. Mitte des Jahres gingen Tausende Menschen auf die Straße. Im Zentrum der Kritik standen die hohen Rüstungsausgaben, die die Regierung trotz der Neutralitätspolitik aufbrachte. Bei den Wahlen im Oktober erlitten die bis dahin regierenden Konservativen eine Niederlage; in der daraufhin zustandekommenden liberal-sozialdemokratischen Koalitionsregierung übernahm Branting die Rolle des Finanzministers. Eines seiner Hauptanliegen war die Senkung der Rüstungsausgaben. Im Völkerbund sah er eine Möglichkeit, dieses Anliegen völkerrechtlich abzusichern. Nur, wenn auch die anderen an die Ostsee angrenzenden Staaten abrüsteten, ließ sich seine heimische Abrüstungsagenda glaubhaft verteidigen. Und noch eine Erfahrung prägte Brantings Agenda. Die unmittelbar auf seinen Amtsantritt folgende Oktoberrevolution in Russland sorgte für erhebliche Unruhe in seiner Partei, in der es eine starke Fraktion gab, die die Machtübernahme der Bolschewiken begrüßte. Branting selbst stand aufseiten der sozialdemokratischen Menschewiken und sah in den Entwicklungen in der Sowjetunion einen bedrohlichen Präzedenzfall. Gleichzeitig war der Verweis auf die Revolutionsgefahr ein wichtiges Instrument seiner sozialliberalen Koalitionsregierung, um dem schwedischen Königshaus demokratische Reformen abzuringen.[182]

---

181 Vgl. Gram-Skjoldager/Tønnesson: Unity and Divergence.
182 Vgl. Jaworski: The Great War; Berg/Dahlberg/Vernby: Post-WWI Military Disarmament; Czarny: Sweden, S. 31–37.

Die schwedische Sozialdemokratie hatte im Laufe des Krieges mit Blick auf ihre internationale Agenda einen Kurswechsel vollzogen, der sich in den Positionen Brantings bemerkbar machte. Desillusioniert von der Tatsache, dass es der internationalen Arbeiter*innenbewegung 1914 nicht gelungen war, die Einheit zu wahren und gemeinsam gegen den Krieg vorzugehen, veränderte sich ihre Strategie zur Schaffung eines internationalen Friedens. Nicht mehr das internationale Proletariat galt den schwedischen Sozialdemokrat*innen als der Akteur, auf den es ankam, um den weltweiten Militarismus zu bekämpfen. Stattdessen rückte der Nationalstaat ins Zentrum, der gebunden durch internationale Normen auf Abrüstung und die friedliche Beilegung von Konflikten hinzuarbeiten hatte. Dieser reformierte sozialdemokratische Internationalismus unterschied sich vom liberalen Internationalismus, insofern er der Verbesserung sozialer Bedingungen als Voraussetzung für Frieden einen größeren Stellenwert einräumte. Gleichzeitig aber griff er auch zahlreiche Anliegen wie nationale Selbstbestimmung, demokratische Kontrolle von Außenpolitik und die Gründung internationaler Organisationen auf. Auf diese Weise näherten sich in Skandinavien „sozialistische und liberale Versionen des Internationalismus" einander an, sie „wurden kompatibler und es entstand ein breiterer politischer Konsens über Friedenspolitik".[183] Das galt insbesondere mit Blick auf Abrüstungspolitik – ein Bereich, in dem Lange und Branting in den folgenden Jahren eine wichige Rolle spielen und eng miteinander kooperieren sollten.

Waffenhandel und die liberale Agenda

Cecil, Lange und Branting, der zum Vorsitzenden des Abrüstungskomitees gewählt worden war, gaben den Takt in den Sitzungen vor und betrieben erfolgreiches Agenda Setting. Dabei ist bezeichnend, dass es Cecil war, der die Waffenhandelskonvention zum Gegenstand der Debatten machte – und nicht etwa Viviani oder H.A.L. Fisher, die beiden Vertreter jener Großmächte, die maßgeblich an der Entstehung der Konvention beteiligt gewesen waren. Eine der kritischen Rückfragen, mit denen Cecil Vivianis Vortrag auseinandernahm, zielte genau auf dieses Thema. Was sei unternommen worden mit Blick auf die Waffenhandelskonvention von 1919? Er schlage vor, dass es sich das Abrüstungskomitee des Völkerbundes zur Aufgabe mache, auf die Umsetzung dieser Konvention zu drängen. Dabei verkannte Cecil keineswegs, dass diese vor allem auf koloniale Kontrolle abzielte. Im Ge-

183 Vgl. Gram-Skjoldager/Tønnesson: Unity and Divergence, S. 312–315, Zitat S. 312. Wortlaut: „In this process, socialist and liberal versions of internationalism were made compatible and political consensus about peace politics broadened."

genteil, aus seiner Sicht sprach das für eine Befassung des Völkerbundes mit der Konvention: In den „unzivilisierten Ländern“ habe sie bereits dazu beigetragen, Kriege und Konflikte einzuhegen, umso wichtiger sei es, ihr internationale Gültigkeit zu verschaffen.[184] Offenbar war er im Bilde, dass die Konvention bereits in Teilen von einigen Staaten umgesetzt wurde.

Um die Debatte voranzutreiben, organisierte Cecil einen Vortrag seines Landmanns Cecil Hurst, der über die Waffenhandelskonvention von 1919 referierte und hervorhob, wie wichtig sie sei, um Frieden zu sichern: „Arms of precision in the hands of individuals in the less civilized areas pose a great danger to the peace.“ In diesen Ausführungen klangen fraglos die Worte Mark Sykes nach, der 1917 vor Kleinwaffen in den Händen von Widerstandskämpfern gewarnt hatte, die den Frieden in den Kolonien gefährdeten. Diese Bedrohung setzte er in Beziehung zu Erfahrungen, die die Europäer*innen mit revolutionärer Gewalt gemacht hatten: „Experience in all civilised countries during the last few decades has shown the use which persons of evil disposition, such as anarchists and criminals can make of high explosives, automatic pistols, and similar commodities.“[185] Solche Einlassungen lassen das rassistische Weltbild der europäischen Abrüstungsverfechter erkennbar werden und verdeutlichen, dass sie sich nicht nur als Friedensbringer des europäischen Kontinents verstanden, sondern ihr Engagement als Teil einer *civilizing mission* begriffen. Gleichzeitig trug dieser Rassismus allerdings auch dazu bei, ihre Anliegen für die Delegierten der Kolonialmächte anknüpfungsfähig zu machen. Jedenfalls war man sich im Abrüstungskomitee bald einig, dass der Waffenhandel ein wichtiges Thema sei.

Cecil und die Skandinavier gingen allerdings über die Agenda der Großmächte hinaus und verknüpften die Frage imperialer Rüstungskontrolle mit anderen Anliegen. Norwegen und Schweden waren mit den Ergebnissen der Pariser Verhandlungen alles andere als zufrieden gewesen. Sie kritisierten nicht nur die vagen Abrüstungsbestimmungen, sondern auch den Ausschluss der besiegten Mächte und die Dominanz der imperialen Großmächte. Ihre Strategie zielte darauf, durch die Stärkung rechtlicher Instrumente den Einfluss von Staaten wie Frankreich und Großbritannien innerhalb des Völkerbundes einzuhegen sowie den der kleineren Staaten zu vergrößern.[186] Vor diesem Hintergrund sind Christian Langes Einlassungen im Abrüstungskomitee zu deuten. Genau wie Cecil kritisierte er die Arbeit der PAC vehement und stellte sie als völlig unzureichend dar. Sie habe bisher vor allem über ein Verbot von Giftgas diskutiert und somit das Ziel verfolgt, Kriege zu

184 Records of the First Assembly. Meetings of the Committees II. Geneva 1920, S. 250.

185 League of Nations, Armaments, Report of Committee No. 6 to the Assembly, 14.12.1920, in: Records of the First Assembly. Meetings of the Committees II. Geneva 1920, S. 344.

186 Vgl. Gram-Skjoldager/Tønnesson: Unity and Divergence, S. 319 f.

humanisieren. Der Anspruch des Völkerbundes müsse aber weitreichender sein. Als skandinavische Staaten sei man sich im Vorfeld der Völkerbundversammlung einig geworden, darauf hinarbeiten zu wollen, die in der Satzung und in anderen Verträgen festgelegten Abrüstungsverpflichtungen anzugehen. Mit Blick auf den Waffenhandel hob er zwei Punkte hervor. Erstens forderte er wie Cecil die Inkraftsetzung der Waffenhandelskonvention von 1919. Zweitens setzte er die „heikle aber wichtige Frage" der privaten Rüstungsproduktion, von der in Artikel 8 die Rede war, auf die Agenda des Abrüstungskomitees, die seit den Verhandlungen über die Völkerbundsatzung in Paris keine Rolle mehr auf dem internationalen Parkett gespielt hatte.[187]

Während der folgenden Sitzungen verschränkte sich dabei das Thema der Produktionskontrolle mit der Forderung nach einer Ratifizierung der Waffenhandelskonvention. Schnell zeigte sich, dass die Einschätzung zutraf, es handele sich um ein heikles Problem. Die Vorstellungen darüber, wie der Gefahr privatwirtschaftlicher Gewinngenerierung durch Waffenherstellung zu begegnen sei, wichen stark voneinander ab. Während der brasilianische Delegierte etwa ganz im Sinne Wilsons die Verstaatlichung der Rüstungsindustrie vorschlug, betonte Lange, dass es darauf ankomme, die Waffenproduktion einer internationalen Kontrolle zu unterwerfen.[188] Angesichts des fehlenden Rückhalts für ein Verbot privater Rüstungsproduktion war das ein Vorschlag, auf den sich alle einigen konnten. Bei der Frage, welche Institution eine solche internationale Kontrolle leisten könne, fiel der Blick auf die Waffenhandelskonvention. Artikel 5 legte die Schaffung eines internationalen Büros zur Sammlung aller Exportlizenzen fest, die die Unterzeichnerstaaten erteilten. Die Delegierten wurden sich schnell einig, dass sich dieses Büro auch zur Produktionskontrolle nutzen ließe. Angesichts fehlender Ratifizierungen war allerdings bisher nichts in Sachen Gründung des Büros unternommen worden. Die Inkraftsetzung der Waffenhandelskonvention erhielt vor diesem Hintergrund eine Bedeutung, die über Fragen imperialer Kontrolle hinauswies.[189]

Dass es Lange gelang, die private Rüstungsproduktion auf die Tagesordnung in Genf zu setzen, lag auch an der Unentschiedenheit Großbritanniens in dieser Frage. Im Vorfeld der ersten Generalversammlung des Völkerbundes hatten einige Abgeordnete der Labour Party und der Liberal Party mit einer internationalistischen Agenda versucht, das Foreign Office dazu zu bringen, private Rüstungsproduktion

187 Annex 2a „Armaments. Supplementary Report of Dr. Lange's Speech", 20.11.1920, in: Records of the First Assembly. Meetings of the Committees II. Geneva 1920, S. 314–325, Zitat S. 323. Wortlaut: „thorny but important question".

188 Vgl. Records of the First Assembly. Meetings of the Committees II. Geneva 1920, S. 281f.

189 Vgl. Report of Sub-Committee (a) of Committee No. 6, in: Records of the First Assembly. Meetings of the Committees II. Geneva 1920, S. 272f.

in Genf zum Verhandlungsgegenstand zu machen. In Whitehall war man einem Klärungsprozess allerdings ausgewichen. Ein Ministerialbeamter hatte lediglich festgehalten, dass die Navy aller Wahrscheinlichkeit nach mit der Unabkömmlichkeit der privaten Rüstungsindustrie im Kriegsfall argumentieren werde, während andererseits die Erfahrung des letzten Krieges gezeigt habe, dass dieses Argument Schwachstellen habe. Immerhin sei es 1915 gelungen, innerhalb kürzester Zeit auch solche Fabriken auf Kriegsproduktion umzustellen, die zuvor keine Waffen hergestellt hatten. Ach, es sei eine schwierige Frage.[190] Schließlich legte sich Premierminister Lloyd George, der bereits 1919 Verständnis für Wilsons Vorstoß gezeigt hatte, gegenüber den Abgeordneten auf die schwammige Formulierung fest, dass die britischen Delegierten bei den anstehenden Abstimmungen in der Völkerbundversammlung die unter Artikel 8 festgelegten Prinzipien berücksichtigen würden.[191]

So kam es, dass H.A.L. Fisher ohne konkrete Anweisungen bezüglich der Frage der privaten Rüstungsproduktion, aber mit reichlich Handlungsspielraum nach Genf gekommen war. Dort kam ihm als britischem Delegierten zwar großes Gewicht zu, aber er trat nicht mit eigenen inhaltlichen Akzentsetzungen in Erscheinung. Vielmehr begab er sich in den Windschatten seines zielstrebig agierenden Landsmanns Cecil und folgte der von ihm vorgegebenen Linie. Fisher, ein geachteter Bildungspolitiker, hatte weder Expertise auf dem Gebiet der Rüstung noch Erfahrung als Diplomat vorzuweisen. Es spricht für die Ambitionslosigkeit des Foreign Office, dass sie ihn für die Sitzungen des Abrüstungskomitees vorgesehen hatte, dem man in Whitehall ganz offensichtlich keine größere Bedeutung beimaß – eine Einschätzung, die sich noch rächen sollte. Fisher, einem überzeugten liberalen Internationalisten, fiel es nicht schwer, sich mit Cecils und Langes Ideen und Vorschlägen zu identifizieren.[192]

Eine dritte Forderung, die Cecil, Lange und Branting vertraten und die Folgen für die Auseinandersetzung mit dem Waffenhandel haben sollte, zielte darauf, den Einfluss der Großmächte auf die Gestaltung der Abrüstungspolitik einzuhegen. Lange kontrastierte in seinen Ausführungen die Vernachlässigung des Themas durch die von Frankreich und Großbritannien dominierte PAC mit der Expertise, die sich innerhalb der Friedensorganisationen während des Krieges herausgebildet habe. Die Inter-Parliamentary Union habe sich bereits 1914 ausgiebig mit Abrüstung befasst und dabei herausgearbeitet, dass es sich um ein hochkomplexes Problem

190 Vgl. H. Fountain, ohne weitere Angaben, in: TNA, FO 371, 4425, S. 61.

191 Vgl. Parliamentary Question Robert Richardson, in: TNA, FO 371, 4426.

192 Vgl. Records of the First Assembly. Meetings of the Committees II. Geneva 1920, S. 250–274.

handele. Es umfasse technische, juristische, politische, ökonomische und soziale Aspekte. Es sei deshalb notwendig, eine Kommission einzusetzen, deren Mitglieder über die notwendigen Kompetenzen verfügten, um die verschiedenen Aspekte fachlich angemessen zu berücksichtigen.[193] Diese Forderung spiegelte den wachsenden Stellenwert wider, der Experten im Umfeld der im Entstehen begriffenen Organisation beigemessen wurde. Die Ausgestaltung der *new diplomacy* war getragen von der Überzeugung, dass wissenschaftliche Methoden der Datenerhebung zusammen mit dem Spezialwissen der Experten wichtige Mittel seien, um internationale Probleme zu lösen. Gleichzeitig war die Berufung auf Experten und ihre Sachkompetenz immer auch ein Mittel, um Akteure in Stellung zu bringen. Der Verweis auf die Expertise, die für die Klärung von Fragen notwendig sei, verschleierte dabei nicht selten den Umstand, dass die von ihnen verhandelten Probleme im Kern hochpolitisch waren.[194]

Der Erfolg der Abrüstungsbefürworter

Die Skandinavier und Cecil konnten sich mit ihren Vorschlägen weitgehend durchsetzen. Am Ende einigten sich die Delegierten im Komitee darauf, der Generalversammlung drei Resolutionen vorzuschlagen. Die erste betraf die Waffenhandelskonvention von 1919. Der Vertrag sei von großer Bedeutung, um die Verbreitung von Waffen in den „unruhigen Regionen der Welt" zu verhindern: „It is to be remembered that as the result of the war, there has been a great expansion in the machinery for the manufacture of arms and munitions, and in consequence a special danger that the demand for armaments may be stimulated by the enterprise of firms desirous of disposing of their surplus stock to the best advantage." Deshalb appelliere man an alle Unterzeichnerstaaten, die Ratifizierung voranzutreiben und sich an das Protokoll zu halten, das eine Beachtung der Konventionsbestimmungen schon vor dem Inkrafttreten festlege. Auch der Völkerbundrat solle mit neuem Nachdruck die Ratifizierung vorantreiben.[195] Die Begründung der Resolution lässt

193 Vgl. Annex 2 „Conclusions of the Statement bade by Dr. Lange to the 6th Committee", 20.11.1920 sowie Annex 2a „Armaments. Supplementary Report of Dr. Lange's Speech", 20.11.1920, beide in: Records of the First Assembly. Meetings of the Committees II. Geneva 1920, S. 314–325.

194 Zur Rolle der Experten im Völkerbund siehe Akami: Beyond the Formula; Borowy: Coming to Terms; Bourmaud/Neveu/Verdeil (Hg.): Experts et expertise; Clavin/Wessels: Transnationalism; Clavin: Securing the World Economy; Cloet: „A fuller knowledge of the facts"; Friis: The Scandinavian Center; Fuchs: Der Völkerbund; Pedersen: Guardians; Rodogno/Kozma (Hg.): The League of Nations Work on Social Issues; Schulz-Forberg: Neoliberals; Tollardo: Fascist Italy, S. 159–213.

195 Records of the First Assembly. Plenary Meetings. Geneva 1920, S. 504 f.

erkennbar werden, dass sich das Komitee einerseits die Lesart der Kolonialmächte zueigen machte und die Konvention als Instrument gegen soziale Unruhen in den Kolonien verstand. Auf der anderen Seite aber vermied man es, explizit von Kolonien zu sprechen und wählte stattdessen Formulierungen, die der Konvention eine globale friedensstiftende Funktion zuschrieben. Zudem fassten die Mitglieder des Komitees nicht die „aufrührerischen Völker" in den Kolonien als Kern des Problems ins Auge, sondern europäische Firmen.

Die zweite Resolution forderte den Völkerbundrat auf, das „ernsthafte Problem" der privaten Rüstungsproduktion zu untersuchen. Gleichzeitig verwies sie darauf, dass das internationale Büro zur Kontrolle der Waffenhandelskonvention dazu genutzt werden solle, den „üblen Folgen, die die private Rüstungsproduktion zeitige", zu begegnen. Die dritte Resolution reagierte auf Cecils und Langes zum Auftakt geäußerte Kritik an der Arbeit der PAC. Man empfehle dem Völkerbundrat, als weiteres ihn beratendes Gremium eine Temporary Mixed Commission zu gründen, zusammengesetzt aus Personen mit der „notwendigen Kompetenz in politischen, sozialen und ökonomischen Angelegenheiten". Sie solle Vorschläge zur Umsetzung des Abrüstungs-Artikels der Völkerbundsatzung entwickeln.[196]

Die Diskussion über die Forderung des sechsten Komitees fand auf Anregung Cecils öffentlich statt.[197] Auf diese Weise machte er die Auseinandersetzung mit der Waffenhandelskonvention auch performativ zu einem Teil der *new diplomacy*. Dabei ging es nicht lediglich um die Frage, was beschlossen wurde, sondern auch darum, wie Beschlüsse zustandekamen, mit welcher Bedeutung bestimmte diplomatische Prozesse aufgeladen und wie sie inszeniert wurden. „Geheimdiplomatie" galt unter Vertreter*innen eines liberalen Internationalismus als eine wesentliche Ursache des Krieges. Solange Außenpolitik ohne Kontrolle durch andere Instanzen und abgeschirmt vom öffentlichen Meinungsbildungsprozess betrieben werde, bestehe die Gefahr, dass Regierungen gegen den Willen der Bevökerung Bündnisse schließen könnten, die den Frieden gefährdeten. Um Frieden zu sichern, sei die Verlagerung diplomatischer Aushandlungsprozesse in die öffentliche Sphäre unabdingbar. Diese Öffnung ließ sich auf verschiedene Weise vollziehen und in Szene setzen: durch die Veröffentlichung von Verhandlungsprotokollen, durch Broschüren, die reich bebildert Einblick in die Arbeit des Völkerbundes gaben, oder mithilfe

196 Vgl. Records of the First Assembly. Plenary Meetings. Geneva 1920, S. 505. Wortlaut: „serious problem", „evil effects of the private manufacture of munitions and of war material", „expert information of another kind, e.g., in the sphere of politics, economics or social science". Zur Geschichte dieser Kommission siehe Webster: Absolutely Irresponsible Amateurs, S. 374 f.

197 Vgl. Records of the First Assembly. Meetings of the Committees II. Geneva 1920, S. 270 f.

von Sitzungen, an denen Journalist*innen und Vertreter*innen nicht-staatlicher Organisationen teilnehmen konnten.[198]

Auch die Abrüstungsbefürworter auf der ersten Völkerbundversammlung vertraten die Forderung nach einer demokratischen Kontrolle internationaler Verhandlungen. Sie versprachen sich davon eine Stärkung ihrer Verhandlungsposition. Cecil etwa beklagte mit Blick auf die Waffenhandelskonvention nicht lediglich das „skandalöse“ Ausbleiben von Ratifizierungen durch Staaten, sondern er meinte, die Lösung zu kennen: „Public opinion must bring pressure to bear on the different Governments“.[199] Branting gab bei der Präsentation des Berichts des Abrüstungskomitees dieser Hoffnung eine spezifisch sozialistische Stoßrichtung, indem er Arbeiter*innen zu Träger*innen dessen machte, was er zur öffentlichen Meinung erklärte:

> Moral and economic reasons prompt us to advance as far as possible in this path which will lead us slowly, but, I hope, surely, to disarmament. Workers of civilised countries still hesitate to put much confidence in the League of Nations. The masses of the people ask of us not words but deeds. They expect from your debates positive results which will give them more security for the future. Without the confidence of the workers, all that we do here will be vain. In these times we shall not be able, without this confidence, to create anything lasting. The public opinion of the great masses urgently desires the construction of a new world, where equality will be more real than at present.[200]

Es ist bemerkenswert, mit welcher Selbstverständlichkeit Cecil und Branting davon ausgingen, dass ihre Positionen dem entsprachen, wass die „öffentliche Meinung“ wollte. Von dieser Prämisse ausgehend war es für sie aus zwei Gründen wichtig, Debatten öffentlich zu führen: um den Handlungsdruck auf Delegierte und Regierungen zu erhöhen und um die Akzeptanz des Völkerbundes in der Öffentlichkeit zu stärken. Schließlich signalisierte man, so schwierige Themen wie Rüstung nicht mehr hinter verschlossenen Türen zu diskutieren, sondern transparent zu machen.

Die Völkerbundversammlung stimmte den Resolutionen zu, die das Abrüstungskomitee vorbereitet hatte. Im britischen Foreign Office sah man in diesem Schritt zunächst keine Gefahr für die eigene Agenda; man ging davon aus, dass sich durch die Einberufung eines Expertengremiums nichts substanziell ändern werde.[201] Genauso schätzte man die Lage im Quai d'Orsay ein. Die Großmächte hätten ihre Deutung der Abrüstungsbestimmungen der Völkerbundsatzung hinreichend

---

198 Vgl. McCarthy: The British People, S. 15–45; Steller: Zwischen Geheimnis und Öffentlichkeit; Wertheim: Reading the International Mind.

199 Records of the First Assembly. Meetings of the Committees II. Geneva 1920, S. 259.

200 Records of the First Assembly. Plenary Meetings. Geneva 1920, S. 502 f.

201 Vgl. Yearwood: Guarantee of Peace, S. 211 f.

deutlich gemacht. Es sei nicht davon auszugehen, dass in dieser Hinsicht irgendwelche unvorhergesehenen Entwicklungen eintreten würden. Die Lösung rüstungspolitischer Probleme hänge ohnehin weniger von irgendwelchen neugegründeten Organisationen ab.[202]

Der Völkerbundrat kam auf seiner Sitzung im Februar 1921 der Empfehlung nach, die Temporary Mixed Commission einzusetzen, der etwas über 20 Mitglieder angehörten. Indem die Mitglieder vom Rat ernannt wurden, sicherten sich die dort stark vertretenen Großmächte zwar einen erheblichen Einfluss auf die Zusammensetzung der Kommission. Doch einmal ernannt, waren die Vertreter des neuen Gremiums gegenüber keiner Regierung weisungsgebunden. Die Praxis gestaltete sich manchmal etwas komplizierter. Viviani und H.A.L. Fisher etwa waren beides gleichzeitig: Delegierte ihrer Staaten beim Völkerbund und unabhängige Mitglieder der Kommission. Sie waren über die abrüstungspolitische Agenda ihrer Regierungen informiert und es wäre töricht zu glauben, dieses Wissen habe nicht auch ihre Positionen in der Kommission geprägt. Allerdings gehörten auch Personen wie Cecil, Lange und Branting dazu, die das Gremium nutzten, um ihre eigenen Vorstellungen einer effektiven Abrüstung voranzutreiben beziehungsweise die Perspektive kleinerer Staaten einzubringen. Mit der Neugründung verfügte der Völkerbund bereits über drei Gremien, deren Kerngeschäft Abrüstungsfragen waren: Die dem Rat verantwortliche PAC, das sechste Komitee der Generalversammlung und die Temporary Mixed Commission. Wie im nächsten Kapitel zu zeigen sein wird, war es Letztere, die in den folgenden Jahren die Debatten über Abrüstung beim Völkerbund maßgeblich prägen und vorantreiben sollte. Dabei zeigte sich, dass die Großmächte die Kommissionsmitglieder nicht davon abhalten konnten, eine Agenda zu verfolgen, die im Laufe der Zeit immer stärker in Widerspruch zu den Interessen der Großmächte geriet.[203]

Dieser Konflikt entfaltete sich ab 1923 auch anhand der Waffenhandelsthematik. Zunächst jedoch lagen die Temporary Mixed Commission und die Regierungen der Großmächte bei diesem Thema auf einer Linie. In der Völkerbundversammlung präsentierte Fisher beispielsweise voll Stolz die Bereitschaft seiner Regierung, die Konvention zu unterzeichnen.[204] Die Initiative, die neu geschaffenen Strukturen des Völkerbundes für die Stärkung der Konvention zu nutzen, ging allerdings stets von der Temporary Mixed Commission aus. Sie war es – und nicht die PAC oder der Rat, wo der Einfluss der Großmächte wesentlich direkter war –, auf

202 Vgl. Observations sur le memorandum du secretaire general relatif aux armaments (Document 124 du Conseil), 18.2.1921, in: AD MAE, 242QO, 962, S. 102–106.

203 Zur Geschichte dieser Kommission siehe Webster: „Absolutely Irresponsible Amateurs."

204 Vgl. Records of the Second Assembly. Meetings of the Committees I. Geneva 1921, S. 311 f.

deren Drängen hin sich das Generalsekretariat 1921 der Angelegenheit annahm und Briefe an die Völkerbundmitglieder und die USA verschickte mit der Aufforderung, die Konvention doch endlich zu ratifizieren.[205] Der Grund für die Untätigkeit der Kolonialmächte lag auf der Hand: Das Ende 1920 vereinbarte, informelle Abkommen, die Konvention zumindest mit Blick auf die Verbotszonen anzuwenden, erfüllte bereits weitgehend jene Erwartungen, die sie an den Vertrag geknüpft hatten. Aus ihrer Sicht bestand keine Dringlichkeit, ihn nun auch förmlich in Kraft zu setzen. Gerade in Whitehall wusste man schließlich durchaus zu schätzen, dass der informelle Charakter die in der Konvention enthaltenen Restriktionen mit Blick auf Staaten außerhalb der Verbotszonen zu umgehen half.

Die Bemühungen des Völkerbundes um die Konvention scheiterten letztlich. Zwar ratifizierten bis Ende 1922 zehn lateinamerikanische und asiatische Staaten sowie Finnland den Vertrag.[206] Doch die, auf die es ankam – die Rüstung produzierenden Staaten –, fürchteten Export-Nachteile für die eigene Industrie bei einer einseitigen Ratifikation und machten sie deshalb von der Entscheidung anderer industrialisierter Staaten abhängig. Die USA allerdings verweigerten sich. Im State Department fürchtete man, dass die Unterzeichnung der Konvention den eigenen Handlungsspielraum in Lateinamerika, insbesondere Zentralamerika, zu stark eingrenzen werde. Auf dem von Revolutionen geschüttelten Kontinent pflegten die USA jene Parteien mit Waffen zu unterstützen, die ihnen genehm waren, während sie gegen andere Waffenembargos verhängte. Dieser Möglichkeit wollten sich die Washingtoner Diplomaten nicht beraubt sehen.[207] Die Weigerung der USA führte dazu, dass letztlich auch die anderen produzierenden Staaten die Waffenhandelskonvention nicht unterzeichneten.

Die Befassung des Völkerbundes mit der Waffenhandelskonvention von 1919 war jedoch nicht deshalb bedeutsam, weil die Initiative von Erfolg gekrönt gewesen wäre, sondern aus einem anderen Grund: In Genf integrierten Abrüstungsbefürworter, die einen liberalen Internationalismus vertraten, ein völkerrechtliches Instrument in ihre Agenda, das auf die Stärkung imperialer Herrschaft zielte. Einerseits verfolgten sie dabei das Ziel, die Konvention zu internationalisieren und ihren Nutzen auch auf andere Weltregionen auszuweiten – etwa durch die Schaffung des dort vorgesehenen Büros. In den folgenden Jahren entfalteten sie weitere Facetten einer solchen Internationalisierung. Cecil beklagte auf der Völkerbundversammlung 1922, dass die Konvention aus seiner Sicht ein geeignetes Instrument

---

205 Vgl. Records of the Third Assembly. Meetings of the Committees. Minutes of the Third Committee. Geneva 1922, S. 80.

206 Vgl. Records of the Third Assembly. Meetings of the Committees. Minutes of the Third Committee. Geneva 1922, S. 79.

207 Siehe dazu Näheres im Kapitel 3.3

gewesen wäre, um beispielsweise die Gewalt auf dem Balkan einzudämmen, die sich dort auch über das Kriegsende fortsetzte. Zudem hätte man mit ihr eine Aufrüstung der Sowjetunion verhindern können, von der aus seiner Sicht eine erhebliche Gefahr ausging.[208]

Doch gleichzeitig gilt festzuhalten, dass die Abrüstungsverfechter eine Stärkung imperialer Kontrolle zur Befriedung kolonialisierter Gesellschaften in die Agenda des Völkerbundes einschrieben – und zwar nicht als unbeabsichtigten Beifang, sondern gezielt und als Teil eines friedenspolitischen Programms mit globalem Anspruch. 1922 hielten die Mitglieder des sechsten Komitees der Generalversammlung fest, dass die Waffenhandelskonvention vor allem einen Zweck erfülle: „To prevent the importation of arms [...] to certain defined areas inhabited by backward peoples. [...] the task of preventing bloodshed in vast regions of Africa and in the countries which border the red Sea is rendered far more difficult if the inhabitants have access to unlimited quantities of arms and ammunition."[209] Obwohl die Waffenhandelskonvention nie in Kraft treten sollte – die dort festgeschriebenen imperialen Kontrollinstrumente blieben in Genf während der folgenden Jahre auf der Tagesordnung und spielten auch in weiteren Versuchen, den internationalen Waffenhandel zu regulieren, eine wichtige Rolle.

208 Vgl. Records of the Third Assembly. Plenary Meetings and Committees. Geneva 1922, S. 244f.
209 Vgl. Records of the Third Assembly: Plenary Meetings II. Annexes: Reports on the Work of the Council and Reports adopted by the Assembly. Geneva 1922, S. 163.

3 Widerstand Der Völkerbund und der Kampf um die Umverteilung von Macht

Die Neuordnung der Welt 1919 weckte Hoffnungen auf den Abbau politischer und wirtschaftlicher Ungleichheit sowohl zwischen Staaten als auch zwischen sozialen Klassen. Zwar war der Völkerbund alles andere als egalitär. Die Imperialmächte hatten dafür gesorgt, dass er eine Struktur erhielt, die die Aufrechterhaltung einer hierarchischen internationalen Ordnung ermöglichte.[1] Doch gleichzeitig war mit seiner Gründung eine Organisation entstanden, in die sowohl mindermächtige Staaten als auch nicht-staatliche Akteur*innen fest eingebunden waren und die ihnen die Möglichkeit bot, ihren Positionen und Forderungen mit Blick auf die Gestaltung der internationalen Politik Gehör zu verschaffen.[2] Diese Einbindung hatte auch für die Frage der völkerrechtlichen Regulierung des Waffenhandels Folgen. Während der ersten Hälfte der 1920er Jahre nutzten einige der mindermächtigen Staaten und die international organisierten Gewerkschaften die vom Völkerbund vorangetriebenen Vorbereitungen einer Waffenhandelskonferenz und die Mitte 1925 durchgeführte Konferenz selbst, um Widerstand gegen bestehende Hierarchien zwischen Staaten und zwischen sozialen Klassen zu leisten. Sie kämpften um die Etablierung eines völkerrechtlichen Regelwerks für das Geschäft mit Rüstungsgütern, das auf eine Umverteilung von Macht zielte. Die Verhandlungen über eine zweite Waffenhandelskonvention wurden somit zu einem Testfall, inwiefern der Völkerbund die Veränderung von Machtverhältnissen ermöglichte.

Die Gruppe der mindermächtigen Staaten, die mit Blick auf die völkerrechtliche Regulierung des Waffenhandels ein erkennbar eigenständiges Profil entwickelten, war äußerst heterogen. Zu ihr gehörten osteuropäische, asiatische und lateinamerikanische Staaten wie Jugoslawien, Persien und El Salvador, die über ganz unterschiedliche Gesellschaftsstrukturen verfügten und mit grundverschiedenen geopolitischen Herausforderungen konfrontiert waren. Allen gemeinsam war, dass sie bestenfalls einen kleinen Teil der Waffen, die ihre Streitkräfte benötigten, innerhalb der eigenen Grenzen produzieren konnten und deshalb auf Rüstungsimporte aus den industrialisierten Staaten angewiesen waren. Für die beiden Letztgenannten galt darüber hinaus, dass sie sich in Regionen befanden, in denen die USA beziehungsweise Großbritannien imperiale Interessen verfolgten und deshalb erheblich in die inneren und äußeren Belange der mindermächtigen Staaten ein-

1 Vgl. Getachew: Worldmaking after Empire, S. 37–70.
2 Vgl. Jackson/Mulligan/Sluga (Hg.): Peacemaking and International Order.

https://doi.org/10.1515/9783111571638-004

griffen. Die von den Imperialmächten vorangetriebene Entwicklung des Völkerrechts hatte ganz maßgeblich dazu beigetragen, ein solches Vorgehen zu legitimieren und die Dominanz gegenüber mindermächtigen zu verfestigen.[3]

Zu Beginn des 20. Jahrhunderts formierte sich allerdings Widerstand. Eine wachsende Zahl nicht-weißer Jurist*innen und Diplomaten mindermächtiger Staaten kritisierte den imperialen Charakter des Völkerrechts europäischer Prägung und suchte nach Alternativen. Zwei Konzepte spielten in ihren Bemühungen um eine alternative Völkerrechtsordnung eine zentrale Rolle: Erstens erklärten sie die Gleichbehandlung aller Staaten zu einem grundlegenden Prinzip internationaler Beziehungen. Zweitens definierten sie den Begriff der Souveränität auf eine Weise, die es ermöglichte, Interventionen der Imperialmächte zu delegitimieren.[4] Die völkerrechtliche Regulierung des Waffenhandels seit dem ausgehenden 19. Jahrhundert war nicht nur Teil einer hierarchischen Weltordnung. Im Zuge der Verhandlungen, die in der Unterzeichnung der zweiten Waffenhandelskonvention 1925 mündeten, formierte sich auch der Widerstand gegen diese Ordnung. Dabei war die Frage, wie das internationale Geschäft mit Rüstungsgütern zu regulieren sei, sowohl mit Blick auf die Umdeutung des Souveräntitäsbegriffs als auch mit Blick auf Gleichbehandlung von Bedeutung.

Auch der Ansatz der international organisierten Gewerkschaften zur Regulierung des Waffenhandels zielte auf die Umverteilung von Macht – allerdings nicht zwischen Staaten, sondern zwischen sozialen Klassen. Die Ausgangsbedingungen, um auf die Gestaltung der internationalen Ordnung Einfluss nehmen zu können, waren für die Gewerkschaften zunächst günstig. Nach dem Ersten Weltkrieg ging die Angst vor gesellschaftlichen Unruhen und Arbeiter*innenaufständen in den liberalen Demokratien um. In Russland hatten die Bolschewiki die Macht gewonnen, in vielen Ortschaften des besiegten Deutschlands übernahmen Arbeiter*innen- und Soldatenräte das Kommando. Die Regierungen der liberalen Demokratien fürchteten, dass auch in ihren Ländern Ähnliches geschehen könnte. Zugeständnisse an die Arbeiterschaft und ihre Einbindung in politische Prozesse erschien deshalb nicht nur progressiven Kräften als eine Möglichkeit, Revolutionen zu verhindern. Diesem Ansatz folgend befürworteten die 1919 in Paris versammelten Regierungen die Gründung der Internationalen Arbeitsorganisation (ILO), über die die Gewerkschaften in die Tätigkeit des Völkerbundes eingebunden werden sollten.[5]

---

3 Vgl. Anghie: Imperialism; Coates: Legalist Empire; Koskenniemi: Gentle Civilizer, S. 98–178.

4 Vgl. Becker Lorca: Mestizo Law; Getachew: Worldmaking after Empire, S. 5–9, 67–70; Vitalis: White World Order, S. 25–84.

5 Vgl. Tosstorff: The International Trade-Union Movement.

So erhielten Gewerkschaftsvertreter die Möglichkeit, Einfluss auf die Abrüstungsverhandlungen zu nehmen.

Historiker*innen haben sich zuletzt verstärkt mit sozialistischen Varianten des Internationalismus befasst.[6] Dabei spielt mit Blick auf die Zwischenkriegszeit die Frage eine Rolle, was eigentlich das spezifisch Sozialistische war. Einige Studien haben herausgearbeitet, dass sich Arbeiterorganisationen und linke Parteien bereits während des Krieges liberalen Positionen angenähert hätten, indem sie begannen, sich für Themen wie Demokratisierung, Abrüstung und den Völkerbund einzusetzten.[7] An diesem Argument ist vieles plausibel. Allerdings wurde mittlerweile zu Recht darauf hingewiesen, dass solche Überschneidungen mit Blick auf recht allgemein formulierte Prinzipien wenig überraschend seien.[8] Blickt man hingegen auf die konkreten Projekte, mit denen diese übergeordneten Ziele umgesetzt werden sollten, dann lässt sich das Verhältnis von sozialistischem und liberalem Internationalismus mit seinen Überschneidungen und Differenzen durchaus nuancierter bestimmen.

Dieses Kapitel untersucht am Beispiel El Salvadors und der von der ILO nach Genf entsandten Gewerkschafter, wie mindermächtige Akteure die Verhandlungen über das internationale Geschäft mit Rüstungsgütern für ihre antiimperialistische beziehungsweise antikapitalistische Agenda zu nutzen suchten. Wie fügte sich die Regulierung des Waffenhandels in die salvadorianische und gewerkschaftliche Völkerrechtspolitik? Welche Verbindungen, aber auch Reibungsflächen gab es zwischen beiden Ansätzen? Welche Allianzen konnten sie schmieden? Und auf welche Widerstände stießen sie? Um diese Fragen zu beantworten, gilt es, den Widerstand gegen eine imperialistische Welt- und kapitalistische Gesellschaftsordnung in Beziehung zu setzen zu anderen Konfliktfeldern. In Abrüstungsverhandlungen spielte die Suche nach einem belastbaren Frieden zwischen den europäischen Staaten stets eine zentrale Rolle. Die Handlungsspielräume, die sich den Gewerkschaften und dem salvadorianischen Delegierten in Genf eröffneten, lassen sich nur erklären, wenn man die Suche nach einer europäischen Sicherheitsarchitektur in die Analyse miteinbezieht.

---

6 Vgl. Dogliani: The Fate of Socialist Internationalism; Imlay: Socialist Internationalism; Imaly: An Alternative; Palen: Pax Economica.

7 Vgl. Gram-Skjoldager/Tonnesson: Unity and Divergence; Laqua: Democratic Politics.

8 Vgl. Imlay: The Practice of Socialist Internationalism, S. 12 f.

3.1 Antikapitalistische Völkerrechtspolitik

Nachdem die Delegierten auf der ersten Generalversammlung des Völkerbundes 1920 die Gründung einer unabhängigen, nicht weisungsgebundenen Temporary Mixed Commission gefordert hatten, taten die Großmächte – allen voran Frankreich – alles, um diese durch eine geschickte Ernennungspolitik dennoch unter die Kontrolle des Völkerbundrats zu bringen.[9] Nichtsdestotrotz entwickelte sie sich in der ersten Hälfte der 1920er Jahre zu einem Forum für Vorschläge, die im Widerspruch zur Rüstungspolitik Frankreichs und in zunehmendem Maße auch zu der Großbritanniens standen – gerade auch in Fragen des Waffenhandels. Eine zentrale Rolle spielten dabei die drei von der ILO entsandten Vertreter der Gewerkschaften. Sie nutzten die Kommission als Forum, um die Ausarbeitung einer neuen Waffenhandelskonvention auf die Tagesordnung des Völkerbundes zu setzen. Dabei ging es ihnen darum, den Ansatz der Konvention von 1919 zu überwinden, die sie als Instrument imperialistischer Politik brandmarkten. Stattdessen forderten sie, ein weitreichenderes Vertragswerk zu schaffen, das auch die Kontrolle der Produktion ermöglichen sollte. Unterstützung erhielten sie dabei zunächst von liberalen Internationalisten wie Robert Cecil, der selbstbewusst und eigenwillig eine abrüstungsfreundliche Agenda vertrat. Das wohl wichtigste Resultat dieser gemeinsamen Interessen stellte die Einberufung einer Waffenhandelskonferenz 1925 dar.

Dass die Gewerkschaften in die Abrüstungspolitik eingebunden wurden, hatte viel mit der nach dem Kriegsende umgehenden Revolutionsangst zu tun. Es war der schwedische Sozialdemokrat Hjalmar Branting, der die Völkerbundversammlung auf die Gründung der Temporary Mixed Commission einschwor und dabei den Weg bereitete, den Gewerkschaften ein Mitspracherecht einzuräumen. In einer Rede verknüpfte er Abrüstungsforderungen mit der Warnung vor der Unzufriedenheit der Arbeiter. Militarismus sei Barbarismus und wenn man wie vor dem Krieg fortfahre, Ressourcen in Rüstung zu stecken, dann werde man an der Aufgabe des Wiederaufbaus scheitern. Die Menschen trügen schwer an den Folgelasten des Krieges. Die Arbeiter der „zivilisierten Staaten" seien nach wie vor skeptisch, ob sie dem Völkerbund vertrauen könnten. Sie erwarteten von den Delegierten in Genf Resultate, die den Weg in eine sichere Zukunft wiesen. Ohne das Vertrauen der Arbeiter werde es unmöglich sein, einen dauerhaften Frieden zu etablieren.[10]

Brantings Rede vor der Völkerbundversammlung hielt Implikationen mit Blick auf die Besetzung der geforderten Temporary Mixed Commission bereit. Wenn die Frage der Abrüstung so zentral war für Arbeiter*innen, dann war es nur folge-

---

9 Vgl. Webster: „Absolutely Irresponsible Amateurs", S. 375 f.

10 Vgl. Records of the First Assembly. Plenary Meetings. Geneva 1920, S. 502 f.

richtig, sie in die Gestaltung dieses Politikfeldes einzubeziehen. Die Voraussetzungen dafür waren vorhanden. Europäische und US-amerikanische Gewerkschaften hatten sich bereits während des Krieges grenzübergreifend organisiert und gemeinsam den Anspruch formuliert, in Friedensverhandlungen eingebunden zu werden. Viele Probleme, von denen Arbeiter betroffen seien, ließen sich nur auf der internationalen Ebene lösen. Gerechte Löhne und gute Arbeitsbedingungen etwa seien nur dann sicher, wenn sich alle Länder an die gleichen Vorgaben hielten.[11] Während der Pariser Friedensverhandlungen griffen die Regierungen der westlichen Länder die Forderungen der Gewerkschaften in Teilen auf, indem sie die Gründung der ILO unter dem Dach des Völkerbundes ermöglichten. Diese internationale Organisation bestand aus Vertetern der Mitgliedsstaaten, der Gewerkschaften und der Arbeitgeber*innen. Angesichts der Oktoberrevolution sowie sozialer Unruhen und Arbeiter*innenaufstände in verschiedenen europäischen Ländern erschien den westlichen Regierungen die Einbindung von Gewerkschaften als Möglichkeit, den gesellschaftlichen Frieden wiederherzustellen beziehungsweise zu sichern.[12]

Im Februar 1921 trat der Völkerbundrat zusammen, um über die Resolutionen der ersten Generalversammlung des Völkerbundes zu beraten. Auf der Tagesordnung standen auch jene zwei Resolutionen, die Cecil und die skandinavischen Delegierten auf die Agenda des Völkerbundes gesetzt hatten: Erstens sollte der Rat eine unabhängige Temporary Mixed Commission schaffen. Zweitens sollte diese Kommission damit beauftragt werden, die „üblen Folgen" privater Rüstungsproduktion zu untersuchen. Dabei gelte es auch danach zu fragen, inwiefern das internationale Büro, dessen Gründung in der Waffenhandelskonvention von 1919 festgeschrieben worden war, der Produktionskontrolle dienen könne. Die französische Position zu diesen Themen war wenig wohlwollend. Die Waffenhandelskonvention stelle bereits ein völlig ausreichendes Instrument dar, um den „üblen Folgen" der privaten Produktion beizukommen. Die Kontrolle der Waffenproduktion sei hingegen problematisch und man müsse sich auch fragen, ob das internationale Büro zur Kontrolle der Waffenhandelskonvention die richtige Institution sei, um die „üblen Folgen" zu beseitigen. Vor allem gelte es zu beachten, welche Bedeutung einer leistungsstarken privaten Industrie im modernen Krieg zukomme. Es sei nicht mehr möglich, Rüstungsgüter in ausreichendem Umfang während Friedenszeiten zu produzieren. Im Kriegsfall werde es in Zukunft notwendig sein, auf alle Ressour-

11 Siehe z. B. Rundschreiben der Confédération Générale du Travail an die gewerkschaftlichen Landeszentralen, 27.9.1916, abgedruckt in: Weber/Schönhoven/Tenfelde: Quellen zur Geschichte der deutschen Gewerkschaftsbewegung, S. 246–252.

12 Vgl. Maul: The International Labour Organization, S. 33–48; Ruotsila: The Great Charta for the Liberty; Tosstorff: The International Trade Union Movement.

cen der Industrie zurückzugreifen.[13] Es gelang dem französischen Delegierten Léon Bourgeois, diese Sicht in den Bericht und die Resolutionen des Völkerbundrats einzuschreiben.[14]

Damit bestätigte sich nochmals sehr eindrücklich, dass Abrüstungsmaßnahmen aus Sicht der französischen Regierung eben nicht darauf zielen durften, den Krieg grundsätzlich unmöglich zu machen. Gleichzeitig zeigte die französische Positionierung, wie unterschiedlich die Lehren sein konnten, die die nordatlantischen Gesellschaften aus der Erfahrung der Kriegsmobilisierung 1914 bis 1918 zogen. Aus Sicht Wilsons und der US-amerikanischen *progressivists*, aus der Sicht konservativer Militärs wie Rosslyn Wemyss, in den Augen der Labour-Abgeordneten, aber auch britischer Regierungsvertreter hatte der Krieg gezeigt, dass der privaten Rüstungsindustrie nicht zu trauen sei. Bourgeois hingegen stellte in den Mittelpunkt, dass ein Sieg ohne die Zusammenarbeit mit dieser Industrie unmöglich gewesen wäre und griff damit auf dasselbe Argument zurück, dass auch schon die Ministerialbeamten der britischen Navy 1918 vorgebracht hatten.[15]

Bourgeois zeigte sich zudem besorgt, dass eine mit unabhängigen Experten besetzte Kommission der dem Rat unterstehenden PAC wichtige Kompetenzen entziehen könnte. Um sicherzustellen, dass Frankreich auch weiterhin die Möglichkeit haben werde, die Genfer Debatten über diese Frage zu steuern, forderte er, die PAC mit der Untersuchung zur privaten Rüstungsindustrie zu betrauen, die die Generalversammlung angemahnt hatte.[16] Eine ähnliche Überlegung dürfte auch dem Vorschlag bezüglich der zu gründenden Temporary Mixed Commission zugrunde gelegen haben. Erstens schlug Bourgeois vor, dass auch sechs PAC-Mitglieder der Kommission angehören sollten. Zweitens argumentierte er im Anschluss an Brantings Rede vor der Generalversammlung, dass die Frage der Abrüstung von einem „sozialen Standpunkt“ aus zu betrachten sei und folglich sechs Vertreter der ILO berufen werden sollten – drei Arbeitgeber*innen- und drei Arbeiter*innenvertreter.[17]

---

13 Vgl. N.N.: Note au sujet de la Fabrication privée des muntions et du material de guerre (Article 8 du Pacte), 18.2.1921; Observations sur le memorandum du secretaire general relatif aux armaments (Document 124 du Conseil), 18.2.1921, beide in: AD MAE, 242QO, 962, S. 98–106.

14 Vgl. Report by Bourgeois, adopted by Council 25 February 1921, League of Nations, Official Journal Vol. 2:2 (March-April 1921), S. 145; Webster: „Absolutely Irresponible Amateurs“, S. 373–376.

15 Siehe dazu Kapitel 1.5.

16 Vgl. Observations sur le memorandum du secretaire general relatif aux armaments (Document 124 du Conseil), 18.2.1921, in: AD MAE, 242QO, 962, S. 102–106

17 Vgl. Report by Bourgeois, adopted by Council 25 February 1921, League of Nations, Official Journal Vol. 2:2 (March-April 1921), S. 145.

Dieser Vorschlag eröffnete die Chance, französischen Rüstungsinteressen in der zu gründenden Kommission mehr Gewicht zu verleihen. In der ILO spielten französische Gewerkschafter eine wichtige Rolle. Es entsprach ihrem Gewicht, dass Albert Thomas zum ersten Präsidenten der ILO ernannt worden war. Der Sozialist war in Frankreich über politische Lagergrenzen hinweg eine respektierte Größe und galt als Pragmatiker. Bald nach dem Eintritt seiner Partei in die bürgerliche Regierung René Vivianis war er im Oktober 1914 mit der Organisation der Munitionsproduktion betraut worden. Er stieg schnell auf und wurde in der innenpolitischen Krise 1917, die Georges Clemenceau an die Macht brachte, zum Munitionsminister ernannt. Seine Ernennung war auch als vertrauensbildende Maßnahme gegenüber den Arbeiter*innen gemeint, die gegen schlechte Arbeitsbedingungen protestierten.[18] Bourgeois hatte also gute Gründe anzunehmen, dass eine Einbeziehung der Gewerkschaften über die ILO eine Stärkung französischer Interessen bedeutete. Zwar hatte es innerhalb der Confédération Générale du Travail einen stark ausgeprägten Antimilitarismus gegeben. Doch mit Ausbruch des Krieges hatte sich ihre Führung eindeutig aufseiten der Regierung positioniert und den Krieg gegen die Mittelmächte mitgetragen.[19]

Der Vorschlag Bourgeouis' zur Zusammensetzung der Temporary Mixed Commission wurde angenommen. Die ILO ernannte daraufhin den Vorsitzenden der schwedischen Gewerkschaft Arvid Thorberg, den Niederländer Jan Oudegeest, der bei der Gründung der Arbeitsorganisation eine wichtige Rolle gespielt hatte, und den Generalsekretär der mitgliederstärksten französischen Gewerkschaft CGT, Léon Jouhaux.[20] Diese Einbindung der Gewerkschafter in die Temporary Mixed Commission und ihre Einbeziehung in die Ausgestaltung der Genfer Abrüstungspolitik lässt sich als Versuch der europäischen Regierungen werten, die im Krieg geschmiedete Allianz zwischen dem bürgerlichen Lager und den Arbeiter*innen in die Nachkriegszeit hinüberzuretten und den Antimilitarismus der Linken, der vor 1914 eines ihrer zentralen grenzübergreifenden Themen gewesen war, einzuhegen. Eine Mischung aus weit verbreiteter Revolutionsangst einerseits und neu gewonnenem Vertrauen in die organisierte Arbeiter*innenbewegung andererseits hatte diese Einbindung in die internationale Politik ermöglicht.

---

18 Vgl. Godfrey: Capitalism at War, S. 181–199; Hardach: Französische Rüstungspolitik; Porte: Mobilisation industrielle et guerre totale.

19 Vgl. Horne: Labour at War, S. 42–83; Krumeich: Aufrüstung und Innenpolitik; Miller: From Revolutionaries to Citizens, S. 201–212.

20 Vgl. Albert Thomas, ILO, to the Secretary General of the League of Nations, 15.4.1921, in: LNA, Répertoire Général, R 199, 11298, 12229.

Jouhaux und die Neuerfindung der Revolution

Doch dass die Einbindung der Gewerkschaften in den Völkerbund auf der Angst vor Revolutionen fußte und vonseiten bürgerlicher Regierungen als eine Maßnahme zur Reform des bestehenden Wirtschaftssystems gedacht gewesen war, heißt nicht, dass sich diese Zielsetzung auch in der Agenda der Arbeiter*innenvertreter spiegelte. Mit Blick auf den Waffenhandel war es vor allem Jouhaux, der ein besonderes Engagement innerhalb der Temporary Mixed Commission entwickelte und dabei ein spezifisch sozialistisches und antikapitalistisches Profil entwickelte, das an Revolutionsvorstellungen der französischen Gewerkschaften anknüpfte.

Der rund 40jährige Jouhaux blickte bereits auf eine lange Karriere als Gewerkschaftsfunktionär zurück. Aufgrund der finanziellen Situation seiner Familie war es ihm nicht möglich gewesen, eine weiterführende Schule zu besuchen. Stattdessen hatte er bereits als 16jähriger begonnen, in einer Streichholzfabrik zu arbeiten. Er trat als junger Mann der CGT bei, wo er schon bald zu einer Führungsfigur aufstieg. Seine Vorstellungen wurzelten im revolutionären Syndikalismus, der für die CGT insgesamt charakteristisch war. Dabei handelte es sich um eine recht heterogene Strömung, in der antipolitisches, staatsfeindliches, antimilitaristisches und antipatriotisches Denken in unterschiedlichen Kombinationen vorzufinden war. Ein gemeinsames Merkmal war die Überzeugung, dass die Überwindung des Kapitalismus' – die Revolution – nicht durch Politik, sondern durch direkte Aktionen wie Streiks zu bewerkstelligen sei. Der revolutionäre Syndikalismus verlor zwar bereits zu Beginn des 20. Jahrhunderts an Bedeutung innerhalb der CGT, die ihre Ablehnung politischer Partizipation im Rahmen staatlicher Institutionen allmählich ablegte. Dennoch stellten die Ideen, Begriffe und Konzepte, auf denen er fußte, auch weiterhin einen wichtigen Bezugspunkt französischer Gewerkschafter dar. Jouhaux spielte im Prozess der Umformung und Neuaneignung dieser Tradition eine wichtige Rolle. 1909 wurde er Generalsekretär der CGT. Er galt als jemand, der über die Fähigkeit verfügte, Ideen so zu formulieren, dass sie für die Öffentlichkeit anschlussfähig wurden, und auf diese Weise Konsens zu stiften – eine Fähigkeit, die mitunter auch als manipulativ kritisiert wurde. Er hatte sich früh als Antimilitarist einen Namen gemacht. 1913 protestierte er gegen die Verlängerung der Wehrpflicht in Frankreich und das Wettrüsten mit Deutschland, woraufhin sich die Regierung veranlasst sah, sein Haus durchsuchen zu lassen.[21]

Jouhaux war allerdings auch Pragmatiker. Die CGT hatte im Vorfeld des Ersten Weltkriegs mit Mitgliederschwund zu kämpfen, durch den sich die Führung ver-

21 Vgl. Da Silva: Léon Jouhaux, S. 13–68; Horne: Labour at War, S. 1–49; Lefranc: Le mouvement syndicale, S. 85–186.

anlasst sah, ihre Positionen zu überdenken. Der Generalsekretär war in diesem Prozess eine treibende Kraft. Der Revolutionsbegriff spielte für ihn eine wichtige Rolle, allerdings versuchte er, ihn neu zu definieren. Revolution schließe nicht langfristiges, strategisches Denken und pragmatische Schritte in der Politik aus. Ein ums andere Mal bemühte er sich, herauszustellen, dass eine solche Linie nicht im Widerspruch zu den Werten des revolutionären Syndikalismus stehe. Dieser pragmatischen Linie mag auch Jouhaux' Positionierung bei Kriegsausbruch geschuldet gewesen sein. Für viele kam es überraschend, als er im August 1914 die Gewerkschaften auf den Krieg einschwor. Die Führung der CGT war sich jedoch schon seit Längerem bewusst, dass ihre offizielle antimilitaristische Linie nicht die Haltung der Mehrheit ihrer Mitglieder widerspiegelte. Es gelang Jouhaux, diesen Politikwechsel in die antimilitaristische Tradition der Gewerkschaften zu stellen, indem er den Kampf gegen die Mittelmächte zum Kampf gegen den Militarismus erklärte. Sein Pragmatismus war eine Voraussetzung, um die französische Arbeiterschaft für den Krieg zu mobilisieren. Während des Krieges spielte er eine wichtige Rolle, um den Unmut unter Arbeiter*innen angesichts schlechter Arbeitsbedingungen und Löhne sowie Rekrutierungen zu besänftigen. Gleichzeitig galt er als Verfechter der Unabhängigkeit der CGT, der sich immer wieder entschieden einer Vereinnahmung der Gewerkschaften durch die Sozialistische Partei, aber auch durch die Regierung widersetzte.[22]

Schon während des Krieges begannen die französischen Gewerkschafter, sich Gedanken über eine Nachkriegsordnung zu machen und im Rahmen von Studiengruppen entsprechende Pläne zu entwickeln. In diesem Zuge veränderte sich das Revolutionsverständnis nochmals. Gerade Jouhaux stellte das Prozesshafte der Revolution in den Mittelpunkt seiner Überlegungen; die organisierten Arbeiter*innen müssten sich schrittweise Anerkennung und Macht erkämpfen. Auch das Verhältnis zum Staat definierte die CGT unter Jouhaux als Generalsekretär neu. Angestoßen durch die Erfahrung der Kriegsmobilisierung, wich ihre traditionelle Skepsis gegenüber dem Staat der Überzeugung, dass dieser in der Lage sei, die Produktionsmittel im Sinne des Gemeinwohls zu organisieren. Infolgedessen nahm ab 1916 die Debatte über Verstaatlichung innerhalb der Gewerkschaft Fahrt auf. Dabei unterschied Jouhaux zwischen *etatisation*, womit er die Kontrolle von Unternehmen durch den Staat meinte, und *nationalisation*, wie er die dreiteilige Verwaltung von Unternehmen durch Arbeiter, Staat und Konsumenten bezeichnete. Während er Ersteres ablehnte, machte er sich für *nationalisation* stark – eine Forderung, die vor dem Hintergrund der Debatte über Kriegsgewinne auf Resonanz

22 Vgl. Horne: Labour at War, S. 49–121; Lefranc: Le mouvement syndicale, S. 187–202; Tucker: French Revolutionary Syndicalism, S. 159–182.

stieß. Wenn die Arbeiter während des Krieges zur Verteidigung Frankreichs rekrutiert worden seien, dann müsse nach dem Krieg der Reichtum zum Wohl des Volkes „rekrutiert" werden. 1917 und auch 1918 stimmte schließlich eine Mehrheit der CGT dafür, Verstaatlichung im Sinne der *natioanlisation* zu einem festen Bestandteil des eigenen Programms zu machen.[23]

Die französischen Gewerkschaften standen mit solchen Überlegungen keineswegs allein da. Die niederländischen, österreichischen, deutschen und britischen Gewerkschaften diskutierten ganz ähnliche und teils recht konkrete Vorschläge zur Vergemeinschaftung beziehungsweise Verstaatlichung von Produktionsmitteln. Mit dem Ende des Krieges bot sich die Gelegenheit, die Debatten über Ländergrenzen hinweg zusammenzuführen. Der Internationale Gewerkschaftsbund, zu dem Gewerkschaften der meisten europäischen Länder und der USA gehörten, hielt 1919 und 1920 eine Reihe internationaler Konferenzen ab mit dem Ziel, gewerkschaftliche Politik transnational abzustimmen und Einfluss auf die Neugestaltung der internationalen Beziehungen zu nehmen. Eine besondere Herausforderung stellte dabei die Oktoberrevolution dar, mit der die Bolschewiki ein neues und sehr eindrückliches Beispiel für eine Revolution geschaffen hatten. Vor allem in Frankreich war der Revolutionsbegriff immer auch eine Möglichkeit gewesen, sich positiv auf ein nationales Geschichtsnarrativ zu beziehen, das über politische Lagergrenzen hinweg geteilt wurde. Nach 1917 waren solche Bezugnahmen problematischer geworden. Vor diesem Hintergrund bemühten sich die Mitglieder des Internationalen Gewerkschaftsbunds, die Deutungshoheit zurückzugewinnen.[24]

In den Arbeitspapieren und Resolutionen, die im Zuge dieses Diskussionsprozesses entstanden, skizzierten sie eine Alternativstrategie zur Überwindung des Kapitalismus. Sie verurteilten die gewalttätige bolschewistische Revolution, die den erreichten Lebensstandard vieler Menschen zunichtegemacht habe. Den Kapitalismus, dessen zerstörerische Kraft außer Frage stand, könne man nicht mithilfe eines gewaltsamen, disruptiven Aufstands überwinden. Arbeiter müssten vielmehr schrittweise die Kontrolle über Produktionsmittel erlangen. Die Voraussetzung dafür schätzten die Gewerschafter als außerordentlich gut ein. Die Welt sahen sie endgültig in einer Phase des Kampfes zwischen proletarischen und kapitalistischen Kräften angekommen. Der „organisierte Kapitalismus", wie die Gewerkschaften die Tendenz der Kapitalkonzentration und Kartellbildung bezeichneten, stellte aus ihrer Sicht nicht etwa eine Gefahr dar, sondern schuf die Voraussetzungen für eine Übernahme durch die internationale Arbeiterschaft. Ausgehend von dieser Analyse

23 Vgl. Horne: Labour at War, S. 122–217; Horne: L'idée de nationalisation; Lefranc: Le mouvement syndicale, S. 206–224; Tucker: French Revolutionary Syndicalism, S. 183–205.

24 Vgl. Horne: Labour at War, S. 302–349; Horne: L'idée de nationalisation.

entwickelten sie Vorschläge, wie sich wirtschaftliche Besitzverhältnisse verändern ließen. Im Zentrum stand der Begriff der Sozialisierung, unter dem verschiedene Formen der Vergemeinschaftung von Produktionsmitteln zusammengefasst wurden. Verstaatlichung bezog sich auf Industrien, die einen hohen Grad an Konzentration erreicht hatten, und bedeutete die Verwaltung durch ein Gremium bestehend aus Arbeitern, Konsumenten und dem Staat. Kommunalisierung hingegen bezog sich auf weniger konzentrierte Wirtschaftszweige und sah die Schaffung lokaler Gremien vor, die ebenfalls nach dem Dreier-Prinzip zu besetzen waren mit lokalen Autoritäten anstelle staatlicher.[25]

Diese Vorschläge unterschieden sich nicht wesentlich von dem, was die CGT unter Jouhaux diskutiert und verabschiedet hatte. Die Ähnlichkeit hatte gute Gründe. Der Generalsekretär der französischen Gewerkschaft hatte nicht nur die Wiederaufnahme der transnationalen Kooperation zwischen Gewerkschaften 1919 maßgeblich vorangetrieben, sondern spielte auch auf den Konferenzen eine wichtige Rolle. Dabei wurde erkennbar, dass für ihn nicht nur die Sozialisierung der Produktionsmittel, sondern auch Abrüstung ein zentrales Anliegen war.[26]

Die „üblen Folgen“ privater Rüstungsproduktion

Die Temporary Mixed Commission tagte zum ersten Mal im Juli und August 1921. Für die Gewerkschafter, die nun zum ersten Mal die Gelegenheit erhielten, direkt an Abrüstungsverhandlungen teilzunehmen, war die auf den Konferenzen des Internationalen Gewerkschaftsbundes vereinbarte Strategie zur Überwindung des Kapitalismus eine wichtige Richtschnur. Die Rüstungsindustrie, die im Zuge des Krieges einen Konzentrationsprozess durchlaufen hatte, bot sich geradezu als Erprobungsfeld einer international koordinierten Verstaatlichungspolitik an. Und auch völkerrechtlich gab es eine Grundlage, auf die man solche Forderungen stützen konnte: Auf den ersten Sitzungen der Temporary Mixed Commission stand Artikel 8 der Völkerbundakte über Abrüstung im Zentrum der Debatte, in dem von „schweren Bedenken“ gegen die private Rüstungsindustrie die Rede war.

Jouhaux machte gleich zu Beginn deutlich, dass er dieses Thema für zentral hielt. Die Arbeiter weltweit hätten große Hoffnungen darauf gesetzt, dass das Kriegsende zu Abrüstung führen werde; sie seien allmählich enttäuscht. „I am acting here as a spokesman of those who actually want peace in the world, and unless

25 Vgl. Horne: Labour at War, S. 302–349. Für ein Dokument zur Sozialisierungspolitik aus dem Kontext dieser Debatten siehe ILO: The Congress of the Labour.

26 Vgl. Jouhaux: Der internationale Gewerkschaftsbund, S. xxx.

we act this crisis will continue. We must remove all the danger which is attached to the pursuance of private interests so that the world will be saved from a new catastrophe.“[27] Mit diesen Worten spielte er auf die „üblen Folgen“ privater Rüstungsproduktion an, von denen in der Völkerbundakte die Rede war. Dabei bediente er sich derselben Strategie wie Branting vor der Völkerbundversammlung, der die Dringlichkeit von Abrüstungsmaßnahmen mit Verweis auf die Arbeiter*innen begründet hatte. Daran wird deutlich, wie die internationalen Vertreter der Gewerkschaften selbstbewusst die wachsende Bedeutung zu nutzen wussten, die der Arbeiterschaft und der sozialen Frage auf internationaler Ebene beigemessen wurde.

Was allerdings die „üblen Folgen“ privater Rüstungsproduktion waren, davon stand nichts in der Völkerbundsatzung. Ein Subkomitee, das sich mit der Frage der privaten Rüstungsproduktion befassen sollte, erhielt den Auftrag, für mehr Klarheit zu sorgen. Bald stellten die Mitglieder fest, dass die Verhandlungsprotokolle der Pariser Friedenskonferenz kaum Anhaltspunkte boten. Und auch die Frage, was Woodrow Wilson umgetrieben hatte, ein Verbot der privaten Rüstungsproduktion zu fordern, konnten sie trotz intensiver Recherche auf der Grundlage US-amerikanischer Kongressdebatten nicht zufriedenstellend klären.[28]

In dieser Situation warteten die Gewerkschafter mit einem Dokument auf. Es handelte sich um eine Studie, die der niederländische Antikriegsrat in Auftrag gegeben und 1916 veröffentlicht hatte. Die Friedensorganisation war international gut vernetzt, sie hatte 1915 die internationale Konferenz in Den Haag organisiert, an der Friedensaktivist*innen aus aller Welt teilgenommen hatten. Die Studie führte all jene Publikationen zusammen, die im Zuge der Vorkriegsdebatte 1913/14 über die international agierende Rüstungsindustrie verfasst worden waren. Unter Berufung auf die Enthüllungen Karl Liebknechts, Francis Hirsts, Walton Newbolds und weiterer Publizisten und Politiker führte sie Anteilseigner großer Rüstungsunternehmen auf, bezifferte die Höhe ihrer Profite, zeichnete die internationalen Verflechtungen in Form von Kartellen nach und prangerte die Beziehungen zwischen Rüstungsindustrie, Presse und Regierungen an.[29]

Auf dieser Grundlage formulierte das Subkomitee einen Vorschlag, was unter den in der Völkerbundsatzung erwähnten „üblen Folgen“ privater Rüstungsproduktion zu verstehen sei. Sie unterbreitete einen Katalog mit sechs Verhaltens-

27 Vgl. Jouhaux: Der internationale Gewerkschaftsbund, S. 9.

28 Vgl. TMC, Sub-Committee 1, Manufacture by private enterprise of munitions and implements of war, 4.8.1921, in: LNA, Répertoire Général, R 194, 11297, 15387.

29 Est-il souhaitable que la fabrication des armes et autres matériels de guerre soit confiée a l'état et cette situation favoriserait-elle effectivement la limitation des armaments? In: Organisation Centrale pour une Paix durable: Recueil de Rapports, S. 315–355.

weisen, die private Rüstungsunternehmen in der Vergangenheit an den Tag gelegt hätten: das Schüren von Kriegsängsten, um Wehretats in die Höhe zu treiben; Bestechung von Regierungen, um Aufträge zu erhalten; Verbreitung falscher Informationen, um Rüstungswettläufe in Gang zu setzen; Einflussnahme auf die Berichterstattung; Gründung internationaler Kartelle, um Staaten gegeneinander auszuspielen; Preistreiberei. Darüber, was daraus folgte, gingen die Meinungen auseinander. Während Jouhaux die Verstaatlichung der Rüstungsindustrie forderte, sprachen sich andere für Kontrollen aus.[30]

Auf Anregung des Subkomitees empfahl die Temporary Mixed Commission in ihrem Abschlussbericht für die Generalversammlung des Völkerbunds, auf die Einberufung einer internationalen Konferenz zur Regulierung der Rüstungsproduktion und des Waffenhandels hinzuarbeiten. Die Konvention von 1919 biete zwar gute Ansatzpunkte, doch im Grunde handele es sich lediglich um ein Instrument der Kolonialmächte mit begrenztem Wert für Fragen der allgemeinen Abrüstung. Es sei zudem immer noch nicht gelungen, die für ein Inkrafttreten notwendige Anzahl an Ratifikationen zu erreichen.[31] Die Völkerbundversammlung folgte den Vorschlägen und empfahl dem Völkerbundrat auf der Sitzung im September 1921, die Temporary Mixed Commission mit der Vorbereitung einer Konferenz zu beauftragen.[32]

Somit konnten die Gewerkschafter zum Auftakt der Temporary Mixed Commission gleich zwei Erfolge verbuchen. Es war ihnen gelungen, ihre Deutung der „üblen Folgen“ durchzusetzen, von denen die Völkerbundsatzung sprach. Der öffentliche Abschlussbericht, den die Abrüstungskommission am Ende ihrer ersten Sitzungsperiode an die Generalversammlung sandte, wurde in den folgenden Jahren zu einer wichtigen Legitimationsgrundlage für all jene Politiker und Friedensaktivist*innen, die eine Verstaatlichung der Rüstungsproduktion forderten. Bald schon gehörte es zu den Standardformeln in Abrüstungsdebatten, in Anspielung auf die im Bericht enthaltenen sechs Punkte von den „sechs Übeln“ privater Rüstungsproduktion zu sprechen.[33] Vor allem aber war es den Gewerkschaftern gelungen, die völkerrechtlichen Debatten über den Waffenhandel aus der Engführung auf Fragen imperialer Kontrolle zu lösen, indem sie auf der Grundlage ihrer

30 Vgl. Temporary Commission for the Reduction of Armaments, Sub-Committee No. 1: Manufacture by private enterprise of munitions and implements of war, 13.8.1921, in: LNA, Répertoire Général, R 194, 11297, 15429; Commission on Reduction of Armaments, First Sub-Committee, Report of Jouhaux, 27.8.1921 in: LNA, Répertoire Général, R 194, 11297, 15387.

31 Vgl. Commission on Reduction of Armaments, First Sub-Committee, Report of Jouhaux, 27.8.1921 in: LNA, Répertoire Général, R 194, 11297, 15387.

32 Vgl. Records of the Second Assembly. Meetings of the Committees I. Geneva 1921, S. 417.

33 Vgl. Packard: Whitehall, Industrial Mobilisation and the Private Manufacture, S. 224–226.

antikapitalistischen Agenda das private Geschäft mit Rüstungsgütern auf die Tagesordnung des Völkerbundes gesetzt hatten.

Die Allianz mit liberalen Abrüstungsbefürwortern

Selbstverständlich waren Dokumente und Argumente nicht alles, was es für ein erfolgreiches Agenda Setting bedurfte. Inwiefern es den Gewerkschaftern auch weiterhin gelingen würde, die Temporary Mixed Commission zu nutzen, um eigene Akzente in die Aushandlung verbindlicher Normen einfließen zu lassen, hing maßgeblich von der Zusammensetzung der Temporary Mixed Commission ab. Solange es um die Notwendigkeit ging, private Rüstungsunternehmen einzuhegen, konnten sie sich der Unterstützung anderer Mitglieder sicher sein. Während der ersten beiden Jahre waren das neben dem schwedischen Sozialdemokraten Hjalmar Branting vor allem die britischen Abrüstungsbefürworter H.A.L. Fisher, der Anfang 1922 von Reginald Esher abgelöst wurde, und Robert Cecil, die sich für die Kontrolle der privaten Rüstungsindustrie einsetzten. Sie waren es, die den ersten konkreten Entwurf zur Regulierung der Produktion einbrachten, den ihr Landsmann Llewelyn Smith entworfen hatte und der die Debatten in der Temporary Mixed Commission prägen sollte.

Smith war gläubiger Quäker und bereits vor der Jahrhundertwende in sozialreformerischen Debatten involviert gewesen. 1915 hatte Lloyd George ihn in das neugegründete Ministry of Munitions berufen, um die *shell crisis* in den Griff zu bekommen. In dieser Funktion war er maßgeblich dafür verantwortlich gewesen, die Rüstungsproduktion zu dezentralisieren und neue Unternehmen in die Produktion einzubinden. Nach dem Krieg wurde der entschiedene Befürworter eines Völkerbundes Mitglied der britischen Friedensdelegation und diente im Laufe der 1920er Jahre als Wirtschaftsexperte in verschiedenen Delegationen. Obwohl er nicht der Temporary Mixed Commission angehörte, zeigte er doch reges Interesse an den dort stattfindenden Diskussionen. Auf ihn ging der Antrag zurück, der die Klärung der „üblen Folgen“ der privaten Rüstungsindustrie gefordert und der Jouhaux die Steilvorlage geboten hatte, eine Definition einzubringen, die der Agenda der Gewerkschaften entsprach.[34] Und er war es, der auf der Grundlage des von Jouhaux verfassten Berichts, der die „sechs Übel“ definierte, einen ersten Entwurf zur Kontrolle der privaten Rüstungsindustrie verfasste. Dieser Entwurf zielte vor allem darauf, wirtschaftliche und transnationale Verflechtungen der Rüstungsin-

---

34 Vgl. TMC, Report of First Sub-Committee, Proposition made by Sir Hubert Llewellyn Smith, 18.7.1921, in: LNA, Répertoire Général, R 194, 11297, 14238.

dustrie zu verbinden: Unternehmen, die Waffen herstellten, müssten dafür Sorge tragen, dass keine der Leitungspersonen oder Aktionäre mit Mehrheitsanteilen gleichzeitig Mehrheitsanteile bei einer Zeitung hielten. Auslandsaufträge seien unverzüglich der Regierung zu melden. Dabei sei sicherzustellen, dass die Akquise von Aufträgen ohne Korruption vonstattengehe. Jeglicher „ausländische Einfluss" auf Rüstungsunternehmen sei zu unterbinden beziehungsweise dort, wo unerlässlich, dem Völkerbund anzuzeigen.[35] Dieser Entwurf macht deutlich, dass Smith einerseits die Interpretation Jouhaux' teilte, aus welchen Gründen die private Rüstungsindustrie eine Gefahr darstelle und warum sie zu regulieren sei. Gleichzeitig lässt er auch die Differenzen zwischen sozialistischem und liberalem Internationalismus erkennbar werden. Während Jouhaux eine Verstaatlichung forderte, wollte Smith die von Privatunternehmen ausgehende Gefahr durch Kontrolle einhegen.

Als Smith Ende 1921 nach Washington zur dort tagenden Flottenkonferenz reiste, nahm er seinen Entwurf mit, um in Gesprächen mit anderen Delegationen am Rande der Verhandlungen dessen Erfolgschancen auszuloten.[36] Glaubt man dem italienischen Delegierten in Washington Carlo Schanzer, der auch der Temporary Mixed Commission angehörte, waren die Reaktionen der französischen, britischen und US-amerikanischen Delegationen abwiegelnd bis feindlich.[37] Das hielt Esher, der Anfang 1922 zum Mitglied der Temporary Mixed Commission ernannt wurde, jedoch nicht davon ab, Smiths Entwurf in die Kommission einzubringen. Esher legte seine Rolle in dem Gremium entsprechend dem offiziellen Arbeitsauftrag aus und agierte als unabhängiger Experte. Auch mit Blick auf andere Abrüstungsthemen pflegte er Vorschläge nicht mit dem Foreign Office abzustimmen.[38] Cecil, der ebenfalls 1922 zum Kommissionsmitglied ernannt wurde, pflegte ein ganz ähnliches Selbstverständnis. Als er in einem offiziellen Dokument des Völkerbundes als britischer Delegierter bei der Kommission aufgeführt wurde, protestierte er entschieden: „I, for instance, am said to be of Great Britain. This is wrong. The members of the Commission are there strictly in their individual and not their national capacity."[39]

---

35 Rough Heads of Scheme for Regulating the Private Manufacture of Munitions, proposal by Sir Herbert Llewellyn Smith, 4.7.1922, in: LNA, Répertoire Général, R 195, 11297, 21671.

36 Vgl. Herbert Llewellyn Smith to Bernardo Attolico, Disarmament Section, 26.11.1921; James Eric Drummond to H.A.L. Fisher, 10.3.1922, beide in: LNA, Répertoire Général, R 217, 18157.

37 Carlo Schanzer, Italian Delegation to the Conference on Disarmament in Washington D.C., to Bernardo Attolico, 29.11.1921, in: LNA, Répertoire Général, R 217, 18157.

38 Vgl. Webster: „Absolutely Irresponsible Amateurs", S. 379.

39 Robert Cecil to James Eric Drummond, 29.7.1922, in: LNA, Répertoire Général, R 200, 11298.

Zumindest mit Blick auf die Kontrolle privater Rüstungsproduktion hatten Esher und Cecil mit dieser Strategie zunächst Erfolg. Die Temporary Mixed Commission akzeptierte Eshers Entwurf als Verhandlungsgrundlage.[40] Und auf der jährlichen Völkerbundversammlung im September 1922 bezog H.A.L. Fisher tatsächlich eindeutig Stellung – und zwar nicht als unabhängiges Mitglied der Kommission, sondern als Vertreter Großbritanniens. „The TMC has adopted the scheme of a Draft Convention which, to my mind, appears to be quite practical, quite capable of being put into operation, and at the same time pregnant with many important benefits to the whole human race."[41]

Smith, Fisher, Esher und Cecil waren dabei weit davon entfernt, die antikapitalistische Agenda der Gewerkschafter zu teilen. Ihre Positionen lassen sich als liberaler, staatszentrierter Internationalismus charakterisieren. Ihr Anliegen war es, die Fehlentwicklungen eines sich globalisierenden Kapitalismus durch staatliche Interventionen zu beheben und diese Interventionen mithilfe des Völkerrechts international zu standardisieren. Die Frage, ob die Rüstungsindustrie zu verstaatlichen sei oder ob es ausreiche, sie einer völkerrechtlich verbindlichen Kontrolle zu unterwerfen, blieb dabei ein Streitpunkt zwischen ihnen und den Arbeiter*innenvertretern. Der Kurs der international organisierten Gewerkschaften, die Veränderung der Besitzverhältnisse schrittweise herbeizuführen, eröffnete jedoch Handlungsspielräume für Allianzen und Kompromisse. Im April 1922 verabschiedeten die Teilnehmer der Konferenz des Internationalen Gewerkschaftsbundes in Rom einstimmig eine Resolution zur Abrüstung. Darin brachten sie ausdrücklich ihre Unterstützung für die Bemühungen zur Kontrolle der privaten Rüstungsindustrie zum Ausdruck, ohne dabei ausdrücklich von Verstaatlichung zu sprechen.[42]

Widerstände: Produktionskontrolle und imperiale Politik

Doch im Oktober 1922 trat Lloyd George als Premierminister der liberal-konservativen Koalitionsregierung zurück und wurde von einer rein konservativen Regierung abgelöst. Das hatte unmittelbare Folgen für die Frage des Waffenhandels. Die Regierungsneubildung bedeutete einen Machtzuwachs für den seit 1919 im Amt befindlichen Außenminister George Curzon, der Lloyd George stets in tiefer Abneigung verbunden gewesen war und dem bis dahin der Rückhalt des Premierministers gefehlt hatte. Die neue Regierung unter Andrew Bonar Law war aus einer

40 Vgl. Report of the TMC on Armaments, 7.9.1922, in: LNA, Répertoire Général, R 200, 11298.
41 Records of the Third Assembly. Plenary Meetings and Committees. Geneva 1922, S. 250.
42 Vgl. Résolution Concernant la Guerre et le Militarisme, Rome, 20.4.1922, in: LNA, Répertoire Général, R 217, 17294.

Rebellion konservativer Hinterbänkler hervorgegangen und hatte Schwierigkeiten, erfahrene Politiker einzubinden. Curzon gehörte zu den wenigen routinierten politischen Größen im neuen Kabinett und verfügte dementsprechend über ganz neue Handlungsspielräume. Während Lloyd Georges außenpolitische Agenda stark vom Ersten Weltkrieg geprägt gewesen war und der europäische Frieden für ihn deshalb einen großen Stellenwert einnahm, standen für Curzon die Kolonien im Mittelpunkt. Von 1899 bis 1905 war er Vizekönig in Indien gewesen und hatte sich in dieser Zeit einen Namen als umtriebiger Kolonialpolitiker gemacht. Anders als die Forschung es lange Zeit dargestellt hat, sah Curzon im Völkerbund durchaus ein wichtiges und brauchbares Instrument internationaler Politik. Allerdings beobachtete er die Aktivitäten der britischen Vertreter in Genf, die im Range eines unabhängigen Ministers mit Kabinettsrang direkt dem Büro des Kabinetts und nicht dem Foreign Office unterstellt waren, von Anfang an mit Misstrauen. In seinen Augen agierten sie zu losgelöst von der britischen Außenpolitik; eine ganze Reihe von Konflikten durchzog sein Verhältnis zu Cecil.[43]

Nach der Regierungsumbildung nutzte Curzon den neu gewonnenen Handlungsspielraum, um die Hoheit über Völkerbundangelegenheiten zurückzugewinnen. Der Temporary Mixed Commission entzog er umgehend die Unterstützung. Bis dahin war der Völkerbundrat den Empfehlungen der Völkerbundversammlung gefolgt und hatte die Kommission gewähren lassen. Die französischen Diplomaten und Militärs hatten zwar grundsätzlich kein Interesse an Maßnahmen, die über eine Abrüstung der Mittelmächte hinausgingen, und sahen die Arbeit der Kommission deshalb als eine Gefahr.[44] Ihnen fehlte jedoch die Unterstützung der anderen Mächte, um entschieden gegen ihre Aktivitäten vorzugehen. Mit Großbritanniens Richtungswechsel änderte sich das Verhalten der Ratsmitglieder. Während der Sitzungsperiode Anfang 1923 vollzogen sie eine Kehrtwende und geboten der Temporary Mixed Commission Einhalt. Probleme, die mit der privaten Rüstungsproduktion zusammenhingen, gelte es politisch zu lösen. Die Umsetzung der entsprechenden Resolutionen, die auf der zurückliegenden Völkerbundversammlung verabschiedet worden waren, sollten „auf einen späteren Zeitpunkt" verschoben werden – wenn überhaupt Maßnahmen zu ergreifen seien. Daraufhin kam es zur offenen Rebellion. Die Mitglieder der Kommission brachten zwar pflichtbewusst ihre Wertschätzung für die Entscheidung des Rats zum Ausdruck, forderten diesen aber postwendend auf, sich bei der US-Regierung zu erkundigen, unter welchen Bedingungen sie bereit sei, an einer Konvention zur Produktionskontrolle mitzu-

43 Yearwood: „A Genuine and Energetic League of Nations Policy"; Yearwood: Guarantee of Peace.
44 Vgl. Jackson: France and the Problems of Security, S. 254 f.

verhandeln.[45] Das war ein klares Signal, das man nicht daran dachte, die Arbeiten einzustellen.

Die Völkerbundversammlung und ihr Abrüstungskomitee waren in dieser Konfrontation mit dem Rat die Verbündeten der Temporary Mixed Commission. Erstens waren einige der engagiertesten Diplomaten in Sachen Abrüstung wie Robert Cecil oder Hjalmar Branting in beiden Abrüstungsgremien vertreten. Zweitens hatten hier andere Staaten Mitspracherechte, wovon die skandinavischen Regierungen mit ihrer rüstungsskeptischen Linie ausgiebig Gebrauch machten. So kam es, dass die Völkerbundversammlung auf ihrer jährlichen Sitzungsperiode 1923 auf dem Entschluss beharrte, die Temporary Mixed Commission mit dem Entwurf einer Konvention zu beauftragen. In London war man alles andere als erfreut über die Vorgaben aus Genf. Bereits seit dem Regierungswechsel hatten das War Office, die Admiralität, das Air Ministry sowie das Foreign Office eine Reihe von Memoranda zur geplanten Waffenhandelskonvention verfasst. Sie erinnerten daran, dass Großbritannien die Konvention von 1919 immer wieder erfolgreich genutzt hatte, um gegen den Waffenhandel in den Kolonien vorzugehen, obwohl diese nie in Kraft getreten war: It „does at least check the supply of arms to turbulent races in Africa and the Middle East, and this was precisely the object which His Majesty's Government had in view when they initiated the negotiations leading up to the convention“. Es sei unwahrscheinlich, eine neue Konvention zu verhandeln, die über die Bestimmungen der bereits bestehenden hinausginge. Mehr noch: Eine internationale Konferenz würde die bestehende Praxis gefährden: They „would also tend to weaken the authority of the Convention of Saint-Germain by calling attention to the informality of the arrangements on which its present enforcement is based“.[46] An dieser Einschätzung wird deutlich, wie stark die von der Temporary Mixed Commission ausgehenden Bemühungen zur Einhegung der „sechs Übel“ privater Rüstungsproduktion in Whitehall als Bedrohung kolonialer Waffenkontrolle gesehen wurden.

Auch der Fokus auf private Unternehmen galt als eine Gefährdung britischer Sicherheitsinteressen. An dem von ihrem Landsmann Llewelyn Smith mitentwickelten Entwurf einer neuen Konvention ließen die britischen Ministerialbeamten kein gutes Haar. Ganz offensichtlich gehe der Entwurf davon aus, dass die private

---

45 Vgl. Memorandum by the Secretary-General, 21.3.1923, communicated to Members of the Council, in: TNA, FO 371, 8422; TMC, Private Manufacture and Control of the Traffic in Arms, Memorandum by the Secretariat, 25.5.1923, in: LNA, Répertoire Général, R 196, 11297, 30914; Fifth Meeting of the Twenty-Third Session of the Council, in: League of Nations, Official Journal Vol. 4:3 (March 1923), S. 210.

46 Hier und im Folgenden Memorandum for Lord Robert Cecil [inklusive Anhang], 30.11.1923, in: TNA, FO 371, 8422.

Produktion eine Gefahr für den Frieden darstelle. Von diesem Gedanken ausgehend schaffe er hohe Hürden für die Herstellung von Rüstungsgütern. Dadurch würden britische Rüstungsexporte gefährdet. Diese seien allerdings wichtig, damit die eigene Rüstungsindustrie mit technischen Neuerungen Schritt halten könne. Exporte ermöglichten hohe Produktionskapazitäten in britischen Fertigungsstätten, sie brächten Devisen und würden Arbeitsplätze schaffen. Und auch die eigene Versorgung mit Rüstungsgütern werde durch die von Smith formulierten Auflagen für private Unternehmen gefährdet. Wie solle man in Kriegszeiten private zivile Unternehmen für die Rüstungsproduktion mobilisieren, wenn diese verpflichtet seien, vorher ihre Verflechtungen mit ausländischen Unternehmen oder mit der Presse aufzulösen? Und was sei in Friedenszeiten mit Mischunternehmen, für die Rüstungsgüter nur eine Sparte von mehreren seien? Letztlich würden solche Auflagen dazu führen, dass sich immer weniger private Unternehmen an der Rüstungsproduktion beteiligten und der Staat von wenigen großen Rüstungsproduzenten abhängig werde.

Aus diesen Gründen müsse man im Völkerbundrat verhindern, dass die Temporary Mixed Commission weiterhin auf eine Konferenz hinarbeite. Diese Einwände zielten einerseits darauf, den Entwurf der Abrüstungskommission als Fehlkonstruktion zu entlarven, mit der das genaue Gegenteil des Intendierten erreicht werde. Eine solche Konvention würde nicht zu weniger, sondern zu mehr Kapitalkonzentration im Rüstungsgeschäft führen, und die Macht der verbleibenden privaten Unternehmen nicht mindern, sondern steigern. Andererseits muss man aber auch den Gehalt der Kritik ernst nehmen. Für das Rüstungsbudget standen der britischen Regierung nur begrenzte Ressourcen zur Verfügung. Es galt, die Verteidigungsausgaben nach Jahren des Krieges wieder zu begrenzen. Gleichzeitig stand aber die Sicherung der Kolonien im Mittelpunkt britischer Rüstungspolitik – und dort waren die Anforderungen nicht gesunken, sondern gestiegen. In Indien und im Nahen und Mittleren Osten erstarkten Unabhängigkeitsbewegungen, darüber hinaus war Großbritannien seit 1919 auch für die Mandatsgebiete verantwortlich. In Whitehall war man deshalb auf kostengünstige Rüstungsgüter angewiesen und fürchtete gemäß der marktliberalen Logik, dass Exporthindernisse und mangelnder Wettbewerb aufgrund von Kapitalkonzentration erhöhte Preise nach sich ziehen würden. Der Widerstand der konservativen britischen Regierung gegen eine neue Waffenhandelskonvention war also in erster Linie kolonialpolitisch motiviert und ist ein Beleg dafür, wie Curzon seinen Bedeutungszuwachs nutzte, um den Erhalt des Empires stärker in den Mittelpunkt britischer Abrüstungspolitik zu rücken.

Niemand anderes als Cecil erhielt den Auftrag, den Beschluss der britischen Regierung in die Tat umzusetzen. Im Mai 1923 hatte ihn die britische Regierung zum Lord Privy Seal ernannt und mit den Angelegenheiten des Völkerbundes betraut. In dieser Funktion war er dem Foreign Office unterstellt und Premierminister Stanley Baldwin hoffte darauf, dass Curzon Cecils Engagement für den Völkerbund in Schach halten werde. Das gelang allerdings mehr schlecht als recht. Von Anfang an gab es Spannungen zwischen dem Außenminister und seinem Völkerbund-Beauftragten, die so symbolische Angelegenheiten wie Büroräume in Whitehall, aber auch grundsätzliche Fragen internationaler Politik betrafen.[47] Als Cecil Ende 1923 aus London den Auftrag erhielt, die von ihm selbst vorangetriebenen Arbeiten der Temporary Mixed Commission zu blockieren,[48] entschied er sich, sein Verhältnis zu Curzon weiter eskalieren zu lassen und ignorierte die Anweisung aus London schlicht. Auf einer Ratssitzung im Februar 1924 bezeichnete er erneute Verhandlungen über den Waffenhandel gar als „eine Angelegenheit von großer moralischer und sozialer Bedeutung für die Interessen der Menschheit und Zivilisation".[49] Und als der französische Delegierte versuchte, das von der Temporary Mixed Commission geforderte Schreiben an die USA als Instrument zu nutzen, die weiteren Arbeiten an der Konvention zu verzögern, schritt er entschieden ein. Es wäre bedauernswert, sollten die Kommissionsmitglieder nicht vor April mit ihren Arbeiten beginnen können. Cecils Vorgehen war entscheidend dafür, dass der Rat die Temporary Mixed Commission schließlich wieder bevollmächtigte, mit ihrer Arbeit fortzufahren.[50]

In London war man verständlicherweise empört über Cecils eigenmächtiges Vorgehen. Hochverärgert berichtete Außenminister Lord Curzon im Kabinett über den Vorfall. Man habe ein so gutes Arrangement gefunden, um die Konvention von 1919 zu einem funktionierenden Instrument kolonialer Kontrolle zu machen. Nun werde man sie durch erneute Verhandlungen schwächen, klagte er.[51] Bei Cecils darauffolgendem Besuch im Mai 1924 bereitete man ihm im Foreign Office einen kühlen und wortkargen Empfang.[52] Und als wenige Monate später seine Beförderung zum Kabinettsmitglied ohne Geschäftsbereich im Raum stand, führten mehrere Ministerialbeamte sein Verhalten in der Frage der Waffenhandelskonvention als zentrales Argument gegen seine Ernennung ins Feld.[53] Am Ergebnis ließ sich

47 Vgl. Johnson: Lord Robert Cecil, S. 127–135.

48 Vgl. Memorandum for Lord Robert Cecil, 30.11.1923, in: TNA, FO 371, 8422.

49 Third Meeting of the Twenty-Seventh Session of the Council, in League of Nations, Official Journal 5:2 (February 1924), S. 332.

50 Vgl. Draft Memorandum Lord R. Cecil, o. D., in: TNA, FO 371, 8423; Memorandum for Lord Parmoor, 11.6.1924, in: TNA, FO 371, 10525.

51 Curzon of Kedleston: Recent Meeting of the Council of the League of Nations, 7.1.1924, Printed for the Cabinet, in: TNA, FO 371, 10524.

52 Vgl. Ponsonby, 8.5.1924; Control of the traffic in arms and ammunition, 6.5.1924, in: TNA, FO 371, 10525.

53 Vgl. Richardson: British Disarmament Policy, S. 25.

jedoch nichts mehr ändern: Die Temporary Mixed Commission nutzte den Auftrag des Völkerbundrats, um ihre Vorarbeiten und Vorschläge für eine internationale Waffenhandelskonferenz zum Abschluss zu bringen.

Die Reaktion in London zeigte, wie sehr der auf Produktionskontrolle zielende Ansatz der Waffenhandelsregulierung mittlerweile im Widerspruch zu jenem Ansatz stand, der solche Regulierungen in erster Linie als Instrumente imperialer Kontrolle begriff. Und gleichzeitig machen die Vorarbeiten an einer neuen Konvention deutlich, welche Handlungs- und Interpretationsspielräume die in der Völkerbundsatzung festgeschriebenen Normen eröffneten, und welche unvorhergesehene und von den Großmächten schwer kontrollierbare Eigendynamik das Geschehen in Genf entwickeln konnte. Woodrow Wilson hatte das private Produktionsverbot noch als Instrument begriffen, den Kapitalismus zu reformieren. Dieses Anliegen teilte auch die Regierung Lloyd Georges und unterstützte deshalb die Vorbereitung einer Konvention zur Produktionskontrolle, wenn sie dieses Projekt auch nicht mit dem gleichen Nachdruck betrieb, wie Wilson oder Robert Cecil. Für die Gewerkschaften hingegen stellte die Forderung nach Verstaatlichung ein Mittel dar, um die gesellschaftlichen Besitzverhältnisse grundlegend zu verändern und den Kapitalismus abzuschaffen. Aus ihrer Sicht war Frieden erst dann möglich, wenn eine Gesellschaft die Produktion von Rüstungsgütern unter ihrer Kontrolle hatte. Die Vieldeutigkeit des Artikel 8 der Völkerbundsatzung wurde immer offensichtlicher, je unterschiedlicher die politischen Projekte waren, die sich auf ihn beriefen.

Dennoch schuf der Artikel eine Verbindlichkeit, durch die auf der einen Seite Steuerungsmöglichkeiten eingegrenzt wurden, auf der anderen Seite aber auch neue Handlungsmöglichkeiten entstanden. Der ausdrückliche Verweis auf die „üblen Folgen“ privater Produktion und die in der Satzung festgeschriebene Forderung, etwas gegen diese zu unternehmen, konnte der Völkerbundrat nicht einfach ignorieren. Er diente den Befürwortern einer Produktionskontrolle als Legitimationsgrundlage und als Druckmittel, ihre Forderungen durchzusetzen. Im Zusammenspiel mit den sich neu etablierenden Mechanismen internationaler Politik, die Experten und bis dahin marginalisierten Gruppen wie Arbeiter*innen Mitspracherechte einräumten, entstand so eine Konstellation, die den Gestaltungsspielraum der Großmächte Grenzen zu setzen drohte. Allerdings waren die Gewerkschaften immer auch auf Verbündete angewiesen. Wie im nächsten Kapitel zu zeigen sein wird, zerbrach bald nach dem Wahlsieg der britischen Konservativen die Allianz zwischen sozialistischen und liberalen Internationalisten – ein Bruch, der die Unterschiede zwischen beiden Gruppen deutlicher zutage treten ließ.

3.2 Frankreich und die deutsche Rüstungsindustrie

Frankreichs rüstungspolitische Agenda ist von grundlegender Bedeutung, um zu verstehen, wie es mindermächtigen Akteuren wie den Gewerkschaften, aber auch kleineren Staaten Mitte der 1920er Jahre gelingen konnte, die Verhandlungen über eine Waffenhandelskonvention zu nutzen, um ihre Agenda zur Umgestaltung ökonomischer und internationaler Machtverhältnisse voranzutreiben. Frankreichs zentrales Interesse mit Blick auf Abrüstungsverhandlungen war die Einhegung Deutschlands.[54] Das galt auch für den Waffenhandel. Der Versailler Friedensvertrag beschränkte die Rüstungsproduktion in Deutschland massiv und verbot die Ein- und Ausfuhr von Waffen. Rüstungsgüter durften nur in geringem Umfang und nur in Fabriken gefertigt werden, die eine entsprechende Erlaubnis der Alliierten erhalten hatten. Die Produktion gepanzerter Fahrzeuge, Panzer, Kriegsflugzeuge und C-Waffen war untersagt. Dass diese Bestimmungen eingehalten wurden, war eines der zentralen Anliegen Frankreichs während der gesamten Zwischenkriegszeit. Doch in der Frage, wie dieses Ziel zu erreichen sei, vollzog Frankreich 1924 einen Richtungswechsel, der auch die Frage der Waffen- und Produktionskontrolle betraf, die für die Gewerkschaften so zentral war. Kurz vor der Einberufung der Waffenhandelskonferenz veränderten sich somit noch einmal die Kräfteverhältnisse in Genf mit Blick auf die Kontrolle des grenzüberschreitenden Rüstungsgeschäfts.

Die Verlagerung der deutschen Rüstungsproduktion und verdeckte Aufrüstung

Die Umsetzung der Versailler Bestimmungen stieß erwartungsgemäß auf vehementen Widerstand aus Deutschland – sowohl vonseiten der Politik als auch vonseiten der Wirtschaft. Die Reichsregierung hielt die deutsche Rüstungsindustrie stets gut informiert über den Verlauf der Verhandlungen in Paris; die Unternehmen konnten deshalb umgehend auf die Vertragsunterzeichnung reagieren. Schon 1919 begannen sie, ihre Produktion in Länder zu verlegen, die während des Krieges neutral geblieben waren, Kooperationen mit dortigen Rüstungsunternehmen einzugehen oder Tarnfirmen im Ausland zu gründen. Dabei wurden sie schon bald tatkräftig von der deutschen Regierung und der Reichswehr unterstützt. Auf diese Weise entwickelte sich in den 1920er Jahren zwischen Deutschland und den ehemals neutralen Staaten, die sich nicht an den Versailler Friedensvertrag gebunden fühlten, ein reger Handel mit Patenten und Plänen für Rüstungsgüter. Es entstanden

54 Vgl. Jackson: France and the Problems of Security; Hovi: Security before Disarmament; Vaïsse: Sécurité d'abord; Vaïsse: Security and Disarmament; Webster: Strange Allies.

Instrumente zur verdeckten Finanzierung von Rüstungsproduktion und ein intensiver länderübergreifender Austausch rüstungstechnologischen Know-hows. Diese Praxis blieb im Ausland nicht unbemerkt und führte dazu, dass eine völkerrechtlich verbindliche Produktionskontrolle auf der Agenda des Völkerbundes blieb, obwohl sich Großbritannien zunehmend dagegen wehrte.

Eine besondere Rolle bei der deutschen Rüstungspolitik kam Schweden zu. Hier wurden auf der Grundlage von Bauplänen deutscher Rüstungsunternehmen und mit dem Kapital von Krupp und Rheinmetall verschiedene Rüstungsgüter von Artilleriegeschossen über Panzer bis hin zu Flugzeugen produziert. Im Vergleich mit anderen Rüstungskooperationen war die deutsch-schwedische Zusammenarbeit recht erfolgreich. Im Laufe der 1920er Jahre entwickelte sich das skandinavische Land zu einem bedeutenden Rüstungsexporteur. Angesichts der Tatsache, dass Schweden in Genf zu den vehementesten Abrüstungsbefürwortern gehörte, ist der Ausbau der Rüstungsindustrie mithilfe deutscher Unternehmen nach 1919 erklärungsbedürftig. Offenbar spielten enge Kontakte zwischen deutschen und schwedischen Militärs eine wichtige Rolle. Leider hat sich die Forschung noch nicht näher mit dem Thema befasst und es ist völlig unklar, was die häufig wechselnden schwedischen Regierungen der 1920er Jahre über die Rüstungskooperation mit Deutschland wussten und wie sie sich dazu verhielten.[55]

Denkbar sind verschiedene Erklärungsansätze. Mit Blick auf Rüstungspolitik war die schwedische Gesellschaft stark polarisiert. Die Rechte sah die Streitkräfte als Garanten der Unabhängigkeit und konnte sich der Unterstützung des Königs sicher sein, der zwar Macht eingebüßt hatte, aber nach wie vor eine politische Größe darstellte. Möglicherweise war die Rüstungskooperation ein Projekt, das von Militärs, rechten politischen Gruppen und Unternehmern vorangetrieben wurde, gegen die auch Regierungen wie die des Sozialdemokraten Hjalmar Branting keine legale Handhabe hatten. Vorstellbar ist aber auch, dass selbst Sozialdemokraten im Ausbau der Rüstungsindustrie eine Möglichkeit sahen, unabhängiger von den anderen europäischen Großmächten zu werden.

Krupp machte den ersten Schritt in Richtung deutsch-schwedischer Rüstungskooperation. Unmittelbar nach Bekanntwerden des Versailler Friedensvertrags 1919 ging die Essener Firma eine enge Zusammenarbeit mit dem schwedischen Unternehmen Bofors ein. Sie investierte im großen Stil und hielt zeitweise über die Holding eines Krupp-Vertrauten Mehrheitsanteile. Darüber hinaus gab Krupp Informationen über eigene Rüstungsprodukte weiter und entsandte Spezialisten, die

55 Vgl. Wulff: Sweden and Clandestine German Rearmament; Berg/Dahlberg/Vernby: Post-WWI Military Disarmament; Böhme: Deutsch-schwedische Militärbeziehungen; Eloranta: „Weak" European States.

dem Unternehmen bei ihrer Fertigung zur Hand gehen sollten. Über komplizierte Transaktionswege, mit denen die Versailler Bestimmungen umgangen wurden, erhielten die Essener Gewinne aus diesen Geschäften überwiesen. Bald zogen andere Unternehmen nach. Während Bofors vor allem Artillerie und Munition herstellte, ging es der Gutehoffnungshütte und der Maschinenfabrik Esslingen darum, den Anschluss an die in den Kinderschuhen steckende Panzertechnologie zu halten. Dazu kauften sie 1920 Mehrheitsanteile an dem schwedischen Unternehmen Landsverk, das bereits Erfahrung mit der Herstellung von Ketten-Traktoren hatte. Die Kooperation hatte Erfolg: Landsverk produzierte 220 gepanzerte Fahrzeuge, die nicht nur an die schwedische Regierung verkauft, sondern überall in die Welt exportiert wurden. Mindestens eines der Fahrzeuge gelangte nach Kazan in die Sowjetunion, wo die deutschen Truppen über ein Testgelände verfügten. 1925 zog der Flugzeughersteller Junkers nach und gründete nahe Malmö die AB Flygindustrie. Auch in diesem Fall ging es vor allem darum, den Anschluss an eine Rüstungstechnologie zu halten, deren Potenzial sich im zurückliegenden Krieg gezeigt hatte, deren Entwicklung aber noch in den Anfängen begriffen war. Im Laufe der folgenden zehn Jahre wurden in Malmö hundert meist militärische Flugzeuge gebaut, von denen lediglich drei in Schweden blieben. Der Rest war für den Export bestimmt.[56]

Die Niederlande spielten nicht zuletzt aufgrund ihrer geografischen Nähe ebenfalls eine Rolle für deutsche Unternehmen. Anton Fokker verlegte 1919 innerhalb weniger Wochen seine gesamte Flugzeugfabrik von Schwerin in das Nachbarland. Das Unternehmen Carl Zeiss gründete die Nederlandsche Instrumenten Compagnie Nedinsco N.V. zur Herstellung optischer Geräte, Siemens die Hazelmeijers Fabriek van Signaalapparaten für die Produktion von Feuerleitanlagen zur Lenkung von Artilleriegeschossen und Torpedos. Darüber hinaus gründeten Vertreter Krupps und der deutschen Marine 1925 ein Konstruktionsbüro für U-Boote in Amsterdam, das allerdings wenig Erfolg hatte bei der Kundenakquise. Die wichtigsten Bestellungen kamen von der deutschen Marine, wobei die finnische und spanische Marine als Strohmänner zur Umgehung der Versailler Bestimmungen fungierten.[57]

Deutsche Unternehmen spielten nicht nur eine Rolle beim Ausbau der europäischen Rüstungsindustrie, sondern sie blieben auch in den internationalen Vertrieb von Rüstungsgütern eingebunden, wie das folgende Beispiel zeigt. Steffen & Heymann war ein 1919 gegründetes, in Berlin ansässiges Lieferunternehmen, das

56 Vgl. Wulff: Sweden and Clandestine German Rearmament; Tenfelde: Disarmament and Big Business, S. 545.

57 Vgl. Dülffer: Weimar, Hitler und die Marine, S. 71 f.; Forsén/Forsén: German Secret Submarine.

sich selbst als „größtes Spezialhaus zur Ausrüstung von Luftflotten, Armeen und Marinen mit technischem Gerät aller Art" bezeichnete. Aufgrund der Versailler Bestimmungen konnte es keine Waffen nach Deutschland ein- oder ausführen. Doch Rüstungstransfers von Ausland zu Ausland waren möglich. Steffen & Heymann stand in Verbindung mit britischen, italienischen, tschechischen und selbst französischen Rüstungsunternehmen und lieferte an Staaten in Ost- und Westeuropa, Lateinamerika, Asien und selbst an die USA. Das Unternehmen hatte Filialen in Prag, Belgrad, Stockholm, Barcelona, Rom, Amsterdam, Athen, Shanghai und vielen weiteren Städten. Im Angebot befanden sich kampftaugliche Flugzeuge, Luftschiffe, Infanterie-Fern- und Nahkampfwaffen, Artillerie, Drahthindernisse, Beleuchtungsanlagen, Entlüftungsanlagen, Nachrichtenmittel und vieles mehr.[58] Hans Steffen, Inhaber des Lieferunternehmens, war außerordentlich umtriebig und in sehr vielfältige Rüstungsgeschäfte involviert. Im Frühjahr 1926 lieferte seine Firma Waffen an die Drusen, die sich militärisch gegen die von der französischen Mandatsmacht vorangetriebene Gründung eines syrischen Staates wehrten. Gewehre und Munition wurden mit dem Schiff nach Saudi-Arabien transportiert und von dort aus mit 1.400 Kamelen quer durch die Wüste nach Syrien gebracht. 1930 war Steffen & Heymann am Bau eines Flughafens in China beteiligt.[59]

Allerdings war das Rüstungsgeschäft mit Kooperationspartnern im Ausland aus wirtschaftlicher Sicht in vielen Fällen wenig sinnvoll. Die Gewinne Krupps, die auf die Zusammenarbeit mit Bofors zurückgingen, waren offenbar überschaubar,[60] das Konstruktionsbüro für U-Boote in den Niederlanden ein wirtschaftlicher Fehlschlag. Bis zu einem gewissen Grad waren diese Geschäfte dennoch von Interesse, da die deutschen Unternehmen auf diese Weise auch weiterhin an der rasant voranschreitenden technologischen Weiterentwicklung partizipieren konnten. Doch auch dieses Motiv trug nur dann, wenn langfristig die Aussicht auf Teilhabe am globalen Rüstungsmarkt bestand. In dieser Frage konnte sich die Rüstungsindustrie der Unterstützung durch die Reichsregierung sicher sein. Die Abrüstungsbestimmungen waren nach den Reparationszahlungen die wohl verhassteste Regelung des Vertrags; sowohl die Streitkräfte als auch die Regierung sahen in ihrer Aufhebung ein wichtiges außenpolitisches Ziel. Das Auswärtige Amt arbeitete eng mit den von Abrüstungsbestimmungen betroffenen Unternehmen zusammen, die sich in einer Organisation mit dem verdunkelnden Namen „Geschäftsstelle für In-

---

58 Steffen & Heymann an den Reichsverband der Deutschen Industrie, 2.5.1923; Broschüre „Steffen & Heymann", in: PA AA, RZ 206, 33342.

59 Vgl. Pfulmann: Die deutsch-saudischen Beziehungen, S. 91f.; Martin: Deutsch-chinesische Beziehungen, S. 175–224.

60 Vgl. Wulff: Sweden and Clandestine German Rearmament, S. 40f.

dustrielle Abrüstung" zusammengefunden hatten. Wenn es darum ging, die Kontrolle der Rüstungsindustrie durch die Alliierten einzuschränken, war Verlass auf die Diplomaten in der Wilhelmstraße.[61]

Die Reichsregierung beließ es allerdings nicht bei dieser Form der Unterstützung, sondern verletzte darüber hinaus systematisch den Friedensvertrag, indem sie die Auslandsgeschäfte deutscher Rüstungsunternehmen finanziell unterstützte. Diese Unterstützung ermöglichte die Ausweitung von Kooperationsprojekten auf Staaten, deren industrielle Infrastruktur bescheiden war und in denen deshalb zunächst massive Investitionen getätigt werden mussten. Schon 1920 entstand in Militärkreisen die Idee einer rüstungspolitischen Kooperation mit der Sowjetunion. Auch die Sowjets zeigten Interesse. Der Flugzeughersteller Junkers schien ein idealer Kandidat. Nachdem die Reichsregierung auf Betreiben der Reichswehr unter Hans von Seeckt weitgehende Finanzierungshilfen zugesichert hatte, kam es 1922 zu einem Konzessionsvertrag zwischen Junkers und der sowjetischen Regierung. Der Flugzeughersteller übernahm für 30 Jahre die früheren Russo-Balt-Werke in Fili und verpflichtete sich, diesen Betrieb produktionsfertig einzurichten, um jährlich 300 Flugzeuge zu fertigen.[62]

Im Jahr darauf besetzten französische Truppen die Ruhr wegen Verzögerungen der Reparationszahlungen. Die Reichswehr zog aus dieser Erfahrung die Konsequenz, dass die Rüstungskooperation mit dem Ausland verstärkt werden müsse. Dabei spielte nicht nur die unmittelbare Kriegsgefahr eine Rolle, sondern in Militärkreisen sprach man von Vorbereitungen auf einen „großen Befreiungskrieg", der in drei bis fünf Jahren kommen werde. Vor diesem Hintergrund entstanden 1923 in Zusammenarbeit mit der privaten Industrie und der Reichswehr und mit der finanziellen Unterstützung der Reichsregierung weitere Produktionsstätten auf dem Boden der Sowjetunion zur Herstellung von Artilleriegeschossen. Dieses Modell versuchte die Reichsregierung auch auf die Türkei zu übertragen, wo Junkers auf Aufträge und Fertigungsmöglichkeiten hoffte. Die treibende Kraft hinter den ausländischen Rüstungskooperationen war der Chef der Heeresleitung Hans von Seeckt. Er misstraute dem Auswärtigen Amt und war darauf bedacht, es weitgehend aus den Vorgängen herauszuhalten. Doch auch die Diplomaten der Wilhelmstraße

61 Vgl. Hansen: Zur Wahrnehmung industrieller Interessen; Wolff-Rohé: Reichsverband der Deutschen Industrie.

62 Vgl. Johnson: Faustian Bargain, S. 92–95; Zeidler: Reichswehr und Rote Armee, S. 47–65; Budraß: Flugzeugindustrie und Luftrüstung, S. 101–127; Gatzke: Russo-German Military Collaboration; Grant: Between Depression and Disarmament, 125–127.

ergriffen mitunter die Initiative. Vor allem aber unternahm das Auswärtige Amt nichts, um dem Völkerrechtsbruch ein Ende zu setzen.[63]

Letztlich endeten die Kooperationsprojekte in einem wirtschaftlichen und rüstungspolitischen Misserfolg. Die Zusammenarbeit mit der Türkei kam nicht zustande, die in Fili produzierten Flugzeuge wiesen schwere Mängel auf und waren für den Luftkampf ungeeignet. 3.000 Tonnen Artilleriegranaten aus den in der Sowjetunion gelegenen Produktionsstätten waren der einzige Ertrag.[64] Obwohl die sowjetisch-deutsche Kooperation schon in der zweiten Hälfte der 1920er Jahre im Mittelpunkt der Kontroversen über die deutsche Aufrüstung stand und obwohl die Forschung diesem Aspekt der deutschen Rüstungspolitik die größte Aufmerksamkeit gewidmet hat, sind letztlich die Rüstungskooperationen mit den ehemaligen Neutralen als weit wichtiger für die Weiterentwicklung deutscher Rüstungstechnologie während der 1920er Jahre einzuschätzen.

Die Reaktion Frankreichs

Die völkerrechtswidrigen Rüstungsanstrengungen Deutschlands blieben nicht unbemerkt. Bereits 1920 verfügte die französische Regierung über Anhaltspunkte bezüglich der deutsch-sowjetischen Gespräche und sie sammelte auch in den darauffolgenden Jahren emsig Informationen über die geheimen Rüstungsprojekte.[65] Die Briten schenkten dem Thema weniger Aufmerksamkeit. Sie neigten zu der Sicht der Weimarer Regierung, dass die deutschen Kommunisten die eigentliche Bedrohung darstellten und dass die Reichswehr über militärische Mittel verfügen müsse, um sich ihnen entgegenzustellen. Den Franzosen hingegen bereiteten die Rüstungsbemühungen große Sorgen. Aufgrund der gemeinsamen Grenze und der Erfahrungen der zurückliegenden Kriege reagierte die französische Regierung viel sensibler auf deutsche Rüstungsanstrengungen. Ein wichtiges Instrument zur Kontrolle der deutschen Unternehmen war die Interalliierte Militär-Kontrollkom-

63 Vgl. Gatzke: Stresemann and the Rearmament of Germany; Zeidler: Reichswehr und Rote Armee, S. 59–78.

64 Vgl. Braatz: Junkers Flugzeugwerke A.G. in Anatolia; Grant: Between Depression and Disarmament, S. 125–136; Johnson: Faustian Bargain, S. 92–95; Zeidler: Reichswehr und Rote Armee, S. 67–106.

65 Die Studie Castellans „Reichswehr et armée rouge" über die deutsch-sowjetische Zusammenarbeit basiert zum Teil auf französischem Geheimdienstmaterial. Siehe außerdem Grant: Between Depression and Disarmament, S. 125 f.; Shuster: German Disarmament, S. 56–62.

mission, die berechtigt war, auf der Grundlage des Versailler Friedensvertrags Kontrollen in deutschen Fabriken und Unternehmen durchzuführen.[66]

Allerdings verweigerte die deutsche Regierung der Kommission nach der Ruhrbesetzung 1923 den Zutritt. Mehrere Aufforderungen vonseiten der Alliierten, den Widerstand einzustellen, blieben ungehört. Der frisch im Amt befindliche Außenminister Gustav Stresemann erklärte, dass Deutschland im Grunde abgerüstet sei und es deshalb keinen Grund mehr für die Tätigkeit der Kommission gebe. Schließlich unterbreiteten Frankreich und Großbritannien ein Kompromissangebot: Man werde die Kontrolltätigkeit der Kommission dem Völkerbund übertragen unter der Bedingung, vorher noch eine abschließende, großangelegte Inspektion durchführen zu dürfen. Stresemann lenkte ein. Doch die Ergebnisse, die die Kommission der französischen und britischen Regierung im Februar 1925 zugänglich machte, waren alles andere als beruhigend. Sehr detailliert schilderte sie das Ausmaß der geheimen Aufrüstungsbemühungen. Die Umstellung von Rüstungsbetrieben auf eine zivile Produktion sei häufig nicht vollzogen worden und das Verbot von Waffen-Ein- und Ausfuhren werde nicht eingehalten. Die deutsche Industrie sei deshalb nach wie vor in der Lage, innerhalb kürzester Zeit in großem Umfang die Rüstungsgüter herzustellen, über die die Reichswehr derzeit nicht verfüge.[67]

Dieser Konflikt um die deutsche Aufrüstung vollzog sich vor dem Hintergrund einer Neuorientierung der französischen Außenpolitik. Lange Zeit war eine Politik, die sich gegenüber Deutschland als unnachgiebig zeigte, von einem breiten gesellschaftlichen Konsens getragen gewesen. Doch die Ruhrbesetzung hatte in der französischen Gesellschaft Ängste vor einem neuen Krieg geschürt und ließ den Konsens bröckeln. Gleichzeitig geriet Frankreichs Wirtschaft in eine zunehmend prekäre Lage. Die Stationierung von Truppen im Rheinland war mit hohen Kosten verbunden, die für die Regierung immer schwerer zu tragen waren. Vor diesem Hintergrund wurde die Außenpolitik Anfang 1924 im Vorfeld der anstehenden Wahlen zu einem wichtigen Thema. Der konfrontative Kurs Poincarés geriet dabei zunehmend in die Kritik und die Forderung der Oppositionsparteien, Fragen der Reparation und Sicherheit gegenüber Deutschland multilateral und völkerrechtlich zu lösen, stießen zunehmend auf Gehör.[68]

---

66 Vgl. Gatzke: Stresemann and the Rearmament of Germany, S. 11–33; Salewski: Entwaffnung und Militärkontrolle, S. 271–299; Shuster: German Disarmament, S. 151–155.

67 Vgl. Raab: Die Vertragsverletzungen, S. 100. Für eine gute Zusammenfassung der Kritikpunkte siehe „Le désarmament de l'Allemagne e l'évacuation de Colgne. Texte intégral de la note interalliée et de ses annexes", *Le Temps*, 7.7.1925, S. 3 f.

68 Vgl. Berstein: Edouard Herriot, S. 91–105; Guieu: Le rameau et le glaive, S. 130–134; Ingram: Politics of Dissent, S. 40–49; Siegel: The Moral Disarmament, S. 92–106.

Angesichts dieser Entwicklung unterzog das Außenministerium bereits Monate vor dem Regierungswechsel seine Politik einem Reevaluierungsprozess. Im Februar 1924 lag ein erstes Positionspapier vor. Darin unterbreiteten Ministeriumsmitarbeiter den Vorschlag, ein System von Pakten zu entwickeln, um sich vor Aggressionen Deutschlands zu schützen. In ein solches System solle auch das Deutsche Reich eingebunden werden. An diese Überlegungen knüpfte das Cartel des Gauches an, als es im Juni 1924 die Regierung übernahm. Schon im Wahlkampf hatten sich die Oppositionsparteien für eine konstruktivere Rolle Frankreichs in der Abrüstungspolitik des Völkerbundes ausgesprochen. Nach der Regierungsübernahme machte sie Abrüstung zu einem zentralen Bestandteil einer Völkerrechtspolitik, die darauf zielte, sowohl dem Bedürfnis der französischen Bevölkerung nach einem stabilen Frieden als auch nach Sicherheit gerecht zu werden.[69]

Diesen Richtungswechsel unterstrich Édouard Herriot, indem er im September 1924 als erster französischer Regierungschef nach Genf reiste und dort vor der Völkerbundversammlung sprach. Welches Gewicht der Völkerbund in Zukunft für seine Außenpolitik haben würde, verdeutlichte die Delegation, die ihn begleitete und die Frankreich in Zukunft in Genf vertreten sollte: Ihr gehörten unter anderem zwei seiner Amtsvorgänger, Léon Bourgeois und Aristide Briand an.[70] In einer viel beachteten Rede erklärte Herriot, dass die französische Außenpolitik in Zukunft von den Prinzipien der Schiedsgerichtsbarkeit, Sicherheit und Abrüstung geleitet werde. Man sei entschieden, auf ein internationales Vertragssystem hinzuarbeiten, das diese Prinzipien widerspiegele. In dieses System wolle man ausdrücklich auch Deutschland einbeziehen. Als eine konkrete Maßnahme, die die neue französische Regierung unterstütze, nannte er die Kontrolle des Waffenhandels:

> Ai-je besoin de dire, Mesdames et Messieurs, que nous sommes, d'autre part résolument favorables à toutes les mesures destinées au contrôle du traffic des armes, afin de réduir et de gêner ces préparatifs secrets de guerre qui nous causent nos préoccupations essentielles, en un temps où la guerre s'appuie si largement sur l'industrie, même la plus pacifique en apparence.[71]

Zwei Aspekte sind an dieser Aussage bemerkenswert: Erstens argumentierte er nicht mit der Befriedung „unzivilisierter Stämme", sondern verschob den Fokus auf die Gefahr, die von der Rüstungsindustrie ausgehe. Zweitens erklärte er den Waffenhandel zu einem Thema der Sicherheitspolitik und thematisierte das Problem der geheimen Aufrüstung. Auf diese Weise machte er, ohne Deutschland explizit zu

69 Vgl. Guieu: La ramaeau et le glaive, S. 134–142; Jackson: France and the Problems of Security and International Disarmament.

70 Vgl. Guieu: Gagner la paix, S. 455 f.

71 Actes de la cinquième Assemblée. Séances plénières. Compte rendu des débats. Genf 1924, S. 53.

nennen, deutlich, dass seine Regierung die Kontrolle des Waffenhandels als eine Möglichkeit sah, gegen die Aufrüstungspolitik der Weimarer Regierung vorzugehen.

Die Marginalisierung der Gewerkschafter in der Temporary Mixed Commission

Der abrüstungspolitische Richtungswechsel der französischen Regierung kam zu einem Zeitpunkt, als die Gewerkschafter in der Temporary Mixed Commission in die Defensive geraten waren. Um nachzuvollziehen, wie es dazu gekommen war, ist es notwendig, nochmals in der Zeit zurückzugehen und die Verhandlungen in der Kommission in den Blick zu nehmen, die in den Monaten vor Herriots Rede stattgefunden hatten. Ein Grund für die prekäre Lage der Gewerkschaftsvertreter war Robert Cecil, der bisher in wichtigen Fragen ähnliche Positionen vertreten hatte. Als entschiedener Abrüstungsbefürworter hatte er im Februar 1924 die Weisung des Foreign Office missachtet und sich im Völkerbundrat vehement für eine Fortsetzung der Arbeiten an einer Waffenhandelskonvention eingesetzt. Gleichzeitig aber vollzog er als Mitglied der Temporary Mixed Commission einen persönlichen Kurswechsel und passte seine Position bezüglich der Produktionskontrolle derjenigen der britischen Regierung an. Als die Kommission im Februar und März 1924 zusammentrat, um einen Entwurf für die geplante Konferenz zu verfassen, sprach er sich plötzlich dafür aus, die Kontrolle des Waffenhandels von der Kontrolle der Waffenproduktion zu trennen und zunächst ausschließlich Ersteres zum Gegenstand einer Konvention zu machen. Die Verhandlungen an dieser sollten so schnell wie möglich aufgenommen werden und deshalb den Text der Konvention von 1919 zur Grundlage nehmen. Eine Produktionskontrolle könne man immer noch zu einem späteren Zeitpunkt angehen.[72]

Cecils Positionswechsel macht deutlich, wo seine Prioritäten lagen. Es war ihm ein Anliegen, die Arbeiten der Temporary Mixed Commission voranzutreiben und konkrete Resultate zu erzielen. Nachdem das Foreign Office seinen Rückhalt für das bisher erreichte aufgekündigt hatte, musste er Kompromisse eingehen. Einmal mehr kam dabei sein imperialistisches Denken zum Tragen. Aus seiner Sicht war koloniale Waffenkontrolle integraler Bestandteil einer globalen Friedensordnung. Er sah kein Problem darin, dass Waffenhandelskontrollen Teil der repressiven Gewalt waren, mit der diese Friedensordnung in den Kolonien aufrechterhalten wurde. Eine Überarbeitung der Konvention von 1919 stellte für ihn deshalb einen

72 Extracts from the minutes of the seventh session of the TMS's First Sub-Commission, 7.2.1924, in: Conference for the Control of the International Trade in Arms, Munitions and Implements of War. Historical Survey, Text of the Draft Convention, Extracts from Minutes of the TMC and PAC. Geneva 1925, Doc. 5, S. 69, in: LNA, Répertoire Général, R242/8/42254/39570.

abrüstungspolitischen Fortschritt dar – wenn dazu auch auf andere Anliegen wie Produktionskontrolle verzichtet werden musste. So erklärt sich, warum er einerseits im Völkerbundrat gegen den Willen seiner Vorgesetzten eine Fortsetzung der Arbeiten an einer Konvention sicherstellte, in der Abrüstungskommission aber andererseits bereits Positionen einnahm, die im Interesse Großbritanniens lagen. Für dieses taktische Manöver nahm er es in Kauf, sich in seiner weisungsgebundenen Position im Völkerbundrat von den Vorgaben aus London zu lösen und als Mitglied der Temporary Mixed Commission an den ihm vorliegenden Whitehall-Briefings zu orientieren. Daran wird deutlich, wie schwierig die Konstruktion aufrechtzuerhalten war, dass die Mitglieder der Kommission unabhängig sein sollten.

Cecils Kurswechsel durchkreuzte die Pläne der international organisierten Gewerkschafter. Die Arbeiter*innenvertreter der ILO hatten die von ihr entsandten Mitglieder der Temporary Mixed Commission Jouhaux, Oudegeest und Thorberg mit der Erarbeitung eines eigenen Konventionsentwurfs beauftragt, der der Kommission während ihrer Sitzungen im Februar 1924 als Diskussionsgrundlage vorgeschlagen werden sollte. Der Entwurf zielte darauf, Produktionskontrolle zu einem elementaren Bestandteil der Waffenhandelskonvention zu machen. Jouhaux betonte bei der Präsentation einmal mehr, wie stark der Frieden durch die privatwirtschaftliche Herstellung von Rüstungsgütern gefährdet sei.[73] Cecils Vorschlag, die Konvention von 1919 zur Grundlage der geplanten Konferenz zu machen, wies er als völlig unbefriedigend zurück. Das Vertragswerk sei „toter Buchstabe“[74] und alles andere als ein „zufriedenstellendes Instrument“. Einige Waffen produzierende Staaten hätten es lediglich mit dem Ziel unterzeichnet, die eigenen Interessen zu verteidigen.[75]

Seine Intervention blieb jedoch erfolglos. Schnell zeichnete sich eine Mehrheit für die von Cecil vertretene Linie ab, zwei Konventionen anzustreben: eine bezüglich des Waffenhandels und eine zur Waffenproduktion. Der Konventionsentwurf der Gewerkschafter verschwand in den Schubladen. Das lag nicht zuletzt an

73 Vgl. Draft Convention Relative to the Control of the International Trade in Arms, Munitions and Implements of War, together with Covering Letter, Explanatory Memorandum and memorandum Containing a Draft Resolution, in: Conference for the Control of the International Trade in Arms, Munitions and Implements of War. Historical Survey, Text of the Draft Convention, Extracts from Minutes of the TMC and PAC. Geneva 1925, Doc. 4, S. 64–68, in: LNA, Répertoire Général, R242/8/42254/39570.

74 Extracts from the minutes of the seventh session of the TMS's First Sub-Commission, 7.2.1924, Doc. 5, S. 70, in: LNA, Répertoire Général, R242/8/42254/39570. Wortlaut: „dead letter“.

75 Extracts from the Minutes of the Sixth Session of the Temporary Mixed Commission, 4.–7.2.1924, Doc. 2, S. 45f., in: LNA, Répertoire Général, R242/8/42254/39570. Wortlaut: „not […] a satisfactory instrument“.

der Haltung der USA. Auf einhelligen Wunsch der Kommission hatten die USA einen Delegierten entsandt, um den Verhandlungen beizuwohnen. Dieser war aber ausdrücklich nur befugt, über Waffenhandel zu sprechen. Insbesondere Cecil wurde nicht müde, darauf zu verweisen, dass eine Konvention ohne die USA kaum sinnvoll sein würde. Darin folgte er dem Memorandum, das das Foreign Office eigentlich für Cecils Teilnahme an der Sitzungsperiode des Völkerbundrats vorbereitet hatte. Dort war auf ein Schreiben der US-Regierung verwiesen worden, in dem diese es für unmöglich erklärt hatte, im Kongress eine Mehrheit für Gesetze zur Kontrolle privater Rüstungsunternehmen zu erreichen.[76]

Die von der Regierung Poincaré für die Kommission nominierten Mitglieder zeigten ebenfalls wenig Interesse an der Frage der Produktionskontrolle. Poincaré selbst, obwohl nicht weisungsbefugt, hatte bereits im Vorfeld der Kommissionssitzungen zu Beginn des Jahres 1924 klargestellt, dass die französische Regierung kein Interesse an einer entsprechenden Konvention hatte.[77] Dementsprechend betonte Edouard Requín, der aufgrund seiner militärischen Expertise nominiert worden war, vor allem, wie wichtig eine leistungsstarke private Rüstungsindustrie im Fall einer Kriegsmobilisierung sei. Immerhin merkte er an, dass nationale Kontrollen unter Umständen vorstellbar seien. Diese könnten dazu dienen, die Mitgliedstaaten des Völkerbundes darauf zu verpflichten, keine Waffen an die ehemaligen Feindmächte zu liefern. Auf diese Weise könne man deutsche Firmen kontrollieren, die im Ausland Waffen für Deutschland herstellten.[78] Diese Argumentation deutete bereits an, was in wenigen Monaten zum Schlüsselargument Frankreichs werden sollte.

Angesichts der massiven Widerstände gelang es den Gewerkschaftern nicht, ihre Positionen in den Konventionsentwurf zur Produktionskontrolle einzubringen. Jouhaux erklärte, die Arbeiter*innenvertreter seien bereit, auf ihre Forderung einer Verstaatlichung der Rüstungsindustrie zu verzichten, um einen Kompromiss zu ermöglichen. Doch sie seien nicht bereit, die Kontrolle der privaten Rüstungsindustrie den Nationalstaaten zu überlassen, wie es die Mehrheit der Kommissionsmitglieder für richtig hielt. Eine effektive Kontrolle sei unmöglich, solange man sich auf einheitliche Empfehlungen für Regierungen beschränke. Der Völkerbund sei die richtige Institution, um eine wirksame Aufsicht zu gewährleisten, die den Ansprüchen einer Abrüstung fordernden Bevölkerung gerecht werde. Selbst mit diesem Kompromissvorschlag konnte er niemanden überzeugen. Am Schluss der Sit-

76 Vgl. Memorandum for Lord Robert Cecil, 30.11.1923, in: TNA, FO 371, 8422.

77 Vgl. Poincaré, Président du Conseil, Ministre des Affaires Etrangeres a Monsieur le General Serrigny, Secretarire General du Consil Superiur de la Defense Nationale, 4.1.1924, in: AD MAE, 242QO, 962, S. 220 f.

78 Note du Colonel Réquin, 23.4.1924, in: AD MAE, 242QO, 862, S. 266–270.

zungsperiode 1924 votierte eine Mehrheit der Mitglieder dafür, Völkerbundrat und -versammlung einen Konventionsentwurf zu unterbreiten, der die Kontrolle zur ausschließlichen Angelegenheiten der Nationalstaaten erklärte und der sich darauf beschränkte, allgemeingültige Prinzipien zu formulieren. Jouhaux, Oudegeest und Thorberg blieb nichts anderes übrig, als ihre abweichende Meinung in einem Minderheitsbericht für Völkerbundversammlung und Völkerbundrat festzuhalten.[79]

Nachdem jedoch in Großbritannien nach einer kurzen Unterbrechung die Konservativen unter Stanley Baldwin wieder die Regierungsgeschäfte übernommen hatten, drohte selbst das Projekt einer vage gehaltenen Produktionskonvention im Sande zu verlaufen. Der Vorschlag der Temporary Mixed Commission stieß im Committee of Imperial Defence, in dem Militärs und Vertreter des Foreign und Colonial Office vertreten waren, auf heftige Kritik. Er gefährde die Versorgung mit Waffen, die das oberste Ziel sein müsse. Kontrollen würden Unternehmen lediglich davon abschrecken, sich im Rüstungsgeschäft zu betätigen. Außerdem behindere eine solche Konvention britische Waffenexporte. Dadurch treibe man „rückständige Länder“ in die Hände anderer ausländischer Rüstungsunternehmen wie Krupp. Schließlich sei es für Großbritannien wichtig, die Produktionskosten für eigene Rüstungsgüter durch Exporte zu verringern. Allerdings zauderte man in Whitehall, eine vollständige Blockadehaltung einzunehmen: „It is realised, however, that in view of the above mentioned article of the covenant [Artikel 8] […] it would be most impolitic for the British representative at the forthcoming meeting […] to adopt a *non possumus* attitude from the beginning.“ Lieber solle Großbritannien auf einer Reihe von Bedingungen beharren: der Beitritt aller Waffen produzierenden Staaten, insbesondere der USA, der Vorrang einer Waffenhandelskonvention gegenüber einer Produktionskonvention, die Außerkraftsetzung aller Regeln in Kriegszeiten sowie der Verzicht auf Kontrollen durch Organe des Völkerbundes.[80]

Damit war klar, dass die britische Regierung in Zukunft keine ernstgemeinten Vorschläge in die Verhandlungen einzubringen gedachte. Vielmehr war die Hoffnung handlungsleitend, dass eine Produktionskonvention ohne eine allzu offensichtliche Blockadehaltung Londons völlig scheitern werde. Dies entsprach der allgemeinen britischen Strategie im Umgang mit Abrüstung und konnte beispielsweise auch in den Vorbereitungen auf die Abrüstungskonferenz 1932/33 beobachtet werden. Im Vordergrund britischer Außenpolitik standen das Empire und der

---

79 Vgl. Report of the TMC to the Council and to the Fifth Assembly, in: Records of the Fifth Assembly. Meetings of the Committees. Minutes of the Third Committee. Geneva 1924, S. 116–119.

80 Memorandum on the Control of the Private Manufacture of Arms, Munitions and Implements of War, 2.2.1925, in: TNA, CAB 16/73.

Schutz der Seerouten. Mit Ausnahme der Waffenhandelskonvention von 1919 galten Abrüstungsverträge als Gefahr für diese Interessen. Außer Cecil gab es im Kabinett Baldwins niemanden, dem Abrüstung ein Anliegen gewesen wäre.[81] An Londons Taktieren wird aber auch gleichzeitig erkennbar, in welche Zwangslagen die in der Völkerbundsatzung festgelegten Normen die Großmächte bringen konnten. Um Glaubwürdigkeit zu wahren, musste die britische Regierung den Weg für Verhandlungen freimachen.

Produktionskontrollen und die französisch-gewerkschaftliche Allianz

Dies war der Stand der Diskussion in der Temporary Mixed Commission, als Herriot auf der jährlichen Generalversammlung des Völkerbundes im September 1924 einen Richtungswechsel Frankreichs in Abrüstungsfragen ankündigte und gleichzeitig deutlich machte, dass die Themen Waffenhandels- und Produktionskontrolle in Zukunft eine Rolle spielen würden. Ebenfalls im September beschloss die Völkerbundversammlung, dass die Waffenhandelskonvention nach Möglichkeit noch im April oder Mai 1925 verhandelt werden sollte. Das Thema der Produktionskontrolle hingegen müsse angesichts der auseinandergehenden Positionen, wie sie im Mehrheits- und Minderheitsbericht formuliert worden waren, neu diskutiert werden – „with an entirely open mind“. Ziel sei die Vorlage eines neuen Konventionsentwurfs. Außerdem hatte die Völkerbundversammlung die Gründung eines neuen Gremiums empfohlen. Die Unabhängigkeit der Mitglieder der Temporary Mixed Commission war den Staaten mehr und mehr ein Dorn im Auge, insbesondere der britischen Regierung. Deshalb wurde sie durch eine sogenannte Koordinations-Kommission ersetzt, die aus weisungsgebundenen Diplomaten der Großmächte, kleinerer produzierender und nichtproduzierender Staaten sowie vier ILO-Vertretern bestand – zwei Arbeitgebern und zwei Gewerkschaftern. Die Aufgabe der Kommission war es, sowohl eine Waffenhandelskonferenz als auch eine Konferenz zur Produktionskontrolle vorzubereiten.[82]

In Vorbereitung auf das erste Treffen dieser Kommission, fand Mitte Januar 1925 im Quai d'Orsay eine interministerielle Sitzung statt. Ziel war es, eine Position Frankreichs mit Blick auf Produktionskontrollen festzulegen, die sich einfügte in die neue außenpolitische Strategie, französische Sicherheitsinteressen mithilfe internationaler Abrüstungsverträge zu stärken. Den Vorsitz hatte Joseph Paul-Boncour

81 Vgl. Kitching: Britain and the Disarmament Conference; Richardson: British Disarmament Policy.
82 Vgl. Records of the Fifth Assembly. Plenary Meetings and Committees. Geneva 1924, S. 180 f.; Zitat S. 181. Zur Beendigung der Arbeit der TMC siehe Webster: „Absolutely Irresponsible Amateurs“, S. 386–388.

inne, der bereits einen konkreten Vorschlag vorweisen konnte. Paul-Boncour war seit wenigen Monaten Teil der französischen Delegation in Genf und sollte Frankreich in der Koordinations-Kommission vertreten. Er gehörte der sozialistischen Partei an, wo er eher dem konservativen Flügel zugerechnet wurde. Sein Profil machte ihn zu einem geeigneten Kandidaten, um die angestrebte sicherheitspolitische Wende in der Abrüstungspolitik in Genf umzusetzen. Er war Jurist und überzeugt davon, dass Recht ein zentrales Instrument zur Durchsetzung und Aufrechterhaltung von Frieden spielen müsse. Gleichzeitig war er ein ausgewiesener Experte für militärpolitische Fragen. Als Abgeordneter hatte er der Commission de l'armée des Kongresses angehört und war außerdem von der Regierung für den Conseil supérior de la Défense nationale nominiert worden – einem Gremium aus Militärs und Politikern, dessen Aufgabe es war, die Verteidigung Frankreichs zu planen.[83] Paul-Boncour war keineswegs Vertreter einer spezifisch sozialistischen, geschweige denn einer pazifistischen Abrüstungspolitik. Der Schutz vor einem erneuten deutschen Einmarsch war eines seiner zentralen politischen Anliegen, dem er auch seine abrüstungspolitische Agenda unterordnete. Er beharrte darauf, dass Frankreich bedroht sei und folglich nur dann abrüsten dürfe, wenn es vor einem erneuten Angriff Deutschlands sicher sei. In späteren Jahren sollte diese Position zu einem Konflikt zwischen ihm und anderen Vertretern der Sozialistischen Arbeiter-Internationale führen, die seine Positionen als militaristisch kritisierten.[84]

Doch auf der interministeriellen Sitzung Mitte 1925 griff Paul-Boncour zahlreiche Forderungen der Gewerkschaften auf und machte sie sich zueigen. Mit viel Vehemenz und Nachdruck argumentierte er, dass die in ihrem Minderheitsbericht geforderte Kontrolle privater Rüstungsunternehmen dazu geeignet sei, die verdeckte Rüstungsproduktion durch deutsche Unternehmen in Ländern zu unterbinden, die während des Ersten Weltkriegs neutral geblieben waren. Dazu sei eine umfassende Kontrollpraxis notwendig, die nicht erst beim Grenzübertritt beginne, sondern bereits beim Produktionsprozess. Nationale Kontrollen seien für ein solches Anliegen völlig unzureichend. Ein gewisses Maß an internationaler Kontrolle müsse gewährleistet sein. Aus genau diesem Grund sei der Minderheitsbericht der Gewerkschaftsvertreter, der auf solche Kontrollen gedrängt habe, ein unterstützenswerter Ansatz. Er empfehle, bei der anstehenden Verhandlungsrunde auf eine Kompromisslösung zwischen dem Minderheits- und Mehrheitsbericht zu drängen.[85]

---

83 Vgl. Boisdron: Joseph Paul-Boncour.

84 Vgl. Imlay: The Practice of Socialist Internationalism, S. 164–173.

85 Vgl. hier und im Folgenden Fabrication privée des armes, munitions et materel de guerre, Commission Interministérielle, 15.1.1925; Conférence Interministérielle, Examen de la question du

Diese Vorschläge stießen in der interministeriellen Runde auf verhaltene Reaktionen und Widerstände. Die anwesenden Militärs waren mit Blick auf Abrüstungsthemen grundsätzlich skeptisch, woraufhin Paul-Boncour versicherte, dass es ihm auf keinen Fall um Rüstungsreduktion, sondern ausschließlich um Kontrolle gehe. Insbesondere sein Plädoyer für internationale Kontrollen erntete Kritik. Abermals stand das Argument im Zentrum, dass internationale Kontrollen einen Beitritt der USA zur Konvention praktisch unmöglich machten. Paul-Boncour tat sein Bestes, solche Einwände zu parieren. Wenn es das Ziel sei, die verdeckte Rüstungsproduktion in den ehemals neutralen Staaten zu verhindern, dann sei es im Grunde unerheblich, ob die USA dem Vertrag beitraten. Nicht Washington gelte es ins Boot zu holen, sondern die europäischen Staaten. Während in dieser Frage keine Einigung herbeigeführt werden konnte, herrschte doch Übereinstimmung in der Einschätzung, dass aus französischer Sicht die gerade erst in Genf beschlossene Vorgehensweise, die Frage der Waffenhandels- und Produktionskontrollen voneinander zu trennen, ungünstig sei. Wolle man die Aktivitäten deutscher Rüstungsunternehmen kontrollieren, müsse beides miteinander verknüpft werden.

Auch im Nachgang der interministeriellen Sitzung blieb die Frage nach internationalen Kontrollen ein heißes Eisen; insbesondere das Handels- und Industrieministerium warnte vor den hohen Hürden für Rüstungsunternehmen, die man mit einem solchen System schaffe, und den Gefahren, die dadurch im Fall einer Kriegsmobilisierung entstünden.[86] Paul-Boncour seinerseits übermittelte Ministerpräsident Herriot einen Bericht über den interministeriellen Verständigungsprozess, der nochmals seine eigenen Argumente starkmachte.[87] Seine Mühen waren letztlich von Erfolg gekrönt; er erhielt Grünes Licht für die von ihm vorgeschlagene Linie.[88] Das lag einerseits daran, dass sein Vorschlag ganz auf der Linie der Politik lag, die Herriot im September in Genf verkündet hatte. Andererseits dürfte auch beigetragen haben, dass die Interalliierte Militär-Kontrollkommission kurz nach der interministeriellen Sitzung ihren Abschlussbericht über die deutsche Rüs-

---

contrôle de la fabrication privée du matériel de guerre, 15.1.1925, beide in: AD MAE, 242QO, 963, S. 121–126 und 127–141.

86 Le Ministre du Commerce et de l'industrie a Monsieur le Président du Conseil Ministre des Affaires Étrangères, 3.2.1925; Reunion de la commisison de Coordination du 15 Janvior, Declarations de M. Serruys à insérer dans le Procès-Verbal, 6.2.1925, beide in: AD MAE, 242QO, 963, S. 168–172, 178–180.

87 Vgl. Note pour Monsieur le President du Conseil, 3.2.1925, in: AD MAE, 242QO, 963, S. 163–167.

88 Vgl. Service français de la SDN a Monsieur le Président et Cher Collègue (Paul-Boncour), 13.2.1925, in: AD MAE, 242QO, 963, S. 189–194.

tungsproduktion vorlegte, der ein besorgniserregendes Bild von den verdeckten Aufrüstungsbemühungen zeichnete.[89]

Als die Genfer Vorverhandlungen über Produktionskontrollen im Februar 1925 begannen, wurde schnell deutlich, dass das Projekt, das den durch Jouhaux und Oudegeest vertretenen Gewerkschaftern so am Herzen lag, mittlerweile auf wenig Unterstützung stieß. Schweden, das sich bis dahin für Produktionskontrollen ausgesprochen hatte, erklärte, dass eine Beteiligung der USA Priorität habe, was einer Absage an das Thema gleichkam. Großbritannien, das erstmals seit Jahren nicht mehr durch Cecil vertreten war, argumentierte entlang der im Imperial Committee festgelegten Argumentationshilfen. Japan schloss sich dieser Position an. Belgien ließ erkennen, dass man nur einer „moderaten" Konvention zustimmen könne, Italien schlug vor, zunächst eine Waffenhandelskonvention zu verhandeln. Eine Mehrheit der Delegierten sprach sich deshalb dafür aus, auf weitere Debatten zu verzichten und das Thema schlicht zu vertagen.[90]

Ein Jahr zuvor hatten die französischen Delegierten in Genf ganz ähnlich argumentiert.[91] Paul-Boncour jedoch widersprach den Gegnern von Produktionskontrollen entschieden und schloss sich der Position an, die Jouhaux und Oudegeest auf einsamen Posten verteidigten. Er lobte den Minderheitsbericht der Gewerkschaftsvertreter und hob insbesondere die Forderung nach internationalen Kontrollen und nach einer Verbindung zwischen Waffenhandels- und Produktionskontrollen hervor. Effektive Handelskontrollen seien nur möglich, wenn man bereits den Herstellungsprozess überwache. Er glaube nicht, dass diese Forderungen unvereinbar seien mit dem Mehrheitsbericht.[92] Auf den gerade erst erschienenen Bericht der Interalliierten Militär-Kontrollkommission über die deutschen Aufrüstungsbemühungen anspielend, erklärte er, man verfüge über Informationen, dass „Deutschland durch Erfindungen im Ausland versuche, die ihm vertraglich auferlegten Beschränkungen zu umgehen". Eine Konvention, die Produktionskon-

89 Vgl. „Le désarmament de l'Allemagne e l'évacuation de Colgne. Texte intégral de la note interalliée et de ses annexes", *Le Temps*, 7.7.1925, S. 3 f.

90 Vgl. Coordination Committee, First Session, Minutes of the First and Second Meeting, 16. und 17.2. 1925, in: LNA, Répertoire Général, R 236/8/42514/33816. Eine übersichtliche Zusammenfassung der Verhandlungen findet sich in: Pinkney Tuck, American Consul Geneva, to Secretary of State, 20.2. 1925, in: NARA, RG 59, 500.A14.

91 Vgl. Extracts from the minutes of the seventh session of the TMS's First Sub-Commission, 7.2.1924, in: Conference for the Control of the International Trade in Arms, Munitions and Implements of War. Historical Survey, Text of the Draft Convention, Extracts from Minutes of the TMC and PAC. Geneva 1925, Doc. 5, S. 69, in: LNA, Répertoire Général, R242/8/42254/39570.

92 Coordination Committee, First Session, Minutes of the First and Second Meeting, 16.2.1925, S. 12–17, in: LNA, Répertoire Général, R 236/8/42514/33816.

trollen umfasse, werde es ermöglichen, genau zu wissen, für wen Rüstungsunternehmen welche Art von Waffen produzierten.[93]

Für Jouhaux und die internationalen Gewerkschaften stand das französische Interesse an einer Produktionskontrolle nicht im Widerspruch zu ihrer revolutionären, antikapitalistischen Agenda. Im Gegenteil: Gerade die französische Linke hatte zu Beginn des Ersten Weltkriegs den Kampf gegen den deutschen Militarismus in die Tradition der Französischen Revolution gestellt.[94] Dieser Lesart folgend unterschied sich das Ansinnen der französischen Regierung gar nicht so grundlegend von dem der Gewerkschaften. Krupp verkörperte für sie den deutschen Militarismus und war dabei gleichzeitig Symptom eines Kapitalismus, den es zu überwinden gelte. Jede Möglichkeit, dieses Unternehmen durch völkerrechtliche Kontrollen einzuhegen, war ein wichtiger Schritt in diese Richtung. In diesem Sinne war die französisch-gewerkschaftliche Koalition in Abrüstungsfragen fast schon eine perfekte.

Der Richtungswechsel Frankreichs kam gerade noch rechtzeitig, um zu verhindern, dass das Thema der Produktionskontrolle im Februar 1925 auf unbestimmte Zeit vertagt wurde. Paul-Boncour führte mehrere Hinterzimmergespräche, um die anderen Delegierten von der Bedeutung solcher Kontrollen zu überzeugen. Seinem britischen Kollegen setzte er auseinander, dass Krupp über Fabriken in Spanien verfüge, und auch den Belgiern führte er die Gefahr vor Augen, die von der europaweit vernetzten deutschen Rüstungsindustrie ausgehe.[95] Schließlich gelang es ihm, eine Resolution durchzusetzen, die das Prinzip festlegte, dass alle geheimen Fabriken verboten werden müssten und dass der Staat die Aufgabe habe, private Rüstungsunternehmen in seinem Gebiet zu überwachen.[96] Allerdings kam der

---

93 „La fabrication privée des armes", in: *Le Temps*, 18. 2. 1925, S. 1. Wortlaut: „Paul-Boncour a conclu en distant que la France, à la fois parce qu'elle désire voir fortifier et étendre les pouvoirs de la Société des nations et parce qu'elle a trop de raisons de supposer que l'Allemagne cherche, par des fabrications en pays étrangers, à tourner la limitation quei lui es imposée par les traités, est favorable à un contrôle qui permetirait de savoir excatement ce que l'on fabrique et pour qui on le fabrique." Jouhaux und Paul-Boncour hatten sich dafür eingesetzt, den Inhalt der Sitzung der Öffentlichkeit zugänglich zu machen. Während die französischsprachigen Zeitungsberichte Paul-Boncours Bezugnahmen auf die verdeckte deutsche Aufrüstung explizit benennen, bedient sich das Protokoll einer verklausulierenden Sprache und erwähnt Deutschland nicht ausdrücklich (Coordination Committee, First Session, Minutes of the First and Second Meeting, 16. 2. 1925, S. 17, in: LNA, Répertoire Général, R 236 – 8 – 42514 – 33816). Für weitere Zeitungsberichte siehe „Un grave désaccord sur la fabrication des armes est écarté à Genève par la délégation française", in: *Le Journal*, 18. 2. 1925.

94 Vgl. Leonhard: Die Büchse der Pandora, S. 113.

95 Vgl. Service français de la SDN, Note pour Monsieur Laroche, 17. 2. 1925; Clauzel: Note pour Laroche, 18. 2. 1925, beide in: AD MAE, 242QO, 964, S. 152 – 155, 158 – 164.

96 Vgl. Télégramme N° 7, Geneve, 18. 2. 1925, in: AD MAE, 242QO, 964, S. 156 – 157.

Richtungswechsel Frankreichs zu spät, um Rüstungsproduktion noch zum Gegenstand der bevorstehenden Waffenhandelskonferenz zu machen. Die Temporary Mixed Commission hatte bereits 1924 ihre Arbeiten an einem Konventionsentwurf abgeschlossen, der auf der Konvention von 1919 basierte und das Thema ausklammerte. Die Einladungen an die Regierungen, Delegierte zu einer für Mai 1925 geplanten Konferenz zu entsenden, waren bereits verschickt. Die unnachgiebige Position Großbritanniens und der USA, die argumentierten, eine Produktionskontrolle nicht durch den Kongress bringen zu können, taten ihr Übriges. Es blieb dabei, dass der Entwurf, der den Verhandlungen im Mai 1925 zugrunde liegen sollte, das Thema aussparte und zwei separate Konventionen angestrebt wurden.

Dennoch suchte das französische Außenministerium weiterhin nach Wegen, wie sich Produktionskontrollen zum Thema der Konferenz machen ließen. Um die eigenen Verhandlungsspielräume ausloten zu können, benötigte man in Paris mehr Informationen über die Positionen der USA, deren ablehnende Haltung ein zentrales Argument für eine Ausklammerung des Themas gewesen waren. Im März 1925 richtete das französische Außenministerium einen Brief an die US-Regierung, in dem es sich erkundigte, welche Kontrollen in den USA denkbar wären: „Could the Federal powers without an amendment of the Constitution go so far as to demand the exhibition of the order books of the manufacturers to inspect their accounts […]?“[97] Diese Frage lässt erkennen, wie Paris darüber nachdachte, die Kontrollbefugnisse der Interalliierten Militär-Kontrollkommission in ein für alle gültiges Völkerrecht zu überführen. Washington gab sich allerdings keine Mühe, diese Fragen substanziell zu beantworten.[98]

Die Reaktion aus Washington machte deutlich, dass es für die französische Delegation eine schwierige Aufgabe werden würde, Produktionskontrollen auf die Tagesordnung der anstehenden Konferenz zu setzen. Und dennoch sollten die Folgen des französischen Richtungswechsels für den weiteren Verlauf der Verhandlungen nicht unterschätzt werden. Die vorangegangenen Jahre hatten gezeigt, dass Staaten, in denen eine große Bandbreite und Menge an Rüstungsgütern produziert wurden, ein faktisches Vetorecht mit Blick auf die Regulierung des internationalen Waffengeschäfts besaßen. Dadurch waren sie in der Lage, die Verhandlungen zu dominieren und unliebsame Vorschläge ins Leere laufen zu lassen. Mit der Neuausrichtung seiner Abrüstungspolitik wurde Frankreich zum einzigen industrialisierten Staat, der Mitte der 1920er Jahre Produktionskontrollen forderte. Dadurch entstand erstens die inhaltliche Grundlage für eine Zusammenarbeit zwischen der

---

97 Emile Daeschner, Ambassador of the French Republic, to Frank Kellog, Secretary of State, 21.3.1925, in: NARA, RG 59, 500.A14.

98 Vgl. Kellog to Daeschner, 9.4.1925, in: NARA, RG 59, 500.A14.

französischen Regierung und den Gewerkschaften. An den internationalen Verhandlungen hätten die Gewerkschafter der ILO nicht mehr als Delegierte teilnehmen können. Nun erhielt Jouhaux die Gelegenheit, auf französischem Ticket mit seiner gewerkschaftlichen, antikapitalistischen Agenda nach Genf zu reisen. Zweitens sollte das Anliegen, völkerrechtliche Produktionskontrollen einzuführen, während der Verhandlungen in Genf zu einem wichtigen Bindeglied zwischen der französischen Delegation und den Delegationen mindermächtiger Staaten werden. Warum Letztere sich dafür stark machten, die Herstellung von Waffen internationalen Regeln zu unterwerfen, ist Gegenstand des nächsten Kapitels.

3.3 Antiimperiale Völkerrechtspolitik

Während die Gewerkschaften ihren Einsatz für völkerrechtliche Waffenhandelsverträge als einen Schritt in Richtung Verstaatlichung der Produktionsmittel sahen, ging es anderen mindermächtigen Akteuren vor allem darum, mithilfe völkerrechtlicher Bestimmungen die Macht der Staaten einzuhegen, die über Rüstungsproduktion verfügten. Eine besonders exponierte Rolle nahm ab Mitte der 1920er Jahre El Salvador ein, der kleinste Staat auf dem zentralamerikanischen Isthmus. Die Region war seit der zweiten Hälfte des 19. Jahrhunderts verstärkt unter den Einfluss der USA geraten. US-amerikanische Unternehmer hatten in Kaffee- und Bananenplantagen investiert, Hunderttausende US-Bürger waren als Verwalter und Angestellte nach Mexiko, Nicaragua, Honduras oder El Salvador emigriert. Washington definierte den Schutz dieser Bürger*innen und ihres Kapitals als eine seiner zentralen außenpolitischen Aufgaben und setzte dabei nicht selten auf militärische Interventionen in zentralamerikanischen Ländern. Die Regierung El Salvadors gehörte ab den 1910er Jahren zu den vehementesten Kritikern dieser Politik. In Auseinandersetzung mit der hegemonialen Position der USA entwickelte sie eine Strategie, die sich als antiimperialistische Völkerrechtspolitik charakterisieren lässt und für die der Zugang zu Waffen eine Rolle spielte.

Im El Salvador der 1920er Jahre lebte etwas über eine Million Einwohner. Wie auch in anderen Ländern der Region hatte der mit der ersten Globalisierung einhergehende Aufstieg der Kaffeeproduktion die Wirtschaft des Landes stark verändert. Und auch hier spielten ausländische Investoren für den Ausbau des Schienennetzes und anderer Infrastruktur eine wichtige Rolle. Dennoch war der Einfluss US-amerikanischer und europäischer Unternehmer geringer als in anderen zentralamerikanischen Staaten. Eine relative wirtschaftliche Stabilität und umfangreiche staatliche Investitionen hatten eine starke Mittelschicht entstehen lassen.[99]

Diese Konstellation mag dazu beigetragen haben, dass in der salvadorianischen Gesellschaft antiimperialistische Positionen zu Beginn des 20. Jahrhunderts Fuß fassen konnten. Eines der Schlüsselereignisse, die diese Entwicklung angestoßen hatten, war die 1910 ausgebrochene mexikanische Revolution, über die während der folgenden Jahre in El Salvadador intensiv debattiert und die als Widerstand gegen die US-amerikanische Hegemonie gedeutet wurde. Hilfsorganisationen entsandten Unterstützung, Student*innen bauten Kontakte zu mexikanischen Universitäten auf. Der Unmut über Washingtons Rolle in der Region manifestierte sich besonders sichtbar Anfang 1912, als der US-amerikanische Außenminister Philander Knox einen Staatsbesuch ankündigte. Zeitgleich lud eine Gruppe von Handwerker*innen und Student*innen – sehr zum Leidwesen der salvadorianischen Regierung – den Argentinier Manuel Ugarte ein, dessen antiimperialistischen Schriften ihn zu einem Public Intellectual in Lateinamerika gemacht hatten. Während Knox von Soldaten abgeschirmt werden musste, feierte eine Menschenmenge Ugartes Ankunft und Auftritte. Bald darauf landeten US-amerikanische Marines in Nicaragua, dem Nachbarland El Salvadors, woraufhin sich 10.000 Menschen in der Hauptstadt San Salvador versammelten und zum Präsidentenpalast marschierten; Geschäfte boykottierten US-amerikanische Produkte. Zahlreiche junge Menschen machten sich auf den Weg nach Nicaragua, um gegen die Besatzer zu kämpfen. Zusammen mit nicaraguanischen Soldaten, die nach der Niederlage ins Land kamen, wurden sie als Held*innen gefeiert. Die Wahl Woodrow Wilsons im selben Jahr, dessen antiinterventionistische Rhetorik nicht unbemerkt geblieben war, schürte zunächst Hoffnungen auf eine zurückhaltendere Rolle der USA in der Region. Doch schon bald kam heraus, dass der neue US-Außenminister William Jennings Bryan darüber nachdachte, die zentralamerikanischen Staaten in Protektorate zu verwandeln. Paraden, die anlässlich von Patronatsfesten üblich waren, verwandelten sich überall im Land in antiimperialistische Kundgebungen mit Motiven, die zur Verteidigung der Unabhängigkeit aufriefen. Der Antiimperialismus blieb in den folgenden Jahren ein wichtiger gesellschaftlicher Faktor, was nicht zuletzt mit der Gründung mehrerer mitgliederstarker Organisationen wie dem Comité Defensa Nacional und der Liga Antiimperialista zum Ausdruck kam.[100]

Solche Mobilisierung war kein Alleinstellungsmerkmal El Salvadors, sondern ließ sich auch in anderen Ländern beobachten. Das Comité Defensor Nacional

99 Vgl. Gould/Lauria-Santiago: To Rise in Darkness; Suter: Prosperität und Krise, S. 15–113.

100 Vgl. Lindo-Fuentes: El Alborotador de Centroamérica; Lindo-Fuentes: El Salvador vs. Imperialismo Yanqui.; Deras: La Liga Antiimperialista.

und die Liga Antiimperialista waren transnational vernetzt. Forciert wurden die grenzübergreifenden Kontakte noch durch Exilgemeinschaften. In El Salvador lebten beispielsweise Mexikaner*innen und Nicaraguaner*innen, die vor Krieg und Besatzung geflohen waren und die in den Protesten eine Rolle spielten. Auf diese Weise etablierte sich ein transnationaler Diskurs, der ein spezifisch lateinamerikanisches Verständnis antiimperialistischer Politik hervorbrachte. Anders als Marxist*innen, die antiimperialistische Politik letztlich dem Klassenkampf unterordneten, forderten lateinamerikanische Antiimperialist*innen die Überwindung von Gegensätzen zwischen Klassen und Nationen, um gemeinsam gegen die „Dominanz der Yankees" vorzugehen. Als Grundlage diente dabei ein spezifisch lateinamerikanisches Identitätskonzept. Während die US-Regierung versuchte, Pan-Amerikanismus für ihre Politik der hemisphärischen Einheit nutzbar zu machen, indem sie die gemeinsame republikanische Tradition und den gemeinsamen Antikolonialismus beschwor, beriefen sich Vertreter antiimperialistischer Positionen auf *mestizaje* als identitätsstiftendes Konzept. Die spanischsprachigen Gesellschaften auf dem amerikanischen Kontinent würden eine gemeinsame Herkunft und Kultur teilen, deren Kernmerkmal darin bestehe, indigene und spanische Elemente zu vereinen. Die so entstandenen Völker seien grundsätzlich unterschiedlich von den angelsächsischen, weshalb zwar eine enge Kooperation unter den lateinamerikanischen Staaten anzustreben sei, nicht aber mit den nordamerikanischen.[101]

Antiimperialismus in der salvadorianischen Außenpolitik

1913 gelangte in El Salvador die Meléndez-Quiñónez-Dynastie an die Macht. Bis 1927 wechselten sich Carlos Meléndez, sein Bruder Jorge Meléndez und dessen Schwiegersohn Alfonso Quiñónez Molina als Präsidenten ab. Der gesellschaftliche Rückhalt antiimperialistischer Politik und das Mobilisierungspotenzial, das ihr innewohnte, waren Faktoren, denen die Regierung Rechnung tragen musste. Gleichzeitig aber versprachen gute Beziehungen zu den USA wirtschaftliche Vorteile. Die Folge war eine Doppelstrategie, die nicht immer einfach einzuordnen ist. Einerseits signalisierten sowohl Carlos Meléndez als auch Quiñónez in Hinterzimmergesprächen mit US-amerikanischen Diplomaten Kooperationsbereitschaft und unterhielten freundschaftliche Beziehungen zur United Fruit Company, die wie kein zweites Unternehmen zum Symbol des US-Imperialismus geworden war. Gleichzeitig bedienten sie sich während der 1910er Jahre nicht nur einer antiimperialistischen

101 Vgl. Deras: La Liga Antiimperialista de San Salvador; Deras: Una mirada al antiimperialismo latinoamericano; Gould/Lauria-Santiago: To Rise in Darkness, 49–51; Kersffeld: Contra el Imperio.

Rhetorik, sondern sie ergriffen vor allem Maßnahmen, die auf die Einhegung des US-amerikanischen Einflusses zielten.[102]

Der Zugang zu Waffen spielte dabei durchaus eine Rolle. Das zeigt die Unterstützung für die mexikanische Revolutionsregierung Venustiano Carranzas durch die Regierung Meléndez. Angesichts der Bedeutung, die die Revolution in Mexiko für den lateinamerikanischen Antiimperialismus spielte, muss an dieser Stelle etwas näher auf sie eingegangen werden. Carranzas Kampf richtete sich gegen den langjährigen Diktator Porfirio Díaz und die Elite, auf die sich seine Herrschaft gestützt hatte. Díaz hatte Mexikos Eingliederung in die globale Weltwirtschaft vehement vorangetrieben, indem er ausländische Unternehmen ins Land holte, die in Erdölförderung, Bergbau, Eisenbahnnetz und in die Erzeugung von Energie investierten. Um den Export von Agrarprodukten voranzutreiben, hatte er Großgrundbesitzer begünstigt und die Enteignung von Kleinbauern erleichtert. 1910 brach eine Revolution aus. Die Revolutionäre sahen in den ausländischen Unternehmen eine Gefahr für die mexikanische Bevölkerung und strebten eine umfassende Nationalisierung von Ressourcen und Infrastruktur an. Carranza übernahm, nachdem er sich gegen interne Rivalen durchgesetzt hatte, 1915 die Revolutionsregierung.[103]

Washington hatte von Beginn an interveniert, zunächst diplomatisch, bald jedoch schon militärisch. Wilson rang sich nach einigem Zögern dazu durch, Carranza zu unterstützen. Als dieser jedoch nicht in der Lage war, abtrünnige Gruppen im Norden des Landes von Überfällen auf US-Amerikaner abzuhalten, marschierten Washingtons Truppen in die Grenzregion ein und verhängten ein Waffenembargo, dass sich auch gegen Carranzas Regierung richtete.[104] Bald hatte seine Armee im Kampf gegen konterrevolutionäre Verbände mit ernsthaften Nachschubproblemen zu kämpfen. In dieser Situation bot die salvadorianische Regierung die Lieferung von einer Millionen Patronen an. Das Angebot war nicht zuletzt deshalb günstig, weil der salvadorianische Hafen Acajutla von der Westküste aus angesteuert werden konnte, die im Gegensatz zur Ostküste nicht von der US-amerikanischen Marine kontrolliert wurde. Im März 1917 machte sich das mexikanische Schiff La Bonita auf den Weg, um die militärischen Hilfsgüter aus El Salvador abzuholen.[105]

Solche Unternehmungen vermochten allerdings wenig gegen die Dominanz der USA auszurichten – darüber war sich selbstverständlich auch die salvadorianische Regierung im Klaren. Im Zentrum ihrer antiimperialistischen Außenpolitik stand deshalb nicht militärischer Widerstand, sondern das Völkerrecht. Der Hauptkon-

---

102 Vgl. Lindo-Fuentes: El Alborotador de Centroamérica; Lindo-Fuentes: El Salvador vs. Imperialismo Yanqui.

103 Vgl. Gardner: Mexican Revolution; Hart: Empire and Revolution.

104 Vgl. Atwater: American Regulation, S. 75 ff.

105 Vgl. Serrano: Mexico y la fallida unificación de Centroamérica, S. 850.

flikt in den salvadorianisch-amerikanischen Beziehungen entspannte sich um den Bryan-Chamorro Akt. In diesem Vertrag übertrug die nach einer Intervention der US-Streitkräfte installierte nicaraguanische Regierung 1914 den USA für 3 Millionen Dollar die Rechte, einen transatlantischen Kanal durch das eigene Land zu bauen und einen Marinestützpunkt im Golf von Fonseca zu errichten. Da El Salvador ebenfalls an diesen Golf angrenzte, sah die Regierung Meléndez ihre Hoheitsrechte verletzt. Es war offensichtlich, dass ein solcher Stützpunkt die Infrastruktur für die verhassten Interventionen der Marines in der Region bereitstellen würde. Ein US-amerikanischer Stützpunkt vor der eigenen Haustür erhöhte die Möglichkeiten Washingtons, die salvadorianische Regierung unter Druck zu setzen. Auch in der Bevölkerung stieß der Vertrag auf heftige Proteste. Zusammen mit Costa Rica, das wie Mexiko die Pläne der US-Regierung kritisierte, schaltete die salvadorianische Regierung den Zentralamerikanischen Gerichtshof ein. Die Gründung dieses ersten internationalen Gerichtshofs 1907 war eine völkerrechtliche Innovation gewesen. Nun beriefen sich Costa Rica und El Salvador auf das Vertragssystem, um den Bryan-Chamorro Akt für nichtig erklären zu lassen. Sie hatten Erfolg und die zentralamerikanischen Richter forderten Nicaragua 1917 auf, von einer Umsetzung abzusehen. Die Regierung in Managua widersetzte sich dem Urteil und wurde dabei von der US-Regierung unterstützt. Diese hatte die Gründung des Gerichtshofs zwar vorangetrieben, hatte aber eine Mitgliedschaft der USA vermieden. Angesichts der Tatsache, dass die Entscheidungen der Richter die eigene Außenpolitik infrage stellten, war man in Washington erleichtert, als infolge der nicaraguanischen Verweigerungshaltung der Gerichtshof 1918 seine Arbeit einstellte. Für El Salvador hingegen war die Anerkennung des Gerichtsurteils am Ende der 1910er Jahre ein zentrales außenpolitisches Anliegen.[106]

Mit dem Scheitern des Gerichtshofs war das gesamte lateinamerikanische Vertragssystem von 1907 Makulatur, was die Regierung Meléndez vor Probleme stellte. Ziel des Friedensvertrags war es gewesen, Revolutionen zu verhindern. Die Staaten Zentralamerikas verpflichteten sich darin gegenseitig, keine revolutionäre Gruppe als legitime Regierung anzuerkennen. Das hatte wesentlich zur Stabilität in der Region beigetragen. Nun stand man vor der Gefahr, zum Status quo ante zurückzukehren, als Regierungen Aufständische in Nachbarstaaten unterstützt hatten, um ihren Einfluss auszubauen. Die salvadorianische Regierung versuchte mithilfe zweier Projekte auf diese Situation zu reagieren, die deutlich machen, dass sie weiterhin das Völkerrecht als zentrales Instrument zur Einhegung des US-amerikanischen Imperialismus begriff. Zunächst regte sie eine zentralamerikani-

---

106 Vgl. Rossi: Whiggish International Law, S. 184–191; Salisbury: Anti-Imperialism, insbesondere S. 13–19; Serrano: México y la fallida unificación de Centroamérica.

sche Konferenz an, auf der die *rule of law* auf dem Isthmus durch eine Reaktivierung des Gerichts wiederhergestellt werden sollte. Die Konferenz kam zustande und wurde stark von einer antiimperialistischen Rhetorik dominiert. Allerdings scheiterte der Vertrag.[107]

Zweitens erhoffte sich die salvadorianische Regierung vom Völkerbund als Schiedsgerichtsbarkeit bei zwischenstaatlichen Streitigkeiten zu fungieren und so den „absoluten Respekt der Souveränität", der „Unabhängigkeit und territorialen Integrität – sowohl der großen als auch der kleinen" zu garantieren. In dieser Formulierung schwang die Angst vor Destabilisierungsversuchen vonseiten der Nachbarländer und vor US-amerikanischen Interventionen mit. Schließlich galt die Regierung des angrenzenden Nicaragua als Vasall Washingtons. Die explizite Feststellung der Völkerbundsatzung, dass der Pariser Vertrag keinesfalls die Gültigkeit der Monroe-Doktrin berühre, die der Legitimierung der US-amerikanischen Hegemonialpolitik diente, war deshalb eine herbe Enttäuschung für El Salvador. Dennoch überwog am Ende die Hoffnung, dass der Völkerbund ein Gegengewicht zu den USA werden könne und die salvadorianische Regierung trat der Organisation bei.[108]

US-amerikanische Waffenhandelspolitik

Während El Salvador darauf hoffte, dass die 1919 geschaffene neue Weltordnung mindermächtigen Staaten neue Chancen bieten würde, deutete alles darauf hin, dass die USA an ihrer bisherigen Politik gegenüber den zentralamerikanischen Staaten festhielten. Weiterhin verfolgten sie einen zutiefst interventionistischen Kurs. Und weiterhin spielten sowohl der Waffenhandel als auch Waffenhandelsembargos eine wichtige Rolle, um diesen Kurs durchzusetzen. Das zeigte insbesondere die Erfahrung der eng mit der salvadorianischen Regierung verbündeten mexikanischen Regierung. Ihr machten die US-amerikanischen Waffenembargos auch nach 1917 zu schaffen. Einer der Hauptkonfliktpunkte zwischen Mexiko und den USA waren die Bohrrechte, die sich in den Händen US-amerikanischer Unternehmen befanden. Die Regierung Carranza hatte eine neue Verfassung auf den Weg gebracht, die eine Verstaatlichung der Ressourcen festschrieb. Als sie 1918 entsprechende Maßnahmen ergriff, drohte den US-amerikanischen Ölfirmen der Verlust ihrer Bohrrechte oder zumindest die Erhöhrung der Steuern.[109]

---

107 Vgl. Serrano Ortega: México y la fallida unificación de Centroamérica; Salisbury: Anti-Imperialism, S. 23–65; Suter: Prosperität und Krise, S: 79 f.

108 Vgl. Fischer: Souveränität der Schwachen, S. 119; Suter: Prosperität und Krise, S. 86 f.

109 Vgl. Hart: Empire and Revolution, S. 334–341.

Die Regierung Wilson war alarmiert und begann, Carranza erneut mit Waffenhandelskontrollen unter Druck zu setzen. Henry Fletcher, bis Januar 1919 Botschafter in Mexiko City, erklärte:

> Since I have been in the Department I have endeavoured to secure more liberal treatment of Mexico with respect to shipments of arms, munitions and raw materials for their manufacture, and I am succeeding in this respect. The refusal of the Mexican Government to grant our oil companies permits to drill, if persisted in, will seriously interfere with my efforts.[110]

Sein Nachfolger wurde deshalb angewiesen, Carranzas Regierung zu informieren, dass ihre Verstaatlichungspolitik ernsthafte Probleme mit Waffenlieferungen nach sich ziehen werde. Als dieser Druck keine Wirkung zeigte, hielt Washington alle Rüstungsexporte zurück. Der Handel nahm erst wieder Fahrt auf, als Carranzas Nachfolger Álvaro Obregón die mexikanische Politik entsprechend den Wünschen Washingtons korrigiert hatte.[111]

Es wäre allerdings falsch anzunehmen, dass die US-Regierung ausschließlich das Wohl von Unternehmen und Investoren zur Grundlage seiner Entscheidungen machte. Washingtons Interessen deckten sich nicht in jedem Fall mit der unternehmerischen Logik, wie das Beispiel Honduras zeigt. Wie in den anderen zentralamerikanischen Ländern führte die wirtschaftliche Expansion US-amerikanischer Unternehmen dazu, dass Kapital aus den USA und US-Bürger*innen ins Land gekommen waren. Als sich die politischen Unruhen in Honduras ab 1919 immer weiter zuspitzten, waren nicht nur Investitionen, sondern auch die Leben von US-Bürger*innen in Gefahr. 1924 eskalierte die Gewalt schließlich, woraufhin Marines in Honduras landeten. Kurz darauf verhängten die USA ein allgemeines Waffenembargo. Keine der kämpfenden Parteien sollte in der Lage sein, sich mit Rüstungsgütern einzudecken.[112]

Wieder einmal hatte die United Fruit Company ihre Hände im Spiel und sie war nicht einverstanden mit der Entscheidung. Sie trat für eine Anerkennung Tiburcio Carías ein, zu dem sie gute Beziehungen unterhielt. Sumner Welles, der unter Roosevelt eine beachtliche Rolle im State Department spielen würde, war zu diesem Zeitpunkt noch US-Gesandter in Honduras. Er hegte ein tiefes Misstrauen gegenüber

---

110 The Acting Secretary of State, Polk, to the Chargé in Mexico, Summerlin, Washington, 11.4.1919, in: FRUS 1919, Vol. II, Doc. 561.

111 Vgl. Atwater: American Regulation, S. 79–83; Meyer: Revolution and Reconstruction in the 1920s, S. 206.

112 The Secretary of State to President Coolidge, Washington, 22.3.1924; Proclamation No. 1689, 22.3.1924, Prohibiting Exportation of Arms and Munitions of War to Honduras, by the President of the United States of America, in: FRUS 1924, Vol. II, Doc. 265 f.; Atwater: American Regulation, S. 149–151.

den US-Unternehmen: The „forces of the revolution were paid and armed with American money and American arms and ammunition given by American business interests." Auf diese Weise hätten sie dazu beigetragen, eine Situation herbeizuführen, in der die US-Streitkräfte gezwungen gewesen seien, eine gefährliche militärische Intervention durchzuführen.[113] Aus Sicht des State Departments war den Interessen der USA am besten gedient, indem man Revolutionen verhinderte. Doch in einem waren sich Unternehmer und Diplomaten einig: Waffenhandelspolitik war ein wichtiger Bestandteil in den Beziehungen zwischen den USA und den zentralamerikanischen Republiken und sie musste dazu dienen, Freihandel und Privatbesitz zu schützen, um so die Integration der Region in ein kapitalistisches Wirtschaftssystem sicherzustellen. Meinungsunterschiede bestanden lediglich hinsichtlich der Frage, wie man sich am besten dieses Instruments bedienen sollte.

Das war auch der Grund, warum sich die USA seit der Wahlniederlage der Demokraten 1919 geweigert hatten, die von ihr mitverhandelte Waffenhandelskonvention zu unterzeichnen. Als 1922 der Druck auf Washington zunahm, den Vertrag zu ratifizieren, erklärte Außenminister Charles Hughes gegenüber Präsident Warren Harding, dass die Konvention in erster Linie dazu diene, den Waffentransfer in die europäischen Kolonien einzuhegen. Das liege nicht im eigenen Interesse. Mehr noch: Indem die Konvention den Handel mit Staaten verbiete, die ihr nicht beigetreten seien, könnten der US-Regierung ernsthafte Probleme entstehen:

> Such a provision would prevent this Government from shipping, or permitting the shipment of, munitions of war to any oppressed peoples who might be endeavoring to free themselves from oppression, or to any sister State in Latin America not a party to the Convention which might need arms, however worthy the cause and however desirable it might be to throw open our markets to them. Being ourselves a nation born of revolution, this would, I believe, constitute a fundamental objection and might under a given state of facts prove to be very objectionable.[114]

Was hier als eine der Freiheit und dem Kampf gegen Kolonialismus verpflichtete Außenpolitik charakterisiert wurde, war allerdings nichts anderes als der Versuch, sich vor allem in Zentralamerika machtpolitische Handlungsspielräume offenzuhalten. War die Konvention von 1919 für die Kolonialmächte ein hilfreiches Instrument imperialer Herrschaft, stellte sie ein Hindernis für den informalen Imperialismus der USA in Lateinamerika dar.

---

113 Vgl. Wright: Honduras, Zitat S. 222.

114 Vgl. Charles E. Hughes, Secretary of State, to President Harding, Washington, 2.8.1922, in: FRUS 1922, Vol. I, Doc. 298.

Als aber die Einladung aus Genf eintraf, an der Waffenhandelskonferenz im Mai 1925 teilzunehmen, nahm die US-Regierung trotzdem dankend an. In den Beziehungen mit lateinamerikanischen Staaten hatte das State Department bereits vor 1919 die Strategie entwickelt, an Verhandlungen teilzunehmen, ohne allzu großen Eifer bei der Ratifizierung internationaler Verträge an den Tag zu legen. Und so war auch die Teilnahme an der Waffenhandelskonferenz zunächst nichts weiter als diplomatische Routine, die es dem State Department ermöglichte, Einfluss auf die Gestaltung des Völkerrechts zu nehmen, ohne daraus irgendwelche Verpflichtungen abzuleiten. Zwar blickte man in Washington sorgenvoll auf die globale Verbreitung von Waffen.[115] Ein spezifisches Interesse daran, international verbindliche Regulierungen durchzusetzen, hatte sie jedoch nicht. Dennoch versäumte man es nicht, das internationale Parkett für große Gesten und selbstzufriedene Rhetorik zu nutzen. In seiner ersten Rede vor den versammelten Delegierten erklärte der US-amerikanische Vertreter Theodore Burton, die Waffenhandelspolitik Washingtons gegenüber den lateinamerikanischen Ländern in den vergangenen Jahren sei ein Ausdruck des starken Interesses an Abrüstung und Frieden.[116] Man könnte dieses Statement als Heuchelei abtun, doch damit würde man ihm nicht gerecht werden. Für die Aufrechterhaltung des Friedens zu kämpfen, bedeutete aus Washingtoner Perspektive, jene abzurüsten beziehungsweise an einer Aufrüstung zu hindern, die bestehende sozio-ökonomische Machtverhältnisse überwinden wollten. Und genau darum ging es bei der US-amerikanischen Politik in der westlichen Hemisphäre.

Salvadorianische Waffenhandelspolitik

Auch El Salvador nahm die Einladung zur Waffenhandelskonferenz nach Genf umgehend an. Die politischen und ökonomischen Rahmenbedingungen waren hier allerdings nicht mehr dieselben wie in den 1910er Jahren, der Hochphase der antiimperialistischen Außenpolitik. 1919 war der Preis für Kaffee, der nach wie vor das Hauptexportprodukt El Salvadors darstellte, auf dem Weltmarkt massiv eingebrochen. Um die Krise zu überwinden und die Wirtschaft mit neuen Investitionen und einer Diversifizierung der Produktion wieder auf die Beine zu bringen, benötigte El Salvador dringend Kapital. Doch unmittelbar nach dem Krieg standen Investoren nicht gerade Schlange. Vor allem europäische Banken und Unternehmen, die vor dem Krieg noch eine Rolle gespielt hatten, schieden aus. Übrig blieben die USA. Diese Rahmenbedingungen zwangen die Regierung Meléndez, ihre antiimperia-

115 Vgl. Barton: Counterterrorism between the Wars, S. 108 – 115.
116 Department of State, For the Press, Immediate Release, 5.5.1925, in: NARA, RG 59, 500.A14.

listische Außenpolitik deutlich abzuschwächen und einen wirtschaftspolitischen Kurswechsel vorzunehmen. Sie nahm bei einer US-amerikanischen Investorengruppe, zu der auch die berüchtigte United Fruit Company gehörte, einen Kredit auf, wie ihn das Land noch nie gesehen hatte. Um ihn abzubezahlen, übertrug sie die Verwaltung der salvadorianischen Zolleinnahmen, die fast die Hälfte der Staatseinnahmen ausmachten, US-amerikanischen Zollbeamten. Diese behielten siebzig Prozent für den Schuldendienst zurück. Auf diese Weise schrumpfte der Staatshaushalt um vierzig Prozent. Das bekamen die zahlreichen Staatsbeamten zu spüren, die einen großen Teil der Mittelschicht ausmachten.[117]

Die Meléndez-Quiñónez-Dynastie befand sich somit seit Beginn der 1920er Jahre in großer Abhängigkeit von der US-Regierung und US-Unternehmen, was zur Folge hatte, dass ihr ursprünglich verfolgter außenpolitischer Kurs mittlerweile keine zentrale Rolle mehr spielte. Dennoch versuchte sie, die bevorstehende Waffenhandelskonferenz für eine Neuauflage ihrer antiimperialistischen Völkerrechtspolitik zu nutzen. Im April 1925 ließ sie öffentlich verlauten, sie werde sich zusammen mit anderen lateinamerikanischen Staaten in Genf dafür einsetzen, dass keine legitime Regierung je daran gehindert werden dürfe, sich mit Waffen einzudecken. Gleichzeitig werde man für ein absolutes Verbot eintreten, nicht-staatlichen Akteuren Waffen zu liefern. Das sei die einzige Möglichkeit, die Revolutionen in Lateinamerika zu beenden, die von und für die USA angestiftet würden.[118]

Für die Umsetzung dieser Politik war Gustavo Guerrero verantwortlich, ein erfahrener und in Europa gut vernetzter Völkerrechtler, der vor allem als Richter am Ständigen Internationalen Gerichtshof in Den Haag in Erinnerung geblieben ist, als dessen Präsident er zwischen 1937 und 1946 fungierte. Guerrero hatte schon in jungen Jahren gezeigt, dass er nicht davor zurückscheute, es mit den Mächtigen aufzunehmen. Als Student an der salvadorianischen Universidad Nacional hatte er zusammen mit einem Freund eine Zeitschrift gegründet, in der die Regierung offen kritisiert wurde. Daraufhin hatte der damalige Präsident Rafael Antonio Gutiérrez persönlich seine Exmatrikulation und Verhaftung gefordert. Aus Protest gegen dieses Vorgehen waren mehrere anerkannte Professoren zurückgetreten und hatten die Freie Universität El Salvadors gegründet. Nach seiner Haft mit anschließendem Militärdienst verließ Guerrero das Land und beendete sein Jura-Studium in Guatemala. Im Anschluss an seine Promotion 1898 kehrte er nach El Salvador zurück, wo gerade Tomás Regalado erfolgreich gegen Gutiérrez geputscht hatte. Dank der Fürsprache des ersten Rektors der Freien Universität wurde er persönlicher Sekretär Regalados. Schon ein Jahr später bat er den Präsidenten, ihn als

117 Vgl. Suter: Prosperität und Krise, S. 71–92.
118 Vgl. Translation of an Editorial from El Dia (San Salvador), 25.4.1925, in: NARA, RG 59, 500.A14.

Delegierten nach Europa zu schicken. Ein kleiner Staat wie El Salvador konnte sich keinen Entsandten für jedes europäische Land leisten, noch nicht einmal für jede Großmacht. Guerrero, zum Zeitpunkt seiner Entsendung gerade erst Mitte 20, diente bis zu seiner Ernennung zum Außenminister 1927 als Vertreter seines Land in Italien, Frankreich, Spanien, Italien und beim Völkerbund. Als die Waffenhandelskonferenz 1925 anstand, blickte er bereits auf zweieinhalb Jahrzehnte als Diplomat in Europa zurück. Den innenpolitischen Auseinandersetzungen in seinem Heimatland war er weitgehend entrückt, er hatte sich als loyaler Staatsdiener verschiedener Regierungen erwiesen. Sein Metier waren das Völkerrecht und die internationale Politik. Er verfügte über beste Kontakte in Europa. Besonders enge Beziehungen pflegte er ins Quai d'Orsay; Aristide Briand, der 1925 bis 1929 französischer Außenminister war, zählte zu seinen Freunden.[119]

Guerreros langjähriger Dienst in Europa bedeutete allerdings nicht, dass die Debatten, die die salvadorianische Gesellschaft umtrieben, an ihm vorübergegangen wären. Ganz im Gegenteil: seine Auffassung vom Völkerrecht war zutiefst gesprägt vom lateinamerikanischen Antiimperialismus. Auf der einen Seite sah er es durchaus als Problem, dass Staaten, die sich „als die mächtigsten fühlten", „unter dem Schutzmantel" des internationalen Rechts anderen Staaten ihre Partikularinteressen aufzwangen. Allerdings war er auch überzeugt, dass das Völkerrecht die Möglichkeit biete, „diese Gefahr abzuwehren".[120] Dabei hielt Guerrero anders als einige seiner Kollegen, die vor allem für die Entwicklung eines lateinamerikanischen Rechtssystems plädierten, den Grundsatz hoch, dass völkerrechtliche Normen universal gültig sein müssten.[121] Diese Position war sicherlich nicht zuletzt das Resultat seiner langjährigen Tätigkeit in Europa. Wie aber noch zu zeigen sein wird, eröffnete das Festhalten an der Universalität des Völkerrechts vor allem die Möglichkeit, zur Durchsetzung der eigenen Interessen Allianzen mit Staaten zu schmieden, denen auf der internationalen Bühne ein größeres Gewicht zukam, die allerdings in Zentralamerika keine hegemonialen Ambitionen hegten.

Mit Blick auf die anstehende Waffenhandelskonferenz waren es vor allem zwei konkrete Anliegen, die Guerrero verfolgte. Erstens ging es um den Artikel 3 des Konventionsentwurfs, den die Temporary Mixed Commission erarbeitet hatte. Dort hieß es, dass die Lizenzen für Rüstungsexporte ausschließlich für Lieferungen an

---

119 Vgl. Arévalo-Rengifo: El Salvadoreño que trascendió las fronteras; López Jiménez: In Memoriam. José Gustavo Guerrero.

120 Guerrero: La Codification, S. 10 f. Wortlaut: „Ceux qui se sentent les plus forts pour les [intérêts propres] imposer, sous le couvert du droit, ne s'en sont naturellement pas privés; mais il n'est pas interdit aux autres de saisir les occasions qui leur sont offertes de parer au danger en remmettant les choses au point."

121 Vgl. Guerrero: La Codification, S. 9–19; Dominguez: Cimientos inestables, S. 136–139.

Regierungen zu erteilen seien, die das exportierende Land anerkenne.[122] Diese Formel hätte es Washington ermöglicht, weiterhin selbstständig zu entscheiden, welche Gruppen in zentralamerikanischen Ländern in der Lage sein sollten, Waffen zu erhalten, und welchen der Zugang zu verwehren sei. Genau das galt es zu vermeiden und so war es ein zentrales Ziel Guerreros, die Formel abzuändern:

> I hardly like to consider the case which might arise in a country suffering from internal disorders and possessing a legitimate Government on the one hand and on the other a Government recognised as such by some States which desire the export of arms. How tragic it would be if each of these adversaries was receiving arms to enable them to carry out their work of destruction and to cover its own territory with misery and death.[123]

Die im Artikel 3 berührte Frage, was eine legitime Regierung sei, gehörte seit Beginn des Jahrhunderts zu den Kernproblemen, mit denen sich lateinamerikanische Völkerrechtler auseinandersetzten. Guerrero war während der 1920er Jahre einer der renommiertesten Experten, der mit seinen Beiträgen die Debatte maßgeblich prägte. Die Konzepte und Rechtsauffassungen, die die lateinamerikanischen Juristen in Auseinandersetzung mit den spezifischen Problemen ihrer Region entwickelten, unterschieden sich grundlegend von denen ihrer nordatlantischen Kollegen. Das nordatlantische Völkerrecht war zutiefst geprägt von den Bemühungen, die koloniale Expansion und mit ihr Hierarchien zwischen imperialen Mächten und außereuropäischen Gesellschaften zu legitimieren. Das galt auch für die Frage nach der Anerkennung von Staaten und Regierungen. Das Konzept der Zivilisation spielte in diesem Zusammenhang eine wichtige Rolle. Entscheidend war, ob ein Gemeinwesen in der Lage war, dem Standard „zivilisierter Staaten" gerecht zu werden. Dabei war es westlichen Völkerrechtlern nie gelungen zu klären, wie dieser Standard zu definieren sei. Fest stand nur: Anerkennung wurde von jenen gewährt, die bereits Teil der internationalen „Familie zivilisierter Staaten" waren.[124]

Lateinamerikanische Völkerrechtler hatten das Konzept der „Zivilisation" zunächst übernommen. Im 19. und frühen 20. Jahrhundert zielte ihre Argumentation darauf, dass lateinamerikanische Gesellschaften als zivilisiert einzustufen und somit gleichrangig gegenüber den nordatlantischen Staaten seien. Doch während der 1920er Jahre lässt sich beobachten, wie diese Argumentation zunehmend an Bedeutung verlor. Stattdessen kritisierten namhafte Vertreter ihres Faches, dass „Zivilisation" ein vages Konzept darstelle, das willkürlich als hegemoniales Machtin-

---

122 Vgl. Conference for the Control of the International Trade in Arms, Munitions and Implements of War, Draft Convention, in: NARA, RG 59, 500.A14.

123 Conference for the Control of the International Trade in Arms, Munitions and Implements of War, Second Plenary Meeting, 5.5.1925, in: LNA, Répertoire Général, R 251, 43793, 43854.

124 Vgl. Anghie: Imperialism, S. 13–114; Kosenniemi: The Gentle Civilizer, S. 98–178.

strument genutzt werden könne. Es ermögliche den europäischen Staaten und den USA, unliebsame Regierungen und Staaten international zu isolieren und ihnen den Zugang zu Institutionen wie dem Völkerbund zu verwehren. Stattdessen plädierten lateinamerikanische Völkerrechtler dafür, Kriterien für Staatlichkeit festzulegen, um die Legitimität von Staaten und Regierungen zu bestimmen. Entscheidend sei dabei nicht, ob andere Staaten eine Regierung anerkannten, sondern ob diese sich an die im eigenen Land geltenden Gesetze halte. Auf diese Weise sollte die Frage nach der Legitimität einer Regierung dem Einfluss anderer Staaten entzogen werden.[125]

An diese Auffassung knüpfte Guerrero an, als er seinen Alternativvorschlag für den Artikel 3 entwickelte. Waffenexporte dürften nur dann erlaubt sein, wenn die importierende Regierung auf eine Weise ins Amt gekommen sei, die den „konstitutionellen Formen und Bräuchen des eigenen Landes entspreche".[126] Eine solche Formel wies über die Waffenhandelsproblematik hinaus. Es ging hier nicht nur um die Frage, unter welchen Umständen der Handel mit Rüstungsgütern erlaubt sein sollte. Es ging auch darum, ein Konzept von Souveränität in das internationale Völkerrecht einzuschreiben, das aus Sicht lateinamerikanischer Völkerrechtler dazu dienen konnte, der nordatlantischen Hegemonie etwas entgegenzusetzen. Sollte das gelingen, hätten lateinamerikanische Staaten die Möglichkeit gehabt, sich in anderen völkerrechtlichen Verhandlungen auf die in der Waffenhandelskonvention festgeschriebene Formel zu berufen.

Zweitens ging es Guerrero darum, Gleichbehandlung sicherzustellen zwischen industrialisierten Staaten, die über eine Rüstungsindustrie innerhalb der eigenen Grenzen verfügten, und nichtindustrialisierten Staaten, die auf Waffenimporte angewiesen waren: „Our task will be very difficult as we seek to establish some form of dependence as between non-producing States to the advantage of the exporting countries, and thus to create as between equal governments two groups, of which one would in practice control the other."[127] Besonders Artikel 8 des Vertragsentwurfs hielt er in dieser Hinsicht für problematisch. Dieser verpflichtete die Vertragsstaaten, die ausgestellten Exportlizenzen zu veröffentlichen und dabei Angaben über die Anzahl der Exporte und die Zielländer zu machen.[128] Mit der Publikationspflicht knüpfte der Entwurf der Waffenhandelskonvention an Artikel 8

125 Vgl. Becker Lorca: Mestizo International Law, S. 305–352.

126 Conference for the Control of the International Trade in Arms, Munitions and Implements of War, Second Plenary Meeting, 5.5.1925, in: LNA, Répertoire Général, R 251, 43793, 43854.

127 Conference for the Control of the International Trade in Arms, Munitions and Implements of War, Second Plenary Meeting, 5.5.1925, in: LNA, Répertoire Général, R 251, 43793, 43854.

128 Vgl. Conference for the Control of the International Trade in Arms, Munitions and Implements of War, Draft Convention, in: NARA, RG 59, 500.A14.

der Völkerbundsatzung an, der Regierungen verpflichtete, Auskunft über ihre Rüstungsanstrengungen zu geben. Politiker wie Woodrow Wilson, friedenspolitisch versierte Diplomaten wie Cecil und auch die nordatlantischen Friedensaktivist*innen der Zwischenkriegszeit sahen in der Veröffentlichungspflicht ein wichtiges Instrument, um Wettrüsten zu verhindern. Wenn alle Staaten Informationen über ihre Rüstung offenlegten, so die Überlegung, könne Vertrauen zwischen Staaten geschaffen werden. Private Rüstungsunternehmen würden nicht mehr in der Lage sein, ihre Kontakte zur Presse zu nutzen, um Panik vor den Aufrüstungsbemühungen benachbarter Staaten zu verbreiten.[129]

Doch was den friedenspolitisch ambitionierten Politikern und Aktivist*innen als probates Mittel der Abrüstung erschien, schuf aus Sicht Rüstung importierender Staaten neue Ungleichheiten. Lediglich Informationen über Rüstungsexporte zu veröffentlichen, würde es jedem ermöglichen, sich ein umfassendes Bild über die Rüstungsbemühungen jener Staaten zu machen, die ihre Rüstungsgüter ausschließlich oder größtenteils importierten. Informationen über die Rüstung der USA, die als einziger Staat der westlichen Hemissphäre in der Lage waren, alle benötigten Waffen im eigenen Land herzustellen, könnten hingegen weiterhin als Staatsgeheimnis gehütet werden. Der Konventionsentwurf berührte somit die Frage der Gleichheit. Gleichbehandlung war ein weiteres wichtiges Prinzip, das lateinamerikanische Völkerrechtler der Zwischenkriegszeit in verschiedenen internationalen Verhandlungen versuchten weiterzuentwickeln und zu stärken.[130] Dieses Anliegen verfolgte auch Guerrero mit Blick auf die Waffenhandelskonvention: There „is no reason why we should agree that producing countries should remain without the scope of a measure which ought to be of a general character and adopted in the common interests“.[131] Einfach die Veröffentlichungspflicht aus der Konvention zu entfernen war jedoch keine Option, da diese eine zentrale Säule des Vertragswerks darstellte. Doch Gleichbehandlung ließ sich auch anders herstellen: indem man die Veröffentlichungspflicht auch auf die Produktion ausweitete.

Genau aus diesem Grund wurden die von Wilson in der Völkerbundsatzung eingeschriebenen „schweren Bedenken“ gegen die private Rüstungsproduktion und die daraus abgeleitete Forderung nach Produktionskontrolle nun auch für die antiimperialistische Agenda El Salvadors relevant. Das Ergebnis war paradox. Die Formel in der Völkerbundsatzung war im Kontext von Wilsons Außenpolitik gegenüber lateinamerikanischen Staaten entstanden, die diese als imperialistisch denunzierten. Das 1919 von ihm noch geforderte Verbot einer privaten Rüstungs-

129 Vgl. Webster: Making Disarmament Work; Lincove: Data for Peace.

130 Vgl. Becker Lorca: Mestizo Law, S. 305–352.

131 Conference for the Control of the International Trade in Arms, Munitions and Implements of War, Second Plenary Meeting, 5.5.1925, in: LNA, Répertoire Général, R 251, 43793, 43854.

produktion hätte die Möglichkeit der Regierungen industrialisierter Staaten, auf die Regierungen nichtindustrialisierter Staaten Einfluss zu nehmen, ausgeweitet – eine Implikation, die Wilson bewusst gewesen war. Doch die abgeschwächte Formel, auf die sich die Delegationen in Paris schließlich geeinigt hatten, bot El Salvador die Möglichkeit, die „schweren Bedenken" für ihre antiimperialistische Völkerrechtspolitik fruchtbar zu machen. Wenn man auf dieser Grundlage nämlich nicht ein Verbot privater Rüstungsproduktion forderte, sondern die Formel zum Ausgangspunkt einer Forderung nach Produktionskontrolle machte, dann ließ sich mit ihrer Hilfe das Anliegen der völkerrechtlichen Gleichbehandlung vorantreiben. An diesem Punkt trafen sich die Agenda Frankreichs, der Gewerkschaften und nichtproduzierender Staaten. Diese Konstellation sollte auf der Waffenhandelskonferenz, die im Mai und Juni 1925 in Genf stattfand, eine wichtige Rolle spielen.

3.4 Die Genfer Waffenhandelskonferenz

Die Teilnehmer der Waffenhandelskonferenz waren sich darüber einig, dass die Verhandlungen dem Frieden dienen sollten. Doch was bedeutete Frieden und wie ließ er sich gerecht gestalten? Einige Länder wie Großbritannien und die USA waren der Auffassung, dass es in erster Linie darum gehen müsse, mithilfe völkerrechtlicher Normen die Aufrechterhaltung bestehender Ordnungen zu ermöglichen. Weniger mächtige osteuropäische, asiatische oder lateinamerikanische Staaten wie El Salvador, Rumänien oder Persien, die über keine nennenswerte Rüstungsindustrie verfügten, kämpften hingegen um völkerrechtliche Normen, mit denen sie den Einfluss der Großmächte hätten begrenzen können. Und schließlich war da noch der europäische Krisenherd. Frankreich hatte im Ersten Weltkrieg das Produktionspotenzial der deutschen Industrie eindrucksvoll vor Augen geführt bekommen, dem man nur mithilfe anderer Großmächte etwas hatte entgegensetzen können. Aus Pariser Sicht musste es darum gehen, eine erneute deutsche Dominanz durch eine völkerrechtlich verbindliche und dauerhafte Kontrolle der Produktionsmittel zu verhindern – ein Anliegen, das nach wie vor auch für die Gewerkschafter anschlussfähig war. Aus deutscher Sicht hingegen ging es um die Überwindung eines als ungerecht empfundenen Friedens. Aus dieser Gemengelage entstanden während der Verhandlungen im Mai und Juni 1925 zuweilen unerwartete Interessenkonstellationen.

Der Kampf um Machtverhältnisse entspann sich entlang der Artikel, die die Temporary Mixed Commission in den Konventionsentwurf eingeschrieben hatte, der als Ausgangspunkt der Verhandlungen diente. Hierbei handelte es sich bereits um ein Kompromissprodukt, das sich stark an der Konvention von 1919 orientierte. Die Mitglieder der Kommission hatten stets vor Augen gehabt, dass die nach dem

Krieg unterzeichnete Konvention aufgrund fehlender Ratifikationen nie in Kraft getreten war. Entsprechend zurückhaltend hatten sie formuliert und weitreichende Forderungen von vorneherein ausgeklammert. Herausgekommen war ein Entwurf, der erkennbar darauf abzielte, konsensfähige Regeln zu formulieren. Zunächst teilte er Waffen in verschiedene Kategorien ein. Unter Kategorie I fielen Waffen von militärischem Nutzen: großkalibrige Schusswaffen, Maschinengewehre, Kanonen, Kriegsschiffe und -flugzeuge, Luftschiffe, Panzer und andere bewaffnete Fahrzeuge. Die meisten Artikel der Konvention bezogen sich auf diese Rüstungsgüter. Der Handel mit Waffen der Kategorie II – kleinkalibrige Schusswaffen, Munition und Gewehrpulver etc., die sowohl für militärische als auch nichtmilitärische Zwecke genutzt werden konnten – und mit nichtmilitärischen Waffen der Kategorie III unterlag hingegen dem Ermessen exportierender Staaten. Regierungen sollten mit Blick auf die erste Kategorie verpflichtet werden, ein in der Konvention festgelegtes Lizenzsystem für Rüstungsexporte einzuführen. Lizenzen durften nur für Exporte an Regierungen oder deren ermächtigte Vertreter ausgestellt werden. Es musste sichergestellt sein, dass die verschifften Waffen auch den in der Lizenz festgelegten Zielhafen erreichten. Außerdem unterlagen die Lizenzen der Veröffentlichungspflicht. Die Veröffentlichungen sollten Auskunft geben über Quantität und Zielland der exportierten Rüstungsgüter. Dispute über die Auslegung der Konvention seien vor dem Ständigen Internationalen Gerichtshof zu klären.[132]

Das Konferenzsetting war keineswegs egalitär; die Voraussetzungen dafür, die eigenen Anliegen durchzusetzen, waren höchst ungleich verteilt. Nach einem gemeinsamen Start gründeten die Delegierten in der ersten Woche diverse Komitees und Unterkomitees. Dort wurden spezifische Fragen behandelt: In welche Kategorien konnten Waffen unterteilt werden? In welchen Regionen sollten Sonderregeln gelten? Inwiefern berührten die verhandelten Fragen bereits vorhandene völkerrechtliche Verträge? Oft trafen sich die verschiedenen Komitees zeitgleich. Großbritannien, das mit zehn Delegierten vertreten war, oder Frankreich mit seinen vierzehn Entsandten konnten sicherstellen, an allen für sie relevanten Diskussionen teilzunehmen und die Verhandlungen in die von ihnen gewünschte Richtung zu lenken.[133] Darüber hinaus machten die Briten von der Möglichkeit Gebrauch, die Delegierten der Dominions in die eigene Strategie einzubinden. Eine große Dele-

132 Hier und im Folgenden: Conference for the Control of the International Trade in Arms, Munitions and Implements of War, Draft Convention, May 1925, in: LNA, Répertoire Général, R 231, 32639.

133 Vgl. Conference for the Control of the International Trade in Arms, Munitions and Implements of War, List of Delegates, 12.5.1925, in: LNA, Répertoire Général, R 243, 39570.

gation hatte zudem den Vorteil, besser auf die häufig sehr schnellen Prozesse reagieren zu können, die zu Abstimmungen führten.[134]

Doch große Delegationen kosteten Geld. Das State Department rechnete für sein neunköpfiges Team mit rund 30.000 Dollar Sach- und Reisekosten.[135] Hinzu kamen Lohnkosten für Mitarbeiter, die über zwei Monate hinweg keine weiteren Aufgaben im Ministerium übernehmen konnten. Das war bei einem jährlichen Budget von rund zwei Millionen Dollar, über das das State Department verfügte, keine zu vernachlässigende Summe.[136] Staaten wie El Salvador verfügten nicht über die Mittel, um mit vergleichbaren Delegationen anzutreten. Gustavo Guerrero vertrat sein Land ganz alleine. Er konnte schlicht nicht an allen Sitzungen teilnehmen, sondern musste Prioritäten setzen und sich auf die Verhandlungsführung von Delegationen mit ähnlichen Agenden verlassen. Letzteres setzte allerdings voraus, Zeit in Gespräche und die Bildung von Allianzen zu investieren. Diese führten die Delegierten nicht nur während der Verhandlungspausen auf den Fluren. Jeden Abend fanden Bankette statt, die von den verschiedenen Delegationen organisiert wurden. Dort wurde nicht nur getanzt, sondern sie dienten auch dem informellen Austausch.[137] Der Arbeitstag eines Delegierten war während der anderthalb Monate dauernden Konferenz somit rund um die Uhr gefüllt und je kleiner eine Delegation, desto stärker hing ihr Verhandlungserfolg davon ab, dass die einzelnen Mitglieder eine kontinuierlich hohe Leistung erbrachten.

Dennoch entschied sich Gustavo Guerrero für eine *high profile* Strategie, das heißt, dass er eine für die anderen Parteien klar erkennbare Agenda verfolgte, diese mit mehreren eigenen Vorschlägen untermauerte und sich aktiv in kontroverse Diskussionen einschaltete. Seine jahrzehntelange Tätigkeit als salvadorianischer Entsandter in Italien, Frankreich, Spanien und seit 1919 auch in Genf und die in dieser Zeit geknüpften Beziehungen bildeten die Voraussetzung dafür. Er war gut bekannt und vernetzt beim Völkerbund. Gleich zu Beginn wählten ihn die Delegierten auf Vorschlag Spaniens zum Vizepräsidenten der Konferenz.[138] Als Vertreter eines nichtproduzierenden und außereuropäischen Staates bildete er den Gegenpol zum Konferenzpräsidenten Henri Carton de Wiart, der von 1920 bis 1921 belgischer Premierminister gewesen war. Wiart vertrat ein Land, das mit seiner hochspezialisierten Kleinwaffenindustrie kein Interesse an einer starken Konven-

---

134 Vgl. Onslow, Delegation in Geneva, to Tyrrell, Foreign Office, 13.6.1925, in: TNA FO 371, 11040.

135 Vgl. Estimates of Expenditures Necessary for the proposed American Delegation to the Geneva Conference in the Traffic in Arms and Munitions, in: NARA, RG 59, 500.A14.

136 Vgl. Cashman: American Ascendant, S. 248.

137 Vgl. Onslow, Delegation in Geneva, to Tyrrell, Foreign Office, 13.6.1925, in: TNA FO 371, 11040.

138 Vgl. Verbatim Report of the Second Plenary Meeting, 5.5.1925, in: LNA, Répertoire Général, R 251, 43793, 43854.

tion hatte. Im Gegenteil: Nach den Erfahrungen im Ersten Weltkrieg setzte die belgische Regierung auf eine starke heimische Rüstungsindustrie, deren Produktionskapazitäten in Friedenszeiten durch Rüstungsexporte auf einem hohen Level gehalten werden sollten.[139] In ihrer Funktion als Präsident und Vizepräsident moderierten Carton de Wiart und Guerrero die Debatten, sie riefen Redner auf, brachten sie zum Schweigen, wenn dies erforderlich erschien, sie konnten Debatten für beendet erklären und entscheiden, wann Fragen zur Abstimmung kamen. Vor allem aber mussten sie den Überblick über das Konferenzgeschehen behalten, eine Aufgabe, bei der ihnen das aus Mitgliedern anderer Delegationen zusammengesetzte Konferenzbüro und die Disarmament Section des Generalsekretariats zur Hand gingen.[140] Für Guerrero hatte das den Vorteil, dass er Zuarbeit einfordern konnte und auf diese Weise auch ohne weitere Delegationsmitglieder in der Lage war, die Übersicht über die verschiedenen Verhandlungsstränge zu behalten.

Was ist eine legitime Regierung?

Im Gegensatz zu anderen Delegationen, die sich zunächst bedeckt hielten, ging Guerrero gleich zu Beginn der Verhandlungen in die Vollen und machte deutlich, welche Themen ihm am Herzen lagen: die Definition, was eine legitime Regierung sei, und Gleichbehandlung. Laut dem zur Verhandlung stehenden Konventionsentwurf durften Exportgenehmigungen nur dann erteilt werden, wenn Regierungen die Empfänger waren. Doch wann konnte man von einer Regierung sprechen? Wer sollte im Fall von Bürgerkriegen und Wahlmanipulationen entscheiden, welches die rechtmäßige Regierung sei? Der Konventionsentwurf schlug vor, diese Entscheidung der Regierung des Staates zuzuschlagen, aus dem die Waffen exportiert wurden. Dem stellte Guerrero seinen aus dem Kontext lateinamerikanischer Völkerrechtsdebatten abgeleiteten Vorschlag entgegen, dass Exportgenehmigungen nur an Regierungen erteilt werden sollten, die in Konformität mit den im importierenden Land geltenden Gesetzen an die Macht gekommen seien. Wie bereits dargestellt, zielte dieser Vorschlag darauf, die Möglichkeiten der US-Regierung zu begrenzen, mit Waffenexporten Einfluss auf die Politik zentralamerikanischer Länder zu nehmen.[141]

---

139 Vgl. Hilbert: Waffenexport.

140 Vgl. Conference for the Control of the International Trade in Arms, Draft Rules of Procedure, 7.5. 1925, in: LNA, Répertoire Général, R 251, 43973, 43856. Diese Rules of Procedure wurden angenommen.

141 Verbatim Report of the Second Plenary Meeting, 5.5.1925, in: LNA, Répertoire Général, R 251, 43793, 43854.

Die Frage, wie eine rechtmäßige Regierung zu definieren sei, wurde vor allem in der ersten Konferenzwoche intensiv debattiert. Guerreros Beharren auf der Problematik kam nicht bei allen gut an. In den Konferenzpausen begannen Delegierte zu murren. Die Frage, so lästerte man auf den Gängen, sei im Grunde nur für lateinamerikanische Staaten mit ihrer unglücklichen Tradition von Revolutionen und Aufständen relevant. Den Vizepräsidenten der Konferenz brachten solche Bemerkungen in Rage. Aufgebracht erklärte er, nachdem er ein entsprechendes Gespräch im Flur mitgehört hatte, dass es sich bei der Frage nach der Rechtmäßigkeit von Regierungen um ein internationales Problem handele. Es seien nicht die lateinamerikanischen Staaten, die ein Problem mit der Herstellung von Frieden hätten, sondern „andere Länder der Welt". Ob er damit auf die Situation in europäischen Ländern anspielte, die ein Jahrzehnt voller Krieg und Revolutionen hinter sich hatten, darüber konnten die von ihm Gemaßregelten nur mutmaßen.[142]

Wie zu erwarten stand der salvadorianische Vorschlag im Widerspruch zu den Interessen der USA. Die US-Regierung hatte in den Vorbereitungen auf die Konferenz die Aufrechterhaltung der „freedom of action" zu einer Leitmaxime erklärt.[143] Davon ausgehend hatte man auch im State Department die von Guerrero kritisierte Formulierung des Artikel 3 als ein Problem diagnostiziert. Doch während der salvadorianische Diplomat monierte, die Formulierung gebe den exportierenden Staaten zu viel Handlungsspielraum, war dieser aus Washingtons Sicht immer noch zu klein. Zwar gebe er den USA die Möglichkeit, zu definieren, welches eine legitime Regierung sei. Doch was, wenn man im Fall von Bürgerkriegen eine Gruppe unterstützen wolle, ohne sie auch gleich als Regierung anzuerkennen? Immerhin sei man an völkerrechtliche Verträge gebunden, was es Washington nur erlaube, konstitutionelle Regierungen anzuerkennen. Aus Sicht des State Departments musste man sich die Möglichkeit offenhalten, Exporte an Regierungen in der westlichen Hemisphäre zu genehmigen, die man selber noch nicht anerkannt hatte.[144] Um auch in solchen Situationen die Handlungsfreiheit zu behalten, hatte Präsident Calvin Coolidge die Delegation instruiert, in Genf eine andere Formel vorzuschlagen. Exportgenehmigungen sollten dann erteilt werden dürfen, wenn der Empfänger von mindestens einem anderen Land als legitime Regierung anerkannt

---

142 General Committee, Verbatim Report of the Fourth Meeting, 11.5.1925, in: LNA, Répertoire Général, R 252, 43073, 43921.

143 Department of State, Division of Near Eastern Affairs: Memorandum of Conversation between General Eltinge, Major Strong, War Department, and Mr. Dulles, 20.11.1924, in: NARA, RG 59, 500.A14.

144 Vgl. Telegram from Burton to the Secretary of State, 13.5.1925; and Telegram from Department of State to AmMission Geneva, 14.5.1925 in: NARA, RG 59, 500.A14.

worden sei.[145] Diese Formel hätte der US-Regierung die Möglichkeit eröffnet, unter Umständen selbst an aufständische Gruppen zu liefern, die nicht auf konstitutioneller Grundlage die Macht für sich beanspruchten.

Aus diesen Vorgaben sollte man nicht die Schlussfolgerung ziehen, dass die US-amerikanische Delegation mit einer durchgängig abrüstungsfeindlichen Agenda nach Genf gereist wäre. Frankreich hatte vorgeschlagen, im Rahmen der Waffenhandelskonferenz ein Protokoll zu verhandeln, das den Einsatz chemischer und biologischer Waffen verbot. Dieser Zusatz sollte das einzige Verhandlungsergebnis werden, das den Zweiten Weltkrieg überdauern würde. Der Schrecken des Gas-Krieges saß der US-amerikanischen Gesellschaft noch tief in den Knochen und so erhielt die Delegation den Auftrag, das Verbot vehement zu unterstützen. Aus Sicht der US-amerikanischen Regierung stand dieses Eintreten für ein Gaswaffen-Verbot nicht im Widerspruch zum Anspruch, mit Blick auf den Waffenhandel völlige Handlungsfreiheit in Lateinamerika zu behalten.[146] Man verstand sich als friedensstiftende Ordnungsmacht und eine zu starke Waffenhandelskonvention hätte es aus Washingtons Sicht erschwert, diesem Anspruch in Lateinamerika gerecht zu werden.

Die Zusammensetzung der Delegation entsprach dieser Auffassung. Angeführt wurde sie von Theodore Burton, einem altgedienten republikanischen Kongressabgeordneten aus Ohio, der in der US-amerikanischen Friedensbewegung hochrespektiert war und zeitweise der American Peace Society vorstand.[147] Mit von der Partie war aber auch der noch junge Allen Dulles. Er sollte unter Eisenhower in den 1950er Jahren CIA-Direktor werden – eine Funktion, in der er nicht zuletzt in Lateinamerika maßgeblich eine interventionistische Politik der USA vorantrieb und seine Behörde in Staatsstreiche involvierte. Sein Bruder, der spätere Außenminister John Foster Dulles, arbeitete 1925 für die Anwaltskanzlei Sullivan & Cromwell und Allen Dulles würde ihm bald nach der Waffenhandelskonferenz vom State Department in die Kanzlei folgen. Sullivan & Cromwell vertraten die United Fruit Company und beide Brüder hielten signifikante Anteile an dem Unternehmen, das überall in Zentralamerika über Plantagen und Schienennetze verfügte.[148] Sie hatten also ein starkes privatwirtschaftliches Interesse an Frieden und Ordnung in der Region und daran, dass die USA die Deutungshoheit darüber behielten, was diese beiden Begriffe eigentlich bedeuteten. So enge Verflechtungen zwischen State De-

---

145 Vgl. Kellog to Burton, Gibson, Andre T. Long, Colden LH Ruggles, 16.4.1925, in: NARA, RG 59, 500.A14.

146 Vgl. Vgl. Kellog to Burton, Gibson, Andre T. Long, Colden L.H. Ruggles, 16.4.1925, in: NARA, RG 59, 500.A14.

147 Vgl. „Senator T. E. Burton, long ill, dies at 77", *New York Times*, 29.10.1929.

148 Vgl. Kinzer: The Brothers, S. 148.

partment und der Privatwirtschaft waren keineswegs ungewöhnlich. In der Behörde gab es zahlreiche Mitarbeiter, die aus der Wirtschaft kamen, und häufig kehrten sie nach einigen Jahren auch dorthin zurück.[149]

Trotz ihrer gegensätzlichen Agenden, vermied die US-amerikanische Delegation eine offene Konfrontation mit El Salvador. Sie war sich der antiimperialistischen Stimmung in den zentralamerikanischen Staaten sehr wohl bewusst und verfolgte zu Beginn der Konferenz die Linie, möglichst wenig Verhandlungsprofil zu zeigen und Vorschläge über andere Delegationen zu lancieren.[150] Uruguay war dabei ein wichtiger Partner. Auch wenn in dem Land am Río de la Plata die pro-amerikanische Stimmung Mitte der 1920er Jahre im Abklingen begriffen war, war die Regierung nach wie vor um gute Beziehungen mit Washington bemüht. Über Uruguay gelang es, den eigenen Vorschlag zur Definition einer Regierung einzubringen.[151]

Doch was der US-Regierung als eine gute Lösung erschien, um den eigenen Einfluss auf Lateinamerika aufrechtzuerhalten, stellte aus Londons Sicht eine Gefahr für die koloniale Ordnung dar. In Whitehall hatte man sich widerstrebend damit abgefunden, eine neue Waffenhandelskonvention zu verhandeln. Immer wieder klang unter Mitarbeitern des Foreign Office noch die Verärgerung darüber durch, dass Robert Cecil mit seinem Abstimmungsverhalten im Völkerbundrat 1924 den Weg für die Konferenz freigemacht hatte. Und immer wieder wurde betont, dass die Konvention von 1919 eigentlich ihren Zweck erfüllt habe.[152] Daran ließ sich jedoch nach der Einladung aus Genf nichts mehr ändern und so versuchte die britische Regierung, das Beste aus der Situation zu machen. Das Beste bedeutete aus britischer Sicht eine Konvention, die sich wie die von 1919 als ein Instrument kolonialer Kontrolle nutzen ließ. Von dieser Prämisse ausgehend war der Vorschlag der USA problematisch. Was würde geschehen, wenn Rüstungsunternehmen aufgrund von Profitinteressen versuchten, die Regierung eines kleinen Staates dazu zu bringen, eine politische Gruppierung in den Kolonien als rechtmäßige Regierung anzuerkennen? Auf diese Weise könnten antikoloniale Widerstandsgruppen auf legalem Weg an Waffen kommen. Die britische Delegation widersetzte sich deshalb dem von Uruguay vorgebrachten Vorschlag der USA.[153] In diesem Punkt fanden die imperiale Völkerrechtspolitik Großbritanniens und die antiimperialistische Agenda El Salvadors zusammen.

---

149 Vgl. Rosenberg: World War I, S. 39.

150 Vgl. Aufzeichnung Nord, 18.5.1925, in: PA AA, RZ 206, 32128/29.

151 Vgl. Hugh Gibson to the Secretary of State, 22.6.1925, in: NARA, RG 59, 500.A14; Knarr: Uruguay and the United States, S. 115–144.

152 Siehe bspw. Wilkinson, Memorandum, 1.12.1924, in: TNA, FO 371, 10525.

153 Vgl. Telegram from Burton to the Secretary of State, 13.5.1925, in: NARA, RG 59, 500.A14.

Schließlich einigten sich die Delegationen darauf, die problematische Frage, wie eine rechtmäßige Regierung zu definieren sei, auszuklammern. Die Kompromissformel stellte lediglich fest: Export „shall be for a direct supply to the Government of the importing State or, with the consent of such Government, to a public authority subordinate to it." Burton kabelte zufrieden dem Außenminister: „I consider this formula satisfactory as it puts no obstacle in the way of allowing shipments to unrecognized but established governments."[154] Für El Salvador war das nicht notwendigerweise eine Niederlage. Erstens war immerhin eine Formel verhindert worden, die die Anerkennung von Regierungen anderer Staaten abhängig gemacht hätte. Insofern konnte man sagen, dass das lateinamerikanische Souveränitätskonzept zumindest nicht ausgehöhlt worden war.[155] Das Ergebnis war nicht nur mit Blick auf den Waffenhandel wichtig, sondern konnte als Vorlage dienen, um auch in anderen Verhandlungen Formeln zu verhindern, die die Anerkennung von anderen Staaten abhängig machten. Erst weitere Entwicklungen im Völkerrecht würden zeigen, ob die Formel den USA tatsächlich die erwünschte Handlungsfreiheit in Zentralamerika gab. Im Fall eines Streites sollte laut Konventionstext der Internationale Strafgerichtshof in Den Haag zuständig sein. Im Zweifel würde dort am konkreten Fall entschieden werden, ob eine Waffen importierende Partei tatsächlich als rechtmäßige Regierung anzuerkennen sei.

Gleichbehandlung und Produktionskontrollen

Das zweite Anliegen El Salvadors betraf die Produktionskontrolle und Veröffentlichungspflicht sowie das damit zusammenhängende allgemeine Prinzip der Gleichheit. Um diese Themen formierte sich ein breites Bündnis zwischen nichtproduzierenden Staaten und Frankreich. So vage der Konventionsentwurf in vielerlei Hinsicht auch war, er würde doch erstmals den grenzübergreifenden Handel mit Kriegswaffen Regeln unterwerfen, die Konsequenzen für alle Weltregionen hätten. Entscheidungen über Rüstungsexporte würden in Zukunft immer über den Tisch der Regierungen produzierender Staaten gehen. Diese würden noch dazu die Möglichkeit haben, zu entscheiden, ob sie die anfragende Regierung überhaupt als solche anerkennen wollten. Besonders die Veröffentlichungspflicht war problematisch. Dieser Regelung lag die unter liberalen Internationalisten weit verbreitete Annahme zugrunde, dass die Publikmachung von Rüstungsdaten dazu beitragen könne, Vertrauen zwischen Staaten zu stiften und somit zur Abrüstung beizutra-

154 Telegram from Burton to the Secretary of State, 14.5.1925, in: NARA, RG 59, 500.A14.
155 Vgl. Becker Lorca: Mestizo Law, S. 305–352.

gen.[156] Doch aus Sicht importierender Staaten würde sie lediglich dazu führen, dass sehr konkrete Informationen über die von ihnen importierten Rüstungsgüter jederzeit für die internationale Öffentlichkeit einsehbar wären. So würde im Laufe der Zeit ein sehr genaues Bild über die Ausrüstung ihrer Streitkräfte entstehen.

Aus Sicht der größtenteils osteuropäischen und lateinamerikanischen Staaten, die nur über eine sehr eingeschränkte oder gar keine Rüstungsindustrie innerhalb der eigenen Landesgrenzen verfügten – den sogenannten nichtproduzierenden Staaten –, war diese Regel jedoch hochproblematisch. In der Gesamtheit hätte die Konvention dazu geführt, die Rüstungspolitik nichtproduzierender Staaten einer Reihe völkerrechtlicher Regelungen zu unterwerfen, die nicht in gleicher Weise für Staaten galten, die einen großen Teil ihrer Waffen selber herstellen konnten. Keine andere Regierung würde über Anschaffungsentscheidungen der Regierungen produzierender Staaten mitentscheiden und vor allem wären sie nicht von einer vergleichbaren Offenlegung ihrer Rüstungsanstrengungen betroffen. Zwar veröffentlichte der Völkerbund seit 1924 ein Jahrbuch, das Auskunft über Stärke und Ausstattung aller Länder gab – auch über die, die Rüstung produzierten. Doch die in diesem Jahrbuch gesammelten Daten basierten lediglich auf öffentlich zugänglichen Quellen; ihnen lag keine Veröffentlichungspflicht zugrunde.[157] Insofern hätte die Waffenhandelskonvention lediglich dazu beigetragen, die Zahlen importierender Staaten in diesem Jahrbuch auf eine zuverlässigere Grundlage zu stellen, nicht aber die der produzierenden. Die Veröffentlichungspflicht betraf somit die von kleineren Staaten auch in anderen Kontexten vehement eingeforderte Gleichbehandlung.

Da jedoch die Konvention ohne diese Pflicht im Grunde lediglich für die sogenannten Verbotszonen konkrete Regeln enthielt und somit – wie schon die Konvention von 1919 – nichts weiter als ein Instrument imperialer Kontrolle gewesen wäre, hätte ihre Streichung die Konferenz obsolet gemacht. Die nichtproduzierenden Staaten forderten deshalb eine Verknüpfung von Waffenhandels- und Produktionskontrolle. Guerrero monierte gleich in seiner ersten Rede als Vizepräsident der Konferenz die durch den Konventionsentwurf entstehende Ungleichbehandlung: Any „statistics compiled in this manner would necessarily be incomplete, ineffective and futile. Moreover, there is no reason why we should agree that producing countries should remain without the scope of a measure which ought to be of a general character and adopted in the common interests." Er wisse zwar, dass Produktionskontrolle Gegenstand einer eigenen Konvention werden solle. Dennoch müsse man die Konferenz nutzen, um die Grundlage für eine einheitliche Daten-

156 Vgl. Lincove: Data for Peace; Webster: Making Disarmament Work, S. 559 f.

157 Vgl. Lincove: Data for Peace; Webster: Making Disarmament Work, S. 559 f.; Webster: Strange Allies, S. 386.

basis zu schaffen.[158] Das Königreich Jugoslawien schlug vor, das Inkrafttreten der Konvention von dem Inkrafttreten des angestrebten Produktionsvertrags abhängig zu machen,[159] Brasilien, die Veröffentlichungspflicht schon im Waffenhandelsvertrag auf die Produktion auszuweiten und Produktionskontrolle in die Präambel einzuschreiben.[160]

Die nichtproduzierenden Staaten erhielten entschiedene Unterstützung von der französischen Delegation. Frankreichs Interessen waren zwar nicht von der Frage der Gleichbehandlung berührt, da innerhalb der Landesgrenzen eine breit aufgestellte, teils staatliche, teils private Rüstungsindustrie existierte. Doch das Anliegen der nichtproduzierenden Staaten bot einen Anknüpfungspunkt, um eine Allianz für die Forderung nach Produktionskontrolle zu bilden. Zeitgleich zur Waffenhandelskonferenz bereitete die Interalliierte Militär-Kontrollkommission ein offizielles Schreiben an die Reichsregierung vor, in dem sie Defizite der deutschen Abrüstung bemängelte und kritisierte, dass auf den verschiedenen Feldern wie Rüstungsproduktion und Truppenausbildung Aufrüstungsbemühungen zu beobachten seien. Das Schreiben wurde der Reichsregierung im Juni 1925 überreicht mit der Aufforderung, Maßnahmen zur Behebung der festgestellten Mängel zu ergreifen. Die französische Regierung, die stärker als die britische an durchgreifenden Abrüstungsmaßnahmen interessiert war, gab umfangreiche Informationen über diese Mängel an die Presse weiter, um den Druck auf Berlin zu erhöhen. Parallel zu der Waffenhandelskonferenz waren deutsche Aufrüstungsbemühungen somit ein Thema in der französischen Gesellschaft.[161]

Eine Veröffentlichungspflicht für Waffenexporte bot aus der Sicht des Quai d'Orsay eine Möglichkeit, die Aktivitäten der Rüstungsindustrie in Europa besser kontrollieren zu können und so auch Kooperationen mit der Reichswehr aufzudecken. Doch das allein, so war sich die französische Regierung sicher, reichte nicht. Angesichts der Pläne zur Auflösung der Interalliierten Militär-Kontrollkommission, die bis dahin eine gewisse Aufsicht ermöglicht hatte, musste dringend eine Alternative her, die auch die Kontrolle von Produktionsstätten ermöglichte. Dabei sprach

---

158 Conference for the Control of the International Trade in Arms, Munitions and Implements of War, Second Plenary Meeting, 5.5.1925, in: LNA, Répertoire Général, R 251, 43793, 43854.

159 Vgl. Verbatim Report of the Eleventh Meeting of the General Committee held on Wednesday, 20.5.1925, in: LNA, Répertoire Général, R 252, 43073, 43921.

160 Vgl. Kirkpatrick, Minutes, 26.5.1925; Telegram Lord Onslow, Delegation Geneva, to the Foreign Office, 26.5.1925, in: TNA, FO 371, 11035.

161 Siehe beispielsweise „Le règlement de la paix. Le problème de la sécurité" und „Le désarmament de l'Allemagne et l'évacuation de Cologne. Texte integrál de la note interalliée et de ses annexes", in *Le Temps*, 7.6.1925, S. 1 und 3 f.; „La note interalliée qui sera reimse à Berlin", *Le Peuple*, 1.6.1925, S. 1 und 3.

die französische Delegation ausschließlich von privater Rüstungsproduktion. Die Legitimation für diese Schwerpunktsetzung bot die Völkerbundakte, die nur mit Blick auf die private Industrie „schwere Bedenken“ anmeldete. Doch dahinter verbargen sich auch ganz konkrete Interessen. Es waren private Unternehmen, über die die geheime Aufrüstung Deutschlands erfolgte. Frankreich hingegen verfügte zwar mit Unternehmen wie Renault, Hotchkiss und Schneider Creusot über eine exportstarke private Rüstungsindustrie.[162] Doch in Friedenszeiten kam die Ausrüstung der französischen Streitkräfte zu ca. 80 Prozent aus staatlichen Produktionsstätten.[163] Insofern bezweckte die französische Delegation mit ihrer Berufung auf Wilsons „schwere Bedenken“, eine bessere Kontrolle deutscher Rüstungsproduktion zu ermöglichen, ohne zu viele Informationen über die eigene Rüstung preiszugeben.

Vor diesem Hintergrund war es durchaus sinnvoll, Jouhaux als Generalsekretär der CGT in die französische Delegation zu integrieren, obwohl man sich im Quai d’Orsay durchaus bewusst war, dass er in der Vergangenheit eine durchaus unabhängige und manchmal im Widerspruch zur französischen Agenda stehende Position vertreten hatte. Jouhaux sei darüber aufzuklären – so notierte man sich im Außenministerium –, dass er nur auf der von Paris aus vorgegebenen Linie argumentieren dürfe.[164] Der Vorteil lag auf der Hand: Der Gewerkschaftsführer verkörperte glaubhaft die Forderung nach einer solchen Kontrolle, ohne gleich in den Verdacht zu geraten, ausschließlich nationalstaatliche Interessen zu verfolgen. Vielmehr konnte seine Ernennung aufgrund seiner Nähe zur ILO so verstanden werden, dass er der internationalen Arbeiterschaft eine Stimme verlieh. Jouhaux sah in dem Umstand, dass der Völkerbundrat mit den dort vertretenen Großmächten für die Abrüstungskontrolle in Deutschland zuständig war, einen Grund für das Scheitern des Unterfangens. Er war überzeugt, dass eine Kommission beim Völkerbund besser in der Lage sein würde, unabhängig von machtpolitischen Interessen die europäische Abrüstung voranzutreiben. Eine Konvention zur Kontrolle des Waffenhandels und der Produktion – so hoffte er – werde die Grundlage für eine solche Kommission schaffen.[165]

Leiter der zehnköpfigen französischen Delegation war Paul-Boncour. Er widmete dem Thema der Produktionskontrolle den größten Raum in seiner ersten Rede auf der Konferenz, obwohl dieses Thema offiziell gar nicht zur Debatte stand. Er

162 Vgl. Grant: Between Disarmament and Depression.

163 Eine gute zeitgenössische Analyse dieser Interessenlage findet sich in: Memorandum by the Delegation in Geneva, 15.11.1928, in: TNA, CAB 16/74.

164 Vgl. Note pour M. Laroche, 4.4.1925; Note pour Monsieur le Ministre des Affaires Étrangères, 20.4.1925, beide in: AD MAE, 242QO, 964, S. 253–255, 291–292.

165 Vgl. Jouhaux: Le Désarmament, S. 146–159.

verzichtete zwar aus diplomatischen und strategischen Gründen darauf, Deutschland namentlich zu nennen. Doch vor dem Hintergrund der Debatte über geheime Aufrüstungsbemühungen der Reichswehr war dieser Bezug deutlich herauszuhören. Das eigentliche Ziel der Konvention sei es, die „klandestinen Rüstungslieferungen an Nationen oder Personen zu verhindern, die keinen echten, legitimen Anspruch mit Blick auf ihre eigene Sicherheit hätten". Leider sei die Kommission, die die Konferenz vorbereitet habe, nicht dem französischen Votum gefolgt.

> It would have been more logical, both from the point of view of pure logic and of economics, to have settled the question of the private manufacture of arms before undertaking this question of the traffic in arms, since it is the manufacture which is the source and origin of the articles which we are seeking to control. If we desire to put an end to this clandestine trade, it would perhaps have been easier to attempt to strike it at its source in the factories than to wait until the products of those factories are scattered over sea and land throughout the whole world. I feel that this Convention will not succeed in escaping altogether from that defect.[166]

Und noch etwas gelte es zu berücksichtigen: „We have already seen the anxiety evinced by certain delegations lest the control of this traffic in arms should result in the divulging of the secrets of their own national defence." Deshalb sei es unmöglich, eine faire Form der Waffenhandelskontrolle zu etablieren, solange man auf eine Produktionskontrolle verzichte. Auf diese Weise verknüpfte Paul-Boncour geschickt das eigene Anliegen mit dem der nichtproduzierenden Staaten und machte gleich zu Beginn der Konferenz deutlich, dass sich seine Delegation für ihre Interessen einsetzen würde.

Die Allianz zwischen Frankreich und den nichtproduzierenden Staaten stieß auf den Widerstand der meisten produzierenden Staaten. Die britische Delegation widersetzte sich vehement einer Produktionskontrolle. An der Einschätzung des War Office, Foreign Office, der Admiralität und Air Force von 1924 hatte sich nichts geändert. Während die Regierungen Mitte der 1920er Jahre in kurzen Abständen wechselten und es der prinzipiell abrüstungsfreundlichen Labour-Partei nicht gelang, die Waffenhandelsagenda nachhaltig zu prägen, waren es vor allem Konservative wie George Curzon und die Beamten in Whitehall, die die britische Position definierten. Sie sahen nach wie vor in jeglicher Form der Produktionskontrolle eine Gefahr für die Verteidigungsfähigkeit des Empires.[167] Waffenhandelskontrol-

---

166 Conference on the Control of the International Trade in Arms, Munitions and Implements of War, Verbatim Report of the Fourth Plenary Meeting, 6.5.1925, S. 3f., 6f. in: LNA, Répertoire Général, R 251, 43793, 43854.

167 Vgl. Memorandum on the Control of the Private Manufacture of Arms, Munitions and Implements of War, 2.2.1925, in: TNA, CAB 16/73.

len konnten immerhin für die koloniale Kontrolle fruchtbar gemacht werden; gleiches galt nicht für die Produktionskontrolle. Aus Sicht Londons musste deshalb alles darangesetzt werden, beides strikt voneinander zu trennen und getrennt zu halten. Nur so konnten international verbindliche koloniale Waffenhandelskontrollen durchgesetzt werden, ohne gleichzeitig Abstriche bei der Verteidigung des Empires hinnehmen zu müssen. Während London unter dieser Bedingung bereit war, die Verhandlungen an einer Waffenhandelskonvention konstruktiv voranzutreiben, tat man auch nach 1925 alles, um die Verhandlungen an einer Produktionskontrolle zu verzögern.[168] Unterstützung erhielten die Briten von der Delegation des Kleinwaffen produzierenden Belgiens. Carton de Wiart tat als Präsident der Konferenz zur Freude der Briten alles, „um jede Erwähnung der Produktion aus der Tagesordnung" herauszuhalten – aufgrund des Drucks der nichtproduzierenden Staaten allerdings mit mäßigem Erfolg.[169]

Die USA nahmen überraschenderweise eine Zwischenposition ein. In Genf und London war man davon ausgegangen, dass jegliche Einbeziehung von Produktionskontrollen die USA von einer Unterzeichnung abhalten würde. Im State Department hatte man sich im Vorfeld der Konferenz lediglich gegenüber Frankreich vage zu diesem Punkt geäußert und gewarnt, dass zu weitgehende Regelungen nur durch ein Gesetzgebungsverfahren im Kongress umgesetzt werden könnten.[170] In den Konferenzvorbereitungen des State Department hatte das Thema keine Rolle gespielt. Offenbar war man davon ausgegangen, dass dieses Thema – da es nicht im Konventionsentwurf vorkam – auch keine Rolle bei den Verhandlungen spielen würde.[171] Doch unter dem Eindruck der Vehemenz, mit der die Debatte über Produktionskontrolle in Genf geführt wurde, kam Burton zu dem Schluss, dass es für die USA kein Problem sein sollte, als Ausgleich für die Veröffentlichungspflicht von Rüstungsexporten auch Produktionszahlen offenzulegen. Immerhin veröffentliche die US-Regierung ohnehin bereits solche Informationen. Man könne durchaus darüber reden, völkerrechtlich verbindliche Veröffentlichungspflicht für vergleichbare Daten mitzutragen.[172] Das stimmte nur zum Teil. In den offiziellen

---

168 Vgl. W. Roberts, Foreign Office: Conclusions reached at a meeting of the Sub-Committee of Imperial Defence, 22.11.1926, in: TNA, FO 371, 11808.

169 Telegram No. 148, Lord Onslow to the Foreign Office, 27.5.1925, in: TNA, FO 371, 11036.

170 Vgl. Kellog to Daeschner, 9.4.1925, in: NARA, RG 59, 500.A14.

171 Kellog to Burton, Gibson, Andre T. Long, Colden LH Ruggles, 16.4.1925, in: FRUS 1925, Vol. I, Doc. 31.

172 Telegram From Burton to Secretary of State, 13.5.1925, in: NARA, RG 59, 500.A14; General Committee, Verbatim Report of the Fifth Meeting, 12.5.1925, in: LNA, Répertoire Général, R 252, 43073, 43921.

Statistiken des Handelsministeriums legte die US-Regierung zwar auch Zahlen zur Menge und zum Preis der in den USA produzierten Handfeuerwaffen und dazugehöriger Munition offen. Allerdings unterschieden diese Statistiken nicht zwischen verschiedenen Typen und sie umfassten bei Weitem nicht alle Kategorien, die laut Konventionsentwurf bezüglich der Exporte veröffentlicht werden sollten. Über Kanonen, Granaten, Torpedos, Maschinengewehre, gepanzerte Fahrzeuge, Kriegsschiffe, Flugzeuge oder Motoren erfuhr man nichts.[173]

Letztlich verfügten Staaten wie Großbritannien, Belgien und die USA über das größere Gewicht. Entscheidend war, dass eine Konvention ohne die Ratifizierung durch die wichtigsten Waffen produzierenden Staaten wirkungslos gewesen wäre. Über die Produktionsmittel zu verfügen, gab Großbritannien und Belgien eine starke Verhandlungsposition. Es war klar, dass keine Regelung gegen ihren Willen durchgesetzt werden konnte. Frankreich hatte ein dezidiertes Interesse an der Konvention, um gegenüber der eigenen Bevölkerung den Willen zur Abrüstung zu verdeutlichen. Um den Erfolg der Konferenz nicht zu gefährden, lenkte die französische Delegation ein. Man verständigte sich darauf, in der Schlussakte, nicht aber im Konventionstext selbst, einen Verweis aufzunehmen. Dort hieß es schließlich, dass es „wünschenswert" sei, dass der „internationale Aspekt" der Rüstungsproduktion „so bald wie möglich" von den Unterzeichnerstaaten in Betracht gezogen werden solle.[174] Das war selbstverständlich kein durchschlagender Erfolg, aber mit der Erwähnung in der Schlussakte stellten die nichtproduzierenden Staaten und Frankreich sicher, dass ein offizielles Verhandlungsdokument existierte, auf das sie sich nach dem Ende der Konferenz berufen konnten, um auf eine Produktionskonferenz zu drängen.

Waffenkategorien und die Handfeuerwaffen-Lobby

Einen weiteren zentralen Streitpunkt der Verhandlungen stellten die Waffenkategorien dar. Hier verliefen die Gräben quer durch das Lager der produzierenden Staaten. Dafür, dass dieses Thema so prominent wurde, war nicht zuletzt die äußerst effektive Lobbyarbeit der Schusswaffenfabrikanten im Vorfeld der Konferenz verantwortlich. Unmittelbar nachdem auf der Generalversammlung des Völkerbundes Ende 1924 klargeworden war, dass eine Waffenhandelskonferenz bevor-

173 Siehe beispielsweise die Statistiken aus dem Jahr 1925 in Department of Commerce: Census of Manufactures 1925: Ammunition, Explosives, Firearms; Engines and Water Weels Locomotives, and Aircraft; Ship and Boat Building; Iron and Steel; Motor Vehicles.

174 Onslow to the Acting Secretary of State, 6.6.1925, in: TNA, FO 371, 11037.

stand, hatte die belgische Union des Fabricants d'Armes de Liège die Initiative ergriffen. Belgische Waffenhersteller konnten sich zwar der Unterstützung der belgischen Regierung sicher sein, doch das reichte nicht. Allerdings waren sie zuversichtlich, dass auch andere Delegationen offen für die Anliegen von Waffenherstellern sein würden. Deshalb entschieden sie sich für die internationale Strategie.[175]

In einem Rundschreiben an alle Gewehrproduzenten in Europa und Nordamerika brachte die Union ihre Sorge zum Ausdruck, dass die Regierungen die Produzentenperspektive nicht hinlänglich berücksichtigen würde. Aus diesem Grund schlage man ein Treffen vor, um Änderungswünsche am Konventionstext abzustimmen und eine gemeinsame Strategie zu entwickeln, an Regierungen heranzutreten. Ziel müsse es sein, die Konvention so zu verändern, dass sie nicht „den friedlichen und legalen Handel mit Sportwaffen und Waffen für die persönliche Verteidigung" behindere.[176] Dem Aufruf folgten Handfeuerwaffen-Hersteller aus Belgien, Frankreich, Italien, Spanien und Großbritannien, um sich am 16. und 17. Februar in Paris zu versammeln. In seiner Eröffnungsrede beklagte der Belgier Joseph Fraikin, dass die Waffenproduzenten auf der vorangegangenen Konferenz 1919 keine Gelegenheit bekommen hätten, ihre Perspektive einzubringen. Völlig zu Unrecht hätten Regierungen damals die Rüstungsindustrie als Gefahr für den Frieden dargestellt. Die unmittelbar nach dem Krieg ausgehandelte Konvention sei das Machwerk von Kolonialpolitikern und infolgedessen völlig impraktikabel gewesen; die fehlende Inkraftsetzung bestätige das. Der aktuelle Konventionsentwurf sei nicht viel anders.[177]

Anschließend gingen die Anwesenden in verschiedene Komitees, um detaillierte Forderungen zu erarbeiten. Die abschließend verabschiedeten Resolutionen zielten vor allem darauf, möglichst viele Waffen der Kategorie III zuzuordnen, die kaum Restriktionen unterlag. Insbesondere eine Klassifizierung von Revolvern und Pistolen als Kriegswaffen wollte man verhindern. Bei allen Waffen, die nur mit einer Hand abgefeuert werden konnten, handele es sich schließlich um Waffen für die eigene Verteidigung. Darüber hinaus bezog man aber auch Stellung zur Frage einer Kontrolle privater Rüstungsproduktion, wie sie zeitgleich von der Koordinations-Kommission in Genf verhandelt wurde. Solche Kontrollen seien unter allen

---

175 Vgl. William Phillips, Embassy of the USA in Brussels, to the Secretary of State, 24.3.1925, in: NARA, RG 59, 500.A14.

176 Vgl. Englischsprachige Abschrift: E. Neumann, President of the Union des Fabricants d'Armes de Liège, 15.12.1924; Englischsprachige Abschrift E. Neumann, 18.1.1925, in: NARA, RG 59, 500.A14.

177 Für das vollständige Protokoll siehe Congrès international d'armuriers, 16.–17.2.1925, in: AD MAE, 242QO, 964, S. 6–151.

Umständen zu vermeiden. Die Herstellung von Rüstungsgütern müsse frei von staatlichen Eingriffen bleiben.[178]

Die belgische Union der Waffenfabrikanten lag vollkommen richtig mit ihrer Vermutung, dass ihre Anliegen auch bei anderen Regierungen auf offene Ohren stoßen würden. Es gab signifikante Überschneidungen ihrer Agenda mit der der US-Regierung. Verschiedene US-amerikanische Hersteller, die mit Blick auf die anstehende Konferenz mit europäischen Herstellern in Verbindung standen, wandten sich im Vorfeld der Genfer Waffenhandelskonferenz an die Regierung und unterbreiteten die Forderungen der europäischen Gewehrproduzenten. Daraufhin kam es im April 1925 zu mehreren Treffen mit Vertretern des State Departments, aber auch mit dem Handelsminister Herbert Hoover. Die Mühe lohnte sich: Die Rüstungsproduzenten wurden eingeladen, konkrete Vorschläge für die Delegation zu erarbeiten,[179] die schließlich auch Eingang in das Positionspapier fanden, das Außenminister Frank Kellogg seiner Delegation auf den Weg nach Genf mitgab. Dort machte sich das State Department die Forderung der Gewehrproduzenten vollständig zu eigen: Pistolen, Revolver und Sportwaffen sollten aus Kategorie I entfernt werden.[180]

Dass die US-Regierung den Rüstungsunternehmen in der Frage der Waffenkategorien folgte, hatte zwei Gründe. Erstens spielte es eine Rolle, dass sie ein Interesse daran hatte, die Produktionskapazitäten der eigenen Waffenfabrikanten nicht durch zu restriktive Ausfuhrbestimmungen einzuschränken. Zweitens entsprach der Ausschluss möglichst vieler Schusswaffen aus Kategorie I aber auch dem Anliegen, „freedom of action" mit Blick auf die lateinamerikanischen Staaten zu wahren. Der Export von Schusswaffen und die dazugehörige Munition waren ein entscheidendes Instrument, um Machtkämpfe in Zentralamerika zu beeinflussen. Je weniger dieser Waffen in Kategorie I auftauchten, desto größer der Handlungsspielraum, den das State Department bei der Gewährung und Verhinderung von Exporten hatte. Es entbehrt deshalb nicht einer gewissen Logik, dass der junge

178 Vgl. Congrès international des armuriers à Paris, resolutions, 16.-17.2.1925, in: AD MAE, 242QO, 964, S. 202–204.

179 Vgl. H.F. Beebe, Manager Foreign Department of Winchester Repeating Arms, to John Q. Tilson, House of Representatives, District Connecticut, 2.2.1925; Beebe to Allen Welsh Dulles, Chief of the Division of Near Eastern Affairs, 2.2.1925; Assistant to the President of Iver Johnson's Arms and Cicle Works to Dulles, 9.3.1925, in: NARA, RG 59, 500.A14. Siehe zu diesen Treffen auch Barton: Counterterrorism between the Wars, S. 106 f.

180 Vgl. Kellog to Burton, Gibson, Andre T. Long, Colden L.H. Ruggles, 16.4.1925, in: FRUS 1925, Vol. I, Dok. 31, S. 35.

Dulles mit seinen privatwirtschaftlichen Interessen in Zentralamerika zum Fürsprecher der Waffenproduzenten im State Department wurde.[181]

Außerdem gab es signifikante Überschneidungen mit der Agenda der Weimarer Regierung. Die Einladung Berlins nach Genf stand ganz im Zeichen der Normalisierung der Beziehungen zwischen dem Deutschen Reich und den anderen Staaten, die mit dem Beitritt Deutschlands zum Völkerbund im September 1926 ihren Höhepunkt erreichen sollte. In Berlin sah man diese Normalisierung als Chance, die Auflagen des Friedensvertrags durch völkerrechtliche Gleichbehandlung Stück für Stück zu überwinden. Die Waffenhandelskonvention bot eine Chance dazu. Seit 1921 rang die Reichsregierung mit den Siegermächten um eine beidseitig akzeptierte Definition dessen, was eigentlich unter Kriegswaffen zu verstehen sei, von denen die Abrüstungsbestimmungen des Versailler Vertrages handelten. Im Auswärtigen Amt verfolgte man Mitte der 1920er Jahre die Strategie, die für die Mittelmächte geltenden Abrüstungsbestimmungen durch internationale Verträge zu ersetzen, die für alle Staaten gleichermaßen galten. Schnell erkannten die Ministerialbeamten in der Wilhelmstraße, dass die anvisierte Waffenhandelskonferenz eine Gelegenheit bot, dieses Anliegen voranzutreiben. Dem Staatssekretär erklärten sie: „Die Teilnahme an dieser Konferenz wird für Deutschland von großer Bedeutung sein, da die dort gefaßten Beschlüsse voraussichtlich die von der Interalliierten Militär-Kontrollkommission in Ausführung des Artikels 170 des Vertrags von Versailles gestellten Forderungen wegen der Regelung der Aus- und Einfuhr von Kriegsmaterial aus bzw. nach Deutschland beeinflussen werden."[182] Wenn es gelinge, in Genf eine möglichst enge Definition des Kriegswaffenbegriffs durchzusetzen, wäre Handlungsspielraum bei der eigenen Aufrüstung und beim Ausbau der Produktionskapazitäten deutscher Waffenhersteller durch Exporte gewonnen. Das Interesse des Deutschen Reichs an der Waffenhandelskonferenz speiste sich somit gar nicht aus dem Wunsch, den Handel mit Rüstungsgütern einzuhegen, sondern die Konferenz wurde als Möglichkeit gesehen, Lockerungen durchzusetzen.

Als sich deshalb der Reichsverband der Deutschen Industrie an das Auswärtige Amt wandte, um die Änderungswünsche europäischer Gewehrproduzenten zu übermitteln, rannte er dort offene Türen ein.[183] Der Reichsverband pflegte seit Jahren enge Beziehungen zur Wilhelmstraße; der Versailler Vertrag und die Be-

---

181 Vgl. Memorandum of an Informal Conference on the Draft Convention for the Control of International Trade in Arms, 7.3.1925; Memorandum on a Possible Licensing System under The Arms Traffic Convention, 23.3.1925, in: NARA, RG 59, 500.A14.

182 GA, 31.10.1924, dem Staatssekretär vorzulegen, in: PA AA, RZ 206, 32127.

183 Vgl. Von Düring, RdI, an das AA, 3.12.1924; Aufzeichnung Clodius, 10.1.1925, beides in: PA AA, RZ 206, 32127.

mühungen, dessen Bestimmungen zu überwinden, hatten beide Institutionen eng zusammengeschweißt.[184] Es war deshalb nichts Ungewöhnliches, als Arbogast von Düring als Vertreter der Industrie zu den Besprechungen zur Vorbereitung der Konferenz eingeladen wurde.[185] Die durch von Düring übermittelten Vorschläge der europäischen Gewehrproduzenten leuchteten unmittelbar ein. Das Reichswehrministerium verwies auf die Verhandlungen mit der Interalliierten Militär-Kontrollkommission über das Kriegswaffenkontrollgesetz. Man habe ein „großes Interesse daran, dass die Zahl der in Kategorie I aufgeführten Waffen möglichst klein gehalten“ werde. Die Auffassung der IMKK sei alles andere als vorteilhaft für Deutschland und dürfe nicht zur Grundlage der Waffenhandelskonferenz werden. Vielmehr schlage man vor, „sich dem Wortlaut im allgemeinen den Pariser Entschließungen der Waffenfabrikanten vom 16. und 17. Februar 1925 zunächst anzuschließen“.[186]

Die Forderungen der Gewehrproduzenten bildeten somit die gemeinsame Grundlage einer Allianz von Staaten, die sich für eine möglichst restriktive Definition von Kriegswaffen einsetzten und an deren Spitze Belgien und die USA standen. Allen ging es darum, die Rüstungsproduktion in den eigenen Grenzen nicht zu behindern. Doch es gab auch grundsätzlich unterschiedliche Ziele, was insbesondere am Beispiel Belgiens und Deutschlands deutlich wird. Aus Sicht der belgischen Regierung hatte die Kleinwaffenindustrie innerhalb der eigenen Landesgrenzen infolge der Verletzung der Neutralität durch Deutschland noch an Bedeutung gewonnen. Es ging also darum, sich vor einer Bedrohung zu schützen, während die deutsche Regierung danach strebte, die als Bedrohung wahrgenommene eigene Wehrkraft wieder zu erhöhen. Ob und wie diese Ambivalenz des gemeinsamen Anliegens auf belgischer Seite reflektiert wurde, bleibt zu erforschen.

Das Anliegen der belgischen, deutschen und US-amerikanischen Delegation, Kleinwaffen möglichst aus der Kriegswaffendefinition herauszuhalten, stand im direkten Widerspruch zum britischen Ansatz. Während die Delegation aus London bei der Produktionskontrolle eine möglichst liberale Position durchsetzen wollte, verfolgte sie, was die Handfeuerwaffen betraf, eine restriktive Politik. Schon das Memorandum Mark Sykes aus dem Jahr 1917, das die Richtung der Londoner Waffenhandelspolitik der Zwischenkriegszeit vorgegeben hatte, hatte kleinere Handfeuerwaffen – vor allem die „automatische Pistole“ – zur größten Gefahr für

184 Vgl. Wolff-Rohé: Der Reichsverband; Günther/Ohlsen: Reichsverband er deutschen Industrie.

185 Vgl. AA an den Reichsverband der Deutschen Industrie, z.H d. Herrn von Düring, 24.12.1924, in: PA AA, RZ 206, 32127.

186 Michelis (Reichswehrministerium) an Poerschke (Reichsfinanzministerium), 14.4.1925, in: PA AA, RZ 206, 32128/29.

das britische Empire erklärt.[187] An dieser Einschätzung hatte sich seither nichts geändert. Es war nicht der Handel mit großen Waffen, der der britischen Regierung Kopfschmerzen bereitete. Aufständische in den Kolonien kämpften nicht mit Kanonen und Schlachtschiffen, sondern mit Handfeuerwaffen. In London interessierte man sich deshalb ausschließlich für Waffenhandelsabkommen, wenn diese den Zugang zu kleineren Waffen international verbindlich erschwerten.

Im Gegensatz dazu galt es, größere Waffensysteme wie Schlachtschiffe aus der Konvention herauszuhalten. Die Kategorisierung von Waffen sollte aus der Perspektive der britischen Regierung dazu dienen, die Verbreitung von Waffen auf internationaler Ebene auf der Grundlage rassistischer Kategorien regulieren zu können. Der Waffenerwerb sollte für „zivilisierte" Gesellschaften erleichtert und für „unzivilisierte" erschwert werden. Im Vorfeld der Konferenz hatten Vertreter verschiedener Ministerien bei einem interministeriellen Treffen nochmals an die gute alte Konvention von 1919 erinnert: „As first drafted by His Majesty's Government it covered only small arms, pistols and bombs, such weapons as could easily be procured and misused by barbarous races." Leider habe sich die Schwerpunktsetzung bereits im Zuge der Verhandlungen 1919 verschoben: „The definition was extended at Paris to include artillery, Machine guns, etc. and thus restricted transactions in arms which could only be used by civilised Powers." Der Entwurf der neuen Waffenhandelskonferenz gehe sogar noch weiter. Er umfasse Kriegsschiffe, U-Boote, Kriegsflugzeuge und Panzer. Dabei würden diese Waffen aller Wahrscheinlichkeit nach ohnehin nur von solchen Staaten gekauft werden, die „fit seien, sie zu nutzen".[188] Die Logik hinter dieser Argumentation ist bemerkenswert: Je tödlichere Waffen eine Gesellschaft zu nutzen imstande war, als desto „zivilisierter" und „fitter" galt sie. In London sah man keinen Grund, warum solchen Gesellschaften nicht uneingeschränkten Zugang zu Rüstungsgütern haben sollten. Mit Einschränkungen für diese Waffentypen hätte man letztlich nur der heimischen Rüstungsindustrie und somit auch der Verteidigung des Empires geschadet.[189]

In Genf zeichnete sich angesichts des Widerstands der USA, Deutschlands, Spaniens und Belgiens schnell ab, dass für eine ausschließlich auf Kleinwaffen zielende Konvention keine Mehrheit zu erlangen sein würde. Frankreich hingegen arbeitete auf eine möglichst umfassende Konvention hin. Dabei hatte man im Quai d'Orsay zwar wie Großbritannien auch die französischen Kolonien in Westafrika im

187 Vgl. Memorandum by Lieutenant-Colonel Sir Mark Sykes, Bart, M.P., 12.1.1917, in: TNA, CAB 29/1.
188 Sperling: Minutes of a meeting of representatives of governments departments held on February 26th, 29.2.1924, in: TNA, FO 371, 10524.
189 Vgl. Memorandum on the Control of the Private Manufacture of Arms, Munitions and Implements of War, 2.2.1925, in: TNA, CAB 16/73.

Blick, in denen der Waffenhandel begrenzt werden sollte.[190] Vor allem aber ging es darum, ein völkerrechtliches Instrument zur Kontrolle deutscher Rüstungsbemühungen zu schaffen. Und dazu musste die Bandbreite der als Kriegswaffen definierten Rüstungsgüter möglichst umfassend ausfallen. Aus diesem Grund war die französische Delegation vereint mit der britischen im Kampf für eine möglichst umfassende Aufnahme von Handfeuerwaffen in Kategorie I, stand aber gleichzeitig in Konfrontation zu ihr, wenn es um die Aufnahme komplexer Waffensysteme ging. Angesichts dieser Konstellation konzentrierte sich die britische Delegation auf zwei Anliegen: Zusammen mit Frankreich kämpfte sie darum, zumindest großkalibrige Revolver und Pistolen sowie Schnellfeuerwaffen zu Kriegswaffen zu erklären. Und gegen den Widerstand der französischen Delegation wehrte sie sich gegen eine Aufnahme von Schiffen und Flugzeugen in Kategorie I.[191]

Frankreich versuchte, sich auch in diesem Punkt die Allianz mit den nichtproduzierenden Staaten zunutze zu machen, und stellte das eigene Anliegen als Eintreten für die Interessen dieser Länder dar:

> The French delegation strongly urges this argument, not in the interests of France who, as a producing country, is not concerned, but in the interests of the small nations and of all non-producing States which are obliged to procure abroad the armaments requiered both for their naval and for their land and sea forces, and need no more reveal the secrets of their land mobilisation than the secrets of their naval mobilisation.[192]

Dass hinter dieser Position auch eigene Interessen verborgen lagen, lässt sich nur erkennen, wenn man sich die Implikationen mancher Äußerungen vor Augen führt. So warnte die französische Delegation etwa davor, dass der Ausschluss von Kriegsschiffen aus Kategorie I den „heimlichen Handel mit Ersatzteilen für U-Boote" legalisieren werde.[193] Deutschland wurde in diesem Zusammenhang nicht explizit erwähnt, doch es waren deutsche Unternehmen, die in den 1920er Jahren diese Art von Handel betrieben.[194] Auch das Beharren Frankreichs, Flugzeuge einzuschließen, nährte sich aus der Sorge um deutsche Aufrüstungsbemühungen.[195] In per-

---

190 Vgl. Sané: Le contrôle des armes à feu, S. 147–205.

191 Siehe vor allem die Debatten im für Kategorien zuständigen Komitee, insbesondere: Technical Military, Naval and Air Committee, Sixth Meeting, 14.5.1925 und Technical Military, Naval and Air Committee, Seventh Meeting, 15.5.1925, beide in: LNA, Répertoire Général, R 253, 43073, 43954.

192 Draft Convention, Memorandum by the French Delegation, 15.5.1925, in: LNA, Répertoire Général, R 233, 32639, 44077.

193 Vgl. Technical Military, Naval and Air Committee, Report to the General Committee, 23.5.1925, S. 5, in: LNA, Répertoire Général, R 233, 32639, 44166.

194 Vgl. Forsén/Forsén: German Secret Submarine Exports.

195 Vgl. Telegram Foreign Office to Mr. London, Geneva, 26.5.1925, in: TNA, FO 371, 11036.

sönlichen Gesprächen mit Richard Onslow, dem britischen Delegationschef, ließ der stellvertretende Delegationsleiter Frankreichs, Gaston Clauzel, erkennen, dass seine Regierung die Aufnahme von Kriegsschiffen keineswegs nur aus altruistischen Motiven verfolgte. Der Außenminister persönlich habe ihn informiert, dass Frankreich die Konvention nicht ratifizieren werde, sollte sie nicht auch den Handel mit Kriegsschiffen betreffen.[196] Derweil nutzte Jouhaux im Hintergrund seine Kontakte zur Presse, um die britische Position anzuprangern.[197] Man sollte deshalb das Vorgehen der französischen Delegation nicht allein als Ausdruck französischer Sicherheitspolitik deuten – es stand auch im Einklang mit den Zielen der Gewerkschafter. Kriegsschiffe waren das Prestigeprodukt der großen privaten Rüstungsproduzenten und indem man sie der internationalen Kontrolle unterwarf, schränkte man auch die Macht großer Unternehmen wie Krupp, Armstrong und Schneider ein.[198]

In der britischen Delegation machte sich allmählich Verwirrung breit. Es war für sie kaum nachvollziehbar, warum sie angesichts des heftigen Gegenwinds mit solchem Nachdruck auf die Ausschließung von Kriegsschiffen drängen sollte. Schließlich ginge es doch im Wesentlichen um die Veröffentlichung von Exporten und der Transfer eines Kriegsschiffes und seiner Bewaffnung ließe sich ohnehin schwer geheimhalten.[199] Im Foreign Office lenkte man schließlich ein. Erstens habe man ursprünglich befürchtet, dass Kriegsschiffe aufgrund des Durchsuchungsrechts im Transfer auf der Fahrt zum Empfängerstaat in fremden Häfen einer Inspektion hätten unterzogen werden können. Zweitens sei man davon ausgegangen, dass die Ausstellung von Lizenzen im Konventionstext an strikte Kontrollauflagen geknüpft werden würde. „These investigations, it was thought, would deter foreign nations from placing orders in this country [...] to the detriment of the armament industry, the maintenance of which was of great importance form a naval point of view."[200] Daran wurde noch einmal deutlich, dass die britische Regierung wie auch Deutschland, die USA und Belgien eine gegenüber der Rüstungsindustrie freundliche Politik eng mit den eigenen Sicherheitsinteressen verknüpfte. Da die Verhandlungen zeigten, dass nur wenige und vage Kontrollmaßnahmen durchgesetzt werden würden, war diese Industrie durch die Konvention nicht mehr gefährdet

196 Vgl. Onslow to Chamberlain, 20.5.1925, in: TNA, FO 371, 11035.

197 Vgl. Telegram Onslow to Foreign Office, 25.5.1925, in: TNA, FO 371, 11035. Ein entsprechender Beitrag war am 9.5.1925 im *Quotidien* erschienen.

198 Siehe dazu auch Jouhaux: Le désarmement, S. 125–135.

199 Onslow an Chamberlain, 20.5.1925, in: TNA, FO 371, 11035; Exclusion of warships from the scope of the Arms Traffic Convention. Notes prepared for Cabinet Committee May 25th, in: TNA, FO 371, 11036.

200 Extract from conclusion of a meeting of the Cabinet held on 28th May, o. D., in: TNA, FO 371, 11037.

und die britische Delegation stimmte schließlich einer Aufnahme von Kriegsschiffen in einer eigens geschaffenen Kategorie III zu.[201]

Die geringen Kontrollmöglichkeiten waren letztlich auch die Voraussetzung für eine Einigung bezüglich der Handfeuerwaffen. Automatische Pistolen und Revolver verblieben in der Kategorie der Kriegswaffen, während nichtautomatische Waffen dieser Art in die Kategorie abwanderten, die sowohl für militärische als auch für zivile Zwecke nutzbar waren. Aus Sicht der Waffenindustrie machte das aber kaum noch einen Unterschied, da man von der Konvention keine Restriktionen zu befürchten hatte. Bei einem Gespräch im State Department erklärte ein Vertreter des Sprengstoffherstellers Du Pont, dass man es zwar vorgezogen hätte, wenn erst gar keine Konvention unterzeichnet worden wäre. Nichtsdestotrotz: Es gäbe wenig, was US-amerikanische Hersteller zu fürchten hätten.[202] Im State Department teilte man die Erleichterung. Die wenigen Bestimmungen zur Veröffentlichungspflicht ließen sich leicht umsetzen, die Schaffung einer internationalen Kontrollbehörde sei vermieden worden.[203] Zu einem ähnlichen Urteil kam man in der Wilhelmstraße. Vom „Standpunkt unserer Waffenindustrie" enthalte die Konvention „recht erfreuliche Feststellungen", wie etwa die Einordnung von Pistolen und nichtautomatischen Revolvern in Kategorie II, aber auch die Tatsache, dass nur Fertigfabrikate, nicht aber Halbfabrikate zu Waffen zählten.[204] Was gut für die Rüstungsindustrie war, war aus Perspektive der Wilhelmstraße auch gut für die deutsche Rüstungspolitik: Es herrsche die „überwiegende Meinung", „dass die Bestimmungen des Waffenhandelsabkommens trotz einiger Verschlechterungen im ganzen gegenüber den Forderungen der IMKK einen Fortschritt bedeuteten und die Stellung der deutschen Regierung bei den bevorstehenden Verhandlungen mit der IMKK über die Regelung der Ein- und Ausfuhr von Waffen stärken würden."[205]

201 Artikel 1.

202 Vgl. Memorandum by Dulles on a Conversation with Mr. Aitken Simons of the DuPont Company, o. D. [16.7.1925], in: NARA, RG 59, 500.A14.

203 Vgl. Report of the American Delegation to the International Conference on the Traffic in Arms, 16.12.1925, S. 15 f., in: NARA, RG 59, 500.A14.

204 Aufzeichnung Nords, 18.5.1925, S. 4, in: PA AA, RZ 206, 32128/29.

205 Aufzeichnung über die Ergebnisse der Ressortbesprechung im Reichsfinanzministerium am 11.6.1925, in: PA AA, RZ 206, 32128/29.

Spezialzonen und imperiale Kontrolle

Für die britische Seite waren die laxen Kontrollen hinnehmbar, weil es gelang, für sogenannte Spezialzonen weit restriktivere Regeln festzuschreiben.[206] In diesen Zonen sollten alle Waffenkategorien, nicht nur Kriegswaffen, Kontrollen unterworfen sein. Im Gegensatz zum Rest der Konvention enthielten die entsprechenden Paragrafen sehr konkrete Vorschriften darüber, wie sowohl der Waffenhandel als auch der Waffenbesitz zu kontrollieren sei. Sie legten Regularien für die Durchsuchung von Schiffen oder für die Errichtung von Warenhäusern fest, über die der lizenzierte Handel mit Handfeuerwaffen abgewickelt werden sollte. Diese Zonen waren das ureigene britische Anliegen gewesen und die Delegation hatte nicht hinter dem Berg gehalten mit ihrem Wunsch, dieses Instrument, das bereits das Herzstück der Konvention von 1919 gewesen war, auch in der neuen Waffenhandelskonvention unterzubringen.

Dabei war es relativ unproblematisch, Spezialzonen zu definieren, die die meisten Kolonien und Mandatsgebiete in Afrika und auf der Arabischen Halbinsel umfassten. Selbst Guerrero hielt das für ein völlig nachvollziehbares Anliegen. In seinem Bemühen, die grundsätzliche Legitimität von Rüstungsexporten an rechtmäßige Regierungen in den Vertrag einzuschreiben, schlug er vor, nur für jene Länder Restriktionen festzulegen, die „von rückständigen Menschen" bewohnt seien.[207] Ganz offensichtlich war seine antiimperialistische Agenda nicht frei von Rassismus. Darin spiegelte sich ein grundlegendes Merkmal des lateinamerikanischen Antiimperialismus wider, der rassistische Hierarchien nicht grundsätzlich hinterfragte, sondern lediglich neu deutete. Zu Beginn des 20. Jahrhunderts gewann das Konzept des *mestizaje* in identitätspolitischen Debatten verschiedener lateinamerikanischer Gesellschaften an Bedeutung. Der zivilisatorische Prozess in Lateinamerika, so eine weit verbreitete Interpretation, fuße auf der Vermischung indigener und europäischer „Rassen". Dieses Identitätskonzept ließ sich gegen US-amerikanische Interventionen und Hegemoniebestrebungen in Stellung bringen.[208] Es bot aber keine Grundlage, um sich für die Gleichberechtigung kolonialisierter Gesellschaften in anderen Weltregionen einzusetzen.

Doch die britische Regierung wollte mehr als nur völkerrechtliche Spezialregeln für die Kolonien. Angesichts der hohen strategischen Bedeutung des Persischen Golfs galt es, dort die bestehende politische Ordnung aufrechtzuerhalten; Waffen sollten nur jenen Machthabern zugänglich sein, auf die sich die britische Regierung

---

206 Zu diesem Problem siehe Stone: Imperialism and Sovereignty, S. 224–226.

207 Second Plenary Meeting, 5.5.1925, in: LNA, Répertoire Général, R 251, 43793, 43854. Wortlaut: „countries inhabited by backward people".

208 Gould/Lauria-Santiago: To Rise in Darkness, S. 48–52; Wade: Rethinking „Mestizaje".

bei der Sicherung ihrer Interessen verlassen konnte.[209] Aus diesem Grund hatte sie 1919 dafür gesorgt, das formal souveräne Persien in die damals noch als „Verbotszone“ bezeichnete Region aufzunehmen und darüber hinaus den Golf zu einer „maritimen Zone“ zu erklären, in der Schiffskontrollen durch die Vertragsstaaten erlaubt waren.[210]

Die persische Regierung hatte diese Regelungen stets angeprangert und betrachtete die Waffenhandelskonferenz als Chance, Widerstand gegen die imperiale Ordnung zu leisten, die Großbritannien am Persischen Golf etabliert hatte. Sie vertrat die Position, dass ein souveräner Staat nicht wie kolonialisierte Gebiete behandelt werden könne und deshalb nicht den Verbotszonen zugerechnet werden dürfe. Weiterhin forderte sie, den Persischen Golf nicht zur maritimen Zone zu erklären, und argumentierte, dass es Großbritannien selbstverständlich auch nie zulassen würde, ein vergleichbares Kontrollsystem am Ärmelkanal zu etablieren. Und schließlich zielte ihre Kritik auf die Kategorie der „native vessels“, denen es laut Konventionsentwurf verboten sein sollte, Waffen zu transportieren. Als „native vessels“ galten alle Schiffe bis 500 Tonnen, die unter der Flagge von an „maritime Zonen“ angrenzenden Staaten fuhren oder deren Besatzung zu über die Hälfte aus Menschen bestand, die aus den angrenzenden Regionen stammten. Das hätte bedeutet, dass auch persische Schiffe unter 500 Tonnen keine Waffen hätten transportieren können und aus diesem Grund Kontrollen unterworfen gewesen wären. Die persische Regierung verlangte, Schiffe unter persischer Flagge nicht den „native vessels“ zuzurechnen. Es sei falsch, sie wie die Schiffe kolonialisierter Bevölkerungsgruppen zu behandeln.[211]

Diese Positionen waren Ausdruck einer umfassenderen politischen Agenda, die die Regierung Reza Khans verfolgte. Reza Khan war seit 1921 eine der politischen Schlüsselfiguren Persiens. In verschiedenen Positionen hatte er maßgeblich dazu beigetragen, die politische Zentralisierung voranzutreiben. Dabei setzte er einerseits auf Nationalismus, um die verschiedenen Gruppen politisch zu einigen. Dieser nach innen gerichtete Integrationsprozess ging einher mit einem dezidiert antiimperialistischen außenpolitischen Kurs, der sich insbesondere gegen die britische Dominanz in der Region wandte. Die Forderungen, die Reza Khans Regierung in Genf vertrat, erfüllten vor diesem Hintergrund zwei Funktionen: Erstens ging es

---

209 Vgl. Biela: Disarming the Periphery.

210 Vgl. Convention for the Control of the Trade in Arms and Ammunition, Signed at Saint-Germain-en-Laye, 10.9.1919, Artikel 6.

211 Siehe hier und im Folgenden den sehr instruktiven Aufsatz von Leon Biela „Contesting Imperialism“ über die persische Position. Siehe außerdem Stone: Imperialism and Sovereignty, S. 225; General Committee, Verbatim Report of the Fifth Meeting, 12.5.1925, in: LNA, Répertoire Général, R 252, 43073, 43921.

ganz unabhängig vom Problem des Waffenhandels um die Sicherstellung völkerrechtlicher Gleichbehandlung souveräner Staaten. Souveränität bezog sich dabei nicht lediglich auf die Rechte, selber über das eigene Territorium zu bestimmen. Vielmehr umfasste das Konzept aus persischer Perspektive auch Gleichbehandlung aller souveräner Staaten. Die Konzepte der „Spezialzonen", „maritimen Zonen" und „einheimischen Schiffe" widersprachen einer so verstandenen Souveränität, da sie völkerrechtliche Unterschiede zwischen verschiedenen Staaten etablierten beziehungsweise zementierten. Mit Blick auf die Forderung nach Gleichbehandlung gab es dabei durchaus Ähnlichkeit mit dem Anliegen El Salvadors. Zweitens zielte die Position der Regierung Reza Khans aber auch darauf, den eigenen Zugang zu Waffen sicherzustellen. Die britische Regierung sollte gehindert werden, mithilfe von Kontrollen auf See die Möglichkeit zu erhalten, persische Rüstungsimporte zu kontrollieren.

Die persische Regierung erhielt Unterstützung von ganz unterschiedlicher Seite. Zum einen waren auch andere Staaten von solchen verschärften Regeln bedroht, namentlich die Türkei und Abessinien. Aber auch die anderen Großmächte teilten nicht Londons Enthusiasmus für eine Zweiklassen-Konvention. Frankreich hatte sich zwar in den Verhandlungen über die Konvention von 1919 für die Schaffung sogenannter Verbotszonen in Afrika eingesetzt. Und anschließend hatten sich wechselnde Regierungen auf die Konvention berufen, um andere Staaten auf die Einhaltung kolonialer Kontrollen in diesen Verbotszonen zu verpflichten. Doch im April 1925 – reichlich spät – hatte die Regierung Herriot in Vorbereitung auf die Waffenhandelskonferenz ihre Position einer Überprüfung unterzogen und dabei erstaunt festgestellt, dass im Grunde kein schwerwiegendes Interesse an Spezialzonen in Räumen imperialer Einflussnahme mehr bestehe.[212] Mit Blick auf Westafrika und dort insbesondere auf Marokko, wo man nach wie vor versuchte, antikoloniale Widerstände in den Bergregionen zu brechen, waren solche Kontrollen noch am ehesten sinnvoll. Die Kolonialbeamten vor Ort und das Kolonialministerium hielten sie immer noch für ein unentbehrliches Instrument – insbesondere, um von Spanien die Stillegung der durch spanische Kolonien führenden Waffenhandelsrouten fordern zu können.[213]

Doch angesichts der sehr begrenzten Effekte solcher Appelle wog die Situation in Ostafrika schwerer.[214] Dort wurde aus französischer Sicht das Prinzip der Spezialzone zunehmend zum Problem. Abessinien lag innerhalb der Spezialzone und

212 Conférence du 4 mai 1925 sur le trafic des armes, Zones de prohibition, 22.4.1925; Note pour Laroche, 23.4.1925 beide in: AD MAE, 242QO, 964, S. 311–317, S. 325–326 A.

213 Le Ministre des Colonies à Monsieur le Ministre des Affaires Étrangères, 15.5.1925, in: AD MAE, 53CPCOM/9, S. 153–154.

214 Note au sujet de l'établissement des zone spéciales, 19.5.1925, in: AD MAE, 53CPCOM/9, S. 158.

London hatte in den vorangegangenen Jahren stets darauf bestanden, dass Waffenlieferungen an die formal souveräne abessinische Regierung denselben imperialen Kontrollen unterliegen müssten wie der Waffenhandel in den Kolonien. Die an Abessinien angrenzende Hafenstadt Dschibuti war allerdings französische Kolonie und Frankreich profitierte stark vom Handel, der von dort mit dem Binnenland ohne eigenen Meereszugang abgewickelt wurde. In Paris beäugte man skeptisch die britischen und italienischen Bemühungen, den eigenen Einfluss auf Abessinien auszuweiten. In Abgrenzung zu Italien und Großbritannien positionierte sich die französischen Regierungen deshalb in der Zwischenkreigszeit als Fürsprecherin einer vollumfänglichen Souveärnität Abessiniens, indem sie beispielsweise eine Mitgliedschaft beim Völkerbund befürwortete.[215]

Im Einklang mit dieser Politik kamen das Kolonial- und das Außenministerium kurz vor der Waffenhandelskonferenz zu dem Schluss, dass Spezialzonen für Frankreich von geringem Interesse seien. Untermauert wurde diese Feststellung mit kolonialen Fortschrittsvorstellungen. Früher, als der afrikanische Kontinent noch kaum erforscht gewesen sei, seien Waffenhandelskontrollen der richtige Ansatz gewesen. Angesichts des „fortschreitenden Zivilisationsprozesses“ sei das nicht mehr notwendig.[216] Die französischen Delegierten vertraten deshalb beim Thema Spezialzonen eine recht flexible Verhandlungsposition. Solange die verschärften Regeln ausschließlich für Kolonien galten, standen sie dem Konzept der Spezialzone zumindest nicht völlig ablehnend gegenüber. Wo dieses Konstrukt allerdings die Stellung mindermächtiger Staaten wie Persien zu schwächen drohte und Großbritannien Vorteile winkten, forderten sie Gleichbehandlung und kritisierten ein Zweiklassen-Völkerrecht.[217]

Die USA hatten ein weit grundsätzlicheres Problem mit dem Konzept der Spezialzone. Eine solche Regelung werde dazu führen, dass der Waffenhandel in diesen Regionen den Kolonialmächten überlassen bliebe. Zwar exportiere man keine Rüstungsgüter in diese Regionen, doch das Prinzip der gleichen wirtschaftlichen Chancen sei berührt.[218] Wie bei Frankreich waren es also die eigenen ökonomischen Interessen, die Washington dazu brachten, gegen eine Zweiklassen-Konvention zu kämpfen und Persiens Souveränität zu stärken.

---

215 Vgl. Donaldson: The League of Nations, Ethiopia; Iadarola: Ethiopia's Admission.

216 Clauzel a Briand, 14.5.1925, in: AD MAE, 242QO, 265, S. 158–160. Wortlaut: „progres de la civilisation“. Ebenso: Conférence du 4 mai 1925 sur le trafic des armes, Zones de prohibition, 22.4.1925, in: AD MAE, 242QO, 964, S. 311–317.

217 Siehe Vorgänge in AD MAE, 242QO, 964 f.

218 Memorandum of an Informal Conference on the Draft Convention for the Control of International Trade in Arms, 7.3.1925, S. 5, in: NARA, RG 59, 500.A14.

Washingtons Einwände, die bereits im Vorfeld der Konferenz an das Foreign Office übermittelt wurden, hatten die britische Regierung veranlasst, noch vor Verhandlungsbeginn ihre Forderung nach einer Aufnahme Persiens in die Spezialzonen aufzugeben – ein erster Erfolg für die Regierung Reza Khans. Doch die Kontrolle von Schiffen im Persischen Golf galt aus Perspektive der Kolonialbehörden und der Admiralität als effektives und zentrales Instrument im Kampf gegen den Waffenhandel. Auf diese Möglichkeit wollte die britische Regierung nicht verzichten. Die Delegation in Genf hielt deshalb eisern daran fest, diese Gewässer in die „maritimen Zonen" einzuschließen und unter persischer Flagge fahrende Schiffe als „native vessels" zu deklarieren. Diese Frage entwickelte sich zu einem der schwierigsten Probleme, um dessen Lösung bis zum Schluss der Konferenz gerungen wurde. Zeitweise sah es so aus, als werde es Persien gelingen, mit Unterstützung der USA, Frankreichs und Belgiens die „maritimen Zonen" zu kippen. Das Marine-Subkomitee verabschiedete einen Bericht, in dem das Konzept grundsätzlich infrage gestellt wurde. Man habe über die maritimen Zonen diskutiert und sei zu dem Schluss gekommen, dass es kein Recht geben dürfe, Schiffe zu durchsuchen. Deshalb mache es auch keinen Sinn, die Kategorie der „maritimen Zonen" weiterhin beizubehalten.[219] Für die britische Delegation wäre das ein nicht hinzunehmender Rückschlag gewesen. Ohne die „maritime Zone" wäre eine Waffenhandelskonvention für die Interessen des Empires unbrauchbar geworden. Die für London so günstigen Bestimmungen der Konvention von 1919 drohten durch die Entwicklungen der Genfer Verhandlungen hinfällig zu werden.[220]

Zwar gelang es der britischen Delegation, Stück für Stück die Widerstände gegen „maritime Zonen" zu überwinden. Doch selbst nach anderthalb Monaten Verhandlungen zeichnete sich keine für alle Parteien tragbare Lösung ab. An einem der letzten Verhandlungstage ergriff schließlich Percy Cox, Vertreter des Vizekönigreichs Indien, im Hauptkomitee das Wort. Cox blickte bereits auf eine lange Karriere als britischer Kolonialbeamter zurück. Seit 1893 war er für verschiedene Regionen am Horn von Afrika und am Golf zuständig gewesen – immer hatte die Kontrolle des Waffenhandels eine Rolle gespielt. Der persischen Delegation versuchte er den Rassismus, der der eigenen Völkerrechtspolitik zugrunde lag, mit einem weit ausholenden Vortrag plausibel zu machen: For „a long period of history previous to the close of the 18th century, all the coast and ports and islands of the Persian Gulf were inhabitated by Arabs and in Arab occupation. The inhabitants of the Persian Coast have still a great leaven of Arab blood and of Arab residents

219 Vgl. Report of the Naval Su-Committee to the Military Naval and Air Technical Committee, 30.5. 1925, in: LNA, Répertoire Général, R 233, 32639, 44276.

220 Vgl. Biela: Contesting Imperialism; Stone: Imperialism and Sovereignty, S. 224–226.

among them.“ Diese arabische Herkunft erkläre, warum die Bewohner der Küsten vor allem von der Piraterie und vom Perlentauchen lebten. Es handele sich um „Taugenichtse“, die nur mithilfe britischer Kontrolle in Zaum zu halten seien. Dieses Argument versuchte er mithilfe einer Anekdote zu plausibilisieren. Er selber habe bei einer Gelegenheit in Zusammenarbeit mit einem „lokalen Scheich“ an der Verhaftung einer Piratenbande in der Nähe von Buschehr teilgenommen. Drei Mitglieder der Bande seien überführt worden. Allerdings – und das bekümmerte Cox sehr – sei die Todesstrafe in „mohammedanischen Ländern“ nicht besonders populär, weshalb sie mit lebenslänglichen Haftstrafen davongekommen seien.[221] In der Konsequenz hieß das, dass die Kontrolle bei britischen Behörden besser aufgehoben sei, deren höherer Zivilisationsgrad sich nicht zuletzt darin zeigte, dass sie die Todesstrafe konsequent anwandte. Gleichzeitig zeigt die Anekdote aber auch, welche Art von repressiver Kolonialpolitik aus Sicht britischer Beamter mit der Waffenhandelskonvention flankiert werden sollte.

Um sich durchzusetzen, machte die britische Delegation schließlich deutlich, eine Konvention nur zu unterschreiben, wenn die Navy „einheimische Schiffe“ im Persischen Golf untersuchen dürfe. Angesichts eines fehlenden Kompromisses am Ende der Verhandlungen mussten sich die anderen Delegationen für Großbritannien oder Persien entscheiden. Die Briten gehörten zu den wichtigsten Waffen produzierenden und exportierenden Staaten. Das den Verhandlungen zugrundeliegende Credo hatte von Anfang an gelautet, dass die wichtigsten Waffenproduzenten zu den Unterzeichnerstaaten gehören müssten. Die Entscheidung der anderen Delegationen fiel deshalb schließlich zugunsten Großbritanniens aus, was dazu führte, dass die persische Delegation unter Protest die Konferenz verließ.[222]

Ratifikationsprozess und Bilanz

Der Abgang der persischen Delegation kann als Sinnbild für das Konferenzergebnis verstanden werden. Während der Verhandlungen in den Abrüstungsgremien des Völkerbundes, die seit 1921 stattgefunden hatten, und während der Konferenz selbst hatte es zahlreiche Versuche mindermächtiger Akteure wie nichtproduzierende Staaten oder die Gewerkschafter gegeben, die neugeschaffenen Strukturen internationaler Politik zu nutzen, um mithilfe des Völkerrechts wirtschaftliche und

221 General Committee, Verbatim Report of the Twenty-Sixth Meeting, 15.6.1925, S. 4 f., in: LNA, Répertoire Général, R 253, 43073, 43921. Wortlaut: „scallywag elements“, „local sheik“, „Mahommedan countries“.

222 Vgl. General Committee, Verbatim Report of the Twenty-Sixth Meeting, 15.6.1925, in: LNA, Répertoire Général, R 253, 43073, 43921, S. 9 f.

politische Machtverhältnisse zu verändern. Diese Versuche scheiterten letztlich am Widerstand industrialisierter Staaten, die über die Mittel zur Produktion einer umfangreichen Palette an Waffen verfügten und diese Macht nutzten, um ihre Interessen durchzusetzen.

Das galt nicht nur mit Blick auf das Verhandlungsergebnis, sondern vor allem für den Ratifikationsprozess. Obwohl es den USA gelungen war, ihre Anliegen weitgehend durchzusetzen, kam es in den 1920er Jahren nicht zur Ratifizierung. Burton teilte nicht die Zufriedenheit des State Departments mit dem Konventionstext. Der Friedensaktivist hätte sich eine deutlich stärkere Konvention gewünscht, die Exporte in Kriegszeiten unterband. Doch das hätte dem Anliegen seiner eigenen Regierung widersprochen, Handlungsfreiheit in der westlichen Hemisphäre zu wahren.[223] Dennoch brachte er 1928 als Abgeordneter im Repräsentantenhaus eine Gesetzesvorlage ein, die als Ratifikationsinstrument hätte dienen können und die gleichzeitig über die Konvention hinausging, indem sie Waffenlieferungen an kriegführende Staaten unterband. Das Gesetzesprojekt scheiterte erwartungsgemäß schon bei der Anhörung im außenpolitischen Ausschuss des Repräsentantenhauses. Bald darauf starb Burton und sein Projekt versandete.[224] Doch dass der Ratifikationsprozess nicht voranschritt, stellte für die Regierung kein Problem dar. Das Verhandlungsziel war die Wahrung der Handlungsfreiheit gewesen. Dieses Ziel ließ sich mit einer zahnlosen Konvention erreichen. Noch besser war selbstverständlich – wie DuPont schon bemerkt hatte – gar keine Konvention. Washington hatte durch eine Ratifizierung nichts zu gewinnen.

Die US-amerikanische Verzögerungstaktik zog nach sich, dass auch die anderen produzierenden Staaten die Konvention nicht oder nur unter Vorbehalt unterzeichneten, weil sie fürchteten, ihre Rüstungsindustrie könne gegenüber der US-amerikanischen Nachteile erleiden. Bald schon zeichnete sich ab, dass der Vertrag das gleiche Schicksal erleiden würde wie die Konvention von 1919. Das hatte Folgen. Nur sechs Monate nach der Konferenz in Genf kam es in El Salvadors Nachbarland Nicaragua zu einem Putsch. Die Regierungen der zentralamerikanischen Staaten und der USA verweigerten den Putschisten auf der Grundlage des Friedens- und Freundschaftsvertrags von 1923 die Anerkennung, weil es sich um eine gewaltsame Machtübernahme handelte. Washington verhängte ein Waffenembargo. Schließlich traten die Putschisten zurück. Doch statt die alte Regierung wiedereinzusetzen,

223 Vgl. Report of the American Delegation to the International Conference on the Traffic in Arms, 16.12.1925, S. 14 f., in: NARA, RG 59, 500.A14, Box 5197.

224 Vgl. Memorandum on the Munitions Campaign of the WILPF by Dorothy Detzer, n.d., in: SCPC, World Peace Foundation Records, 1910–1960, Collection: DG 055, Series B: Programmatic Efforts, Publications Produced, Box 47, Munitions Inquiry.

ernannte die Mehrheit im nicaraguanischen Kongress Adolfo Díaz zum neuen Präsidenten, während die liberalen Parteien den ehemaligen Vizepräsidenten zum neuen Staatsoberhaupt erklärten. Unter dem heftigen Protest El Salvadors anerkannten die USA Ende 1926 Díaz und modifizierten das Waffenembargo, sodass seine Regierung Rüstungsgüter importieren konnte. Zusätzlich landeten Marines in Nicaragua, wo sie bis 1933 bleiben sollten.[225] Wäre die Waffenhandelskonvention in Kraft gewesen, hätte El Salvador den Rechtsweg beschreiten und die USA vor dem Internationalen Gerichtshof in Den Haag anklagen können, weil sie Waffen an politische Gruppierungen geliefert hatte, die keine rechtmäßige Regierung darstellten. Doch aufgrund der amerikanischen Weigerung zu ratifizieren, blieb diese Option ausgeschlossen.

Das militärische Vorgehen der USA in Nicaragua erhöhte aus Sicht anderer lateinamerikanischer Staaten die Dringlichkeit, völkerrechtliche Instrumente zu schaffen, um weitere Interventionen zu unterbinden. Das Comité Jurídico Interamericano, das auf einer Konferenz lateinamerikanischer Staaten eingesetzt worden war und dem auch Guerrero angehörte, entwickelte 1927 einen entsprechenden Vorschlag, der 1928 auf der sechsten Pan-Amerikanischen Konferenz in La Habana verabschiedet werden sollte. Der US-Regierung, die ebenfalls eingeladen war eine Delegation zu entsenden, gelang es allerdings, im Vorfeld eine Allianz gegen ein Interventionsverbot zu schmieden. In La Habana kam es zu einem massiven Konflikt zwischen dem antiimperialistischen Lager, das die Mehrheit der Delegationen umfasste und das unter der Wortführung Gustavo Guerreros und des argentinischen Delegierten Honorio Pueyrredón für den Entwurf des Comité Jurídico Interamericano stritt, und den Verbündeten der USA – allen voran der peruanischen Delegation. Letzteren gelang es, eine Einigung zu verhindern. Dieser Konflikt dominierte die Wahrnehmung der Konferenz[226] und verdeckte, dass jenseits des Interventionsverbots eine Reihe von Konventionen erfolgreich verabschiedet wurden, die das Comité Jurídico vorbereitet hatte. Darunter befand sich auch eine Konvention über die Pflichten und Rechte von Staaten im Fall von Bürgerkriegen, die auch das Problem des Waffenhandels adressierte. Ganz im Sinne der Genfer Konvention von 1925 genehmigte sie ausschließlich Waffenlieferungen an Regierungen und verzichtete auf eine Definition dessen, was eine legitime Regierung sei.[227] Die

225 Vgl. Atwater: American Regulation of Arms Exports, S. 152–156; McPherson: The Invaded, S. 73–90; 213–237; McPherson: A Short History, S. 121–124.

226 Vgl. Deras: Liga Antiimperialista, S. 18–49; Becker-Lorca: Mestizo Law, S. 341–349; Sheinin: Argentina and the United States; Molina: Censura Previa.

227 Vgl. Convención sobre los Deberes y Derechos de los Estados en Caso de Luchas Civiles, 20.2. 1928, Art. 1, Abs. 3. Englischsprachiger Wortlaut mit Ratifikationsdaten in: Convention Regarding the

Konvention wurde 1930 von der US-Regierung ratifiziert und schränkte erstmals ihren Handlungsspielraum in Fragen der Waffenhandelspolitik in ganz Lateinamerika ein. Allerdings sollte sie lediglich 1930 und 1932 mit Blick auf Exporte nach Brasilien Wirkung entfalten.[228] Die Hoffnungen, die El Salvador in ein völkerrechtliches Verbot von Waffenlieferungen an nicht-staatliche Akteure gesetzt hatte, blieben somit letztlich unerfüllt.

Als ebenso fruchtlos erwies sich für El Salvador die Klausel im Abschluss-Communiqué der Konferenz, die eine Konvention zur Produktionskontrolle anmahnte. In den folgenden Jahren wurde Guerrero nicht müde, in Genf mit Verweis auf das Communiqué auf einen zügigen Beginn einer entsprechenden Konferenz zu drängen. Solange eine solche Konferenz nicht anberaumt werde, werde seine Regierung die Waffenhandelskonvention nicht unterzeichnen. Dieser Position entsprach auch die Weigerung seiner Regierung, dem Generalsekretariat des Völkerbundes Daten über Waffenimporte für dessen seit 1924 jährlich erscheinende *Statistical Information on the Trade of Arms* zu melden, wie es die Mitgliedstaaten des Völkerbundes bereits im Vorfeld der Waffenhandelskonferenz vereinbart und im Anschluss nochmals bestätigt hatten. Erst als Produktionskontrolle 1932 zu einem Thema der Genfer Abrüstungskonferenz gemacht wurde, begann die salvadorianische Regierung, eigene Zahlen beizusteuern.[229]

Obwohl mit Frankreich eine industrialisierte Großmacht ebenfalls eine Konferenz zur Produktionskontrolle forderte, scheiterten deren Vorbereitungen in der zweiten Hälfte der 1920er Jahre am Streit zwischen Großbritannien und Frankreich. In London bestand man darauf, dass die Veröffentlichungspflicht der Rüstungsproduktion auch für die staatliche Industrie gelten müsse und dass lediglich der Wert der Produkte anzugeben sei. Die französische Regierung pochte jedoch unter Verweis auf Artikel 8 der Völkerbundsatzung und mit Unterstützung der Gewerkschaften darauf, dass sich die „schweren Bedenken" auf private Unternehmen bezogen. Außerdem forderte die französische Regierung, die Publikationspflicht auf Anzahl und Gewicht der Rüstungsgüter auszuweiten, um deutsche Rüstungsbemühungen besser im Auge behalten zu können. Dieses Anliegen unterstützten die nichtproduzierenden Staaten mit dem Verweis, dass eine Vergleichbarkeit mit den in der Waffenhandelskonvention festgeschriebenen Informationspflichten aufrecht

---

Duties and Rights of States in the Event of Civil Strife, Signed at Habana, 20.2.1928, in: FRUS 1928, Vol. I, Doc. 368.

228 Vgl. Atwater: American Regulation, S. 162 f.; Stedman: Exporting Arms, S. 5.

229 Vgl. Records of the Seventh Assembly. Meetings of the Committees. Minutes of the Third Committee, S. 12 f.; Records of the Eighth Ordinary Session of the Assembly, Meetings of the Committees, Minutes of the Third Committee, S. 10 – 14; Records of the Ninth Ordinary Session of the Assembly, Meetings of the Committees, Minutes of the Third Committee, S. 41 – 46.

erhalten bleiben müsse.[230] Dass es letztlich zu keiner Produktionskontroll-Konferenz kam, stellte auch für die Gewerkschafter eine Niederlage dar. Sie waren mit ihrem Projekt gescheitert, über die Waffenhandelsthematik eine Kontrolle der Macht privater Rüstungsunternehmen zu erreichen.

Für Frankreich bestand der einzige dauerhafte – allerdings reichlich klägliche – Erfolg mit Blick auf die Konvention darin, dass es gelang, eine Anwendung der dort definierten Waffenkategorien auf das deutsche Gesetz zur Ein- und Ausfuhr von Kriegsgerät zu verhindern. Berlin bemühte sich zwar, dieses Kernanliegen in Verhandlungen mit der IMKK 1926 und 1927 durchzusetzen, scheiterte daran letztlich jedoch.[231] Daraufhin verlor die deutsche Rüstungsindustrie jegliches Interesse an der Konvention. Für sie hatten die auf der Genfer Konferenz erreichten Erfolge keinen Wert, so die dort verhandelten Waffenkategorien nicht zur Lockerung der rüstungspolitischen Auflagen führten. Der Reichsverband der Industrie schrieb deshalb an das Auswärtige Amt, die „durch das Waffenhandelsabkommen in Mitleidenschaft gezogene Industrie" wäre sehr dankbar, „wenn von der Ratifikation abgesehen werden könnte".[232] Wie immer stießen die Rüstungsindustriellen in den Ministerien auf offene Ohren. Im Auswärtigen Amt war man sich des französischen Interesses, die deutschen Im- und Exporte zu kontrollieren, nur zu bewusst. Und im Reichswirtschaftsministerium hielt man eine Ratifikation „im Belange der fraglichen Wirtschaftszweige nicht für wünschenswert".[233] Die Konvention änderte somit nichts am Verhältnis zwischen Deutschland und Frankreich – für beide stellte der *Status quo* eine Niederlage dar.

Das Gegenteil galt für das Verhältnis zwischen den Kolonialmächten und ihren Kolonien beziehungsweise imperialen Einflusssphären. Für London war die Aufrechterhaltung des *Status quo ante* ein durchaus begrüßenswertes Resultat – diese Erfahrung teilte man mit Washington. Zwar war es der persischen Regierung gelungen, die Bühne des Völkerbundes zu nutzen, um die imperialen Ordnungsvorstellungen der britischen Delegation herauszufordern. Zeitweise hatte sie zahlreiche andere Delegationen für die eigene Sache gewinnen können. Und auch die internationale Berichterstattung bescherte der persischen Position viel Zuspruch.

230 Vgl. Records of the Ninth Ordinary Session of the Assembly, Meetings of the Committees, Minutes of the Third Committee. Geneva 1928, S. 39–46. Siehe auch die Protokolle in: LNA, Répertoire Général, R 2378.

231 Siehe Vorgang in PA AA, RZ 206, 33342–33345.

232 Düring, Reichsverband der Industrie, an AA, 11.7.1927, in: PA AA, RZ 206, 32130.

233 Claußen, Reichswirtschaftsministerium, an AA, 27.11.1928, in: PA AA, RZ 206, 32132. Siehe auch Vermerk Weizsäcker, o.D. und Wiedner an Quassowski, Reichswirtschaftsministerium, 17.2.1928, beides in: PA AA, RZ 206, 32131.

Doch den britischen Verhandlungserfolg als Pyrrhussieg zu bezeichnen,[234] ist mit Blick auf die Kontrollpraxis der folgenden Jahre nur bedingt plausibel. Whitehall hatte die Verhandlungen nie gewollt und befürchtet, eine neue Konvention werde das Kontrollregime infrage stellen, das auf der Konvention von 1919 fußte. Das Scheitern des Ratifikationsprozesses ermöglichte es den britischen Kolonialbehörden, am alten Kontrollregime festzuhalten. In den Jahren nach 1925 beriefen sich die Kolonialbeamten wahlweise auf die Konvention von 1919 oder auf jene Passagen der Konvention von 1925, die der vorangegangenen entsprachen. An der Kontrollpraxis änderte sich zunächst kaum etwas.[235] Die Navy schränkte lediglich die Kontrolle persischer Schiffe ein. Solange es keine stichhaltigen Beweise gebe, solle auf Durchsuchungen verzichtet werden – eine Anweisung, die letztlich dazu führte, dass es bis 1932 zu keiner einzigen Durchsuchung persischer Schiffe mehr kam.[236] Diese Zurückhaltung lässt sich als Reaktion darauf deuten, dass Teheran das Völkerrecht sehr wohl für die eigene Sache zu nutzen wusste.

Die Geschichte der Genfer Waffenhandelskonferenz von 1925 ist deshalb nicht aufgrund einschneidender völkerrechtlicher Weichenstellung von Bedeutung. Sie ist relevant, weil sie Auskunft darüber gibt, wie es den Hegemonialmächten dank ihrer Produktionskapazitäten gelang, ihre Dominanz in einem sich verändernden internationalen System aufrechtzuerhalten. Das war keine Selbstverständlichkeit. Die neuen Strukturen des Völkerbundes schufen neue Mitsprachemöglichkeiten und stellten die etablierten Mächte vor Herausforderungen. Das zeigt insbesondere die Rolle der Gewerkschaften in der Temporary Mixed Commission. Mitunter konnten diese Verhandlungsstrukturen von mindermächtigen Staaten wie El Salvador nutzbar gemacht werden, um mit der Unterstützung einzelner Großmächte eine antiimperialistische Völkerrechtspolitik voranzutreiben. Doch letztendlich scheiterten die Versuche mindermächtiger Akteure, diese Strukturen für eine Umverteilung von Macht zu nutzen. Das Ergebnis der Waffenhandelskonferenz trug dazu bei, imperiale Dominanz zu verstetigen, Politiken aufrechtzuerhalten, die kleineren Staaten zum Nachteil gereichten, und den Kampf zur Veränderung von Machtstrukturen ins Leere laufen zu lassen. Daran wird einmal mehr deutlich, dass die Integration mindermächtiger Akteure in den Völkerbund nicht die Entstehung einer egalitäreren Weltordnung bedeutete.[237]

---

234 Vgl. Biela: Contesting Imperialism.

235 Vgl. Political Resident in the Persian Gulf to Senior Naval Officer, 26.9.1929, in: QDL/IOR/L/PS/12/4094, 240r; Forwarded under Bushire, 5.10.1931: Illicit Arms Traffic, in: QDL/IOR/R/15/5/308, 69r–70r.

236 British Legation, Teheran, to Rendel, 1.7.1932, in: IOR/L/PS/12/2182, 482r.

237 Zur „unequal integration" in den Völkerbund siehe Getachew: Worldmaking after Empire, S. 37–70. Mit Blick auf die Balkanstaaten siehe Steiner: The Lights that Failed, S. 293–309.

4 Kapitalismus
Abrüstungspolitik in Zeiten der Weltwirtschaftskrise

Fast die gesamte Zwischenkriegszeit hindurch blieb der Waffenhandel ein Spezialthema, über das Abrüstungsexperten und Diplomaten verhandelten, kaum beachtet von den Öffentlichkeiten in den verhandelnden Staaten. Das änderte sich Mitte der 1930er Jahre. Insbesondere 1934/35 war das globale Geschäft mit Waffen ein omnipräsentes Thema internationaler Politik. In Europa und den USA waren die einschlägigen Neuerscheinungen und Zeitungsartikel bald kaum noch zu überblicken. Friedensorganisationen auf beiden Seiten des Atlantiks mobilisierten mit ihren öffentlichen Kampagnen gegen die internationale Rüstungsindustrie Hunderttausende und setzten Regierungen zunehmend unter Druck. Abgeordnete in den USA, Großbritannien und Frankreich drängten auf die Einrichtung parlamentarischer Kommissionen mit dem Ziel, die Geschäftspraktiken privater Rüstungsunternehmen zu untersuchen. Vor diesem Hintergrund rückten völkerrechtliche Waffenhandelskontrollen ins Zentrum der seit 1932 in Genf tagenden Abrüstungskonferenz. Und auch auf nationalstaatlicher Ebene verabschiedeten viele Regierungen weltweit Gesetze, die es ihnen ermöglichten, das internationale Geschäft mit Waffen zu überwachen.

Diese Dynamik in Sachen Waffenhandelskontrollen entfaltete sich vor dem Hintergrund schwindender Hoffnungen in abrüstungspolitische Initiativen. Die Vereinbarungen der Londoner Flottenkonferenzen 1930 zwischen Großbritannien, den USA und Japan waren so lax, dass sie es diesen Mächten ermöglichten, weiterhin aufzurüsten; mit Frankreich und Italien fehlten zwei Großmächte. Der zweite Anlauf zur Einhegung des Flottenrüstens 1935/36 endete ergebnislos. 1932 begann unter großer internationaler Aufmerksamkeit die Abrüstungskonferenz in Genf. Sie verlief jedoch von Beginn an zäh und galt spätestens im Oktober 1933 mit dem Rückzug der deutschen Delegation als gescheitert. Statt abzurüsten, begannen Regierungen überall auf der Welt die eigenen Streitkräfte auszubauen.

Historiker*innen haben den Zusammenhang zwischen den ins Stocken geratenen Abrüstungsverhandlungen, der beginnenden Aufrüstung und der Konjunktur von Debatten und Maßnahmen zur Regulierung des Waffenhandels bisher nicht in den Blick genommen. Studien zu völkerrechtlichen Abrüstungsbemühungen wählen in der Regel den Rückzug Deutschlands Ende 1933 als Endpunkt. Die danach noch bis 1936 weitergehenden Abrüstungsgespräche und -verhandlungen, in denen das internationale Geschäft der Rüstungsindustrie in den Mittelpunkt rückte,

https://doi.org/10.1515/9783111571638-005

blieben dabei stets außen vor und sind vollständig in Vergessenheit geraten.[1] Das ist durchaus nachvollziehbar. Angesichts der Entschiedenheit, mit der das nationalsozialistische Regime seine Kriegsplanungen und Aufrüstung vorantrieb, vermochten die Verhandlungen beim Völkerbund nichts an der Eskalation der internationalen Lage zu ändern. Der Weg in den Krieg wurde von Berlin diktiert, ohne dass die Diplomat*innen in Genf dem etwas hätten entgegensetzen können.

Dennoch stellt sich die Frage, warum das Thema Waffenhandel Mitte der 1930er Jahre auf eine so große internationale Resonanz stieß und was diese Konjunktur über diese Zeit aussagt. Um diese Frage zu beantworten, ist es unerlässlich, die Geschichte der Abrüstungsverhandlungen Mitte der 1930er Jahre in den Blick zu nehmen und zu untersuchen, welche Wechselwirkungen sich zwischen diesen und gesellschaftlichen Debatten innerhalb jener Länder entfalteten, in denen mit besonderem Nachdruck Forderungen nach Abrüstungsmaßnahmen formuliert wurden – insbesondere die USA, Frankreich und Großbritannien. Dabei gilt es, die Abrüstungspolitik dieser Jahre nicht von 1939 her zu deuten und stattdessen die Debatten, Initiativen und Projekte dieser Jahre aus ihrer Zeit heraus zu erklären – ein Ansatz, der mit Blick auf andere Felder internationaler Politik der Zwischenkriegszeit und mit Blick auf den Völkerbund längst gewinnbringend umgesetzt wird.[2]

Wie zu zeigen sein wird, waren die Intensität, mit der Mitte der 1930er Jahre in Europa und den USA über das globale Geschäft mit Waffen debattiert wurde, und die mit dieser Debatte zusammenhängenden Genfer Verhandlungen eine Reaktion auf die Weltwirtschaftskrise und die Krise der internationalen Beziehungen. Diese beiden Krisen warfen Fragen über die globale politische und wirtschaftliche Ordnung, über Kapitalismus und Imperialismus auf. Die Auseinandersetzung mit der Rüstungsindustrie und ihrem internationalen Handel war während dieser Jahre immer auch eine Auseinandersetzung mit der kapitalistischen Weltordnung.

Dabei veränderte sich das Panorama der Akteure grundlegend, die im Zusammenhang mit völkerrechtlichen Normierungsbemühungen eine Rolle spielten. Die Friedensbewegung in den nordatlantischen Gesellschaften, die in den 1920er Jahren das Thema fast vollständig ignoriert hatte und im Zusammenhang mit der Waffenhandelskonferenz nicht in Erscheinung getreten war, trieb in den 1930er Jahren die internationale Diskussion über das internationale Rüstungsgeschäft

---

1 Vgl. Cortright: Peace, S. 93–108; Davies: Transnational Activism; Imlay: The Practice of Socialist Internationalism, S. 151–200; Kitching: Britain and the Geneva Disarmament Conference; McKercher: Of Horns and Teeth; Richardson: The Evolution; Tate: The United States and Armaments; Webster: Strange Allies.

2 Vgl. u.a. Clavin: Securing World Economy; Cohrs: The Unfinished Peace; Leonhard: Der überforderte Frieden; Pedersen: Back to the League of Nations.

voran. Sie schlug dabei zunehmend kapitalismus- und imperialismuskritische Töne an. Im Zentrum dieser Mobilisierung stand die Frauenliga für Frieden und Freiheit. Sie verknüpfte die Kritik am globalisierten Kapitalismus und am grenzübergreifenden Geschäft der privaten Rüstungsindustrie mit Forderungen nach Teilhabe von Frauen an der internationalen Politik. Dem Verweis auf genderspezifische Differenzen kam dabei eine wichtige Funktion zu.

Demgegenüber verloren mindermächtige Staaten, die Gremien des Völkerbundes und die ihnen nahestehenden Organisationen an Bedeutung. Staaten innerhalb der imperialen Einflusssphären hatten nach vielen ernüchternden Erfahrungen in den 1920er Jahren das Interesse an völkerrechtlichen Waffenhandelsregulierungen verloren; El Salvador und Persien traten in Genf nicht mehr wie auf der Waffenhandelskonferenz 1925 mit einer dezidiert antiimperialistischen Agenda in Erscheinung. Waren von der Temporary Mixed Commission, dem Abrüstungskomitee der Generalversammlung und den Gewerkschaftern in der ersten Hälfte der 1920er Jahre noch zahlreiche Impulse zur Regulierung des Waffenhandels ausgegangen, so waren es in den 1930er Jahren vor allem die Delegationen der nordatlantischen Staaten, insbesondere Frankreichs und der USA, die mit Vorschlägen in Erscheinung traten und die internationalen Verhandlungen prägten. Die Gewerkschaften blieben ein wichtiger Faktor, sie wählten nun aber den Weg über die französische Delegation, um ihren Vorstellungen in den Verhandlungen Gehör zu verschaffen. In dieser Hinsicht unterschied sich die Entwicklung auf dem Feld der Abrüstung von dem internationaler Wirtschaftspolitik, auf dem die Institutionen des Völkerbundes in dieser Zeit ihr Profil schärfen konnten.[3]

4.1 Das internationale Rüstungsgeschäft in der Zwischenkriegszeit

Als der Waffenhandel Anfang der 1930er Jahre zu einem internationalen Politikum wurde, das die Gesellschaften in Europa und den USA beschäftigte, beriefen sich die Rüstungskritiker*innen zunächst vor allem auf Literatur aus der Vorkriegszeit und auf die Deutungen, die sie dort vorfanden. Der Vorwurf, private Rüstungsproduzenten würden mithilfe der von ihnen geschmiedeten internationalen Kartelle zwischenstaatliche Konflikte schüren und im großen Stil von dem so angestachelten Wettrüsten profitieren, erlebte eine neue Konjunktur. Karikaturen von Rüstungsindustriellen, die überall ihre Hände im Spiel hatten und deren Fettleibigkeit den von ihnen erwirtschafteten Reichtum symbolisierte, fanden in vielen Varianten

3 Vgl. Clavin: Securing the World Economy.

Verbreitung.[4] Doch wie plausibel und zutreffend waren eigentlich die Deutungsmuster der Vorkriegszeit mit Blick auf die Situation der Rüstungsindustrie und ihre weltweiten Geschäfte in der Zwischenkriegszeit?

Lange Zeit war 1939 der entscheidende Bezugspunkt für Historiker*innen, die zur Rüstungsindustrie in der Zwischenkriegszeit forschten. Vom Ausbruch des Zweiten Weltkriegs aus blickten sie auf die vorangegangene Friedensphase und fragten nach Versäumnissen westlicher Demokratien im Umgang mit der Bedrohung durch das „Dritte Reich". Es ist wenig überraschend, dass vor dem Hintergrund der 1939 einsetzenden Kriegsmobilisierung alles Vorangegangene als defizitär erschien und sich das Narrativ einer im Niedergang befindlichen Branche durchsetzte, das dem in der Zwischenkriegszeit verbreiteten Bild einer prosperierenden privaten Rüstungsindustrie diametral entgegengesetzt war. Nach 1918 hätten vor allem die großen Demokratien eilig ihre Produktionskapazitäten zurückgefahren und begonnen, Abrüstungsverträge auszuhandeln. An dieser Politik habe man selbst dann festgehalten, als die Sowjetunion, das Deutsche Reich und Italien begannen aufzurüsten. Das Kernmerkmal der Zwischenkriegszeit sei also nicht Wettrüsten, sondern die einseitige Abrüstung demokratischer Staaten. Diese Politik habe die französische, britische und US-amerikanische Rüstungsindustrie in eine tiefe Krise gestürzt und die Kriegsmobilisierung 1939 erschwert. Aufgrund der Abrüstungspolitik der westlichen Großmächte hätten Wettbewerbsdruck und zunehmende Konkurrenz die Marktdynamik bestimmt – und nicht die grenzübergreifende Kooperation international agierender Rüstungsunternehmen in Kartellen und Syndikaten, wie von den Rüstungskritiker*innen der Zwischenkriegszeit behauptet. Zu den ohnehin schon erschwerenden Rahmenbedingungen sei Ende der 1920er Jahre auch noch die Weltwirtschaftskrise hinzugekommen.[5]

Dieses Niedergangsnarrativ ist zuletzt mit Blick auf die britische Rüstungsindustrie infrage gestellt worden. Neuere Forschungen verweisen darauf, dass Großbritanniens Rüstungsausgaben im Vergleich zu anderen Staaten hoch gewesen seien und britische Unternehmen einen konstant hohen Anteil am internationalen Rüstungsmarkt gehabt hätten. Die Rüstungsausgaben seien zwar mit dem Ende des

4 Siehe z. B. Wiltz: In Search of Peace, S. 19.

5 Mit Blick auf die europäische Gesamtlage findet sich diese Interpretation z. B. bei Steiner: The Triumph of the Dark. Siehe zu Großbritannien Fearon: The Formative Years; Gordon: British Seapower, S. 76–95; Kennedy: The Rise and Fall of British Naval Mastery, S. 267–298; Miller: Planning and Profits; Postan: British War Production; Pedan: Arms, Economics and British Strategy, S. 98–163; Scott: Vickers; Spear: The Business of Armaments. Zu Frankreich: Clarke: The Nationalization of War Industries; Kolodziej: Making and Marketing Arms, S. 3–53; Giovachini: L'armement français, S. 11–69. Zu den USA siehe Lauderbaugh: American Steel Makers; Trimble: The Naval Aircraft Factory; Vander Meulen: The Politics of Aircraft.

Krieges selbstverständlich dramatisch zurückgegangen, sie hätten sich aber auf einem Niveau stabilisiert, das in vorangegangenen Friedensphasen üblich gewesen sei. Eine Reduzierung der Rüstungsausgaben und Verlangsamung der Rüstungsentwicklung sei nach einem alle Ressourcen mobilisierenden Krieg keine Fahrlässigkeit gewesen, sondern eine plausible und naheliegende wirtschaftspolitische Strategie.[6]

Die Forschungslage zur Rüstungsindustrie und zum Waffenhandel der Zwischenkriegszeit ist nach wie vor disparat und – wenn man aus dem Blickwinkel der internationalen Geschichte oder Globalgeschichte auf diese Themen schaut – höchst fragmentarisch. Während über Großbritannien eine Fülle von Studien vorliegen, die allerdings zu sehr widersprüchlichen Ergebnissen kommen, und die deutschen Aufrüstungsbestrebungen verhältnismäßig gut erforscht sind, wissen wir recht wenig über den Rest der kontinentalen Rüstungslandschaft. Insbesondere Studien, die nach grenzübergreifenden Verflechtungen fragen, sind Mangelware; internationale Vergleiche noch seltener.[7] Dabei machen die jüngsten Forschungen zur britischen Rüstungsindustrie deutlich, wie aufschlussreich es sein kann, die Entwicklungen der Zwischenkriegszeit nicht allein von 1939 aus zu deuten, sondern in einen internationalen Kontext einzubetten. Fügt man die von der Geschichtswissenschaft aufbereiteten Fragmente aus unterschiedlichen Ländern zusammen, verflüchtigt sich nämlich das Bild einer im Niedergang befindlichen Branche. Stattdessen wird deutlich: Die Rüstungsindustrie durchlief in der Zwischenkriegszeit einen tiefgreifenden Umbruch, der durch technologischen Wandel, die Umstellung militärischer Strategien sowie veränderte politische und wirtschaftliche Rahmenbedingungen bedingt war.

Die Neuformierung des internationalen Rüstungsmarkts nach dem Ersten Weltkrieg

Die ersten Nachkriegsjahre waren in der Tat harte Jahre für die Rüstungsindustrie – aus naheliegenden Gründen. Die Nachfrage nach Waffen in den ehemals kriegführenden Staaten brach jäh ein. Für die Rüstungsproduzenten war die Flucht in den Export eine naheliegende Strategie, um den Einbruch abzufedern. Waffentechnologien hatten im Zuge des Ersten Weltkriegs einen bemerkenswerten Sprung gemacht und es gab ein weltweites Interesse an neuesten Produkten. Hinzu kam das

6 Vgl. Edgerton: Warfare State; Edgerton: England and the Aeroplane; Packard: Whitehall, Industrial Mobilisation and the Private Manufacture.

7 Für eine Studie, die zumindest für die späte Zwischenkriegszeit eine länderübergreifende Analyse versucht, siehe Maiolo: Cry Havoc.

Aufrüstungsbedürfnis der neugegründeten osteuropäischen Staaten. Doch Exporte waren in den unmittelbaren Nachkriegsjahren nur bedingt hilfreich, um die Kapazität der Anlagen auszulasten, in deren Ausbau die Unternehmen während des Krieges große Summen investiert hatten. Die nordatlantischen Armeen waren hochgerüstet und verfügten in einem Umfang über Rüstungsgüter, der in Friedenszeiten gar nicht aufrechtzuerhalten war. Sie hatten es deshalb eilig, die überschüssigen Waffen zu verkaufen. Obwohl die Waffenhandelsstatistiken der Zwischenkriegszeit keinen Aufschluss über den Anteil von Gebrauchtwaffen geben, kann man dennoch davon ausgehen, dass diese bis zur Mitte der 1920er Jahre einen signifikanten Anteil ausmachten.[8]

Was das bedeutete, lässt sich an der britischen Luftfahrtindustrie ablesen. Airco, der größte Flugzeughersteller, hatte im letzten Kriegsjahr 250 Flugzeuge pro Monat produziert, 1920 wurde das Unternehmen liquidiert. Allerdings zeigte der Konkurrent, die Handley Page Company, dass das Geschäft nach wie vor lukrativ sein konnte. Das Unternehmen konzentrierte sich auf die Erschließung ausländischer Märkte – vor allem auf die USA. Das Geschäft bestand dabei jedoch zum größten Teil aus Gebrauchtflugzeugen. Handley Page kaufte 10.000 überschüssige Flugzeuge und 30.000 Motoren von der britischen Regierung und überarbeitete sie für den Weiterverkauf. 3,6 Millionen Dollar investierte das Unternehmen in die Aufkäufe, deren Weiterverkauf 22 Millionen Dollar einbrachte. Dabei kam ihm zugute, dass zu dieser Zeit noch kein signifikanter Unterschied zwischen Kriegs- und Zivilflugzeugen bestand. Man kann davon ausgehen, dass ein großer Anteil der für den Krieg produzierten Flugzeuge letztlich zivil weitergenutzt wurde, etwa bei der Schädlingsbekämpfung im Ackerbau.[9]

Im Laufe der 1920er Jahre wuchs das Geschäft mit Rüstungsgütern und mit zunehmender Distanz zum Krieg wuchs auch der Bedarf an neu produzierten Gütern. Die Waffenhandelsstatistiken des Völkerbunds vermitteln einen Eindruck dieses Anstiegs, obwohl die Zahlen wegen des engen Waffenbegriffs nur begrenzt aussagefähig sind. Sie enthalten Feuerwaffen (von Gewehren bis zur Artillerie), auch gepanzerte Fahrzeuge und Geschosse (von Gewehrmunition bis hin zu Granaten und Torpedos), nicht aber Flugzeuge oder Kriegsschiffe, die tatsächlich einen signifikanten Teil des Geschäfts ausmachten. Außerdem basieren die Statistiken auf Daten, die entweder öffentlich zugänglich waren oder von den Mitgliedstaaten bei der Abrüstungsabteilung des Völkerbundes gemeldet wurden. Gegenüber dieser Abteilung versuchten sie immer wieder, Exporte kleinzurechnen.[10] Der Statistik

8 Vgl. Krause: Arms and the State, S. 72 f.
9 Vgl. Fearon: Formative Years.
10 Vgl. Lincove: Data for Peace.

zufolge sank das Volumen der weltweit exportierten Waffen von 43 Millionen Dollar 1921 auf 39,4 Millionen Dollar 1923 ab, um bis zur Weltwirtschaftskrise 1929 auf 64 Millionen Dollar anzuwachsen. Anschließend brachen die Exporte um die Hälfte ein, sie erreichten ihren Tiefststand 1932. Diesen Einbruch nach 1929 muss man allerdings ins Verhältnis setzen. Im gleichen Zeitraum sank das Volumen der Exporte im Allgemeinen weltweit um zwei Drittel. Während der Welthandel in den folgenden Jahren auf niedrigem Niveau stagnierte, legten Rüstungsexporte schon ab 1933 wieder jedes Jahr zu. Dass sie erst 1938 das Vorkrisenniveau überschritten, ist allerdings kein Indiz dafür, dass die Branche dauerhaft geschwächt gewesen wäre. Es lag vor allem daran, dass die wichtigsten Exportstaaten Mitte der 1930er Jahre begannen, massiv aufzurüsten und die Rüstungsunternehmen wieder stärker für den heimischen Bedarf produzierten.[11]

Zudem traf der Einbruch die Flugzeugexporte offenbar weniger stark, zumindest wenn man von britischen Zahlen ausgeht, die ab 1931 nur leicht zurückgingen.[12] Und auch bei den Flugzeugexporten der anderen Länder kann man in den 1930er Jahren von keiner Krise sprechen. Französische Hersteller exportierten insgesamt 2.204 Kriegsflugzeuge. Das waren nur etwas weniger als bei ihren britischen Konkurrenten, die im gleichen Zeitraum auf 2.435 kamen. Auch Staaten wie Italien (1.786) und Deutschland (1.336) konnten sich nicht über fehlende Exportmöglichkeiten beklagen.[13] Das internationale Geschäft mit Rüstungsgütern befand sich in der Zwischenkriegszeit also nicht in einer Krise, sondern es erwies sich nach ernsten Schwierigkeiten in der ersten Hälfte der 1920er Jahre rasch als wachstumsfähig und gerade im Kontext der Weltwirtschaftskrise als recht robust.

Dabei waren Rüstungsexporte keineswegs ein Mittel, um die sinkende Binnennachfrage abrüstender Industriestaaten zu kompensieren. Auch wenn sich das Bild einer von Abrüstung gekennzeichneten Epoche hartnäckig hält – die Rüstungsausgaben der industrialisierten Großmächte in der Zwischenkriegszeit waren stabil und vergleichbar mit anderen Friedensphasen. Eine Umfrage des Völkerbundes unter Mitgliedstaaten ergab, dass 1922/23 elf Staaten ihren Verteidigungshaushalt im Vergleich zum letzten Friedensjahr 1913 erhöht und nur sieben ihre

---

11 Die Jahrbücher des Völkerbundes weisen die gemeldeten und öffentlich zugänglichen Daten zu den einzelnen Ländern aus, ohne diese zu interpretieren. Diesen Arbeitsschritt leistete der beim Völkerbund zuständige Mitarbeiter Nahum Sloutsky in „The World Armaments Race", S. 63–96 sowie Wiliam T. Stone in „International Traffic in Arms and Ammunition". Die Zahlen wurden auf der Basis des Wholesale Price Index inflationsbereinigt.

12 Vgl. Royal Commission: Minutes of Evidence, S. 280.

13 Vgl. Harkavy: The Arms Trade, S. 61. Die Zahlen bei Harkavy basieren auf den Akten der Military Intelligence Division des US-amerikanischen War Departments (Vgl. Harkavy: The Arms Trade, S. 22 f.).

Ausgaben gegenüber der Vorkriegszeit reduziert hatten. Die französische Regierung gab in den Jahren nach dem Weltkrieg zunächst acht Prozent weniger für die Streitkräfte aus als 1913. Großbritanniens Ausgaben hingegen lagen noch immer zwanzig Prozent über dem Niveau der Vorkriegszeit. In Japan, das seine Truppen auf den neuesten waffentechnologischen Stand bringen wollte, lagen die Ausgaben um 46 Prozent höher als 1913, und in den USA um 35 Prozent. Während der folgenden Jahre bis zur Wirtschaftskrise wuchsen die Rüstungsausgaben überall, wobei Großbritannien in den 1920er Jahren die höchsten Ausgaben verzeichnete, gefolgt von den USA, Frankreich und Japan. Zwischen 1930 und 1932 sanken die Rüstungsausgaben weltweit um dreizehn Prozent, erreichten aber schon 1934 wieder Vorkrisenniveau. In Großbritannien sank der Verteidigungshaushalt von 463 (1930) auf 429 Millionen Dollar (1932). Frankreich, wo die Krise erst später Wirkungen zeigte, hatte 1930 noch 459 Millionen Dollar für Verteidigung ausgegeben. 1932 gab es einen Knick in den Ausgaben (394 Millionen Dollar), doch bereits im Jahr darauf war man wieder bei 453 Millionen. Die USA überholten Großbritannien und gaben in den 1930er Jahren zwischen 600 und 700 Millionen Dollar jährlich aus. In diesen Jahren begannen zudem Deutschland und die Sowjetunion massiv aufzurüsten. Über den Umfang dieser in großen Teilen verdeckten Aufrüstung konnten die Zeitgenossen nur Vermutungen anstellen.[14] Spätere Berechnungen gehen davon aus, dass die Rüstungsausgaben des Deutschen Reiches von 216 Millionen Dollar im Jahr der nationalsozialistischen Machtübernahme auf 624 Millionen Dollar 1938 anwuchsen. Dabei baute das NS-Regime unter Umgehung der Versailler Bestimmungen die eigene Industrie auf.[15] Die Sowjetunion setzte auf Importe aus dem Ausland und auf die Hilfe westlicher Rüstungsunternehmen beim Aufbau einer eigenen Rüstungsindustrie. Vor allem Vickers profitierte von diesem neu entstehenden Markt und konnte auf diese Weise Auftragsrückgänge in anderen Regionen ausgleichen.[16]

14 Vgl. Sloutsky: The World Armaments Race, S. 17–30. Die Statistiker des Völkerbundes stützten sich dabei auf eine WPI basierte Inflationsberechnung. Die Zahlen zu den USA stammen nicht aus der Völkerbundumfrage, sondern aus einer anderen Völkerbundstudie. Mit Blick auf Großbritannien siehe Edgerton: Warfare State, S. 15–45. Für einen Überblick über die Rüstungspolitik der Großmächte der 1930er Jahre siehe Maiolo: Cry Havoc sowie die drei Beiträge zur Zwischenkriegszeit im Sammelband Mahnken/Maiolo/Stevenson (Hg.): Arms Races (Mawdsley: Land Armament; Maiolo: Naval Armaments; Overy: Aircraft).

15 Vgl. Petzina/Abelshauser/Faust: Sozialgeschichtliches Arbeitsbuch III, S. 149. Für einen aktuellen Überblick über die Aufrüstung durch das NS-Regime siehe Schanetzky: Kanonen statt Butter, S. 72–84.

16 Zum sowjetischen Rüstungsprogramm siehe die Beiträge in Harrison (Hg.): Guns and Rubles. Zur Rolle der britischen Rüstungsindustrie: Grant: Between Disarmament and Depression, S. 143–154; Jones/Trebilcock: Russian Industry and British Business.

Zum Verhältnis von Rüstungsproduktion und Rüstungsexporten

Wenn es für die Rüstungsindustrie in den industrialisierten Ländern einen signifikanten Binnenmarkt gab, welche Rolle spielten dann Exporte für private Unternehmen? Um diese Frage fundiert und umfassend beantworten zu können, wären weitere Forschungen in Unternehmensarchiven und staatlichen Archiven notwendig. Dort, wo Zahlen vorliegen, sprechen sie dafür, dass Exporte für private Rüstungsunternehmen einen signifikanten Teil des Umsatzes ausmachten. Großbritannien, eines der Länder mit der stärksten Binnennachfrage, ist ein gutes Beispiel. Für Feuerwaffen und Munition, wozu auch komplexere Rüstungsgüter wie Torpedos gehörten, gaben die britische Navy und Army in den 1920er und 1930er Jahren relativ konstant jährlich um die 20 Millionen Dollar aus. Davon flossen grob geschätzt sechzig Prozent in Aufträge an staatliche Arsenale, der Rest diente zur Beschaffung bei privaten Unternehmen.[17] Demgegenüber erteilte die britische Regierung zwischen 1927 und 1931 für die gleichen Rüstungsgüter Exportlizenzen an private Unternehmen im Wert von durchschnittlich 9,7 Millionen Dollar jährlich.[18] Private Unternehmen exportierten also etwas mehr Feuerwaffen und Munition, als sie an die britische Regierung verkauften. Der Anteil variierte allerdings zwischen verschiedenen Waffentypen, wie Zahlen von Vickers-Armstrong Ltd. zeigen. Zwischen 1930 und 1934 exportierte das Unternehmen nur zwanzig Prozent seiner Kriegsschiffproduktion. Bei allen anderen Waffentypen lag der Anteil der Exporte bei insgesamt 46 Prozent.[19]

Für Skoda, das seinen Sitz in einem Land mit einem weit niedrigeren Verteidigungshaushalt hatte, spielten Exporte eine bedeutendere Rolle. Das Unternehmen war der wichtigste Waffenhersteller der Tschechoslowakei und ein stark diversifiziertes Unternehmen, das Anfang der 1930er Jahre im Gegensatz zum reinen Rüstungsproduzenten Vickers-Armstrong ca. achtzig Prozent seines Umsatzes mit nichtmilitärischen Gütern generierte. Die Produktpalette der Militärsparte reichte von Handfeuerwaffen über Geschütze bis hin zu Panzern und Kriegsflugzeugen. Der mit Rüstungsgütern erwirtschaftete Umsatz lag zwischen 1930 und 1934 insgesamt bei 61 Millionen Dollar. Zum Vergleich: Vickers-Armstrong Ltd. kam im gleichen Zeitraum auf 82 Millionen. Skoda war somit eine Größe auf dem internationalen Rüstungsmarkt – und das, obwohl die Regierung in Prag Anfang der 1930er Jahre nur etwa ein Zehntel des Betrags für Verteidigung ausgab, über den die bri-

17 Vgl. Royal Commission: Minutes of Evidence, S. 624 f.

18 Vgl. Schedule of licences issued for exportation of war material from 1.1.1927 to 31.12.1931, in: TNA, FO 371, 16348.

19 Angaben basieren auf den Zahlen, die das Unternehmen 1935 einer britischen Untersuchungskommission zur Verfügung stellte (Royal Commission: Minutes of Evidence, S. 420).

tischen Streitkräfte verfügten. Entsprechend wichtig war der Export für das Unternehmen. Zu Beginn der 1920er Jahre, als die Regierung des neugegründeten Staates noch damit beschäftigt gewesen war, eine eigene Armee aufzubauen, verblieben die meisten produzierten Rüstungsgüter noch im Land; 1921 waren es 45 Prozent, 1922 75 Prozent und 1923 62 Prozent. Zwischen 1930 und 1933 gingen hingegen 62 Prozent der Produktion ins Ausland. Erst als die tschechoslowakische Regierung angesichts der deutschen Bedrohung 1934 ein Aufrüstungsprogramm auf den Weg brachte, drehte sich das Verhältnis wieder.[20]

Skoda stellte eine Ausnahme in einem Geschäft dar, das von Unternehmen dominiert wurde, die ihren Sitz auf dem Territorium einer der Großmächte hatten. Allen Niedergangsnarrativen von Historiker*innen zum Trotz machten Exporte britischer Unternehmen den größten Teil der vom Völkerbund gelisteten Rüstungstransfers aus – nicht zuletzt deshalb, weil die in der Vorkriegszeit so erfolgreichen deutschen und österreichischen Unternehmen aufgrund der Versailler Bestimmungen als Konkurrenten weitgehend ausfielen. Während der 1920er Jahre lagen britische Exporte im Schnitt bei etwas über 28 Prozent des Gesamthandels, gefolgt von den USA mit etwas unter 28 Prozent und Frankreich mit 22 Prozent. Alle anderen exportierenden Staaten – u. a. Tschechoslowakei, Schweden und Spanien – kamen bis 1929 nicht über fünf Prozent. In den 1930er Jahren verschob sich dieses Bild. Während der Anteil US-amerikanischer und französischer Exporte sank, gelang es tschechoslowakischen (12 Prozent) und schwedischen Unternehmen (8 Prozent), ihre Anteile deutlich zu erhöhen. Der Anteil britischer Exporte blieb hingegen stabil.[21]

Auch bei den verschiedenen Waffentypen, die nicht vollständig in den Völkerbund-Statistiken berücksichtigt wurden, waren es im Wesentlichen die Rüstungsindustrien der Großmächte, die das Feld dominierten. Bei Kampfflugzeugen lösten die USA Großbritannien in den 1930er Jahren als wichtigster Exporteur ab, gefolgt von Frankreich und Italien. Frankreich, wo Renault während des Ersten Weltkriegs zu einem wichtigen Rüstungsproduzenten aufgestiegen war, dominierte die Panzer-Exporte, dicht gefolgt von Großbritannien. Bei den Kriegsschiffen und U-Booten blieben die britischen Unternehmen Vickers und Armstrong, die Mitte der 1920er Jahre fusionierten, unangefochtene Nummer eins, herausgefordert vor allem

20 Zu Skoda siehe Grant: Between Depression and Disarmament. Die Zahlen basieren auf den Tabellen, die bei Grant auf S. 37 und 109 und bei Skrivan: Arms Production in Interwar Czechoslovakia, S. 633 zu finden sind. Die Angaben zu den tschechoslowakischen Rüstungsausgaben basieren auf Sloutsky: The World Armaments Race, S. 28 und 57. Zu Vickers-Armstrong Ltd. Siehe Royal Commission: Minutes of Evidence, S. 420.

21 Eine hilfreiche Zusammenstellung findet sich bei Krause: Arms and the State, S. 74. Siehe außerdem, Stone: International Traffic in Arms and Ammunition, S. 139.

von privaten italienischen Werften, die in der Zwischenkriegszeit erstmals zu einer echten Konkurrenz wurden aus Gründen, auf die noch einzugehen sein wird.[22]

Rüstungsunternehmen entwickelten in der Zwischenkriegszeit ihre regionalen Schwerpunkte. Die von der jüngeren Forschung herausgearbeiteten Schwierigkeiten britischer Unternehmen, in Osteuropa Fuß zu fassen,[23] sagen wenig über ihre Gesamtsituation aus. Die meisten britischen Exporte gingen in die Dominions, nach Südamerika, Asien und Westeuropa.[24] In Osteuropa hingegen spielten französische Unternehmen wie Schneider, Renault oder die Flugzeugproduzenten Société des Ateliers d'Aviation Louis Bréguet oder Aéroplanes Henry Potez eine weit größere Rolle als ihre britischen Konkurrenten.[25]

Multinationale Verflechtungen und Kooperationen in der Rüstungsindustrie

Wenn man von der „britischen" oder „französischen" Rüstungsindustrie spricht, darf man dabei nicht übersehen, dass die Branche international vernetzt war. Und auch wenn der Konkurrenzkampf zwischen den Rüstungsunternehmen groß war, bedeutet das nicht, dass es nicht auch grenzübergreifende Kooperationen gegeben hätte. Die Verflechtung zwischen Skoda und Schneider Creusot, die 1919 ihren Anfang nahm, ist dafür ein gutes Beispiel. Mit dem Ende des Habsburgerreiches war klar, dass Skoda die Schulden abschreiben musste, die der untergegangene Staat während des Krieges bei dem Unternehmen angehäuft hatte. Zwar hatte die Regierung des neu entstandenen tschechoslowakischen Staates ein großes Interesse daran, eine Rüstungsindustrie auf dem eigenen Territorium aufrechtzuerhalten. Und angesichts des Aufbaus einer eigenen Armee bestand auch Nachfrage. Allerdings fehlten sowohl dem Staat als auch dem Unternehmen die Mittel, um die Produktion wieder in Gang zu bringen. In dieser Situation wandte sich Baron Karl Skoda, der die Verstaatlichung seines Unternehmens fürchtete, an französische Finanziers. Das Angebot stieß auf Interesse. Schneider Creusot gründete zusammen mit der Banque de l'Union Parisienne, einer zum Schneider-Konzern gehörenden Investmentbank, eine Holdinggesellschaft, die 51 Prozent der Anteile an Skoda hielt und somit das Unternehmen kontrollierte. Die französische Regierung begrüßte

22 Vgl. Harkavy: The Arms Trade, S. 49–78.

23 Vgl. Grant: Between Disarmament and Depression; Stoker: Britain, France and the Naval Arms Trade.

24 Vgl. Spear: The Business of Armaments, S. 213–335.

25 Vgl. League of Nations: Statistical Information 1926, S. 23f.; Schedule of licences issued for exportation of war material from 1.1.1927 to 31.12.1931, in: TNA, FO 371, 16348; Stone: International Traffic in Arms and Ammunition, S. 131.

diese Kooperation. Sie sah die Tschechoslowakei in der Zwischenkriegszeit als einen wichtigen Verbündeten im Fall eines Angriffs durch Deutschland. Sie hatte deshalb ein dezidiertes Interesse am Aufbau einer in Osteuropa ansässigen Rüstungsindustrie, die nicht auf Lieferungen aus dem Ausland angewiesen war. Skoda ist deshalb häufig als ein Unternehmen dargestellt worden, das in der Zwischenkriegszeit von Frankreich aus gesteuert worden sei. Allerdings konnte mittlerweile gezeigt werden, dass Skoda durchaus eine unabhängige Geschäftsstrategie verfolgte und dabei mal mit Schneider kooperierte, ein anderes Mal als Konkurrent auftrat. Dabei war es äußert erfolgreich: 1928 erwirtschaftete das Unternehmen 1,6 Millionen Dollar Reingewinn, wovon Schneider als Anteilseigner selbstverständlich profitierte. Ermöglicht wurden solche Gewinne mithilfe britischer und französischer Banken, die Skoda Exportkredite zur Vorfinanzierung der Gestehungskosten und Abdeckung des Ausfallwagnisses gewährten, um Waffenlieferungen an noch sehr junge Staaten wie Jugoslawien auf den Weg zu bringen.[26]

Die Verflechtungen zwischen Rüstungsunternehmen konnten vielgestaltig sein und führten mitunter zu kaum überschaubaren Gemengelagen im internationalen Rüstungsgeschäft, wie das folgende Beispiel zeigt: 1929 entschied das tschechoslowakische Unternehmen ČKD, in die Produktion von Geschützen einzusteigen. Dazu sollten Lizenzen vom britischen Rüstungsproduzenten Vickers erstanden werden. Für Vickers hätte das bedeutet, mit 10 bis 12,5 Prozent an den Gewinnen beteiligt zu werden. Für Skoda, das bis dahin der einzige Geschütz-Lieferant der tschechoslowakischen Armee gewesen war, wäre ein solches Geschäft hingegen äußerst ungelegen gekommen. Doch Skoda hielt ein wichtiges Pfand in der Hand: Man war ein wichtiger Partner für Vickers. Erstens hielt man 20,5 Prozent der Anteile des Gewehrproduzenten Zbrojovka Brno, an der die tschechoslowakische Regierung Mehrheitsanteile hatte. Während die Verhandlungen mit ČKD liefen, bot Zbrojovka Brno Vickers eine Kartellabsprache für Maschinengewehre an. In Zukunft wolle man sich bei jeder Anfrage potenzieller Kunden absprechen und sich den Gewinn teilen. Zweitens planten Vickers und Skoda gemeinsam die Gründung eines Rüstungsunternehmens in Rumänien. Vor diesem Hintergrund entschied sich Vickers schließlich, die Gespräche mit ČKD über Lizenzen zu beenden.[27]

Solche Verflechtungen waren keineswegs auf Osteuropa beschränkt. Es gab auch Verbindungen zwischen westeuropäischen Rüstungsunternehmen. Über Strohmänner war Krupp Anteilseigner bei Bofors, dem schwedischen Rüstungsproduzenten,

---

26 Vgl. Grant: Between Depression and Disarmament, S. 24–51; Skrivan: Arms Production in Interwar Czechoslovakia.

27 Vgl. Grant: Between Depression and Disarmament, S. 41–45.

der Anfang der 1930er Jahre erfolgreich seine Auslandsgeschäfte ausweitete.[28] Vickers Ltd. hielt Mehrheitsanteile an der Sociedad Española de Construcción Naval, die das Kriegsschiff-Monopol in Spanien innehatte, und war auch an den Japanese Steel Works beteiligt.[29] Wechselseitige Investitionen, Lizenzen, Kartellabsprachen und Kreditvergaben waren die Verbindungsstücke, durch die die Rüstungsunternehmen und Banken über Ländergrenzen hinweg verflochten waren und die genauso zum Gesamtbild gehörten wie Wettbewerb und Konkurrenzkämpfe. Insofern verwies der Vorwurf der Friedensaktivist*innen, die Rüstungsindustrie habe sich zu einer „blutigen Internationalen" vereint,[30] auf reale Verhältnisse.

Die Transformation der Rüstungsindustrie

Ein wachsender, relativ krisenfester internationaler Markt für Rüstungsgüter, der diverse Investitionsmöglichkeiten eröffnete, bedeutete allerdings nicht, dass Rüstungsunternehmen keine Schwierigkeiten gehabt hätten. Die bei Weitem bedeutendsten Waffenproduzenten Großbritanniens, Vickers und Armstrong, fusionierten 1927 aufgrund wirtschaftlicher Probleme. Schwierigkeiten, auf einem umkämpften Waffenmarkt Aufträge an Land zu ziehen, waren allerdings in den Augen der Finanzexperten, die sich an die Sanierung machten, nicht das eigentliche Problem. Schwerer wogen Armstrongs veraltete Managementstrukturen und die erfolglose Diversifizierungsstrategie Vickers', deren Unternehmensführung nach Kriegsende glücklos versucht hatte, auf dem Markt für zivile Güter Fuß zu fassen. Die Fusion ging einher mit der Integration von Finanzfachleuten ins Management und einer Rückbesinnung auf die Kernkompetenz: die Produktion von Rüstungsgütern. In den folgenden Jahren war der Rüstungsgigant wirtschaftlich erfolgreich.[31]

Ein ernsthaftes unternehmerisches Problem stellte der Bedeutungsverlust großer Schlachtschiffe dar. In der Vorkriegszeit waren es diese Waffensysteme gewesen, die den Aufstieg der großen privaten Rüstungsunternehmen und die rüstungstechnologische Weiterentwicklung befeuert hatten. Mit aufwendigen und ausgefeilten Geschütztürmen und Stahlpanzerungen hatten Krupp, Schneider Creusot, Bethlehem Steel, Vickers und Armstrong viel Umsatz erwirtschaftet, was den enormen Wachstum der privaten Rüstungsindustrie erst ermöglicht hatte. Die

28 Vgl. Wulff: Sweden and Clandestine German Rearmament, S. 40 f.
29 Vgl. Engelbrecht/Hanighen: Merchants of Death, S. 200 f.
30 Lehmann-Russbüldt: Blutige Internationale.
31 Vgl. Packard: Whitehall, Industrial Mobilisation and the Private Manufacture, S. 111–148.

Washingtoner Flottenkonferenz von 1922 beschränkte den Bau immer größerer Kriegsschiffe, indem es pro Großmacht Obergrenzen festlegte – eine willkommene Möglichkeit für die Regierungen der Großmächte, um nach dem Krieg die Rüstungsausgaben zu senken, ohne sich dem Vorwurf auszusetzen, die Landesverteidigung gering zu achten.[32] Die britische Regierung verwarf daraufhin das bereits vorliegende Anschaffungsprogramm und kündigte Verträge über den Bau von vier großen Schiffen sowie über den Kauf von Stahlplatten. Sie zahlte zwar Entschädigungen, doch das änderte nichts daran, dass das Abkommen die mit dem Kriegsende entstandenen Probleme der Rüstungsindustrie noch verschärfte. Während des Weltkriegs hatten die großen Stahlfirmen Armstrong, Beardmore, Jon Brown, Cammell Laird und Vickers ihre Kapazitäten massiv ausgebaut und waren in der Lage, jährlich 60.000 Tonnen Stahl zu produzieren. Doch nach der Washingtoner Konferenz gab es nur noch einen jährlichen Bedarf von 3.000 Tonnen. Die Überkapazität machte größere strukturelle Anpassungen notwendig und bescherte den Unternehmen ernsthafte finanzielle Probleme.[33]

Allerdings zeigt das Beispiel Großbritannien auch, dass Veränderungen des Rüstungsmarktes nicht notwendigerweise bedeuteten, dass dieser geschrumpft wäre. Die Abwendung vom Bau großer Schlachtschiffe führte nicht zu einer Reduktion der Rüstungsausgaben. Nach wie vor galt es, die Seewege des globalen Empires zu verteidigen – ein Anliegen, das übrigens auch im französischen Verteidigungshaushalt von zentraler Bedeutung war.[34] Diese Aufgabe war nicht leichter geworden, wo doch der Erste Weltkrieg gezeigt hatte, welche Bedrohung U-Boote darstellten. Nachdem es der britischen Delegation nicht gelungen war, in Washington ein U-Boot-Verbot durchzusetzen, setzte die Navy verstärkt auf kleine Zerstörer als Mittel gegen die Bedrohung aus Untersee. Dem Bau dieser Schiffe setzte das Washingtoner Abkommen keine Grenzen – Zerstörer und Kreuzer bis zu 10.000 Tonnen unterlagen keiner Beschränkung. In der Folge investierte die Navy in den 1920er Jahren in den Bau dieser Schiffe und gab dabei nicht weniger für neue Rüstungsgüter aus als vor dem Krieg.[35] 1911/12 lagen die Gesamtausgaben bei 3,6 Millionen Pfund, 1920/21 waren sie mit 6 Millionen Pfund fast doppelt so hoch. In den folgenden Jahren pendelten sie sich auf einem Niveau zwischen 2 und 3 Millionen Pfund ein und entsprachen damit in etwa dem Schnitt der Vorkriegszeit.[36]

---

32 Vgl. Kaufman: Arms Control, S. 43–72; Maiolo: Naval Armaments; Steiner: The Lights that Failed, S. 375–379.

33 Vgl. Packard: Whitehall, Industrial Mobilisation and the Private Manufacture, S. 50–55; Spear: The Business of Armaments, S. 126–154.

34 Vgl. Thomas: At the Heart of Things.

35 Vgl. Packard: Whitehall, Industrial Mobilisation and the Private Manufacture, S. 50–55.

36 Vgl. Royal Commission: Minutes of Evidence, S. 624. Diese Zahlen sind nicht inflationsbereinigt.

Die Begrenzung des Flottenbaus ging einher mit waffentechnologischen Entwicklungen und Veränderungen militärischer Strategien. Im Verlauf des Krieges hatten Militärs die Bedeutung von Panzern und Kriegsflugzeugen entdeckt. Bald schon machte sich im Verteidigungshaushalt der Großmächte eine Verschiebung bemerkbar.[37] In Großbritannien beispielsweise war 1918 mit der RAF eine neue Streitkraft entstanden. 1923/24 gab sie 4,9 Millionen Dollar für Kriegsgerät aus, eine Summe, die zu großen Teilen der noch jungen Flugzeugindustrie zugutekam. In den folgenden Jahren wuchs der Betrag stetig, den die RAF in Kriegsgerät investierte. 1930/31 lag er bei 8,9 Millionen Dollar. Bis 1929 betrugen diese Ausgaben etwas weniger als die Hälfte der Summe, die die Navy investierte. Zwischen 1929 sanken jedoch die Ausgaben der Navy von 16,3 auf 10,3 Millionen Dollar, während die RAF kaum einen Rückgang hinnehmen musste. Der Aufbau der RAF ging also auch auf Kosten der Navy. Nicht nur in relativen, sondern auch in absoluten Zahlen schrumpfte ihr Haushalt – und zwar von rund 45 Millionen Dollar in der Vorkriegszeit auf etwas über 30 Millionen Dollar in den 1920er Jahren.[38] Auch in Frankreich machte der Ausbau der Aéronautique Militaire, die den Landstreitkräften untergeordnet waren, mit 27 Prozent einen signifikanten Anteil militärischer Neuanschaffungen aus. Der Anteil der Marine bei der Anschaffung neuen militärischen Equipments lag in den Jahren zwischen 1920 und 1936 bei nur 42 Prozent, während die Landstreitkräfte auf 31 Prozent kamen.[39]

An diese Verschiebung der Gewichtung musste sich die Rüstungsindustrie erst einmal anpassen. In Großbritannien konnten die Werften den Rückgang beim Bau neuer Schlachtschiffe durch den Ausbau der Handelsflotte ausgleichen, der nach dem Krieg vom Staat großzügig gefördert wurde. Der Bedarf an neuen Schiffen für den zivilen Bedarf war nach dem Krieg auch in anderen Ländern hoch.[40] Von der Entstehung neuer Rüstungssparten konnten die Rüstungsunternehmen, die in der Vorkriegszeit das Feld dominiert hatten, hingegen nur begrenzt profitieren. Hier tummelten sich eine Reihe neuer Unternehmen; die Branche befand sich in einem Umbruch. Vor allem im Flugzeugbau waren unzählige kleinere Firmen damit beschäftigt, eine schier unüberschaubare Anzahl von Modellen für die Streitkräfte zu entwickeln und zu produzieren: De Havilland, Bristol Aeroplane Company, Handley Page (Großbritannien), Bréguet Aviation, Aéroplanes Henry Potez (Frankreich), Curtiss Aeroplane und Glenn L. Martin Company (USA), um nur einige zu nennen. Darüber hinaus bauten auch kleinere Staaten eigene Flugzeugindustrien auf, in-

---

37 Zum Bedeutungswandel des Luftkriegs in den strategischen Planungen der Zwischenkriegszeit siehe Overy: Aircraft.

38 Vgl. Edgerton: Warfare State, S. 22f.

39 Vgl. Kolodziej: Making and Marketing Arms, S. 20.

40 Vgl. Lohnman/Murphy: British Shipbuilding and the State, S. 7–32.

dem sie Lizenzen erwarben. Vor allem die osteuropäischen Länder waren bemüht, mithilfe von Lizenzen französischer Hersteller eigene Fertigungsstätten aufzubauen. Etwas einheitlicher war das Feld bei der Produktion von Panzerfahrzeugen. In Frankreich hatte Renault im Zuge des Ersten Weltkriegs den Einstieg ins Rüstungsgeschäft vollzogen und blieb während der Zwischenkriegszeit der wichtigste französische Hersteller von Panzern. Das Unternehmen war nicht zuletzt auf dem internationalen Markt erfolgreich. In Italien war es der Autohersteller Fiat, der nach dem Krieg sowohl mit Panzern als auch mit Flugzeugen das Rüstungsgeschäft erfolgreich weiterbetrieb.[41]

Von den Unternehmen, die bereits vor dem Ersten Weltkrieg im Geschäft gewesen waren, gelang es vor allem Vickers und Skoda, in das Geschäft mit Panzerfahrzeugen und Flugzeugen einzusteigen. Vickers-Armstrong kaufte etwa direkt nach der Fusion von 1927 den erfolgreichen Panzerproduzenten Carden Loyd und engagierte dessen Entwickler für den Aufbau einer eigenen Produktpalette. Außerdem war Vickers Ltd., die im Rüstungsgeschäft die Funktion einer Holding und Finanzgesellschaft hatte, nicht nur im Besitz von Vickers-Armstrong, sondern besaß oder kontrollierte einen Großteil der anderen privaten Rüstungsunternehmen in Großbritannien – auch in der Flugzeugindustrie. Vickers Aviation baute den erfolgreichen Torpedo-Bomber Vildebeest oder den schweren Bomber Virginia, die beide zu den wenigen Typen dieser Jahre gehörten, die in Serie gingen.[42] Skoda hatte bereits Anfang der 1920er Jahre in die Entwicklung eines leichten Panzers investiert. In der zweiten Hälfte baute die Firmenleitung die Sparte erfolgreich aus. Zur gleichen Zeit erwarb man Lizenzen bei französischen Flugzeugbauern und begann mit dem Ausbau des Subunternehmens Avia.[43] Doch obwohl nicht alle Rüstungsunternehmen der Vorkriegszeit in die Produktion neuer Waffen und Waffensysteme einstiegen, so boten sich ihnen doch in dieser Sparte wichtige Investitionsmöglichkeiten. Der US-amerikanische Chemiekonzern und Sprengstoffhersteller DuPont etwa investierte in großem Stil in General Motors, das ab 1928 in das Geschäft mit Flugzeugmotoren einstieg.[44]

Zahlen, die Aufschluss über den Umfang des internationalen Handels mit diesen neuen Waffensystemen geben könnten, sind rar und nicht einheitlich. Im Jahrbuch des Völkerbundes wurden sie nicht erfasst. Das lag auch daran, dass die Grenzen zwischen zivilen und militärischen Produkten fließend waren. In den

41 Vgl. Grant: Between Disarmament and Depression, S. 110–131; Edgerton: England and the Aeroplane.

42 Vgl. Stone: International Traffic in Arms and Ammunition, S. 133 f.; Edgerton: Warfare State, S. 42–45.

43 Vgl. Grant: Between Disarmament and Depression, S. 114–118.

44 Vgl. Stocking: The Du Pont-General Motors Case.

1920er Jahren machte bei manchen Flugzeugtypen nur die Montage eines MGs den Unterschied zwischen einem Post- und einem Kampfflugzeug, und Panzerhersteller wie die schwedische Bofors waren nicht zufällig gleichzeitig auch Traktorproduzenten. Eine Vorstellung von den Handelsvolumina können die Flugzeug-Exporte britischer Unternehmen geben, die bis Mitte der 1930er Jahre weltweit führend waren und deren Produkte in erster Linie militärischen Charakter hatten. In den Jahren zwischen 1924 und 1933 exportierten sie recht konstant Flugzeuge, Motoren und Ersatzteile im Wert zwischen 5 und 9,7 Millionen Dollar. 1930 entsprachen diese Exporte mit 9,7 Millionen Dollar genau dem Volumen des Geschäfts, das Vickers-Armstrong im Ausland machte.[45] Französische Unternehmen, die insbesondere in Osteuropa erfolgreich waren, lagen – zumindest was die Stückzahlen betraf – fast gleichauf mit britischen Flugzeugexporten.[46]

Das Innovationspotenzial der Branche war in der Zwischenkriegszeit enorm – das zeigte sich in allen Waffengattungen. Im Flugzeugbau setzte sich während dieses Zeitraums die Ganzmetallbauweise durch. Die hölzernen Doppeldecker des Jahres 1918 waren in den 1930er Jahren bereits hoffnungslos veraltet und nicht zu vergleichen mit den Kampfflugzeugen der neuen Generation, die mit leistungsstarken Motoren ausgerüstet waren und Geschwindigkeiten im mittleren dreistelligen Bereich erreichten. Flugzeuge veränderten auch die Seekriegsführung und boten der an Bedeutung verlierenden Kriegsschiffproduktion Auswege: Infolge der Washingtoner Konferenz von 1922 wurden Schlachtschiffe zu Flugzeugträgern umfunktioniert und ab Mitte der 1920er Jahre gaben vor allem die US-amerikanische, die japanische und britische Regierung völlig neu konzipierte Flugzeugträger in Auftrag.[47] Ingenieuren gelang es, verschiedene Waffen und Waffensysteme miteinander zu kombinieren. Für kleinere Schiffe entwickelten sie Katapulte als Starthilfe für Flugzeuge, mit deren Hilfe Torpedos – eine der entscheidenden Neuerungen der Vorkriegszeit – besser in Stellung gebracht werden konnten. Die

45 Vgl. Royal Commission: Minutes of Evidence, S. 280 und 420; Edgerton: England and the Aeroplane, S. 18–35. Über die Exportlizenzen der Regierung erschließt sich der Umfang der Kriegsflugzeugexporte nicht, da diese nur bewaffnet lizenzpflichtig waren (vgl. Atwater: British Control, S. 311; Picton Bagge, Department of Overseas Trade, to O.S. O'Malley, Foreign Office, 31.1.1931, in: TNA, FO 371, 15628). Es scheint gängige Praxis gewesen zu sein, dass Kriegsflugzeuge lizenzfrei exportiert und erst im Ausland mit Waffen bestückt wurden. So vergab die Regierung in den Jahren 1929 und 1931 keine Lizenzen für Kriegsflugzeuge, 1930 waren Lizenzen für Exporte im Wert von 91.000 Pfund erteilt worden (Vgl. Schedule of licences issued for exportation of war material from 1.1.27 to 31.12.31, in: TNA, FO 371, 16348).

46 Vgl. Harkavy: The Arms Trade, S. 61–63; Grant: Between Disarmament and Depression, S. 117–119.

47 Eine hilfreiche und detaillierte Übersicht findet sich unter Timeline for aircraft carrier service, URL: https://en.wikipedia.org/wiki/Timeline_for_aircraft_carrier_service#Between_the_wars.

Militärs begannen sich für Amphibienfahrzeuge zu interessieren. In den 1930er Jahren wurden die langsamen und schwer manövrierbaren Panzer aus dem Weltkrieg durch schnelle, wendige Modelle ersetzt. Wenn man das Niedergangs- und Abrüstungsnarrativ bedient, bekommt man angesichts dieser Entwicklung ein argumentatives Problem. Militärhistoriker haben die waffentechnische Innovation der Zwischenkriegszeit als Paradoxon interpretiert – eine Entwicklung gegen die zähen Widerstände der Abrüstungsbefürworter und konservativen Militärstrategen.[48] Diese Deutung ist nicht nur wenig plausibel, sie mystifiziert zudem, was sich auf dem Gebiet der Waffentechnologie tat. Naheliegender und schlüssiger ist eine andere Interpretation: Rüstungstechnologische Innovation war aus unternehmerischer Sicht lohnenswert.

Das war auch deshalb so, weil die Regierungen der Zwischenkriegszeit der Rüstungsindustrie keineswegs die kalte Schulter zeigten, wie es Unternehmenshistoriker*innen behauptet haben.[49] Die britischen Streitkräfte gaben bereits Mitte der 1920er Jahre ca. 3 Millionen Pfund pro Jahr nur für Entwicklung aus – bei einem Verteidigungshaushalt von 62 Millionen Pfund. Der größte Teil davon – 1,3 Millionen Pfund – ging auf das Konto des Air Ministry, dessen Budget bei 10 Millionen lag. Die private Rüstungsindustrie war in diese Forschungen eingebunden und hatte direkten Zugriff auf die Erkenntnisse. Die Unternehmer wussten das zu schätzen. Der berühmt-berüchtigte Geschäftsmann Sir Basil Zaharoff, der eine zentrale Figur im Vickers-Management war, stiftete am Imperial College einen Lehrstuhl für Luftfahrt.[50] Auch im Deutschen Reich, in Polen, der Sowjetunion, der Tschechoslowakei und in den baltischen Staaten profitierte die Rüstungsindustrie von Investitionen des Staates in R&D – *research and development* –, wie dieses Feld bezeichnet wird.[51]

Rüstungsexporte und der Staat

Das Verhältnis zwischen Regierungen und Rüstungsindustrie war von vielen Faktoren abhängig und deshalb wenig eindeutig. Regierungen verfügten über eine Reihe von Steuerungsinstrumenten, mit denen sie Einfluss auf die Ausfuhr von

---

48 So der einhellige Tenor aller Beiträge in Murray/Millett: Military Innovation in the Interwar Period.

49 Siehe z. B. Davenport-Hines: Vickers' Balkan Conscience; Fearon: The Formative Years; Scott: Vickers; Spear: The Business of Armaments.

50 Vgl. Edgerton: England and the Aeroplane, S. 35–37.

51 Vgl. Budraß: Flugzeugindustrie und Luftrüstung; Grant: Between Disarmament and Depression; Harrison: The Market for Inventions; Stoker: Naval Arms Trade in the Baltic.

Rüstungsgütern nehmen konnten. In der Zwischenkriegszeit führten mehrere Staaten Lizenzsysteme ein, um Rüstungsexporte zu kontrollieren. In Italien hing die Erlaubnis zur Ausfuhr vom Innenministerium ab, in Großbritannien war das Lizenzverfahren komplexer, verschiedene Ministerien wie das Foreign Office, Colonial Office oder die Treasury waren eingebunden. Frankreich weitete in der Zwischenkriegszeit seine Bestimmungen aus dem 19. Jahrhundert aus. Das Außenministerium erhielt Mitspracherechte bei Entscheidungen über Exporte und ab 1918 fielen nicht mehr nur staatlich produzierte Feuerwaffen und Munition unter Ausfuhrbestimmungen, sondern auch die von Privatunternehmen hergestellten Panzerfahrzeuge und Kriegsflugzeuge. In Japan benötigten Unternehmen nicht nur die Erlaubnis der Regierung für Exporte, sondern auch für die Produktion. In den USA gab es bis Mitte der 1930er Jahre kein Lizenzverfahren, doch konnte der Präsident fallbezogen Embargos verhängen – was auch geschah, wenn US-amerikanische Interessen berührt waren. Die Existenz von Lizenzsystemen waren nicht gleichbedeutend mit einer restriktiven Exportpolitik. In Großbritannien beispielsweise war die Lizenzierung in den meisten Fällen eine reine Formalität, die lediglich zwei bis sieben Tage in Anspruch nahm.[52]

Während die Lizenzvergabe vor allem dazu diente, unerwünschte Rüstungstransfers zu verhindern, standen Regierungen auch Instrumente zur Exportförderung zur Verfügung. Es war nicht unüblich, dass sie für Kredite garantierten, die von weniger finanzkräftigen Staaten in Osteuropa und Lateinamerika zur Anschaffung neuer Rüstungsgüter aufgenommen wurden. Auf diese Weise ebneten sie oft überhaupt erst den Weg für die Finanzierung solcher Deals durch Großbanken. Wie wichtig solche Garantien mitunter sein konnten, zeigte sich beispielsweise 1925, als das britische Schiffsbauunternehmen John Brown versuchte, einen Vertrag mit der griechischen Regierung auf den Weg zu bringen. Das Geschäft platzte, als die Treasury aus finanzpolitischen Erwägungen eine Garantie der britischen Regierung verhinderte. Aus Sicht des Finanzministeriums würde der Ausbau der griechischen Flotte eine wirtschaftliche Erholung des bankrotten Landes verhindern und mittelbar britische Gläubiger schädigen. Immer wieder beschwerten sich britische Unternehmen darüber, dass ihnen Nachteile entstünden, da die italienischen, tschechoslowakischen und französischen Regierungen die heimischen Rüs-

52 Eine hilfreiche Übersicht über die Lizenzsysteme findet sich in: Replies to the questionnaire concerning the Private and State Manufacture of Arms and Implements of War, 17.2.1933, in: LNA, Répertoire Général, R 4163, 1387. Zu Großbritannien siehe Packard: Whitehall, Industrial Mobilisation and the Private Manufacture, S. 179–190; Atwater: British Control. Zu den USA siehe Atwater: American Regulation of Arms Exports. Zu Frankreich siehe Clarke: Nationalisation.

tungsunternehmen finanzpolitisch besser unterstützen würden.[53] Neben Krediten gab es diplomatische Interventionsmöglichkeiten. Botschaften und die dort angesiedelten Militärattachés nahmen mitunter eine proaktive Rolle ein. Frankreich beispielsweise hatte aus bündnispolitischen Interessen in allen osteuropäischen Ländern seit 1920 Militärberater stationiert, die auch für die Anbahnung von Rüstungsgeschäften wichtig waren.[54] Und auch die britischen Militärattachés wurden 1926 angewiesen, in Ländern mit freundlich gesinnten Regierungen der britischen Rüstungsindustrie Kontakte zu vermitteln und Informationen zugänglich zu machen.[55]

Es gab eine Reihe von Gründen, die dafürsprachen, die Rüstungsindustrie bei der Erschließung ausländischer Märkte zu unterstützen. In der Tschechoslowakei war die exportstarke Rüstungsindustrie ein wichtiger gesamtwirtschaftlicher Faktor, der sich auch belebend auf andere Branchen auswirkte.[56] In Großbritannien fielen Rüstungsexporte nicht so stark ins Gewicht. Dennoch führten Befürworter von Rüstungsexporten auch hier das Argument ins Feld, dass diese wichtig seien, um eine bessere Handelsbilanz zu erreichen.[57]

Vor allem militärstrategische Gesichtspunkte spielten eine wichtige Rolle. Die Erfahrung des Weltkrieges hatte gezeigt, dass die industrielle Mobilisierung in künftigen Kriegen eine zentrale Rolle spielen würde. Die Fähigkeit, einen Krieg zu gewinnen, hing entscheidend davon ab, wie schnell es gelang, die Produktion auf die Bedürfnisse der Kriegswirtschaft umzustellen, und wie lange die Kriegsproduktion aufrechterhalten werden konnte. Rüstungsgüter auf Vorrat zu produzieren erschien hingegen angesichts eines raschen technologischen Wandels nur noch von begrenzter Bedeutung zu sein. Zudem hatten die kriegführenden Staaten während des Ersten Weltkriegs die Erfahrung gemacht, dass der hohe Bedarf an Munition in modernen Kriegen es logistisch fast unmöglich machte, ausreichende Reserven zu produzieren. Diese Entwicklung erhöhte die Relevanz der privaten Rüstungsindustrie. Militärs in Frankreich, Italien, Großbritannien und den USA begannen in der Zwischenkriegszeit – wenn auch zögerlich –, der industriellen Mobilisierung einen größeren Stellenwert einzuräumen und private Unternehmen in ihre Planungen

53 Vgl. Packard: Whitehall, Industrial Mobilisation and the Private Manufacture S. 201–211; Grant: Between Disarmament and Depression, S. 62–64. Studien, die auf der Grundlage von Unternehmensarchiven verfasst wurden, stellen deshalb das Verhältnis zwischen Regierung und Unternehmen als äußerst distanziert dar, siehe bspw. Spear: The Business of Armaments.

54 Vgl. Grant: Between Disarmament and Depression, S. 58.

55 Vgl. Foreign Office to Military Attachés, 14.1.1926, in: TNA, FO 371, 11040.

56 Vgl. Skrivan: On the Nature and Role of Arms Production.

57 Z.B. Draft Memorandum on Proposed Extension of the Export Credits Guarantee Scheme to cover War Materials, Dezember 1931, in: TNA, FO 371, 15628

einzubeziehen.[58] Vor diesem Hintergrund spielten auch Exporte eine Rolle. Sie waren wichtig, um höhere Produktionskapazitäten vorzuhalten, die im Kriegsfall für die eigene Mobilisierung parat standen.[59]

Insbesondere die faschistische Regierung Mussolinis integrierte Rüstungsexporte systematisch in ihre Pläne für eine industrielle Mobilisierung. Es war ihr erklärtes Ziel, auch im Kriegsfall nicht auf Importe angewiesen zu sein. Deshalb – so die in der Praxis nie annähernd eingelöste Idealvorstellung – sollte die gesamte Industrie selbst in Friedenszeiten so organisiert sein, dass sie jederzeit innerhalb kürzester Zeit auf Kriegsbedingungen umstellen konnte. Dabei setzte die Regierung bei allen Waffentypen in erster Linie auf private Unternehmen, die allerdings einer strikten staatlichen Kontrolle unterworfen waren. Jede Fabrik, die der Herstellung von Waffen diente, benötigte vor Inbetriebnahme die Genehmigung der italienischen Mobilisierungsbehörde. Die Kehrseite dieser weitgehenden staatlichen Kontrolle waren massive staatliche Subventionen zur Aufrechterhaltung der Rüstungsindustrie.[60] Von solchen Subventionen profitierten die Unternehmen auch beim Export, wo sie Dumpingpreise anbieten konnten. Darüber hinaus subventionierte Rom den Export von Kriegsschiffen mitunter direkt und übernahm darüber hinaus die Garantie für Kredite. Diese Politik führte dazu, dass italienische Werften weltweit immer mehr Aufträge an Land ziehen konnten.[61] Anfang der 1930er lagen sie bei den weltweiten Kriegsschiff- und U-Boot-Exporten direkt hinter der britischen Konkurrenz auf Platz zwei. Und die Hälfte der weltweiten Patrouillenboot-Exporte ging auf ihr Konto.[62]

Auch die Reichsregierung integrierte Rüstungsexporte in ihre Mobilisierungspläne. Im März 1935 erklärte sie mit der Verkündung der deutschen „Wehrhoheit"

58 Vgl. Gordon: British Seapower; Miller: Planning and Profits; Packard: Whitehall, Industrial Mobilisation and the Private Manufacture, S. 72–110 (Großbritannien); Koistinen: Planning War, Pursuing Peace, S. 42–71 (USA); De Gaulle: Mobilisation Économique (zeitgenössische Analyse, vor allem interessant mit Blick auf Italien); Kolodziej: Making and Marketing Arms, S. 18–20 (Frankreich); Draft Memorandum on the Armament Industry and Industrial Mobilisation in Foreign Countries, o. D. [Mai 1935], in: TNA, FO 371, 19583 (hilfreicher zeitgenössischer Gesamtüberblick des britischen Foreign Office, vor allem mit Blick auf Frankreich).

59 Dieses Argument spielte beispielsweise in britischen Debatten eine zentrale Rolle, vgl. Statements of Evidence submitted by Colonel Sir M.P. A. Hankey, in: Royal Commission: Minutes of Evidence, S. 606–633, hier S. 615–618; Barnes, Admirality, to Dodds, Foreign Office, 6.4.1932, in: TNA, FO 371, 16348. Siehe auch Spear: The Business of Armaments, S. 155–157.

60 Draft Memorandum on the Armament Industry and Industrial Mobilisation in Foreign Countries, o. D. [Mai 1935], in: TNA, FO 371, 19583.

61 Vgl. Grant: Between Disarmament and Depression, S. 154 f.; Barlas/Güvenç: To Build a Navy; Memorandum Department of Overseas Trade, 4.10.1930, Appendix, S. 5–8, in: TNA, FO 371, 14890.

62 Vgl. Harkavy: The Arms Trade, S. 70–76.

öffentlich, sich nicht mehr an die Bestimmungen des Versailler Vertrags halten zu wollen. Davon war auch das Waffenausfuhrverbot betroffen. Obwohl der inländische Bedarf an Waffen groß war, ging das Reichswehrministerium davon aus, dass die Wehrmacht „mit eigenen Aufträgen auf die Dauer die Rüstungsindustrie nicht so leistungsfähig erhalten" könne, „wie es für den Kriegsfall nötig" sei. Auslandsaufträge seien deshalb „sehr erwünscht", man müsse auf die breite Nachfrage insbesondere in Südamerika reagieren.[63] Die in der Reichsgruppe Industrie organisierten Unternehmen gründeten daraufhin im August 1935 in enger Absprache mit der Regierung die Ausfuhrgemeinschaft für Kriegsgerät, die Exporte fördern, aber auch prüfen sollte. Der Ausfuhrgemeinschaft waren Vertreter des Reichswehrministeriums, des Auswärtigen Amts und des Reichswirtschaftsministeriums als Beiräte beigeordnet, um politische Interessen bei der Erteilung von Exportlizenzen geltend zu machen.[64] Diese Weichenstellung zeitigte schnelle Folgen: Bereits 1937 rückte das Deutsche Reich auf den zweiten Platz der Waffenhandelsstatistiken des Völkerbundes vor, gleich hinter Großbritannien; vierzehn Prozent des weltweiten Handels gingen auf das Konto deutscher Unternehmen. Allerdings erwiesen sich Rüstungsexporte als ambivalentes Instrument zur Abstützung der eigenen Kriegsmobilisierung. Zwar brachten sie Devisen ein und trugen so dazu bei, die Handelsbilanz mit Rohstoff liefernden Staaten in Südamerika und Asien halbwegs auszugleichen. Sie entwickelten sich somit zu einem Mittel, das in der Finanzierung der Aufrüstung eine Rolle spielte. Gleichzeitig kam es regelmäßig zu Konflikten zwischen Regierung und Unternehmen über den Export von Rüstungsgütern, die die Wehrmacht für eigene Zwecke beanspruchte.[65]

Bündnispolitik war ein weiterer Gesichtspunkt, der die Exportpolitik der Regierungen prägte. Direkt nach dem Krieg bildeten die Tschechoslowakei, Jugoslawien und Rumänien die Kleine Entente mit dem Ziel, ungarische, italienische und bulgarische Territorialansprüche abzuwehren. Die Regierung in Prag nutzte ihren rüstungsindustriellen Vorsprung, um die Bündnispartner an sich zu binden. Waffenlieferungen an Jugoslawien und Rumänien sollten militärische und wirtschaftliche Abhängigkeiten schaffen. Deshalb finanzierte die Regierung großzügig Rüstungsexporte in die Nachbarstaaten.[66] Bündnispolitische Überlegungen waren es auch, die die französische Regierung veranlassten, Exporte nach Osteuropa zu

---

63 Niederschrift über die Besprechung am 11.7.1935 im Reichskriegsministerium, in: PA AA, RZ 206, 30022.

64 Aufzeichnung Schwendemann, 12.8.1935; Reichsgruppe Industrie an das Reichswirtschaftsministerium, 16.8.1935; Aufbau und vorläufige Verfahrensordnung der Ausfuhr-Gemeinschaft für Kriegsgerät, o.D., alle in: PA AA, RZ 206, 30022.

65 Vgl. Boelcke: Deutschland als Welthandelsmacht, S. 69–122.

66 Vgl. Grant: Between Disarmament and Depression, S. 32; Wandycz: The Little Entente, S. 554.

fördern. Bis 1917 war Russland der unangefochtene Bündnispartner im Osten gewesen, um bei einem Krieg mit Deutschland den Kriegsgegner vom Osten her einhegen zu können. Nach dem Krieg fürchtete man in Paris, dass die Sowjetunion mit Deutschland gemeinsame Sache machen und beide Ostmitteleuropa unter sich aufteilen könnten. Entsprechend wurden Polen und die Kleine Entente wichtige Bündnispartner. Sie mit Waffen zu versorgen war ein fester Bestandteil der französischen Verteidigungsstrategie – was nicht heißt, dass die privaten Rüstungsunternehmen Regierungsinteressen eins zu eins umsetzten. Schneider Creusot verfolgte eine eigene Geschäftsstrategie im Osten, die mal im Einklang, dann wieder im Spannungsverhältnis zu französischen Sicherheitsinteressen stand. Und schließlich hing die Expansion von Vickers Ltd. in Osteuropa in den 1930er Jahren damit zusammen, dass die britische Regierung dort ein Gegengewicht zur deutschen Aufrüstung schaffen wollte und deshalb verstärkt unterstützend tätig wurde.[67]

Gleichzeitig konnten Rüstungsexporte auch zu einem Problem werden. Das galt nicht nur für die Kolonien und die imperialen Einflusssphären am Golf, wo die europäischen Imperien während der Zwischenkriegszeit auf der Grundlage der Konventionen von 1919 und 1925 ein effektives Kontrollsystem aufrechterhielten und ausbauten.[68] China war in den 1920er Jahren ein äußerst umstrittener Waffenmarkt. Seit dem Untergang der Qing-Dynastie 1912 kämpften im Reich der Mitte verschiedene Fraktionen um die Vorherrschaft. Auf diese Weise war ein beträchtlicher Absatzmarkt für militärische Güter entstanden. Die Imperialmächte Japan, Großbritannien und die USA versuchten in dieser Situation ihren Einfluss zu wahren, den sie seit dem 19. Jahrhundert ausübten. Japan war es im Zuge des Ersten Weltkriegs nicht nur gelungen, die eigenen Territorien in der Mandschurei auszuweiten, sondern auch den mächtigen chinesischen General und Politiker Duan Qirui als Verbündeten zu gewinnen, der bis 1918 wiederholt Premierminister der jungen Republik China war und von 1924 bis 1926 als provisorischer Präsident fungierte. Die USA und Großbritannien nahmen den japanischen Einfluss als Bedrohung für die eigene imperiale Stellung in China war. In einem Waffenembargo sahen sie eine Chance, Duan Qiruis Truppen den Zugang zu Rüstungsgütern zu erschweren. Obwohl China eigentlich ein Absatzmarkt für europäische Rüstungsgüter zu sein versprach, setzten sie ein internationales Embargo durch, das bis 1929 Bestand hatte. Selbst danach regulierten die Westmächte ihre Rüstungsexporte nach China stark, was freilich nicht bedeutete, dass nicht mitunter auch lukrative Deals zuge-

67 Vgl. Grant: Between Disarmament and Depression; Hovi: Security before Disarmament; Thomas: To Arm an Ally.

68 Siehe Kapitel 2.3.

lassen wurden.[69] Mit Blick auf die Sowjetunion, die in westlichen Ländern als neue Bedrohung auf der weltpolitischen Bühne ausgemacht wurde, gab es zwar kein multilaterales Embargo, doch manche Regierungen wie die britischen Konservativen der 1920er Jahre erteilten keine Ausfuhrgenehmigungen.[70]

Abrüstungspolitik

Neben solchen machtpolitischen Erwägungen wirkten sich die sogenannten Abrüstungsverträge und -verhandlungen der Zwischenkriegszeit immer wieder hemmend auf die Bereitschaft von Regierungen aus, Exportlizenzen zu erteilen. Die Washingtoner Flottenkonferenz war sicherlich einer der großen diplomatischen Erfolge dieser Zeit. Das Ergebnis ermöglichte es den verbliebenen Großmächten, einen Wettlauf beim Bau großer Schlachtschiffe zu verhindern und Haushaltsmittel anderweitig einzusetzen. Doch das Abkommen barg auch Gefahren. Regierungen der Unterzeichnerstaaten hätten überschüssige Schiffe verkaufen und so ein Aufrüsten der Nicht-Unterzeichner auslösen können. Um das zu verhindern, beinhaltete das Flottenabkommen ein Weiterverkaufsverbot gebrauchter Schiffe. Als die neugegründeten baltischen Staaten Anfragen zum Kauf gebrauchter Schiffe an Großbritannien und Frankreich richteten, stand diese Bestimmung dem Geschäft im Weg. London und Paris lehnten die Anfragen ab.[71]

Dennoch: die Verabschiedung und Umsetzung völkerrechtlicher Verträge, die Rüstung begrenzten und einer Kontrolle unterwarfen, war nicht das dominierende Strukturmerkmal der Zwischenkriegszeit. Das zeigt auch ein Blick auf die beiden Konventionsprojekte, die die Abrüstungskommission des Völkerbundes mit Blick auf das internationale Geschäft der Rüstungsindustrie angestoßen hatte. Um 1930 war die Situation mit Blick auf die völkerrechtliche Kontrolle des Waffenhandels festgefahren. Die recht bescheidene Genfer Waffenhandelskonvention, die neben den Restriktionen für bestimmte imperiale Einflusszonen lediglich eine Veröffentlichungspflicht definierte und Regierungen zu den einzig legitimen Empfängern von Kriegswaffen erklärte, schien dasselbe Schicksal zu erleiden wie die vorangegangene Konvention aus dem Jahr 1919. Von den für ein Inkrafttreten notwendigen vierzehn Ratifizierungen war man Ende der 1920er Jahre weit entfernt. Bis 1928

---

69 Vgl. Valone: A Policy Calculated to Benefit China; Chan: Arming the Chinese: Richardson-Little: Arms Intervention.

70 Vgl. Packard: Whitehall, Industrial Mobilisation and the Private Manufacture, S. 183.

71 Vgl. Stoker: Naval Arms Trade, S. 51–64.

hatten lediglich Frankreich, China, Venezuela und Liberia ratifiziert.[72] Entscheidend für einen Erfolg der Konvention waren allerdings die rüstungsproduzierenden Staaten. In den USA hatte der Vertrag keine signifikante Lobby. Das State Department wollte – sehr zur Freude der Rüstungsindustrie – freie Hand behalten, jene Akteure mit Waffen zu beliefern, die man für unterstützenswürdig hielt. Eine Gesetzesinitiative, die eine Ratifikation ermöglicht hätte, scheiterte 1928 im Kongress.[73] Das britische Foreign Office beobachtete die anderen rüstungsproduzierenden Staaten sehr genau und kam bereits 1926 zu dem Schluss, dass eine Ratifizierung durch Italien und die USA unwahrscheinlich sei. Solange sich daran nichts ändere, werde man selber auch nicht ratifizieren, da sonst der eigenen Rüstungsindustrie Nachteile enstehen könnten.[74] Das hinderte die britischen Kolonialbehörden allerdings nicht daran, sich auf die Konvention zu berufen, um im Persischen Golf heimische Schiffe auf offener See zu durchsuchen.[75]

Erst nach Antritt der Labour-Regierung im Jahr 1929 unterzog das Außenministerium die Frage der Ratifikation einer Neuevaluation. Außenminister Arthur Henderson war anders als seine Vorgänger ein überzeugter Verfechter von Abrüstungsmaßnahmen.[76] Er machte den Labour-Abgeordneten und gläubigen Quäker Philipp Noel-Baker zu seinem Privatsekretär. Noel-Baker hatte bereits als Robert Cecils Mitarbeiter an den Pariser Verhandlungen teilgenommen und war zwischen 1922 und 1924 Mitglied der britischen Delegation in Genf gewesen. Er verfügte über detaillierte Kenntnisse über die internationalen Abrüstungsbemühungen und hatte einschlägig publiziert.[77] Auf seine Initiative hin ratifizierte die britische Regierung schließlich die Konvention – allerdings unter dem Vorbehalt, dass die Ratifizierung erst dann effektiv werde, wenn auch Österreich, Belgien, die Tschechoslowakei, Deutschland, Italien, Japan, Spanien, Schweden und die USA ratifiziert hätten.[78] Dieses Beispiel machte Schule. Frankreich fügte seiner Ratifizierung nun auch denselben Vorbehalt hinzu; Polen, Schweden und Australien taten es Großbritannien gleich.[79] Von den sechs Staaten, die bis Anfang 1931 die Konvention vorbehaltlos ratifiziert hatten – China, Ägypten, Liberia, die Niederlande, Spanien und

72 Vgl. Ratification des Accords et des Conventions conclus sous les auspices de la Société des nations, 29.2.1928, S. 19, in: PA AA, RZ 206, 32131.

73 Vgl. Kapitel 3.4.

74 R.H. Campbell, Foreign Office, to Board of Trade. 3.11.1926, in: TNA, FO 371, 11809.

75 Vgl. Kap. 2.3.

76 Vgl. Kitching: Britain and the Geneva Disarmament Conference, S. 48 f.

77 Vgl. Noel-Baker: Disarmament.

78 Vgl. Note Noel Baker, 16.1.1930; Howard Smith, Foreign Office, to Lord Tyrrell, Embassy Paris, 27.2.1930, beide in: TNA, FO 371, 14890.

79 Siehe Unterlagen in: TNA, FO 371, 15628.

Venezuela –, war kein einziger ein bedeutender Rüstungsexporteur. Die Angst der industrialisierten Staaten, die heimische Rüstungsindustrie könne Marktanteile an die Konkurrenz verlieren, bremste den Ratifizierungsprozess aus und verhinderte das Inkrafttreten der Konvention.[80]

Doch auch unter den nichtproduzierenden Staaten gab es Widerstand gegen die Ratifizierung der Waffenhandelskonvention, die die Offenlegung aller Im- und Exporte von Kriegswaffen forderte und somit die Bewaffnung von Staaten ohne Rüstungsindustrie sichtbar machte. Gustavo Guerrero, der salvadorianische Delegierte in Europa, der als Vizepräsident der Waffenhandelskonferenz die Verhandlungen maßgeblich geprägt hatte, nutzte die Sitzungen des Abrüstungskomitees der Völkerbundversammlung und die Generalversammlung regelmäßig, um als Gegengewicht eine Rüstungsproduktionskonvention zu fordern. Diese sollte dafür sorgen, die Bewaffnung von Staaten mit eigener Rüstungsindustrie transparenter zu machen. Erst mit der Unterzeichnung einer solchen Konvention werde auch die Bereitschaft wachsen, die Waffenhandelskonvention zu unterzeichnen. Andere nichtproduzierende Staaten wie Albanien, die im Abrüstungskomitee vertreten waren, pflichteten ihm bei.[81]

Die Verhandlungen über die Rüstungsproduktionskonvention machten allerdings keine Fortschritte. Seit 1926 arbeiteten verschiedene Kommissionen beim Völkerbund an einem Konventionsentwurf, der als Grundlage einer Konferenz dienen sollte. Das Ziel war vergleichsweise moderat; ein Verbot privater Rüstungsproduktion war längst vom Tisch. Stattdessen sollte ähnlich wie mit Blick auf den Waffenhandel eine völkerrechtlich verbindliche Veröffentlichungspflicht für die Produktion von Rüstungsgütern und ein einheitliches Lizenzsystem geschaffen werden. Doch Anfang der 1930er Jahre lag immer noch kein Vorschlag vor, der als Verhandlungsgrundlage für eine Konferenz hätte dienen können. Grund dafür war in erster Linie ein Streit zwischen Großbritannien und Frankreich. Großbritannien bestand darauf, dass private und staatliche Rüstungsproduktion gleichbehandelt werden müssten und grundsätzlich nur Informationen über den Wert der produzierten Güter preisgegeben werden dürften. Frankreich hingegen hielt daran fest, dass ausschließlich für private Unternehmen, nicht aber für staatliche eine weitergehende Veröffentlichungspflicht zu gelten habe. Die französische Position wurde nach wie vor von dem Anliegen bestimmt, mehr Licht in die Aufrüstungsbemühungen des Deutschen Reiches zu bringen, hinter denen man vor allem pri-

80 Siehe Vorgänge in TNA, FO 371, 13327, 14890 und 15628.

81 Records of the Ninth Ordinary Session of the Assembly, Meetings of the Committees, Minutes of the Third Committee. Geneva 1928, S. 13 f.; Records of the Ninth Ordinary Session of the Assembly, Plenary Meetings. Geneva 1929, S. 61 f.

vate Unternehmen wie Krupp vermutete.[82] Doch die britische Regierung, die ohnehin wenig Verständnis für die Sicherheitsinteressen der französischen Regierung zeigte, blieb unbeeindruckt. Für sie zählte, die eigene Rüstungsindustrie vor der Preisgabe zu detaillierter Informationen über Bestellungen und Geschäfte zu schützen.[83] Auch in diesem Fall stand somit die Sorge um die eigene Rüstungsindustrie selbst bescheidenen Regulierungsbemühungen im Weg.

Die Erfahrung der Rüstungsindustrie in der Zwischenkriegszeit lässt sich weder auf Abrüstung noch auf die Wirtschaftskrise reduzieren, wie der Titel Jonathan Grants Studie über den Waffenhandel „Between Disarmament and Depression" nahelegt. Die zeitgenössischen Kritiker*innen der Rüstungsindustrie zeichneten sicherlich in mancherlei Hinsicht ein vereinfachendes Bild der internationalen Verflechtungen zwischen Unternehmen, überschätzten die Einflussmöglichkeiten privater Geschäftsleute auf Entscheidungen von Regierungen oder übergingen die tatsächlich vorhandenen wirtschaftlichen Probleme der Branche. Doch in mancherlei Hinsicht waren ihre Analysen zutreffender als das Niedergangsnarrativ derjenigen, die nach 1939 auf die Zwischenkriegszeit zurückblickten. Was sie unterschied, war die Perspektive. Sie beurteilten die Entwicklung der Rüstungsindustrie und des internationalen Waffenhandels nicht von der Erfahrung des Zweiten Weltkriegs und des Kalten Kriegs aus, sondern ihr Ausgangspunkt war der Erste Weltkrieg, dessen Wiederholung sie um jeden Preis verhindern wollten. Unter diesem Blickwinkel musste die Entwicklung des Rüstungsgeschäfts seit Mitte der 1920er Jahre bedrohlich erscheinen: Trotz der weltweiten Wirtschaftskrise blieben die Rüstungsausgaben der meisten Staaten hoch, Rüstungsunternehmen konnten auch weiterhin Gewinne machen und unaufhaltsam die Entwicklung neuer Waffentechnologien vorantreiben – eine Entwicklung die durch das Erstarken des Faschismus noch weiter befeuert wurde.

4.2 Weiblichkeit und Abrüstung

Die festgefahrenen Verhandlungen über die Rüstungsproduktionskonvention und der stockende Ratifizierungsprozess der Waffenhandelskonvention spielten bis zur Jahrzehntwende keine Rolle in öffentlichen Abrüstungsdebatten – von einigen Parlamentsanfragen und Zeitungsberichten einmal abgesehen. Auch der Waffenhandel selbst erfuhr während seines kontinuierlichen Wachstums in der zweiten Hälfte der 1920er Jahre kaum öffentliche Aufmerksamkeit. Doch Anfang der 1930er

82 Clarke: Land Armament.
83 Siehe Vorgänge in LNA, Répertoire Général, R 2378–2381.

Jahre begann sich das Blatt zu wenden. Die internationalen Geschäfte der Rüstungsindustrie rückten bis 1935 immer stärker in den Mittelpunkt einer Abrüstungsdebatte, die vor allem in den nordatlantischen Gesellschaften auf breite Resonanz stieß und Bewegung in die völkerrechtliche Regulierung des Waffenhandels brachte. Eine Schlüsselrolle in dieser Entwicklung spielte die internationale Frauenbewegung – insbesondere die Internationale Frauenliga für Frieden und Freiheit. Sowohl ihre Forderung, bei der Ausgestaltung internationaler Politik gehört zu werden, als auch ihre Kritik an staatlicher Rüstungspolitik und privaten Rüstungsunternehmen gründete sie dabei auf ein spezifisches Verständnis von Weiblichkeit. Wenn hier deshalb im Anschluss an neuere Forschungen, die Friedenspolitik unter geschlechterspezifischen Fragestellungen untersuchen,[84] das Verhältnis von Geschlecht und Abrüstungspolitik in den Blick genommen wird, dann geschieht das nicht, um das Narrativ von Frauen als dem Geschlecht, das dem Frieden besonders zugetanen sei, wiederzubeleben.[85] Im Zentrum steht vielmehr die Frage, welche Funktion Geschlechterkonstruktionen in Debatten über internationale Politik in der Zwischenkriegszeit zukam und was solche Konstruktionen für die Auseinandersetzung mit dem Waffenhandel bedeuteten.

Die 1915 gegründete Frauenliga ging aus der Suffragetten-Bewegung hervor. Viele der Gründungsmitglieder hatten bereits seit Jahren für ein Frauenwahlrecht gekämpft. Sie hatten Erfahrung im Aufbau von Organisationen und in der Mobilisierung von Kampagnen. Bis zum Beginn des Ersten Weltkriegs konnten sie bereits zahlreiche Erfolge verbuchen. In Australien, Neuseeland und Finnland hatten Frauenbewegungen bereits das Wahlrecht erkämpft. Hinzu kamen Siege auf regionaler und lokaler Ebene, so etwa im US-Bundesstaat Colorado. Der Ausbruch des Ersten Weltkriegs zögerte einerseits weitere Durchbrüche hinaus. Andererseits verlieh die Rolle, die Frauen im Zuge der einsetzenden Kriegsmobilisierung spielten, den Forderungen der Suffragetten in den kriegführenden Ländern besondere Resonanz. Zwischen 1917 und 1920 führten Kanada, Großbritannien, Österreich, Deutschland und die USA das Frauenwahlrecht ein – wenn auch noch mit einigen Einschränkungen.[86]

Im Zuge ihrer Partizipationskämpfe hatten sich die Frauenorganisationen international vernetzt und grenzübergreifende Strukturen aufgebaut. Dabei gab es durchaus Unterschiede in der Art, wie die verschiedenen Organisationen ihre

84 Vgl. Ashworth: Women of the Twenty Year's Crisis; Gottlieb/Johnston (Hg.): Gendering Peace in Europe; Hellawell: Antimilitarism, Citizenship and Motherhood.

85 Für eine Analyse dieses Narrativs siehe Kemper: Männlicher Krieg und weiblicher Frieden?

86 Vgl. Daley/Nolan: Suffrage and Beyond; Richter/Wolff: Frauenwahlrecht. Zur Fortsetzung dieses Engagements in anderen Kampagnen siehe die Beiträge in Gottlieb: Feminism and Feminists after Suffrage.

Forderung nach Partizipation begründeten. Während die International Women's Suffrage Alliance beispielsweise die Gleichheit der Geschlechter zur Grundlage ihrer Argumentation machte, betonten andere Organisationen wie die International Council of Women Geschlechterunterschiede. Gerade aufgrund der Unterschiede zwischen Frauen und Männern sei es notwendig, dass beide an politischen Prozessen partizipierten. Nur so sei es möglich, die unterschiedlichen Fähigkeiten und Bedürfnisse bei der Erarbeitung politischer Lösungen zu berücksichtigen.[87] Es war diese letztere Begründungsstruktur, die in den folgenden Jahren den Aktivismus der Friedensbewegung prägen sollte.

Feministischer Friedensaktivismus

Aus diesen Debatten, Strukturen und Netzwerken ging die Internationale Frauenliga für Frieden und Gerechtigkeit hervor. 1915 luden deutsche und niederländische Frauenaktivistinnen ihre Mitstreiterinnen aus anderen Ländern zu einem internationalen Friedenskongress nach Den Haag ein. Dort sollten Vorschläge für einen Verständigungsfrieden und für eine Nachkriegsordnung diskutiert und erarbeitet werden. Über tausend Frauen aus insgesamt zwölf vornehmlich nordatlantischen Staaten – unter anderem den USA, England, Italien, Schweden, Norwegen und Ungarn – nahmen teil, obwohl die Reisemöglichkeiten aufgrund des Krieges eingeschränkt waren.[88] Die in Den Haag versammelten Delegierten gründeten den Internationalen Ausschuss für dauernden Frieden, der auf dem 1919 in Zürich stattfindenden Folgekongress in Internationale Frauenliga für Frieden und Freiheit umbenannt wurde. In ihren 1915 und 1919 verabschiedeten Resolutionen griffen die Gründerinnen der Frauenliga zentrale Forderungen der nordatlantischen Friedensbewegung auf, die insbesondere im liberalen Bürgertum verankert war und die ihre Agenda während der gesamten Zwischenkriegszeit prägten. Unter anderem forderten sie einen Frieden ohne Annektionen, einen Gerichtshof zur Schlichtung internationaler Konflikte, eine demokratische Kontrolle der Außenpolitik, allgemeine Abrüstung und eine internationale Organisation zur Förderung zwischenstaatlicher Kooperation.[89]

---

87 Vgl. Baader-Zaar: Das Frauenwahlrecht; Sluga: Women, Feminisms, and Twentieth-Century Internationalism, S. 61–68.

88 Für eine ausführliche Schilderung des Kongresses siehe Wilmers: Pazifismus in der internationalen Frauenbewegung, S. 35–55.

89 Vgl. Towards Permanent Peace, S. 6–10; Rapport du Congrès International de Femmes, Zurich 1919, S. 241–385. Hellawell: Antimilitarism, Citizenship and Motherhood.

Die Gründung der Frauenliga mit ihrer strikt internationalistischen Agenda markierte einen Bruch innerhalb der Frauenbewegung. Zahlreiche Frauenrechtsaktivistinnen in den kriegführenden Staaten sahen ihre Aufgabe nicht darin, mit Frauen aus befeindeten Staaten Friedensmöglichkeiten auszuloten. Vielmehr waren sie der Überzeugung, dass ihrem Anliegen besser gedient sei, indem sie die Bedeutung von Frauen für die Landesverteidigung unter Beweis stellten.[90] Von dieser Position grenzten sich die Mitglieder der Frauenliga ab. Unter Verweis auf die geschlechterspezifische Gewalt gegen Frauen in Kriegssituationen erklärten sie: „This International Congress of Women opposes the assumption that women can be protected under the conditions of modern warfare." Statt die Beteiligung an der Kriegsmobilisierung zu einem Vehikel des Partizipationskampfes zu machen, konstruierten sie einen Gegensatz zwischen beidem: „Since the combined influence of the women of all countries is one of the strongest forces for the prevention of war, and since women can only have full responsibility and effective influence when they have equal political rights with men, this International Congress of Women demands their political enfranchisement."[91]

Auf diese Weise verknüpfte die Frauenliga den Einsatz für ein Wahlrecht mit einer dezidiert pazifistischen Agenda. Ihrem Engagement lag die Auffassung zugrunde, dass Frauen aufgrund ihres Geschlechts eine spezifisch friedenserhaltende beziehungsweise friedensfördernde Rolle in Gesellschaften zukam. Dieses Rollenverständnis sollte die Arbeit der Organisation auch in den folgenden Jahren prägen. Dabei zeigte sich der ambivalente Charakter traditioneller Geschlechterbilder. Während für Frauen der Arbeiter*innenklasse die Vorstellung von Frauen als Müttern eine starke zusätzliche Belastung darstellte und ihre Handlungsspielräume einschränkte, nutzten die größtenteils bürgerlichen Frauen der Liga den maternalistischen Diskurs, um sich gesellschaftliche und politische Partizipation zu erkämpfen. Als Frauen sei es ihre Aufgabe, Leben zu geben und zu erhalten. Das mache sie zu einem wichtigen Gegengewicht zu Männern, die aufgrund ihres Geschlechts aggressiver seien und ökonomisches Denken in den Vordergrund stellten.[92]

Solche Geschlechtervorstellungen dienten nicht nur der Selbstermächtigung, sondern auch der Konstruktion einer transnationalen Identität,[93] die essenziell war,

---

90 Vgl. Vellacott: Pacifists, Patriots and the Vote; Wilmers: Pazifismus in der internationalen Frauenbewegung, S. 105–219; Gottlieb/Szapor/Lintunen/Wernitznig: Suffrage and Nationalism.

91 Towards Permanent Peace, S. 6 und 8.

92 Vgl. Ashworth: Women of the Twenty Year's Crisis; Gottlieb/Johnston: Gendering Peace in Europe; Hellawell: Antimilitarism, Citizenship and Motherhood; Schott: Reconstructing Women's Thoughts; Vellacott: Feminism.

93 Vgl. Rupp: Worlds of Women; Rupp: Constructing Internationalism.

um an den Internationalismus der Frauenbewegung aus der Vorkriegszeit anzuknüpfen. Immerhin hatten infolge des Krieges nationalistische Tendenzen auch unter Sufragettinnen Auftrieb erhalten; die Hürden für eine länderübergreifende Zusammenarbeit waren entsprechend hoch.[94] Die Frauenliga aber wollte sich das Gewicht, das der internationalen Ebene durch die Gründung des Völkerbundes zukam, zunutze machen. Das zeigte auch die Struktur, die sich die Organisation auf ihrem Kongress 1919 in Zürich gab. Sie bestand erstens aus verschiedenen nationalen Sektionen, die sich auf internationalen Konferenzen austauschten. Zweitens verfügte sie über ein Exekutivbüro in Genf, das eigene Entscheidungsbefugnisse über die Agenda der Organisation hatte und zudem über einen eigenen, kleinen Mitarbeiterinnenstab verfügte. Zusammen mit den Exektivbüros der Sektionen organisierte und koordinierte das Genfer Büro Aktionen und Lobbyarbeit. Ihre Wirkung entfaltete die Frauenliga aber auch über eine breite Basis, die jederzeit mobilisierbar war. Im Gegensatz zu manch anderen Friedensorganisationen, deren Arbeit im Wesentlichen in der Organisation von Konferenzen bestand, ging die Frauenliga aktivistisch vor und bot ihren Mitgliedern vielfältige Beteiligungsmöglichkeiten in Form von Kampagnenarbeit.[95]

Die Internationalität der Organisation darf nicht darüber hinwegtäuschen, dass sie nur begrenzt inklusiv war. Sie war hervorgegangen aus europäischen beziehungsweise europäisch-stämmigen Gesellschaften wie den USA, Neuseeland oder Kanada. Auch wenn im Laufe der Jahre in Amerika, Asien, Europa und Afrika vierzig Sektionen entstanden, so blieb die Frauenliga doch eine Organisation, in der europäisch sozialisierte Frauen maßgeblich die Agenda prägten. Diese Machtverteilung zeigte sich auch im Sprachgebrauch. Um tatsächlich an den Debatten auf internationaler Ebene teilnehmen zu können, mussten die Mitglieder Englisch, Deutsch oder Französisch beherrschen. Und sie mussten in der Lage sein, Mittel für Reisen und Auslandsaufenthalte aufzubringen. Das war darüber hinaus ein wichtiger Grund dafür, dass die Mitglieder – vor allem aber Führungsfiguren – fast ausschließlich aus der gebildeten Mittel- und Oberschicht stammten.[96]

Abrüstung gehörte von Anfang an zu den Themen der Frauenliga. Dabei spiegelte die Debatte ihre Zusammensetzung wider. Die Deutungen und Lösungsansätze, die sie vertrat, entstammten dem rüstungskritischen Diskurs, der sich im Zuge des Wettrüstens vor 1914 und des Ersten Weltkriegs in den nordatlantischen Gesellschaften entwickelt hatte. Schon auf dem Kongress in Den Haag 1915 forderten

94 Vgl. Sharp/Acsády/Vukov: Internationalism, Pacifism, Transnationalism.

95 Vgl. Beers: Advocating for a Feminist International; Rupp: Worlds of Women, S. 162–169.

96 Vgl. Rupp: Worlds of Women, S. 51–81; Rupp: Constructing Internationalism; Sandell: A Real Meeting of Women in East and West.

die Friedensaktivistinnen auf Anregung der britischen und deutschen Teilnehmerinnen, dass alle Staaten in einem ersten Schritt in Richtung allgemeiner Abrüstung einen völkerrechtlichen Vertrag zur Abschaffung privater Rüstungsproduktion und zur Kontrolle des internationalen Waffenhandels unterzeichnen sollten. Das privatwirtschaftliche Profitstreben der großen Rüstungskonzerne sei nämlich ein machtvolles Hindernis im Kampf um die Abschaffung von Krieg.[97]

Diese Deutung, an der die Frauenliga auch in den folgenden Jahrzehnten festhielt, entsprach exakt der Position mehrerer anderer westlicher Friedensorganisationen wie der britischen Union of Democratic Control. Und sie entsprach auch der Agenda Woodrow Wilsons, auf dessen Initiative hin die Völkerbundsatzung erklärte, dass es „schwere Bedenken" gegen die private Produktion von Waffen gebe. Darüber, dass Wilsons Vorstoß unter anderem in dem Versuch verwurzelt gewesen war, den Einfluss der USA auf die zentralamerikanischen Staaten auszuweiten,[98] reflektierten die Mitglieder der Frauenliga oder andere Friedensorganisationen weder 1919 noch in den folgenden Jahren. Perspektiven aus den kolonialisierten Gebieten oder den imperialen Einflusssphären fehlten. Es fand keine Auseinandersetzung darüber statt, dass Waffenembargos häufig der Machtsicherung der Großmächte dienten; und auch nicht darüber, dass die von der Friedensbewegung geforderte Produktionsverstaatlichung letztlich auch das Machtgefälle zwischen industrialisierten und nichtindustrialisierten Staaten verstärkt hätte – Kritikpunkte, die im antiimperialistischen Diskurs zentralamerikanischer Gesellschaften während der Zwischenkriegszeit durchaus artikuliert wurden.[99]

In den 1920er Jahren verlor die Forderung nach Produktions- und Waffenhandelskontrolle an Bedeutung; sie spielte über mehrere Jahre hinweg kaum eine Rolle in der Arbeit der Frauenliga. Am Ende des Jahrzehnts versuchte Elisabeth Wärn-Bugge von der schwedischen Sektion, einen Bericht zum Thema zu erstellen. Sie wandte sich an die verschiedenen Sektionen mit der Bitte, ihr doch Informationen aus den jeweiligen Ländern zukommen zu lassen. Das Ergebnis war symptomatisch: Kaum eine Gruppe war in der Lage, fundiertes Material zu ihrer Untersuchung beizusteuern und so griff Wärn-Bugge schließlich auf die Jahrbücher des Völkerbundes zur Rüstung und zum Waffenhandel zurück. Ihre Recherchen präsentierte sie auf dem Jahreskongress der Frauenliga in Prag im August 1929. Es handelte sich um die erste empirisch fundierte Auseinandersetzung mit dem Waffenhandel in den 1920er Jahren. Auf der Grundlage der Völkerbundstatistiken wies sie auf die kontinuierlich wachsenden Rüstungsausgaben, -exporte und -im-

97 Towards Permanent Peace, S. 9.
98 Vgl. Kapitel 1.3.
99 Vgl. Kapitel 3.3.

porte hin und endete mit dem Appell, dem Thema mehr Aufmerksamkeit zu schenken.[100]

Der Zeitpunkt ihrer Intervention kam nicht von ungefähr. Ende 1929 zeichnete sich bereits ab, dass beim Thema Abrüstung wichtige Weichenstellungen auf völkerrechtlicher Ebene anstanden. Mit dem 1928 unterzeichneten Briand-Kellogg-Pakt lag ein internationaler Vertrag vor, der erstmals den Angriffskrieg für völkerrechtswidrig erklärte. Die Frauenliga sah in diesem Vertrag eine wichtige Voraussetzung, um nun auch Abrüstungsfragen anzugehen. Eine erste Gelegenheit bot sich unmittelbar. Für Anfang 1930 war in London eine zweite Flottenkonferenz geplant, auf der auch Themen aufgegriffen werden sollten, die die Washingtoner Konferenz 1922 noch ausgespart hatte – wie beispielsweise den U-Boot-Krieg. Außerdem schritten beim Völkerbund die Vorbereitungen einer allgemeinen Abrüstungskonferenz voran – wenn auch äußerst zäh. Vor diesem Hintergrund entschlossen sich die Delegierten auf dem Prager Kongress 1929, Abrüstung stärker zu thematisieren.[101]

Dorothy Detzer und die US-amerikanische Frauenliga

Insbesondere die US-amerikanische Sektion entfaltete in den folgenden Jahren einen beachtlichen abrüstungspolitischen Aktivismus. Sie nahm Einfluss auf Gesetzgebungsverfahren und betrieb Lobby-Arbeit im Kongress, State Department und Weißen Haus. Der Exekutiv-Sekretärin Dorothy Detzer kam dabei eine Schlüsselfunktion zu. Ihr Werdegang als Friedensaktivistin, ihr Selbstverständnis und die Form ihres Engagements bieten einen Schlüssel zum Verständnis dafür, auf welche Weise die Frauenliga ihr Mitspracherecht bei rüstungspolitischen Themen begründete und einforderte. Detzer hatte während des Krieges zusammen mit ihrem Zwillingsbruder Don im Hull House in Chicago gearbeitet, einer Einrichtung, die der armen Bevölkerung Bildungs- und Sozialleistungen anbot. Dort hatte sie die Gründerin und Leiterin Jane Addams kennengelernt, eine Frauenrechtsaktivistin und Sozialarbeiterin, die 1919 erste Präsidentin der Frauenliga wurde. Während der Zeit in Chicago bemühte sich Detzers Zwillingsbruder darum, eingezogen zu werden. Im Sommer 1918 hatte der schmächtige 25jährige schließlich Erfolg. Doch schon bald nach seiner Ankunft in Europa wurde er Opfer eines Gasangriffs. Er überlebte

---

100 Vgl. On the International Traffic in and Manufacture of Arms and Ammuntion, by Elisabeth Waern-Bügge, o. D., in: NARA, RG 59, 500.A15 A4, Box 2389, 948; Memorandum on the Munitions Campaign of the WILPF by Dorothy Detzer, o. D., in: SCPC, WILPF, DG 043, Part III: U.S. Section, Series A, 4 – Part 1: Committees & Conferences, 1920 – 1949, 1920 – 1959, Box 4, Munitions Inquiry.
101 Vgl. Foster: The Women and the Warriors, S. 74 – 109.

mit schweren, bleibenden Schäden und starb nach wenigen Jahren an den Folgen. In ihren 30 Jahre später erschienenen Memoiren, die Detzer Don widmete, räumte sie dieser Erfahrung nur wenig Raum ein. Doch die wenigen Zeilen über ihren Bruder lassen erkennbar werden, wie sehr sie die Auseinandersetzung mit seinem Schicksal quälte.[102]

Vor diesem Hintergrund wäre es einleuchtend gewesen, wenn Detzer die in der pazifistischen Literatur durchaus verbreitete Figur des kriegsbegeisterten und vom Krieg zerstörten jugendlichen Mannes zum Ausgangspunkt der Erzählung ihrer Konversion zum Pazifismus gemacht hätte. Stattdessen entwickelte sie ein maternalistisches Narrativ und machte Weiblichkeit zum Kernmotiv ihres Werdegangs als Friedensaktivistin. Als Schlüsselereignis stellte sie ihre Erfahrungen in Österreich als Freiwillige des American Friends Service Committee der Quäker dar – eine Tätigkeit, für die sie sich auf Empfehlung Addams' entschieden hatte. Die Blockade der Mittelmächte durch die Alliierten, die bis 1919 andauerte, führte dort zu schwerwiegenden Versorgungsproblemen. Die Quäker organisierten Essen und Unterstützung vornehmlich für Kleinkinder und schwangere Frauen. Diese Erfahrung deutete Detzer als entscheidenden Augenöffner:

> This type of relief took those of us who served with the Quaker Mission into thousands of Viennese homes, and it was in these homes that the first tormenting questions began to assail my heart and mind. What had that Gülse baby done to the Allies, I would ask myself as I tried to forget the twisted, gnarled child and his perpetual whimper of hunger, or to blot from memory the haunted look in the eyes of Frau Lieper as she clutched in her arms her queer misshapen *liebling Franz*. These Viennese babies – 86.000 of them – spoke no language, recognized no frontier, felt allegiance to no flag. Yet my own beloved America, with her gallant allies, was responsible for this little war on the children. And here were Frau Gülse, Frau Lieper, and I, and millions like us across the worlds, segregated from each other only by artificial barriers of language and nationality, but bound together by the deep instinctual ties of women.[103]

Detzers Erzählung zufolge war es die spezifisch weibliche Erfahrung von Krieg, die sie zur Pazifistin werden ließ. Dieses Narrativ hob die klassischen nationalstaatlich orientierten Frontstellungen auf und platzierte sie an der Seite jener Menschen, gegen die ihre Landsmänner in der US-amerikanischen Armee und Regierung kämpften. Als identitätsstiftende Grundlage diente ihr dabei der in der Frauenbewegung weit verbreitete maternalistische Diskurs. Ihre Erzählung zeigt, dass Mutter zu sein keine Voraussetzung war, um sich in das so begründete Kollektiv einzuschreiben – Detzer blieb Zeit ihres Lebens kinderlos. Die gemeinsame Identität lag

---

102 Vgl. Detzer: Appointment on the Hill, S. 3 f.
103 Detzer: Appointment on the Hill, S. 9 f.

vielmehr in einem allen Frauen gemeinsamen „Mutterinstinkt" begründet. Auf diese Weise griff sie ein Narrativ auf, das für die Frauenliga, die sich ebenfalls in Mitteleuropa engagierte, eine zentrale Rolle spielte bei der Mobilisierung humanitärer Hilfe angesichts der Hungerkrise 1919. Um unmittelbar nach dem Krieg Unterstützung für die gerade besiegten Kriegsgegner zu organisieren, nutzte die Frauenliga in ihrer Hilfskampagne das Bild der Mutter, die verzweifelt versucht, ihre Kinder zu ernähren, um so eine gemeinsame, grenzübergreifende Identität und Solidarität zu schaffen.[104]

Nach ihrer Rückkehr aus Europa bewarb sich Detzer 1924 erfolgreich auf die Stelle als Sekretärin der US-amerikanischen Sektion der Internationalen Frauenliga. In dieser Funktion bereitete sie Vorschläge zur Arbeit der Frauenliga vor, setzte die auf Kongressen getroffenen Richtungsentscheidungen und Beschlüsse in die Tat um und reiste als Teil der US-amerikanischen Delegation zu internationalen Friedenskongressen und zum internationalen Hauptsitz in Genf. Detzer sah sich nicht so sehr in der Rolle der Rednerin; ihre Schilderungen eigener Auftritte spiegeln ein gewisses Unbehagen bei Auftritten vor Publikum wider. Stattdessen ging sie in der Lobbyarbeit auf, wie bereits der Titel ihrer Autobiografie *Appointment on the Hill* erkennen lässt. Sie verwendete viel Zeit und Energie darauf, sich mit Abgeordneten – vorzugsweise Senatoren – und Regierungsmitarbeitern zu treffen, und sie erhielt sogar Audienzen beim Präsidenten. Bei solchen Treffen ging es in der Regel um Gesetzesvorhaben, um internationale Verhandlungen oder die US-amerikanische Reaktionen auf internationale Krisen. Informationsbeschaffung war ein wichtiger Teil ihrer Arbeit, um mit fundierten Fakten in Gespräche gehen zu können. Damit entsprach sie so gar nicht dem weit verbreiteten und von der Forschung dekonstruierten Klischee, die Pazifistinnen der Zwischenkriegszeit seien naive Idealistinnen gewesen.[105] Im Gegenteil: Detzer nahm die komplizierten Interessenlagen im Kongress und auf der internationalen Bühne sehr ernst. In ihren Augen steckte der Einsatz für Frieden voller Ambivalenzen und schwer lösbarer Widersprüche; Frieden war für sie eher ein Prozess als ein Ziel.[106]

Als die Frauenliga beschloss, Rüstung stärker in den Fokus zu nehmen, war Detzer bereits eine erfahrene und in Washington gut vernetzte Lobbyisten. Anfang

104 Vgl. Hellawell: Antimilitarism, Citizenship and Motherhood, S. 560 ff.

105 Vgl. Hinton: Protests and Visions; Lynch: Beyond Appeasement; Sharp: Love as Moral Imperative.

106 Siehe beispielsweise die Schilderung ihrer Erfahrungen Anfang der 1920er Jahre in der Sowjetunion, die Detzer dazu dienten, ihr Verständnis von Friedensarbeit zu skizzieren (Detzer: Appointment on the Hill, S. 11–33). Zu Detzers Arbeit in der Frauenliga siehe auch Foster: The Women and the Warriors.

der 1930er Jahre boten sich ihr zahlreiche Möglichkeiten, rüstungspolitische Aktivitäten zu entfalten. Im Januar 1930 fand die Londoner Flottenkonferenz statt und die Frauenliga bearbeitete die Regierung Herbert Hoovers und auch ihn persönlich, sich zu weitreichenden Abrüstungsvereinbarungen durchzuringen. Das Ergebnis war allerdings aus Sicht der Friedensbewegung ernüchternd.[107] Kurz darauf setzte der Kongress eine War Policies Commission ein, deren erklärtes Ziel es war, Vorschläge zur Förderung des Friedens und zur Vermeidung von Kriegsprofiten zu entwickeln. Detzer sagte als Expertin in den Anfang 1931 stattfindenden Anhörungen aus.[108]

Die Abrüstungskampagne „friedliebender Wählerinnen"

Im Zentrum der Aktivitäten der US-amerikanischen Frauenliga stand aber die für 1932 angesetzte Abrüstungskonferenz in Genf. Im März 1931 nahm ein eigen für diesen Zweck gegründetes Komitee seine Arbeit auf. Die Forderungen mit Blick auf Rüstung waren zu diesem Zeitpunkt wenig ausdifferenziert. Ziel war es, breite öffentliche Unterstützung für eine generelle Abrüstung zu mobilisieren und auf diese Weise die US-amerikanische Regierung dazu zu bringen, entsprechende Positionen in Genf zu vertreten. Außerdem wollte man durchsetzen, dass eine Frau als Mitglied der Delegation ernannt wurde.[109]

Das Herzstück der Kampagne war die sogenannte Friedenskarawane – eine Tour, die im Juni 1931 in Hollywood startete, insgesamt 25 Bundesstaaten durchquerte und dabei in 125 Städten Veranstaltungen und Demonstrationen abhielt, von denen jede mit einer Aktion endete – beispielsweise dem Sammeln von Unterschriften für die Forderungen der Liga. Gleichzeitig waren die Untersektionen überall im Land angehalten, ihre jeweiligen Abgeordneten zu besuchen oder ihnen Briefe zu schreiben mit der Aufforderung, sich zu einem starken Abrüstungsabkommen zu bekennen. Die Zentrale in Washington versorgte sie mit entsprechenden Argumentationshilfen. „Not one Senator or Congressman should come back to Washington this winter without a very real sense of the demand for action on peace measures by his constitutency." Diese Methode gehörte zum Standardrepertoire der Liga und sagt etwas über ihr Selbstverständnis und ihre Strategie aus. Sie verknüpfte das neugewonnene Wahlrecht demonstrativ mit dem Einsatz für Frieden

---

107 Vgl. Detzer: Appointment on the Hill, S. 89–99; Fanning: Peace and Disarmament, S. 106–132; Kaufman: Arms Control during the Pre-Nuclear Era, S. 113–138.

108 Vgl. Koistinen: Planning War, S. 227–252; Foster: The Women and the Warriors, S. 95–97.

109 Memorandum of Objectives and Policy of the Emergency Peace Committee adopted at the Meeting of 13.4.1931, in: SCPC, WILPF, DG 043, Part III: U.S. Section, Series A, 4 – Part 1.

und Abrüstung, etablierte auch jenseits von Wahlen Handlungsmuster, um dem politischen Mitspracherecht Nachdruck zu verleihen, und inszenierte dabei Frauen gegenüber politischen Entscheidungsträgern als pazifistisch gesinnte Wähler*innengruppe. Die Ankunft der Karawane in Washington am 10. Oktober 1931 stellte den Höhepunkt der Kampagne dar. Präsident Hoover empfing eine Abordnung der Liga, die ihm die gesammelten Unterschriften übergab. Auch nach der Übergabe waren die Mitglieder aufgefordert, den öffentlichen Druck aufrechtzuerhalten und anlässlich des Aufbruchs der Delegation im Januar 1932 fanden weitere Großkundgebungen statt – in Washington mit 1.500 Teilnehmer*innen, in New York mit 5.000.[110]

Derweil betrieb Detzer in Washington Lobbyarbeit und kontaktierte Zeitungen sowie Radiosender, um abrüstungsfreundliche Inhalte unterzubringen. Eine in dieser Hinsicht exemplarische Episode ereignete sich um Weihnachten 1931 im Zusammenhang mit der Nominierung einer Frau als Teil der US-amerikanischen Delegation für Genf. Nachdem Präsident Hoover angekündigt hatte, auf die Forderung einzugehen, eine Frau zu ernennen, zog sich die Nominierung hin und Detzer erhielt Hinweise, dass es möglicherweise doch nicht dazu kommen werde. Daraufhin vereinbarte sie einen Termin mit dem für die Verhandlungen zuständigen Mitarbeiter im State Department, James Rogers, von dem sie erfuhr, dass es innerhalb der Regierungspartei Widerstände gebe. Dezteres Schilderung des Gesprächs zufolge entfaltete sich zwischen ihr und Rogers eine Diskussion über die Rolle einer Frau in der Delegation. Rogers argumentierte, dass eine „gemischte Delegation Komplikationen“ mit sich bringen könne. Sie versicherte ihm daraufhin, dass wenn es um Zigarettenrauch und „ein bisschen Profanität“ gehe, die zu ernennende Frau sicherlich die Kultiviertheit aufbringen werde, über solche „männlichen Neigungen“ hinwegzusehen. Rogers meinte jedoch, vor falschen Hoffnungen warnen zu müssen. Eine einzige Frau als Delegierte werde nicht in der Lage sein, das Ergebnis der Konferenz zu beeinflussen. Daraufhin erinnerte Detzer ihn, dass Männer – obwohl sie einige herausragende Qualitäten mitbrächten – bisher keine herausragenden Ergebnisse in Sachen Friedensstiftung vorzuweisen hätten.[111] Es sei deshalb wichtig, Frauen in diese Aufgabe einzubeziehen. Ob sich

110 Zur Lobbyarbeit gegenüber den Abgeordneten siehe Detzer, WILPF, to all branches, 3.11.1931, in: SCPC, WILPF, DG 043, Part III: U.S. Section, Series A, 4 – Part 1, dort auch Zitat. Zur Kampagne insgesamt siehe hier und im Folgenden: Foster: The Women and the Warriors, S. 98–100; Disarmament Campaign Committee, Minutes of Meeting, WIL Headquarters, Philadelphia, 4.3.1931; Report of Mabel Vernon, Disarmament Campaing Director, April 1931 to March 1932; beide in: SCPC, WILPF, DG 043, Part III: U.S. Section, Series A, 4 – Part 1.

111 Detzer: Appointment on the Hill, S. 106 f. Wortlaut: „A mixed delegation made thinks more complicated“, „a bit of profanity“, „masculine proclivities“.

der Präsident nicht dessen bewusst sei, dass die „Millionen von Frauen in US-amerikanischen Organisationen", die die Forderung unterstützten, „politische Bedeutung" hätten.[112] Die Zahlen entsprachen ganz gewiss nicht dem Gewicht, das der Frauenliga selbst zukam, für die Detzer sprach. Die Organisation hatte nur einige Tausend Mitglieder – 1926 waren es 6.000, 1940 erreichte sie mit 13.000 Mitgliedern ihren Höchststand.[113]

Wie viel von diesem Gespräch tatsächlich so stattgefunden hat, wie Detzer es zwanzig Jahre später recht unterhaltsam in ihren Memoiren schilderte, muss dahingestellt bleiben. Doch schon die zeitgenössischen Dokumente zeigen, dass sich die Frauenliga die weit verbreitete essenzialistische Vorstellung von Frauen als homogen pazifistischen Wählerblock[114] gezielt zunutze machte.[115] Dabei kam ihr zugute, dass solche Vorstellungen von Frauen als pazifistischer Kraft häufig unhinterfragt übernommen wurden. Rogers jedenfalls übermittelte dem Präsidenten die Warnung vor dem Wahlverhalten der Frauen. Kurz darauf teilte er Detzer mit, dass das Argument gefruchtet habe. Hoover werde mit Mary Woolley, der Präsidentin des renommierten Frauen-Colleges Mount Holyoke und Vizepräsidentin der American Civil Liberties Union, die von der Frauenbewegung vorgeschlagene Kandidatin als Delegationsmitglied ernennen.[116]

Die Forderung nach Waffenembargos und Privatisierung der Rüstungsindustrie

Während der Vorbereitungen auf die Abrüstungskonferenz spielten Waffenhandel und Waffenproduktion zunächst kaum eine Rolle – weder unter Diplomaten noch in der Friedensbewegung. Die Frauenliga sprach von allgemeiner Abrüstung, ohne einen Forderungskatalog mit spezifischen Maßnahmen auszuformulieren.[117] Es waren zwei Anlässe, die die Frauenliga dazu brachten, konkreter zu werden: Die Mandschurei-Krise und das Aufrüstungsprogramm der US Navy. Zwischen Herbst

---

112 Report of Dorothy Detzer, Executive Secretary of the WIL, 15./16.1.1932, in: SCPC, WILPF, DG 043, Series A,2 – Part 1: Board, Officer and Member Meetings/Conferences, Box 3. Wortlaut: „millions of women in the national organizations", „political significance".

113 Vgl. Women's International League for Peace and Freedom Collection, https://www.swarthmore.edu/library/peace/DG026-050/dg043wilpf/history.htm.

114 Vgl. Gottlieb/Szapor/Lintunen/Wernitznig: Suffrage and Nationalism, S. 36; Gottlieb: Guilty Women, S. 212–234.

115 Siehe auch Stöckmann: Women, Wars, and World Affairs, S. 227–229.

116 Vgl. Stöckmann: Women, Wars, and World Affairs, S. 227–229; Detzer: Appointment on the Hill, S. 106 f.

117 Vgl. Memorandum of Objectives and Policy of the Emergency Peace Committee adopted at the Meeting of 13.4.1931, in: SCPC, WILPF, DG 043, Part III: U.S. Section, Series A, 4 – Part 1.

1931 und Anfang 1932 besetzte die japanische Armee die Mandschurei und richtete dort einen Marionettenstaat ein. Die Frauenliga sah darin nicht nur einen Konflikt, der das Potenzial hatte, sich schnell auszuweiten und die gesamte Pazifikregion zu destabilisieren. Sie hielt ihn auch für einen Test für die seit 1919 entwickelten völkerrechtlichen Instrumente zur Friedenssicherung – nicht zuletzt des Briand-Kellogg-Pakts. Auch im Kongress wuchs die Sorge vor den Auswirkungen der Mandschurei-Krise. Ein Waffenembargo gegen Japan galt als ein Mittel, um den Konflikt einzuhegen und Tokio zur Einhaltung völkerrechtlicher Regeln zu bewegen. Allerdings gab es für ein Embargo nach wie vor keine rechtliche Grundlage. Nach Unterzeichnung der Genfer Waffenhandelskonvention 1925 hatte der damalige US-amerikanische Delegationschef und Senator Theodore Burton zwar ein entsprechendes Gesetz eingebracht, um die Ratifikation durch die USA zu ermöglichen, doch er war gescheitert. Erst mit der Mandschurei-Krise kam erneut Bewegung in die Angelegenheit. Anfang 1932 brachten gleich zwei Abgeordnete Gesetzesvorlagen ein, die Rüstungsexporte an kriegführende Staaten verboten.[118]

Die Frauenliga entschied sich, den Gesetzesentwurf des republikanischen Abgeordneten Hamilton Fish III. zu unterstützen, der aus ihrer Sicht der effektivste war. Präsident Hoover jedoch sah im Gegensatz zu anderen Regierungsvertretern Japan als wichtigen Verbündeten gegen die kommunistische Bedrohung durch die Sowjetunion. Er war deshalb zurückhaltend mit Kritik am japanischen Vorgehen in China. Im State Department meinte man, dass ein Gesetz zur Einschränkung von Waffenexporten nicht vereinbar mit bestehenden Freihandelsverträgen sei, und ließ seine Kontakte ins Kapitol spielen, um eine für Anfang Februar 1932 angesetzte Anhörung im Repräsentantenhaus zu verhindern. Öffentlich hieß es, es gebe ohnehin keine nennenswerten Waffenexporte nach Japan. Kurz darauf entdeckte Detzer in einer Zeitungsnotiz den Hinweis, dass US-Unternehmen Nitrat an den pazifischen Inselstaat lieferten, das zur Herstellung von Schießpulver benötigt wurde. In der Frauenliga wertete man das als Beleg dafür, dass die Regierung die Rüstungsindustrie schütze.[119]

Bestärkt sah man sich darin aufgrund der Budgetverhandlungen. Die Wirtschaftskrise lastete schwer auf dem Haushalt und die verschiedenen Ressorts hatten ihre geplanten Ausgaben deutlich zusammengestrichen. Die Navy allerdings versuchte eine zehnprozentige Erhöhung durchzusetzen. Die USA erreichten mit der Zahl ihrer Kriegsschiffe nicht die Obergrenze, die laut den Abrüstungsbestim-

---

118 Vgl. Atwater: American Regulation of Arms Exports, S. 176–182.

119 Vgl. Foster: The Women and the Warriors, S. 192–200; Memorandum from Dorothy Detzer, 20.12.1932, in: SCPC, DG 043, Series A, 2 – Part 1: Board, Officer and Member Meetings/Conferences, Box 3.

mungen der Londoner Flottenkonferenz möglich gewesen wäre. Die Navy nutzte deshalb den Abrüstungsvertrag paradoxerweise als Argument für einen Ausbau der Flotte. Sie warnte, gegenüber den anderen Großmächten ins Hintertreffen zu geraten. Zusammen mit den Befürwortern eines Ausbaus im Kongress verwies sie zudem auf die Mandschurei-Krise, um einen Ausbau der Pazifikflotte zu begründen.[120] Die Frauenliga mobilisierte auf bewehrte Weise gegen diese Pläne: Sie schrieb Briefe und Delegationen aus den verschiedenen Wahlbezirken besuchten ihre Abgeordneten, ausgerüstet mit Argumentationshilfen, die in der Washingtoner Zentrale erarbeitet worden waren. Die Proteste gegen den Ausbau der Navy fielen zusammen mit der Abrüstungskonferenz in Genf und dem Kampf für ein Waffenembargo gegen Japan.[121]

Dabei rückte die heimische Rüstungsindustrie immer stärker in den Fokus der Frauenliga, ihre Forderungen wurden konkreter. Im Frühjahr reiste eine fünfköpfige Delegation der Liga aus den USA nach Genf, um die Abrüstungsverhandlungen zu beobachten. Auf ihre Anfrage hin erklärte sich die US-amerikanische Delegation Anfang März 1932 zu einem Treffen bereit. Der Forderungskatalog, den die Vertreterinnen der Frauenliga der vollzählig anwesenden Delegation unterbreiteten, war wesentlich präziser als noch während der Kampagne im Sommer und Herbst 1931: Schlachtschiffe sollten vollständig abgeschafft werden, genauso wie Kriegsflugzeuge. Vor allem aber gelte es, Anreizstrukturen für den Krieg abzubauen. Warum könne die USA nicht einen Schritt weitergehen und die Verstaatlichung der Rüstungsproduktion auf die Agenda setzen? „Taking the profit out of war would take away the greatest inducement to war."[122] Die US-amerikanische Delegation verhielt sich nicht zu diesen Forderungen und nahm sie lediglich zur Kenntnis. Allerdings waren die Weisungen aus Washington bezüglich der Rüstungsproduktion eindeutig. Eine Verstaatlichung kam nicht infrage und auch gegenüber der Kontrolle privater Rüstungsproduktion sollten weitreichende Einwände vorgebracht werden.[123]

---

120 Vgl. Kennedy: Depression and Security.

121 Detzer, WILPF, to all branches, 3.11.1931, in: SCPC, WILPF, DG 043, Part III: U.S. Section, Series A, 4 – Part 1; Report of Dorothy Detzer, Executive Secretary of the WIL, 15./16.1.1932; Activities of the Year April 1932 – May 1933 by Dorothy Detzer, beide in: SCPC, WILPF, DG 043, Part III: U.S. Section, Series A, 2 – Part 1: Board, Officer and Member Meetings/Conferences, Box 3.

122 Statement from Katherine Devereux Blake to Mabel Vernon regarding Geneva Conference, received 7.3.1932, in: SCPC, WILPF, DG 043, Part III: U.S. Section, Series A, 2 – Part 1: Board, Officer and Member Meetings/Conferences, Box 3.

123 Vgl. The Secretary of State to the Acting Chairman of the American Delegation (Gibson), 6.7.1932, in: FRUS, 1932, General, Vol. I, Doc. 182; The Secretary of State to the American Delegate (Wilson), 17.10.1932, in: FRUS, 1932, General, Vol. I, Doc. 234.

Die Frauenliga ließ sich von der Zurückhaltung der US-amerikanischen Delegation nicht beirren. Die völkerrechtlich verbindliche Verstaatlichung der Rüstungsproduktion gehörte von nun an zum festen Forderungskatalog, den die Frauenliga mit Blick auf die Abrüstungskonferenz formulierte. Diese Position war radikal in dem Sinne, dass sie eine grundlegende Neuorganisation der Herstellung von Rüstungsgütern erforderte. Diese Radikalität ist gerade im US-amerikanischen Kontext bemerkenswert, wo das freie Unternehmertum und der freie Markt als wichtige Voraussetzungen für Prosperität galten. Wenn diese Forderung auch kein Alleinstellungsmerkmal der Frauenliga war, so gab es doch geschlechterspezifische Gründe, warum sie innerhalb der nordatlantischen Frauenbewegung an Resonanz gewinnen konnte und mit so viel Nachdruck von der US-amerikanischen Sektion vertreten wurde.

Frauen hatten in den USA zwar das Wahlrecht erkämpft, doch in nur wenigen Fällen bedeutete das auch, dass sie durch die Ausübung öffentlicher Ämter politisch partizipieren konnten. Das galt insbesondere in der außenpolitischen Sphäre. Der Völkerbund bot einerseits neue Chancen. In der völlig neu gegründeten Institution waren die alten Widerstände gegen die Beschäftigung von Frauen weniger stark ausgeprägt als auf nationalstaatlicher Ebene. Tatsächlich fanden einige Frauen hier in der Zwischenkriegszeit Gestaltungsspielräume. Das änderte jedoch wenig daran, dass internationale Beziehungen eine Männerdomäne blieben. Gerade in den Außenministerien waren die Widerstände der etablierten Männer und ihrer Netzwerke groß.[124] Das bekam auch Mary Woolley zu spüren, die inmitten einer ansonsten männlichen US-Delegation nach Genf reiste. Ihre Kollegen sahen in ihr kein ebenbürtiges Delegationsmitglied und urteilten, sie sei bei den Verhandlungen keine große Hilfe. Sie hielten ihre Anwesenheit „aus anderen Gründen“ für ratsam,[125] was vermutlich bedeutete, dass man ihr eher repräsentative Funktionen zuschrieb. Man wollte der „Weltöffentlichkeit“ mit der Nominierung einer Friedensaktivistin guten Willen demonstrieren.

Diese Ausgrenzung hatte zur Folge, dass Frauen ihre Expertise und Positionen jenseits der Regierungsinstitutionen entwickelten. In der Frauenliga lag der Aushandlung von Positionen ein äußerst umständlicher Prozess zugrunde. Die festen Mitarbeiterinnen pflegten Entwürfe vorzubereiten, die dann als Diskussions-

---

124 Vgl. Beers: Advocating for a Feminist Internationalism; Herren: Gender and International Relations; Miller: „Geneva – the Key to Equity“; Sluga: Women, Feminisms and Twentieht Century Internationalisms, S. 68–75.

125 Moffat to Phillips, 24.5.1933 (Telegram); Moffat to Phillips, 8.5.1933, beide in: NARA, RG 59, 500.A15 A4/Personell, Box 2447. Zitat: „Miss Wooley [sic] could and would no doubt come if requested and for various reasons I think it advisable that she remain [sic] as a delegate and be ready to come upon request.“

grundlage dienten. Eine Entscheidung wurde nicht durch Mehrheitsentscheid herbeigeführt, sondern indem die Mitglieder versuchten, die verschiedenen Positionen in eine Kompromissformel zu gießen, die dann einstimmig angenommen werden konnte.[126] Die Teilnehmerinnen dieser Runden waren nicht von der Arbeit in Regierungsinstitutionen oder parteiinternen Loyalitäten geprägt. Darin unterschieden sie sich von Friedensaktivist*innen, die in männlich dominierten Organisationen mit großer Nähe zu Regierungskreisen aktiv waren und deren männliche Vertreter häufig auch öffentliche Ämter ausübten.[127] Besonders prominente Beispiele sind Elihu Root, der als Friedensnobelpreisträger nicht nur ein allseits respektierter Friedensaktivist war, sondern gleichzeitig vor dem Krieg auch Außenminister und Senator gewesen war, sowie Nicholas Murray Butler, Präsident der renommierten Columbia University und eine Größe in der Republikanischen Partei. Die aktivste männlich dominierte Friedensorganisation der Zwischenkriegszeit, die League of Nations Association, hatte zahlreiche Mitglieder, die diplomatische, politische oder hervorgehobene akademische Positionen bekleideten beziehungsweise in Think Tanks wie dem Carnegie Endowment for International Peace arbeiteten. Das bot ihr die Möglichkeit, über persönliche Beziehungen Einfluss auf politische Entscheidungsprozesse zu nehmen.[128] Gleichzeitig bedeutete es aber auch, dass die League of Nations Association ihre Positionen in einer intensiveren Wechselwirkung mit Parteien, Wirtschaft und Regierungsapparat entwickelte und von diesen eingehegt wurde. Die Mitglieder waren den dort postulierten Handlungslogiken nicht nur in Diskussionsrunden und Lobby-Gesprächen ausgesetzt, sondern diese Logiken waren Teil ihres alltäglichen beruflichen Lebens und professionellen Handelns.

Das hilft zu verstehen, warum sich gerade in der Frauenliga Positionen wie die Forderung nach einer Verstaatlichung der Rüstungsindustrie durchsetzen konnten, die stark von der Regierungslinie abwichen – die männlichen Ministerialbeamten sprachen gerne abwertend von „unrealistischen“ Positionen.[129] Als die Liga Anfang 1932 diese Forderung ins Zentrum ihrer Agenda rückte, war dies in den USA ganz sicherlich eine abseitige Position. Dennoch sollte es ihr in den folgenden Jahren gelingen, breite Unterstützung für ihr radikales Anliegen zu mobilisieren. 1935 vertraten Umfragen zufolge achtzig Prozent der US-amerikanischen Bevölkerung die Meinung, die Rüstungsindustrie müsse verstaatlicht werden.[130]

---

126 Vgl. Detzer: Appointment on the Hill, S. 34 f.

127 Vgl. Hucker: „Allowed to Serve, Not to Speak“?

128 Vgl. Accinelli: Militant Internationalists.

129 Ein paar aufschlussreiche Erfahrungen Detzers mit dem Realismusargument finden sich in Detzer: Appointment on the Hill, S. 131 f.

130 Vgl. Wilson: Destructive Creation, S. 33 f.

Für diesen Erfolg gab es eine Reihe von Gründen, die weniger mit der Frauenliga und viel mit den politischen und ökonomischen Rahmenbedingungen zu Beginn der 1930er Jahre zu tun hatten und die in den nächsten drei Kapiteln in den Blick genommen werden. Eine Voraussetzung für ihren Erfolg lag allerdings darin, dass Frauen nach wie vor weitgehend von staatlicher Außenpolitik ausgeschlossen blieben. Für jemanden wie Detzer, die über Expertise in internationalen Beziehungen verfügte, war deshalb die Mitarbeit in der Frauenliga eine der wenigen Möglichkeiten, ihr Wissen und Können umzusetzen. Das kam der Frauenliga zugute, die fähige Expertinnen dauerhaft und vollzeitig an sich binden und Perspektiven bieten konnte, die ihnen anderweitig verwehrt blieben. Das war eine Voraussetzung dafür, dass sie wie keine zweite Friedensorganisation der Zwischenkriegszeit in der Lage war, gut organisierte Öffentlichkeitsarbeit mit professioneller Lobbyarbeit zu kombinieren. Sowohl die Radikalität der Forderungen der Frauenliga als auch ihr professioneller Aktivismus lassen sich deshalb nicht zuletzt als Ergebnis stark begrenzter Partizipationsmöglichkeiten deuten. Das neu erkämpfte Wahlrecht ermöglichte es der Liga, die Vorstellung von Frauen als Pazifistinnen für ihr politisches Anliegen nutzbar zu machen, während ihnen gleichzeitig aber eine Einbindung in öffentliche Institutionen weitgehend verwehrt blieb.

4.3 Die Genfer Abrüstungskonferenz und das globale Geschäft mit Waffen

In der ersten Hälfte der 1930er Jahre erhielt die Forderung nach einer völkerrechtlichen Einhegung des internationalen Geschäfts mit Rüstungsgütern in Form von Waffenhandels- und Produktionskontrollen immer mehr Zuspruch. Noch zu Beginn der Abrüstungskonferenz im Frühjahr 1932 spielte dieses Thema kaum eine Rolle in Genf. Im Fokus standen vielmehr Fragen nach der völkerrechtlichen Ächtung bestimmter Waffen, nach Obergrenzen für Rüstung und Heere sowie Beistandsformeln, die Frankreichs Sicherheit im Falle eines Angriffs gewährleisten sollten. Am Ende der ersten Sitzungsperiode gelang es allerdings einer breiten Allianz so unterschiedlicher Akteure wie Gewerkschaften, der Frauenliga, Kirchen und einiger Delegationen unter der Federführung der französischen Diplomaten, Waffenhandel und Rüstungsproduktion auf die Tagesordnung der Verhandlungen zu setzen. Obwohl die politischen Agenden, die dahinterstanden, recht unterschiedlich waren, so gab es doch einen allen gemeinsamen Grund, der diesen Vorstoß und seinen Erfolg erklären hilft: Der Kampf um die Regulierung von Waffenhandel und -produktion war eine Reaktion auf die ökonomischen Verwerfungen der Weltwirtschaftskrise. Die Einhegung des internationalen Rüstungsgeschäfts galt als eine Maßnahme zur Überwindung von Problemen, die der globale Kapitalismus verursachte.

Als die Abrüstungskonferenz im Februar 1932 begann, hatte die Weltwirtschaftskrise noch nicht ihren Zenit überschritten. Die Auswirkungen der Krise erreichten immer neue Ausmaße und die Zahl der Menschen, die unmittelbar von den Folgen betroffen waren, stieg immer weiter. In den USA, wo die Krise im Herbst 1929 ihren Ausgang genommen hatte, erreichte die Arbeitslosigkeit während der Abrüstungskonferenz mit 25 Prozent ihren Höchststand. Gleichzeitig brach das Pro-Kopf-Einkommen in den USA bis 1933 um ein Drittel ein. Ähnlich entwickelten sich die Zahlen in Großbritannien, wobei regionale Unterschiede die Effekte noch verschärfen konnten. In manchen Regionen lag die Arbeitslosigkeit bei siebzig Prozent. In Frankreich, das Ende der 1920er Jahre wirtschaftlich sehr gut dastand, machte sich die Krise erst 1931 bemerkbar. Die offiziellen Arbeitslosenzahlen entwickelten sich nicht so drastisch wie in den anderen westlichen Ländern. Doch das lag nicht zuletzt daran, dass gerade in ländlichen Regionen viele Arbeiter*innen, die in der Textilindustrie keine Beschäftigung mehr fanden, zurück auf ihre Felder gingen statt sich arbeitslos zu melden. Lateinamerika bekam das Ausbleiben von Investitionen aus dem Norden und die einbrechende Nachfrage viel unmittelbarer zu spüren. In manchen Ländern erreichten Exporte 1932 nur noch ein Viertel des Niveaus von 1929 mit entsprechenden Folgen für Arbeitsplätze und Einkommen.[131]

Friedensorganisationen und die Weltwirtschaftskrise

Die Weltwirtschaftskrise war deshalb als Bezugsrahmen ständig präsent auf der Abrüstungskonferenz – das gilt insbesondere für die Kampagnen der Friedensorganisationen, die versuchten, Einfluss auf das Verhandlungsgeschehen zu nehmen. Bereits im Vorfeld hatten sich auf Anregung Robert Cecils verschiedene Organisationen in Genf vernetzt, um ihre Abrüstungskampagnen abzustimmen: das Disarmament Committee of Women's International Organisations, dem auch die Frauenliga für Frieden und Freiheit angehörte, der Internationale Bund der Völkerbund-Gesellschaften, kirchliche Gruppen wie der International Missionary Council oder YMCA/YWCA und internationale Studierendenorganisationen. Darüber hinaus mobilisierten 1932 auch Gewerkschaften und Veteranenverbände. Zu den Ergebnissen dieses breiten transnationalen Engagements gehörten Tausende Petitionen

131 Siehe u. a. Hesse/Köster/Plumpe: Die Große Depression; Drinot/Knight: The Great Depression in Latin America.

und eine 12 Millionen Unterschriften umfassende Liste, die die nationalen Sektionen der Frauenliga aller Kontinente erstellt hatten.[132]

Zum Auftag der Konferenz einigten sich die Delegierten darauf, vor Beginn der eigentlichen Verhandlungen eine außerordentliche Sitzung abzuhalten, die es den nicht-staatlichen Akteur*innen ermöglichen sollte, ihre Petitionen vorzubringen. Die Befürchtung, von der „Öffentlichkeit" für ein Scheitern der Konferenz verantwortlich gemacht zu werden, beschäftigte insbesondere die Diplomaten der Großmächte.[133] Das Format der öffentlichen Sitzung war getragen von dem Gedanken der *new diplomacy*. Es sollte den Beobachter*innen die Bereitschaft der verhandelnden Staaten zur Transparenz und die Abkehr von „Geheimdiplomatie" signalisieren. Dabei war es üblich geworden, die Wortmeldungen von Organisationen wie der Frauenliga, Studierendenorganisationen oder Kirchen mit „Öffentlichkeit" gleichzusetzen. Arthur Henderson, der Präsident der Konferenz, bescheinigte den Teilnehmer*innen der außerordentlichen Sitzung, dass es nie zuvor eine so „organisierte Revolte des menschlichen Gewissens gegen die Bestialität und Sinnlosigkeit des Krieges" gegeben habe.[134] Die in Genf anwesenden Organisationen bedienten diese Vorstellung. Sie alle verfügten über internationale Strukturen, die von transnationalen, kollektiven Identitäten getragen wurden. Die Arbeitsorganisationen beanspruchten, für „Millionen von Arbeitern" zu sprechen, die Frauenorganisationen für „Millionen von Frauen"; ganz ähnlich argumentierten Vertreter christlicher Organisationen. Die Unterschriftenlisten untermauerten diesen Anspruch. Entsprechend selbstbewusst klang der Titel eines Bandes, in dem die in Genf vertretenen Organisationen ihre Reden veröffentlichten: „Vox Populi". Dieser Lesart zufolge waren sie und nicht Regierungen – auch nicht demokratisch legitimierte – die eigentlichen Repräsentant*innen der Bevölkerungen der in Genf vertretenen Staaten: It „is not in the name of governments alone that it was to speak and act, but that it was responsible to the people of the world".[135]

Die Weltwirtschaftskrise war in den Verlautbarungen der Organisationen allgegenwärtig. Léon Jouhaux etwa, der als Generalsekretär der größten französischen Gewerkschaft CGT und als Schlüsselfigur der ILO für sich beanspruchen konnte, für

132 Vgl. Davies: The Possibilities of Transnational Activism, S. 87–115.

133 Vgl. Davies: The Possibilities of Transnational Activism, S. 106–129; Kitching: Britain and the Disarmament Conference; Pedersen: Back to the League of Nations, S. 1096–1099.

134 Zitiert nach Declarations made to the Rt. Hon. Arthur Henderson, 13.6.1932, www.peacepalacelibrary.nl/pmfiles/D10-13-005.pdf [aufgerufen am 25.2.2021]. Wortlaut: „Never before indeed has there been such an organised revolt of the human conscience against the bestiality and futility of war."

135 Declarations made to the Rt. Hon. Arthur Henderson, 13.6.1932, www.peacepalacelibrary.nl/pmfiles/D10-13-005.pdf [aufgerufen am 25.2.2021].

die Arbeiter*innen zu sprechen, erklärte: „We ask for this reduction in arms, because the terrible unemployment today, can only be reduced by a diminution in the enormous military burdens which weigh on the economy of nations. If the Conference were to end in failure, the righteous wrath of the peoples would be kindled, righteous because it springs from the cause of Peace."[136] Dass die Weltwirtschaftskrise die Dringlichkeit allgemeiner Abrüstung belege, wurde zu einem der Standardargumente in der Kampagne, mit der die Friedensorganisationen in Genf und in den Teilnehmerstaaten die Konferenz begleiteten. Poster beispielsweise, die der National Council for Prevention of War für die Kampagne erarbeitet hatte, stellten fast ausschließlich diesen Bezug her, indem sie mit Gegensatzpaaren wie „Poverty or Peace", „Armaments or Bread", „Peace and Prosperity vs. War and Poverty" arbeiteten.[137] In zahlreichen Reden prangerten Friedensaktivist*innen an, dass nach wie vor Geld für Rüstungsausgaben da sei, während gleichzeitig Mittel für Sozialprogramme fehlten.[138] Auch Konferenzpräsident Henderson verwies gerne auf den Zusammenhang zwischen Wirtschaftskrise und Abrüstung, wenn er versuchte, die Delegierten zu Kompromissen zu bewegen, um die Verhandlungen voranzutreiben.[139] US-Präsident Herbert Hoover, der ein Hoffnungsträger der Friedensaktivist*innen war und der den Aufrüstungsplänen der Navy nicht zuletzt mit Verweis auf die wirtschaftliche Lage immer wieder Absagen erteilte,[140] hatte bereits im Vorfeld der Konferenz erklärt, dass Rüstung eine enorme Belastung für die Wirtschaft darstelle und einer Überwindung der Krise im Wege stehe.[141]

Abrüstung war allerdings nicht die einzige Option, die als Reaktion auf die Wirtschaftskrise zur Diskussion stand. Dass Hoover die Position der Friedensbewegung teilte, lag nicht nur an seiner Nähe zu ihr, sondern auch an seiner fiskalischen Auffassung: Er war zwar nicht ablehnend gegenüber staatlichen Investitionen als Mittel zur Ankurbelung der Wirtschaft, jedoch zurückhaltend. Die Verfechter einer starken Navy wie die Navy League – einer *pressure group*, in der viele im Ruhestand befindliche Admiräle organisiert waren – und pro-Navy Abge-

136 Zitiert nach Declarations made to the Rt. Hon. Arthur Henderson, 13.6.1932, www.peacepalacelibrary.nl/pmfiles/D10-13-005.pdf [aufgerufen am 25.2.2021].

137 Facsimile of Posters, in: LNA, BPC, Box 38, 201.

138 Siehe bspw. Facts about Disarmament Conference in 1932, by Florence Brewer Boeckel, National Council for Prevention of War, o.D.; Réception par M. Henderson de la délégation francaise des anciens combattants, o.D. [April 1932], beide in: LNA, BPC, Box 38, 188.

139 Vgl. bspw. Cooperation, Article by Mr. Henderson, 19.5.1933, in: LNA, S 475.

140 Vgl. Kennedy: Depression and Security; McBride: Unstable Dynamics, S. 394–400.

141 Rede Hoovers vor der Internationalen Handelskammer im Mai 1931, siehe Facts about Disarmament Conference in 1932, by Florence Brewer Boeckel, National Council for Prevention of War, o.D., S. 3, in: LNA, BPC, Box 39, 188.

ordnete hingegen vertraten einen anderen Ansatz. Carl Vinson, Demokrat im US-Repräsentantenhaus und ab 1932 Vorsitzender des Naval Affairs Committee, war in den 1930er Jahren einer der entschiedensten Verfechter eines Ausbaus der Navy. Er vertrat die Position, dass ein Schiffbauprogramm dabei helfen könne, die wachsende Arbeitslosigkeit zu bekämpfen.[142]

Während die Befürworter neuer Rüstungsprogramme auf die Chancen verwiesen, die diese für Arbeiter*innen darstellten, lenkten Friedensorganisationen ab Mitte 1932 den Fokus immer stärker auf Rüstungsunternehmen als Profiteure. Die Debatte über Kriegsprofite, die vor dem Hintergrund des Ersten Weltkriegs Resonanz entfaltet hatte, wurde wieder relevant – das umso mehr, als die Besetzung der Mandschurei Ängste vor einem Krieg zwischen den Großmächten Japan und USA schürte, in Europa die Spannungen zunahmen und in Südamerika im Juni 1932 ein Krieg zwischen Paraguay und Bolivien ausbrach. Eine wachsende Anzahl an Publikationen griff die zwischen 1913 und 1919 diskutierten Vorwürfe gegen die international agierende private Rüstungsindustrie wieder auf und untermauerte sie mit neuen Beispielen: Rüstungsunternehmen seien international vernetzt, sie teilten sich den globalen Markt, befeuerten Wettrüsten und „war scares" mithilfe von Bestechungsgeldern und tendenziöser Berichterstattung in ihnen nahestehenden Medien. Während die Welt unter den Folgen der Weltwirtschaftskrise leide, würden diese privaten Rüstungsproduzenten von den gesellschaftlichen und internationalen Spannungen profitieren.[143]

Friedensorganisationen in Europa und Nordamerika waren deshalb recht einhellig in dem Urteil, dass ein Verbot der privaten Rüstungsproduktion ein entscheidender Schritt sei, sowohl um Kriege zu verhindern als auch um knapp gewordene wirtschaftliche Ressourcen für sozialpolitische Maßnahmen freizumachen. Jedoch hatte dieses Thema in den Verhandlungen zunächst keine Rolle gespielt. Die Generalkommission hatte zahlreiche Subkomitees eingesetzt, um die für Abrüstung wichtigen Einzelfragen zu bearbeiten. Doch obwohl einige Delegationen wie die norwegische und tschechoslowakische Waffenhandels- und -produktionskontrollen vorgeschlagen hatten,[144] befasste sich keine der Kommissionen mit diesen Themen. Ein britischer Diplomat beobachtete mit Blick auf die ersten

142 Kaufman: Arms Control during the Pre-Nuclear Era, S. 147–150; McBride: Unstable Dynamics; Walter: Congressman Carl Vinson and Franklin D. Roosevelt.

143 Um nur einige Titel zu nennen: Launay/Sennac: Les Relations Internationales; Union of Democratic Control: The Secret International; Habaru: Le Creusot; Waldman: Deaths and Profits; Waldeman: Patriotism Ltd.; Brockway: The Bloody Traffic; Nichols: Cry Havoc; Allard: La vérité sur les marchands de canons; Seldes: Iron, Blood, and Profits; Noel-Baker: Hawkers of Death.

144 Vgl. Survey of Proposals made by Various Delegations during the General Discussion, 25.2.1932, in: LNA, Répertoire Général, R 2411.

Verhandlungsmonate: „It should indeed be noted that the question of private manufacture of and trade in arms was of secondary importance compared with the wider problems of disarmament.“[145] Großbritannien, das sich lange Zeit mit Blick auf den Persischen Golf und Ostafrika für Waffenhandelsregulierungen stark gemacht hatte, hatte mittlerweile selbst an diesem begrenzten Ansatz das Interesse verloren. Die Waffenhandelsrouten nach Indien hatten sich im Laufe der zweiten Hälfte der 1920er Jahre verändert. Die meisten Handfeuerwaffen erreichten die Kronkolonie nicht mehr auf Karawanen oder Dhaus, sondern auf großen europäischen Handelsschiffen, die auf dem Weg nach Japan oder Singapur waren. Diesem Problem gedachte man in White Hall mit zwischenstaatlichen Gesprächen, aber nicht mit völkerrechtlichen Verträgen beizukommen.[146]

Das Desinteresse der Delegationen an der Regulierung des Waffenhandels und der Produktion währte jedoch nicht lange. Nach vier ergebnislosen Verhandlungsmonaten trafen sich im Juni 1932 verschiedene nordatlantische Friedensorganisationen wie die Frauenliga und die Völkerbundligen, aber auch Kirchen, Veteranenverbände und Gewerkschafter mit dem Konferenzpräsidenten. „Im Namen Millionen von Frauen, Millionen ehemaliger Frontsoldaten, Millionen Kriegsversehrter, Millionen von Kriegswaisen, Millionen von Studenten und Millionen von Gläubigen“ warnten sie Henderson, dass man im Angesicht der Wirtschaftskrise den Menschen nicht noch eine weitere Enttäuschung zumuten dürfe. Man werde den Erfolg der Konferenz daran messen, inwiefern sie zu einer substanziellen Reduzierung der Rüstung führe, zu einem Verbot der „aggressivsten Waffen“ und zu einer Kontrolle, wenn nicht gar einem Verbot der privaten Rüstungsproduktion sowie des internationalen Handels.[147]

Eine Allianz für Produktionskontrolle

Diese Forderung traf sich mit den Interessen einiger Delegationen. Polen, Frankreich und die Tschechoslowakei hofften, mithilfe internationaler Produktionskontrolle deutsche Aufrüstungsbestrebungen besser einhegen zu können. Der Regierung in

145 Memorandum by Mr. Makins, FO, on the history of the work of the League in connexion with Article 8, 4.3.1935, S. 10. in: TNA, FO 371, 19581.

146 Vgl. Barton: Counterterrorism between the Wars, S. 146–148.

147 „Les Organisations Internationales chez M. Henderson, in: Cahiers de l'Union Fédérale des Associations Françaises d'Anciens Combattants et de Victimes de la Guerre et de Jeunesses de l'Union Fédérale, 1.7.1932, S. 14 f., hier S. 14. Wortlaut: „Au nom de millions de femmes, de millions d'anciens combattants, d'invalides, de veuves de guerre et d'orphelins, d'étudiants, de chrétiens représentés par leurs églises et leurs associations“; „des armes les plus agresssives“.

Paris lagen detaillierte Berichte über die geheimen deutschen Aufrüstungsbemühungen vor, wie etwa die Produktion von Munition oder die Produktion neuer Flugzeug-Prototypen. Analysten im Kriegsministerium kamen zu dem Schluss, dass Rüstungsausgaben im offiziellen Haushalt versteckt waren. Der Quai d'Orsay hatte diese Befunde bereits während der Vorbereitungen auf die Abrüstungskonferenz thematisiert, um zu verdeutlichen, dass man nur dann in der Lage sei abzurüsten, wenn andere Staaten bereit seien, im Fall eines deutschen Angriffs Frankreich zur Seite zu stehen. Doch insbesondere die Londoner Regierung hatte die französischen Beschwerden über die östlich des Rheins stattfindende Aufrüstung stets als übertrieben zurückgewiesen.[148]

Das Problem ließ sich allerdings nicht negieren. Seit Ende der 1920er Jahre hatten deutsche Journalisten – der prominenteste von ihnen war Carl von Ossietzky, Herausgeber der *Weltbühne* – Einzelheiten über deutsche Rüstungsbemühungen ans Licht gebracht und dabei gezeigt, wie die Reichswehr beispielsweise mit der sowjetischen Regierung und Industrie kooperierte. Ossietzky war daraufhin kurz vor Beginn der Abrüstungskonferenz wegen Geheimnisverrats zu 18 Monaten Haft verurteilt worden. Der Prozess stieß in den Nachbarstaaten auf viel Beachtung.[149] Die Enthüllungen des Journalisten und seine Verurteilung waren auch Thema auf der Abrüstungskonferenz. Die Deutsche Friedensgesellschaft forderte infolge seiner Verurteilung in einem Brief an Henderson, die Weitergabe von Informationen über Verletzungen von Abrüstungsverträgen unter Schutz zu stellen.[150] Ein solcher völkerrechtlicher Schutz für Whistleblower wäre ein Novum gewesen.

In ihrem Anliegen, internationale Kontrollen der Rüstungsproduktion verbindlich festzuschreiben, konnten sich Polen, die Tschechoslowakei und Frankreich wie schon 1925 auf der Waffenhandelskonferenz auf die Unterstützung der nichtproduzierenden Staaten verlassen. Auch nach 1925 hatten diese immer wieder gefordert, die Waffenhandelskonvention um Regeln für die Veröffentlichung von Produktionszahlen zu ergänzen, um auf diese Weise echte Gleichbehandlung zwischen industrialisierten und nichtindustrialisierten Staaten herzustellen. 1928 etwa hatte Gustavo Guerrero, salvadorianischer Delegierter beim Völkerbund und allseits respektierter und gut vernetzter Diplomat, auf der Generalversammlung eine entsprechende Resolution eingebracht und auf die „dringliche Notwendigkeit

148 Zu den Verhandlungen siehe Webster: Strange Allies, pos. 1383 ff., 2295 ff. und 2974 ff. Zur deutschen Aufrüstung siehe Bergien: Die bellizistische Republik; Deist: Die Aufrüstung der Wehrmacht, S. 371–399; Dülffer: Weimar, Hitler und die Marine, S. 98–203.

149 Vgl. Boldt: Carl von Ossietzky, S. 173–190. Der inkriminierte Artikel „Windiges aus der deutschen Luftfahrt" stammte von Walter Kreiser.

150 Vgl. Deutsche Friedensgesellschaft an den Präsidenten der Abrüstungskonferenz, 4.4.1932, in: PA AA, RZ 403, R 53916.

einer Konvention" verwiesen, die „nicht-produzierende und produzierende Länder auf eine Stufe" stelle.[151] Auf der Abrüstungskonferenz bot sich dieser Allianz zwischen Frankreich, der Tschechoslowakei, Polen und Staaten mit einer wenig ausdifferenzierten Rüstungsindustrie – Dänemark, Tükei und Spanien traten besonders exponiert auf – eine neue Möglichkeit, nun auch mit der Unterstützung der Sowjetunion die gemeinsame Forderung vorzubringen und dafür auch noch den Rückhalt der Friedensorganisationen zu erhalten.[152] Mit Erfolg: Am Ende der ersten, ernüchternden Sitzungsperiode beschlossen die Delegierten in Genf die Einsetzung eines Spezialkomitees, das sich mit der privaten Rüstungsproduktion und mit dem Waffenhandel befassen sollte.[153]

Das Spezialkomitee tagte im Oktober 1932 zum ersten Mal und sofort wurde deutlich, dass eine Einigung sehr unwahrscheinlich war. Einige Delegationen lehnten selbst Kontrollmaßnahmen wie eine Veröffentlichungspflicht ab.[154] Zu dieser Gruppe gehörten auch die USA[155] – sehr zum Unmut Hugh Wilsons, der eine zentrale Rolle in der US-amerikanischen Delegation spielte und eine so unflexible Position gegenüber dem State Department unverhohlen kritisierte. Er forderte eine Neuevaluation des US-Standpunkts.[156] Selbstverständlich entging den Friedensorganisationen die US-amerikanische Verweigerungshaltung nicht. Dorothy Detzer befand sich während der Sitzungen des Komitees auf Durchreise in Genf. Sie war äußerst empört und beklagte nach Gesprächen mit US-Diplomaten deren mangelhaftes Wissen darüber, wie die Rüstungsindustrie in der Vergangenheit überall in der Welt Kriege angestiftet habe. Die Frauenliga legte daraufhin Protest beim State Department ein.[157] Kurze Zeit später vollzogen die USA tatsächlich eine

151 Records of the Ninth Ordinary Session of the Assembly, Meetings of the Committees, Minutes of the Third Committee. Geneva 1928, S. 39 f. Wortlaut: „the urgent necessity of drawing up a Convention" „placing non-producing and producing countries on an equl footing".

152 Zur Lagerbildung siehe vor allem die Beobachtungen der deutschen Delegation: Telegramm Nadolny an das Auswärtige Amt, 6.6.1933, in: PA AA, RZ 206, 32230.

153 Annexes N° 1, Conférence du Désarmement, A Résolution Benès, 23.7.1932, in: Les Documents politiques, diplomatiques et financiers, 1932–09, S. 611, in: Bibliothèque nationale de France, gallica.bnf.fr.

154 Vgl. Conference on the Reduction and Limitation of Armaments, Committee for the Regulation of the Trade in, and Private and State Manufacture of, Arms and Implements of War, Report of Progress of Work, 12.11.1932, in: LNA, Répertoire Général, R 2388, 39864.

155 Vgl. The American Delegate (Wilson) to the Secretary of State, 6.10.1932, in: FRUS, 1932, Vol. I, Doc. 229.

156 Vgl. The American Delegate (Wilson) to the Secretary of State, 21.10.1932, in: FRUS, 1932, Vol. I, Doc. 235.

157 Vgl. Activities of the Year April 1932 – May 1933 by Dorothy Detzer, S. 6 f., in: SCPC, DG 043, Series A, 2 – Part 1: Board, Officer and Member Meetings/Conferences, Box 3.

Kehrtwende in der Frage der Produktionskontrolle. Außenminister Henry Stimson wies die Delegation an, die zuvor geäußerten Vorbehalte zurückzuziehen. Man sei sich sicher, dass es möglich sein werde, eine allseits vertretbare Formel zu finden. Dabei begründete er den Positionswechsel damit, dass es gelungen sei, verfassungsrechtliche Bedenken durch erneute Betrachtung aus dem Weg zu räumen.[158] Es lässt sich nicht sagen, ob es Wilsons Einwand oder die Kritik der Frauenliga war, was den Gesinnungswandel herbeiführte. Möglicherweise spielte beides zusammen.

Jedenfalls war der US-amerikanische Positionswechsel entscheidend für den weiteren Verlauf der Verhandlungen. Die USA gehörten zu den wichtigsten Rüstung produzierenden Staaten. Ohne ihre grundsätzliche Bereitschaft, über eine Kontrolle des Waffenhandels und der Produktion zu diskutieren, wäre es wenig sinnvoll gewesen, die Themen weiterhin auf der Agenda der Abrüstungskonferenz zu halten. Nun aber witterte die französische Delegation die Chance für einen Vorstoß in Sachen Handels- und Produktionskontrolle. Unmittelbar nach Bekanntwerden des US-amerikanischen Positionswechsels ging sie mit einem weitreichenden Vorschlag an die Öffentlichkeit: Die Rüstungsproduktion solle durch eine internationale Organisation kontrolliert und darüber hinaus schrittweise internationalisiert werden.[159] Das entsprach auch der Forderung der in Genf vertretenen Frauenorganisationen.[160] In den folgenden Sitzungen des im Oktober geschaffenen Subkomitees präzisierte die französische Delegation ihre Vorstellung in enger Abstimmung mit der Delegation des Bündnispartners Polen. Der gemeinsame Vorschlag sah die Schaffung einer internationalen Permanenten Kommission vor, die die Vollmacht erhalten sollte, Lizenzen zur Herstellung von Waffen sowie Ein- und Ausfuhrgenehmigungen für Rüstungsgüter zu erteilen.[161]

---

158 Vgl. The Secretary of State to the American Delegate (Wilson), 11.11.1932, in: FRUS, 1932, Vol. I, Doc. 256.

159 Vgl. Conference for the Reduction and Limitation of Armaments, Memorandum by the French Delegation, 14.11.1932, in: LNA, Répertoire Général, R 2410, 34721.

160 Statement by the Disarmament Committee of the Women's International Organisations in relation to the Conference for the Reduction and Limitation of Armaments, Geneva [1932], in: SCPC, Peace and Disarmament Committee of the Women's International Organisations, 1931–1940, CDGB-Switzerland, Box 1.

161 Eine hilfreiche Übersicht über diese Verhandlungen findet sich in: Bericht der Deutschen Delegation in Genf über die Arbeiten des Komitees für Waffenherstellung und Waffenhandel, 30.3.1933, in: PA AA, RZ 206, 32229.

Produktionskontrollen und die Überwindung des Kapitalismus

Dass die französische Delegation weitreichende und völkerrechtlich verbindliche Produktionskontrollen forderte, war kein Novum. Unter so unterschiedlichen Regierungen wie der des Radikalen Édouard Herriot (1924–1925) oder des Konservativen Raymond Poincaré (1926–1929) hatten französische Diplomaten in Genf auf Produktionskontrollen gedrängt. Und während der sich jahrelang hinziehenden Vorbereitungen zur Abrüstungskonferenz hatte der Quai d'Orsay auch unter konservativen Regierungen Versuche unternommen, ein solches Instrument zum Gegenstand der Verhandlungen zu machen.[162] Aus Sicht der konservativen Regierungen, die seit der zweiten Hälfte der 1920er Jahre bis zum Beginn der Abrüstungskonferenz im Amt gewesen waren, hatte es sich dabei ausschließlich um ein Element französischer Sicherheitspolitik gehandelt, die auf eine völkerrechtliche Einhegung vor allem deutscher Aufrüstungsbestrebungen zielte.[163] Im Mai 1932 hatten jedoch Wahlen stattgefunden, in denen nach Jahren konservativer Dominanz die linken Parteien – die Radikalen, Sozialisten und Kommunisten – die Mehrheit erlangten. Der Schutz vor einem deutschen Angriff blieb auch für die neue, von den Radikalen gebildete Regierung ein wesentliches Verhandlungsziel auf der Abrüstungskonferenz. Insofern knüpfte der Vorschlag, den die Delegation Ende 1932 einbrachte, an den Ansatz der Vorgängerregierungen an – das zeigte bereits die enge Zusammenarbeit mit Polen.[164]

Neu war allerdings, dass die Regierung der Produktionskontrolle eine wesentlich größere Bedeutung beimaß und dazu überging, diese Forderung dezidiert und mit Nachdruck in die Verhandlungen einzubringen. Diese Entschiedenheit war Ausdruck davon, dass Produktionskontrollen unter der neuen Regierung eine weitere Stoßrichtung erhielten und nicht mehr ausschließlich als ein sicherheitspolitisches Instrument unter vielen galten: Sie wurde nun auch wirtschaftspolitisch relevant. Das lag weniger an der Regierungspartei als vielmehr an den Sozialisten und Gewerkschaftern. Die Sozialisten weigerten sich in die zunächst von Édouard Herriot geführte Regierung einzutreten. Bereits Ende des Jahres befand sich diese deshalb in der Krise, Herriot trat als Ministerpräsident zurück und Joseph Paul-Boncour versuchte, eine Koalition zu formen. Ein Verbot der privaten Rüstungs-

162 Siehe bespielsweise: Special Commission for the Preparation of a Draft Convention on the Private Manufacture of Arms and Ammunition and of Implements of War, Report of the Special Commission to the Council on the Work of its Second Session, held at Geneva August 27 to 30, 1928, Minutes of the Meeting, 30.8.1928, in: LNA, Répertoire Général, R 2378, 6911.

163 Siehe Kapitel 3.2 und 4.2.

164 Vgl. Webster: Strange Allies; Vaïsse: Security and Disarmament.

produktion gehörte zu den zentralen Forderungen der Sozialisten, die die Radikalen verzweifelt versuchten, an Bord zu holen.[165] Insofern lässt sich die in Genf vertretene Forderung nach einer weitreichenden völkerrechtlichen Kontrolle der Rüstungsproduktion auch als ein Signal des Entgegenkommens an die Adresse der Sozialisten verstehen. Die Abrüstungskonferenz in Genf war 1932 jedenfalls kein Nebenschauplatz, sondern hatte im Wahlkampf eine wichtige Rolle gespielt.[166]

Aus Sicht der Sozialisten waren ein Verbot privater Rüstungsproduktion und die Überwindung der Weltwirtschaftskrise zwei miteinander verschränkte Themen. Sie interpretierten die Krise in streng marxistischer Manier als eine Folge kapitalistischer Aneignung von Produktionsmitteln. Diese sei der Grund für den schwächelnden Konsum, den sie als Auslöser der Krise ausgemacht zu haben meinten. Die Verstaatlichung der Rüstungsindustrie war in dieser Auffassung lediglich ein erster Schritt in Richtung einer umfassenden Sozialisierung der Produktionsmittel. Gleichzeitig fügte sich diese Forderung in die außenpolitische Agenda der Sozialisten, die auf der Annahme basierte, dass die Überwindung des Kapitalismus immer auch eine Voraussetzung sei, um den internationalen Frieden zu sichern.[167]

Mit Blick auf die wirtschafts- und friedenspolitische Dimension der Rüstungsproduktion bestand Einigkeit zwischen den Sozialisten und dem französischen Delegierten, der in Genf über Kontrollmechanismen verhandelte: Léon Jouhaux. Auch wenn er stets darauf bedacht war, dass die von ihm geführten CGT von den Sozialisten unabhängig blieb, so gab es doch viele Gemeinsamkeiten – etwa was die Analyse der Krise betraf. Die größte Gewerkschaftsorganisation strebte eine Überwindung des Kapitalismus an. Die Sozialisierung der Produktion in Form von Munizipalisierung und Verstaatlichung hielt sie für eine notwendige Maßnahme, um die Gesellschaft von der „Plutokratie" zu befreien. Diese Forderung hatte auch aus gewerkschaftlicher Sicht eine dezidiert friedenspolitische Dimension. Kapitalismus und Krieg galten als untrennbar miteinander verknüpft. Eine Revolution nach sowjetischem Beispiel lehnte man allerdings ab, stattdessen hoffte man, die Neuordnung der Wirtschaft auf parlamentarischem Wege voranzutreiben. Angesichts der nach wie vor bestehenden gesellschaftlichen Widerstände seien jeder Verstaatlichungspolitik Grenzen gesetzt. Sie müsse vorläufig auf Minen, den Energiesektor, Transport und eben auf Rüstungsproduktion begrenzt bleiben. Das waren keinesfalls neue Positionen – sowohl die Forderung nach Verstaatlichung der

---

165 Dieser Zusammenhang wird gut deutlich in der Berichterstattung des SFIO-Organs: „La Crise Ministérielle", in: *Le Populaire*, 18.12.1932, S. 3.

166 Vgl. Jackson: The Politics of Depression in France, S. 53f.

167 Vgl. Jackson: The Politics of Depression in France, S. 35–41; Alexander: A bas les marchands de canons, S. 288–291.

Rüstungsproduktion als auch ihre Einbettung in eine Wirtschaftspolitik, die auf Verstaatlichung abzielte, waren seit 1919 fester Bestandteil des gewerkschaftlichen Programms – nicht nur in Frankreich, sondern auch auf internationaler Bühne. Allerdings stießen solche Forderungen nach einer stärkeren Rolle des Staates vor dem Hintergrund der Weltwirtschaftskrise und neuer Mehrheitsverhältnisse im französischen Parlament und in der Öffentlichkeit auf breitere Resonanz als in den 1920er Jahren.[168]

Und vor allem auf internationaler Bühne eröffneten sich angesichts der Wahlergebnisse für die Gewerkschaften neue Handlungsmöglichkeiten. Jouhaux, der Frankreich im Subkomitee für Waffenhandel und -produktion vertrat, erhielt freie Hand, um seine gewerkschaftliche Agenda in die Verhandlungen einzubringen und voranzutreiben. Er entwickelte zwei Vorschläge: Eine Maximalposition sah ein Verbot privater Rüstungsproduktion vor. Sollte sich ein solcher Ansatz als nicht durchsetzbar erweisen, müsse man sich auf eine Minimalposition zurückziehen und internationale Kontrollmechanismen fordern.[169] In Genf machte Jouhaux dabei deutlich, dass aus seiner Sicht die völkerrechtliche Neuordnung der Rüstungsproduktion eng verknüpft sei mit der Neuordnung der französischen Wirtschaft. Er beklagte, dass Rüstungsproduktion und Waffenexporte in Frankreich nicht zufriedenstellend geregelt seien und beteuerten, dass man dies ändern wolle.[170] Wie er allerdings nach all seinen Erfahrungen auf internationaler Ebene davon ausgehen konnte, dass die von ihm formulierte Maximalposition auch nur den Hauch einer Chance hatte, wirft Fragen auf, die sich auf der Quellenlage nicht beantworten lassen. Entweder glaubte er tatsächlich, dass angesichts der Weltwirtschaftskrise die allgemeine Stimmung zu einem Umschwung führen könne. Oder diese Position war als Signal an die verschiedenen gesellschaftlichen Gruppen gemeint, die in Genf vertreten waren – ein Signal, dass das von ihnen geforderte Verbot privater Rüstungsproduktion nicht am Widerstand Frankreichs scheiterte.

---

168 Vgl. Kuisel: Capitalism and the State, S. 99–111; Girault: Le pacifisme, S. 260–266; Horne: Nationalisation.

169 Vgl. Questions relatives au controle des armaments, 20.10.1932, S. 6–11, in: AD MAE, 242QO, 969, S. 18–28.

170 Declarations et commentaires des délégués sur les systèmes de licences en vigueur dans les Etats qu'ils représentent, présentés oralement à la séance du 10 décembre 1932, in: PA AA, RZ 206, 32229.

Der Widerstand gegen internationale Produktionskontrollen

Der französische Vorstoß erhielt vehementen Widerspruch von den Delegationen der anderen großen Rüstung produzierenden Staaten. Die Bereitschaft der US-Regierung, nun doch über Produktionskontrollen zu verhandeln, konnte nicht darüber hinwegtäuschen, dass nach wie vor fundamentale Unterschiede zum französischen Ansatz bestanden. Secretary of State Henry Stimson stellte gegenüber der Delegation unmissverständlich klar, dass eine Produktionskontrolle nur dann akzeptabel sei, wenn diese von Regierungen und nicht von internationalen Organisationen ausgeübt werde. Außerdem gelte es unter allen Umständen zu vermeiden, Kontrollmaßnahmen nur für private Rüstungsunternehmen festzulegen; staatliche und private Rüstungsproduktion müssten den gleichen Regeln unterliegen.[171] Diese Position war selbstverständlich nicht überraschend. Die US-Regierung hatte sich nach 1919 weitgehend aus der Produktion von Waffen zurückgezogen, US-amerikanische Rüstungspolitik basierte seither im Wesentlichen auf der privaten Rüstungsindustrie.[172] In den vorangegangenen Jahren hatten Delegierte in Genf diesen Politikansatz selbstbewusst vertreten und flammende Plädoyers für die private Rüstungsproduktion gehalten.[173]

Doch der wachsende Druck der Friedensbewegung, etwas gegen die privaten Unternehmen zu unternehmen, trieb die US-Diplomaten in die Defensive, der von ihnen angeschlagene Ton wurde apologetischer: „In view of the importance of the question of the abolition of private manufacture to public opinion I felt it was necessary to make statement pointing out certain of the grave problems which would be raised by its abolition." Jedes Land werde beginnen, seine eigene Rüstungsindustrie aufzubauen. Das würde zwangsläufig eine deutliche Erhöhung der Rüstungsausgaben nach sich ziehen.[174] Auch Japan meldete Widerspruch an. Im Gegensatz zu den USA war der japanische Staat tief involviert in die Rüstungsproduktion, jedoch wünschte die Regierung, die im Pazifik ihren Machtbereich ausbaute und deshalb aufrüstete, keine internationale Kontrolle.[175]

Für Großbritannien kam der französische Vorschlag zur Unzeit. Im August 1931 war die Labour-Regierung zerbrochen. Ramsay MacDonald hatte daraufhin mit den

---

171 Vgl. The Secretary of State to the American Delegate (Wilson), 12.11.1932, in: FRUS 1932, General, Vol. I, Doc. 257.

172 Vgl. Wilson: Destructive Creation, S. 21–29.

173 Verbatim Report of the Eleventh Meeting of the General Committee held on Wednesday, 20.5.1925, in: TNA, FO 371, 11035.

174 Green and Gray, Geneva, to Secretary of State, 6.6.1933 [Telegram], in: NARA, RG 59, 500.A16/265, Box 2467.

175 Vgl. Wilson to Secretary of State, 7.6.1933 [Telegram], in: NARA, RG 59, 500.A16/266.

Liberalen und Tories die sogenannte Nationale Regierung gebildet, woraufhin sein ehemaliger Außenminister Arthur Henderson, der kurz darauf die Präsidentschaft über die Abrüstungskonferenz übernahm, seinen Rausschmiss aus der Partei vorangetrieben hatte. Im neuen Kabinett sah man die private Rüstungsindustrie als Verbündete im Kampf um die Sicherheit des Empires. Als Reaktion auf das Handelsdefizit, das infolge der Wirtschaftskrise entstanden war, erwog man seit Dezember 1931 in interministeriellen Gesprächen, Rüstungsexporte zu erleichtern. Zur Diskussion standen Maßnahmen wie die Lockerung der Bestimmungen zur Erteilung von Exportlizenzen oder die Übernahme von Garantien für Kredite zur Finanzierung von Waffenausfuhren.[176] Admiralität und War Office, die beide traditionellerweise eine gegenüber der Rüstungsindustrie wohlwollende Position einnahmen, verteidigten solche Schritte mit Verweis auf die Bedeutung für die Landesverteidigung. Es gelte, Unternehmen wie Vickers-Armstrong zu stärken, um in Notfällen die Produktion schnell ankurbeln zu können.[177]

Solche Forderungen liefen jedoch der britischen Verhandlungsposition in Genf zuwider. Dort konterte die britische Delegation den französischen und polnischen Vorschlägen mit Verweis auf das eigene Lizenzsystem. Eine nationalstaatliche Kontrolle von Rüstungsausfuhren nach britischem Vorbild sei letztlich effektiver als die Kontrolle durch eine internationale Organisation.[178] Auf diese Weise inszenierte die britische Delegation das Lizenzsystem, das immer als ein Instrument imperialer Kontrolle gedacht und genutzt worden war,[179] als Musterbeispiel einer gelungenen Abrüstungspolitik. Eine Lockerung des Lizenzsystems hätte dieser Position geschadet. Schließlich setzten Admiralität und War Office dennoch die Lockerung der Ausfuhrbestimmungen durch. Sie überzeugten Ministerpräsident Ramsay MacDonald mit dem Argument, dass man auf diese Weise die Entlassung von Arbeitern vermeide.[180]

An den Genfer Verhandlungen änderte die britische Aufweichung von Exportkontrollen nichts. Die Gespräche über Waffenhandel und -produktion gerieten ohnehin angesichts der unvereinbaren Positionen Mitte 1933 ins Stocken.[181] Doch

176 Vgl. Draft Memorandum on Proposed Extension of the Export Credits Guarantee Scheme to cover War Materials, Dezember 1931, in: TNA, FO 371, 15628.

177 Vgl. Barnes, Admirality, to Dodds, Foreign Office, 6.4.1932; War Office to Under Secretary of State, Foreign Office, 12.4.1932, beide in: TNA, FO 371, 16348.

178 Vgl. Memorandum by Ashley Clarke, Foreign Office, 12.12.1933, in: TNA, FO 371, 17281.

179 Siehe Kapitel 2.2f.

180 Hier und im Folgenden Packard: Whitehall, Industrial Mobilisation and the Private Manufacture, S. 185–189.

181 Für eine gute Übersicht siehe Memorandum by Mr. Makins, Foreign Office, on the history of the work of the League in connexion with Article 8, 4.3.1935, S. 10–12. in: TNA, FO 371, 19581.

der gesellschaftlichen Auseinandersetzung mit privatwirtschaftlichen Gewinnen durch das globale Geschäft mit Kriegsgütern tat der Verlauf der Abrüstungsverhandlungen keinen Abbruch. Im Gegenteil: Die Abrüstungskonferenz verstärkte diese Debatte und schuf die Voraussetzung für eine stärkere Transnationalisierung. In den folgenden Jahren sollte sich zeigen, dass nicht nur die Netzwerke von Bedeutung waren, die zwischen verschiedenen gesellschaftlichen Akteur*innen im Verlauf des Jahren 1932 entstanden waren. Genf war auch der Ort, wo sich Aufrüstungsgegner unterschliedlicher Herkunft und politischer Coleur vor dem Hintergrund der Weltwirtschaftskrise auf ein gemeinsames Narrativ verständigten und die Deutung wiederbelebten, dass das privatwirtschaftliche Gewinnstreben großer Rüstungsunternehmen für internationale Spannungen verantwortlich sei.

4.4 Rüstungsunternehmen im Fokus der Öffentlichkeit

Angesichts der festgefahrenen Verhandlungen in Genf verlagerte sich die Debatte über private Rüstungsunternehmen und ihre internationalen Geschäfte auf die Parlamente der großen Rüstung produzierenden Staaten. Auf Druck der Öffentlichkeit hin setzten Mitte der 1930er Jahre der US-amerikanische Kongress und die britische Regierung Untersuchungskommissionen ein, die sich mit der Rüstungsindustrie und ihren Praktiken befassen sollten. Im französischen Parlament scheiterten die Sozialisten und Kommunisten mit einem ähnlichen Vorstoß. Begleitet wurden diese parlamentarischen Aktivitäten von einer transnationalen Kampagne. Die Forderung, die geschäftlichen Aktivitäten der großen Rüstungsunternehmen genauer unter die Lupe zu nehmen und sie einer stärkeren staatlichen Kontrolle zu unterwerfen, vereinte so unterschiedliche Akteure wie französische Gewerkschafter, die Frauenliga, nordamerikanische Landwirte, konservative Kongressabgeordnete, die Labour-Partei, Friedensorganisationen oder französische Gewerkschafter. Was verschaffte dieser Forderung Mitte der 1930er Jahre eine solche Relevanz und Anschlussfähigkeit?

Mit dem Stillstand in Genf zerschlugen sich die Hoffnungen, die in der Friedensbewegung mit Blick auf die Kontrolle von Rüstungsproduktion und -handel gehegt worden waren. Noch im Februar 1933 hatte sich Amy Woods, die für die US-amerikanische Sektion der Frauenliga die Verhandlungen verfolgte, optimistisch geäußert. Zwar sei das „Judas Iscariot year" 1932 insgesamt enttäuschend verlaufen, doch es gebe Grund zur Hoffnung: Die Produktion und der Handel mit Rüstungsgütern seien mittlerweile öffentlich geächtet.

> The danger now is that the peoples of the world in this maelstrom of depression may be prodded into war by their industrialists, their bankers, and their jingo politicians. Economic dis-

> location lays the world open to such a risk. Today there are whisperings in every country that a war is needed to put trade upon its feet. ‚Not a world war of course, but just a secondary, well-located war to start up business – a war big enough and long enough to set up artificial markets for surplus cotton, copper, steel, beef, wheat, munitions and men.'"[182]

Die Mandschurei-Krise und der Ausbruch des Krieges zwischen Bolivien und Paraguay, deren Regierungen sich bei den nordatlantischen Rüstungsproduzenten mit Waffen eindeckten,[183] schienen dieses Bedrohungsszenario, das Züge eines Verschwörungsnarrativs aufweist, zu belegen.

Als die Genfer Verhandlungen über den Waffenhandel und die Waffenproduktion entgegen aller Hoffnungen ins Stocken gerieten und gleichzeitig die Big-Navy-Befürworter im Kongress einen Vorstoß zum Ausbau der Flotte wagten, entschied sich die US-amerikanische Frauenliga im Mai 1933, dem Anliegen mithilfe parlamentarischer Instrumente neuen Nachdruck zu verleihen. Auf ihrer Jahresversammlung beschlossen die Mitglieder, die Einsetzung einer Untersuchungskommission durch den Senat zu fordern. Es gebe Hinweise, dass die Rüstungsindustrie daran beteiligt sei, falsche Informationen zu verbreiten, um Kriegsängste zu befeuern und so übermäßige Rüstungsausgaben durchzusetzen. Deshalb müsse untersucht werden, welche Politiker und Medienunternehmer Anteile bei Rüstungsunternehmen hätten, welche Lobbyaktivitäten diese Unternehmen betrieben und inwiefern sie internationale Abrüstungsverhandlungen unterwandert hätten.[184]

Feministischer und republikanischer Antiimperialismus

Dabei ging es keineswegs nur um eine rüstungspolitische Intervention. Ähnlich wie bei den französischen Gewerkschaftern und Sozialisten war für die Frauenliga die Kritik an der privaten Rüstungsindustrie Teil einer Kritik an den bestehenden ökonomischen Verhältnissen und ihre Forderungen zur Neuordnung der Rüstungsproduktion waren verschränkt mit Überlegungen, die auf die Neuordnung der Wirtschaft zielten. Der Schwerpunkt der Friedensorganisation lag dabei allerdings

---

182 Amy Woods: Oncoming World Disarmament, February 1933, S. 5, in: SCPC, Women's International League for Peace and Freedom, DG 043, Part III: U.S. Section, Series A, 4 – Part 1: Committees & Conferences, 1920–1949, 1920–1959, Box 4, Literature.

183 Vgl. Hughes: Logistics and the Chaco War.

184 Resolutions adopted at Annual Convention of the WILPF, 21.5.1933, in: SCPC, Women's International League for Peace and Freedom, DG 043, Part III: U.S. Section, Series A, 4 – Part 1: Board, Officer and Member Meetings/Conferences, Box 3.

viel stärker auf der internationalen Dimension. Detzer pflegte diese Zusammenhänge in ihren Reden zur Rüstungsindustrie vor den verschiedenen Untersektionen immer sehr deutlich hervorzuheben: „Armaments exist not of themselves. They are a symptom, not a disease. The disease is imperialism." Man könne diesen Zusammenhang sehr gut am Beispiel der US-amerikanischen Rüstungsausgaben studieren. Während die wachsende Zahl der Arbeitslosen von 90 Cent pro Woche leben müssten, gebe der Staat 238 Millionen Dollar für neue Kriegsschiffe aus. Das tue man ganz sicher nicht nur, um Menschen Arbeit zu geben. Man baue eine „imperialistische Navy", um die Politik des „ökonomischen und politischen Imperialismus" aufrechtzuerhalten, der die Weltwirtschaft bestimme. „For how can England disarm and continue to hold India against her will? How can Japan disarm and continue to hold Manchuria and Korea? How can the United States disarm and continue to dominate Latin America, break the British rubber monopoly by the rape of Liberia, or control the Pacific?" Diejenigen, die an der Aufrechterhaltung dieses Wirtschaftssystems interessiert seien, seien dieselben, die gegen eine „Sozialisierung des Besitzes" kämpften. Man dürfe sich deshalb nicht nur auf Rüstungsprobleme beschränken, sondern es gelte, das „Kriegssystem zu zerstören", bevor es einen selbst zerstöre. Was genau an die Stelle des „ökonomischen Imperialismus" treten sollte, darüber äußerte sich Detzer nur sehr vage und beschwor die „Imagination".[185]

Die Deutung, dass das kapitalistische Wirtschaftssystem der USA letztlich eine Variante des „ökonomischen Imperialismus" sei, der den Weltfrieden gefährde und deshalb überwunden werden müsse, war keineswegs neu – sie gehörte zu den Kernüberzeugungen der Frauenliga. Bereits während der 1920er Jahre hatte sie auf dieser Grundlage die US-Politik gegenüber Zentralamerika sowie den Ausbau der Navy kritisiert. Die Durchsetzung des freien Welthandels habe letztlich dazu gedient, Abhängigkeiten zu schaffen. Finanziell starke Staaten und die dort ansässigen privaten Kreditinstitute hätten die Verschuldung mindermächtiger Staaten genutzt, um die Kontrolle über diese zu stärken. Militärische Interventionen, wie sie die USA in schöner Regelmäßigkeit mithilfe ihrer Navy in Zentralamerika durchführten, seien der beste Beleg dafür, dass der „ökonomische Imperialismus" den Frieden bedrohe. Die Lösung für das Problem sei allerdings nicht die globale, wirtschaftliche Entflechtung. Investitionen, die den „Fortschritt der Zivilisation" beförderten, seien wichtig. Es gelte aber sicherzustellen, dass nichts gegen den Willen der Gesellschaften geschehe, die das Ziel solcher Investitionen seien. Ein Schritt in die richtige

185 Vested Interests in War by Dorothy Detzer, Delivered at the International Congress of Women, Chicago, 20.7.1933, in: SCPC, Women's International League for Peace and Freedom, DG 043, Part III: U.S. Section, Series A, 4 – Part 1: Board, Officer and Member Meetings/Conferences, Box 3. Wortlaut: „socialization of wealth"; „the war system [...] will destroy us unless we destroy it".

Richtung stelle ein Verbot militärischer Interventionen dar. Madeleine Doty, die erste Sekretärin des Genfer Büros der Frauenliga, begründete diesen Ansatz feministisch. Männer – sowohl die Kapitalisten als auch die Arbeiter – würden alles aufs Ökonomische reduzieren. Frauen müssten zeigen, dass die Ökonomie nicht der Sinn aller Existenz sei. Letztlich gehe es um die Qualität des Lebens. Hier klang wieder ein Grundnarrativ der Frauenliga an: Frauen als das Leben schenkende Geschlecht setzten sich für ein gutes Leben ein.[186] Das von Doty konstruierte Frauenbild ist auch mit Blick auf die Debatte über die Rüstungsindustrie relevant. Ihm zufolge waren Frauen der natürliche Widerpart männlicher Rüstungsunternehmer und ihres Strebens nach Profit.

Antiimperialismus war dabei kein Alleinstellungsmerkmal der US-Sektion, sondern er gehörte auch zur Agenda europäischer Sektionen. Die Kritik am Imperialismus ging Hand in Hand mit antikapitalistischen Positionierungen. Es gehörte zu den in der Frauenliga verbreiteten Grundüberzeugungen, dass das Streben privater Unternehmen nach Profiten eine der Hauptursachen für Krieg sei. In Rüstungsunternehmen sahen sie nur den offensichtlichsten, aber keineswegs einzigen Beleg für diese Deutung.[187]

Unmittelbar nach der Jahresversammlung der US-amerikanischen Frauenliga im Mai 1933 machte sich Detzer daran, einen Senator zu suchen, der sich bereit erklärte, eine Resolution zur Schaffung einer Untersuchungskommission zur privaten Rüstungsindustrie einzubringen. Senator George Norris gehörte zu ihren engeren Kontakten auf dem Kapitol. Der 72jährige Republikaner zeigte sich dem Anliegen gegenüber aufgeschlossen, doch er meinte, aufgrund seines Gesundheitszustandes nicht mehr in der Lage zu sein, die Arbeiten einer Untersuchungskommission zu einem so heiklen Thema vorantreiben zu können. Er erklärte sich aber dazu bereit, die Frauenliga bei ihrer Suche nach einem geeigneten Abgeordneten zu unterstützen und schlug schließlich vor, sich an den Republikaner Gerald Nye zu wenden. Nye war friedenspolitisch bis zu diesem Zeitpunkt nicht durch eigene Initiativen in Erscheinung getreten. Doch für ihn sprach, dass er weder durch andere legislative Großprojekte abgelenkt war, noch in den anstehenden Mid-terms antreten musste.[188]

---

186 Vgl. Foster: The Women and the Warriors, S. 58–88, Paraphrase S. 61; Dawley: Changing the World, S. 299–301.

187 Vgl. Stöckmann: Women, Wars, and World Affairs, insbesondere S. 230–232.

188 Vgl. Foster: The Women and the Warriors, S. 208–217; Wiltz: In Search of Peace, S. 24–32. Siehe auch Detzer: Appointment on the Hill, S. 151–157. Detzer widmet solchen Lobbyaktivitäten viel Raum in ihrer Autobiografie. Ihre autobiografischen Schilderungen basieren auf akribischen Berichten, die sie dem Vorstand der Frauenliga monatlich vorzulegen pflegte. Zu ihren Bemühungen, einen Senator für die Untersuchungskommission zu gewinnen, siehe: Report of Executive Secretary for

Tatsächlich willigte Nye nach einigem Zaudern Ende 1933 ein – und das lag keineswegs nur an strategischen Überlegungen mit Blick auf die Mid-terms. Vielmehr stellte der Antiimperialismus, auf dem die Kritik der Frauenliga an der privaten Rüstungsindustrie fußte, einen wichtigen gemeinsamen Nenner dar. Eine Untersuchungskommission hätte sich nahtlos in Nyes eigene Agenda eingefügt. Er saß seit 1924 für North Dakota im Senat. Wie Norris, der aus Nebraska kam, vertrat er einen agrarisch geprägten Bundesstaat. Für die Landwirte hatte die Wirtschaftskrise nicht erst 1929 begonnen; bereits Anfang der 1920er Jahre waren die Preise für agrarische Produkte teilweise bis zu zwei Drittel eingebrochen. Das lag unter anderem an der Verbreitung von Traktoren, die eine weit intensivere Bewirtschaftung der Ländereien ermöglichten. Die dadurch ausgelöste Überproduktion ging einher mit einem zunehmenden internationalen Wettbewerb um Absatzmärkte.[189]

Vor diesem Hintergrund hatte sich innerhalb der Republikanischen Partei eine Gruppe von Senatoren aus Staaten mit einer bedeutenden Landwirtschaft gebildet, die in außen- sowie wirtschaftspolitischen Fragen von der Parteilinie abweichende Positionen vertraten. Zu den sogenannten *progressive Republicans*, die in der Tradition der *progressivists* der Jahrhundertwende eine Reform des Kapitalismus durch Stärkung mittelständischer Unternehmen propagierten, gehörten auch Norris und Nye. Sie verfolgten eine dezidiert antiimperialistische Agenda, der sie im Laufe der 1920er Jahre mithilfe wechselnder Allianzen ein spürbares Gewicht im Kongress verliehen. Sie vertraten eine protektionistische Wirtschaftspolitik, die sich gegen die Einfuhr agrarischer Produkte aus dem Ausland richtete. Sie kritisierten die Ausweitung des US-amerikanischen Einflusses auf Zentralamerika und die Philippinen und wandten sich gegen Auslandsinvestitionen, weil sie fürchteten, dass dies zu einer Reduktion der Investitionen in die US-amerikanische Wirtschaft und einer Schwächung der heimischen Landwirtschaft führen werde. Die Navy war ihnen ein ständiger Dorn im Auge. Sie galt als Instrument des Ostküsten-Großkapitals. Dieses profitiere einerseits, indem es den großen Rüstungsunternehmen auf Kosten der Steuerzahler lukrative Aufträge einbringe. Andererseits sei die Navy ein Instrument, mit dessen Hilfe international agierende Unternehmen wie die United Fruit Company ihre Investitionen im Ausland schützten – ebenfalls mit Steuermitteln. Gegenüber Roosevelts New Deal war diese Abgeordneten-Gruppe ambivalent eingestellt. Sie unterstützten arbeitspolitische Maßnahmen und befürworteten

June, July and December 1933, in: SCPC, DG 043, Series A, 2 – Part 1: Board, Officer and Member Meetings/Conferences, Box 3.

189 Vgl. Patel: The New Deal, S. 31–34. Johnson: Peace Progressives, S. 105–150.

eine staatsinterventionistische Wirtschaftspolitik, lehnten aber höhere Rüstungsausgaben ab.[190]

Die *progressive republicans* sind lange Zeit als Isolationisten charakterisiert worden, denen es in erster Linie darum gegangen sei, die USA aus internationalen Bündnissen und Konflikten herauszuhalten.[191] Die jüngere Forschung betont hingegen, dass der Begriff des Isolationismus kaum trage, wenn es um die Erklärung der US-amerikanischen Außenpolitik der Zwischenkriegszeit gehe. Es handele sich im Wesentlichen um eine retrospektive Deutung, die den Nuancen außenpolitischer Debatten nicht gerecht werde.[192] Diese Beobachtung trifft auch auf Nye und Norris zu, deren außenpolitische Agenda sich keineswegs auf den Begriff Isolationismus reduzieren lässt. Sie waren zwar für wirtschaftspolitische Entflechtungen und skeptisch gegenüber internationalen Organisationen wie dem Völkerbund oder dem Internationalen Gerichtshof, da sie meinten, diese dienten letztlich einer imperialistischen Politik. Sie kritisierten darüber hinaus internationale Verträge wie den Briand-Kellogg-Pakt als nicht ausreichend. Das heißt aber nicht, dass sie internationale Instrumente grundsätzlich ablehnten. Im Gegenteil: Genau wie die Frauenliga waren sie davon überzeugt, dass Abrüstung völkerrechtlich abgesichert werden müsse, und sie forderten eine aktivere US-Außenpolitik, um dieses Ziel zu erreichen.[193]

Die Untersuchung des US-Senats zur Rüstungsindustrie

Im Februar 1934 brachte Nye die von der Frauenliga angestoßene Resolution ein. Sie forderte die Einsetzung einer Kommission, um die Praktiken und Methoden privater Rüstungsunternehmen und den internationalen Waffenhandel zu untersuchen. Außerdem sollte sie die Angemessenheit von Gesetzen und völkerrechtlichen Verträgen zur Kontrolle des Waffenhandels und der Produktion beurteilen.[194] Der Zeitpunkt zeigt deutlich, wie Nye den Vorstoß der Frauenliga für die politische Agenda der *progressive republicans* fruchtbar machte. Im Kongress stand die Abstimmung über die sogenannte Vinson-Trammell Bill kurz bevor, die einen erheb-

---

190 Vgl. Dawley: Changing the World, S. 301–303; Johnson: The Peace Progressives; Lowitt: Roosevelt and Progressive Republicans.

191 Siehe z. B. Cole: Roosevelt and the Isolationists; Doenecke: American Isolationism.

192 Zu dieser Debatte siehe Blower: From Isolationism to Neutrality; Johnstone: Isolationism and Internationalism.

193 Vgl. Johnson: The Peace Progressives; Wilson: Destructive Creation, S. 34–41.

194 Vgl. S.Res.179, 6.2.1934, Kopie in: SCPC, DG 043, Series A, 2 – Part 1: Board, Officer and Member Meetings/Conferences, Box 3.

lichen Ausbau der Navy vorsah. Über einen Zeitraum von acht Jahren sollten voraussichtlich 660 Millionen Dollar ausgegeben werden, um Flugzeugträger, Zerstörer und U-Boote zu bauen. Das Programm war eine Reaktion auf die expansionistische Politik Japans im Pazifik.[195] Die Befürworter des Gesetzes – allen voran der demokratische Kongressabgeordnete Carl Vinson – argumentierten gegenüber Präsident Roosevelt aber auch, dass ein solches Programm ein wichtiger Beitrag zur Bekämpfung der Arbeitslosigkeit sei. Tatsächlich stellte sich die Regierung hinter das Gesetz und integrierte es in den New Deal, mit dem Arbeitsplätze geschaffen und die Wirtschaft angekurbelt werden sollte.[196] Roosevelt erklärte öffentlich, dass 85 Prozent des veranschlagten Budgets Lohnkosten seien, obwohl die Navy in ihren sehr wohlwollenden Berechnungen lediglich auf 60 Prozent kam.[197]

Vor diesem Hintergrund war es äußerst fraglich, wie sich die als New Dealer bezeichnete Gruppe von Senatoren, die hinter Roosevelt und seiner Wirtschaftspolitik standen, zu Nyes Resolution verhalten würde. Auf der einen Seite teilten sie die Kritik an Großunternehmern, am *big business.* Gleichzeitig war der Ausbau der Navy im geplanten Umfang und Tempo nur mit den großen privaten Werften an der Ostküste möglich. Es dauerte nicht lange und den Mitarbeiterinnen in der Zentrale der Frauenliga wurde klar, dass dieses Dilemma ihre Pläne für eine Untersuchungskommission bedrohte. Während Nye im Senat taktierte, um die Resolution durch die verschiedenen Komitees zu bringen, betrieb die Frauenliga Lobbyarbeit. Nach bewährter Praxis suchten Vertreterinnen der Untersektionen Abgeordnete auf.[198] Detzer gründete ein kleines Komitee, das das beabsichtigte Stimmverhalten der Senatoren eruierte. Dabei zeigte sich, dass lediglich 20 der 96 Senatoren als gesetzt gelten konnten, während sich immerhin 29 größtenteils demokratische Senatoren unsicher waren. Die Frauenliga war überzeugt, dass eine wohlwollende Stellungnahme der Regierung in dieser Situation hilfreich sein könnte, um die Zweifler zu gewinnen.[199] Diese hatte allerdings aus Sicht der Liga in Sachen Abrüstung bisher sehr gemischte Signale gesendet. Während des Wahlkampfs hatten die Demokraten eine klare Positionierung mit Blick auf die Abrüstungskonferenz vermieden. Dann aber hatte das State Department unter Cordell Hull Schritte unternommen, um Rüstungsexporte an Bolivien und Paraguay zu unterbinden, die

195 Vgl. Asada: From Mahan to Pearl Harbor, S. 161–211.

196 Vgl. Walter: Congressman Carl Vinson.

197 Vgl. Women's International League, Monthly Report for January, 1934, in: SCPC, DG 043, Series A, 2 – Part 1: Board, Officer and Member Meetings/Conferences, Box 3.

198 Vgl. Vernon: Report of Activites, 15.1.1934, in: SCPC, DG 043, Part III: U.S. Section, Series A, 4 – Part 1: Committees & Conferences, 1920–1949, 1920–1959, Box 4.

199 Vgl. Detzer: Appointment on the Hill, S. 159 f.

sich im Krieg befanden. Das wertete die Frauenliga positiv.[200] Die Unterstützung für die Vinson-Trammell Bill hingegen war eine herbe Enttäuschung.[201]

Detzer und Nye bemühten sich, Hull zu einer öffentlichen Stellungnahme oder gar zu einem Auftritt im Foreign Relations Committee zu bewegen. Hull machte in einem Gespräch mit Detzer keinen Hehl aus seiner Abneigung gegen die privaten Rüstungsunternehmer, hielt sich aber öffentlich zurück.[202] Auf einer Pressekonferenz am 20. Februar 1934 wies er immer wieder darauf hin, dass eine Senatskommission nun einmal die Angelegenheit des Senats sei. Selbstverständlich werde man die notwendigen Informationen zur Verfügung stellen. Auf die Frage eines Reporters, ob er Hull richtig verstanden habe und die Regierung keine Einwände gegen eine Untersuchung habe, erklärte er, er werde ein „genuines Interesse“ an den Tag legen.[203] Dieses Statement war immerhin ein kleiner Erfolg für Detzer und Nye – es ließ sich als verhaltene Zustimmung deuten.

Zwar erklärte Hull in seinen nach dem Krieg veröffentlichten Memoiren, dass die Regierung nur deshalb nicht widersprochen habe, weil ihr klar gewesen sei, dass man dem „isolationistischen Wirbelsturm“ nicht hätte standhalten können.[204] Dabei handelt es sich jedoch um eine rückblickende Umdeutung des eigenen Handelns, die von den Erfahrungen des Zweiten Weltkriegs geprägt war. Immerhin hinderten die aus der Kommissionsarbeit hervorgehenden Neutralitätsgesetze die Regierung Roosevelt daran, nach Ausbruch des Krieges die Alliierten gegen das Deutsche Reich aufzurüsten.[205] 1934 klang das noch ganz anders: Die Regierung stehe dem Anliegen einer Untersuchungskommission wohlwollend gegenüber, erklärte Hull in einem Schreiben an seinen Vorgänger Frank Kellogg.[206] Tatsächlich kam der Regierung die Untersuchungskommission 1934 nicht ganz ungelegen. Seit ihrem Antritt bemühte sie sich darum, Rüstungsexporte unter ihre Kontrolle zu bringen, da diese immer wieder die außenpolitischen Bemühungen des State De-

---

200 Memorandum on the Munitions Campaign of the WILPF by Dorothy Detzer, n.d., in: SCPC, WILPF, DG 043, Part III: U.S. Section, Series A, 4 – Part 1: Committees & Conferences, 1920 – 1949, 1920 – 1959, Box 4.

201 To Press Gallery list for immediate relase, 7.2.1934, in: NARA, RG 59, CDF 1930 – 1939, 811.113/ Senate Investigation.

202 Vgl. Pierrepont Moffat, Division of Western European Affairs: Memorandum, 14.2.1934, in: NARA, RG 59, CDF 1930 – 1939, 811.113/Senate Investigation; Detzer: Appointment on the Hill, S. 160 f.

203 Memorandum of the Press Conference, Tuesday, 20.2.1934, in: NARA, RG 59, CDF 1930 – 1939, 811.113/Senate Investigation.

204 Hull: The Memoirs, Vol. 1, S. 400. Wortlaut: „In the Executive Branch it was evident that no one could withstand the isolationist cyclone."

205 Siehe nächstes Kapitel.

206 Vgl. Wiltz: In Search of Peace, S. 150 f. Wortlaut: „in entire sympathy with the purpose of the Committee“. Coulter: FDR and the Nye Committee.

partments unterminierten. In Südamerika etwa vermittelten US-amerikanische Diplomaten zwischen Paraguay und Bolivien, die sich im Krieg befanden, während US-amerikanische Unternehmen den Kriegsparteien Waffen lieferten.[207] Hull teilte Senator Key Pittman, Vorsitzender des Foreign Relations Committee, deshalb sein Interesse an der Kommission mit und erklärte: „Sales of arms and munitions of war by American manufacturers to foreign governments have an indirect bearing upon our foreign relations and upon our constant efforts to do our part in maintaining the peace of the world."[208]

Und auch mit Blick auf die rüstungspolitischen Komponenten des New Deal konnte die von Nye vorgeschlagene Kommission nützlich werden. Roosevelt hatte eine eigene Vorgeschichte, was die private Rüstungsindustrie betraf. Sein erstes politisches Amt in Washington war 1913 bis 1919 das des Staatssekretärs der Navy gewesen. In dieser Funktion hatte er sich mit seinem Vorgesetzten Josephus Daniels darum bemüht, Unregelmäßigkeiten bei der Vergabe von Aufträgen an so große Rüstungsunternehmen wie Bethlehem Steel und Carnegie aufzudecken. Er kannte die Debatte über die Verstaatlichung der Rüstungsindustrie und die entsprechenden Pro-Argumente, die Wilson, sein erster Außenminister William Jennings Bryan und sein privater Berater Edward House vertreten hatten. Er selbst befürwortete zwar kein vollständiges Verbot der privaten Rüstungsindustrie, war aber wie sein damaliger Vorgesetzter Daniels davon überzeugt gewesen, dass der Staat einen signifikanten Teil seiner Rüstungsgüter selbst herstellen müsse, um die Abhängigkeit von privaten Unternehmen zu reduzieren und deren als Preistreiberei denunzierte Geschäftspraxis etwas entgegenzusetzen. Er kannte auch die Debatte über Kriegsprofite, die sich vor dem Hintergrund des Ersten Weltkriegs entsponnen hatte, und er hatte an den daraufhin im Marineministerium entwickelten Plänen einer teilweisen Verstaatlichung mitgewirkt.[209] An diese politische Prägung knüpfte Roosevelts Rüstungspolitik an. Die von ihm unterstützte Vinson-Trammel Bill sah vor, dass jedes zweite Schiff in den staatseigenen Werften gebaut werden sollte. Die privaten Rüstungsunternehmen waren entrüstet über diese Teilverstaatlichung der Rüstungsindustrie und protestierten heftig.[210] In dieser Situation konnte eine Untersuchungskommission zur privaten Rüstungsindustrie dabei helfen, die im neuen Gesetz festgeschriebene Teilverstaatlichung zu legitimieren.

Die Senatoren jedenfalls konnten den Äußerungen der Regierung entnehmen, dass diese eine Untersuchung der privaten Rüstungsindustrie nicht abgeneigt war. Das dürfte ein wichtiger Grund dafür gewesen sein, warum sich im Lager der De-

---

207 Vgl. Atwater: American Regulation, S. 188–192.

208 Hull to Senator Pittman, 17.2.1934, in: NARA, RG 59, CDF 1930–1939, 811.113/Senate Investigation.

209 Vgl. Urofksy: Big Steel, S. 147 f.; Coulter: Beyond the Merchants of Death, S. 49–51.

210 Vgl. Wilson: Destructive Creation, S. 40–42.

mokraten kein nennenswerter Widerstand gegen die Resolution Nyes formierte. Am 19. März 1934 stimmte der Senat schließlich für die Einsetzung eines Special Committee on the Investigation of the Munitions Industry. Dem Komitee gehörten vier Demokraten und drei Republikaner an, Nye übernahm den Vorsitz. Das zunächst bewilligte Budget betrug 15.000 Dollar, es sollte später aufgestockt werden. Mit diesen Mitteln konnten Mitarbeiter*innen eingestellt werden, denen Stephen Raushenbush als *lead counsel* vorstand. Raushenbush war der Sohn des berühmten Predigers Walter Rauschenbusch, der ökonomisches Gewinnstreben als Wurzel allen Übels interpretierte, und er genoss das Vertrauen Nyes und der Frauenliga. Das von ihm angeleitete Rechercheteam hatte Zugang zu Regierungs- und Unternehmensakten. Darüber hinaus bereiteten sie insgesamt 93 Anhörungen und 200 Zeugenbefragungen vor. Nach einer Verlängerung arbeitete das Komitee bis Februar 1936 – fast zwei volle Jahre.[211]

Das Munitions Committee förderte erstmals detaillierte Informationen über das internationale Rüstungsgeschäft in großem Umfang zutage. Die Friedensorganisationen entfalteten viel Engagement und Kreativität, um diese Informationen in einer begleitenden Kampagne in die Öffentlichkeit zu tragen. Es gelang ihnen, die bis dahin intensivste Debatte über Rüstungsproduktion und Waffenhandel in den USA anzustoßen. Zahlreiche Bücher und Publikationen zum Thema erschienen.[212] Die Radiosender und Zeitungen berichteten in großem Umfang, wenn sich Detzer auch beschwerte, dass sie sich fast ausschließlich für Korruption interessierten und nicht für die Dimension internationaler Politik.[213] Die Friedensorganisationen beschränkten sich aber nicht nur auf solche klassischen Mittel der Öffentlichkeitsarbeit. Der National Council for Prevention of War beispielsweise entwickelte auf der Grundlage von Protokollen der Senatsanhörungen und der dort getätigten Zeugenaussagen ein Theaterstück, das in verschiedenen Teilen des Landes aufgeführt wurde. Auf diese Weise erfuhren die Zuschauer*innen schauspielerisch inszeniert, dass Rüstungsunternehmen internationale Absprachen treffen würden, um ihre Profite zu teilen, dass der für Vickers tätige Rüstungsunternehmer Sir Basil Zaharoff Schmiergeldzahlungen erhalte, dass Rüstungsunternehmen sowohl an Paraguay als auch an Bolivien Waffen lieferten und so von einem blutigen Krieg

211 Das Munitions Committee wird in zahlreichen Studien thematisiert. Für einen umfassenden Überblick über Entstehungsgeschichte, Arbeitsweise und Ergebnisse, siehe Wiltz: In Search of Peace; Coulter: Beyond the Merchants of Death.

212 Siehe z. B. Engelbrecht/Hanighen: The Merchants of Death; Seldes: Iron, Blood, and Profits; Flynn: Men of Wealth; White: Traffic in Arms.

213 Vgl. Detzer: National Secretary's Report No. 2, October 1934, in: SCPC, WILPF, DG 043, Series A,2 – Part 1: Board, Officer and Member Meetings/Conferences, Box 3.

profitierten, dass sie internationale Abrüstungsverhandlungen unterwanderten und an der Aufrüstung Deutschlands beteiligt gewesen seien.[214]

Doch trotz der Fülle neuer Informationen, die auf bisher unbekannten Dokumenten und eidesstattlichen Erklärungen beruhten, waren die Schlussfolgerungen der Kommissionsmitglieder und der Friedensbewegung wenig überraschend. Sie griffen im Wesentlichen die „sechs Übel" auf, die die Temporary Mixed Commission des Völkerbundes 1921 auf Betreiben der Gewerkschafter und auf der Grundlage der Vorkriegsliteratur formuliert hatte.[215] Private Rüstungsunternehmen würden sich zweifelhafter Verkaufsmethoden bedienen, Kriegsängste schüren, aus Profitgier Unfrieden stiften, Friedensbemühungen unterlaufen und dazu internationale Absprachen treffen.[216] Die Frauenliga sah folglich auch keine Veranlassung, von ihrer grundsätzlichen Kritik an privatwirtschaftlicher Rüstungsproduktion abzuweichen, wenn sie sich auch aus taktischen Gründen entschied, vorläufig auf die Forderung nach Verstaatlichung zu verzichten.[217] Andere Kommentatoren teilten zwar die Kritikpunkte und den Ruf nach internationalen Verträgen, gingen aber nicht so weit, ein Verbot privater Rüstungsunternehmen zu fordern.[218]

Die Botschaft von unternehmerischer Profitgier als Kern des Friedensproblems kam an in einer von der Wirtschaftskrise geschüttelten Gesellschaft. Es fiel der Friedensbewegung leicht, Allianzen mit anderen gesellschaftlichen Gruppen wie Gewerkschaften und Kirchen zu schmieden. Bereits im Vorfeld der Abstimmung über die von Nye vorgeschlagene Untersuchungskommission und die Vinson-Trammel Bill hatte die National Farmers Union, in der sich die Interessenvertretungen der Bauern zusammengeschlossen hatten, erklärt: „The giant eastern armaments companies are [...] responsible for the war scares that are frightening Congress into notion." Wie die Frauenliga auch, legte sie der eigenen Position ein bestimmtes Selbstbild zugrunde, das sie mit Bildern aus der Landwirtschaft und Motiven aus der Bibel anreicherte: „We the farmers, have never feared the war bogey. Perhaps it is because we have time to digest that which we read and hear. Time to separate the wheat from the chaff, propaganda from truth." Dann kam er zum Kern der Kritik: „It is the farmer who will feel most keenly the taxes which great armament bills impose. [...] The armament companies must look elsewhere

214 Vgl. This Munitions „Business" – drama, o. D. [1934], in: LNA, BPC, Box 40, 593.

215 Vgl. League of Nations, Report of the Temporary Mixed Commission on Armaments, 15.9.1921, S. 11–13. Zur Geschichte dieses Dokuments siehe Kapitel 3.2.

216 Report of the Special Committee on Investigation of the Munitions Industry, U.S. Congress, Senate, 74th Congress, Second Session, 24.2.1936, siehe vor allem S. 3–13.

217 Vgl. Foster: The Women and the Warriors, S. 215.

218 Vgl. etwa Engelbrecht/Hanighen: The Merchants of Death, S. 263.

for their profits. The farmer's pockets have been emptied."[219] Wie auch im Falle der *progressive republicans* lag der Allianz zwischen Frauenliga und Bauernverbänden die gemeinsame antiimperialistische Agenda zugrunde.

Die Internationale Resonanz auf die Enthüllungen der Senatskommission

Vor allem aber war die internationale Resonanz auf die Untersuchungen und Enthüllungen der Nye-Kommission bemerkenswert. Insbesondere in Europa lösten sie heftige Debatten über die Praktiken der Rüstungsindustrie aus. Das hatte mehrere Gründe. Erstens war die Friedensbewegung, und ganz besonders die Frauenliga, Mitte der 1930er Jahre international stark vernetzt. Genf, wo einige Organisationen ihre internationalen Büros hatten, diente dabei als Knotenpunkt. Die Abrüstungskonferenz hatte dazu beigetragen, zivilgesellschaftliche Vertretungen beim Völkerbund für rüstungspolitische Themen zu sensibilisieren und sie stärker miteinander zu vernetzen. Als das Nye Komitee ab 1934 immer mehr Details über den internationalen Waffenhandel ans Licht brachte, waren die Verhandlungen in Genf in eine Sackgasse geraten. Die Friedensorganisationen versuchten, die aus den USA kommenden Informationen einzusetzen, um die Delegationen dazu zu bewegen, zumindest mit Blick auf Waffenhandel und Rüstungsproduktion völkerrechtliche Kontrollinstrumente zu vereinbaren. Das Genfer Abrüstungskomitee, in dem sich Frauenorganisationen unter der Federführung der Frauenliga zusammengefunden hatten, richtete sich an die verschiedenen nationalen Sektionen und erklärte: „Recent investigations have supplied us with a mass of damning facts but the great problem is to make them widely known and to arouse the public conscience to their significance." Deshalb sollten in allen Ländern Demonstrationen organisiert und Briefe an den Präsidenten der Abrüstungskonferenz geschrieben werden.[220]

Zweitens spiegelte die Transnationalität der Debatte aber auch grenzübergreifende Verflechtungen der Rüstungsindustrie wider. Bei den Recherchen und Befragungen der US-Abgeordneten kamen nicht nur die Geschäfte und Praktiken US-amerikanischer Unternehmen zur Sprache, sondern zwangsläufig auch die ihrer ausländischen Partner in anderen Teilen der Welt. Vickers, Skoda, Schneider Creusot – sie alle fanden Erwähnung in den Berichten der Kommission. Immer wieder kamen Dokumente zum Vorschein, die ein problematisches Licht auf die

---

219 WIL to Farm Publications, 9. 2. 1934, in: SCPC, WILPF, DG 043, Part III: U.S. Section, Series A, 4 – Part 1: Committees & Conferences, 1920 – 1949, 1920 – 1959, Box 4.

220 Disarmament Committee of the Women's International Organisations, Some Suggestions for 1935, January 1935, in: SCPC, Peace and Disarmament Committee of the Women's International Organisations, 1931 – 1940, CDGB-Switzerland, Box 1.

europäische Rüstungsindustrie warfen. So wurde bekannt, dass Sir Basil Zaharoff, der eigentlich für Vickers arbeitete, auch von der US-amerikanischen Electric Boat Company Zahlungen für seine Dienste erhielt. Außerdem tauchten Belege auf, dass britische Unternehmen versucht hatten, das infolge des Chaco-Kriegs verhängte Waffenembargo gegen Bolivien und Paraguay zu umgehen. Die britische Union of Democratic Control machte es sich zur Aufgabe, alle Verflechtungen britischer Unternehmen und Diplomaten, die im Zuge der US-amerikanischen Untersuchungen ans Licht kamen, akribisch zu sammeln und in Großbritannien zu veröffentlichen.[221]

Drittens waren die Ergebnisse der US-amerikanischen Untersuchungskommission vor dem Hintergrund der internationalen politischen und ökonomischen Lage Mitte der 1930er Jahre relevant für die politische Agenda der europäischen Linken. Während die Wirtschaftskrise in den meisten Ländern am Abklingen war, gab es allerorts intensive Debatten darüber, welche Konsequenzen aus den gerade gemachten Erfahrungen zu ziehen seien. Gleichzeitig nahmen die internationalen Spannungen zwischen den Großmächten immer weiter zu. Zur japanischen Expansion in China kam 1935 der völkerrechtswidrige Angriff Italiens gegen Abessinien. Das Deutsche Reich hatte sich mittlerweile aus dem Völkerbund und von der Abrüstungskonferenz zurückgezogen und begann immer unverhohlener aufzurüsten. Die von der Untersuchungskommission angestoßene Debatte eignete sich dazu, diese beiden internationalen Großwetterlagen zusammenzuführen. Die Enthüllungen über die Rüstungsindustrie erschienen als Beleg dafür, dass die wirtschaftlichen Erschütterungen der letzten Jahre und die zunehmenden internationalen Spannungen Symptome desselben Problems seien: Kapitalismus.

In Frankreich griffen Gewerkschaften, Sozialisten und Kommunisten die Ermittlungsergebnisse der Nye-Kommission auf, um ihre Forderung nach einer Überwindung des Kapitalismus zu bekräftigen und zu veranschaulichen. Die Debatte stieß in einer Gesellschaft, in der pazifistische Positionen seit einigen Jahren in allen gesellschaftlichen Gruppen stark vertreten waren, auf große Resonanz. Insbesondere die internationalen Verflechtungen der Rüstungsindustrie und die Frage, inwiefern sie der deutschen Aufrüstung Vorschub geleistet hatte, standen im Zentrum der Debatte.[222] Allerdings verfügte die Linke kaum noch über politischen Gestaltungsspielraum, seit das fragile Linksbündnis im Februar 1934 infolge von Protesten und Unruhen zerbrochen war und das lagerübergreifende Bündnis Union Nationale regierte; bis auf die Sozialisten und Kommunisten gehörten ihm alle

221 Vgl. Union of Democratic Control: The Story.

222 Vgl. Alexander: A bas les marchands de canons, S. 285–291. Zeitgenössische Literatur: Habaru: Le Creusot; Allard: La vérité sur les marchands de canons.

Parteien von den Radikalen bis hin zur konservativen Fédération Republicaine an. Die Union Nationale verfügte im Parlament über eine überwältigende Mehrheit von 402 zu 125 Stimmen. Dennoch unternahmen die Sozialisten und Kommunisten im Januar 1935 den Versuch, nach dem US-amerikanischen Vorbild eine Untersuchungskommission auf den Weg zu bringen. Ihrer Gesetzesinitiative legten sie einen umfassenden Bericht zugrunde, in dem sie ausführlich auf die Ergebnisse der Nye-Kommission Bezug nahmen. Der Vorstoß scheiterte erwartungsgemäß an den Mehrheitsverhältnissen.[223]

In Großbritannien war die Resonanz auf die US-amerikanische Untersuchungskommission besonders stark ausgeprägt. Die in Opposition befindliche Labour-Partei führte seit 1934 eine Programmdebatte. Im November 1935 standen Neuwahlen an und ein nahtloses Anknüpfen an die Jahre 1929 bis 1931, als man mit Ramsay MacDonald an der Spitze die Regierung gestellt hatte, kam nicht infrage. MacDonald, in dessen Kabinett eher die als pragmatisch geltenden Vertreter der Mitte eine Rolle gespielt hatten, war es nicht gelungen, geeignete Mittel gegen die Krise zu finden. Statt Arbeitslosigkeit mit Investitionen zu bekämpfen, wie von manchen gefordert, hielt seine Regierung an Sparmaßnahmen fest. Als er schließlich zusammen mit Konservativen und Liberalen eine sogenannte Nationale Regierung bildete, schloss seine Partei ihn und Verfechter seines Kurses aus. Es kam zu immer vehementeren Protesten im ganzen Land und bei den vorgezogenen Neuwahlen 1931 erlitt Labour eine deutliche Niederlage. Innerhalb der Partei setzte sich die Deutung durch, dass dem moderaten Flügel die Verantwortung für das Scheitern der Regierung zuzuschreiben sei; man bewegte sich nach links.[224]

Diese Entwicklung fand ihren Ausdruck in den Eckpunkten, die die Partei im Oktober 1934 beschloss. Die Arbeiterklasse wisse „aufgrund eigener bitterer Erfahrungen, wie schwerwiegend der Kapitalismus versagt habe". Nun müssten sich die Briten entscheiden zwischen dem „vergeblichen Versuch, das Fundament einer zerfallenden kapitalistischen Gesellschaft abzustützen, oder dem kühnen Bemühen, ein sich weiterentwickelndes sozialistisches Commonwealth aufzubauen". Um eine sozialistische Gesellschaft zu schaffen, sei es unabdingbar, Industrie, Handel und Finanzen privatwirtschaftlichen Interessen zu entziehen. Insbesondere Land, das Bankensystem, Kohle, Energie und Transport müssten in den öffentlichen Besitz überführt werden. Sozialismus könne allerdings nur in einer friedvollen Atmosphäre aufrechterhalten werden und gedeihen. Dazu seien die Zusammenarbeit zwischen Staaten und Abrüstung notwendig. Sozialismus und Frieden waren denn

223 Vgl. N° 4587, Chambre des Députés, Session de 1935, Annexe au procès-verbal de la séance du 31. Janvier 1935, Rapport fait par M. Félix Gouin, Député.

224 Vgl. zur ökonomischen Debatte Thompson: Political Economy, S. 83–134. Mit Blick auf die Neuausrichtung der Außenpolitik siehe Sylvest: Interwar Internationalism.

auch die beiden Kernbegriffe der Programmdebatte, die 1935 in den Wahlslogan „Socialism at home and peace abroad" mündete. Kein anderer Punkt im Wahlprogramm veranschaulichte diese Formel besser als die Forderung nach einem Verbot der privaten Rüstungsindustrie, in der Verstaatlichung und Friedensstiftung zusammenfanden.[225]

Vor dem Hintergrund dieser Kapitalismuskritik, die infolge der Wirtschaftskrise an Schärfe und an Rückhalt in der bedeutendsten Oppositionspartei gewonnen hatte, entfalteten die aus den USA kommenden Enthüllungen ihre politische Relevanz in Großbritannien. Sie galten als Beleg für die destruktive Kraft des Kapitalismus. Im Verlauf des Jahres 1934 gab es eine Reihe parlamentarischer Anfragen, die sich auf die private Rüstungsindustrie bezogen. Im November 1934 brachte Clement Attlee für Labour im Unterhaus eine Beschlussvorlage zum Verbot der privaten Rüstungsproduktion ein und begründete diesen Vorstoß mit den vielen neuen Informationen, die man in den letzten Monaten erhalten habe. Er betonte, dass nach Ansicht seiner Partei Kriege in erster Linie ökonomische Ursachen hätten. Die Aufrechterhaltung einer imperialen Weltordnung spielte dabei in der Analyse Labours eine wichtige Rolle – ganz ähnlich wie bei Detzer und Nye: „In our view this is a natural result of capitalism and Imperialism operating in an anarchic world. We hold that the existence of powerful profit making interests is a factor making for international insecurity."[226] Es war klar, dass die Forderung von Labour unter den Mehrheitsbedingungen im Unterhaus keine Chance hatte. Man muss den Vorstoß vor allem als einen Zug deuten, der darauf zielte, ein populäres Anliegen des Wahlprogramms in die Öffentlichkeit zu tragen. Das Thema wurde mittlerweile so breit diskutiert, dass die Frage, ob ein Verbot der privaten Rüstungsindustrie wünschenswert sei, regelmäßig in landesweiten Umfragen gestellt wurde. Diese zeigten, dass ungefähr 80 Prozent der Briten ein Verbot der privaten Rüstungsindustrie befürworteten.[227]

Gleichzeitig konnte Labour hoffen, Rückhalt aus anderen Fraktionen zu erhalten und der Öffentlichkeit so zu signalisieren, dass die eigenen Forderungen nach Verstaatlichung durchaus auch für bürgerliche Parteien anschlussfähig waren. Die Enthüllungen über die Rüstungsunternehmen stießen in den britischen Friedensorganisationen auf große Resonanz. In diesen Organisationen fanden

---

225 The Labour Party: For Socialism and Peace. Wortlaut: „It appeals to the working classes, because they know, in the bitterness of their experience, how profoundly Capitalism has failed." (S. 7) The „nation must choose between decay and advance, between a futile attempt to shore up the foundations of a disintegrating capitalist society, and a bold bid to establish a developing Socialist Commonwealth." (S. 3)

226 House of Commons, Debate 8.11.1934, Vol. 293, cc1293–416.

227 Vgl. Anderson: British Rearmament, S. 9.

Mitglieder und auch Abgeordnete ganz unterschiedlicher Parteien zusammen. Vor allem Angehörige der Liberal Party waren prominent vertreten. Der National Peace Council etwa wurde von Gerald Bailey geleitet. Der Council verabschiedete im September 1934 eine Resolution, in der er unter Verweis auf die Ergebnisse der US-amerikanischen Untersuchungskommission feststellte, dass die einzige Möglichkeit zur Einhegung des internationalen Wettrüstens ein Verbot der privaten Rüstungsindustrie sei.[228] Auch der Union of Democratic Control, die während des Ersten Weltkriegs eine zentrale Rolle in der Diskussion über eine neue Friedensordnung gespielte hatte, gehörten Mitglieder Labours und der Liberalen an. Die Forderung nach einer Verstaatlichung der Rüstungsindustrie war in ihr Gründungsmanifest eingeschrieben.[229] Der League of Nations Union, die sich die Unterstützung des Völkerbundes als Friedensinstrument auf die Fahnen geschrieben hatte, gehörten mit Austin Chamberlain und Robert Cecil sogar prominente Tories an.[230] Nicht alle Mitglieder schlossen sich der Forderung nach einem Verbot der privaten Rüstungsproduktion an. Doch angesichts der „schweren Bedenken" gegen die private Rüstungsproduktion, von denen in der Völkerbundsatzung die Rede war, herrscht zumindest Konsens darüber, dass striktere Kontrollen notwendig seien.[231]

Die britische Untersuchungskommission

Die Regierung beobachtete die Debatte mit zunehmender Sorge. Angesichts der wachsenden internationalen Spannungen, der Aufrüstungsbemühungen des Deutschen Reiches und des Scheiterns der Abrüstungskonferenz hatte sie sich entschieden, ein umfassendes Aufrüstungsprogramm auf den Weg zu bringen, das mithilfe der privaten Rüstungsindustrie umgesetzt werden sollte. Die Pläne wollte man im März 1935 der Öffentlichkeit vorstellen.[232] Außenminister John Simon, der im Zuge der Regierungsbildung 1931 aus der Liberalen Partei ausgetreten war und die Liberal Nationalist Party gegründet hatte, prophezeite bereits vor der Rückkehr der Abgeordneten aus der Sommerpause heftige Debatten. Er war kein Freund eines Verbots privater Rüstungsproduktion. In einem Memorandum für Premierminister

228 Resolution adopted by the Executive Committee of the National Peace Council at its meeting on 20th September, 1934, in: TNA, FO 371, 18465.

229 Vgl. Inaugurance Meeting of the General Council of the UDC, 19.11.1914, in: HHC, UDDC 1/1: Minute, 1914–1918.

230 Vgl. Lynch: Beyond Appeasement, S. 31f.

231 Outline of Evidence to be tendered on behalf of the League of Nations Union, in: Royal Commission: Minutes of Evidence, S. 28f.

232 Vgl. Shay: Britisch Rearmament, S. 48–91.

MacDonald argumentierte er, eine Verstaatlichung werde lediglich die Rüstungskosten steigern. Und mit Verweis auf Verlautbarungen des Kriegsministeriums und der Admiralität erklärte er Exporte für unerlässlich, um die Rüstungsindustrie zu stärken und somit die Sicherheit des Empires zu gewährleisten. Allerdings könne es unter Umständen sogar nützlich sein, den Forderungen nach einer Untersuchungskommission Folge zu leisten. Stelle man es geschickt an, schaffe man so ein Forum, um die Argumente der Regierung für eine private Rüstungsindustrie in die Öffentlichkeit zu tragen. Unter allen Umständen sei aber zu vermeiden, dass eine Kommission eingesetzt werde, die nach dem US-amerikanischen Vorbild umfassenden Zugriff auf Regierungs- und Unternehmensunterlagen erhalte und unabhängig recherchieren könne.[233]

Dieser Vorschlag stieß im Kabinett auf Zustimmung. Im Februar 1935 kündigte die Regierung öffentlich die Einsetzung einer siebenköpfigen Royal Commission an. Sie sollte drei Fragekomplexe untersuchen: Inwiefern ein staatliches Rüstungsproduktionsmonopol wünschenswert sei; was unternommen werden könne, um die „schweren Bedenken" aus dem Weg zu räumen, von denen die Völkerbundsatzung sprach; und ob die britischen Rüstungsexportbestimmungen überarbeitet werden müssten. Dieses Mandat war gezielt so zugeschnitten, dass die Praktiken der Rüstungsindustrie und konkrete gegen sie gerichtete Vorwürfe nicht zum Gegenstand der Untersuchungen werden sollten. Vielmehr stellte es die Weichen in Richtung einer Kommission mit politikberatendem Charakter. Für ein solches Mandat waren investigative Kompetenzen nicht notwendig. Konsequenterweise blieben die Befugnisse und Zugriffsmöglichkeiten auf öffentliche Dokumente stark eingeschränkt – ganz im Sinne Simons. Die Union of Democratic Control erwog deshalb, jegliche Kooperation zu verweigern. Die Regierung versuchte, der zu erwartenden Kritik mithilfe ihrer Ernennungsstrategie ein wenig die Schärfe zu nehmen. Die Mitglieder galten durchweg als moderat, unter ihnen befanden sich aber auch Personen, die Ansehen in der Friedensbewegung genossen. Rachel Crowdy hatte als einzige Frau auf einer vergleichbaren Position zwischen 1919 und 1931 der Social Section beim Völkerbund vorgestanden, Philip Gibbs war ein renommierter Journalist.[234]

Im Mai 1935 nahm die Royal Commission ihre Arbeit auf und tagte bis ins Frühjahr 1936 insgesamt 22mal öffentlich. Während der ersten Sitzungsperiode erhielten Zivilgesellschaft und Parteien die Gelegenheit, Argumente vorzubringen. Der Zuspruch war erstaunlich groß: Kirchen, Gewerkschaften, Frauenorganisatio-

233 Memorandum by Secretary of State, 16.10.1934, in: TNA, FO 371, 18465.

234 Siehe hier und im Folgenden Anderson: British Rearmament; Royal Commission: Minutes of Evidence.

nen, verschiedene Parteien und die Friedensorganisationen nutzten die Gelegenheit, um ihre Kritik an der privaten Rüstungsindustrie öffentlich zu machen. Insbesondere die Auftritte Robert Cecils für die League of Nations Union, Harry Pollitts für die Communist Party und William Arnold-Foster für die Independent Labour Party stießen auf breite Resonanz und sorgten im Mai 1935 für einen furiosen Start der Kommission. Sie alle bauten ihre Argumente darauf auf, dass eine auf privatwirtschaftlichen Gewinn ausgerichtete Rüstungsindustrie niemals ein Interesse an Frieden haben könne und immer ein gesellschaftlicher Faktor bleiben werde, der zwischenstaatliche Konflikte befördere. Für die Rüstungskritiker war Cecils Stimme von besonderer Bedeutung. Der Konservative konnte auf viele Jahre als Delegierter in Genf zurückblicken, wo er zu einem Experten für internationale Abrüstungsfragen geworden war. Von einem fast noch größeren Gewicht waren die Zeugenaussagen David Lloyd Georges. Ausgehend von seinen Erfahrungen als Munitionsminister und Premierminister während des Ersten Weltkriegs untermauerte er das Argument, eine private Rüstungsindustrie sei im Kriegsfall eher ein Problem als eine Hilfe.[235]

Die öffentlichen Verhandlungen stießen auch deshalb auf so breite Resonanz, weil sie einen unmittelbaren Zusammenhang herstellten zum tagespolitischen Geschehen. Im März 1935 hatte das Deutsche Reich ein massives Aufrüstungsprogramm angekündigt und erklärt, sich nicht mehr an die Abrüstungsbestimmungen des Versailler Vertrages gebunden zu fühlen. Schnell stand der Vorwurf im Raum, die britische Rüstungsindustrie habe in der Vergangenheit bereits an der verdeckten Aufrüstung Deutschlands verdient. In den Verhandlungen der Royal Commission prangerten Friedensorganisationen und linke Parteien an, dass Armstrong-Siddeley erst 1934 ganze achtzig Flugzeugmotoren an Deutschland geliefert habe. Zudem seien Exporte rüstungsrelevanter Rohstoffe nach Deutschland enorm angewachsen. Schließlich hätten die Vorstände britischer Unternehmen bisher nicht zufriedenstellend die Frage beantworten können, warum sie in deutschen Rüstungszeitschriften Annoncen für ihre Produkte schalteten.[236]

Während der zweiten Sitzungsperiode der Royal Commission reagierten Vertreter der Rüstungsindustrie auf die Kritik und Verstaatlichungsforderungen. Dabei kamen auch die Praktiken der britischen Rüstungsindustrie zur Sprache, die im Zuge der US-amerikanischen Untersuchungen öffentlich geworden waren. Die Unternehmer machten dabei eine alles andere als vorteilhafte Figur. Für einen öffentlichen Aufschrei sorgte der Vorstandsvorsitzende Vickers', als er der Kommission erklärte: „I think the question of the sanctity of human life, which is one which

235 Royal Commission: Minutes of Evidence, S. 534–549.
236 Siehe bspw. Royal Commission: Minutes of Evidence, S. 72, 78 und 157.

appeals to every human being, every civilised human being, has sometimes been exaggerated, altogether to the disadvantage of certain other features of public life."[237] Was genau er damit meinte, machte er nicht explizit, und so blieb es der Öffentlichkeit überlassen, auszudeuten, was aus Sicht eines Rüstungsproduzenten wichtige Aspekte des öffentlichen Lebens sein könnten, die aufgrund einer Überbetonung der „Heiligkeit des Lebens" vernachlässigt worden waren. Ein solches Auftreten war den Plänen der Regierung wenig zuträglich, die Kommission als Forum zu nutzen, um der Öffentlichkeit die Vorteile einer privaten Rüstungsindustrie nahezubringen.[238]

In dieser Situation machte sich Maurice Hankey an die Arbeit, Sekretär des Kabinetts und des Committee of Imperial Defence. Er hatte die Abrüstungsdebatten seit dem Ende des Ersten Weltkriegs aus nächster Nähe verfolgt und mitgestaltet. 1919 war er Teil der britischen Delegation in Paris gewesen und hatte dort die Verhandlungen miterlebt, die in der Formel von den „schweren Bedenken" gegen die Rüstungsindustrie mündeten. Seither hatte er sich vor allem einen Namen als Abrüstungsgegner gemacht. In den Vorbereitungen auf die Abrüstungskonferenz torpedierte er Cecils Vorschläge, die auf einen Kompromiss mit Frankreich abzielten.[239] Und während in Genf über völkerrechtliche Waffenhandelskontrollen verhandelt wurde, setzte er sich in London dafür ein, britische Exportregeln zu lockern. Er war überzeugt, die britische Industrie werde durch das geltende Lizenzsystem auf dem internationalen Markt benachteiligt.[240] Hankey war also ein ausgewiesener Verfechter einer *Laissez-faire*-Politik gegenüber der Rüstungsindustrie. Das machte ihn zu einem geeigneten Kandidaten, um gegenüber der Royal Commission die Linie der Nationalen Regierung unter Ramsay MacDonald zu vertreten, die ihre Aufrüstungspläne mithilfe der privaten Unternehmen umsetzen wollte.

Auf der Grundlage von Zuarbeiten aus verschiedenen Ministerien erarbeitete Hankey ein detailreiches Plädoyer. In einer Verstaatlichung der Rüstungsindustrie, wie sie verschiedene Gruppen vor der Royal Commission forderten, sah er eine fahrlässige Gefährdung der Sicherheit des britischen Empires – ja selbst eine Ausweitung staatlicher Kontrolle lehnte er vehement ab. Insbesondere Exporte seien wichtiger Bestandteil jeglicher Verteidigungsstrategie: „If the needs of Imperial Defence are considered alone and apart from the other aspects of the question

237 Royal Commission: Minutes of Evidence, S. 367.

238 Vgl. Anderson: British Rearmament, S. 19–22.

239 Vgl. Kitching: Britain and the Geneva Disarmament Conference, siehe vor allem S. 48; Richardson: The Evolution, S. 78–103.

240 Draft Minute by Maurice Hankey to the Prime Minster, 14.12.1933, in: TNA, FO 371, 17281.

before the Royal Commission, the stimulus to private manufacture provided by any increase in orders from abroad would be very advantageous." Er war überzeugt, dass britischen Sicherheitsinteressen am besten gedient sei, wenn die heimische Rüstungsindustrie international möglichst frei agieren könne: „Further restrictions of foreign trade would be deplorable from the point of view of war potential."[241]

Inmitten der Debatte über die Gefahren privater Profite durch Rüstungsproduktion blieb die britische Regierung somit ihrer Linie treu: Private Rüstungsunternehmen waren unverzichtbar für die Aufrechterhaltung des globalen Empires. In diesem Punkt stimmten die US-amerikanische Frauenliga, Labour und Hankey überein: Die bestehende imperiale Weltordnung wurde mithilfe privater Rüstungsunternehmen aufrechterhalten. Deren internationale Geschäfte wollte die britische Regierung nur dort kontrolliert sehen, wo es um den Schutz imperialer Interessen ging: in den Kolonien und kolonialen Grenzregionen. Die entsprechenden völkerrechtlichen Kontrollinstrumente deutete sie allerdings vor dem Hintergrund der Debatte über die Unternehmen um. Vor dem Parlament stellte Außenminister Simon den britischen Bemühungen um eine durch Völkerrecht abgesicherte Abrüstung ein tadelloses Zeugnis aus: „We have, as a matter of fact, worked for this thing at Geneva more persistently and longer than anyone else. I have in my hand what is known as the Arms Traffic Convention of 1925 – a very valuable Convention, which, if it were put into operation, would do effectively a large part of what we want to do internationally." Während viele produzierende Staaten die Konvention nicht ratifiziert hätten, sei Großbritannien mit leuchtendem Beispiel vorangegangen. Dass es der britischen Regierung dabei allerdings um die Überführung imperialer Kontrollinstrumente ins Völkerrecht gegangen war und nicht um die Abrüstung von Staaten, unterschlug er.[242]

Die politischen Ereignisse auf nationaler und internationaler Bühne sowie das Verstreichen von Zeit spielten Hankey und der Regierung in die Karten. Bei den Wahlen im November 1935 konnte Labour zwar nach der herben Niederlage 1931 wieder deutlich an Stimmen zulegen und erlangte 38 Prozent, doch die Mehrheitsverhältnisse reichten für eine Fortsetzung der Nationalen Regierung. Als Hankey im Frühjahr 1936 vor der Kommission erschien, lagen nicht nur die eindrucksvollen Auftritte der Rüstungskritiker ein Jahr zurück. Im März marschierten deutsche Truppen in die entmilitarisierte Zone im Rheinland ein. Während die deutschen Aufrüstungspläne ein Jahr zuvor noch Kritik an britischen Unternehmen heraufbeschworen hatten, bestärkte der Einmarsch nun all jene in Großbritannien,

241 Statements of Evidence by Colonel Sir M.P.A. Hankey, in: Royal Commission: Minutes of Evidence, S. 606–622, Zitate S. 618 und 622.

242 House of Commons, Debabe 22.11.1934, Vol. 295, cc299 f.

die eine zügige Aufrüstung forderten. Vor diesem Hintergrund beendete Hankey sein Plädoyer und es war recht eindeutig, worauf er sich bezog, wenn er festellte: „The fact is that British armaments have to be adjusted to some extent to developments in the international political situation which are often due to internal events in particular countries.“[243] Angesichts des aggressiven Auftretens des NS-Regimes verlor das Argument an Überzeugungskraft, die britische Regierung mit ihren Aufrüstungsplänen sei lediglich eine Getriebene der privaten Rüstungsindustrie.

Unmittelbar nach Hankeys Aussage machte sich die Kommission daran, ihre Empfehlungen auszuarbeiten. Sie folgte Hankeys Argumentation insofern, als dass sie erklärte, es gebe keine ausreichenden Argumente für eine Verstaatlichung. Außerdem lasse die gegenwärtige internationale Situation keine tiefgreifenden Veränderungen der Rüstungsproduktion zu, ohne die nationale Sicherheit zu gefährden. Allerdings riet sie zur Schaffung eines Ministry of Supply – eine Maßnahme, die die Rüstungskritiker*innen angemahnt hatten und die Hankey sowie die von ihm vertretene Regierung vehement ablehnten. Doch die Royal Commission hatte lediglich beratenden Charakter, weshalb es Hankey ein Leichtes war, selbst diesen einen Erfolg der Rüstungskritiker*innen in den Schubladen verschwinden zu lassen. In seiner Stellungnahme für das Kabinett erklärte er jegliche Änderungen des Status quo für überflüssig. Es gab kaum einen öffentlichen Aufschrei, als die Regierung diese Position schließlich im Frühjahr 1937 öffentlich machte.[244]

Das unspektakuläre Ende einer Kommission, deren Arbeit zunächst auf große öffentliche Resonanz gestoßen war, muss als Symptom einer sich verschiebenden Debattenkonstellation gedeutet werden. Die Regierung konnte das ohnehin magere Ergebnis der Royal Commission nicht alleine deshalb stillschweigend begraben, weil der britischen Öffentlichkeit angesichts des aggressiven Auftretens des Deutschen Reiches einleuchtete, dass eine zügige Antwort auf die deutsche Aufrüstung allein mithilfe der privaten Rüstungsindustrie möglich sei. Wie im nächsten Kapitel zu zeigen sein wird, schlossen sich verschärfte staatliche Kontrollen und Aufrüstung nicht gegenseitig aus – ganz im Gegenteil. Vielmehr kam ein weiterer Faktor hinzu: Die Wirtschaftskrise war in Großbritannien im Abklingen begriffen und das machte sich bemerkbar. Die Arbeitslosenzahlen sanken spürbar und erreichten 1937 fast Vorkrisenniveau – nicht zuletzt dank des Aufrüstungsprogramms. Die Rahmenbedingungen waren nicht mehr dieselben wie 1934, als der öffentliche Druck die Regierung dazu bewegt hatte, die Royal Commission einzusetzen.

---

243 Statements of Evidence by Colonel Sir M.P.A. Hankey, in: Royal Commission: Minutes of Evidence, S. 606–622, Zitat S. 611.

244 Vgl. Anderson: British Rearmament, S. 23–28.

Die breite internationale Resonanz, auf die die Kritik an der privaten Rüstungsindustrie während der ersten Hälfte der 1930er Jahre gestoßen war und die zwei Untersuchungskommissionen hervorgebracht hatte, fußte nämlich auf dem Zusammenspiel zweier Faktoren: der Zunahme internationaler Spannungen und der Weltwirtschaftskrise. Erstens fügte sich die Forderung nach einem Verbot privater Rüstungsproduktion trefflich in die politische Agenda ganz unterschiedlicher Akteur*innen ein, die angesichts der internationalen Situation allesamt eine radikale Umgestaltung des bestehenden Wirtschaftssystems forderten, das sie als disruptiv und friedensgefährdend deuteten. Im Fall der US-amerikanischen Frauenliga und der *progressive republicans* im Kongress erhielt diese Forderung eine antiimperialistische Stoßrichtung, im Falle der französischen und britischen Linken dominierten dezidiert antikapitalistische Töne. Zweitens war die Kritik an privaten Rüstungsunternehmen angesichts der Wirtschaftskrise und internationaler Spannungen für ganz unterschiedliche Akteure anschlussfähig und relevant: sowohl für Bäuer*innen, Arbeiter*innen und Gewerkschaften als auch für Kirchen und Friedensgruppen. In der internationalen Debatte über die Verstaatlichung der Rüstungsindustrie ging es also keineswegs lediglich um Abrüstung – es ging immer auch um die Krise des kapitalistischen Wirtschaftssystems.

4.5 Eine US-amerikanische Initiative zur Kontrolle der Rüstungsindustrie

Die öffentliche Debatte über Rüstungsunternehmen und die Ermittlungen der parlamentarischen Untersuchungskommissionen stießen auch in Genf auf Resonanz, wo Rüstungsunternehmen und ihre internationalen Geschäfte 1934/35 zunehmend ins Zentrum der Verhandlungen rückten. Während eine allgemeine Abrüstungskonvention immer unwahrscheinlicher wurde, während sich die internationalen Spannungen verschärften und alle europäischen Staaten umfassende Aufrüstungsprogramme auf den Weg brachten, wuchs das Interesse der Delegierten und Mitarbeiter der Abrüstungsabteilung des Völkerbundes an einem Vertrag zur Regulierung von Waffenhandel und -produktion. Wie lässt sich diese auf den ersten Blick widersprüchliche Entwicklung erklären?

Noch 1933 war es völlig unwahrscheinlich gewesen, mit Blick auf Handels- und Produktionskontrollen eine Einigung in Genf herbeizuführen. Zwar war es der französischen Delegation zusammen mit einigen osteuropäischen und nichtproduzierenden Staaten und mit Unterstützung internationaler Organisationen gelungen, beide Instrumente im Juli 1932 auf die Agenda der Konferenz zu setzen. Doch das daraufhin eingesetzte Unterkomitee, das konkrete Vorschläge ausarbeiten sollte, musste sich im März 1933 eingestehen, dass alle Bemühungen, einen Kompromiss zu finden, gescheitert waren. Die strittigen Fragen waren keineswegs trivial, sondern grundlegender Natur: Während Frankreich, Polen und Spanien eine Internationalisierung der Produktion forderten und immer wieder auch ein Verbot privater Rüstungsunternehmen ins Spiel brachten, waren die übrigen produzierenden Staaten wie Italien, die USA, Großbritannien, Japan oder Belgien lediglich bereit, staatliche Kontrollen festzuschreiben. Angesichts dieser Situation ließ das Unterkomitee seine Arbeit ruhen und bat das für Grundsatzfragen zuständige Generalkomitee der Konferenz um eine Klärung der Streitpunkte. Das Generalkomitte entschied sich jedoch, zunächst den MacDonald-Plan ins Zentrum der Verhandlungen zu rücken.[245] Dieser von den Briten unterbreitete Vorschlag einer allgemeinen Abrüstungskonvention vermied die Themen Waffenhandel und -produktion[246] – was kaum verwundert angesichts der großen Vorbehalte, auf die der Vorstoß Frankreichs in London gestoßen war. So kamen die Verhandlungen über den internationalen Handel mit Rüstungsgütern erneut vollständig zum Erliegen.

Im Oktober 1933 erklärte das Deutsche Reich seinen Rückzug von der Konferenz. Die Delegationen in Genf setzten ihre Diskussionen zwar zunächst fort, doch im Frühjahr 1934 war allen klar, dass auch der MacDonald-Plan gescheitert war. Für den Völkerbund wurde die Abrüstungskonferenz mehr und mehr zu einem Problem. Nicht zu Unrecht ging Generalsekretär Joseph Avenol davon aus, dass die unergiebigen Verhandlungen das öffentliche Image des Völkerbundes schwer beschädigten und noch dazu Ressourcen des Sekretariats banden, die er anderweitig erfolgsträchtiger einsetzen konnte. Im Vorfeld einer für Ende Mai 1934 terminierten Sitzung des Generalkomitees der Konferenz ventilierte er deshalb unter den Delegierten die Idee, die Konferenz für gescheitert zu erklären und die Angelegenheit an den Völkerbundrat zurück zu überweisen.[247]

Der US-amerikanische Vorstoß für völkerrechtliche Waffenhandelskontrollen

In dieser Situation nahmen die Verhandlungen eine Wendung, die für viele Delegierte völlig überraschend kam. Die USA, deren Regierung und Abgeordnete ge-

245 Vgl. Conference for the Reduction and Limitation of Armaments, Committee for the Regulation of the Trade in and Private and State Manufacture of Arms and IoW, Thirteenth Meeting, 26.5.1933, in: LNA, Répertoire Général, R 4200, 2480. Für einen hilfreichen Überblick über diese Verhandlungen siehe: Bericht der Deutschen Delegation in Genf über die Arbeiten des Komitees für Waffenherstellung und Waffenhandel, 30.3.1933, in: PA AA, RZ 206, 32229.

246 Zum MacDonald-Plan siehe Kitching: Britain and the Disarmament Conference, S. 130–156.

247 Vgl. The American Delegate to the General Disarmament Conference (Wilson) to the Secretary of State, 16.5.1934, in: FRUS 1934, General, the British Commonwealth, Vol. I, Doc. 61.

rade erst das größte Aufrüstungsprogramm ihrer Geschichte in Friedenszeiten beschlossen hatten, die sich über Jahre hinweg geweigert hatten, die Waffenhandelskonvention von 1925 zu ratifizieren, die beim Thema Produktionskontrolle zunächst ablehnend, dann zurückhaltend gewesen waren und die stets private Rüstungsunternehmen in Schutz genommen hatten – die Delegation dieses Staates forderte auf der Sitzung des Generalkomitees am 29. Mai 1934 auf Weisung des US-Außenministers Cordell Hull,[248] die Abrüstungsverhandlungen nicht völlig zu beenden, sondern zumindest die Gespräche über Produktions- und Waffenhandelskontrollen fortzusetzen. Delegationsleiter Norman Davis, der anlässlich der Sitzung extra angereist war, berichtete den erstaunten Zuhörern, dass Roosevelt persönlich vor dem Kongress erklärt habe, internationale Maßnahmen müssten ergriffen werden, um die friedensgefährdenden Aktivitäten der Rüstungsproduzenten und -händler zu kontrollieren.[249] Dieser Vorschlag war nicht nur deshalb erstaunlich, weil er von den USA kam, sondern auch, weil die Abrüstungskonferenz nun ausgerechnet mit einem Kontrollinstrument gerettet werden sollte, an dem schon unzählige Verhandlungsrunden gescheitert waren.

Der Richtungswechsel war auch für die US-amerikanische Delegation überraschend gekommen. Erst eine Woche vor der Sitzung des Generalkomitees hatte Hull den Diplomaten eine Weisung erteilt.[250] Entsprechend vage waren die Ausführungen Davis' geblieben. Doch Mitte Juni legten die Amerikaner bei einem informellen Treffen mit Vertretern Großbritanniens, Frankreichs und des Generalsekretariats ein Memorandum vor, in dem sie ihren Vorschlag präzisierten. Das Memorandum war erkennbar um einen Kompromiss bemüht und berücksichtigte die verschiedenen Positionen, die in den vorangegangenen Jahren vorgebracht worden waren. Auf der einen Seite zollte es dem Lager derer Tribut, die wie die USA internationale Kontrollen stets abgelehnt hatten. Rüstungsgüter dürften nur unter Lizenz produziert werden, für jeden Export seien Visas auszustellen. Für die Vergabe von Lizenzen sollten allerdings Staaten, nicht, wie von Frankreich vorgeschlagen, internationale Organisationen zuständig sein. Darüber hinaus müssten sich Staaten verpflichten, Produktionszahlen, Bestellungen, Exporte und Importe zu veröffentlichen. Doch der Vorschlag hielt auch für diejenigen etwas bereit, die auf eine Internationalisierung der Kontrollen drängten. Eine noch näher zu bestimmende

248 Vgl. The Secretary of State to the American Delegate (Wilson), 23.5.1934, in: FRUS 1934, General, the British Commonwealth, Vol. I, Doc. 64.

249 Vgl. Press Release Issued by the Department of State, 29.5.1934, in: FRUS 1934, General, the British Commonwealth, Vol. I, Doc. 76.

250 Vgl. The Secretary of State to the American Delegate (Wilson), 23.5.1934; The Secretary of State to the American Delegate (Wilson), 24.5.1934, beide in: FRUS 1934, General, the British Commonwealth, Vol. I, Doc. 64 und 66.

internationale Organisation sei mit der Koordination der Kontrollen und deren Einhaltung zu betrauen. Ihre Aufgabe müsse es sein, Produktions- und Handelsstatistiken zu veröffentlichen; zu überprüfen, ob sie in Einklang mit anderen Abrüstungsvereinbarungen stünden; und regelmäßige Inspektionen durchzuführen.[251] Das US-amerikanische Eintreten für internationale Kontrolle war neu. Doch auch wenn das Memorandum von der Delegation in Genf ausgearbeitet worden war, so hatte Hull diesen Positionswechsel zuvor ausdrücklich genehmigt.[252]

Der Vorschlag, die Abrüstungsverhandlungen mithilfe der Gespräche über Waffenhandels- und Produktionskontrollen wiederzubeleben, wurde von den Vertretern Großbritanniens und Frankreichs angenommen. Allerdings entschied man sich während des informellen Treffens, das Thema zunächst in kleiner Runde mit Vertretern anderer produzierender Staaten voranzutreiben.[253] Damit bestätigten sie einmal mehr das Ungleichgewicht zwischen produzierenden und nichtproduzierenden Staaten in Fragen internationaler Kontrolle. Doch zum ersten Mal war man in diesem Kreis bereit, nicht nur über die Veröffentlichung von Handelszahlen, sondern auch über Produktionszahlen zu sprechen. Die französischen Delegierten, die als Vertreter des einzigen produzierenden Staates über Jahre die Allianz mit nichtproduzierenden Staaten gepflegt hatten, konnten sich den Hinweis nicht verkneifen, dass die im Memorandum der USA enthaltenen Kontrollinstrumente zum großen Teil französische Ideen seien. Zwar war das linke Regierungsbündnis seit einigen Monaten Geschichte, das Produktionskontrollen als Teil einer antikapitalistischen Wirtschaftspolitik gesehen hatte. Doch in den Augen der Union Nationale waren Produktionskontrollen immerhin als Instrument zur Kontrolle deutscher Rüstungsproduktion nützlich. Das Kriegsministerium erhielt nach wie vor kontinuierlich recht akkurate und besorgniserregende Informationen über die deutsche Aufrüstung.[254] Und Großbritannien erklärte, den Vorschlag mit größter Sympathie diskutieren zu wollen, solange man an dem Prinzip der Gleichbehandlung privater und staatlicher Produktion festhalte.[255] Der US-amerikanische Botschafter in London führte diese Bereitschaft auf die immer heftiger werdende Debatte über die private Rüstungsindustrie zurück. Die Angst in London sei groß,

251 Vgl. Memorandum by the American Delegation to the General Disarmament Conference, 15.6.1934, in: FRUS 1934, General, the British Commonwealth, Vol. I, Doc. 112.

252 Vgl. The Secretary of State to the American Delegate (Wilson), 24.5.1934, in: FRUS 1934, General, the British Commonwealth, Vol. I, Doc. 66.

253 Vgl. Meeting in Director's Room, 15.6.1934, in: LNA, Répertoire Général, R 4202, 2250, 11934.

254 Vgl. Alexander: The Republic in Danger, S. 34–55.

255 Vgl. Committee for the Regulation of the Trade in and Private and State Manufacture of Arms and Implements of War, Provisional Minutes, Seventeenth Meeting, 2.7.1934, in: LNA, Répertoire Général, R 4200, 2480.

von der eigenen Bevölkerung für das endgültige Scheitern der Abrüstungsverhandlungen haftbar gemacht zu werden.[256]

Der US-amerikanische Vorstoß in Genf war einerseits eine Reaktion auf die von der Frauenliga angestoßene Kampagne gegen die private Rüstungsindustrie. Der US-Senat hatte gerade erst unter großem öffentlichem Interesse die Kommission zur Untersuchung der Rüstungsindustrie eingesetzt. Ein Ende der Abrüstungsverhandlungen, wie sie im Vorfeld der Sitzung der Generalkommission diskutiert wurde, hätte vor dem Hintergrund der breiten Mobilisierung und des öffentlichen Interesses mit großer Wahrscheinlichkeit einen Sturm der Empörung ausgelöst. Daraus machte auch Hull in seinem Schreiben an die Delegation keinen Hehl: „Public opinion in this country has been so aroused in regard to the evils arising from the uncontrolled private manufacture of and international traffic in arms, and this aroused public opinion appears to be reflected in Congress."[257]

Das allein erklärt jedoch noch nicht, warum die USA nun die Einhegung des internationalen Waffenhandels auf die eigene politische Agenda setzten und die Federführung in einer völkerrechtlichen Angelegenheit übernahmen, für die sich seit Woodrow Wilsons Präsidentschaft niemand im Weißen Haus hatte erwärmen können. Der Vorstoß der US-Regierung in Genf hatte ganz ähnliche Gründe wie ihre Unterstützung für die Einsetzung einer Untersuchungskommission des Senats. Roosevelt und sein Außenminister teilten die Interpretation der Friedensbewegung, dass das privatwirtschaftliche Streben der Rüstungsunternehmen nach Gewinnmaximierung eine Gefahr für den Frieden darstelle. Die Initiative in Genf und Roosevelts Äußerungen vor dem Senat im Zusammenhang mit der Einsetzung der Untersuchungskommission dürfen nicht als ein Manöver missverstanden werden, das lediglich dazu diente, die Öffentlichkeit zu beruhigen. Sie waren ernst gemeint. Aus Sicht des Präsidenten waren Rüstungsunternehmen ein Grund für die zunehmenden internationalen Spannungen. Dem Kongress erklärte er: „The private and uncontrolled manufacture of arms and munitions and the traffic therin has become a serious source of international discord and strife." Genau wie Labour, die französische Linke, die progressiven Republikaner oder die Friedensbewegung sah er einen engen Zusammenhang zwischen dieser Entwicklung und den zunehmenden internationalen Spannungen: „The people of many countries are being taxed to the

256 Vgl. The Ambassador in Great Britain (Bingham) to the Secretary of State, 17.5.1934, in: FRUS 1934, General, the British Commonwealth, Vol. I, Doc. 62.
257 The Secretary of State to the American Delegate (Wilson), 24.5.1934, in: FRUS 1934, General, the British Commonwealth, Vol. I, Doc. 66.

point of poverty and starvation in order to enable governments to engage in a mad race in armament which, if permitted to continue, may well result in war.«[258]

Der Unterschied zwischen Washington und einem Großteil der Rüstungskritiker*innen in den USA und Europa bestand darin, dass die US-Regierung ein absolutes Verbot privater Unternehmen ablehnte. Für die Mobilisierungspläne des War Departments und der Navy waren private Rüstungsunternehmen zentral und gute Beziehungen mit ihnen wichtig. Im Fall eines Krieges wollte man in der Lage sein, auf privatwirtschaftliche Produktionskapazitäten und Lieferketten zurückgreifen zu können. Diese Pläne gingen im Wesentlichen auf Bernard Baruch zurück, Finanzier und Börsenspekulant, der im Ersten Weltkrieg als Vorsitzender des War Industries Board eine Schlüsselrolle in der Kriegsmobilisierung gespielt hatte.[259]

Der Präsident, das State Department und auch Vertreter militärischer Beschaffungsbehörden gingen anders als Nye und die Friedensbewegung davon aus, mithilfe effektiver staatlicher und völkerrechtlicher Kontrollen die Gefahr einhegen zu können, die von privatwirtschaftlichem Gewinnstreben ausging. Mit Blick auf den Vorschlag, auf völkerrechtliche Instrumente zur Kontrolle der Rüstungsunternehmen hinzuwirken, erklärte Hull der Delegation in Genf:

> We recognize that it may not result in the elimination of all of the evils arising from the private manufacture of and international traffic in arms but, properly established and properly administered, with full world publicity, it should go a long way toward eliminating those evils, and the full publicity which should be an integral part of the plan would enable this Government and other governments to evaluate intelligently any evils which may persist after it is put into operation. We should then be in a position to deal with those evils.[260]

Indem er explizit von „evils“ sprach, stellte Hull einen direkten Bezug zum Abrüstungsartikel der Völkerbundsatzung her. Es ging darum, der auf Woodrow Wilson zurückgehenden Verpflichtung des Völkerbundes nachzukommen, etwas gegen die „üblen Folgen“ privater Rüstungsproduktion zu unternehmen.

So gesehen standen Roosevelts weitreichende Aufrüstungspläne nicht in einem Widerspruch zum Versuch, die Abrüstungskonferenz in Genf zu retten. Die Teilverstaatlichung der Rüstungsindustrie, die die Regierung in der Vinson-Trammel Bill zum Ausbau der Navy festschreiben ließ,[261] war als Kontrollinstrument gedacht. Schon während seiner Zeit als Staatssekretär der Navy während des Ersten Welt-

258 Control of Arms and Munitions Traffic. Message from the President of the United States, 18.5.1934, in: NARA, RG 59, CDF 1930–1939, 811.113.

259 Vgl. Koistinen: Planning War, S. 42–96; Wilson: Destructive Creation, S. 43 f.

260 The Secretary of State to the Chairman of the American Delegation (Davis), 28.5.1934, in: FRUS 1934, General, the British Commonwealth, Vol. I, Doc. 72.

261 Vgl. Wilson: Destructive Creation, S. 38–47.

kriegs hatte Roosevelt für den Ausbau staatlicher Werften plädiert, um die Regierung in die Lage zu versetzen, die Angebote privater Unternehmen besser beurteilen zu können. Staatliche Werften sollten dabei als Korrektiv dienen und die Navy vor unkontrollierter Preistreiberei schützen. Gleichzeitig sollten mit ihrer Hilfe den Gewinnen Grenzen gesetzt werden, die diese Unternehmen dank zunehmender Spannungen und Aufrüstungsprogrammen machten.[262]

Diese Rüstungspolitik fügte sich in den New Deal ein. Die US-Regierung hoffte, die Wirtschaftskrise mithilfe eines Mix' aus staatlichen Investitionen und Ausweitung staatlicher Interventionsmöglichkeiten zu überwinden. So führte sie Kontrollen im Bankenwesen ein oder sicherte sich mit dem National Industrial Recovery Act Einfluss auf die Gestaltung von Preisen industrieller Produkte und auf Produktionszahlen. Gleichzeitig ging es nie darum, den Kapitalismus zu überwinden, sondern das bestehende Wirtschaftssystem durch eine Stärkung staatlicher Institutionen zu stabilisieren und krisenresistenter zu machen. Dabei setzte die Regierung eben nicht nur auf Kontrolle und Regulierung der Privatwirtschaft, sondern auch auf Kooperation. Wie schon während des Ersten Weltkriegs spielten Unternehmer eine zentrale Rolle, wenn es darum ging, politische Maßnahmen in die Praxis umzusetzen.[263] Der Vorstoß in Genf war dabei das außenpolitische Äquivalent zur Rüstungspolitik des New Deal, das die auf nationalstaatlicher Ebene ergriffenen Maßnahmen zur Kontrolle privater Rüstungsunternehmen durch völkerrechtliche Schritte flankieren und ergänzen sollte.

Dass die USA die Federführung in Verhandlungen zur Kontrolle internationaler Rüstungsgeschäfte übernahmen, wäre in den vorangegangenen Jahren nicht zuletzt mit Blick auf den US-Kongress schwer vorstellbar gewesen. Bis Mitte 1934 war die Ratifizierung der Waffenhandelskonvention von 1925 mit schöner Regelmäßigkeit nicht nur am Desinteresse der Regierung, sondern auch an dem der Abgeordneten gescheitert. Privaten Unternehmen waren grundsätzlich keine gesetzlichen Grenzen im Handel mit Rüstungsgütern gesetzt. Wenn immer die US-Regierung ein Interesse daran hatte, Rüstungsexporte zu regulieren – meist ging es um Waffenlieferungen an zentralamerikanische Staaten, aber auch um China –, musste sie vom Kongress fallbezogene Embargos verhängen lassen. Für eine Ratifizierung der Waffenhandelskonvention wären Gesetzesänderungen notwendig gewesen, für die sich keine ausreichende Mehrheit fand. Die Regierung Roosevelt hatte zwar seit Antritt deutlich gemacht, dass sie allgemeingültige Gesetzesprojekte zur Regulie-

---

262 Vgl. Wilson: Destructive Creation, S. 38–47; Urofsky: Big Steel, S. 147 f.

263 Vgl. Patel: The New Deal, S. 65–79. Für einen aktuellen Überblick über die New-Deal-Forschung siehe Hopkins: The New Deal. Zum Verhältnis zwischen Unternehmertum und Banken einerseits und Roosevelt andererseits siehe Olson/Domitrovic: The Banking Crisis; Reagan: Business.

rung von Rüstungsexporten unterstütze. Zudem gab es einige Abgeordnete, die entsprechende Initiativen auf den Weg brachten, auf deren Grundlage auch eine Ratifizierung der Konvention möglich gewesen wäre. Doch die Anhörungen und Verhandlungen im Kongress waren bis Mitte 1934 nur sehr schleppend vorangekommen.[264]

Angesichts der von der Frauenliga angestoßenen öffentlichen Debatte über die Geschäfte der Rüstungsindustrie und angesichts der Einsetzung einer Untersuchungskommission im Senat kam die Regierung allerdings zu dem Schluss, dass im Kongress hinreichender Rückhalt für die Ratifizierung völkerrechtlicher Instrumente bestand. Das eröffnete die Option, nun auch in Genf entschiedener und exponierter zu verhandeln.[265] Die Gefahr, dass mühselig erarbeitete Verhandlungsergebnisse anschließend am Widerstand der Abgeordneten scheiterten, wie Roosevelts demokratischer Vorgänger Wilson es mit der Völkerbundakte erlebt hatte, schien nicht mehr akut zu sein. Das erste greifbare Zeichen setzte der Senat im Juni 1934. Nachdem Roosevelt in seiner Rede vor dem Kongress am 18. Mai bereits gefordert hatte, als ein erstes Signal die Genfer Waffenhandelskonvention von 1925 zu ratifizieren, folgten ihm die Abgeordneten und erklärten ihre Zustimmung zu einem solchen Schritt – allerdings mit derselben Klausel, die zuvor auch schon Staaten wie Großbritannien und Frankreich eingefügt hatten: Die Ratifizierung trete erst in Kraft, wenn auch die anderen Rüstung produzierenden Staaten folgten.[266] Um diesen Schritt vollziehen zu können, musste der Kongress zunächst jedoch Gesetze schaffen, die die Einhaltung der Konvention ermöglichten.

Dennoch signalisierte die Resolution, dass völkerrechtliche Waffenhandelskontrollen nicht nur den Rückhalt der Exekutive, sondern auch den der Legislative hatten. Entsprechend entschieden ging die US-Delegation nun zu Werk. Wie auch die Regierung in Washington sah sie sich in diesem Kurs durch die öffentliche Debatte über das internationale Rüstungsgeschäft bestärkt. Die in Genf vertretenen internationalen Friedensorganisationen trugen mit viel Engagement dazu bei, die Kritik an privaten Unternehmen weiter zu befeuern und zu internationalisieren.[267] Hugh Wilson, der bei der Ausarbeitung der US-amerikanischen Position eine

264 Vgl. Atwater: American Regulation, S. 176–192.

265 Vgl. The Secretary of State to the American Delegate (Wilson), 24.5.1934, in: FRUS 1934, General, the British Commonwealth, Vol. I, Doc. 66.

266 Department of State, Department of Current Information, 11.7.1934, in: NARA, RG 59, CDF 1930–1939, 811.113/Senate Investigation, 14.

267 The Munitions Industry, published by the Disarmament Committee of the Women's International Organisations. Geneva, Nov. 1934, in: SCPC, Peace and Disarmament Committee of the Women's International Organisations, 1931–1940, CDGB-Switzerland, Box 1, Switzerland: Peace and Disarmament Committee, 1934.

maßgebliche Rolle spielte, hatte den Eindruck, dass diese Debatte mittlerweile alles andere überlagerte: „Public interest has perhaps turned from the consideration of disarmament as a whole: the aspect of the disarmament question which now seems uppermost in the public mind relates to the control of the manufacture of arms, which, to many, seems the only one capable of solution in the present troubled political situation." Gleichzeitig verfestigte sich unter den Diplomaten in Genf die Überzeugung, dass ein allgemeines Abrüstungabkommen nicht nur unwahrscheinlich, sondern angesichts der Aufrüstung Deutschlands gefährlich sei.[268]

Vor diesem Hintergrund begann Wilson nach der Sommerpause mit Vertretern anderer Staaten die Idee zu sondieren, den Komplex Waffenhandel und Waffenproduktion herauszulösen und ein separates Übereinkommen anzustreben. Es werde das Wettrüsten zwar nicht beenden, sei aber dennoch wichtig: „I believe that any accomplishment along these lines would be hailed as a definite step forward and, through the establishment of a permanent body of supervision, might provide the machinery for the preparation of a more general convention under more auspicious circumstances in the future."[269] Außenminister Hull, den mittlerweile regelmäßig Nachrichten von Aufrüstungsbemühungen europäischer Staaten erreichten,[270] war begeistert: „I am more than ever convinced that whatever treaty is drawn up on the manufacture of and traffic in arms should stand alone." Er erwarte mit Spannung den Entwurf Wilsons.[271]

Auch beim Generalsekretariat des Völkerbundes stieß der Vorschlag auf Unterstützung. Der Organisation drohte ein massiver Imageschaden, sollte die Abrüstungskonferenz ohne Ergebnis enden. Thanassis Aghnides, der Direktor der Abrüstungsabteilung, unterstützte deshalb den Vorschlag Wilsons in jeglicher Hinsicht,[272] ebenso wie Arthur Henderson, der kein Interesse daran hatte, als gescheiterter Präsident der Konferenz in die Geschichte einzugehen. Der US-amerikanische Vorstoß deckte sich zudem mit seinen eigenen Überzeugungen. Henderson hatte sich bereits als Labour-Vorsitzender 1917 für die Aufnahme eines Verbots privater Rüstungsproduktion in das Parteiprogramm eingesetzt.[273] Und auch zu

---

268 The American Delegate (Wilson) to the Secretary of State, 27.9.1934, in: FRUS 1934, General, the British Commonwealth, Vol. I, Doc. 129.

269 The American Delegate (Wilson) to the Secretary of State, 27.9.1934, in: FRUS 1934, General, the British Commonwealth, Vol. I, Doc. 129.

270 Besonders ausführlich: Breckinridge Long, Embassy of the USA, to SoS, 1.6.1934, in: NARA, RG 59, 500.A15 A4/, Box 2396, 2552.

271 The Secretary of State to the American Delegate (Wilson), 15.10.1934, in: FRUS 1934, General, the British Commonwealth, Vol. I, Doc. 133.

272 The Adviser to the American Delegation to the General Disarmament Conference (Mayer) to the Secretary of State, 20.10.1934, in: FRUS 1934, General, the British Commonwealth, Vol. I, Doc. 134.

273 Vgl. Swartz: The Union of Democratic Control, S. 141–165.

Beginn der Konferenz im Februar 1932 hatte er bekräftigt, dass aus seiner Sicht das „schlechte System privater Rüstungsproduktion" von den Delegierten abgeschafft werden sollte.[274] Anfang November 1934 veröffentlichte er ein Statement, in dem er die bisherige Strategie, eine „vollständige" Abrüstungskonvention zur Unterzeichnung zu bringen, für gescheitert erklärte. Stattdessen gelte es nun, sich auf die Verhandlung separater Protokolle zu konzentrieren, für die „die Zeit reif sei". Dazu zählte er die Veröffentlichung von Rüstungsbudgets, die Gründung einer Permanenten Abrüstungskommission sowie die Regulierung von Waffenhandel und -produktion.[275] Bei einer Sitzung in Hendersons Büro am 20. November 1934, an der Aghnides sowie die Vertreter der USA, Italiens, Frankreichs, Schwedens, Großbritanniens und der Sowjetunion teilnahmen, einigte man sich auf dieses Vorgehen.[276]

Das Neutralitätsgesetz

Die Bemühungen der US-amerikanischen Delegation um ein separates Abkommen zum Waffenhandel standen in einem engen Zusammenhang mit den Versuchen der US-Regierung, die heimische Rüstungsunternehmen unter ihre Kontrolle zu bringen. Es war deshalb wichtig, die in Genf diskutierten Vorschläge mit entsprechenden Gesetzesentwürfen abzustimmen, die im Kongress verhandelt wurden. Joseph Green, der mit Antritt Roosevelts zum Experten für Rüstungskontrolle im State Department ernannt worden war, bildete dabei das Scharnier. Er stand sowohl mit Nye und anderen am Thema interessierten Kongressabgeordneten in enger Verbindung als auch mit Hugh Wilson. Nye und Stephen Raushenbush, der das Investigativ-Team der Untersuchungskommission leitete, waren von dem Memorandum, das die US-Delegation in Genf eingebracht hatte, sehr angetan. Bei einem Treffen mit Wilson, der sich über Weihnachten 1934 in Washington aufhielt, sicherten sie ihm ihre Unterstützung zu. Man werde im Kongress auf Gesetze hinarbeiten, die die Regierung in die Lage versetzen würden, die im Memorandum vorgeschlagenen Kontrollinstrumente auf nationalstaatlicher Ebene umzusetzen. Nye brachte das Gespräch außerdem auf die Waffenhandelskonvention von 1925. Zwar waren sich Regierung und Kongress mittlerweile darin einig, dass es an der Zeit sei, den Ver-

274 Speech by Henderson, o. D., in: LNA, S 475. Wortlaut: „the system of private manufacture is a bad one".

275 Vgl. The Adviser to the American Delegation (Mayer) to the Secretary of State, 6.11.1934, in: FRUS 1934, General, the British Commonwealth, Vol. I, Doc. 140. Wortlaut: „the time has come when such questions as are considered ripe".

276 Vgl. The American Delegate (Wilson) to the Secretary of State, 20.11.1934, in: FRUS 1934, General, the British Commonwealth, Vol. I, Doc. 157.

trag zu ratifizieren.[277] Allerdings fehlte in den USA die gesetzliche Grundlage, um die Bestimmungen der Konvention umzusetzen.[278] Bald nach dem Treffen mit Wilson bat Nye im Auftrag der Untersuchungskommission Green um Unterstützung bei der Ausarbeitung eines Gesetzes. Was gelte es zu beachten, wenn man die in Genf diskutierten Vorschläge und die Waffenhandelskonvention in nationale Gesetze überführen wolle? Nach Zustimmung Hulls machte Green sich daran, in enger Abstimmung mit der Nye-Kommission einen Gesetzesentwurf zu entwickeln.[279]

Nyes Überzeugung, dass die private Rüstungsproduktion letztendlich vollständig verboten werden müsse, stellte kein Hindernis für diese Zusammenarbeit dar. State Department und die Abgeordneten in der Untersuchungskommission waren sich darin einig, dass das Gesetz lediglich ein erster Schritt in Richtung striktere Regulierung sein könne. Die meisten Passagen des von Green entwickelten Gesetzesentwurfes waren deshalb unstrittig. Er sah die Schaffung eines National Munitions Control Board zur Überwachung der Waffenein- und ausfuhr vor. Unternehmen und Individuen, die Rüstungsgüter exportieren oder importieren wollten, mussten sich zuvor registrieren lassen. Sie waren verpflichtet, ihre Produktionszahlen zu dokumentieren, Lizenzen für grenzübergreifende Geschäfte zu beantragen und den Kongress über Produktion, Exporte und Importe zu informieren.[280] Zu Greens Verwunderung machte die Rüstungsindustrie keine Anstalten, das Gesetzesvorhaben zu torpedieren. Noch zehn Jahre zuvor hatte sie vor dem Hintergrund der Genfer Verhandlungen über die Waffenhandelskonvention alle Hebel in Bewegung gesetzt, um möglichst lasche Kontrollen durchzusetzen. Doch angesichts der viel radikaleren Forderungen aus der Gesellschaft und von Abgeordneten erschien Greens Entwurf das kleinere Übel zu sein und so gab es aus den Reihen der Rüstungsindustriellen sogar Zuspruch.[281]

Trotz der engen Zusammenarbeit zwischen Abgeordneten und Regierung und trotz der gegenseitigen Wertschätzung kristallisierten sich schon bald Konfliktlinien zwischen State Department und Abgeordneten heraus. Erstens ging es um die

277 Vgl. Memorandum by Josep G. Green, Division of Western European Affairs, 1.12.1934; Memorandum by Josep G. Green, Division of Western European Affairs, 26.12.1934, in: NARA, RG 59/DF 1930–1939, 811.113 Senate Investigation, Box 4812, 164 und 185.

278 Vgl. Green: Supervising the American Traffic in Arms.

279 Vgl. The Chairman of the Special Committee of the Senate Investigating the Munitions Industry (Nye) to Mr. Joseph C. Green of the Division of Western European Affairs, 20.2.1935; Memorandum by Mr. Joseph G. Green of the Division of Western European Affairs, 13.3.1935; Memorandum by the Secretary of State to President Roosevelt, 14.3.1935, alle in: FRUS 1935, General, The Near East and Africa, Vol. I, Doc. 225, 227 und 228.

280 Vgl. Memorandum by the Secretary of State to President Roosevelt, 11.4.1935, Enclosure: Draft Bill National Munitions Act, in: FRUS 1935, General, The Near East and Africa, Vol. I, Doc. 236.

281 Vgl. Green: Supervising the Arms Traffic, S. 731.

Verhängung von Waffenembargos im Kriegsfall. Schon die Vorgängerregierung hatte ein solches Instrument angemahnt, die Roosevelt-Regierung tat es ihr nach. Insbesondere die Erfahrung des Chaco-Krieges bekräftigte sie in diesem Ansinnen. US-amerikanische Firmen lieferten sowohl an Paraguay als auch an Bolivien, obwohl die US-Regierung ein Interesse an einem Ende der Kämpfe hatte. Ein Embargo, das sie im Mai 1934 verhängte, erwies sich als zu beschränkt, da es nur für die beiden kriegführenden Staaten galt. Unternehmen konnten es mühelos mit indirekten Lieferungen umgehen.[282] Die gesetzlich verbriefte Möglichkeit, im Kriegsfall Waffenembargos zu verhängen, war deshalb aus Sicht der Regierung ein Instrument, um angesichts zunehmender internationaler Spannungen den eigenen Handlungsrahmen zu erweitern und die Kontrolle über private Unternehmen zu erlangen.[283] Auch im Kongress gab es Rückhalt für eine Embargo-Gesetzgebung. Der Streit entspann sich jedoch um die Frage, wie viel Kompetenzen der Regierung eingeräumt werden sollten. Greens Entwurf sah vor, dass der Präsident die Möglichkeit haben sollte, Waffenausfuhren zu untersagen, insofern sie zur Eskalation inner- und zwischenstaatlicher Konflikte beitrugen. Im Repräsentantenhaus fand dieser Vorschlag Unterstützung, doch im Senat setzten sich die Abgeordneten durch, die eine verbindliche Regelung bevorzugten. Der Präsident solle verpflichtet werden, bei Ausbruch eines Krieges jegliche Waffenlieferungen zu untersagen.[284]

Zweitens ging es darum, inwiefern das Gesetz Bestimmungen enthalten sollte, mit deren Hilfe die US-amerikanische Neutralität im Kriegsfall sichergestellt werden konnte. In der öffentlichen Debatte waren Waffenhandel und Neutralität seit Längerem eng miteinander verwoben, knüpfte sie doch an die Kritik bezüglich Kriegsprofite an, die die US-Gesellschaft während des Ersten Weltkriegs umgetrieben hatte. Damals hatte der Vorwurf im Raum gestanden, dass es neben den großen Banken die Rüstungsunternehmen gewesen seien, die in der Hoffnung auf Gewinne oder aus Angst vor einer Niederlage Frankreichs und Großbritanniens, die ihnen Geld schuldeten, einen Kriegseintritt der USA vorangetrieben hätten. Diese Vorwürfe beschäftigten auch die von Nye angeführte Untersuchungskommission.[285] Es war aus Sicht der Kommissionsmitglieder deshalb naheliegend, ein Gesetz über Rüstungsexporte so zu gestalten, dass es im Kriegsfall dabei half, die Neutralität der USA sicherzustellen. Die Angst, erneut in einen europäischen Krieg hineingezogen zu werden, war 1935 angesichts der zunehmend konflikthaften internationalen

282 Vgl. Atwater: American Regulation, S. 193–202.

283 Siehe bspw. den Artikel Joseph Greens über den Gesetzgebungsprozess (Green: Supervising the Arms Traffic, S. 730 f.); Memorandum by Mr. Joseph G. Green of the Division of Western European Affairs, 16.5.1935, in: NARA, RG 59/DF 1930–1939, 811.113 Senate Investigation, Box 4812, 267.

284 Vgl. Atwater: American Regulation, S. 203–205.

285 Vgl. Wiltz: In Search of Peace, S. 117–130.

Lage in der US-amerikanischen Gesellschaft weit verbreitet. Italien bereitete einen Waffengang in Nordafrika gegen das Königreich Abessinien vor, das Deutsche Reich verabschiedete im März ein umfassendes Aufrüstungsgesetz, Frankreich reagierte mit der Verlängerung der Wehrpflicht. Vor diesem Hintergrund stand auch Roosevelt einem Neutralitätsgesetz zunächst nicht ablehnend gegenüber. Im Gegenteil: Bei einem Treffen mit Mitgliedern der Kommission im April 1935 ermutigte er sie ohne Rücksprache mit seinem Kabinett, das Thema Neutralität auf die legislative Agenda zu setzen.[286]

Green und das State Department waren alles andere als erfreut über Roosevelts Alleingang. Tatsächlich hatten Sie dem Präsidenten vor dem Treffen dringend davon abgeraten, sich auf das Thema einzulassen. Es berühre eine Reihe außenpolitischer und völkerrechtlicher Fragen, die erst noch geklärt werden müssten, und werde zu einer Verzögerung bei der Verabschiedung des so dringend erwünschten Gesetzes zur Regulierung des Waffenhandels führen.[287] Sie bemühten sich deshalb in den folgenden Wochen, Fragen der Neutralität wieder aus dem Gesetz zur Kontrolle des Waffenhandels herauszulösen – letztlich erfolglos.[288] Als das Gesetz im August zur Abstimmung gebracht wurde, enthielt der zweite Teil eine Reihe von Neutralitätsbestimmungen. So sollte im Fall, dass der Präsident das Bestehen eines kriegerischen Konflikts festgestellt hatte, nicht nur der Export von Waffen verboten sein. US-amerikanischen Schiffen sollte darüber hinaus grundsätzlich untersagt sein, Waffen zu transportieren, die für die kriegführenden Staaten bestimmt waren. Jeder US-Bürger reise ausschließlich auf eigene Gefahr mit Schiffen kriegführender Staaten.[289] In diesen Bestimmungen klang die Erfahrung des Ersten Weltkriegs nach, als Angriffe deutscher U-Boote auf das US-Schiff Lusitania, das Waffen für die Alliierten transportierte, ein wichtiger Grund für den Kriegseintritt gewesen waren.

Auch beim Thema Waffenembargo setzte sich die Kongressfraktion durch, die im Kriegsfall einen verbindlichen Stopp jedweder Waffenlieferungen an alle kriegführenden Parteien forderte. Das entstsprach nicht der Linie der Regierung, die sich von dem Gesetz vor allem erhofft hatte, die eigenen Handlungsspielräume

---

286 Vgl. Memorandum by Mr. Joseph G. Green of the Division of Western European Affairs, 20.3. 1935, in: RG 59/DF 1930–1939, 811.113 Senate Investigation, Box 4812, 241.

287 Vgl. Memorandum by the Secretary of State to President Roosevelt, 11.4.1935, in: FRUS 1935, General, The Near East and Africa, Vol. I, Doc. 236.

288 Vgl. Memorandum by Mr. Joseph G. Green of the Division of Western European Affairs, 12.4. 1935; Memorandum by Mr. Joseph G. Green of the Division of Western European Affairs, 7.5.1935, beide in: NARA, RG 59/DF 1930–1939, 811.113 Senate Investigation, Box 4812, 246 und 255.

289 „Neutrality Act" of August 31, 1935, Joint Resolution, 49 stat. 1081; 22 U.S.C. 441 note, www.mtholyoke.edu/acad/intrel/interwar/neutralityact.htm.

auszuweiten. Hull schrieb nach der Abstimmung im Kongress am 20. August 1935 in seiner Stellungnahme für den Präsidenten:

> This provision is, in my opinion, an invasion of the constitutional and traditional power of the Executive to conduct the foreign relations of the United States. It is an attempt to impose upon the Executive by legislative act a fixed and inflexible line of conduct which it must follow, thereby depriving it of a large measure of its discretion in negotiating with foreign powers in circumstances when Executive discretion and flexibility of policy might be essential to the interests of the United States. Furthermore this provision would tend to deprive this Government of a great measure of its influence in promoting and preserving peace.[290]

Dennoch hielt Hull es „angesichts der Umstände" – eine Formulierung die er nicht näher ausführte – für wenig ratsam, dem Gesetz die Zustimmung zu verweigern, und so trat der sogenannte Neutrality Act Ende August 1935 in Kraft. Green, der selber den entsprechenden Passus verfasst hatte, wurde zum Leiter des neu geschaffenen National Munitions Control Board ernannt. Das Gesetz ermöglichte ihm einen Karrieresprung und so sah er es nachvollziehbarerweise weniger kritisch als sein Chef. Er hielt die vom Senat vorgenommenen Modifikationen für „geringfügig und unbedeutend" und das Gesetz insgesamt für gelungen.[291]

Tatsächlich sprachen auch inhaltliche Gründe für Greens Perspektive und es wäre zu kurz gegriffen, davon auszugehen, dass Hull mit seinem Verweis auf die Umstände lediglich den innenpolitischen Druck durch die Nye-Kommission oder die Friedensbewegung meinte. Trotz aller Zugeständnisse waren die drei zentralen Anliegen der Regierung umgesetzt, die sie zu Beginn des Gesetzgebungsverfahrens formuliert hatte: Sie wollte in der Lage sein, die Bestimmungen der Genfer Waffenhandelskonvention von 1925 umzusetzen, sie wünschte sich ein Instrument, um umfassende statistische Informationen über Umfang und Art von Rüstungsexporten zu sammeln, und die Möglichkeit, Waffenembargos durchzusetzen.[292] Das Gesetz war also mit Blick auf die Rooseveltsche Rüstungspolitik ein brauchbares Instrument: Es ermöglichte dem Staat, die Kontrolle über die eigene Rüstungsindustrie auszuweiten und diese Maßnahmen völkerrechtlich zu flankieren. Denn mit dem Vorstoß in Genf war es der Regierung Roosevelt ernst. Als sich abzeichnete, dass das Gesetz den Kongress passieren würde, hatte sie bereits im

290 The Secretary of State to President Roosevelt, 29.8.1935, in: FRUS 1935, General, The Near East and Africa, Vol. I, Doc. 242. Wortlaut: "I do not feel that I can properly in all the circumstances recommend that you withhold your approval." Siehe zu diesem Konflikt zwischen Legislative und Exekutive auch Atwater, American Regulation, S. 203–207; Wiltz: In Search of Peace, S. 184.

291 Green: Supervising the Arms Traffic, S. 371, Wortlaut: „slight and unimportant modifications".

292 Vgl. Atwater: American Regulation, S. 209 f.

Juni 1935 die Genfer Konvention ratifiziert – genau zehn Jahre nach ihrer Unterzeichnung.[293]

Das Scheitern des US-amerikanischen Vorstoßes in Genf

Hulls Empfehlung, „angesichts der Umstände" das Gesetz zu unterzeichnen, muss deshalb auch im Zusammenhang mit den Genfer Verhandlungen gedeutet werden. Die Ratifizierung war ein wichtiges und dringend notwendiges Signal in Richtung der anderen Rüstung produzierenden Staaten. Um zu verstehen, welche Bedeutung sie mit Blick auf die internationalen Abrüstungsgespräche hatte, ist ein Blick auf die zurückliegenden Monate notwendig. Nach einigen Verzögerungen hatte das Komitee für Waffenhandel und -produktion – eines der letzten noch aktiven Komitees der Abrüstungskonferenz – im Februar 1935 die Diskussionen über den US-amerikanischen Entwurf aufgenommen. Doch sehr zum Erstaunen der US-Amerikaner – Wilson erklärte „ernsthaft schockiert" zu sein – lehnte die britische Delegation wesentliche Bestandteile des Entwurfs grundsätzlich ab.[294] Ihre Kritik richtete sich vor allem gegen die Art und Weise, wie die Kontrolle der Rüstungsindustrie völkerrechtlich sichergestellt werden sollte. Ein Kernelement des US-amerikanischen Entwurfs war die Gründung einer Permanenten Abrüstungskommission unter dem Dach des Völkerbundes. Sie sollte die Kompetenz erhalten, „vor Ort" zu überprüfen, wie jeder Staat die vertraglich verpflichtenden Kontrollen umsetzte.[295]

Diesen Vorschlag hatten die USA von Frankreich übernommen, das bereits Ende 1932 einen ganz ähnlichen Vorschlag eingebracht hatte. Obwohl der Vorstoß damals vor allem auf den Druck der Sozialisten und Gewerkschaften zurückgegangen war und in Paris die damals regierenden Radikalen nur noch Junior-Partner in einer von Konservativen dominierten Regierung waren, zeigte sich der Quai d'Orsay gegenüber der Idee aufgeschlossen und versicherte dem US-amerikanischen Botschafter in Paris, man werde den Vorstoß mittragen.[296] Eine Kontrolle vor Ort, wie sie nun der US-amerikanische Vorschlag vorsah, entsprach der seit Jahren

293 Vgl. Green: Supervising the Arms Traffic, S. 731.

294 The American Delegate (Wilson) to the Secretary of State, 14.2.1935, in: FRUS 1935, General, The Near East and Africa, Vol. I, Doc. 14, Wortlaut: „British policy came as a severe shock [...]"

295 Draft Texts, in: Conference for the Reduction and Limitation of Armaments, Committee for the Regulation of the Trade in and Private and State Manufacture of Arms and Implmements of War, Report on the Progress of the Work of the Committee, 13.4.1935, S. 7–33, in: LNA, Répertoire Général, R 4200, 2480. Wortlaut: „on the spot".

296 Vgl. The Ambassador in France (Straus) to the Secretary of State, 25.1.1935, in: FRUS 1935, General, The Near East and Africa, Vol. I, Doc. 7.

verfolgten Strategie.[297] Auch das sozialistische Spanien, Belgien, Polen und die Tschechoslowakei, die sich durch die deutschen Aufrüstungsbemühungen bedroht sahen, stellten sich hinter den US-amerikanischen Vorschlag.[298]

Doch die Voraussetzung, damit dieser Ansatz Erfolg und die Allianz zwischen den Befürwortern internationaler Kontrollen Bestand haben konnte, war die Einbindung des Deutschen Reiches in das Vertragswerk. Die Chancen dafür standen jedoch denkbar schlecht. Im März 1935 hatte Hitler mit der Proklamation der Wehrhoheit erklärt, dass Deutschland sich nicht mehr an den Versailler Vertrag halten werde. An die Stelle geheimer Aufrüstungsanstrengungen trat nun ein mehr oder weniger offener Ausbau der Wehrmacht.[299] In dieser Situation hoffte die US-Regierung, mithilfe eines Abkommens über Waffenhandels- und Produktionskontrollen das Deutsche Reich zurück an den Verhandlungstisch zu bringen. Das NS-Regime hatte den Rückzug von der Konferenz 1933 damit begründet, dass der deutschen Forderung nach rüstungspolitischer Gleichbehandlung nicht entsprochen worden sei. Der US-amerikanische Entwurf berührte diese Frage nicht. Hugh Wilson glaubte deshalb, dass es ihm gelingen könne, Deutschland einzubinden. Gegenüber der eigenen Regierung warb er stets um Verständnis für das NS-Regime – einen Kurs, den er auch nach seiner Ernennung zum Botschafter in Berlin 1938 beibehalten sollte. Dem deutschen Gesandten in Bern, der spätere Staatssekretär im Auswärtigen Amt Ernst von Weizsäcker, schlug er 1935 eine informelle Einbeziehung Deutschlands in die Verhandlungen vor. So könne sichergestellt werden, dass das Ergebnis auch für Deutschland tragbar sei, und einer Unterzeichnung der Weg geebnet werden. Die Reichsregierung war jedoch damit beschäftigt, die gerade erst beschlossenen Aufrüstungsprogramme umzusetzen und hatte deshalb kein Interesse an neuen völkerrechtlichen Beschränkungen. Weizsäcker teilte Wilson mit, dass auch eine informelle Beteiligung nicht infrage käme.[300] Dieser zeigte sich jedoch erstaunlich wenig irritiert. Bald darauf erklärte er gegenüber den anderen Delegierten in Genf und dem State Department: Since „this

297 Vgl. The American Delegate (Wilson) to the Secretary of State, 15.4.1935, in: FRUS 1935, General, The Near East and Africa, Vol. I, Doc. 59; Speech by Aubert, in: Committee for the Regulation of the Trade in and Private and State Manufacture of Arms and Implements of War, Provisional Minutes, Eighteenth Meeing, 14.2.1935, in: LNA, Répertoire Général, R 4200, 2480.

298 Vgl. Committee for the Regulation of the Trade in and Private and State Manufacture of Arms and Implements of War, Provisional Minutes, Eighteenth Meeting, 14.2.1935, and Nineteenth Meeting, 15.2.1935, in: LNA, Répertoire Général, R 4200, 2480.

299 Problem of the Prohibition of the Private Manufacture of Arms, Ammunition and Implements of War, o.D. [1936], in: LNA, Répertoire Général, R 4171, 24146.

300 Vgl. Telegramm Weizsäcker an AA, 5.10.1934; Vermerk Frohwein, 11.10.1934, beide in: PA AA, RZ 206, 32134.

present draft treaty did not raise the point of ‚Equality', Germany might be willing to join in, which would be an excellent start toward an improvement of conditions in Europe in particular and the world in general."[301]

Roosevelt traute dem Urteil Wilsons. So besorgt er sich auch über die Entwicklungen in Deutschland zeigte, so überzeugt war er dennoch, dass die nationalsozialistische Politik früher oder später scheitern werde. Insbesondere die massiven Rüstungsausgaben hielt er für einen Faktor, der dem NS-Regime auf Dauer den gesellschaftlichen Rückhalt kosten werde. Bis zu den Pogromen im November 1938 hielt er deshalb daran fest, dass Verhandlungen mit Deutschland sinnvoll seien.[302] Umso erzürnter war er über die Verweigerungshaltung Großbritanniens in Sachen internationale Produktionskontrollen. Gegenüber seinem Außenminister beschwerte er sich im März 1935, kurz bevor die Reichsregierung öffentlich ihre Aufrüstungspläne bekannt gab, bitterlich über den „Unwillen der Briten", Inspektionen zuzulassen und auf diese Weise eine Einhegung Deutschlands unmöglich zu machen. In „other words, the only practical way of keeping German armaments down to an agreed on level being to inspect German armament supplies, England dashes this hope by declining to be inspected herself." Und er schloss: „I am much discouraged."[303] Das emotionale Schreiben Roosevelts verdeutlicht, wie gründlich sich die US-Regierung in ihrer Einschätzung irrte, das NS-Regime werde sich auf internationale Abkommen einlassen. Es zeigt aber auch, wie ernst es ihr damit war, die Abrüstungsverhandlungen mithilfe völkerrechtlicher Waffenhandels- und Produktionskontrollen entgegenzuwirken.

Nachdem die Genfer Verhandlungsrunde über den US-amerikanischen Vorschlag im April 1935 ohne Einigung beendet worden war, bemühte sich das State Department während des Sommers, mithilfe bilateraler Gespräche die Chancen für eine Fortsetzung zu sondieren. Dabei musste die US-Regierung einen Umgang mit dem Vorwurf finden, den der britische Außenminister Simon bereits unmittelbar nach dem US-amerikanischen Vorstoß im November 1934 bei einem Auftritt vor dem Parlament formuliert hatte und der seitdem im Raum stand: Während Großbritannien die wesentlich einfachere und dennoch nützliche Waffenhandelskonvention von 1925 ratifiziert habe, sei Washington bisher noch nicht einmal zu diesem Schritt bereit gewesen. Und während man in London über ein Lizenzsystem verfüge, das den Anforderungen der Konvention genüge und die Kontrolle von Waffenexporten durch die Regierung ermögliche, gebe es in Washington nichts

301 Vgl. Memorandum by the American Delegate (Wilson), 28.2.1935, in FRUS 1935, General, The Near East and Africa, Vol. I, Doc 32.

302 Vgl. Casey: Cautious Crusade, S. 3–15.

303 President Roosevelt to the Secretary of State, 9.3.1935, in: FRUS 1935, General, The Near East and Africa, Vol. I, Doc. 39. Wortlaut: „unwillingness of the British".

Vergleichbares.[304] Die Botschaft war klar: Wollten die USA glaubhaft über Kontrollen verhandeln, mussten sie zunächst beweisen, dass sie es ernst meinten. Vor diesem Hintergrund konnte es der US-Regierung gar nicht schnell genug gehen, den Neutrality Act unterzeichnet zu sehen. Die Ratifikation der Konvention durch die US-Regierung mithilfe dieses Gesetzes war ein Versuch, Glaubwürdigkeit auf internationaler Ebene zu gewinnen.

In der Geschichtsschreibung gilt der Neutrality Act nach wie vor als Paradebeispiel einer isolationistischen US-Außenpolitik, die prägend für die Zwischenkriegszeit gewesen sei. Er ist Kernstück eines Narrativs, demzufolge sich die Regierung Roosevelt nach anfänglicher Zurückhaltung erst sehr allmählich und sehr spät isolationistischen Tendenzen in den eigenen Reihen und im Land entgegengestellt und einer stärker internationalistischen Außenpolitik zugewandt habe.[305] Dieses Narrativ ist zuletzt infrage gestellt worden. Zwar ist es richtig, dass gerade in den ersten Jahren eine protektionistische Finanz- und Wirtschaftspolitik die Außenbeziehungen prägte und sich das Hauptaugenmerk der Regierung angesichts der Krise auf die heimische Wirtschaft richtete. Dennoch überdeckt die Rede vom Isolationismus die vielfältigen internationalen Einbindungen der USA.[306] Bei näherem Hinsehen trägt die dichotome Interpretation von der späten Abwendung vom Isolationismus und Hinwendung zum Internationalismus selbst für die Geschichte des Neutrality Act nicht.[307] Im Gegenteil: Nye, Hull, Green und Roosevelt verfolgten mit dieser Gesetzesinitiative einen außenpolitischen Ansatz, der sich durchaus als internationalistisch charakterisieren lässt. Es war allerdings ein anderer Internationalismus als jener, der ab Ende der 1930er Jahre die US-amerikanische Außenpolitik über Jahrzehnte hinweg bestimmen sollte. Trotz aller Meinungsverschiedenheiten zwischen Legislative und Exekutive waren sich alle maßgeblich Beteiligten darin einig, dass privatwirtschaftliches Gewinnstreben im Bereich der Rüstungsproduktion internationale Konflikte befeuere und verschärfe und dass man diesen Effekten durch Stärkung des Völkerrechts und internationaler

304 Vgl. House of Commons, Debate 22.11.1934, Vol. 295, cc300.

305 Siehe bspw. Adler: The Isolationist Impulse; Doenecke: Anti-Intervention; Jonas: Isolationsim; Kennedy: Freedom from Fear, S. 388–393.

306 Vgl. Blower: From Isolationism to Neutrality; Michael H. Hunt: Isolationism. „Behind the myth, a usable past", 29.6.2011, in: https://uncpressblog.com/2011/06/29/michael-h-hunt-isolationism-behind-the-myth-a-usable-past; Johnstone: Isolationism and Internationalism; Patel: The New Deal; Schmitz: Triumph of Internationalism.

307 Brooke Blower hat zuletzt argumentiert, dass die Verweigerung von Waffenlieferungen an kriegeführende Staaten als eine Form einer Intervention gegen jene Regierungen gedeutet werden konnte, die sich des Mittels kriegerischer Gewalt bedienten (Blower: From Isolationism to Neutrality, S. 369).

Institutionen entgegentreten müsse. Letztlich sollte auf diese Weise eine Verwicklung der USA in internationale Konflikte vorgebeugt werden.

Waffenhandels- und Produktionskontrollen waren dabei ein Element, dass die außenpolitische Agenda mit der wirtschaftspolitischen verband. Sie waren für die Roosevelt-Administration auch deshalb attraktiv, weil sie sich in die Politik des New Deal einfügten. Obwohl es nicht gelang, eine präsidentielle Entscheidungsbefugnis über die Verhängung von Embargos im Gesetz zu verankern, so weitete es dennoch die Handlungsspielräume der Regierung aus, indem diese nun die Möglichkeit erhielt, Einblicke in die Geschäfte privater Rüstungsunternehmen zu erhalten und Exporterlaubnisse zu erteilen. Das State Department begann damit, Informationen über die Standorte und Produktionszahlen zu sammeln – Daten, die nicht notwendigerweise der Export-Restriktion dienten, sondern auch genutzt wurden, um Unternehmen bei der Koordinierung und Durchführung von Geschäften zu unterstützen.[308] Das passte zu einem staatsinterventionistischen Regierungsprogramm, das darauf zielte, mithilfe einer Ausweitung staatlicher Kontrollkompetenzen die Ursachen der Wirtschaftskrise zu bekämpfen. Dieser Zusammenhang zwischen Genfer Verhandlungen über eine Kontrolle der globalen Rüstungsgeschäfte und wirtschaftlicher Krisenpolitik wird am Beispiel Frankreichs, das den Vorstoß der USA vehement unterstützte und im nächsten Kapitel in den Blick genommen wird, noch einmal um einiges deutlicher.

Letztlich reichte aber auch die Entschiedenheit der Regierung Roosevelt nicht, um die Genfer Verhandlungen wiederzubeleben. Erst erkrankte Henderson, der als Präsident der Abrüstungskonferenz nach wie vor die Schlüsselfigur war, wenn es darum ging, die verschiedenen Parteien zu Gesprächen zusammenzubringen; im Oktober 1935 starb er. Dann fand im Herbst die Generalversammlung des Völkerbundes statt. Anschließend standen andere Themen auf der internationalen Abrüstungsagenda. Angesichts der anhaltenden britischen Vorbehalte lagen die Aussichten, zu einem Ergebnis zu gelangen, im Bereich der Flottenrüstung höher und so räumten die Großmächte zwischen Dezember 1935 und März 1936 der zweiten Londoner Flottenkonferenz Vorrang ein. Und auch die Ratifizierung der Genfer Waffenhandelskonvention durch die USA hatte nicht den erhofften Effekt. Andere Staaten folgten dem Beispiel nicht und da fast alle Ratifikationsurkunden inklusive der US-amerikanischen den Vorbehalt enthielten, nur im Falle einer Ratifizierung durch andere produzierende Staaten zu gelten, konnte die Konvention nicht in Kraft treten.[309]

---

308 Vgl. Stedman: Exporting Arms, S. 38 f.

309 The Ambassador in France (Straus) to the Secretary of State, 3.7.1936, in: FRUS 1935, General, The Near East and Africa, Vol. I, Doc. 343.

4.6 Aufrüstung durch Abrüstung

Das Scheitern der US-amerikanischen Initiative, auf internationaler Ebene Instrumente zur Kontrolle der Rüstungsindustrie und des Waffenhandels zu etablieren, stand in einem deutlichen Kontrast zu Entwicklungen auf nationalstaatlicher Ebene. Die Regierung Roosevelt blieb nicht die einzige, die die in Genf diskutierten Vorschläge in nationale Gesetzgebungsverfahren integrierte. Das Abrüstungsbüro in Genf beobachtete ab 1935, dass insbesondere die europäischen Staaten auch ohne völkerrechtlichen Vertrag dazu übergingen, die heimische Rüstungsindustrie stärker zu kontrollieren.[310] Die 1936 von Sozialisten und Radikalen unter Léon Blum gebildete und von Kommunisten unterstützte Front Populaire ergriff besonders weitreichende Maßnahmen. Anhand ihrer Politik lassen sich exemplarisch einige Grundzüge europäischer Abrüstungspolitik in Zeiten der Aufrüstung aufzeigen.

Der Regierungsbildung waren 1935 und Anfang 1936 eine Reihe programmatischer Gespräche und Aushandlungsprozesse zwischen den linken Parteien und Gewerkschaften vorausgegangen, die allesamt unter dem Eindruck der Wirtschaftskrise standen, die spät in Frankreich angekommen war, sich aber umso länger hinzog und auf die die Regierung mit der Kürzung öffentlicher Ausgaben reagiert hatte. Aus Sicht der Sozialisten waren Verstaatlichungen ein zentrales Instrument zur Überwindung der Krise. Das war zwar nicht neu, jedoch bemühte sich insbesondere Blum darum, die geplante Verstaatlichungspolitik erstmals zu präzisieren. Wenn die Regierung zentrale Bereiche wie die Kreditvergabe, Energie und Verkehr übernehme, werde sie in der Lage sein, einen wesentlich stärkeren Einfluss auf die Löhne im Land zu nehmen und gleichzeitig die Preise zu senken, den Konsum zu fördern und auf diese Weise die Krise zu überwinden. Während die Gewerkschaften eine solche Politik schon lange unterstützt hatten, zeigten sich die Kommunisten wenig überzeugt. Eine Teilverstaatlichung, die das kapitalistische System nicht in seinen Grundlagen überwinde, war aus ihrer Sicht wenig hilfreich und führe lediglich dazu, es zu verstetigen. Auch die Radikalen, die Anfang 1936 der Regierung Pierre Lavals ihre Unterstützung entzogen und mit den beiden linken Oppositionsparteien Gespräche über ein gemeinsames Programm aufnahmen, lehnten Blums Verstaatlichungspläne rundweg ab, wenn auch aus anderen Gründen. Aus ihrer Sicht gingen sie zu weit.[311]

Die linken Parteien mussten aber nicht nur einen Umgang mit der Wirtschaftskrise finden, sondern auch mit der wachsenden Bedrohung durch das

---

310 National Control of Arms and Manufacture and Trade, o. D. [1938], in: LNA, Répertoire Général, R 4214, 29430, 29751.

311 Vgl. Jackson: The Politics of Depression, S. 112–133; Kedward: La vie en bleu, S. 171–185.

Deutsche Reich. Doch während das NS-Regime immer unverhohlener aufrüstete und die Wehrpflicht einführte, dominierte in der französischen Gesellschaft eine pazifistische Stimmung. Unmittelbar vor dem Urnengang begann die Wehrmacht im März 1936 unter Missachtung des Versailler Friedensvertrags mit der Stationierung von Truppen im entmilitarisierten Rheinland. Veteranenverbände, Gewerkschaften und pazifistische Organisationen warnten eindringlich vor einem erneuten Krieg und stießen dabei in den Medien auf breite Resonanz. Nicht die Einhegung Deutschlands, sondern die Vermeidung eines Waffengangs stand im Zentrum der Forderungen. Die linken Parteien griffen solche Argumente auf.[312]

Die Verstaatlichung der Rüstungsproduktion in Frankreich

Diese Stimmung fand ihren Ausdruck unter anderem in einer intensiven Debatte darüber, wer eigentlich von den Rüstungsausgaben profitierte, die im Gegensatz zu allen anderen staatlichen Ausgaben inmitten der Krise beständig gestiegen waren.[313] Die Kommunisten wiesen darauf hin, dass die Wirtschaftskrise eben nicht alle gleichermaßen betroffen habe und Branchen wie die Rüstungsindustrie durchaus in der Lage gewesen seien, Gewinne einzufahren.[314] Genau wie in den USA riefen solche Beobachtungen Erinnerungen an die Debatte über Kriegsprofite wach, die während des Ersten Weltkriegs geführt worden waren, und so ist es wenig erstaunlich, dass die Enthüllungen der US-amerikanischen Senatskommission auf große Resonanz stießen und die Kritik weiter befeuerten. Wenn die Kommission Belege dafür habe vorlegen können, dass US-amerikanische Rüstungsunternehmen auf der Grundlage ihrer internationalen Verflechtungen an der Aufrüstung Deutschlands beteiligt gewesen waren, was bedeutete das mit Blick auf die französische Industrie und das französische Bankenwesen? Beide waren ebenfalls auf vielfältige Weise an rüstungspolitischen Unternehmungen außerhalb Frankreichs beteiligt.[315]

In dieser Situation war die Verstaatlichung der Rüstungsindustrie, wie sie die französischen Gewerkschaften seit Jahren beim Völkerbund gefordert hatten, nicht nur ein erfolgsversprechendes Wahlkampfthema, sondern auch ein Bindeglied zwischen Sozialisten, Kommunisten und Radikalen. Alle sahen darin ein Instru-

---

312 Vgl. Dreyfus: Le pacifisme en France; Vaïsse: Le pacifisme français, S. 42–46; Steiner: The Triumph of the Dark, S. 158.

313 Vgl. Frank: Le prix du réarmament, S. 28–34.

314 Vgl. Jackson: The Politics of Depression, S. 115.

315 Vgl. Alexander: A bas les marchands de canons, S. 288–291; Allard: La vérité sur les marchands de canons.

ment, um die friedensgefährdenden Praktiken des Großkapitals einzudämmen. Selbst die Radikalen, die ansonsten eine Verstaatlichung ablehnten, teilten diese Deutung. Pierre Cot beispielsweise, der Delegierter bei der Genfer Abrüstungskonferenz gewesen war, bevor er 1933/1934 das Amt des Luftfahrtminister ausgeübt hatte, sah in den Spannungen zwischen Deutschland und Frankreich letztlich das Ergebnis einer verfehlten Abrüstungspolitik. Zu lange sei es den „merchants des canons" gelungen, Spannungen zwischen beiden Ländern zu schüren, um aus der Kriegsangst wirtschaftlichen Profit zu schlagen. So habe man die Gelegenheit verpasst, mit den demokratischen Regierungen zu einem Einverständnis zu kommen.[316] Diese Position entsprach auch der der Sozialisten, die in der Forderung nach Verstaatlichung der Rüstungsindustrie zudem Teile ihrer wirtschaftspolitischen Agenda wiederfanden – ein kleiner Trost dafür, dass sie zugunsten der Einheit innerhalb der Front Populaire die Forderung nach einer Verstaatlichung anderer Branchen hatte aufgeben müssen. Das Programm, mit dem die drei Parteien im Frühjahr 1936 gemeinsam in den Wahlkampf zogen, hielt fest, dass Frieden auf internationaler Ebene durch Abrüstungsverhandlungen beim Völkerbund und auf nationaler Ebene durch die Verstaatlichung der Rüstungsindustrie erreicht werden sollte. Im Grunde aber war es eher moderat und bediente sich keines revolutionären Vokabulars.[317]

Revolutionär wurde es dann allerdings dennoch. Unmittelbar nach den Wahlen im April und Mai 1936, bei denen die Front Populaire eine Mehrheit holte, und noch vor der Regierungsneubildung kam es im ganzen Land zu Streiks und Fabrikbesetzungen. Die Protestierenden forderten, die Chance, die eine linke Mehrheit bot, für grundlegende Sturkturveränderungen zu nutzen. Arbeiter*innen in besetzten Fabriken erklärten, nun selbst die Zuständigkeit für die Produktion zu übernehmen. Dazu gehörten insbesondere die Renault-Werke, wo insgesamt 30.000 Arbeiter*innen unter anderem gepanzerte Kriegsfahrzeuge herstellten.[318] Die neugewählte Regierung reagierte auf diese Situation mit ausführlichen Gesprächen und Versprechen an die Gewerkschaften und der Ankündigung eines tiefgreifenden Reformprogramms, das unverzüglich auf den Weg gebracht werden sollte. Zwei Tage nach Antritt umriss Blum die wesentlichen Elemente in seiner ersten Rede vor dem Parlament. Mit einer Reihe neuer Gesetze sollten die Arbeitsbedingungen verbessert und die Wirtschaft angekurbelt werden. Eine solche Politik könne aber nur auf Dauer Erfolg haben, wenn es gelinge, auf internationaler Ebene den Frieden

316 Vgl. Cot: Triumph of Treason, S. 28.

317 Vgl. Jackson: The Politics of Depression, S. 129–133; Kedward: La vie en bleu, S. 179–185.

318 Vgl. Prost: Autour du font populaire, S. 71–103; Kedward: La vie en bleu, S. 184 f.

durch die Stärkung des Völkerrechts zu sichern und auf nationaler Ebene die demokratischen Institutionen zu verteidigen.[319] Die Gesetzesinitiative stellte eine zuvor in Friedenszeiten nicht gesehene Intervention der Regierung in wirtschaftliche und gesellschaftliche Belange dar und wurde deshalb schon von Zeitgenossen häufig mit dem New Deal der Regierung Roosevelt verglichen.[320]

Die Verstaatlichung der Rüstungsindustrie war ein zentraler Bestandteil dieses Reformprogramms. Sie bot der Regierung die Möglichkeit, in einer im Wachstum begriffenen Branche Einfluss auf Löhne und Arbeitsplatzbedingungen zu nehmen. Sie galt als Maßnahme, die darauf zielte, den Einfluss privater Unternehmen auf die internationale Politik zugunsten demokratischer Institutionen zurückzudrängen. Und sie war als ein Schritt in Richtung eines internationalen Abrüstungsabkommens gemeint, auf das die neue Regierung hinarbeiten wollte. Vor dem Parlament erklärte Blum: „La volonté du pays est évidente, il [...] souhaite ardemment que l'organisation de la sécurité collective permette d'arrêter la concurrence effrénée d'armements où l'Europe se trouve entraîne tout entière et conduise, au contraire, à son corollaire logique, c'est-à-dire á l'entente internationale pour la publicité la réduction progressive et le contrôle effectif des armements nationaux."[321]

Es ist bezeichnend, dass Blum in seiner Rede zwar prominent auf die Verstaatlichung der Rüstungsindustrie als Instrument einer Friedenspolitik einging, aber mit keinem Wort die rüstungspolitischen Pläne seiner Regierung erwähnte. Denn so unpopulär Aufrüstung gerade in der Wählerschaft der Front Populaire auch war, so gering war der Handlungsspielraum, über den sie angesichts des Ausbaus der deutschen Streitkräfte verfügte. Wenn Regierungsmitglieder sich nicht an die eigene Basis wandten, sprachen sie allerdings auch offen daüber, was die Verstaatlichungspläne noch bedeuteten. Der radikale Pierre Cot, der zum neuen Luftfahrtminister ernannt worden war und dem eine Schlüsselfunktion bei der Umsetzung der rüstungspolitischen Pläne zukam, erklärte gegenüber dem britischen Botschafter, dass es sich letztlich um eine Maßnahme zur Rationalisierung der Rüstungsproduktion handele. Die Vielzahl privater Unternehmer gerade im Bereich der Flugzeugproduktion führe zu höheren Kosten und zu Ineffektivität.[322]

Diese Erwägung spielte insbesondere in der Auseinanderstezung mit den skeptischen Streitkräften eine Rolle. Die zurückliegenden Jahre waren von ständigen Konflikten zwischen privaten Rüstungsunternehmen einerseits, Militärs und

---

319 Vgl. Déclaration Ministérielle de Léon Blum devant la Chambre, 6.6.1936, in: Lachaise: Documents d'histoire contemporaine Vol. 2, Doc. 28.

320 Vgl. Kedward: La vie en bleu, S. 188f.; Waechter: Geschichte Frankreichs, S. 203–206.

321 Déclaration Ministérielle de Léon Blum devant la Chambre, 6.6.1936, in: Lachaise: Documents d'histoire contemporaine Vol. 2, Doc. 28, Zitat S. 82.

322 Vgl. Alexander: A bas les marchands de canons, S. 295.

dem Kriegsministerium andererseits geprägt gewesen. Exporte waren ein besonders umstrittenes Thema. Während Produzenten wie Renault und Hotchkiss ein Interesse am Aufbau einer internationalen Klientel hatten, forderte die Regierung, französischen Interessen Vorrang einzuräumen. Zudem waren viele Rüstungsgüter in Zusammenarbeit mit den Streitkräften und somit auf Kosten des Staates entwickelt worden, weshalb das Kriegsministerium nicht einsah, dass Exportgewinne lediglich der Privatwirtschaft zugutekommen sollten. Auch heimische Aufträge boten Zündstoff für Konflikte. Privatunternehmen waren häufig mit sich ändernden Anforderungen an Bestellungen konfrontiert und wurden aufgrund bürokratischer Hürden verspätet ausgezahlt. Niedrige Bestellzahlen führten dazu, dass die kostensenkenden Effekte der Massenproduktion nicht zum Tragen kamen und die Stückpreise relativ hoch blieben. Hinzu kamen Verzögerungen bei der Auslieferung. Diese Erfahrungen veranlassten Maurice Gamelin, Generalstabschef des französischen Heeres, recht bald seine anfänglich ablehnende Haltung aufzugeben und sich zusammen mit der Heeresführung hinter die Verstaatlichungspläne der Regierung zu stellen. Die Militärs teilten die Auffassung, dass dieser Schritt zu einer Rationalisierung der Rüstungsproduktion führen werde. Dabei dürfte auch eine Rolle gespielt haben, dass in Frankreich die staatliche Rüstungsindustrie immer noch eine Rolle spielte. Artillerie und Munition wurden auch während der Zwischenkriegszeit ausschließlich in staatlichen Arsenalen hergestellt.[323]

Während Regierung und Abgeordnete zwischen Juni und August 1936 an dem Gesetz über die Neuorganisation der Rüstungsindustrie arbeiteten, verschärfte sich die internationale Lage weiter. Erst verlängerte das Deutsche Reich den Wehrdienst auf zwei Jahre, dann putschte im Juli das spanische Militär gegen die in Madrid regierende Frente Popular, die nicht nur dem Namen nach, sondern auch ideologisch der neuen französischen Regierung nahestand. Vor allem dieses letzte Ereignis überzeugte schließlich auch Blum davon, dass die Bedrohung durch den Faschismus allmählich so groß sei, dass kein Weg an einer substanziellen Aufrüstung vorbeiführe. Parallel zum Gesetz über die Verstaatlichung schnürte die Regierung deshalb ein gigantisches, auf vier Jahre angelegtes Rüstungspaket in Höhe von 14 Miliarden Franc, das in erster Linie der Modernisierung der Landstreitkräfte diente, aber auch den Ausbau der Luftstreitkräfte vorsah. Hatten Rüstungsausgaben 1934 noch 4,9 Prozent des Bruttoinlandsprodukts ausgemacht, so stiegen sie 1937 auf 7,1 Prozent. Das Aufrüstungsprogramm zwang die Regierung, ihre Ausgaben für Sozial- und Wirtschaftsprogramme zu senken, für die nun – anders als unter der

323 Vgl. Clarke: The Nationalization of War Industries; Clarke: Land Armament in France; Alexander: The Republic in Danger, S. 111–113.

Vorgängerregierung – weniger Mittel vorgesehen waren als für den Verteidigungshaushalt.[324]

Vor diesem Hintergrund erhielt das Gesetz zur Verstaatlichung der Rüstungsindustrie zusätzliche Bedeutung. Die Militärs erhofften sich eine Vereinfachung und Rationalisierung des Anschaffungsverfahrens und bessere Steuerungsmöglichkeiten. Aus Sicht der Regierung Blum erhöhte das Programm zudem die Dringlichkeit, privatwirtschaftlichen Aufrüstungsgewinnen entgegenzuwirken. Es mussten Schritte unternommen werden, um zu vermeiden, dass Unternehmen auch in Zukunft aus den sich verschärfenden internationalen Spannungen Profit schlugen. Im Parlament, wo die Front Populaire über eine bequeme Mehrheit verfügte, stieß das Gesetz auf breite Zustimmung und konnte im August 1936 in Kraft treten. Es gab dem Kriegs-, Luft- und Marineministerium die Möglichkeit, Unternehmen zu enteignen, die militärische Endprodukte herstellten, und schloss somit Zulieferer aus. Die Enteignung konnte in zwei Formen erfolgen: Entweder erwarb die Regierung Firmenanteile und schuf somit gemischte Unternehmen oder sie übernahm Fabriken gegen Entschädigungszahlen. Bis zum Ende der Regierung Blum im März 1937 wurden auf dieser Grundlage achtzehn Fabriken oder Unternehmen enteignet, die meisten davon gegen Entschädigungszahlen. Gleichzeitig baute die Regierung Kontrollen über private Rüstungsunternehmen aus.[325]

Die letzte Abrüstungsinitiative in Genf

Die Verstaatlichungspolitik der Regierung Blum wird üblicherweise als Versuch gedeutet, zum Zweck der Aufrüstung Kontrolle über die Rüstungsindutrie zu erlangen und gleichzeitig die französische Wirtschaft anzukurbeln.[326] Diese Interpretation ist nicht falsch, sie blendet allerdings wichtige Aspekte aus und erklärt deshalb nur bedingt die Radikalität, mit der die Rüstungsproduktion umgestaltet wurde. Die Verstaatlichung zielte ausdrücklich darauf, den Schaden zu begrenzen,

324 Vgl. Frank: Le prix du réarmament, S. 19–36, 71–77; Garraud: La politique française.

325 Vgl. Note sur la nationalisation et le controle des fabrications de guerre, o. D., in: AD MAE, 242QO, 982, S. 173–197; Loi sur las nationalisation de la fabrication des matériels de guerre, in: Journal Officiel, 12. 8. 1936; Alexander: The Republic in Danger, S. 113–141; Clarke: The Nationalization of War Industries; Clarke: Land Armament in France; Frankestein: Intervention étatique. Ein aufschlussreicher Überblick über die französische Verstaatlichungspraxis findet sich in: Application of the French Law of August 11th, 1936, on Nationalisation of the Arms Industry, 15. 5. 1937, in: LNA, Répertoire Général, R 4164, 530, 22585.

326 Vgl. Frankestein: Intervention étatique; Garraud: La politique française; Jackson: The Politics of Depression, S. 200–211; Steiner: The Triumph of the Dark, S. 271–278.

den das kapitalistische Wirtschaftssystem erzeugte. Der Kriegsminister Édouard Daladier bekräftigte während der Parlamentsdebatte über den Gesetzesentwurf Blums Position, dass dieser im Zusammenhang mit friedensstiftenden Maßnahmen auf internationaler Ebene zu verstehen sei. Der Kapitalismus habe zur Herausbildung internationaler Waffenkartelle geführt, denen es gelungen sei, nicht nur die nationale, sondern auch die internationale Politik zu beeinflussen. Das Gesetz stelle einen wichtigen Schritt in Richtung eines internationalen Abrüstungsabkommens dar, da auf diese Weise dem Einfluss privater Profitinteressen auf internationale Politik ein Riegel vorgeschoben werde.[327]

Gleichzeitig betonte die Regierung, dass sich das Gesetz an den Verhandlungen in Genf orientiere. Zwar sei die Abrüstungskonferenz gescheitert, dennoch seien dort Prinzipien entwickelt worden, die nun auch ihren Niederschlag in der französischen Gesetzesinitiative gefunden hätten. Damit bezog sich die Regierung Blum insbesondere auf den Vorschlag, den die USA 1934 eingebracht hatten.[328] Die Verstaatlichung der Rüstungsindustrie war also beides gleichzeitig: eine Rationalisierungsmaßnahme, die die bevorstehende Aufrüstung ermöglichen sollte, und ein Versuch, inmitten sich zuspitzender internationaler Spannungen abrüstungspolitische Forderungen umzusetzen. Erst diese widersprüchliche Zielsetzung hilft zu verstehen, warum die Regierung Blum nicht wie beispielsweise Italien oder Deutschland gesetzliche Instrumente zur Steuerung der privaten Rüstungsindustrie schuf, sondern trotz der ohnehin schon teuren Aufrüstungspläne viel Geld in Entschädigungszahlungen investierte.

Daladiers Bemerkung, dass man einem internationalen Abrüstungsabkommen den Weg bereiten wolle, war nicht rhetorisches Beiwerk, sondern durchaus ernst gemeint. Die Front Populaire wollte die alljährliche Generalversammlung im Oktober 1936 nutzen, um das von der US-Delegation zwei Jahre zuvor angestoßene Konventionsprojekt zur Kontrolle der internationalen Rüstungsgeschäfte aufzugreifen. Allerdings – und das war der Regierung Blum nur zu bewusst – war die Zeit für internationale Abrüstungsprojekte außerordentlich ungünstig. Der Auftakt der Diskussionen im Dritten Komitee, das für Abrüstungsfragen zuständig war, war dem Gedenken an Arthur Henderson gewidmet, der ein Jahr zuvor gestorben war. Der Norweger Christian Lange, der seit der Gründung des Völkerbundes an den Debatten im Abrüstungskomitee teilgenommen hatte, erinnerte daran, dass der Prä-

327 Vgl. Memorandum by Col. Beaumont-Nesbitt, 5.8.1936, in: TNA, T 181/75.

328 Vgl. Projet de Loi sur la nationalisation de la fabrication des materieis de guerre, presenté a nom de Albert Lebrun, par Léon Blum, Édouard Daladier, Gasnier-Du Parc, Pierre Cot, Vincent Auriol: Exposé des motifs, in: AD MAE, 242QO, 982, S. 57–68.

sident der Abrüstungskonferenz bis zum Schluss nicht die Hoffnung auf eine Konvention aufgegeben habe. Doch seine Gesundheit habe seine Bemühungen immer stärker beeinträchtigt, schließlich sei er als „tapferer Soldat für Frieden und Abrüstung gefallen".[329]

Unerfüllte Hoffnungen und kriegerische Abrüstung – das brachte die Situation in Genf Ende 1936 recht gut auf den Punkt. Zumindest dem Gefühl der Hoffnungslosigkeit versuchte der französische Delegierte Joseph Paul-Boncour im Auftrag seiner Regierung zu wehren. Er verwies auf den Entwurf, den das Komitee für Produktions- und Waffenhandelskontrolle der Abrüstungskonferenz unter Federführung der USA Anfang 1935 entwickelt hatte. Dieser sei bereits so weit gediehen, dass die französische Regierung die dort enthaltenen Bestimmungen in konkrete nationale Gesetze habe überführen können. Ja, man sei sogar noch weiter gegangen und habe die vollständige Verstaatlichung der Kriegsindustrie in die Wege geleitet. Das könne man selbstverständlich nicht von den anderen Staaten erwarten. Aber der Konventionsentwurf enthalte auch andere empfehlenswerte Vorschläge zur Kontrolle der Rüstungsindustrie.[330]

Der Vorschlag wurde aufgegriffen und auf Empfehlung der Generalversammlung nahm das Büro der Abrüstungskonferenz, die immer noch nicht formal beendet worden war, seine Arbeit wieder auf. In einem ersten Schritt beauftragte es die Abrüstungsabteilung des Völkerbundsekretariats damit, einen Überblick über die nationale Gesetzgebung bezüglich der Rüstungsindustrie zu erstellen. Das Ergebnis zeigte, wie viel in dieser Hinsicht in den letzten Jahren geschehen war. Seit 1935 hatten nicht nur die USA und Frankreich weitreichende Gesetze verabschiedet. Die tschechische Regierung etwa hatte im Mai 1936 ein Gesetz unterzeichnet, das es ihr erlaubte, von „kriegswichtigen" Unternehmen detaillierte Statistiken über Produktions- und Lagerkapazitäten und Personal einzufordern. Außerdem gab es Mitarbeitern des Verteidigungsministeriums das Recht, sich Zugang zu Produktionsstätten zu verschaffen, um Angaben zu überprüfen. Im Oktober folgte ein weiteres Gesetz, das auch die Ausfuhr von Rüstungsgütern unter staatliche Aufsicht stellte. Ähnliches ließ sich aus Belgien, Italien, dem Deutschen Reich und den skandinavischen Ländern berichten – alles Staaten mit einer eigenen signifikanten Rüstungsindustrie.[331]

---

329 First Meeting, 2.10.1936, in: Records of the Seventheenth Ordinary Session of the Assembly, Meetings of the Committees, Minutes of the Third Committe. Geneva 1936, S. 9 f. Wortlaut: „He had fallen as a valient soldier in the cause of peace and disarmament."

330 Vgl. First Meeting, 2.10.1936, in: Records of the Seventheenth Ordinary Session of the Assembly, Meetings of the Committees, Minutes of the Third Committe. Geneva 1936, S. 17.

331 Vgl. National Control of Arms and Manufacture and Trade, o. D. [1937], in: LNA, Répertoire Général, R 4214, 29430, 29751.

An diesem Ergebnis wurde einmal mehr deutlich, wie vieldeutig staatliche Kontrollen der Rüstungsindustrie waren. Nicht nur im Fall Frankreichs war die Ausweitung staatlicher Kontrollen seit 1935 eng verknüpft mit zunehmenden internationalen Spannungen. Regierungen und Parlamente sicherten sich den Zugriff auf die Rüstungsindustrie, um umfassende Aufrüstungsprogramme auf den Weg zu bringen. Auch die tschechische Regierung fühlte sich massiv bedroht von der Aufrüstung Deutschlands und reagierte, indem sie nicht nur Allianzen mit der Sowjetunion und Frankreich schmiedete beziehungsweise intensivierte, sondern darüber hinaus aufrüstetete. Gleichzeitig ließen sich Maßnahmen zur Kontrolle der Rüstungsindustrie im Kontext des Völkerbundes und der internationalen Debatte über die Geschäfte der privaten Unternehmen als Abrüstungsinstrument verkaufen. Diese Doppeldeutigkeit war insbesondere auch jenen Regierungen bewusst, die das europäische Wettrüsten vorantrieben. Als das NS-Regime 1935 auf die Verabschiedung eines neuen Gesetzes über die Ein- und Ausfuhr von Kriegsgeräten hinarbeitete, mit dem es ganz offen mit den Versailler Bestimmungen brach, schlugen die Beamten im Auswärtigen Amt vor, den Schritt mit Verweis auf die Ergebnisse der Nye-Kommission zu legitimieren. Im Gegensatz zu den USA, wo die Rüstungsindustrie friedensgefährdend handele, sorge die Reichsregierung mit dem Gesetz dafür, dass „die Aus- und Einfuhr von Kriegsmaterial unter scharfe staatliche Kontrolle“ gestellt werde.[332] Ähnlich äußerte sich Benito Mussolini in einer Rede im März 1936, in der er die Verstaatlichung der italienischen Rüstungsindustrie in Aussicht stellte. Das „betrübliche Phänomen“, aus Kriegen wirtschaftlichen Profit zu schlagen, werde man unterbinden.[333]

Der Schein der Abrüstung

Damit waren Waffenhandels- und Produktionskontrollen, die während der Zwischenkriegszeit verschiedenen Regierungen, Parteien des linken Spektrums, der Friedensbewegung und Gewerkschaften als Friedensinstrumente gegolten hatten, in ihr Gegenteil verkehrt. Diese Doppeldeutigkeit erklärt, warum das Thema inmitten einer Phase der Aufrüstung immer stärker ins Zentrum der Abrüstungsverhandlungen rückte. Sie ermöglichte es Regierungen, die in der Öffentlichkeit mit viel Vehemenz vorgetragene Forderung nach Abrüstung aufzugreifen und im selben Zug strukturelle Weichenstellungen für eine Kriegsmobilisierung vorzuneh-

332 Entwurf AA an Missionen und Konsularbehörden, o. D. [August 1935], Zitat S. 5, in: PA AA, RZ 206, 30022.

333 Il discorso del duce all' Assemblea delle Corporazioni, 23.3.1936, in: Assistenza Fascista, Febbraio – Marzo XIV, S. 137–142, hier S. 140. Wortlaut: „triste fenomeno“.

men. Die Tendenz, staatliche Kontrollen auszuweiten, fügte sich zudem in eine Strategie, mit der Regierungen auf beiden Seiten des Atlantiks auf die Weltwirtschaftskrise reagierten. Das Vorgehen der Regierungen Roosevelt und Blum zeigt, dass sie fester Bestandteil einer wirtschaftspolitischen Agenda waren, die mithilfe staatlicher Interventionen und Investitionen – unter anderem in Form umfangreicher Aufrüstungsprogramme – den Kapitalismus zu zügeln beziehungsweise zu überwinden und so die wirtschaftlichen Verwerfungen der Krise zu bewältigen suchten.

Waffenhandels- und Produktionskontrollen waren somit das Abrüstungsinstrument der Stunde – ein trügerisches Instrument, das es ermöglichte, inmitten von Aufrüstung den Schein der Abrüstung aufrechtzuerhalten. Es ist erstaunlich, dass die Friedensbewegung und insbesondere die Frauenliga, deren Arbeit sich durch ein hohes Maß an Expertise und selbstkritischer Reflektion auszeichnete, diese Doppeldeutigkeit nicht öffentlich problematisierte und stattdessen unbeirrt an der Forderung nach Verstaatlichung festhielt. Dabei gab es unter den Friedensaktivist*innen durchaus Vertreter*innen, denen der Zusammenhang bewusst war. Fenner Brockway, Publizist, Generalsekretär der Independent Labour Party und guter Bekannter Dorothy Detzers, lehnte eine Verstaatlichung zwar nicht ab, warnte aber davor, dass die Rüstungsindustrie auch in den Händen von Staaten ein gefährliches Instrument sei.[334] Der Quäker Walton Newbold, der als Labour-Politiker vor dem Ersten Weltkrieg zu den Ersten gehört hatte, die die Forderung nach einer Verstaatlichung auf die Agenda der Friedensbewegung gesetzt hatten, mittlerweile aber mit vielen seiner ehemaligen Positionen gebrochen hatte, kam 1935 im Zuge der Untersuchungen der Royal Commission zu einem ganz anderen Schluss: „I am not in favour of its [nationalisation] surreptitious introduction under the guise of National or even of Imperial Defence."[335] Doch mit dieser Warnung vor einer Verknüpfung von Verstaatlichung und Rüstungspolitik bildete er eine Ausnahme. Die meisten Vertreter*innen der britischen Friedensbewegung nutzten das Forum, das ihnen die Untersuchungskommission bot, um ihre Forderung nach Verstaatlichung zu untermauern.

Auch die Abrüstungsabteilung beim Völkerbund verzichtete darauf, diesen immer offensichtlicher werdenden Zusammenhang zu thematisieren. In einem Bericht, den sie im Auftrag des Konferenzbüros über nationalstaatliche Abrüstungsmaßnahmen erstellte, führte sie das deutsche Gesetz zur Ein- und Ausfuhr von Kriegsgerät auf, da es staatliche Kontrollmaßnahmen festlegte, und zitierte aus-

334 Vgl. Brockway: The Bloody Traffic, S. 283 f. Zur Beziehung zwischen Detzer und Brockway, siehe Detzer: Appointment on the Hill, S. 147 f.

335 Royal Commission: Minutes of Evidence, S. 141. Siehe im Gegensatz dazu die Publikation seiner Vorkriegsrecherchen Newbold: How Europe Armed for War.

führlich aus Mussolinis Rede über Kriegsprofite.[336] Als klar wurde, dass die Abrüstungsverhandlungen vorerst nicht fortgeführt werden würden, empfahl die Generalversammlung des Völkerbundes den Mitgliedstaaten Ende 1937 auf der Grundlage dieses Berichtes, staatliche Kontrollen mithilfe nationaler Gesetze auszuweiten.[337] Das passierte auch. Was durch Völkerrecht nicht erreicht worden war, schaffte der Krieg. Die britische Regierung, die eine Einigung in dieser Frage stets mit viel Nachdruck und Vehemenz verhindert hatte, gründete 1940 das Ministry of Aircraft Production, mit dessen Hilfe sie sich die Kontrolle über die Produktion von Flugzeugen sicherte. Zwei Jahre später gründete sie das Ministry of Production, das diese Kontrolle auch auf andere Bereiche ausweitete. So schuf sie die Voraussetzungen für eine Kriegsmobilisierung, in der der Staat und nicht die Privatwirtschaft die Hauptrolle spielte.[338] Ebenso weitete die Regierung Roosevelt ihren Zugriff auf die Rüstungsproduktion aus. Neuere Forschungen haben das Bild einer maßgeblich von Privatunternehmen getragenen Kriegsmobilisierung mittlerweile korrigiert und gezeigt, wie entscheidend die Rolle des Staates als Eigentümer und Finanzier der ab Ende der 1930er Jahre schnell wachsenden Rüstungsindustrie war.[339] Der Neutrality Act spielte hierbei eine Rolle: Die auf dieser gesetzlichen Grundlage gesammelten Informationen über Produktionszahlen und Standorte von Rüstungsunternehmen halfen bei der Kriegsmobilisierung.[340]

Allerdings waren die Gesetze, die in der zweiten Hälfte der 1930er Jahre verabschiedet wurden, um die internationalen Geschäfte der Rüstungsindustrie kontrollieren zu können, nicht in jeder Hinsicht geeignet zur Kriegsmobilisierung. Der Neutrality Act bildete zwar auf der einen Seite die gesetzliche Grundlage, auf der die Regierung sich einen besseren Überblick über Produktionskapazitäten und Exporte verschaffen konnte. Und durch ihn war eine Behörde geschaffen worden, die diese Informationen sammelte und bündelte. Auf der anderen Seite aber erschwerte das vom Kongress durchgesetzte obligatorische Verbot, Waffen an kriegführende Staaten zu liefern, nach der Kriegserklärung durch die westlichen Mächte die Aufrüstung Großbritanniens und Frankreichs. Ein neues Gesetz war im September 1939 nötig, um trotz Kriegserklärung den Verkauf von Rüstungsgütern an die Alliierten zu ermöglichen und so ihren Kampf gegen den Nationalsozialismus zu unterstützen – allerdings aufgrund der fortbestehenden Regelungen nur unter der

336 Vgl. National Control of Arms and Manufacture and Trade, o.D. [1937], in: LNA, Répertoire Général, R 4214, 29430, 29751.

337 Vgl. Records of the Eighteenth Ordinary Session of the Assembly, Meetings of the Committees, Minutes of the Third Commitee. Geneva 1937, S. 9.

338 Vgl. Edgerton: Warfare State, S. 59–107.

339 Vgl. Wilson: Destructive Creation; Rockoff: America's Economic Way of War, S. 155–241.

340 Vgl. Stedman: Exporting Arms, S. 38 f.

Bedingung, dass diese bar bezahlt und selbst abgeholt wurden. Diese Einschränkungen konnten erst im März 1941 mit der gesetzlichen Absicherung der sogenannten Lend-Lease-Politik aufgehoben werden.[341] Gleichzeitig zeigt sich daran eindrücklich: Die völkerrechtlichen Instrumente zur Kontrolle des Waffenhandels waren nie wirkungslos geblieben. Schließlich handelte es sich beim Neutrality Act um das Gesetz, das die Ratifizierung der Waffenhandelskovention von 1925 ermöglicht hatte.

341 Vgl. Kimball: The Most Unsordid Act; Stedman: Exporting Arms, S. 22–24.

5 Systemkonflikt
Kontinuitäten und Brüche nach dem Zweiten Weltkrieg

Was blieb nach dem Zweiten Weltkrieg von den Bemühungen seit dem späten 19. Jahrhundert, international verbindliche Waffenhandelsregulierungen durchzusetzen? Zunächst schien es, als würde der Zweite Weltkrieg lediglich eine vorübergehende Unterbrechung der Verhandlungen darstellen. Im Oktober 1943 trafen sich der sowjetische, britische, chinesische und US-amerikanische Außenminister. In den Monaten zuvor hatten die Spannungen zwischen den West-Alliierten und der Sowjetunion zugenommen; das Treffen markierte eine vorübergehende Wieder-Annäherung. Erklärtes Ziel war es, gemeinsame Pläne für die Zeit nach dem Krieg zu entwickeln. Auch Abrüstung stand auf der Tagesordnung. In der gemeinsam veröffentlichten Moskauer Deklaration bekräftigten die Alliierten in Punkt 7 ihre Absicht, nach dem Krieg ein international gültiges Abkommen zur Rüstungsregulierung auszuhandeln.[1] In der Munitions Control Unit im State Department sah man in dieser Übereinkunft eine Chance, an die eigenen Bemühungen der Jahre 1934 und 1935 anzuknüpfen. Die Unit war aus dem Office of Arms and Munitions Control hervorgegangen, die in Reaktion auf die Ermittlungen der Nye-Kommission gegründet worden war. Im Mai 1944 verfassten die Mitarbeiter ein Memorandum, in dem sie unter anderem vorschlugen, unter „den Mitgliedern der Vereinten Nationen" eine Konvention zur Regulierung von Waffenproduktion und -handel „entlang der Linien der Entwürfe" zu verhandeln, die die Roosevelt-Regierung im Zuge der Genfer Abrüstungskonferenz vorgeschlagen hatte. Tatsächlich fanden sich zentrale Vorschläge der Zwischenkriegszeit im Memorandum wieder: verpflichtende Lizenzsysteme auf nationaler Ebene, statistische Berichte über Waffenein- und ausfuhren und eine internationale Kontrollinstanz.[2]

Der Vorschlag stieß in den anderen Abteilungen auf wohlwollende Resonanz. Schon am Ende des Ersten Weltkriegs war es das Szenario einer globalen Verbreitung der Unmengen an Kriegsgütern gewesen, das dem Thema der Waffen-

---

1 The Moscow Conference, October 1943, Joint Four-Nation Declaration, https://avalon.law.yale.edu/wwii/moscow.asp.

2 Ralph H. Stimson an Frederick Exton (Munitions Control Unit, State Department): Suggestions for International Agreements on the Regulation of Armaments in the Post-War Period, 18.5.1944, in: NARA, RG 59, General Recors of the State Departmet, Office of the Secretary, Spec. Asst. to Sec. of State for Atomic Energy and Outer Space, General Records Relating to Disarmament, 1942–1962, Entry 3009-A, Box 11/2.32e: Traffic in Arms. Wortlaut: „A general convention […] along the lines of the drafts worked out during the years 1934 and 1935."

https://doi.org/10.1515/9783111571638-006

handelsregulierungen größte Dringlichkeit verlieh und die Großmächte dazu veranlasst hatte, in Verhandlungen zu gehen. Ähnliche Szenarien spielten auch 1944 und 1945 eine Rolle. Insbesondere mit Blick auf die lateinamerikanischen Staaten befürchtete man in verschiedenen Abteilungen des State Departments, dass der Verkauf überschüssiger Kriegswaffen zu einem neuen Wettrüsten führen könnte. Während des Zweiten Weltkriegs waren diese Staaten weitgehend abgeschnitten gewesen von den rasanten technologischen Neuerungen der Nordhalbkugel. Lediglich Brasilien war es nach dem Kriegseintritt aufseiten der Alliierten gelungen, moderne Rüstungsgüter aus den USA zu importieren. Mit dem immer wahrscheinlicher werdenden baldigen Kriegsende setzten klar erkennbare Bemühungen ein, den wahrgenommenen Rüstungsrückstand aufzuholen.[3] Es stand aber auch zu erwarten, dass politische Gruppierungen und Regierungen in Nordafrika, dem Nahen und Mittleren Osten sowie auf dem Balkan überschüssige Waffen in großem Stil aufkaufen würden.[4]

Ähnliche Sorgen trieben auch die britische Regierung um. Der profilierte Labour-Politiker Philip Noel-Baker hatte bereits in den 1930er Jahren als Assistent des britischen Konferenz-Präsidenten Arthur Henderson an der Genfer Abrüstungskonferenz teilgenommen. Während des Krieges war er parlamentarischer Sekretär im Ministry of War Transport, bevor er 1945 als britischer Delegierter an den Verhandlungen zur Gründung der UN teilnahm. Er unterbreitete den Vorschlag, die Kontrolle des Waffenhandels auf die Agenda des Sicherheitsrates zu setzen.[5] Im State Department witterte man eine Chance, gemeinsam mit den Briten die Angelegenheit vorantreiben zu können. Dabei herrschte Einigkeit darüber, dass der von Noel-Baker vorgeschlagene Weg über die UN-Institutionen der richtige sei.[6]

---

3 J.F. McGurk, Office of American Republic Affairs: Control of Armaments Sales to South America, 28.7.1944; Policy Committee: Control of Arms Traffic to other American Republics, 6.9.1944, in: NARA, RG 59, General Records of the State Departmet, Office of the Secretary, Spec. Asst. to Sec. of State for Atomic Energy and Outer Space, General Records Relating to Disarmament, 1942–1962, Entry 3009-A, Box 11/2.32e.

4 Vgl. Provisional Arrangements for the Control of the International Traffic in Surplus and captured War Material, 24.7.1944, in: NARA, RG 59, General Records of the State Departmet, Office of the Secretary, Spec. Asst. to Sec. of State for Atomic Energy and Outer Space, General Records Relating to Disarmament, 1942–1962, Entry 3009-A, Box 11/2.32e.

5 Vgl. Exton to Buehrig, 19.9.1945, in: NARA, RG 59, General Records of the State Departmet, Office of the Secretary, Spec. Asst. to Sec. of State for Atomic Energy and Outer Space, General Records Relating to Disarmament, 1942–1962, Entry 3009-A, Box 11/2.32e.

6 Vgl. Notes on Meeting held in IR/M, 30.4.1946, in: NARA, RG 59, General Records of the State Departmet, Office of the Secretary, Spec. Asst. to Sec. of State for Atomic Energy and Outer Space, General Records Relating to Disarmament, 1942–1962, Entry 3009-A, Box 11/2.32e.

Ein veränderter Blick auf die Ursachen von Krieg und Frieden

Doch angesichts der beiden Atombombenabwürfe am Ende des Zweiten Weltkriegs verlor die Frage des Waffenhandels an Bedeutung und rückte in den Hintergrund. Auf der ersten UN-Generalversammlung im Januar 1946 ging es zunächst um die Kontrolle von Atomenergie. Und auch als die Generalversammlung Ende des Jahres zum zweiten Mal tagte und eine Resolution zur „Regulierung und Reduktion von Rüstung" verabschiedete, hielt sie fest, dass jegliche Maßnahmen immer auch auf Atomenergie zielen müssten.[7] Erst im Februar 1947 gründete der Sicherheitsrat die Commission for Conventional Armaments. In den Debatten dieser Kommission ging es nun auch erstmals um den Handel mit Rüstungsgütern. Obwohl die Spannungen zwischen Ost und West zunahmen und die Lagerbildung, die den Kalten Krieg in den kommenden Jahren prägen sollte, bereits deutlich erkennbar war, war diese Diskussion noch sehr stark von den Deutungen und Konstellationen der 1930er Jahre geprägt. Frankreich, die Sowjetunion und nichtproduzierende Staaten wie Brasilien und Kolumbien forderten von Beginn an die Kontrolle und Reduzierung der Rüstungsproduktion. Die Sowjetunion verwies dabei auf die Erfahrungen, die man mit der deutschen Wiederaufrüstung in der Zwischenkriegszeit gemacht habe. Großbritannien lehnte solche Forderungen erwartungsgemäß ab. Sie seien ein zu schwerer Eingriff in das ökonomische System. Die USA waren den Vorschlägen zunächst nicht abgeneigt, schließlich hatte die Abteilung für Waffen- und Munitionskontrolle doch selber vorgeschlagen, an die Verhandlungen über Handels- und Produktionskontrollen der Zwischenkriegszeit anzuknüpfen. Doch im Laufe des Jahres 1947 schlugen sich die US-amerikanischen Diplomaten auf die Seite Großbritanniens. Dieser Streit war allerdings nur einer von vielen und sicherlich nicht der zentrale. Im Kern ging es auch in der Comission for Conventional Weapons um Atomwaffen – genauer gesagt um die Frage, ob die Regulierung konventioneller Waffen überhaupt losgelöst von der nuklearen Bedrohung verhandelt werden könne. Die Existenz derart zerstörerischer Rüstungsgüter zog nicht nur einen tiefgreifenden Wandel militärischer Strategien nach sich, sondern veränderte auch die Abrüstungsdebatte grundlegend. Bald schon verschwand das Thema Waffenhandel vollständig von der Agenda der UN.[8]

7 Vgl. Resolution of the General Assembly, 14.12.1946, https://avalon.law.yale.edu/20th_century/decad248.asp.

8 Vgl. Working Paper 5. Economic Aspects of the General Regulation and Reduction of Armaments and Armed Forces 1947, in: UNAR NY, S-0502-0004-05; Boothby: The United Nations and Disarmament, S. 1–3. Im UN-Bericht über Abrüstungsbemühugen zwischen 1945 und 1970, der jede einzelne Resolution und jeden einschlägigen Bericht erwähnt, taucht das Thema Waffenhandel erst ab 1965 wieder auf (UN: The United Nations and Disarmament, 1945–1970, S. 152).

Eine ähnliche Verschiebung ließ sich in den öffentlichen Debatten beobachten. Galt in den 1930er Jahren noch die privatwirtschaftliche Profitorientierung im internationalen Rüstungsgeschäft als ein zentrales Problem für den Frieden, so rückte nun die im Rahmen staatlicher Forschungsprogramme entwickelte und gebaute Atombombe ins Zentrum der Gefahrenanalyse.[9] Waffentechnologische Veränderungen allein erklären jedoch nicht, warum die nordatlantischen Friedensorganisationen, Gewerkschaften und Kirchen ihre noch zehn Jahre zuvor vehement vorgetragenen Forderungen nach einem Verbot beziehungsweise einer strikten Kontrolle privater Rüstungsunternehmen in den unmittelbaren Nachkriegsjahren nicht wieder aufgriffen. Die Kampagne der Frauenliga gegen die private Rüstungsindustrie mit ihrer antikapitalistischen Stoßrichtung hatte ihre Wirkung nicht zuletzt aufgrund der Wirtschaftskrise entfalten können. Doch die Botschaft, dass Kapitalismus den Frieden gefährde, verfing in den westlichen Gesellschaften vor dem Hintergrund des Systemkonflikts kaum noch. Die Angst vor dem Kommunismus war in Westeuropa und den USA weit verbreitet und wer Positionen vertrat, die als marxistisch galten, lief insbesondere in den USA Gefahr, marginalisiert zu werden und sich politischer Repression auszusetzen. Vor diesem Hintergrund distanzierten sich viele Mitglieder der Frauenliga von der Kapitalismuskritik der Zwischenkriegszeit.[10]

Mehr noch: Der Sieg über das „Dritte Reich" galt vielen als Beweis für die Überlegenheit einer freien Privatwirtschaft gegenüber der „Kommandowirtschaft" der Achsenmächte. Und die private Rüstungsindustrie konnte plausibel argumentieren, einen essenziellen Beitrag zur Wiederherstellung des Friedens in Europa geleistet zu haben. Insbesondere in den USA zogen Rüstungsunternehmen sehr konkrete Schlussfolgerungen aus den Debatten über Kriegsprofite, die ihnen während des Ersten Weltkriegs und während der 1930er Jahre so viel Kritik eingebracht hatten. Nach Ausbruch des Zweiten Weltkriegs arbeiteten sie gezielt daran, das Narrativ von der privaten Rüstungsindustrie als „national saviour" in einer koordinierten Kampagne mithilfe von Zeitungsartikeln, Filmen, Radiosendungen, Büchern und Pamphleten im öffentlichen Diskurs zu verankern. Dabei blendeten sie gezielt die Rolle aus, die der Staat im Zusammenhang der Kriegsmobilisierung als Eigner von Produktionsstätten, Finanzier und Organisator spielte. Die Kampagne galt als Erfolg; die Unternehmen kamen zu dem Schluss, einen Imagewandel beobachten zu können. Tatsächlich entfaltete die Debatte über Kriegsprofite in den

9 Vgl. Bulgakowa: Wer hat Angst; Greiner: Angst im Kalten Krieg; Nehring: Politics of Security, S. 16–62; Schrafstetter/Twigge: Avoiding Armageddon, S. 17–43; Singer: Generalprobe; Rémond: Le pacifisme en France, S. 16.

10 Vgl. Confortini: Intelligent Compassion, S. 29–55.

1940er Jahren nicht mehr eine vergleichbare Dynamik wie in den Jahrzehnten zuvor.[11] Darüber hinaus dürfte es in den USA auch eine Rolle gespielt haben, dass sich die Geografie der Rüstungsproduktion veränderte. Bis in die 1930er Jahre hinein hatte sich die Rüstungsindustrie an der Ostküste konzentriert. Im Zuge der Kriegsmobilisierung entstanden auch im Westen und Süden Produktionsstätten – ein Trend, der sich nach dem Krieg fortsetzte. Diese Entwicklung ging damit einher, dass die traditionell rüstungskritische Haltung von Abgeordneten aus diesen Regionen verloren ging – immerhin hingen nun die Jobs in immer mehr Wahlkreisen von der Branche ab.[12]

Während die privaten Rüstungsunternehmen ihr Image verbessern konnten, waren die Abrüstungsbemühungen der Zwischenkriegszeit weitgehend diskreditiert. Schließlich hatten sie keinen zweiten globalen Krieg verhindern können. Schlimmer noch: Die vermeintlich „einseitige Abrüstung" westlicher Demokratien habe überhaupt erst den Weg in den Krieg geebnet. Insbesondere unter US-amerikanischen und britischen Experten der Internationalen Beziehungen galt sie schon bald als elementarer Bestandteil einer fehlgeleiteten Appeasementpolitik.[13] Wie wirkmächtig dieses Narrativ war, lässt sich an der Bachelorarbeit ablesen, die der 23jährige Student John F. Kennedy 1940 einreichte. Der von einflussreichen pazifistischen Gruppen verbreitete Glaube, dass Rüstung zu den zentralen Kriegsursachen gehöre, so erklärte er, habe in letzter Konsequenz dazu geführt, dass die britische Regierung schlecht vorbereitet gewesen sei auf die nationalsozialistische Aggressionspolitik. Kennedy hielt diese Argumentation für so bedeutsam, dass er die Abschlussarbeit im Zuge seines Wahlkampfes 1960 veröffentlichen ließ.[14] Besonders plausibel war die Kritik an der Abrüstungspolitik der Zwischenkriegszeit mit Blick auf die Neutralitätsgesetze, die doch die zentrale Errungenschaft jener Friedensorganisationen waren, die auf eine stärkere Regulierung des globalen Rüstungsmarktes gedrängt hatten. Diese Gesetze hatten die USA letztlich nicht aus dem Krieg herausgehalten, sondern stattdessen die Handlungsspielräume westlicher Demokratien im Kampf gegen den Nationalsozialismus stark eingeschränkt. Im Rückblick versuchte sich selbst Außenminister Cordell Hull, der die Gesetze in den 1930er Jahren noch entschieden mitgetragen hatte, von ihnen zu distanzieren. Man habe Sie nur auf Druck der Friedensbewegung hin eingeführt, behauptete er nun.[15]

---

11 Vgl. Wilson: Destructive Creation, S. 92–138.

12 Vgl. Thorpe: American Warfare State.

13 Vgl. Lippmann: US Foreign Policy; Carr: The Twenty Years' Crisis. Zur britischen Diskussion siehe Birn: The League of Nations Union, S. 226–229.

14 Vgl. Kennedy: Why England Slept.

15 Hull: The Memoirs, Vol. 1, S. 400.

Solche Verschiebungen in der Deutung bereitete den Friedensaktivist*innen nach 1945 große Schwierigkeiten. Es ist bezeichnend, dass jene Gruppen, die vor dem Zweiten Weltkrieg beachtliche Kampagnen für strenge Kontrollen internationaler Rüstungsgeschäfte auf den Weg gebracht hatten, nun stark an Bedeutung verloren. Die Internationale Frauenliga befand sich 1945 in einer Krise. Ihre internationalen Strukturen und Netzwerke waren durch den Krieg stark in Mitleidenschaft gezogen worden. Die Sektionen in den meisten zuvor von Deutschland besetzten Gebieten existierten nicht mehr oder waren kaum arbeitsfähig. In den folgenden Jahren bildeten sich im neu formierten Ostblock neue Organisationen heraus, doch die blockübergreifende Zusammenarbeit der pazifistischen Frauenbewegung gestaltete sich äußerst schwierig. Die US-amerikanische Sektion, die Mitte der 1930er Jahre treibende Kraft in der Mobilisierung für Waffenhandelsbeschränkungen gewesen war, hatte während der Kriegsjahre über die Hälfte ihrer Mitglieder verloren. Die Skepsis gegenüber dem Pazifismus der Liga, die sich darin spiegelte, kam auch auf der internationalen Konferenz im August 1946 in Luxemburg zur Sprache. Mitglieder der niederländischen Sektion beantragten die Auflösung der Organisation. Der Antrag wurde zwar mit großer Mehrheit abgelehnt, doch es gelang der Liga nie wieder, dieselbe Bedeutung wie in den Jahren vor dem Zweiten Weltkrieg zu erlangen.[16] Ob sich darin auch ein Bedeutungsverlust feministischer Außenpolitik widerspiegelt[17] oder es Regierungen zunehmend dämmerte, dass Frauen mitnichten einen homogenen, pazifistischen Wählerblock bildeten, muss erst noch erforscht werden. Jedenfalls war die Frauenliga während der 1950er Jahre bemüht, sich in den westlichen Friedensdiskurs einzuklinken, der Freiheit ins Zentrum rückte und eine antikommunistische Stoßrichtung hatte. Sie vermied Positionen, die als eine zu große Nähe zum Kommunismus hätten gelesen werden können.[18]

Das Fortbestehen staatlicher Kontrollen

Das Ausbleiben einer internationalen Debatte über Themen, die noch wenige Jahre zuvor die nordatlantischen Gesellschaften umgetrieben hatten, und das schnelle Ende von Gesprächen bei der UN bedeuteten allerdings nicht, dass Waffenhandelskontrollen nun keine Rolle mehr gespielt hätten. Das internationale Geschäft

16 Vgl. Bussey/Tims: Pioneers, S. 179–247; Foster: The Women and the Warriors, S. 290–330; Goedde: The Politics of Peace, S. 136–146.

17 Siehe zu dieser Frage Sluga: Women, Feminisms and Twentieth-Century Internationalisms. Slugas Befunde sind nicht eindeutig.

18 Vgl. Goedde: The Politics of Peace, S. 136–139.

mit Rüstungsgütern hatte sich im Zuge des Krieges grundlegend gewandelt. Alle Regierungen hatten den staatlichen Zugriff auf und die Kontrolle über die Rüstungsproduktion ausgeweitet. Dieser Trend, der sich bereits in der zweiten Hälfte der 1930er Jahre in allen Staaten mit einer großen Rüstungsindustrie abgezeichnet hatte, setzte sich auch nach dem Krieg fort. Das lag vor allem daran, dass nach einer kurzen Phase der Entspannung mit dem Aufkommen des Systemkonflikts des Kalten Kriegs die Regierungen überall auf der Welt weiterhin für den Krieg mobilisierten. Die Kontrolle der Rüstungsproduktion hatte sich als Instrument des Krieges bewehrt. Gesetze auf nationalstaatlicher Ebene, die während der Zwischenkriegszeit in enger Verflechtung mit den Verhandlungen über Konventionen auf internationaler Ebene einerseits und Kriegsvorbereitungen andererseits verabschiedet worden waren, wurden ausgebaut und den neuen Bedingungen angepasst, wie der Blick auf einige der wichtigsten Rüstung produzierenden Staaten zeigt.

In Frankreich sah sich die Regierung mit der Herausforderung konfrontiert, die Rüstungsindustrie wieder aufbauen zu müssen. Das unterschied ihre Situation von derjenigen der anderen Alliierten, deren Produktionskapazitäten im Laufe des Krieges völlig neue Dimensionen erreicht hatten. Dabei hielt Paris am Kurs der Regierung Blum fest und setzte auch weiterhin auf Verstaatlichung und weitreichende Kontrollen. Tatsächlich weitete sie die staatliche Produktion von Rüstungsgütern sogar noch aus. So kamen beispielsweise Renault und der Flugzeughersteller Société des Moteurs Gnome et Rhône in staatlichen Besitz – zwei der bedeutendsten Rüstungsunternehmen. Darüber hinaus gründete die Regierung neue Organisationen für die Entwicklung und Produktion von Raketen und Atomwaffen – den neu aus dem Krieg hervorgegangenen Technologien.[19]

Die britische Regierung unter Führung der Konservativen, die sich bis 1939 vehement geweigert hatten, die private Rüstungsindustrie im eigenen Land strengeren Kontrollen zu unterwerfen, und die immer wieder die Bedeutung privater Rüstungsunternehmen betont hatten, passte ihren Kurs den Bedingungen des Zweiten Weltkkrieges an und gründete mit dem Ministry of Aircraft Production (1940) und dem Ministry of Production (1942) zwei Institutionen, die die Rüstungsindustrie steuerten. Anders als die französische Regierung der unmittelbaren Vorkriegszeit verstaatlichte sie keine Unternehmen, doch der Anteil staatlicher Produktionsstätten wuchs im Laufe des Krieges massiv an. Der kriegsbedingte Zuwachs privatwirtschaftlicher Rüstungsproduktion fiel weit geringer aus. Und selbst in jenen Sparten, in denen nicht-staatliche Unternehmen dominierten – insbesondere in der Flugzeugindustrie –, spielte der Staat als Finanzier eine zentrale Rolle.

19 Vgl. Clarke: Land Armament; Kolodziej: Making and Marketing Arms, S. 32–53.

Die Panzerproduktion, die private Unternehmen vernachlässigt hatten, übernahm der Staat hingegen weitgehend selbst. Am Ende des Krieges war der Staat mit Abstand der wichtigste Eigner in der britischen Rüstungsindustrie. Parallel zu dieser Entwicklung verlor die Labour Party jegliches Interesse an der Forderung nach einer Verstaatlichung der Rüstungsindustrie, die in den 1930er Jahren noch eine wichtige Rolle im Wahlprogramm gespielt hatte. Allein Noel-Baker machte einen entsprechenden Vorstoß, der jedoch auf keine Resonanz stieß. Im Gegenteil: Ausgerechnet die Labour-Regierung Clement Attlees erprobte in der zweiten Hälfte der 1940er Jahre wenig erfolgreich die Re-Privatisierung einzelner Rüstungsunternehmen, ohne dass das parteiinterne Kritik hervorgerufen hätte. Labour behandelte den Vorgang als eine rein technische Angelegenheit. Nicht die Re-Privatisierung der Rüstungsindustrie folgte 1945, sondern die Verstetigung staatlicher Kontrollinstitutionen, die während des Krieges geschaffen worden waren. Die Regierung Attlee vereinte die verschiedenen Behörden zur Kontrolle der Rüstungsproduktion im Herbst 1945 im Ministry of Supply.[20] Daneben blieben auch die Gesetze zur Kontrolle von Waffenexporten, die im Laufe der Zwischenkriegszeit immer wieder an die Anforderungen der beiden Konventionen von 1919 und 1925 angepasst worden waren,[21] und der Verwaltungsapparat, der diese durchsetzte, über das Kriegsende hinaus erhalten. Regierung und Parlament entwickelten beides weiter.[22]

In den USA brachte die Regierung 1947 ein Gesetzesvorhaben zur Überarbeitung des Neutrality Act auf den Weg, mit dem die Kompetenzen der Regierung ausgeweitet werden sollten. Die Bestimmungen, die die USA zur strikten Neutralität verpflichteten und die zu Beginn des Zweiten Weltkriegs Probleme bei Waffenlieferungen an Frankreich und Großbritannien verursacht hatten, sollten entfernt werden. Die Regierung begründete die Ausweitung der eigenen Kompetenzen zunächst nicht in erster Linie mit den wachsenden Spannungen zwischen den westlichen Alliierten und der Sowjetunion, sondern mit dem Beitritt zur UN, der zahlreiche internationale Verpflichtungen nach sich ziehe. Gegenüber dem Kongress erklärte Präsident Harry Truman: „If this participation is to be fully effective this Government must have control over traffic in weapons which will permit us to act in accordance with our position in the United Nations and will be adaptable to changes in the international situation.“ Für ein solches Gesetz war die Bezeichnung Neutrality Act, der mittlerweile als Synonym für den US-amerikanischen Isolationismus galt, nicht mehr zutreffend. Man könne nicht alle Konfliktparteien gleichbehandeln;

20 Vgl. Edgerton: Warfare State, S. 59–107.
21 Vgl. Atwater: British Control.
22 Vgl. Edgerton: Warfare State, S. 59–107.

„Friedensstifter“ brauchten Waffen.[23] Diese militarisierte Friedensvorstellung sollte die Rüstungsexportpolitik der US-Regierung und des Kongresses in den kommenden Jahren prägen. Frieden, so die Überzeugung, war nicht durch die Vermeidung von Kampfhandlungen zu erreichen, sondern indem man die Produktion und Verbreitung von Waffen gezielt steuerte. Obwohl die Regierung deshalb an den in den 1935 eingeführten Kontrollinstrumenten und administrativen Strukturen festhielt, firmierte der Gesetzesentwurf nun unter dem Namen „Munitions Control Act“.

Kongresswahlen verzögerten die Verabschiedung, sodass schließlich die Bestimmungen in den Export Control Act von 1949 integriert wurden.[24] Zeitgleich erweiterte das Munitions Control Board, das die Vergabe der Exportlizenzen überwachte und aus Vertretern der Streitkräfte, des State Departments, des Finanz- und Handelsministeriums bestand, die Liste der Artikel, die als „Kriegsgerät“[25] unter die Bestimmungen des Neutrality Act (bis 1949) und des Export Control Act (ab 1949) fielen. Die im Laufe des Krieges immer wieder aktualisierte Liste hatte sich an der Definition der Genfer Konvention von 1925 orientiert. Nun sollten auch andere Produkte, die für militärische Zwecke genutzt werden konnten – sei es für Produktion oder Transport –, erfasst werden. Insbesondere Güter für die Luftfahrtindustrie galt es in die Kontrollmaßnahmen einzuschließen. Dabei spielte das neue Bedrohungsszenario eines Kalten Krieges mit dem dazugehörigen Vokabular eine zentrale Rolle. Die Abgeordneten warnten, dass die westliche Industrie immer mehr nicht-lizenzierbare Flugzeugteile an „Russland und seine Satelliten“ hinter dem „Eisernen Vorhang“ exportierten und so die nationale Sicherheit gefährdeten.[26]

Der globale Trend hin zu mehr staatlicher Kontrolle verstärkte sich noch dadurch, dass mit der Sowjetunion ein planwirtschaftlich organisierter Staat nach 1945 zu einem der bedeutendsten Player auf dem internationalen Waffenmarkt aufstieg. War die sowjetische Rüstungsindustrie in der Zwischenkriegszeit und während des Zweiten Weltkriegs noch abhängig von privaten westlichen Unternehmen und Finanziers gewesen, so löste sich die Regierung in Moskau ab der

23 Munitions Control Act of 1947, Message from the President of the United States, 15.4.1947, House of Representatives, 80th Congress, 1st Session, Document No. 195, Zitate S. 2, Wortlaut: „Peacemaker“.
24 Vgl. Cain: Exporting the Cold War, S. 509 f.
25 Implements of War.
26 Policy Committee on Arms and Armaments, Report for the arms Traffic Subcommittee, o. D. [1948], in: NARA, RG 59, General Records of the State Departmet, Office of the Secretary, Spec. Asst. to Sec. Of State for Atomic Energy and Outer Space, General Records Relating to Disarmament, 1942–1962, Entry 3009-A, Box 11/2.32b. Wortlaut: „Russia and her satellites“, „into the ‚Iron Curtain‘ countries“ (S. 3). Siehe außerdem: Harry S. Truman, Proclamation 2776, Enumeration of Arms, Ammunition, and Implements of War, 26.3.1948, in: Gerhard Peters, John T. Woolley, The American Presidency Project, www.presidency.ucsb.edu/node/287941.

zweiten Hälfte der 1940er Jahre von solchen Abhängigkeiten und begann wiederum selber, Verbündete wie die Ostblockstaaten und die in China und Korea kämpfenden Kommunist*innen mit Waffen zu beliefern. Darüber hinaus trieb sie den Aufbau von Lizenzproduktionen in Osteuropa voran. Während der 1950er und 1960er Jahren produzierten insbesondere Polen und die Tschechoslowakei Panzer, Kampfjets und andere Waffen sowjetischer Bauart. Nicht nur die Waffenproduktion wurde dabei grenzübergreifend zwischen diesen Staaten koordiniert, sondern auch der Export von Rüstungsgütern.[27]

Rüstungsexport-Politik im Wandel

Das Beispiel der Sowjetunion verdeutlicht gleichzeitig einen fundamentalen Wandel der Rolle von Staaten als Akteure im globalen Rüstungsgeschäft. Bereits in der Zwischenkriegszeit hatten Regierungen mithilfe von Finanzierungshilfen und diplomatischen Einflussnahmen mitunter die heimische Rüstungsindustrie unterstützt. Doch während des Zweiten Weltkriegs hatten sie – insbesondere die US-amerikanische Regierung – die Koordination, Lenkung und vor allem Finanzierung von Rüstungstransfers übernommen, um die Belieferung von Verbündeten sicherzustellen. Diese Rolle behielten sie auch nach 1945 bei und bauten sie im Zuge des Systemkonflikts weiter aus. Ein Krieg universalistischer Ideologien erforderte mehr noch als die herkömmliche nationalstaatliche Bündnispolitik die globale, staatlich gelenkte Verteilung von Waffen. Obwohl private Rüstungsunternehmen weiterhin vom globalen Rüstungstransfer profitierten, rückten nun die staatlichen Interessen in den Mittelpunkt, die hinter diesem Geschäft standen. Damit ging eine semantische Verschiebung im Diskurs über Rüstungsexporte einher: Immer häufiger war von Militärhilfe statt von Waffenhandel die Rede.

Die US-Regierung ergriff besonders früh und besonders weitreichende Maßnahmen, um die internationale Verbreitung von Waffen gemäß den eigenen strategischen und ideologischen Interessen zu gestalten. Der Mutual Defense Assistance Act von 1949 sah zunächst umfangreiche Militärhilfen in Form von Schenkungen oder erstattungspflichtigen Waffenlieferungen zu günstigen Konditionen für die europäischen Staaten vor, die darauf zielten, im Rahmen der Containment-Politik die Ausweitung des sowjetischen Einflussbereichs zu verhindern. Dabei lieferten die USA nicht nur fertige Rüstungsgüter oder Teile, sondern unterstützten auch den Aufbau von Rüstungsindustrien in westlichen Staaten, beispielsweise in Frankreich.

27 Vgl. Pierre: The Global Politics of Arms Sales, S. 73–82; Krause: Arms and the State, S. 115 f., 130; Brzoska/Ohlsen: Arms Transfers, S. 102 f.

Zwei Jahre später weiteten sie das Programm noch einmal massiv aus. In Reaktion auf den Ausbruch des Koreakrieges verabschiedeten Regierung und Kongress 1951 den Mutual Security Act, der nun auch außereuropäische Regionen in die Militärhilfe miteinschloss, insbesondere in Südostasien.[28]

Abgeordnete und Regierungen begründeten solche Maßnahmen friedenspolitisch. Laut Gesetzestext solle der Mutual Security Act das „Wohlergehen der USA" sicherstellen, indem man „freundlich gesinnten Nationen" im „Interesse des internationalen Friedens und der internationalen Sicherheit" Hilfsleistungen gewähre. Diese systematische Gleichsetzung von Frieden mit US-amerikanischen Sicherheitsinteressen war kennzeichnend für den Diskurs über Militärhilfe. Dass dabei Waffen jenen Staaten vorenthalten werden sollten, die den so verstandenen Frieden gefährdeten, entsprach noch ganz der Stoßrichtung des Neutrality Act. Neu war hingegen, dass nun gerade die Förderung von Rüstungstransfers an Verbündete ausdrücklich als ein friedenspolitisches Instrument interpretiert wurde.[29]

Zwischen 1950 und 1960 investierten die USA auf dieser Grundlage 27,5 Milliarden US-Dollar in die Ausrüstung und – in weit geringerem Umfang – Ausbildung verbündeter Armeen sowie den Aufbau militärischer Infrastruktur in anderen Teilen der Welt. Der größte Teil davon waren Schenkungen. Militärhilfen machten während der 1950er Jahre im Schnitt 3,8 Prozent des Bundeshaushalts aus. Knapp über die Hälfte dieses Betrags ging an die Verbündeten in Europa, insbesondere an die während des Kriegs von Deutschland besetzten Länder Frankreich, die Niederlande und Belgien, aber auch an die strategisch wichtige Türkei und an Italien. Ein Viertel erhielten die Regierungen in Südostasien – vor allem Korea und die Armee Chiang Kai-Sheks, die gegen kommunistische Truppen kämpfte.[30]

Der größte Teil der Militärhilfe, nämlich ca. 60 Prozent, wurde für die Bereitstellung von Flugzeugen verwendet. Bis 1958 lieferten die USA 13.000 Flugzeuge an Verbündete, davon 10.000 Kampfjets; 70 Prozent waren neuproduziert, nur 30 Prozent hatte die US Air Force zuvor ausrangiert.[31] Dabei handelte es sich nicht nur um

---

28 Vgl. Condit: Test of War, S. 395–412; Hovey: Military Assistance; Kaplan: A Community of Interests; Pach: Arming the Free World.

29 Mutual Security Act, Public Law 165, 10.10.1951. Wortlaut: „An Act to maintain the security and promote the foreign policy and provide for the general welfare of the United States by furnishing assistance to friendly nations in the interest of international peace and security."

30 Vgl. „Military Assistance Grants by Country, Fiscal 1950–60," in: CQ Almanac 1960, 16th ed., 10-169-10-178. Washington, DC: Congressional Quarterly, 1960, http://library.cqpress.com/cqalmanac/cqal60-1329957.

31 Vgl. Background Data Covering FY 1950–1958 Period, o. D., in: NARA, RG 469: Records of the US Foreign Assistance Agencies, 1948–1961, International Cooperation Administration Headquarters. Executive Secretariat, Records Relating to the President's Committee to Study the US MAP 1959, Entry P 4, Box 1.

US-amerikanische Rüstungsgüter – Washington finanzierte in beträchtlichem Umfang die Anschaffung von Waffensystemen aus u. a. britischer, französischer oder italienischer Produktion, um die Rüstungsunternehmen der Verbündeten zu stärken und ihre strauchelnde Wirtschaft zu stützen. Allein in den Jahren 1952 und 1953 lag der Umfang sogenannter „offshore procurements" bei insgesamt 2,2 Milliarden US Dollar.[32] Die kommerziellen Rüstungsverkäufe fielen in den 1950er Jahren im Vergleich zum Umfang der Militärhilfe gering aus. 1952 lagen sie bei 72 Millionen Dollar, während die US-Regierung Militärhilfe in Höhe von 1,5 Milliarden Dollar gewährte; 1959 waren es 222 Millionen zu 2 Milliarden Dollar. Erst ab Mitte der 1970er Jahre sank die Militärhilfe auf Druck des Kongresses drastisch und kommerzielle Verkäufe wurden die Regel.[33]

Auch die Sowjetunion nutzte das Instrument der Militärhilfe. Nach Stalins Tod, der gegenüber den antikolonialen Befreiungsbewegungen stets skeptisch geblieben war, begann die sowjetische Regierung unter Nikita Chruschtschow die Staaten des Non-Aligned Movement zu hofieren. Zu dieser diplomatischen Neuausrichtung gehörte auch die Bereitstellung von Rüstungsgütern zu günstigen Konditionen. Moskau gewährte großzügige Rabatte von durchschnittlich 40 Prozent, günstige Kredite mit langen Laufzeiten und erlaubte die Zahlung in Rohstoffen statt harter Währung. Das Hauptaugenmerk lag dabei zunächst auf dem Nahen Osten. Allerdings reichte die sowjetische Militärhilfe nie auch nur annähernd an die US-amerikanische heran. In der zweiten Hälfte der 1950er Jahre betrug der Umfang der an sogenannte Entwicklungsländer gelieferten Rüstungsgüter umgerechnet insgesamt 660 Millionen Dollar. Mit Beginn des neuen Jahrzehnts vervielfachte Moskau seine Militärhilfe an diese Staaten abrupt und gab allein 1960 556 Millionen Dollar aus, im darauffolgenden bereits 830 Millionen.[34]

Die britische und die französische Regierung setzten hingegen auf die klassischen Instrumente der Förderung kommerzieller Verkäufe, die bereits vor dem Zweiten Weltkrieg verbreitet gewesen waren. London kam dabei zugute, mit den Commonwealth-Staaten über einen großen, historisch gewachsenen Absatzmarkt zu verfügen. Da die deutsche Rüstungsproduktion weggefallen war und die französische erst wiederaufgebaut werden musste, konnte sich Großbritannien nach dem Zweiten Weltkrieg als zweitwichtigster Rüstungsexporteur profilieren. Zwar

32 Vgl. Condit: Test of War, S. 444–451.

33 Vgl. Brzoska/Ohlson: Arms Transfers, S. 49; Hovey: Military Assistance, S. 182–197; Pierre: The Global Politics of Arms Sales, S. 45–52.

34 Vgl. SIPRI: The Arms Trade, S. 77–99; Cooper/Fogarty: Soviet Economic and Military Aid; Laird: Soviet Arms Trade; Bzgl. der Zahlen siehe: CIA, Intelligence Report, The Soviet Program of Military Aid to Less Developed Countries, 1955–65, 3.8.1965, in: CIA FOIA Collection, 0000232637, www.cia.gov/readingroom/document/0000232637.

war der Gesamtwert transferierter Waffen immer noch weit geringer als der Umfang US-amerikanischer Transfers. Aber bei den kommerziellen Exporten führte die britische Waffenindustrie. 1955 exportierte sie beispielsweise Rüstungsgüter im Wert von 263 Millionen US-Dollar, während die USA auf 209 Millionen kamen.[35] Die französische Regierung hingegen begann erst Mitte der 1950er, Rüstungsexporte zu forcieren, nachdem sie den eigenen Bedarf an Waffen gedeckt hatte, der durch die fast vollständige Neuaufrüstung entstanden war.[36]

Waffenhandelsregulierung in Zeiten des Kalten Kriegs und der Dekolonisierung

Die Ausweitung staatlicher Kontrolle über Rüstungsexporte und ihre Anpassung an die bündnispolitischen Konstellationen des Kalten Kriegs ging durchaus einher mit Bemühungen, den Waffenhandel international zu regulieren – allerdings dienten nicht die UN als Forum zur Aushandlung solcher Verträge, sondern bi- und multilaterale Gespräche. Die Initiative ging dabei von den USA aus. 1948 nahm das State Department Verhandlungen mit der britischen und der französischen Regierung auf, um diese davon zu überzeugen, die in den USA geltenden Exportbeschränkungen zu übernehmen. In erster Linie ging es darum, sich gemeinsam auf eine Liste von Gütern zu verständigen, die aufgrund ihrer Relevanz für die Kriegsführung nicht an die Sowjetunion und ihre Verbündeten geliefert werden sollten. Als Ergebnis dieser Aushandlungen gründeten die USA, Großbritannien, Frankreich, Italien, die Niederlande, Belgien und Luxemburg 1949 das Coordinating Committee for Multilateral Export Controls. Das COCOM arbeitete nicht auf der Grundlage eines verbindlichen völkerrechtlichen Vertrags, sondern sollte Regierungen der Mitgliedstaaten bezüglich Exporte beraten. Empfehlungen hatten keinen bindenden Charakter.[37]

Dennoch entwickelte das COCOM ein spürbares Gewicht. US-amerikanische Militärs, Medien, State Department und Kongressabgeordnete reagierten äußerst sensibel auf Exporte in die Sowjetunion und nach China. Dabei ging es bei Weitem nicht nur um Waffen, sondern vor allem um Exportgüter, die für die Produktion

35 Vgl. Edgerton: Warfare State, S. 102 f. Bzgl. der Zahlen siehe Review of World Trade in Arms by the British Foreign Office, in: TNA, DEFE 7/2097. Dieser Trend wird auch erkennbar, wenn man sich an den Zahlen von SIPRI orientiert. Allerdings beinhalten die dort angegebenen Werte auch Militärhilfe (SIPRI: Yearbook 1969/1970, S. 334, 341).

36 Vgl. Kolodziej: Making and Marketing Arms, S. 36–48; SIPRI: The Arms Trade, S. 123–139.

37 Vgl. Mastanduno: Economic Containment, S. 64–106; US Office of Technological Assessment: Technology, S. 153–157.

oder den Einsatz von Rüstungsgütern wichtig waren; selbst Autoreifen galten als suspekt. Für Empörung sorgte 1951 insbesondere das Verhalten der europäischen Verbündeten: Zeitungsberichten zufolge sollten Fabriken in Italien, die mithilfe des Marshallplans aufgebaut worden seien, schweres Gerät für die Sowjetunion produziert haben. Britische Unternehmen seien so sehr damit beschäftigt, sowjetische Aufträge zu erfüllen, dass die Aufrüstung des eigenen Landes zu kurz käme.[38]

Solche Berichte führten dazu, dass das COCOM die Liste der Handelsgüter, von deren Export es abriet, permanent erweiterte. Nicht völkerrechtlich verbindliche Vorgaben – die das Komitee gar nicht machen konnte – ermöglichten es Washington, die Verbündeten zu disziplinieren, sondern das ökonomische Gewicht der USA. Unternehmen, die den Empfehlungen des COCOM nicht nachkamen, drohten US-amerikanische Sanktionen. Darüber hinaus knüpfte die Regierung ihre umfangreichen Militärhilfen an die Bedingung, dass die Empfänger nicht kriegsrelevante Güter an die Sowjetunion und ihre Verbündeten lieferten. US-amerikanischen Unternehmen entstanden dadurch kaum Nachteile; sie verfügten über vergleichsweise wenig geschäftliche Verbindungen mit der Sowjetunion. Bei britischen Unternehmen sah das anders aus. Für sie waren die Länder hinter der Linie, die nun als „Eiserner Vorhang“ bezeichnet wurde, ein wichtiger Absatzmarkt. Erst die Drohung mit dem Entzug von Unterstützung aus dem Marshallplan ließ die Regierung in London einlenken. Aus Angst vor Nachteilen gegenüber anderen europäischen Ländern drängte sie wiederum, auch Norwegen, Dänemark, Kanada, die Bundesrepublik, Portugal, Japan, Griechenland und die Türkei in das Abkommen einzuschließen, was Anfang der 1950er Jahre auch geschah.[39]

Die Unverbindlichkeit dieses Arrangements weist formal gesehen Ähnlichkeiten zum Abkommen der Kolonialmächte der Zwischenkriegszeit auf, mit dem diese sich auf die Einhaltung jener Normen der Waffenhandelskonvention von 1919 geeinigt hatten, die auf die „verbotenen Zonen“ zielten. Nicht bindendes Völkerrecht, sondern Absprachen waren die zentralen Instrumente, mit denen die Großmächte sowohl vor dem Zweiten Weltkrieg als auch danach den internationalen Transfer von Rüstungsgütern kontrollierten. Die Interessenkonstellationen, auf denen solche Arrangements fußten, veränderten sich jedoch durch den Kalten Krieg und die fortschreitende Dekolonisierung.

Besonders gut lässt sich das am Nahen und Mittleren Osten erkennen – eine Region, in der die Briten während der Zwischenkriegszeit ein besonders starkes Interesse an Waffenhandelskontrollen gehabt hatten. Mit der Unabhängigkeit Iraks 1936, Indiens und Pakistans 1947 und dem Rückzug aus Palästina entfiel ein wich-

38 Vgl. House of Represeantatives, Report No. 703 to accompany H.R. 4550, 16.7.1951S. 1f.
39 Vgl. Cain: Exporting the Cold War; Engel: „We are not concerned“; Yasuhara: Myth of Free Trade.

tiger Grund für Kontrollen am Persischen Golf, die nicht zuletzt darauf gezielt hatten, den Transfer von Waffen in die Kolonien und Mandatsgebiete einzuhegen. Im Gegensatz dazu wurde der Zugang zu Öl immer wichtiger und verlieh der Region aus britischer Sicht auch weiterhin große Bedeutung. Waffenexporte spielten eine wichtige Rolle in den Überlegungen, wie die Region an Großbritannien gebunden werden sollte. Im Kriegsfall, so hofften britische Militärs noch Anfang der 1950er Jahre in ganz kolonialer Manier, würde man die arabischen Armeen in die eigene integrieren.[40] Um die Voraussetzungen für eine solche Integration zu schaffen und die Abwehrmöglichkeiten gegen die Sowjetunion zu verstärken, lieferte London Waffen in die Region. Gleichzeitig halfen solche Exporte, die Handelsbilanz mit den Erdöl exportierenden Staaten auszugleichen.[41]

Die US-Regierung hingegen sah sich mit einem Dilemma konfrontiert. Auf der einen Seite hatte sie ebenfalls ein Interesse daran, Ägypten, Persien und den Irak in ihre Allianz gegen die Sowjetunion einzubinden. Gleichzeitig übten die israelische Regierung und pro-israelische Interessenverbände wie die Zionist Organization of America Druck aus, keine Waffen an Israels Nachbarn zu liefern. Besonders Präsident Truman war diesen Forderungen gegenüber aufgeschlossen. 1947 begann das State Department deshalb, mit der britischen Seite über eine gemeinsame Linie bei Rüstungsexporten in den Nahen Osten zu verhandeln.[42] In London war man gerne dazu bereit. Man hoffte, mithilfe von Absprachen zu verhindern, „dass die Exporte der Vereinigten Staaten in die Region unsere eigenen überschwemmen, was unserem Prestige schaden würde".[43] Die Bereitschaft der britischen Regierung, mit den USA über Waffenhandelskontrollen zu sprechen, stand also in Kontinuität zu jener Politik, mit der sie in der Zwischenkriegszeit ihren imperialen Einfluss in der Region zu sichern versucht hatte.

Auch Frankreich, das zu diesem Zeitpunkt keine Waffen in den Nahen und Mittleren Osten exportierte, wurde ins Boot geholt und 1950 unterschrieben die drei Staaten die sogenannte Tripartite Declaration. Darin erklärten sie die Notwendigkeit, dass die Staaten des Nahen Ostens einerseits über eine gewisse militärische Stärke verfügen müssten, dass aber andererseits ein Wettrüsten zwischen Israel und den arabischen Staaten zu verhindern sei. Um dieses Ziel zu erreichen, grün-

40 Vgl. Devereaux/Schrecker: Formulation of British Defense Policy, S. 43–74; Levey: Britain's Middle East Strategy.

41 Vgl. United States Arms Aid to Middle East Countries, note by the War Office, 6.2.1952, in: TNA, DEFE 7/2097.

42 Vgl. Jabber: Not by War, S. 80–94.

43 Minute to Mr. Wheeler, 8.6.1952, in: TNA, DEFE 7/2097. Originallaut: „One reason why we wanted a committee of this sort was that we hoped that it would help us to keep Unites States exports to the area from swamping our own, with consequent detriment to our prestige."

deten die drei Westmächte das Near East Arms Coordinating Committee. Es sollte den Transfer von Rüstungsgütern dokumentieren, die Maßnahmen der beteiligten Staaten evaluieren und – genau wie das COCOM – lediglich beratend tätig sein. Auch die Tripartite Declaration war nicht völkerrechtlich bindend.[44] Aus britischer Sicht war das begrüßenswert. Als es um die Frage ging, wie das Abkommen umgesetzt werden solle, hielt das Foreign Office fest: We „are alive to the danger of hindrance to our exports. We do not intend, however, to refer each individual application to the Committee.“ Die Deklaration sei vage genug, um das umgehen zu können.[45] Die US-amerikanische Regierung hatte allerdings auch kein Interesse daran, London zu stark einzuhegen. In Washington meinte man, eine wachsende kommunistische Bedrohung der arabischen Staaten durch die Sowjetunion wahrzunehmen, und hielt deshalb deren Aufrüstung für dringend angesagt. Man war froh, sich nicht selbst der Kritik pro-israelischer Gruppen aussetzen zu müssen, die Waffenlieferungen an Israels Nachbarn verurteilt hätten.[46]

Allerdings hielt das Abkommen nicht lange. Als die französische Rüstungsindustrie wiederaufgebaut war und die französischen Truppen ausgerüstet worden waren, begannen Rüstungsunternehmen zusammen mit der Regierung nach Absatzmärkten zu suchen. Die israelische Regierung war auf der Suche nach modernen Waffensystemen, um sich vor den Nachbarstaaten zu schützen; die britische und US-amerikanische Regierung waren lediglich bereit, in stark begrenztem Umfang zu unterstützen. Diese Konstellation machte sich Frankreich zunutze und begann 1954, den neu entwickelten Ouragon Kampfjet und den Mystère Bomber zu liefern.[47] Der zweite Schlag gegen die Tripartite Declaration kam als Nachspiel der Ägyptischen Revolution von 1952. Die neue Regierung unter Gamel Abdel Nasser verfolgte eine nationalistische und antiimperialistische Agenda. Nasser hatte seit den 1920er Jahren gegen den britischen Einfluss auf die Region gekämpft. Zu den Maßnahmen, die er ergriff, um sich von der Kolonialmacht unabhängig zu machen, war die Suche nach neuen Waffenlieferanten. 1955 kam ein Waffengeschäft mit der Sowjetunion zustande, das über die Tschechoslowakei abgewickelt und als starkes antiimperialistisches Signal wahrgenommen wurde. Kurz darauf kündigte Nasser die Verstaatlichung des Sueskanals an. Londons Versuch, die Kontrolle über diese für den internationalen Handel so wichtige Passage aufrechtzuerhalten, indem britische, israelische und französische Truppen Ägypten angriffen, scheiterte.[48]

---

44 Vgl. Jabber: Not by War, S. 107–115.

45 Minute to Mr. Wheeler, 8.6.1952, in: TNA, DEFE 7/2097.

46 S/S–NSC files: Lot 63 D 351: NSC 65 Series, Draft Report by the National Security Council, 28.3.1950, in: FRUS 1950, Vol. V, Doc. 59.

47 Vgl. SIPRI: Arms Trade Registers, S. 52–55; Jabber: Not by War, S. 104–197.

48 Vgl. Roussillon: Republican Egypt, S. 337–440; Westad: Global Cold War, S. 123–126.

Die Sueskrise löste auch in anderen arabischen Staaten heftige Proteste gegen den Einfluss der ehemaligen Kolonialmächte in der Region aus. Die Regierungen Syriens und Libanons gingen daraufhin auf Distanz zu Frankreich und Großbritannien. Unter anderem wandten sie sich nun ebenfalls an die Sowjetunion auf der Suche nach Rüstungsgütern.[49] In der Folge setzte eine Rüstungsspirale in der Region ein und obwohl das Near East Arms Coordinating Committee noch bis 1968 tagte, so war die Tripartite Declaration als Instrument der Waffenhandelsbeschränkung faktisch tot.[50] Zwischen 1955 und 1965 verfünffachten sich die Exporte in die Region. Die Sowjetunion dominierte den Markt mit einem Anteil von 40 bis 56 Prozent. Die USA und Frankreich kamen auf 15 bis 20 Prozent, die Briten auf 6 bis 9.[51]

Es ist kein Zufall, dass die Kontrolle des Waffenhandels im Nahen Osten in dem Moment scheiterte, als die letzte in der Region verbleibende Kolonialmacht mit dem Sueskanal ihr wichtigstes Standbein verlor. Kolonialismus war immer eine der entscheidenden Triebkräfte für Waffenhandelskontrollen gewesen. Mit fortschreitender Dekolonisierung verloren die schrumpfenden europäischen Kolonialmächte, insbesondere Großbritannien, ihr Interesse an internationalen Kontrollinstrumenten. Stattdessen traten sie in einen Wettkampf um Einfluss auf die dekolonisierten Staaten mit der Sowjetunion und den USA. Rüstungsexporte galten in diesem Wettkampf als harte Währung. Die Dekolonisierung entfachte somit eine neue Dynamik im internationalen Rüstungsgeschäft.[52] Das zeigt besonders eindrücklich die Entscheidung der Labour Regierung 1967, den britischen Stützpunkt in Aden aufzugeben, um die eigenen Rüstungsausgaben zu senken. Der Rückzug vom Arabischen Meer ging einher mit der Entscheidung, die Aufrüstung verbündeter Staaten in der Region zu forcieren.[53]

Andere Großmachtinteressen, die in der Zwischenkriegszeit die Verhandlungen über völkerrechtliche Regulierungen vorangetrieben hatten, fanden nach 1945 jenseits von Waffenhandelskonventionen Berücksichtigung. Für die französische Regierung blieb die Kontrolle deutscher Rüstungsbemühungen ein Anliegen. Doch vor dem Hintergrund des Kalten Krieges und der damit einhergehenden Westbindung der Bundesrepublik entwickelte sie neue Strategien, um dieses Ziel zu erreichen.

Zunächst hatten die vier Siegermächte die vollständige Entmilitarisierung Deutschlands beschlossen. Doch angesichts der Verschärfung des Ost-West-Konflikts und insbesondere infolge des Koreakriegs geriet die Frage der Aufrüstung

49 Vgl. SIPRI: Arms Trade with the Third World, S. 201–220; SIPRI: Arms Trade Registers, S. 41–66.
50 Vgl. Jabber: Not by War, S. 115.
51 Vgl. SIPRI: Arms Trade Registers, S. 46–50, 150 f., 162–164.
52 Vgl. Stahl: The Decolonization of the Arms Trade.
53 Vgl. Callaghan: Labour Party, S. 270–273; SIPRI: Arms Trade with the Third World, S. 104 f.

schon bald nach Gründung der Bundesrepublik wieder auf die Tagesordnung. Vor allem die USA wollten nicht auf das Rüstungspotenzial des westdeutschen Staates verzichten. Wie schon in der Zwischenkriegszeit sah sich die französische Regierung erneut mit dem Problem konfrontiert, wie der Gefahr begegnet werden konnte, die von einem aufrüstenden Deutschland ausging. Allerdings boten nun nicht mehr Abrüstungskonferenzen, sondern Aufrüstungsverhandlungen den Rahmen, um eine Kontrolle sicherzustellen. Die französische Regierung verfolgte in den 1950er Jahren die Strategie, die westdeutsche Wiederbewaffnung durch eine enge Einbindung in westliche Bündnisse kontrollierbar zu machen. Sie griff eine Initiative der Regierung Adenauer auf, die ein westeuropäisches Verteidigungsbündnis ins Spiel gebracht hatte, und entwickelte den Vorschlag weiter. Ein zentraler Bestandteil des französischen Vorschlags war die strikte Kontrolle der deutschen Rüstungsproduktion durch ein internationales Gremium.[54] In den folgenden Verhandlungen einigten sich Frankreich, Italien, die Bundesrepublik und die Benelux-Staaten 1952 darauf, die Kontrolle der Herstellung, Ein- und Ausfuhr von Rüstungsmaterial einem gemeinsamen Kontrollgremium, dem Kommissariat, zu übertragen. Dieses sollte aus Vertretern aller Staaten bestehen und Genehmigungen für die Errichtung von Produktionsstätten und Waffentransfers erteilen.[55]

Die Europäische Verteidigungsgemeinschaft scheiterte schließlich am Widerstand des französischen Parlaments, doch der dort entwickelte Lösungsansatz fand Eingang in die Pariser Verträge von 1954, die der Wiederbewaffnung der Bundesrepublik den Weg ebneten. Entscheidend für die Frage der Produktionskontrolle war dabei ausgerechnet ein Vertragswerk, das im Rückblick relativ bedeutungslos erscheint: das Gründungsdokument der Westeuropäischen Union. Der militärische Beistandspakt, an dem sich Frankreich, Großbritannien, Belgien, die Niederlande, Luxemburg, Italien und die Bundesrepublik beteiligten, war als Alternative zur gescheiterten Verteidigungsgemeinschaft konzipiert. Das Vertragswerk sicherte ein hohes Maß an Kontrolle über die wiederaufzubauende deutsche Rüstungsproduktion. Die Bundesregierung verpflichtete sich erstens, keine ABC-Waffen herzustellen, sowie zweitens, gelenkte Geschosse mit hoher Reichweite, Raketen, große Kriegsschiffe und strategische Bomber nur auf Empfehlung des Rats der Westeuropäischen Union zu produzieren. Die Herstellung der in dieser zweiten Selbstverpflichtung enthaltenen Waffentypen sollte darüber hinaus grundsätzlich in al-

54 Vgl. Lappenküper: Die deutsch-französischen Beziehungen, S. 535–637.

55 Artikel 107, Vertrag über die Gründung einer Europäischen Verteidigungsgemeinschaft, 27.5.1952, www.politische-union.de/evgv.

len Vertragstaaten kontrolliert werden. Um die Einhaltung der Verpflichtungen sicherzustellen, gründete man das Amt für Rüstungskontrolle. Es sollte Stichproben, Besichtigungen und Inspektionen in Produktionsanlagen, Depots und bei den Streitkräften durchführen.[56] Die Westeuropäische Union blieb als militärisches Bündnis weitgehend bedeutungslos. Doch das Amt für Rüstungskontrolle war als Sicherheitsgarantie für Frankreich ein zentraler Baustein des Vertragswerks, das die Aufrüstung der Bundesrepublik in die Wege leitete.[57]

Die kontrollierte Aufrüstung der Bundesrepublik, die Dekolonisierung, die neuartige Bedrohung durch die Atombombe, der Bedeutungsverlust einer antikapitalistischen bzw. kapitalismusskeptischen Rüstungskritik in den westlichen Gesellschaften, die Diskreditierung der Abrüstungsbemühungen der Zwischenkriegszeit und die Herausbildung globaler militärischer Bündnisse – diese Entwicklungen spiegeln einen Wandel dessen, was unter Frieden verstanden wurde, und helfen zu erklären, warum in den beiden Jahrzehnten nach 1945 die Aushandlung einer international gültigen Waffenhandelskonvention nicht auf die Tagesordnung geriet.

Waffenhandelsdebatten unter veränderten Vorzeichen

Erst Ende der 1960er Jahre begann das Thema Rüstungstransfers in den Debatten der UNO eine Rolle zu spielen. Als Schlüsselmoment kann das Jahr 1967 gelten. Im Frühjahr kam ans Licht, dass unter Umgehung eines völkerrechtlichen Waffenembargos Kampfflugzeuge aus dem Bestand der Bundeswehr über Iran nach Pakistan gelangt waren, das sich im Krieg gegen Indien befand. Der Fall stieß auch deshalb international auf große Resonanz, weil neben der westdeutschen Regierung auch die Regierungen anderer westlicher Länder unter Rechtfertigungsdruck gerieten: Die Kampfjets waren in den USA entwickelt worden und stammten aus kanadischer Lizenzproduktion. Das warf die Frage auf, inwiefern sie in die Entscheidung Bonns eingebunden gewesen waren. Wenige Monate später brach der Sechs-Tage-Krieg zwischen Israel und den arabischen Nachbarstaaten aus, in dem Waffen aus den NATO-Staaten auf beiden Seiten Verwendung fanden. Der Krieg wurde zum Sinnbild für die destabilisierende Wirkung von Rüstungsexporten. Gleichzeitig machte der Vietnamkrieg deutlich, dass die Gewährung von Militärhilfe eine kriegerische Eskalation nach sich ziehen konnte.[58]

56 Protokoll Nr. III über die Rüstungskontrolle, 23.10.1954, www.politische-union.de/weuv48/weuv54-p3.htm#a2; Protokoll Nr. IV über das Amt für Rüstungskontrolle der Westeuropäischen Union, 23.10.1954, http://www.politische-union.de/weuv48/weuv54-p4.htm.

57 Vgl. Lappenküper: Die deutsch-französischen Beziehungen, S. 758–829.

58 Vgl. Thayer: War Business, S. 185 f.

US-Präsident Lyndon B. Johnson erklärte in Reaktion auf den Sechs-Tage-Krieg:

> We believe that scarce ressources could be used much better for technical and economic development. We have always opposed this arms race and our military shipments to the area [Middle East] have consequently been severly limited. Now the waste and the futility of the arms race must be apparent to all the people of the world and now there is another moment of choice.[59]

Johnsons Erklärung war exemplarisch für die Debatte über Rüstungstransfers, die nun vor allem von Expert*innen und Diplomat*innen in den Außenministerien und bei der UNO geführt wurde. Sie sahen in der globalen Verbreitung von technologisch anspruchsvollen und in der Wartung aufwendigen Rüstungsgütern ein entwicklungspolitisches Problem. Das widersprach der seit den späten 1940er Jahren dominierenden Auffassung, wonach Waffen wichtig für die Herausbildung staatlicher Strukturen und die Modernisierung von Gesellschaften seien.[60] Dem entwicklungspolitischen Diskurs fehlte jeglicher Anknüpfungspunkt an die Argumentationsmuster der Zwischenkriegszeit, die um privatwirtschaftliche Profitinteressen als Kern des Problems gekreist waren. Einzig und allein die beim Völkerbund entwickelten statistischen Methoden zur Messung des Waffenhandels erfuhren unter Expert*innen erneute Aufmerksamkeit. Naoum Sloutsky, der als Mitarbeiter des Abrüstungsbüros des Völkerbunds die jährlichen Statistiken erstellt hatte, veröffentlichte beispielsweise 1974 für das Massachusetts Institute of Technology einen Bericht über die Waffenhandelskontrollen der Zwischenkriegszeit.[61]

Die entwicklungspolitische Diskussion über Rüstungstransfers stieß eine Reihe von Aushandlungsprozessen und Untersuchungen in verschiedenen UN-Gremien an. Auf der einen Seite standen die NATO-Staaten, angeführt von den USA und Großbritannien. Sie forderten – so wie Johnson es in seinem Statement zum Sechs-Tage-Krieg bereits formuliert hatte –, dass sich die sogenannten Entwicklungsländer auf der Grundlage regionaler Abkommen selbst Rüstungsimportbeschränkungen auferlegen sollten. Eine Gruppe von Staaten aus dem globalen Süden, angeführt durch das selbsterklärte „sozialistische Entwicklungsland" Rumänien und mit Unterstützung der Sowjetunion, betonte hingegen, dass solche Selbstbeschränkungen einhergehen müssten mit Abrüstungsanstrengungen der industrialisierten Staaten und dass die auf diese Weise freiwerdenden finanziellen Mittel entwicklungspoli-

59 Lyndon Johnson Administration: Speech on Five Principles for Peace in the Middle East, 19.6. 1967, in: Jewish Virtual Library, www.jewishvirtuallibrary.org/president-johnson-speech-on-five-principles-for-peace-in-the-middle-east-june-1967.

60 Vgl. Stahl: „The waste of the arms race", S. 243–245; Stahl: Freedom Fighter, S. 192–202; Stahl: Verschwenderische Rüstungspolitik.

61 Vgl. Sloutsky: The League of Nations.

tischen Projekten zugutekommen sollten. Die Diskussion versandete Ende der 1970er Jahre ergebnislos.[62]

Gleichzeitig erhielt die Auseinandersetzung mit dem internationalen Waffenhandel durch das Erstarken der Menschenrechtsbewegung eine weitere Dimension. Die Belieferung rechter Diktaturen mit Waffen war fester Bestandteil westlicher Bündnispolitik im Kalten Krieg. Doch Anfang der 1970er Jahre geriet diese Praxis massiv in die Kritik. Eine besondere Rolle spielte dabei der Militärputsch in Chile 1973 und die repressive Politik des Pinochet-Regimes. Der Protest gegen das Pinochet-Regime war ein formativer Moment in der Herausbildung einer transnationalen Menschenrechtsbewegung. Menschenrechtsorganisationen, Gewerkschaften und die ins Ausland geflohenen Regimegegner machten nicht nur auf die in Chile begangenen Verbrechen aufmerksam, sondern prangerten auch Waffenlieferungen an rechte Diktaturen an. Diese Kritik machte in den folgenden Jahren auch mit Blick auf andere Staaten Schule – insbesondere in Lateinamerika. Im Nahen Osten hingegen spielte sie keine Rolle. Die USA rüsteten das iranische Regime im Laufe der 1970er Jahre ohne nennenswerte Widerstände auf beispiellose Weise auf.[63]

Die Verknüpfung von Menschenrechten und Rüstungsexporten spielte insbesondere in der US-Außenpolitik eine Rolle. Militärhilfen hingen von der Zustimmung des Kongresses ab, wo die demokratische Mehrheit in den frühen 1970er Jahren Menschenrechte als ein Vehikel in der Auseinandersetzung mit der Außenpolitik der republikanischen Regierung entdeckt hatte. Das Mitspracherecht gab Abgeordneten die Möglichkeit, Einfluss auf außenpolitische Entscheidungsprozesse zu nehmen. Die Demokrat*innen machten im Entwicklungshilfe-Budget 1975 erstmals die Gewährung von Militärhilfe und Krediten für Rüstungskäufe von der Einhaltung von Menschenrechten abhängig – sehr zum Ärger der Regierung Ford und insbesondere des Außenministers Henry Kissinger, der polemisierte, das State Department dürfe nicht zu einer Missionsorganisation werden.[64]

Zwei Jahre später unternahm der frisch gewählte demokratische Präsident Jimmy Carter, der mit einer dezidiert menschenrechtsorientierten Agenda antrat, einen Versuch, völkerrechtlich auf die wachsende Kritik am internationalen Waffenhandel zu reagieren. Er hatte sich zum Ziel gesetzt, Rüstungsexporte zu reduzieren und an entwicklungspolitischen und menschenrechtspolitischen Kriterien auszurichten. Allerdings sah sein Beraterstab die Gefahr, dass unilaterale Beschränkungen Anbieter aus anderen Staaten dazu animieren könnten, in die durch den geplanten US-amerikanischen Rückzug freiwerdenden Märkte nachzustoßen.

62 Vgl. Stahl: „The waste of the arms race", S. 253–262.

63 Vgl. Jones: No Truck with the Chilean Junta; Badwen: Cutting of the Dictator; Stahl: Freedom Fighter, S. 202–210; Offiler: US Foreign Policy, S. 115–152; Alvandi: Nixon, Kissinger, and the Shah.

64 Vgl. Stahl: Freedom Fighter, S. 200–208.

Um diesen Effekt zu unterbinden, strebte die US-Regierung Verhandlungen über international verbindliche Waffenhandelsbeschränkungen an. Sie wählte dabei nicht den Weg über die UN, sondern suchte zunächst das Gespräch mit den anderen großen Rüstung produzierenden Staaten. In einer Reihe von Sondierungen mit Delegationen der Sowjetunion sowie der Verbündeten Frankreich, Großbritannien und der Bundesrepublik versuchte ein Team um den Diplomaten Leslie Gelb schon bald nach Regierungsantritt Möglichkeiten international verbindlicher Waffenhandelsbeschränkungen zu ermitteln. Der Versuch scheiterte schließlich im Dezember 1978. Die sowjetische und die US-amerikanische Regierung konnten sich nicht darauf einigen, auf welche Weltregionen man sich bei der Aushandlung regionaler Waffenhandelsabkommen konzentrieren wollte.[65] Weitere Anstrengungen unterblieben.

Zwei Dinge hatten die entwicklungspolitisch und die menschenrechtlich gerahmte Waffenhandelskritik gemeinsam: Beide machten Modifikationen von Friedenskonzepten erforderlich, da sie eine Verengung auf zwischenstaatliche Kriege unterliefen und den Blick auf innerstaatliche und soziale Konflikte lenkten. Und beide verwiesen vor allem auf die Folgen, die der Waffenhandel für die Gesellschaften der zumeist im globalen Süden liegenden importierenden Staaten hatte. Das unterschied die Debatten der 1960er und 1970er Jahre ganz grundsätzlich von derjenigen der Zwischenkriegszeit. Damals hatten Gewerkschafter, Friedensbewegung, aber auch Politiker unterschiedlicher politischer Couleur in den Rüstung produzierenden Staaten die Gefahr thematisiert, die auch den industrialisierten Gesellschaften durch das internationale Geschäft mit Rüstungsgütern drohte. Dieser Wandel in der Bedrohungswahrnehmung muss als ein gewichtiger Grund dafür gedeutet werden, warum der gesellschaftliche Druck auf die Regierungen der großen Rüstung produzierenden Staaten nach 1945 nicht die gleiche Dynamik und Vehemenz entfaltete wie in der Zwischenkriegszeit.

Der Wandel in der Auseinandersetzung mit dem internationalen Rüstungsgeschäft veranschaulicht, warum die Geschichte des Völkerrechts nicht als eine Geschichte fortschreitender Verrechtlichung erzählt werden kann, sondern als Manifestation historischer Konjunkturen gedeutet werden muss. Völkerrechtliche Instrumente zur Regulierung globaler Waffentransfers waren in Zeiten imperialer Expansion für eine Vielzahl politischer Agenden mit denen ihnen eigenen Verständnissen von Frieden anschlussfähig gewesen. Doch im Kontext des Kalten Kriegs büßten diese ihre gesellschaftliche und politische Relevanz ein und die ambitionierten Konventionsprojekte verschwanden in den Archiven; aussichtsreich begonnene Entwicklungen rissen ab. In den Jahrzehnten nach dem Zweiten Welt-

65 Vgl. Spear: Carter and Arms Sales; Pierre: The Global Politics of Arms Sales, S. 45–62, 285–290.

krieg wurde nie wieder so intensiv über völkerrechtliche Normen zur Regulierung des Waffenhandels diskutiert, gestritten und verhandelt wie in den Jahren zwischen den beiden Weltkriegen.

Schluss

Völkerrechtliche Waffenhandelsbeschränkungen waren seit dem ausgehenden 19. Jahrhundert und insbesondere während der ersten Jahrzehnte des 20. Jahrhunderts ein viel verhandeltes Thema internationaler Politik gewesen. Und dennoch erscheint die Bilanz am Vorabend des Zweiten Weltkriegs auf den ersten Blick mager: zwei Konventionen, die beide nie die für ein Inkrafttreten notwendige Anzahl an Ratifizierungen erreichten, und eine Vielzahl von Vertragsentwürfen und Gegenentwürfen, die zwar auf die Intensität der Auseinandersetzung um Waffenhandelskontrollen verweisen, die aber letztlich allesamt in den Archiven von Staaten und internationalen Organisationen verschwanden. Die Bedeutung der Bemühungen zur Kontrolle des internationalen Waffenhandels lässt sich allerdings nicht allein an der Anzahl rechtskräftiger Konventionen und Ratifizierungen bemessen. Erstens waren die diskutierten Instrumente zur Kontrolle des Waffenhandels vieldeutig. Die Rekonstruktion dieser Bedeutungen eröffnet Einblicke in die komplexen Interessenkonstellationen internationaler Politik, die das frühe 20. Jahrhundert bestimmten. Zweitens entfalteten Debatten, Verhandlungen und selbst nicht rechtskräftige Verträge sehr wohl Wirkungen. Und drittens vermag die Analyse des Gegenstands Auskunft über Handlungsmacht und Handlungsspielräume in einer Zeit zu geben, in der einerseits die nordatlantischen Imperialmächte ihre Machtbereiche ausdehnten, andererseits aber neue Akteur*innen wie Gewerkschaften, Staaten des globalen Südens oder die Frauenbewegung verstärkt ihren Anspruch anmeldeten, internationale Politik zu gestalten.

Die Vieldeutigkeit völkerrechtlicher Abrüstungsnormen

Zu den Allgemeinplätzen über Waffenhandelskontrollen gehört, dass sie ein Mittel zur Herstellung und Sicherung von Frieden seien. Diese Lesart war auch während der Zwischenkriegszeit weit verbreitet und fraglos verfolgten zahlreiche Akteur*innen mit ihrem Einsatz für völkerrechtliche Konventionen das Ziel, Instrumente für eine internationale Friedensordnung zu schaffen. Allerdings unterschieden sich ihre Vorstellungen von Frieden erheblich. Es gab sehr unterschiedliche Analysen, was die Ursachen von Kriegen und Konflikten seien und wie man diese überwinden könne. Es mangelte auch nicht an Friedensprojekten, für deren Umsetzung völkerrechtliche Waffenhandelskontrollen als sinnvoll erachtet wurden. Dementsprechend vielfältig, widersprüchlich und mehrdeutig waren die Instrumente, die während der Zwischenkriegszeit vorgeschlagen und diskutiert wurden.

https://doi.org/10.1515/9783111571638-007

Insbesondere die einschlägige Passage der Völkerbundsatzung erwies sich als anschlussfähig für eine Vielzahl politischer Agenden: „Mit Rücksicht auf die schweren Bedenken gegen die private Herstellung von Munition und Kriegsgerät beauftragen die Bundesmitglieder den Rat, auf Mittel gegen die daraus entspringenden üblen Folgen Bedacht zu nehmen." In diesem Satz aus Artikel 8 amalgamierten sich ganz unterschiedliche Vorstellungen über die Voraussetzungen von Frieden – ein Umstand, der sich auch in der Rezeptionsgeschichte spiegelte. Diejenigen, die Kritik an privatwirtschaftlich organisierter Rüstungsproduktion übten und sich dabei ab 1919 auf die Völkerbundakte beriefen, einte die Überzeugung, dass eine an Gewinnmaximierung orientierte Rüstungsindustrie eine Gefahr für den Frieden darstelle. Doch ihre politischen Agenden und Vorschläge, wie diese Gefahr zu bannen sei, waren äußerst heterogen und teilweise auch widersprüchlich.

Eine erste Gruppe von Akteuren gründete ihre Ablehnung privater Rüstungsproduktion auf eine antikapitalistische Analyse. Zu dieser Gruppe gehörten Politiker der europäischen Linken wie Karl Liebknecht, Philipp Snowden und Walton Newbold, die Arbeiter*innenvertreter der ILO, die Labour-Partei und die französischen Sozialisten der 1930er Jahre. Sie sahen im internationalen Geschäft der privaten Rüstungsunternehmen einen Beleg dafür, dass der Kapitalismus letztlich ein System sei, das zwischenstaatliche Spannungen und Krieg befördere. Um die Voraussetzungen für einen belastbaren Frieden zu schaffen, gelte es, den Kapitalismus zu überwinden. In diesem Sinne war auch ihre Forderung nach Verstaatlichung der Rüstungsindustrie nicht ausschließlich eine Abrüstungsmaßnahme, sondern ein notwendiger Schritt in Richtung Veränderung der Besitzstrukturen, mit dem Ziel, Produktionsmittel zu sozialisieren. Artikel 8 bot dabei die völkerrechtliche Grundlage für die Forderung nach einem Verbot privatwirtschaftlicher Rüstungsunternehmen.

Der zweiten Gruppe lassen sich Woodrow Wilson, einige seiner Kabinettsmitglieder und Berater, britische liberale Internationalist*innen wie Robert Cecil und die Regierung Roosevelt zuordnen, die zwar die Forderung nach einer vollständigen oder zumindest teilweisen Verstaatlichung teilten, die darin jedoch keine Maßnahme sahen, die auf die grundlegende Umgestaltung von Besitzverhältnissen zielte. Ihnen ging es vielmehr darum, wirtschaftspolitische Reformen durchzuführen und strukturelle Anpassungen vorzunehmen. Durch ein Verbot oder durch Kontrolle privater Rüstungsunternehmen wollten sie die friedensgefährdenden Auswüchse des Kapitalismus unter Kontrolle bringen, ohne dabei das bestehende System grundsätzlich infrage zu stellen. Dabei fügte sich ihre Forderung nach (Teil-) Verstaatlichung in umfassendere Wirtschaftsprogramme zur Reformierung des Kapitalismus wie Wilsons Anti-Trust Politik oder Roosevelts New Deal. Mit Blick auf Wilson und seinen Berater Edward House gilt allerdings darüber hinaus festzuhalten, dass diese Reformagenda gleichzeitig imperiale Züge aufwies. Ihre Forderung nach einer völkerrechtlich verbindlichen Verstaatlichung der Rüstungsindustrie war Teil einer Politik, die darauf zielte, private Rüstungsunternehmen als außenpolitischen Faktor in Zentralamerika auszuschalten und gleichzeitig den eigenen Einfluss darauf zu erweitern, wer mit Waffen versorgt wurde und wer nicht. Dabei knüpfte die Regierung Wilson an das Narrativ der Vorgängerregierungen an, demzufolge diese interventionistische Politik dazu diene, Frieden in der Region zu schaffen.

Zur dritten Gruppe zählen die Internationale Frauenliga für Frieden und Gerechtigkeit, aber auch die agrarisch geprägten *progressive republicans* in den USA. Auch sie nahmen Bezug auf die Formulierung im Artikel 8 der Völkerbundsatzung; allerdings diente sie ihnen als Anknüpfungspunkt für eine antiimperialistische Agenda. Sie deuteten das globale Geschäft mit Rüstungsgütern als Folge einer imperialen Weltordnung, die von den kapitalistischen Staaten dominiert werde und die einen dauerhaften Frieden unmöglich mache. Für sie war die Forderung nach einer Verstaatlichung der Rüstungsindustrie, die sie mit dem Verweis auf die „üblen Folgen" privater Produktion untermauerten, eng verknüpft mit der Forderung nach einer grundlegenden Neuordnung der globalen Wirtschaft. Eine ebenfalls antiimperialistische Stoßrichtung hatte El Salvadors Bezugnahme auf die „schweren Bedenken". Allerdings zielte dieser Antiimperialismus nicht auf die Überwindung des Kapitalismus. Vielmehr nutzte die Regierung des zentralamerikanischen Staats die Formel, um die Gleichbehandlung von industrialisierten und nichtindustrialisierten Staaten zu fordern. Es gehe nicht an, Letztere völkerrechtlich zur Offenlegung ihrer Waffenimporte zu zwingen, ohne Erstere zu verpflichten, vergleichbare Zahlen zur Rüstungsproduktion zu veröffentlichen.

Viertens gab es die Gruppe von Regierungen, die mit Verweis auf Artikel 8 ihre sicherheitspolitischen Forderungen und Maßnahmen begründeten. Frankreich und seine osteuropäischen Verbündeten forderten internationale Produktionskontrolle, um Deutschland zu mehr rüstungspolitischer Transparenz zu verpflichten. Und sowohl Mussolini als auch die Regierung des Sozialisten Léon Blum weiteten im Zuge ihrer Aufrüstungsbemühungen den staatlichen Zugriff auf die Rüstungsindustrie aus und stellten dieses Vorgehen als Ausdruck einer Politik dar, die auf die Bekämpfung der „üblen Folgen" privater Rüstungsproduktion ziele.

Diese Vielzahl unterschiedlicher Bezugnahmen auf Artikel 8 wirft die Frage auf, welches Gewicht solche vieldeutigen Formulierungen in völkerrechtlichen Verträgen überhaupt hatten. Einerseits zeigt die Rezeptionsgeschichte, dass die Vieldeutigkeit die Verhandlungen immer wieder verkomplizierte. Die verschiedenen Völkerbundgremien und internationalen Verhandlungsrunden verwandten viel Zeit darauf, über die Bedeutung der Formel zu streiten, ohne jemals zu einem Ergebnis zu kommen. Es blieb unklar, was eigentlich unter „schweren Bedenken" gegen die private Rüstungsproduktion und unter den „üblen Folgen", die sie zeitige, zu verstehen sei und was angemessene Maßnahmen sein könnten, um ihnen zu begegnen: Verstaatlichung, Kontrolle aller Rüstungsgeschäfte oder Kontrolle bestimmter Bereiche des internationalen Handels mit Waffen. Andererseits aber war die Formel nicht beliebig – sie steckte lediglich einen recht breiten Bedeutungskorridor ab. Im Kern formulierte sie ein Unbehagen daran, dass Regierungen mit der Privatisierung der Rüstungsproduktion einen Teil des Gewaltmonopols aus der Hand gegeben hatten. Eingeschrieben in das Gründungsdokument des Völkerbundes war die Formel ein zwar vager, aber dennoch recht autoritativer Bezugspunkt, um die Kontrolle von Rüstungsgeschäften zu fordern. Ihre Existenz schuf Handlungsmöglichkeiten. Auf dieser Grundlage konnten insbesondere auch mindermächtige Akteure wie die Gewerkschaften oder El Salvador eine Befassung des Völkerbundes mit Fragen der Rüstungsproduktion einfordern.

Im Gegensatz dazu boten die Verhandlungsergebnisse der Kolonialmächte 1919 in Paris, die nur etwas verändert auch Eingang in die Konvention von 1925 fanden, sehr konkrete Bestimmungen zur Kontrolle des Waffenhandels mit und innerhalb der Kolonien und imperialen Einflusssphären. Dass sie diese Kontrollinstrumente sehr präzise definierten, lag nicht zuletzt daran, dass sie auf jahrzehntelange Erfahrung und auf einige Paragrafen des Brüsseler Abkommens von 1890 zurückgreifen konnten. Mit der ersten Waffenhandelskonvention von 1919 schrieben sie Instrumente imperialer Herrschaftssicherung, die sie seit dem ausgehenden 19. Jahrhundert entwickelt hatten, in die globale Ordnung ein, die sie in Paris neu gestalteten. Damit reagierten sie auf gesellschaftliche Unruhen in ihren Herrschaftsbereichen. Der Krieg hatte in Asien und Afrika wesentlich dazu beigetragen, soziale Spannungen zu verschärfen. Insbesondere die britische Regierung sah in einer völkerrechtlich verbindlichen Konvention ein Mittel, um Aufstände zu verhindern und den Frieden im Empire zu sichern. Insofern fügten sich die Verhandlungen über eine Waffenhandelskonvention in die Pariser Verhandlungen, die mehr waren als eine europäische Konferenz, sondern darauf zielten, eine globale Friedensordnung zu etablieren.

Darin lag ein Anknüpfungspunkt für eine Gruppe liberaler Internationalisten, zu denen unter anderem der Brite Robert Cecil und der Norweger Christian Lange gehörten, die Anfang der 1920er Jahre den Völkerbund als ein Instrument erprobten, um ihre abrüstungspolitische Agenda voranzutreiben. Sie sahen in der Waffenhandelskonvention eine Möglichkeit, eine internationale Regulierung von Rüstungstransfers in die Wege zu leiten, die sich nicht auf die Kolonien beschränkte. Ihr Kampf für eine Ratifizierung zielte darauf, den Frieden durch die Stärkung internationaler Organisationen und durch das Völkerrecht zu schützen. Es war nicht zuletzt ihrem Engagement zu verdanken, dass nach dem Scheitern des in Paris unterzeichneten Vertrags 1925 eine zweite Waffenhandelskonferenz stattfand. Einerseits einigten sich dort Delegationen aus allen Teilen der Welt, wie von den Abrüstungsbefürwortern gefordert, auf eine Veröffentlichungspflicht, die Transparenz in den internationalen Markt mit Rüstungsgütern bringen sollte. Andererseits setzten sie dabei aber auch imperiale Kontrollinstrumente auf die Agenda des Völkerbundes. Für Abrüstungsbefürworter wie Cecil war das kein Widerspruch. Seiner Vorstellung einer internationalen Ordnung lagen dieselben rassistischen Ansichten zugrunde, auf denen auch das britische Empire fußte: Um den globalen Frieden zu sichern, musste „unzivilisierten" Gesellschaften die Möglichkeit genommen werden, sich mit Waffen gegen die von völkerrechtlichen Prinzipien geleitete Zivilisierungsmission der europäischen Kolonialmächte zur Wehr zu setzen.

Doch obwohl die britische Regierung die Waffenhandelskonventionen als imperiales Kontrollinstrument konzipiert hatte und so einsetzte, griff sie bei Bedarf auf die Deutung zurück, es handele sich um ein Abrüstungsinstrument. Als 1934 die Kritik an der Rüstungsindustrie auch in der britischen Gesellschaft immer lauter artikuliert wurde und die Regierung unter Druck geriet, führte sie ihren Einsatz für die Waffenhandelskontrollen ins Feld. Diesen wollte sie nun als Beweis dafür verstanden wissen, stets zu den Vorreitern in Sachen Abrüstung gehört zu haben. Dass es ihr dabei weniger um den Frieden zwischen Staaten, sondern um die Befriedung des britischen Empires gegangen war, verschwieg sie. Insofern war ihre Argumentation irreführend. Dennoch war die Deutung imperialer Waffenkontrollen als Abrüstung im Kern richtig. Tatsächlich tauchte der Begriff „disarmament" immer auch im Zusammenhang mit der Entwaffnung kolonialisierter Gesellschaften auf.

Waffenhandelskontrollen in Zeiten imperialer Expansion – eine Bilanz

Dass trotz des breiten Interesses an völkerrechtlichen Waffenhandelsbestimmungen während der Zwischenkriegszeit keine bindende Konvention zustande kam, wirft Fragen auf. Wenn internationale Verhandlungen scheitern, heißt es häufig, dass dies am fehlenden Willen der sogenannten internationalen Gemeinschaft liege. Doch diese schlichte Erklärung passt schlecht zu der Beobachtung, dass eine Vielzahl von Akteur*innen – darunter auch so mächtige Regierungen wie die der USA, Großbritanniens und Frankreichs – die Regulierung des internationalen Handels mit Rüstungsgütern auf die eigene politische Agenda setzten und entsprechende Initiativen vorantrieben.

Das Scheitern der Ratifikationsprozesse ist nicht auf Widerstände zurückzuführen, die auf einer grundsätzlichen Ablehnung völkerrechtlicher Kontrollen fußten, sondern in erster Linie auf die Vielfältigkeit und Widersprüchlichkeit der politischen Agenden, die in internationalen Waffenhandelskonferenzen mündeten: die Überwindung des Kapitalismus, seine Reform, die Konsolidierung der imperialen Weltordnung, ihre Abschaffung, Frieden durch Abrüstung oder Aufrüstung. All diese Ziele ließen sich verfolgen, indem man völkerrechtliche Regeln für das internationale Rüstungsgeschäft forderte oder sich auf bestehende Normen berief. Doch die Stoßrichtung der jeweiligen politischen Agenden trat in der Formulierung von einzelnen Normen zutage. In welchen Regionen galt es den Waffenhandel zu kontrollieren? Welche Waffen sollten einem völkerrechtlichen Kontrollregime unterworfen werden? Wer durfte mit Waffen handeln? Musste die Kontrolle des Rüstungsgeschäfts schon beim Produktionsprozess einsetzten oder erst ab der Überschreitung zwischenstaatlicher Grenzen? Die zahlreichen, an völkerrechtlichen Kontrollen interessierten Akteur*innen gaben völlig unterschiedliche Antworten auf diese Fragen. Sobald es um die Ausbuchstabierung konkreter Normen ging, waren Gemeinsamkeiten schnell aufgebraucht, weshalb Verhandlungen und Ratifikationsprozesse immer wieder im Sand verliefen.

Wenn es um die Verhinderung missliebiger Regulierungsinstrumente ging, kam den industrialisierten Staaten, die über eine Rüstungsindustrie innerhalb der eigenen Grenzen verfügten, ein besonderes Gewicht zu – insbesondere den Großmächten. Immer wieder erklärten deren Regierungen, bestimmten Kontrollinstrumenten und Verträgen nur dann zustimmen zu können, wenn sich auch die anderen produzierenden Staaten dazu bereitfänden. Nur so könne verhindert werden, dass die eigene Wirtschaft aufgrund völkerrechtlicher Bestimmungen gegenüber anderen benachteiligt werde. Diese Logik lief auf eine faktische Vetomacht der produzierenden Staaten hinaus.

Die großen nordatlantischen Friedensorganisationen der 1930er Jahren gingen dabei davon aus, dass der Einfluss der privaten Rüstungsunternehmen auf diese Staaten ein gewichtiger Faktor sei. Sie hegten den Verdacht, dass sie im Hintergrund der Genfer Verhandlungen eine zentrale Rolle spielten bei der Verhinderung von Abrüstungsabkommen. Tatsächlich gelang es Herstellern von Handfeuerwaffen 1925, Einfluss auf die Waffenhandelskonferenz zu nehmen. Aufgrund des Interesses Großbritanniens an einer Kontrolle des Waffenzugangs in den Kolonien zielten die Bestimmungen der Konvention insbesondere auf Kleinwaffen. Die verschiedenen Rüstungsschmieden in Europa und den USA koordinierten daraufhin ihre Lobbyarbeit mit dem Ziel, möglichst viele Schusswaffen aus der Definition von Kriegswaffen zu entfernen, um auf diese Weise strengere Auflagen zu vermeiden. Mithilfe insbesondere der US-amerikanischen, belgischen und deutschen Delegation konnten sie erreichen, dass nichtautomatische Pistolen und Revolver, anders als ursprünglich vorgesehen, nicht als Kriegswaffen deklariert wurden.

Diese transnational koordinierte Lobbykampagne bildete allerdings eine Ausnahme. Die Macht privater Rüstungsunternehmen fußte nicht auf schlagkräftigen, länderübergreifend organisierten Lobbyverbänden mit Verbindungen nach Genf, sondern auf der Rolle, die Regierungsapparate und Militärs ihnen mit Blick auf die Aufrechterhaltung der Imperien und die Kriegsmobilisierung zuschrieben. Die meisten Staaten mit einer diversifizierten Rüstungsindustrie wie die USA, Großbritannien, Italien, die Tschechoslowakei, Deutschland und – mit einigen Einschränkungen – Frankreich gingen davon aus, eine solche Mobilisierung nicht ohne große, auf Rüstungsgüter spezialisierte Privatunternehmen bewältigen zu können. Rüstungsexporte galten als wichtiges Mittel, um das Innovationspotenzial und die Produktionskapazitäten dieser Unternehmen in Friedenszeiten aufrechtzuerhalten. Solche Erwägungen hielten Regierungen nicht davon ab, Exportkontrollen einzuführen und völkerrechtliche Instrumente zu befürworten, wo dies aufgrund ihrer imperialen, sicherheits- oder wirtschaftspolitischen Agenda hilfreich erschien. Doch die selbstgewählte Abhängigkeit der Regierungen von privaten Unternehmen in Fragen imperialer und nationalstaatlicher Verteidigungspolitik sorgte dafür, dass sie wenig Interesse daran hatten, Einschränkungen auf sich zu nehmen, die nicht auch für andere Rüstung produzierende Staaten galten oder die ihnen zu weitreichend erschienen. Das Ergebnis waren stagnierende Ratifizierungsprozesse oder dilatorische Verhandlungstaktiken, wie sie Großbritannien und die USA im Fall der Produktionskonvention während der 1920er Jahre einsetzten. Dabei war es häufig nicht notwendig, dass die Rüstungsunternehmen in den zuständigen Ministerien vorsprachen – eine Praxis, die beispielsweise in Berlin ausgeprägter war als in London. Vielmehr wurden ihre Interessen in den Amtsstuben der Militärs und Diplomaten bereits mitgedacht.

Mit Blick auf die Vetomacht von Staaten mit Rüstungsindustrien gilt es die höchst ambivalente Rolle der USA hervorzuheben. Washington setzte im Laufe der Zwischenkriegszeit nicht nur wichtige Impulse – man denke an Wilsons Auftreten in Paris und den Vorstoß der Regierung Roosevelt in Sachen Produktionskontrollen –, sondern brachte wiederholt Ratifikationsprozesse ins Stocken. Das zentrale Hindernis für ein Inkrafttreten der beiden Waffenhandelskonventionen von 1919 und 1925 war die Weigerung der US-Regierung und des Kongresses, die eigenen Gesetze anzupassen. Um den Vertrag ratifizieren zu können, hätte Washington seine *Laissez-faire*-Politik mit Blick auf Rüstungsexporte beenden und Gesetze verabschieden müssen, die mit den Konventionen kompatibel waren. Das jedoch – so war man sich im State Department sicher – hätte nicht nur jenen Unternehmen geschadet, von denen die Landesverteidigung abhing. Es hätte auch die Handlungsspielräume der US-Regierung insbesondere in Zentralamerika eingeschränkt. Die Möglichkeit, politischen Gruppierungen nach Belieben Waffen zukommen zu lassen beziehungsweise vorzuenthalten, war ein wichtiges Mittel, um die umfangreichen ökonomischen Interessen in Ländern wie Mexiko, Nicaragua oder Honduras durchzusetzen. In dieser Hinsicht unterschied sich die imperiale Politik der USA grundlegend von der Großbritanniens. Während die britischen Kolonialbehörden bemüht waren, ihrem Empire den Anschein der Rechtmäßigkeit zu verleihen und andere Staaten mithilfe völkerrechtlicher Verträge in die eigenen Herrschaftsstrategien einzubinden, zog das State Department ein höchstmögliches Maß an Flexibilität vor. Es war insbesondere die auf dieser Strategie fußende Weigerung der USA, die beiden Verträge zu ratifizieren, die auch die anderen industrialisierten Staaten veranlasste abzuwarten. Die dadurch ausgelöste Kettenreaktion, die sowohl nach 1919 als auch nach 1925 zu beobachten war, verhinderte jedes Mal ein Inkrafttreten.

Eine vergleichbare Schlüsselrolle als Verhinderer spielte Großbritannien mit Blick auf die Verhandlungen über Produktionskontrollen. Zwar zögerte die britische Regierung nie, die geschäftlichen Interessen einzelner Branchen wie der Handfeuerwaffenindustrie den Sicherheitsinteressen des Empires unterzuordnen, indem sie den Transfer von Rüstungsgütern nach Afrika, Indien und an den Persischen Golf stark begrenzte. Doch es waren genau diese Sicherheitsinteressen in Verbindung mit Überlegungen zur Kriegsmobilisierung, die sie daran hinderten, darüber hinausgehende völkerrechtlich verbindliche Restriktionen für die Rüstungsindustrie zu riskieren. Für die Aufrechterhaltung eines globalen Empires waren wirtschaftlich starke Unternehmen unabdingbar, die auf die Produktion komplexer Waffen und Waffensysteme spezialisiert waren. Aus diesem Grund verfolgten Foreign Office und das War Office die Strategie, die Vorbereitungen einer Produktionskonferenz in Genf zu torpedieren.

Dabei waren die Instrumente, die zur Diskussion standen, in den meisten Verhandlungsrunden keineswegs besonders weitreichend. Ein völkerrechtliches Verbot privater Rüstungsproduktion, wie Woodrow Wilson und nach ihm die Gewerkschaften es gefordert hatten, war schnell vom Tisch. Bald schon ging es im Wesentlichen um eine Pflicht zur Veröffentlichung von Produktionszahlen und die Frage, welche Institution die entsprechenden Informationen veröffentlichen und überprüfen sollte. In Whitehall war man jedoch überzeugt, dass jede Form der Kontrolle eine zusätzliche Hürde für internationale Rüstungsgeschäfte darstelle und deshalb zu vermeiden sei. Im besten Fall war man zu geringfügigen Zugeständnissen bereit, etwa die Veröffentlichung des Wertes der im Land produzierten Waffen – nicht jedoch Stückzahl, Typ oder Gewicht. Eine Kontrolle durch internationale Organisationen lehnte man ab. Das jedoch war zu wenig, um die Interessen anderer Staaten an einer entsprechenden Konvention zu bedienen: Kontrolle der deutschen Rüstungsindustrie und ihrer Kooperationspartner in anderen Ländern im Falle Frankreichs und seiner osteuropäischen Verbündeten, Gleichbehandlung zwischen produzierenden und nichtproduzierenden Staaten im Falle der nichtindustrialisierten Länder.

Auch die nichtproduzierenden Staaten verweigerten mitunter die Unterzeichnung oder Ratifizierung von Verträgen. Die persische Delegation verließ 1925 unter Protest die Waffenhandelskonferenz, nachdem die Briten durchgesetzt hatten, den Persischen Golf zu einer Zone mit besonders strikten Regeln zu erklären. Der salvadorianische Delegierte Gustavo Guerrero wurde in der zweiten Hälfte der 1920er Jahre nicht müde, in den Völkerbunddebatten darauf zu verweisen, dass nichtproduzierende Staaten die Konvention von 1925 erst dann unterzeichnen würden, wenn die völkerrechtliche Veröffentlichungspflicht nicht nur für grenzübergreifenden Waffenhandel, sondern auch für die Produktion gelte. Doch beide Beispiele zeigen, wie begrenzt das Gewicht dieser Staaten war. Der Rückzug der persischen Delegation führte nicht zum Scheitern der Konferenz und verhinderte nicht die Unterzeichnung des Vertrags. Und Guerreros Kritik verhallte ergebnislos in den Genfer Verhandlungssälen. Sein größtes Ärgernis, die Veröffentlichung von Waffenhandelsstatistiken ohne Produktionszahlen, wurde auch ohne rechtskräftigen Vertrag durchgesetzt.

Es wäre jedoch völlig unzutreffend, das Ausbleiben einer bindenden Waffenhandelskonvention als Beleg dafür zu deuten, dass die Geschichte der völkerrechtlichen Waffenhandelsbeschränkungen letztlich eine Geschichte des Scheiterns gewesen sei. Die öffentlichen Debatten, diplomatischen Verhandlungen und rechtlichen Normen, über die Diplomaten während der Zwischenkriegszeit stritten, hatten sehr wohl konkrete Auswirkungen. Die Existenz unterzeichneter, wenn auch nicht rechtskräftiger Konventionen konnte in spezifischen Situationen eine ganz eigene Dynamik in den internationalen Beziehungen entfalten und konkrete politische Folgen zeitigen. Das belegen die US-amerikanischen Neutralitätsgesetze aus der zweiten Hälfte der 1930er Jahre, mit denen die Regierung Roosevelt 1935 die Konvention von 1925 ratifizierte und die während der folgenden Jahre bis in den Kalten Krieg hinein ihre Rüstungsexportpolitik prägten. Das belegen auch die Bezugnahmen der Regierung Blum auf die Verhandlungen in Genf, als sie 1936 ihr Verstaatlichungsgesetz auf den Weg brachte. Vor allem aber ist die britische und in geringerem Umfang die französische Nutzung der beiden Konventionen von 1919 und 1925 ein Beleg für die Wirkung dieser beiden nicht rechtskräftigen Verträge. Auf ihrer Grundlage drängten die Kolonialmächte die Machthaber am Persischen Golf, aber auch die Regierungen der anderen Kolonialmächte dazu, innerhalb ihres Herrschaftsbereichs den Besitz von und Handel mit Handfeuerwaffen stärker zu kontrollieren. Tatsächlich lässt sich beobachten, dass einige Scheichs die Bestimmungen umsetzten – teils auf Druck Großbritanniens, teils aber auch aus Eigeninteresse, um die eigene Bevölkerung besser kontrollieren zu können. Vor allem aber beriefen sich britische Kolonialbehörden auf die beiden Konventionen, um die Praxis zu legitimieren, sogenannte „native vessels" im Persischen Golf nach Gewehren zu untersuchen.

Doch nicht nur die Umsetzung von Konventionsbestimmungen, sondern auch der Prozess der Verhandlungen selbst trug zur Verstetigung globaler Machthierarchien bei. Alle Versuche, völkerrechtliche Bestimmungen zur Einhegung imperialer Einflussnahme auf mindermächtige Staaten in die Verträge aufzunehmen, scheiterten am Widerstand der Großmächte. Der persischen Regierung gelang es nicht, die von den Briten geforderten Sonderregeln für den Persischen Golf aus der Konvention von 1925 zu entfernen. Und El Salvador hatte mit seiner gegen den US-Einfluss in Zentralamerika gerichteten antiimperialistischen Völkerrechtsagenda keinen Erfolg. Gustavo Guerrero scheiterte mit seinem Projekt, die Konvention zu einem Instrument zu machen, das sich gegen militärische Interventionen in Stellung bringen ließ. Im Ergebnis zeigten die Verhandlungen über völkerrechtliche Waffenhandelskontrollen somit, dass sich die Großmächte erfolgreich gegen Versuche der mindermächtigen Staaten wehrten, mithilfe des Völkerbundes und des Sekretariats bestehenden Machthierarchien etwas entgegenzusetzen. Es gelang ihnen, ihre Hegemonie auch unter den Bedingungen der in Paris 1919 neuformierten internationalen Ordnung zu behaupten. Ob man die Verhandlungen als gescheitert bezeichnet oder nicht, hängt deshalb immer auch davon ab, aus welcher Perspektive man diese Geschichte erzählt und welche politische Agenda man in den Blick nimmt.

Zur Bilanz der Bemühungen, den internationalen Waffenhandel zu regulieren, gehört aber auch die weitreichende Mobilisierung von Öffentlichkeit in den nordatlantischen Gesellschaften während der 1930er Jahre. Friedensorganisationen, Veteranenverbände, Kirchen und Gewerkschaften prangerten in Publikationen, auf unzähligen Demonstrationen und vor parlamentarischen Untersuchungskommissionen den Umstand an, dass sich das internationale Rüstungsgeschäft zu einem lukrativen Geschäftsmodell für private Unternehmen entwickelt habe und forderten nicht zuletzt deren völkerrechtliches Verbot. Ihre Kampagne zeichnete sich durch ein hohes Maß an Professionalität, transnationaler Verflechtung und Mobilisierung aus. Die breite Resonanz lässt sich dabei nicht zuletzt darauf zurückführen, dass es den Kritiker*innen der Rüstungsindustrie gelang, ein Narrativ zu entwickeln, das vor dem Hintergrund der Wirtschaftskrise und internationaler Spannungen für eine Vielzahl von Akteur*innen anschlussfähig war.

Handlungsmacht, Handlungsspielräume und Ohnmacht in Zeiten imperialer Expansion

Die Verhandlungen über völkerrechtliche Waffenhandelsregulierungen der Zwischenkriegszeit wurden ganz maßgeblich von zwei Anliegen vorangetrieben und geprägt, die recht widersprüchlich waren, gleichzeitig aber auch in einem engen Verhältnis zueinanderstanden: die Kontrolle des Waffenzugangs in den Kolonien und Regionen imperialer Einflussnahme und die Einhegung der Macht privater Rüstungsunternehmen. Beide Anliegen verweisen darauf, wie zentral die imperiale Expansion und die damit einhergehende Ausweitung kapitalistischer Wirtschaftsbeziehung für die Frage von Waffenhandelskontrollen war. Nicht nur ging es den Imperialmächten darum, mit solchen Kontrollen ihre Herrschaft, den Privatbesitz insbesondere der eigenen Staatsbürger*innen und Handelswege abzusichern. Sie stützten zudem die massive Aufrüstung, die die imperiale Expansion befeuerte, auf die Produktionskapazitäten privater Rüstungsunternehmen und gaben dabei einen Teil des staatlichen Gewaltmonopols auf. Die Ausweitung kapitalistischer Wirtschaftsbeziehungen seit dem späten 19. Jahrhundert hatte also nicht nur eine geografische Dimension. Sie betraf auch das wirtschaftliche Beziehungsgeflecht innerhalb der nordatlantischen Gesellschaften. Diese kapitalistische Durchdringung der Welt im Zuge imperialer Expansion wurde in den Verhandlungen und Debatten der Zwischenkriegszeit über die völkerrechtliche Regulierung des grenzüberschreitenden Geschäfts mit Rüstungsgütern infragegestellt, angefochten und behauptet.

Anhand der Waffenhandelsthematik lässt sich deshalb exemplarisch nachvollziehen, wie in Konflikten über die imperiale Expansion Handlungsmacht und Handlungsspielräume gewonnen, verfestigt oder auch erfolglos reklamiert wurden. Drei Faktoren waren dabei von zentraler Bedeutung: der Zugang und die Einbettung in nationalstaatliche und internationale Entscheidungsstrukturen, die Möglichkeit, Rüstungsindustrien zu kontrollieren und sich Zugang zu ihren Produkten zu verschaffen, sowie die Positionierung im Völkerrecht. Mit Blick auf Ersteres brachte die Neuordnung der Welt 1919 weitreichende Erweiterungen, die auf der einen Seite die Handlungsspielräume mindermächtiger Akteur*innen vergrößerte und gleichzeitig diejenigen der Großmächte einzuschränken drohte. Die Angst vor Arbeiter*innen-Aufständen am Ende des Krieges führte zu einer Einbindung der Gewerkschaften in die Strukturen des Völkerbundes. Als Mitglieder in Expert*innen-Gremien brachten sie Vorschläge zur Gestaltung des Waffenzugangs ein, die sich aus einer spezifisch sozialistischen und antikapitalistischen Agenda speisten und mit denen sich auch die mächtigen Staaten auseinandersetzen mussten – selbst gegen ihren Willen. Mindermächtige Staaten wie El Salvador nutzten internationale Konferenzen beim Völkerbund und die Generalversammlung, um der imperialen Politik der USA in Zentralamerika etwas entgegenzusetzen. Pazifistische Frauenorganisationen setzten das Wahlrecht ein, das Frauen in vielen Staaten während der ersten beiden Jahrzehnte des 20. Jahrhunderts gewonnen hatten, um sich unter Verweis auf das vorgeblich friedensorientierte Wahlverhalten ihres Geschlechts bei Regierungen und auf internationaler Ebene Gehör in abrüstungspolitischen Fragen zu verschaffen und eine nach kapitalistischen Prinzipien organisierte Rüstungsindustrie anzuprangern.

In allen Fällen war es entscheidend, in wie starkem Maße diese Akteur*innen, die ihre Handlungsspielräume nach dem Ersten Weltkrieg ausweiteten, über Allianzen in Entscheidungsstrukturen verfügten. Voraussetzung für die Bildung von Allianzen waren Überschneidungen mit den Agenden anderer Akteur*innen. Für El Salvador und die Gewerkschaften war seit 1925 Frankreich ein wichtiger Verbündeter, dessen wechselnde Regierungen aus sicherheitspolitischen Interessen ganz ähnliche Regulierungsinstrumente befürworteten und die – im Falle linker Regierungsbündnisse – die sozialistische Agenda der Gewerkschaften teilten. El Salvador sah sich darüber hinaus in einer Allianz mit anderen Staaten, die ebenfalls über keine oder nur eine begrenzte Rüstungsproduktion innerhalb der eigenen Grenzen verfügten. Die Frauenorganisationen kooperierten erfolgreich mit den *progressive republicans*, die eine ganz ähnliche antiimperialistische Politik verfolgten. Und sie profitierten davon, dass die Regierung Roosevelts zumindest in Teilen mit ihrer Kritik an privaten Rüstungsunternehmen übereinstimmte und deshalb für Forderungen nach stärkeren Kontrollen offen war.

Die Möglichkeit, Rüstungsproduktion und den Zugang zu Waffen zu kontrollieren, ließ sich unmittelbar in Handlungsmacht übersetzen. Dass die USA mit ihrer faktischen Vetomacht während der 1920er Jahre die Inkraftsetzung der beiden Waffenhandelskonventionen und zusammen mit Großbritannien völkerrechtliche Produktionskontrollen verhinderten, ist ein Beispiel dafür. Gleichzeitig brachten Frankreich und Großbritannien zu Beginn der 1920er Jahre mehrere nichtproduzierende Staaten dazu, die Waffenhandelskonvention von 1919 zu ratifizieren, indem sie unter Berufung auf eine Klausel dieses Vertrags damit drohten, keine Rüstungsexporte an nicht unterzeichnende Staaten zu genehmigen.

Während die Großmächte mit ihren Rüstungsindustrien Einfluss darauf nehmen konnten, in welche Länder Waffen gelangten, blieb den Regierungen der nichtproduzierenden Staaten nur der Weg, um Regeln zu ringen, die diese Handlungsmacht etwas eindämmten und ihren eigenen Zugang zu Waffen sicherstellten. Wie die Entwicklungen in Zentralamerika zeigten, war zumindest das erste Unterfangen erfolglos. Für die Gewerkschaften, linken Parteien und Friedensorganisationen, die sich dafür einsetzten, die Macht der privaten Rüstungsunternehmen einzuhegen, war das Ergebnis ebenfalls ernüchternd. Zwar weiteten alle Staaten ab Mitte der 1930er Jahre ihre Kontrolle der Rüstungsindustrie aus oder verstaatlichten sie sogar. Und auch nach dem Ende des Zweiten Weltkriegs befand sich nicht nur die gesamte Rüstungsindustrie des Ostblocks in staatlicher Hand, sondern auch die westlichen Regierungen hielten an staatlichen Kontrollen fest. Doch anders als erhofft, ging die Ausweitung staatlicher Kontrollen nicht mit einer Ausweitung gewerkschaftlicher Mitspracherechte bei der Rüstungsproduktion einher und schon gar nicht war ein Mehr an staatlichen Kontrollen gleichbedeutend mit einem gewachsenen Einfluss der Friedensbewegung – im Gegenteil: Sie büßte seit dem Ausbruch des Zweiten Weltkriegs massiv an gesellschaftlicher Relevanz ein.

Schließlich schuf das Völkerrecht Handlungsmöglichkeiten und -grenzen und war somit ein entscheidender Faktor bei der Verteilung von Macht. Großbritannien begründete seine weitreichenden Waffenkontrollen am Persischen Golf und Arabischen Meer mit dem Argument, dass das Vorgehen völkerrechtlichen Normen entspreche, die auf internationalen Konferenzen ausgehandelt worden waren. Französische und britische Kolonialbeamte nutzten Völkerrecht, um auch von anderen Staaten konkrete Waffenkontrollen einzufordern. Gleichzeitig aber bot Artikel 8 der Völkerbundakte auch Gewerkschaftern und Friedensaktivist*innen Handlungsspielräume, um ihre Forderung nach Verstaatlichung der Rüstungsindustrie in die Verhandlungen beim Völkerbund einzubringen. El Salvador hingegen machte die Erfahrung, dass das Scheitern der Waffenhandelskonvention von 1925 die eigenen Möglichkeiten einschränkte, dem Einfluss der USA auf dem Isthmus Grenzen zu setzen.

Die drei Faktoren – der Zugang zu Entscheidungsstrukturen, die Möglichkeit, Waffenproduktion und -zugang zu kontrollieren und Völkerrecht – hatten die Tendenz, sich wechselseitig zu verstärken. Handlungsmöglichkeiten, die durch die Kontrolle des Waffenzugangs entstanden, ermöglichten eine Ausweitung des Einflusses auf die Ausgestaltung völkerrechtlicher Normen. Gerade weil Großbritannien über eine umfassende Rüstungsindustrie verfügte, gelang es London auf zwei Konferenzen, Kontrollinstrumente in Konventionen einschreiben zu lassen, die den eigenen Interessen entsprachen. Ähnliche Effekte lassen sich bei der Einbindung in Entscheidungsstrukturen beobachten. Die USA waren aufgrund der faktischen Vetomacht der produzierenden Staaten fester Bestandteil aller Genfer Verhandlungen über den Waffenhandel, obwohl sie nicht dem Völkerbund angehörten.

Gleichzeitig lässt sich konstatieren, dass eine nur teilweise Ausweitung der Handlungsspielräume, die sich nicht auf alle drei Faktoren erstreckte, im besten Fall begrenzt wirkungsvoll blieb. El Salvador, die Gewerkschaften und die pazifistische Frauenbewegung mochten Mitspracherechte erstritten und die Einbindung in die Strukturen der neu geschaffenen internationalen Ordnung erlangt haben. Sie nutzten diese neu gewonnenen Handlungsspielräume, um ihren Anliegen Gehör zu verschaffen oder die Großmächte herauszufordern. Doch eine solche Erweiterung der Mitspracherechte leitete noch keine grundsätzliche Verschiebung der Machtverhältnisse ein. Völkerrechtliche Instrumente, die den Macht- und Wirtschaftsinteressen der Kolonialmächte entgegenkamen und gleichzeitig die Handlungsoptionen der USA nicht einschränkten, bestanden fort, wurden weiter ausgebaut und entfalteten ihre Wirkung. Auch die Verteilung der Möglichkeiten, Rüstungsproduktion und den Zugang zu Waffen zu kontrollieren, blieb während der Zwischenkriegszeit weitgehend unverändert. Somit war internationale Rüstungspolitik zu Beginn des 20. Jahrhunderts ein Politikfeld, das strukturell die Verstetigung bestehender Machtverhältnisse begünstigte. In den Auseinandersetzungen um die völkerrechtliche Kontrolle des Waffenhandels überwogen die Beharrungskräfte des imperialen Zeitalters gegenüber den politischen und gesellschaftlichen Aufbrüchen des frühen 20. Jahrhunderts.

Dank

Dieses Buch basiert auf meiner Habilitationsschrift, die im September 2023 an der Friedrich-Alexander-Universität Erlangen-Nürnberg angenommen wurde und die ich für die Veröffentlichung überarbeitet habe. Die ersten Ideen zu diesem Projekt entwickelte ich vor über zehn Jahren in Jena. Mein Dank gilt Norbert Frei, der mein Vorhaben von Anfang gefördert und sich stets dafür eingesetzt hat, dass die Bedingungen für ein gutes Gelingen vorhanden waren. Ebenso danke ich Simone Derix, dass ich das Manuskript in Erlangen abschließen und als Habilitationsschrift einreichen konnte. Es ist von unschätzbarem Wert, in einem Habilitationsverfahren eine Person mit inhaltlicher Expertise und Umsicht an seiner Seite zu wissen. Neben ihr begleiteten diesen Prozess Jan Eckel und Christoph Safferling als Mitglieder des Habilitations-Mentorats. Die Anregungen der Mentor*innen waren sowohl für das Projekt selbst als auch für meinen Karriereweg im Allgemeinen äußerst hilfreich. Dieses Buch profitierte außerdem von den fundierten Gutachten, die Mary Nolan und Markus Payk erstellt haben. Ich möchte an dieser Stelle auch die Gutachter*innen würdigen, deren Namen ich nie erfahren werde, deren Stellungnahmen aber für dieses Projekt und darüber hinaus für den Wissenschaftsbetrieb von unersetzlichem Wert sind.

Mein Forschungsprojekt zur völkerrechtlichen Regulierung des Waffenhandels und die Veröffentlichung der Ergebnisse wurden ermöglicht durch die großzügige Förderung der Fritz Thyssen Stiftung, die mir Mittel für eine eigene Stelle und für Forschungsreisen sowie einen Druckkostenzuschuss bewilligte. Ganz besonderer Dank gilt dabei Frank Suder und Thomas Suermann, die dieses Projekt stets mit großem Interesse begleitet haben. Das Deutsche Historische Institut in London gewährte mir ein Stipendium, die Schwester-Institution in Paris stellte mir ein Zimmer während meiner Recherchen in den Archives diplomatiques zur Verfügung. Der Verein zur Förderung der Geschichtswissenschaft an der Friedrich-Alexander-Universität Erlangen-Nürnberg förderte diesen Aufenthalt, wofür ich insbesondere dem Vorsitzenden Klaus Dyroff danke, der mich zur Antragstellung ermutigte. Eckart Conze, Julia Angster, Simone Derix, Marc Frey, Kiran Klaus Patel und Johannes Paulmann danke ich für die Aufnahme des vorliegenden Bandes in die Schriftenreihe Studien zur Internationalen Geschichte.

Der Austausch mit Kolleg*innen und ihr Feedback haben mir dabei geholfen, meine Projektideen und Argumente zu entwickeln und den Text besser zu machen. Besonders erwähnen möchte ich Leon Biela, Roman Birke, Jacob Eder, Julia Eichenberg, Moritz Florin, Tim Schanetzky und Annette Weinke. Sie haben einzelne Kapitel gelesen, kommentiert und wertvolle inhaltliche Hinweise gegeben. Im Laufe der Arbeiten an diesem Projekt ergaben sich zahlreiche Kooperationsmöglichkeiten

https://doi.org/10.1515/9783111571638-008

mit Kolleg*innen, die ich nicht missen möchte. Die Zusammenarbeit mit den Mitgliedern des Arbeitskreises Menschenrechte im 20. Jahrhundert, des Netzwerks Markt und Moral, das auf die Initiative von Benjamin Möckel und Jürgen Finger zustande kam, und mit Julia Eichenberg, Jan Hansen und Daniel Marc Segesser vom Sprecher*innen-Team des Arbeitskreises Historische Friedens- und Konfliktforschung (AKHF) hat ihre deutlichen Spuren im vorliegenden Band hinterlassen – genauso wie die gemeinsame Entwicklung eines Themenhefts zur Waffenkontrolle mit Felix Brahm.

Als Visiting Fellow am Graduate Institute Geneva und am Institute for European, Russian, and Eurasian Studies (IERES) der George Washington University profitierte ich von den Gesprächen mit Kolleg*innen vor Ort sowie von den institutionellen Rahmenbedingungen. Darüber hinaus diskutierte ich mein Projekt mit den Teilnehmer*innen des globalgeschichtlichen Kolloquiums der Universität Erfurt (Iris Schröder), des Forschungskolloquiums Neuere Geschichte der Universität zu Köln (Ralph Jessen, Habbo Knoch und Hans-Peter Ullmann), des Forschungskolloquiums der Neueren und Neuesten Geschichte der Universität Göttingen (Dirk Schumann und Petra Terhoeven), des Zeitgeschichtlichen Kolloquiums der Universität Jena (Norbert Frei, Jörg Ganzenmüller, Anke John, Volkhard Knigge, Joachim von Puttkamer, Tim Schanetzky, Franziska Schedewie und Annette Weinke), des Forschungskolloquiums zur Vergleichs- und Verflechtungsgeschichte der Freien Universität Berlin (Arnd Bauerkämper), des Oberseminars Neueste Geschichte der Universität Freiburg (Ulrich Herbert), des Oberseminars Neue Forschungen zur Zeitgeschichte der Universität Tübingen (Jan Eckel), des globalgeschichtlichen Oberseminars der Universität Erlangen-Nürnberg (Simone Derix und Julia Obertreis), des Wissenschaftlichen Halbjahresgesprächs am Lehrstuhl Neuere und Neueste Geschichte Jena, der Ringvorlesung des Centre for Human Rights der Universität Erlangen-Nürnberg, eines vom AKHF organisierten Projekt-Workshops und des Forschungsverbund-Workshops Deutungskämpfe im Übergang. Für all diese Gelegenheiten zum Austausch und für die dort erhaltenen Anregungen bin ich dankbar.

Dankworte in wissenschaftlichen Studien deuten oft an, wie stark der akademische Alltag in das private Leben der Forschenden eingreift und es einschränkt. Es ist nicht einfach, den Logiken und Zwängen etwas entgegenzusetzen, die sich einerseits aus den Notwendigkeiten des Forschungsprozesses, andererseits aus prekären Karriereaussichten ergeben. Häufig wird vorausgesetzt und mitunter explizit kommuniziert, dass vom wissenschaftlichen Personal der Universitäten deutlich mehr zu erwarten sei, als der Arbeitsvertrag rechtlich festhalte. Ich bin Clara, Jasmin, Theo und Anna sehr dankbar, dass sie sich gegen die Übergriffigkeit des Wissenschaftssystems zur Wehr gesetzt haben. So konnten wir zusammen einen Raum schaffen, der für die akademische Welt – so spannend sie auch ist – unzugänglich ist und bleiben muss.

Jena, im Juli 2024

Quellen und Literatur

Archive

Archives diplomatiques, Minstère des Affaires Ètrangéres (Paris)
Correspondance Politique et Commerciale, 1914 – 1940 – Afrique
Société des Nations

Hull History Center (Hull)
Records of the Union of Democratic Control (1914 – 1966)

League of Nations Archives (Genf)
Assembly
Brochures and Pamphletes: Peace Movements
Council: Minutes
Disarmament
Secretariat: High Directorate, Staff

National Archives and Records Administration (Washington)
RG 59: General Records of the Department of States
RG 256: Records of the American Commission to Negotiate Peace
RG 469: Records of the US Foreign Assistance

Politisches Archiv des Auswärtigen Amts (Berlin)
RZ 206: Länderabteilung
RZ 403: Völkerrecht

Swarthmore College Peace Collection (Swarthmore)
DG 43: Women's International League for Peace and Freedom
DG 86: Dorothy Detzer

The National Archives (London)
CAB: Cabinet Papers
DEFE: Defence
FO 371: Correspondence FO
FO 608: Peace Conference, British Delegation
T 181: Royal Commission

United Nations Archives and Records Management Section New York

Digitalisierte Archive

CIA, FOIA Collection
www.cia.gov/readingroom.

Congressional Quarterly, CQ Almanac, Washington, DC
http://library.cqpress.com/cqalmanac.

https://doi.org/10.1515/9783111571638-009

Foreign Relations of the United States Diplomatic Papers (FRUS)
https://history.state.gov/historicaldocuments.
The Lansing Papers, 1914-1920, Vol. II
The Paris Peace Conference 1919, Vol. I und II
1922, Vol. I
1924, Vol. II
1925, Vol. I
1928, Vol. I
1932, General, Vol. I
1934, General, the British Commonwealth, Vol. I
1935, General, The Near East and Africa, Vol. I
1950, The Near East, South Asia, and Africa, Vol. V

United Nations Library & Archives Geneva
https://archives.ungeneva.org/printed-documents-league-of-nations
Sub-Fonds - League of Nations Official Documents

UK Parliament Hansard, House of Commons
https://hansard.parliament.uk/commons.

Qatar Digital Library
https://www.qdl.qa/en.
India Office Records

Yale University Library
https://archives.yale.edu/repositories/12/resources/4556
Digital Collections, MS 466, Edward Mandell House Papers

Verhandlungen des Reichstags
https://www.reichstagsprotokolle.de.

Gedruckte Quellensammlungen

Baker, Ray Stannard: Woodrow Wilson and World Settlement. Written from His Unpublished and Personal Material, Volume I – III. New York 1923.
Baker, Ray Stannard: Woodrow Wilson. Life and Letters. Vol. V: Neutrality, 1914 – 1915. New York 1935.
Link, Arthur Stanley (Hg.): The Papers of Woodrow Wilson, Vol. 29, 31, 36. Princeton 1979 – 1981.
Miller, David Hunter: The Drafting of the Covenant, Vol. I – IV. New York/London 1928.
Miller, David Hunter: My Diary. At the Conference of Paris. With Documents, Vol. II. New York 1924.
Seymour, Charles: The Intimate Papers of Colonel House. Vol. I: Behind the Political Curtain, 1912 – 1915. Boston/New York 1926.
Seymour, Charles: The Intimate Papers of Colonel House. Vol. IV: The Ending of the War. Boston/New York 1928.

Literatur

Accinelli, Robert D.: Militant Internationalists. The League of Nations Association, the Peace Movement, and U.S. Foreign Policy, 1934–38, in: Diplomatic History 4:1 (1980), S. 19–38.

Adams, Ralph James: Arms and the Wizard. Lloyd George and the Ministry of Munitions, 1915–1916. London 1978.

Aderinto, Saheed: Guns and Society in Colonial Nigeria. Firearms, Culture, and Public Order. Bloomington 2018.

Adler, Selig: The Isolationist Impulse. New York 1957.

Ahmann, Rolf/Birke, Adolf M./Howard, Michael (Hg.): The Quest for Stability: Problems of West European Security, 1918–1957. Oxford 1993.

Aires Oliveira, Pedro: Portugal's Empire in the Wake of WWI: Coping with the Challenges of Pan-Africanism and the League of Nations, in: e-Journal of Portuguese History 15:1 (2017), S. 129–152.

Akami, Tomokoa: Beyond the Formula of the Age of Reason: Experts, Social Sciences; and the Phonic Public in International Politics, in: Haakon Ikonomou, Karen Gram-Skjoldager (Hg.): The League of Nations. Perspectives from the Present. Aarhus 2019, S. 161–171.

Akhund, Nadine: The Two Carnegie Reports. From the Balkan Expedition of 1913 to the Albanian Trip of 1921. A Comparative Approach, in: Balkanologie 14 (2012), S. 1–17.

Albrecht, Ulrich: Der Handel mit Waffen. München 1971.

Alexander, Martin S.: The Republic in Danger. General Maurice Gamelin and the Politics of French Defence, 1933–1940. Cambridge 1992.

Alexander, Martin S.: A bas les marchands de canons! Efforts to Control the Private Manufacture and Trade in Arms in France during the 1930s, in: Maurice Vaïsse (Hg.): Le pacifisme en Europe des années 1920 aux années 1950. Bruxelles 1993, S. 285–300.

Allard, Paul: La vérité sur les marchands de canons. Paris 1935.

Alvandi, Roham: Nixon, Kissinger, and the Shah. The Origins of Iranian Primacy in the Persian Gulf, in: Diplomatic History 36:2 (2012), S. 337–372.

Amanat, Abbas: Iran. A Modern History. New Haven/London 2017.

Ambrosius, Lloyd E.: Woodrow Wilson and American Internationalism. Cambridge 2017.

Anderson, David G.: British Rearmament and the „Merchants of Death". The 1935–1936 Royal Commission on the Manufacture of and Trade in Armaments, in: Journal of Contemporary History 29:1 (1994), S. 5–37.

Anghie, Anthony: Imperialism, Sovereignity and the Making of International Law. Cambridge 2004.

Arévalo-Rengifo, José Miguel: El Salvadoreño que transcendió las fronteras. Dr. José Gustavo Guerrero. San Salvador 2010.

Asada, Sadao: From Mahan to Pearl Harbor. The Imperial Japanese Navy and the United States. Annapolis 2006.

Ashworth, Lucian M.: Women of the Twenty Year's Crisis. The Women's International League for Peace and Freedom and the Problem of Collective Security, in: Patricia Owens, Katharina Rietzler (Hg.): Women's International Thought. A New History. Cambridge 2021, S. 136–157.

Atwater, Elton: British Control Over the Export of War Materials, in: The American Journal of International Law 33:2 (1939), S. 292–317.

Atwater, Elton: American Regulation of Arms Exports. Washington DC 1941.

Avendaño Rojas, Xiomara: Al lado o enfrente del Imperio. La diplomacia de Nicaragua, México y El Salvador ante el Tratado Bryan-Chamorro, in: Estudios Centroamericanos 713–714 (2008), S. 153–164.

Azarmandi, Mahdis: The Racial Silence within Peace Studies, in: Peace Review 30:1 (2018), S. 69 – 77.
Azarmandi, Mahdis: Freedom from Discrimination. On the Coloniality of Positive Peace, in: Katerina Standish, Heather Devere, Adan Suazo, Rachel Rafferty (Hg.): The Palgrave Handbook of Positive Peace. Basingstoke 2021, S. 1 – 11.
Baack, Ben/Ray, Edward: The Political Economy of the Origins of the Military-Industrial Complex in the United States, in: The Journal of Economic History 45:2 (1985), S. 369 – 375.
Bader-Zaar, Birgitta: Das Frauenwahlrecht als Menschenrecht? Politische Rechte im Kontext der Diskurse über Geschlechterdifferenz und universelle Gleichheitsansprüche, in: Roman Birke, Carola Sachse (Hg.): Menschenrechte und Geschlecht im 20. Jahrhundert. Historische Studien. Göttingen 2018, S. 23 – 45.
Badwen, John R.: Cutting Off the Dictator. The United States Arms Embargo of the Pinochet Regime, 1974 – 1988, in: Journal of Latin American Studies 45:3 (2013), S. 513 – 543.
Ball, Simon; Britain and the Decline of the International Control of Small Arms in the Twentieth Century, in: Journal of Contemporary History 47:4 (2012), S. 812 – 837.
Ball, Simon: The Battle of Dubai. Firearms on Britain's Arabian Frontier, 1906 – 1915, in: Karen Jones, Giacomo Macola, David Welch (Hg.): A Cultural History of Firearms in the Age of Empire. London 2013, S. 165 – 190.
Bandeira Galindo, George Rodrigo: Martti Koskenniemi and the Historiographical Turn in International Law, in: The European Journal of International Law 16 (2005), S. 539 – 559.
Bandeira Jerónimo, Miguel/Monteiro, José Pedro (Hg.): Internationalism, Imperialism and the Formation of the Contemporary World. The Pasts of the Present. Basingstoke 2018.
Bangash, Salman: The Tribal Belt and the Defence of British India. The North-West Frontier during World War I, in: Roger D. Long, Ian Talbot (Hg.): India and World War I. A Centennial Assessment. London 2018, S. 100 – 120.
Bank, Steven A./Stark, Kirk J./Thorndike, Joseph J.: War and Taxes. Washington 2008.
Barber, John/Harrison, Mark: The Soviet Defence-Industry Complex from Stalin to Khrushchev. Basingstoke 2000.
Barbezat, Daniel: Cooperation and Rivalry in the International Steel Cartel, 1926 – 1933, in: The Journal of Economic History 49 (1989), S. 435 – 447.
Barjot, Dominique (Hg.): International Cartels Revisited (1880 – 1980). Relating to the History of Business, Development, and International Economic Order. Caen 1993.
Barjot, Dominique: Introduction, in: Dominique Barjot (Hg.): International Cartels Revisited (1880 – 1980). Relating to the History of Business, Development, and International Economic Order. Caen 1993, S. 39 – 70.
Barlas, D. Lek/Güvenç, Serhat: To Build a Navy with the Help of Adversary: Italian-Turkish Naval Arms Trade, 1929 – 32, in: Middle Eastern Studies 38:4 (2002), S. 143 – 169.
Barros, Andrew: Disarmament as a Weapon. Anglo-French Relations and the Problems of Enforcing German Disarmament, 1919 – 28, in: Journal of Strategic Studies 29:2 (2006), S. 301 – 321.
Barros, James: Office without Power: Secretary-General Sir Eric Drummond, 1919 – 1933. Oxford 1979.
Barton, Mary S.: Counterterrorism between the Wars. An International History, 1919 – 1937. Oxford 2020.
Bastable, Marshall J.: Sir William Armstrong and the Remaking of British Naval Power, 1854 – 1914. Aldershot 2004.
Beachey, R.W.: The Arms Trade in East Africa in the Late Nineteenth Century, in: The Journal of African History 3:3 (1962), S. 451 – 467.

Beaud, Claude: De l'expansion internationale a la multinationale Schneider en Russie (1896 – 1914), in: Histoire Economie et Societe 4 (1985), S. 575 – 620.

Beaumont, Caitríona: Women's Organisations, Active Citizenship, and the Peace Movement: New Perspectives on Female Activism in Britain, 1918 – 1939, in: Diplomacy & Statecraft 31:4 (2020), S. 697 – 721.

Beaver, Daniel R.: The Problem of American Military Supply, 1890 – 1920, in: Benjamin Franklin Cooling (Hg.): War, Business, and American Society. Historical Perspectives on the Military-Industrial Complex. New York 1977, S. 73 – 92.

Becker Lorca, Arnulf: Mestizo International Law. A Global Intellectual History 1842 – 1933. Cambridge 2014.

Beers, Laura: Advocating for a Feminist Internationalism between the Wars, in: Glenda Sluga, Carolyn James (Hg.): Women, Diplomacy and International Politics since 1500. London 2016, S. 202 – 221.

Bell, Christopher M.: The Royal Navy, Seapower and Strategy Between the Wars. London 2000.

Bell, Duncan: Reordering the World: Essays on Liberalism and Empire. Princeton 2016.

Bennett, Edward Wells: German Rearmament and the West, 1932 – 1933. Princeton 1979.

Bentivoglio, Guilia: The Empire Under Attack. Anglo-Soviet Relations and Bolshevik Infiltration in India in the Early 1920s, in: Valentine Lomellini (Hg.): The Rise of Bolshevism and its Impact on the Interwar International Order. Security, Conflict and Cooperation in the Contemporary World. Cham 2020, S. 93 – 111.

Benton, Lauren/Ford, Lisa: Rage for Order. The British Empire and the Origins of International Law, 1800 – 1850. Cambridge, Mass. 2016.

Benz, Wolfgang: Der „Fall Muehlon". Bürgerliche Opposition im Obrigkeitsstaat während des Ersten Weltkriegs, in: Vierteljahrshefte für Zeitgeschichte 18:4 (1970), S. 343 – 365.

Berdine, Michael D.: Redrawing the Middle East. Sir Mark Sykes, Imperialism and the Sykes-Picot Agreement. London/New York 2018.

Berg, Heléne/Dahlberg, Matz/Vernby, Kåre: Post-WWI Military Disarmament and Interwar Fascism in Sweden, in: Historical Methods. A Journal of Quantitative and Interdisciplinary History 52:1 (2018), S. 37 – 56.

Berger, Stefan: William Harbutt Dawson: The Career and Politics of an Historian of Germany, in: The English Historical Review 116 (2001), S. 76 – 113.

Berghahn, Volker: Der Tirpitz-Plan. Genesis und Verfall einer innenpolitischen Krisenstrategie unter Wilhelm II. Düsseldorf 1971.

Berghahn, Volker: Rüstung und Machtpolitik. Zur Anatomie des „Kalten Krieges" vor 1914. Düsseldorf 1973.

Berghahn, Volker: Militarism. The History of an International Debate, 1861 – 1979. Leamington 1981.

Berghahn, Volker/Deist, Wilhelm (Hg.): Rüstung im Zeichen der wilhelminischen Weltpolitik. Grundlegende Dokumente 1890 – 1914. Düsseldorf 1988.

Bergien, Rüdiger: Die bellizistische Republik. Wehrkonsens und „Wehrhaftmachung" in Deutschland 1918 – 1933. München 2012.

Bermann, Nathaniel: Passions et ambivalences. Le colonialisme, le nationalisme et le droit international. Paris 2008.

Biela, Leon Julius: Disarming the Periphery. Inter-War Arms Control, British Imperialism and the Persian Gulf, in: Journal of Modern European History 19:4 (2021), S. 469 – 488.

Biela, Leon Julius: Contesting Imperialism in Geneva. Interwar Arms-Traffic Conferences and the Anglo-Iranian Confrontation, in: Leon Julius Biela, Anna Bundt (Hg.): Interwar Crossroads.

Entangled Histories of the Middle Eastern and North Atlantic World between the World Wars. Würzburg 2023, S. 121 – 152.

Bigant, Auguste: La Nationalisation et le contrôle des usines de guerre. Paris 1939.

Birn, Donald S.: The League of Nations Union, 1918 – 1945. London 1981.

Blichner, Lars/Molander, Anders: Mapping Juridification, in: European Law Journal 14 (2008), S. 36 – 54.

Blower, Brooke L.: From Isolationism to Neutrality. A New Framework for Understanding American Political Culture, 1919 – 1941, in: Diplomatic History 38:2 (2014), S. 345 – 376.

Boelcke, Willi (Hg.): Krupp und die Hohenzollern. Aus der Korrespondenz der Familie Krupp 1850 – 1916. Berlin 1956.

Boelcke, Willi (Hg.): Krupp und die Hohenzollern. Krupp-Korrespondenz mit Kaisern, Kabinettschefs und Ministern 1850 – 1918. Frankfurt a. M. 1970.

Böhm, Martin: Die Royal Air Force und der Luftkrieg 1922 – 1945. Personelle, kognitive und konzeptionelle Kontinuitäten und Entwicklungen. Paderborn 2015.

Böhme, Klaus-Richard: Deutsch-schwedische Militärbeziehungen 1918 – 1932, in: Helmut Müssener (Hg.): Nicht nur Strindberg. Kulturelle und literarische Beziehungen zwischen Schweden und Deutschland 1870 – 1933. Stockholm 1979, S. 160 – 172.

Boisdron, Matthieu: Joseph Paul-Boncour à Genève: une pratique de internationalisme, in: Mondes 19 (2021), S. 139 – 160.

Boldt, Werner: Carl von Ossietzky (1889 – 1938). Pazifist und Demokrat, KZ-Häftling und Friedensnobelpreisträger. Bremen 2019.

Bongiorno, Joseph: Fascist Italy and the Disarmament Question, 1928 – 1934. New York/London 1991.

Boothby, Derek: The United Nations and Disarmament. International Relations Studies and the United Nations Occassional Papers 2002, No. 1.

Borowy, Iris: Coming to Terms with World Health. The League of Nations Health Organisation 1921 – 1946. Frankfurt a. M. 2009.

Bösch, Frank: Krupps „Kornwalzer“. Formen und Wahrnehmungen von Korruption im Kaiserreich, in: Historische Zeitschrift 281 (2005), S. 337 – 379.

Bourmaud, Philippe/Neveu, Norig/Verdeil, Chantal (Hg.): Experts et expertise dans les mandats de la Société des Nations. Figures, champs, outils. Paris 2020.

Braatz, Werner E.: Junkers Flugzeugwerke A.G. in Anatolia, 1925 – 1926: An Aspect of German-Turkish Economic Relations, in: Zeitschrift für Firmengeschichte und Unternehmerbiographie 19 (1974), S. 28 – 41.

Braatz, Werner E.: Junkers Flugzeugwerke A.G. in Anatolia, 1925 – 1926: An Aspect of German-Turkish Economic Relations, Part II, in: Zeitschrift für Firmengeschichte und Unternehmerbiographie 20 (1975), S. 24 – 41.

Bradley, Joseph: Tuns for the Tsar. American Technology and the Small Arms Industry in Nineteenth-Century Russia. DeKalb 1990.

Brahm, Felix/Stahl, Daniel: Arms Regimes Across the Empires, in: Journal of Modern European History 19:4 (2021), S. 411 – 415.

Brahm, Felix: Banning the Sale of Modern Firearms in Africa. On the Origins of the Brussels Conference Act of 1890, in Journal of Modern European History 19:4 (2021), S. 436 – 447.

Brahm, Felix: East Africa and the Post-War Question of Global Arms Control, in: Katrin Bromber, Katharina Lange, Heike Liebau, Anorthe Wetzel (Hg.): The Long End of the First World War. Ruptures, Continuities and Memories. Frankfurt a. M./New York 2018, S. 85 – 107.

Brahm, Felix: Merchandise of Power. Der Waffenhandel zwischen Europa und Ostafrika (1850 – 1919). Frankfurt a. M./New York 2022.

Brailsford, Henry Noel: Der Ursprung des großen Krieges. Zürich 1915.
Brailsford, Henry Noel: The War of Steel and Gold. London 1915.
Brockway, Fenner: The Devil's Business. London 1915.
Brockway, Fenner: The Bloody Traffic. London 1933.
Brockway, Fenner: The International Trade in Armaments prior to World War II. New York 1972.
Bromley, Mark/Cooper, Neil/Holtom, Paul: The UN Arms Trade Treaty: Arms Export Controls, the Human Security Agenda and the Lessons of History, in: International Affairs 88 (2012), 1029–1948.
Brown, Judith M.: Modern India. The Origins of an Asian Democracy. Oxford 1994.
Brownlee, W. Elliot: Wilson's Reform of Economic Structure: Progressive Liberalism and the Corporation, in: John Milton Cooper Jr. (Hg.): Reconsidering Woodrow Wilson. Progressivism, Internationalism, War, and Peace. Baltimore 2008, S. 57–89.
Brzoska, Michael/Ohlson, Thomas: Arms Transfers to the Third World, 1971–85. Oxford/New York 1987.
Buckley, Thomas: The United States and the Washington Conference. Knoxville 1970.
Budraß, Lutz: Flugzeugindustrie und Luftrüstung in Deutschland 1918–1945. Düsseldorf 1998.
Bulgakowa, Oksana: Wer hat Angst vor …? – Phobien in amerikanischen und sowjetischen Filmen der 1950er Jahre, in: Bernd Greiner, Christian Th. Müller, Dierk Walter (Hg.): Angst im Kalten Krieg. Hamburg 2009, S. 347–374.
Burchardt, Lothar: Zwischen Kriegsgewinn und Kriegskosten. Krupp im Ersten Weltkrieg, in: Zeitschrift für Unternehmensgeschichte 32 (1987), S. 71–122.
Cain, Frank M.: Exporting the Cold War. British Responses to the USA's Establishment of COCOM, 1947–51, in: Journal of Contemporary History 29 (1994), S. 501–522.
Cain, P.J./Hopkins, Anthony: British Imperialism 1688–2015, Third Edition. London 1993.
Callaghan, John: The Labour Party and Foreing Policy. A History. Abingdon/New York 2007.
Canas Mendes, Nuno: The Treaty of Versailles, the League of Nations and Portuguese Overseas Policy, in: Portugues Journal of Social Science 16:2 (2017), S. 195–208.
Cannon, Charles A.: The Military-Industrial Complex in American Politics, 1953–1970. Stanford 1974.
Capozzola, Christopher: The United States Empire, in: Robert Gerwarth, Erez Manela (Hg.): Empires at War, 1911–1923. Oxford 2014, S. 235–253.
Carr, Edward H.: The Twenty Years Crisis, 1919–1939. New York 1939.
Casey, Steven: Cautious Crusade. Franklin D. Roosevelt, American Public Opinion, and the War Against Nazi Germany. Oxford 2001.
Cashman, Sean Dennis: American Ascendant. From Theodore Roosevelt to FDR in the Century of American Power, 1901–1945. New York/London 1998.
Castellan, Georges: Reichswehr et Armée Roige 1920–1939, in: Jean-Baptiste Duroselle (Hg.): Les relations germano-soviétiques de 1933 a 1939. Paris 1954, S. 137–271.
Ceadel, Martin: Pacifism in Britain, 1914–1945. The Defining of a Faith. Oxford 1980.
Cecil, Robert: A League of Nations. Birmingham 1918.
Chambers, John Whiteclay: The Egale and the Dove. The American Peace Movement and United States Foreign Policy, 1900–1922. New York 1991.
Chan, Anthony B.: Arming the Chinese. The Western Armaments Trade in Warlord China, 1920–1928. Vancouver 1982.
Chew, Emrys: Arming the Periphery. The Arms Trade in the Indian Ocean during the Age of Global Empire. Basingstoke 2012.

Chickering, Roger: Imperial Germany and a World without War: The Peace Movement and German Society, 1892 – 1914. Princeton 1975.

Child, Clifton: German-American Attempts to Prevent the Exportation of Munitions of War, 1914 – 1915, in: The Mississippi Valley Historical Review 25:3 (1938), S. 351 – 368.

Clarke, Jeffrey J.: The Nationalization of War Industries in France, 1936 – 1937: A Case Study, in: The Journal of Modern History 49:3 (1977), S. 411 – 430.

Clarke, Jeffrey J.: Land Armament in France: The Tradition of „Etatism", in: Benjamin Franklin Cooling (Hg.): War Business and World Military-Industrial Complexes. Washington/London 1981, S. 33 – 50.

Clavin, Patricia/Wessels, Jens-Wilhelm: Transnationalism and the League of Nations: Understanding the Work of Its Economic and Financial Organisation, in: Contemporary European History 14:4 (2005), S. 465 – 492.

Clavin, Patricia: Securing the World Economy: The Reinvention of the League of Nations, 1920 – 1946. Oxford 2013.

Cloet, Quincy: „A fuller knowledge of the facts". The League of Nation's Endeavours to Produce International Expertise, in: Haakon Ikonomou, Karen Gram-Skjoldager (Hg.): The League of Nations. Perspectives from the Present. Aarhus 2019, S. 150 – 160.

Coates, Benjamin Allen: Legalist Empire. International Law and American Foreign Relations in the Early Twentieth Century. Oxford 2016.

Cohrs, Patrick O.: The New Atlantic Order. The Transformation of International Politics, 1860 – 1933. Cambridge 2022.

Cohrs, Patrick O.: The Unfinished Peace after World War I. America, Britain and the Stabilisation of Europe, 1919 – 1932. Cambridge 2006.

Cole, Wayne S.: Senator Gerald P. Nye and American Foreign Relations. University of Minnesota Press 1962.

Cole, Wayne: Roosevelt and the Isolationists, 1932 – 1941. Lincoln 1983.

Colin, Cross: Philip Snowden. London 1966.

Collier, Basil: Arms and the Men. The Arms Trade and Governments. London 1980.

Condit, Doris M.: The Test of War, 1950 – 1953. History of the Office of the Secretary of Defense, Vol. II. Washington 1988.

Cooling, Benjamin Franklin: Gray Steel and Blue Water. The Formative Years of America's Military-Industrial-Complex, 1881 – 1917. Hamden 1979.

Cooper Jr., John Milton (Hg.): Reconsidering Woodrow Wilson. Progressivism, Internationalism, War, and Peace. Baltimore 2008.

Cooper, Neil: Putting Disarmament Back in the Frame, in: Review of International Studies 32 (2006), S. 353 – 376.

Cooper, Neil: Race, Sovereignty, and Free Trade. Arms Trade Regulations and Humanitarian Arms Control in the Age of Empire, in: Journal of Global Security Studies 3:4 (2018), S. 444 – 462.

Cooper, Orah/Fogarty, Carol: Soviet Economic and Military Aid to the Less Developed Countries, 1954 – 78, in: Economics and Political Economics 21 (1985), S. 54 – 73.

Cortright, David: Peace. A History of Movements and Ideas. Cambridge 2008.

Coulter, Matthew Ware: FDR and the Nye Committee. A Reassessment, in: Thomas P. Wolf, William D. Pederson, Byron W. Daynes (Hg.): Franklin D. Roosevelt and Congress. The New Deal and Its Aftermath. New York/London 2001, S. 26 – 37.

Coulter, Matthew Ware: The Senate Munitions Inquiry of the 1930s. Beyond the Merchants of Death. Westport 1997.

Crafford, F.S.: Jan Smuts. A Biography. New York 1968.
Craven, Matthew/Fitzmaurice, Malgosia/Vogiatzi, Maria (Hg.): Time, History and International Law. Leiden/Boston 2007.
Crews, Robert: Trafficking in Evil? The Global Arms Trade and the Politics of Disorder, in: James Gelvin, Nile Green (Hg.): Global Islam in the Age of Steam and Print, 1850–1930. Oakland 2014, S. 121–142.
Cronon, David E. (Hg.): The Cabinet Diaries of Josephus Daniels, 1913–1921. Lincoln 1963.
Crosby, Gerda Richards: Disarmament and Peace in British Politics, 1914–1919. Cambridge, Mass. 1957.
Crouzet, Francois: Recherches sur la production d'armaments en France (1815–1913), in: Revue historique 509 (1974), S. 45–84.
Crouzet, Francois: Remarques sur l'industrie des armements en France du milieu du XIXe siècle à 1914, in: Revue historique 251 (1974), S. 409–422.
Crouzet, Guillemette: The Persian Gulf in Global Perspective. British Informal Empire and the Challenge of Arms Trafficking (c. 1870–1914), in: Journal of Levantine Studies 10:1: Middle East in Global History (2020), S. 69–89.
Cruz, Juan Daniel: Colonial Power and Decolonial Peace, in: Peacebuilding 9:3 (2021), S. 274–288.
Cuff, Robert D.: Woodrow Wilson and Business-Government Relations During World War I, in: The Review of Politics 31:3 (1969), S. 385–407.
Curry, George: Woodrow Wilson, Jan Smuts, and the Versailles Settlement, in: The American Historical Review 66:4 (1961), S. 968–986.
Czarny, Ryszard M.: Sweden. From Neutrality to International Solidarity. Cham 2018.
Da Silva, Gérard: Léon Jouhaux: Une vie de combat pour le syndicalisme libre et indépendant. Paris 2014.
Daley, Caroline/Nolan, Melanie (Hg.): Suffrage and Beyond. International Feminist Perspectives. New York 1994.
Daniels, Josephus: The Wilson Era. Years of Peace – 1910–1917. Chapel Hill 1944.
Daunton, M.J.: How to Pay for the War. State, Society and Taxation in Britain, 1917–24, in: The English Historical Review 111 (1996), S. 882–919.
Davenport-Hines, R.P.T.: Vickers' Balkan Conscience: Aspects of Anglo-Romanian Armaments 1918–39, in: Business History 25:3 (1983), S. 287–319.
Dawley, Alan: Changing the World. American Progressives in War and Revolution. Princeton 2003.
Dawson, William Harbutt: What is Wrong with Germany? London/New York/Bombay/Calcutta/Madras 1915.
De Gaulle, Charles: Mobilisation économique l'étranger, in: Revue militaire française 151 (1934), S. 62–88.
Deist, Wilhelm: Die Aufrüstung der Wehrmacht, in: Wilhelm Deist, Manfred Messerschmidt, Hans-Erich Volkmann, Wolfram Wette (Hg.): Das Deutsche Reich und der Zweite Weltkrieg, Bd. 1: Ursachen und Voraussetzungen der deutschen Kriegspolitik. Stuttgart 1979, S. 371–532.
Delaisi, Francis: Le patriotisme des plaques blindées, l'affaire Poutiloff. Paris 1913.
DeLay, Brian: How Not to Arm a State. American Guns and the Crisis of Governance in Mexico, Nineteenth and Twenty-First Centuries, in: Southern California Quarterly 95:1 (2013), S. 5–23.
Department of Commerce/Bureau of the Census (Hg.): Census of Manufactures: 1925. Washington 1927.
Department of State (Hg.): The International Traffic in Arms. Laws and Regulations Administered by the Secretary of State Governing the International Traffic in Arms, Ammunition, and Implements of War and other Munitions of War. Fourth Edition. Washington 1937.

Deras, Roberto: La Liga Anti Imperialista de San Salvador Frente a la Intervención Norteamericana en Nicaragua (1926–1927). Tesis preparada para la Facultad de Postgrados, El Salvador, Mayo 2013.

Deras, Roberto: Una Mirada al antiimperialismo latinoamericano desde la invasión norteamericana en Nicaragua y la fundación de la Liga Anti-imperilaiste de San Salvador (1926–1927), in: Revista Realidad 136 (2013), 281–328.

Detzer, Dorothy: Appointment on the Hill. New York 1948.

Disorders Inquiry Committee 1919–1920: Report. Calcutta 1920.

Doenecke, Justus: American Isolationism, 1939–1941, in: Journal of Libertarian Studies 6 (1982), S. 207–215.

Doenecke, Justus: Anti-Intervention. A Bibliographical Introduction to Isolationism and Pacifism from World War I to the Early Cold War. New York 1987.

Dogliani, Patrizia: The Fate of Socialist Internationalism, in: Glenda Sluga, Patricia Clavin (Hg.): Internationalisms. A Twentieth-Century History. Cambridge 2016, S. 38–60.

Domínguez Benito, Héctor: Cimientos inestables. Los juristas latinoamericanos y el debate sobre la codificación del Derecho Internacional en 1930, in: Fabián Herrera León, Yannick Wehrli (Hg.): América Latina y el internacionalismo Ginebrino de entreguerras. Implicaciones y resonancias. México 2019, S. 129–157.

Donaldson, Megan: The League of Nations, Ethiopia, and the Making of States, in: Humanity 11:1 (2020), S. 6–31.

Doukas, Kimon A.: Armaments and the French Experiment, in: The American Political Science Review 33:2 (1939), S. 279–291.

Dreyfus, François-Georges: Le pacifisme en France, 1930–1940, in: Maurice Vaïsse (Hg.): Le pacifisme en Europe des années 1920 aux années 1950. Bruxelles 1993, S. 137–144.

Drinot, Paulo/Knight, Alan (Hg.): The Great Depression in Latin America. Durham 2014.

Dülffer, Jost: Weimar, Hitler und die Marine. Reichspolitik und Flottenbau 1920–1939. Düsseldorf 1973.

Dülffer, Jost (Hg.): Parlamentarische und öffentliche Kontrolle von Rüstung in Deutschland 1700–1970. Beiträge zur historischen Friedensforschung. Düsseldorf 1992.

Dülffer, Jost: Internationale Geschichte und Historische Friedensforschung, in: Wilfried Loth, Jürgen Osterhammel (Hg.): Internationale Geschichte. München 2000, S. 289–312.

Dzüvichü, Lipokmar: Guns in the Hills. Firearms Circulation along the North-East Frontier of British India, 1860s-1910s, in: Journal of Modern European History 19:4 (2021), S. 416–435.

Edgerton, David: England and the Aeroplane. An Essay on a Militant and Technological Nation. Houndsmille/Basingstoke/Hampshire 1991.

Edgerton, David: Warfare State: Britain, 1920–1970. Cambridge/New York/Melbourne/Madrid/Cape Town/Singapore/São Paulo 2006.

Eliot, Charles W.: The Road to Peace. A Contribution to the Study of the Causes of the European War and of the Means of Preventing War in the Future. Boston/New York 1915.

Eloranta, Jara: „Weak“ European States in the International Arms Trade, 1920–1937. The Impact of External Threats, Market Forces, and Domestic Constraints, in: Scandinavian Economic History Review 50:1 (2002), S. 44–67.

Elzinga, Kenneth G.: Predatory Pricing. The Case of the Gunpowder Trust, in: Journal of Law and Economics 13:1 (1970), S. 223–240.

Engel, Jeffrey A.: „We are not concerned who the buyer is.“ Engine Sales and Anglo-American Security at the dawn of the Jet Age, in: History and Technology 17 (2000), S. 43–68.

Engelbrecht, Helmuth C./Hanighen, Frank C.: The Merchants of Death. A Study of the International Armament Industry. New York 1934.

Epkenhans, Michael: Die wilhelminische Flottenrüstung 1908 – 1914. Weltmachtstreben, industrieller Fortschritt, soziale Integration. Münster 1989.

Epstein, Katherine C.: Torpedo. Inventing the Military-Industrial Complex in the United States and Great Britain. Cambridge 2014.

Epstein, Marc: The Historians and the Geneva Naval Conference, in: B.J.C. McKercher (Hg.): Arms Limitation and Disarmament: Restraints on War, 1899 – 1939. Westport 1992, S. 129 – 148.

Erzberger, Mattias: Die Rüstungsausgaben des Deutschen Reiches. Stuttgart 1914.

Fabrizi, Lorenzo di: Le Potenze vincitrici e il controllo del commercio de armi nei primi anni Venti. I limiti della cooperazione internazionale, in: Nuova Antologia Militare 3 (2022), S. 147 – 200.

Fanning, Richard: Peace and Disarmament. Naval Rivalry and Arms Control, 1922 – 1933. Lexington 1995.

Fassbender, Bardo/Peters, Anne (Hg.): The Oxford Handbook of the History of International Law. Oxford 2012.

Fassbender, Bardo/Peters, Anne: Towards a Global History of International Law, in: Bardo Fassbender, Anne Peters (Hg.): The Oxford Handbook of the History of International Law. Oxford 2012, S. 1 – 24.

Fearon, Peter: The Formative Years of the British Aircraft Industry, 1913 – 1924, in: The Business History Review 43:4 (1969), S. 476 – 495.

Ferrell, R.: Development of the Merchants-of-Death Theory, in: Cooling, Benjamin Franklin (Hg.): War, Business, and American Society. Historical Perspectives on the Military-Industrial Complex. New York 1977, S. 93 – 104.

Fischer, Karin/Zimmermann, Susan (Hg.): Internationalismen. Transformation weltweiter Ungleichheit im 19. und 20. Jahrhundert. Wien 2008.

Fischer, Thomas: Die Souveränität der Schwachen. Lateinamerika und der Völkerbund, 1920 – 1936. Stuttgart 2012.

Floto, Inga: Woodrow Wilson: War Aims, Peace Strategy, and the European Left, in: Arthur S. Link (Hg.): Woodrow Wilson and a Revolutionary World, 1913 – 1921. Chapel Hill 1982, S. 127 – 145.

Flynn, John T.: Men of Wealth. The Story of Twelve Significant Fortunes from the Renaissance to the Present Day. New York 1944.

Foreign Policy Reports: International Traffic in Arms and Ammunition. New York 1933.

Forsén, Björn/Forsén, Annette: German Secret Submarine Exports, 1919 – 35, in: Donald J. Stoker, Jonathan A. Grant (Hg.): Girding for Battle. The Arms Trade in a Global Perspective, 1815 – 1940. Westport 2003, S. 113 – 133.

Förster, Stig: Der doppelte Militarismus. Die deutsche Heeresrüstungspolitik zwischen Status-quo-Sicherung und Aggression 1890 – 1913. Stuttgart 1985.

Foster, Carrie A.: The Women and the Warriors. The U.S. Section of the Women's International League for Peace and Freedom, 1915 – 1946. Syracuse 1995.

Frank, Robert: Le prix du réarmement français, 1935 – 1939. Paris 2017.

Frankestein, Robert: Intervention étatique et réarmement en France 1935 – 1939, in: Revue économique 31:4 (1980), S. 743 – 781.

Fraser, Thomas G.: Germany and Indian Revolution, 1914 – 18, in: Journal of Contemporary History 12:2 (1977), S. 255 – 272.

French, David: The Military Background of the „Shell Crisis" of May 1915, in: Journal of Strategic Studies 2:2 (1979), S. 192 – 205.

Freyer, Tony: Regulating Big Business. Antitrust in Great Britain and America, 1880 – 1990. Cambridge 1992.

Friis, Søren: The Scandinavian Centre. Denmark and the Early Years of International Studies under the League of Nations, in: Haakon Ikonomou, Karen Gram-Skjoldager (Hg.): The League of Nations. Perspectives from the Present. Aarhus 2019, S. 123 – 136.

Fuchs, Eckhardt: Der Völkerbund und die Institutionalisierung transnationaler Beziehungen, in: Zeitschrift für Geschichtswissenschaft 54 (2006), S. 888 – 899.

Fuchs, Rudolf: Die Kriegsgewinne der verschiedenen Wirtschaftszweige in den einzelnen Staaten an Hand statistischer Daten dargestellt. Zürich 1918.

Gall, Lothar: Krupp. Der Aufstieg eines Industrieimperiums. München 2000.

Gall, Lothar (Hg.): Krupp im 20. Jahrhundert. Die Geschichte des Unternehmens vom Ersten Weltkrieg bis zur Gründung der Stiftung. Berlin 2002.

Gallagher, Niamh: Ireland and the Great War. A Social and Political History. London 2019.

Gardner, Lloyd C.: Woodrow Wilson and the Mexican Revolution, in: Arthur S. Link (Hg.): Woodrow Wilson and a Revolutionary World, 1913 – 1921. Chapel Hill 1982, S. 3 – 48.

Garner, James W.: Some Questions of International Law in the European War. The Sale and Exportation of Arms and Munitions of War to Belligerents, in: The American Journal of International Law 10:4 (1916), S. 749 – 797.

Garner, Karen: Shaping a Global Women's Agenda. Women's NGOs and Global Governance, 1925 – 85. Manchester 2013.

Garraud, Philippe: La politique française de réarmament de 1936 à 1940. Priorités et contraintes, in: CAIRN 219 (2005), 87 – 102.

Garton, Stephen: The Dominions Ireland, and India, in: Robert Gerwarth, Erez Manela (Hg.): Empires at War, 1911 – 1923. Oxford 2014, S. 152 – 178.

Gatrell, Peter: Government, Industry and Rearmament in Russia, 1900 – 1914. Cambridge 1994.

Gassert, Philipp: Frieden als historisches Problem. Versuch einer Einordnung des normativen Projekts einer Historischen Friedens- und Konfliktforschung, in: Daniel Gerster, Jan Hansen, Susanne Schregel (Hg.): Historische Friedens- und Konfliktforschung. Die Quadratur des Kreises? Frankfurt a. M./New York 2023, S. 61 – 92.

Gatzke, Hans W.: Stresemann and the Rearmament of Germany. Baltimore 1954.

Gelfand, Lawrence E.: The Inquiry. American Preparations for Peace, 1917 – 1919. New Haven/London 1963.

Gerber, David J.: Law and Competition in Twentieth Century Europe: Protecting Prometheus. Oxford 1998.

Gerber, Larry G.: The Limits of Liberalism. Josephus Daniels, Henry Stimson, Bernard Baruch, Donald Richberg, Felix Frankfurter and the Development of the Modern American Political Economy. New York 1984.

Getachew, Adom: Worldmaking after Empire. The Rise and Fall of Self-Determination. Princeton 2019.

Gerster, Daniel/Hansen, Jan/Schregel Susanne (Hg.): Historische Friedens- und Konfliktforschung. Die Quadratur des Kreises? Frankfurt a. M./New York 2023.

Geyer, Michael: Deutsche Rüstungspolitik 1860 – 1980. Frankfurt a. M. 1984.

Gibson, Matthew: Expanding the State. Disarmament in the British Mandate of Iraq, 1919 – 1927. Masterthesis submitted to the faculty at the University of North Carolina at Chapel Hill, 2021.

Gilderhus, Mark T.: Pan American Visions. Woodrow Wilson in the Western Hemisphere, 1913 – 1921. Tucson 1986.

Gilderhus, Mark T.: Revolution, War, and Expansion. Woodrow Wilson in Latin America, in: John Milton Cooper Jr. (Hg.): Reconsidering Woodrow Wilson. Progressivism, Internationalism, War, and Peace. Baltimore 2008, S. 165 – 188.

Gilderhus, Mark T./LaFevor, David C./LaRosa, Michael J: The Third Century. US-Latin-American Relations since 1889. Lanham/Boulder/New York/London 2017.

Gillingham, John: An Ill-Filting Jacket: The United States and the International Steel Cartel, in: Dominique Barjot (Hg.): International Cartels Revisited (1880–1980). Relating to the History of Business, Development, and International Economic Order. Caen 1993, S. 129–142.

Giovachini, Laurent: L'armement français au XXe siècle. Une politique à l'épreuve de l'histoire. Paris 2000.

Girault, Jacques: Le pacifisme du syndicat national des instituteurs dans les années 1930, in: Maurice Vaïsse (Hg.): Le pacifisme en Europe des années 1920 aux années 1950. Bruxelles 1993, S. 257–283.

Gobat, Michel: Invention of Latin America. A Transnational History of Anti-Imperialism, Democracy, and Race, in: American Historical Review 118:5 (2013), S. 1345–1375.

Godfrey, John F.: Capitalism at War. Industrial Policy and Bureaucracy in France, 1914–1918. New York 1987.

Goedde, Petra: The Politics of Peace. A Global Cold War History. Oxford 2019.

Goldberg, Ellis: Peasants in Revolt – Egypt 1919, in: International Journal of Middle East Studies 24:2 (1992), S. 261–280.

Goldstein, Edward R.: Vickers Limited and the Tsarist Regime, in: Slavonic and East European Review 58:4 (1980), S. 561–571.

Gordon, Gilbert A.H.: British Seapower and Procurement between the Wars. A Reappraisal of Rearmament. Basingstoke 1987.

Gorman, Daniel: The Emergence of International Society in the 1920s. Cambridge 2012.

Gottlieb, Julie V.: „Guilty Women“, Foreign Policy, and Appeasement in Inter-War Britain. New York 2015.

Gottlieb, Julie V. (Hg.): Feminism and Feminists after Suffrage. London 2017.

Gottlieb, Julie V./Johnston, Gaynor (Hg.): Gendering Peace in Europe, Special Issue, Diplomacy and Statecraft 31:4 (2020).

Gottlieb, Julie V./Szapor, Judith/Lintunen/Tiina/Wernitznig, Dagmar: Suffrage and Nationalism in Comparative Perspective. Britain, Hungary, Finland and the Transnational Experience of Rosika Schwimmer, in: Ingrid Sharp, Matthew Stibbe (Hg.): Women Activists between War and Peace. Europe, 1918–1923. London 2017, S. 29–75.

Gough, Barry M.: The Royal Navy and British Empire, in: Robin Winks, Roger Louis (Hg.): The Oxford History of the British Empire: Volume V: Historiography. Oxford 1999, S. 327–341.

Gould, Jeffrey L./Lauria-Santiago, Aldo A.: To Rise in Darkness. Revolution, Repression, and Memory in El Salvador, 1920–1932. Durham 2008.

Gram-Skjoldager, Karen/Ikonomou, Haakon A./Kahlert, Torsten (Hg.): Organizing the 20th Century World. International Organizations and the Emergence of International Public Administration, 1920–1960s. New York 2020.

Gram-Skjoldager, Karen/Tønnesson, Øyvind: Unity and Divergence: Scandinavian Internationalism, 1914–1921, in: Contemporary European History 17:3 (2008), S. 301–324.

Grant, Jonathan A.: Big Business in Russia. The Putilov Company in Late Imperial Russia, 1868–1917. Pittsburgh 1999.

Grant, Jonathan A.: The Sword of the Sultan: Ottman Arms Imports, 1854–1914, in: The Journal of Military History 66 (2002), S. 9–36.

Grant, Jonathan: Introduction. The Arms Trade in a Global Perspective, in: Donald J. Jr. Stoker, Jonathan A. Grant (Hg.): Girding for Battle. The Arms Trade in a Global Perspective, 1815–1940. Westport 2003, S. XIII–XVII.
Grant, Jonathan A.: Rulers, Guns, and Money. The Global Arms Trade in the Age of Imperialism. Cambridge, Mass./London 2007.
Grant, Jonathan A.: Between Depression and Disarmament. The International Armament Business, 1919–1939. Cambridge 2021.
Gray, Steven: Steam Power and Sea Power: Coal, the Royal Navy and the British Empire, c.1870–1914. London 2017.
Green, Joseph C.: Supervising the American Traffic in Arms, in: Foreign Affairs 15:4 (1937), S. 729–744.
Greiner, Bernd: Angst im Kalten Krieg. Bilanz und Ausblick, in: Bernd Greiner, Christian Th. Müller, Dierk Walter (Hg.): Angst im Kalten Krieg. Hamburg 2009, S. 7–31.
Grewe, Wilhelm G.: The Epochs of International Law. Translated and revised by Michael Byers. Berlin/New York 2000.
Guieu, Michel: Le rameau et le glaive. Les militants français pour la Société des Nations. Paris 2008.
Guieu, Michel: Ganger la paix, 1914–1929. Paris 2015.
Guerrero, Gustavo: La codification du droit international. La première conférence. Pedone 1930.
Habaru, Augustin Julien: Le Creusot, Terre Féodale. Schneider et les marchands de canons. Paris/Brussels 1934.
Haedrick, Daniel R.: The Tools of Empire. Technology and European Imperialism in the Nineteenth Century. New York/Oxford 1981.
Hagan, Kenneth J.: American Gunboat Diplomacy and the Old Navy, 1877–1889. Westport/London 1973.
Hall, Christopher: Britain, America and Arms Control, 1921–1937. Basingstoke 1987.
Halpern, Paul G.: The Mediterranean Naval Situation, 1908–1914. Cambridge 1971.
Hancock, W.K.: Smuts. The Sanguine Years, 1870–1919. Cambridge 1962.
Hanisch, Marc: Max Freiherr von Oppenheim und die Revolutionierung der islamischen Welt als antiimperiale Befreiung von oben, in: Wolfried Loth, Marc Hanisch (Hg.): Erster Weltkrieg und Dschihad. Die Deutschen und die Revolutionierung des Orients. München 2014, S. 13–38.
Hansen, Ernst W.: Reichswehr und Industrie. Rüstungswirtschaftliche Zusammenarbeit und wirtschaftliche Mobilmachungsvorbereitungen 1923–1932. Boppard 1978.
Hansen, Ernst W.: Zur Wahrnehmung industrieller Interessen in der Weimarer Republik. Die Geschäftsstelle für Industrielle Abrüstung (GEFIA), in: Vierteljahrshefte für Zeitgeschichte 28 (1980), S. 487–501.
Hardach, Gerd: Französische Rüstungspolitik 1914–1918, in: Heinrich August Winkler (Hg.): Organisierter Kapitalismus. Voraussetzungen und Anfänge. Göttingen 1974, S. 101–149.
Harding, Christopher/Joshua, Julian: Regulating Cartels in Europe. Oxford 2003.
Harkavy, Robert E.: The Arms Trade and International Systems. Ballinger 1975.
Harris, Sally: Out of Control: British Foreign Policy and the Union of Democratic Control, 1914–1918 Hull 1996.
Harrison, Mark (Hg): Guns and Rubles. The Defense Industry in the Stalinist State. New Haven 2008.
Hart, John Mason: Empire and Revolution. The Americans and Mexico Since the Civil War. Berkeley 2002.
Haupt, Georges: Socialism and the Great War. The Collapse of the Second International. Oxford 1972.

Hellawell, Sarah: Antimilitarism, Citizenship and Motherhood: The Transformation and Early Years of the Women's International League (WIL), 1915 – 1919, in: Women's History 27:4 (2018), S. 551 – 564.
Herren, Madeleine: Gender and International Relations through the Lens of the League of Nations (1914 – 1945), in: Glenda Sluga, Carolyn James (Hg.): Women, Diplomacy and International Politics since 1500. London 2016, S. 182 – 201.
Herrera León, Fabián/Wehrli, Yannick (Hg.): América Latina y el internacionalismo Ginebrino de entreguerras. Implicaciones y resonancias. México 2019.
Herrera León, Fabián: Latin America and the League of Nations, in: Oxford Research Encyclopedia of Latin American (2016), DOI: 10.1093/acrefore/9780199366439.013.3.
Herrmann, David G.: The Arming of Europe and the Making of the First World War. Princeton 1996.
Hexner, Ervin: International Cartels. Chapel Hill 1945.
Hexner, Ervin: The International Steel Cartel. Chapel Hill 1943.
Hilbert, Lothar: Der zunehmende Waffenexport seit den 1890er Jahren, in: Fritz Klein, Karl Otmar von Aretin (Hg.): Europa um 1900. Texte eines Kolloquiums. Berlin 1989, S. 59 – 72.
Hilbert, Lothar: Waffenexport. Aspekte des internationalen Waffenhandels nach dem Ersten Weltkrieg, in: Jürgen Heideking, Gerhard Schulz (Hg.): Wege in die Zeitgeschichte. Festschrift zum 65. Geburtstag von Gerhard Schulz. Berlin 1989, S. 415 – 432.
Hinton, James: Protests and Visions. London 1989.
Hirst, Francis Wrigley: The Six Panics. London 1913.
Hirst, Francis Wrigley: The Political Economy of War. London/Toronto 1915.
Hirst, Margaret E.: The Story of Trusts. London/Glasgow 1913.
Hobsbawm, Eric J.: Das imperiale Zeitalter, 1875 – 1914. Frankfurt a. M./New York ²2005.
Hobson, John M.: The Military-Extraction Gap and the Wary Titan: The Fiscal-Sociology of British Defence Policy 1870 – 1913, in: The Journal of European Economic History 22:3 (1993), S. 461 – 506.
Hobson, John: Imperialism. A Study. London 1902.
Hobson, Rolf: Maritimer Imperialismus. Seemachtideologie, seestrategisches Denken und der Tirpitzplan 1875 bis 1914. München 2004.
Holl, Karl: Pazifismus in Deutschland. Frankfurt a. M. 1988.
Hopkins, A.G.: American Empire. A Global History. Princeton/Oxford 2018.
Hopkins, June: The New Deal, in: William D. Pederson (Hg.): A Companion to Franklin D. Roosevelt. Oxford 2011, S. 238 – 258.
Horne, John N.: L'Idée de nationalisation dans les mouvements ouvriers européens jusqu'à la deuxième guerre mondiale, in: Le Mouvement social 134 (1986), S. 9 – 36.
Horne, John N.: Labour at War. France and Britain. Oxford 1991.
Housden, Martyn: The League of Nations and the Organization of Peace. London 2012.
Hovey, Harold A.: United States Military Assistance. A Study of Policies and Practices. New York 1965.
Hovi, Kalervo: Security Before Disarmament, or Hegemony? The French Alliance Policy 1917 – 1927, in: Rolf Ahmann, Adolf M. Birke, Michael Howard (Hg.): The Quest for Stability: Problems of West European Security, 1918 – 1957. Oxford 1993, S. 115 – 126.
Howlett, Charles S./Peterson, Christian Philip/Buffton, Deborah D./Hostetter, David L. (Hg.): The Oxford Handbook of Peace History. Oxford 2023.
Hucker, Daniel: International History and the Study of Public Opinion: Towards Methodological Clarity, in: The International History Review 34:4 (2012), S. 775 – 794.

Hucker, Daniel: „Allowed to Serve, Not to Speak“? The Role of Women in International Peace Activism, 1880 – 1920, in: Diplomacy and Statecraft 31:4 (2020), S. 609 – 629.
Hucker, Daniel: Public Opinion and Twentieth-Century Diplomacy. A Global Perspective. London/New York/Oxford/New Delhi/Sydney 2022.
Hull, Cordell: The Memoirs of Cordell Hull in Two Volumes. New York 1948.
Hurni, Peter: Die Haltung der Schweiz zur Kontrolle des internationalen Waffenhandels im Rahmen des Völkerbundes 1919 – 1925, in: Schweizerisches Bundesarchiv (Hg.): Studien und Quellen, Bd. 6. Bern 1980, S. 112 – 130.
Iadarola, Antoinette: Ethiopia's Admission into the League of Nations. An Assesment of Motives, in: The International Journal of African Stuides 8:4 (1975), S. 601 – 622.
Ikenberry, John G.: A World Safe for Democracy. Liberal Internationalism and the Crises of Global Order. New Haven/London 2020.
Ikonomou, Haakon/Gram-Skjoldager, Karen (Hg.): The League of Nations. Perspectives from the Present. Aarhus 2019.
Ilčev, Ivan: Die Carnegie-Mission von 1913: Ausgangslage, Durchführung und internationale Reaktionen, in: Comparativ 24:6 (2014), S. 105 – 125.
ILO (Hg.): The Congress of the Labour and Socialist International. Genf 1920.
Imlay, Talbot: Socialist Internationalism after 1914, in: Glenda Sluga, Patricia Clavin (Hg.): Internationalisms. A Twentieth-Century History. Cambridge 2016, S. 213 – 241.
Imlay, Talbot: The Practice of Socialist Internationalism. European Socialists and International Politics, 1914 – 1960. Oxford 2017.
Ingram, Norman: The Politics of Dissent: Pacifism in France, 1919 – 1939. Oxford 1991.
International Labour Office: The Congress of the Labour and Socialist International. Genf 1920.
Jabber, Paul: Not by War Alone. Security and Arms Control in the Middle East. Berkeley/Los Angeles/London 1981.
Jackson, Julian: The Politics of Depression in France, 1932 – 1936. Cambridge 1985.
Jackson, Peter: France and the Problems of Security and International Disarmament after the First World War, in: Journal of Strategic Studies 29:2 (2006), S. 247 – 280.
Jackson, Peter: Beyond the Balance of Power. France and the Politics of National Security in the Era of the First World War. Cambridge 2013.
Jackson, Peter/Mulligan, William/Sluga, Glenda (Hg.): Peacemaking and International Order after the First World War. Cambridge 2023.
Jacobson, Jon: When the Soviet Union Entered World Politics. Berkeley/Los Angeles/Oxford 1994.
James, Harold: Krupp. Deutsche Legende und globales Unternehmen. München 2011.
Japhet, M.: The International Arms Trade, in: Scientia Militaria. South African Journal of Military Studies 9:4 (1979), S. 13 – 29.
Jenkins, Edwin A.: From Foundry to Foreign Office: The Life of Arthur Henderson (1863 – 1935), Labour Party Leader. Cardiff 1933.
Jindra, Zdenek: Zur Entwicklung und Stellung der Kanonenausfuhr der Firma Friedrich Krupp/Essen 1854 – 1912, in: Wilfried Feldenkirchen, Frauke Schönert-Röhlk, Günther Schulz (Hg.): Wirtschaft, Gesellschaft, Unternehmen. Festschrift für Hans Pohl zum 60. Geburtstag. Stuttgart 1995, S. 956 – 976.
Johnson, Gaynor: Lord Robert Cecil. Politician and Internationalist. Cornwall 2013.
Johnson, Ian Ona: Faustian Bargain. The Soviet-German Partnership and the Origins of the Second World War. Oxford 2021.

Johnson, Robert David: The Peace Progressives and American Foreign Relations. Cambridge, Mass. 1995.

Johnstone, Andrew: Isolationism and Internationalism in American Foreign Relations, in: Journal of Transatlantic Studies 9:1 (2011), S. 7–20.

Jonas, Michael/Zinke, Jan: „Wir standen mit der Zukunft im Bunde“. Rudolf Nadolny, das Auswärtige Amt und die deutsche Persienpolitik im Ersten Weltkrieg, in: Wolfried Loth, Marc Hanisch (Hg.): Erster Weltkrieg und Dschihad. Die Deutschen und die Revolutionierung des Orients. München 2014, S. 61–89.

Jones, Ann: No Truck with the Chilean Junta! Trade Union Internationalism, Australia and Britain, 1973–1980. Canberra 2014.

Jones, Geoffrey/Trebilcock, Clive: Russian Industry and British Business 1910–1930: Oil and Armaments, in: Journal of European Economic History 11 (1982), S. 61–103.

Jones, Karen/Macola, Giacomo/Welch, David (Hg.): A Cultural History of Firearms in the Age of Empire. London 2013.

Jordan, Gerald H.S.: Pensions not Dreadnoughts: The Radicals and Naval Retrenchment, in: A.J.A. Morris (Hg.): Edwardian Radicalism, 1900–1914. Some Aspects of British Radicalism. London/Boston 1974, S. 162–179.

Jouhaux, Léon: Der internationale Gewerkschaftsbund und der wirtschaftliche Wiederaufbau. Amsterdam 1922.

Jouhaux, Léon: Le Désarmement. Paris 1927.

Kaplan, Lawrence S.: A Community of Interests. NATO and the Military Assistance Program, 1948–1951. Washington 1980.

Kaufman, R.G.: Arms Control during the Pre-Nucelar Era. The United States and Naval Limitation between the Two World Wars. New York 1990.

Kedward, Rod: La vie en bleu. France and the French since 1900. London 2005.

Keefer, Scott Andrew: The Law of Nations and Britain's Quest for Naval Security. International Law and Arms Control, 1898–1914. Cham 2016.

Kehr, Eckart: Der Primat der Innenpolitik. Gesammelte Aufsätze zur preußisch-deutschen Sozialgeschichte im 19. und 20. Jahrhundert, hg. und eingel. von Hans-Ulrich Wehler. Berlin ^{2}1970.

Kemper, Claudia: Männlicher Krieg und weiblicher Frieden? Geschlechterordnung von Gewalterfahrungen. Ditzingen 2023.

Kennedy, Greg: Depression and Security. Aspects Influencing the United States Navy during the Hoover Administration, in: Diplomacy and Statecraft 6:2 (1995), S. 342–372.

Kennedy, John F.: Why England Slept. London 1940.

Kennedy, Paul M.: The Rise and Fall of British Naval Mastery. Amherst 1976.

Keppel, Arnold: Gun-Running and the Indian North-West Frontier. London 1911.

Kerkhof, Stefanie van de: Von der Friedens- zur Kriegswirtschaft: Unternehmensstrategien der deutschen Eisen- und Stahlindustrie vom Kaiserreich bis zum Ende des Ersten Weltkrieges. Essen 2006.

Kerkhof, Stefanie van de: Historische Friedensforschung – eine Geschichte des Friedens? in: Peter Schlotter (Hg.): Friedens- und Konfliktforschung. Baden-Baden 2011, S. 381–409.

Kersffeld, Daniel: Contra el Imperio. Historia de la Liga Antiimperialista de las Américas. Mexico 2012.

Kévonian, Dzovinar: L'enquete, le délit, la preuve: les „atrocities“ balkaniques de 1912–13 à l'épreuve du droit de la guerre, in: Le Mouvement Social 222 (2008), S. 13–40.

Kimball, Warren F.: The Most Unsordid Act. Lend-Lease, 1939–1941. Baltimore 1969.

Kinzer, Stephen: The Brothers. John Foster Dulles, Allen Dulles, and their Secret World War. New York 2013.
Kitchen, Martin: The Empire, 1900 – 1939, in: Chris Wrigley (Hg.): A Companion to Early Twentieth-Century Britain. Malden/Oxford/Melbourne/Berlin 2003, S. 182 – 197.
Kitching, Carolyn J.: Britain and the Problem of International Disarmament, 1919 – 1934. London/New York 1999.
Kitching, Carolyn J.: Britain and the Geneva Disarmament Conference. A Study in International History. Basingstoke 2003.
Klose, Fabian: „In the Cause of Humanity". Eine Geschichte der humanitären Intervention im langen 19. Jahrhundert. Göttingen 2019.
Klose, Fabian/Schors, Arvid (Hg.). Wie schreibt man Internationale Geschichte? Empirische Vermessungen zum 19. und 20. Jahrhundert. Frankfurt a. M. 2023.
Knarr, James C.: Uruguay and the United States, 1903 – 1929. Diplomacy in the Progressive Era. Kent 2012.
Knight, Alan: U.S. Anti-imperialism and the Mexican Revolution, in: Ian Tyrrell, Jay Sexton (Hg.): Empire's Twin. U.S. Anti-imperialism from the Founding Era to the Age of Terrorism. Itahaca/London 2015, S. 97 – 117.
Koistinen, Paul A.C.: Mobilizing for Modern War: The Political Economy of American Warfare, 1865 – 1919. Lawrence 1997.
Koistinen, Paul A.C.: Planning War, Pursuing Peace: The Political Economy of America Warfare, 1920 – 1939. Lawrence 1998.
Koskenniemi, Martti: From Apology to Utopia. The Structure of International Legal Argument. Cambridge 2006 (1. Aufl. 1989).
Koskenniemi, Martti: The Gentle Civilizer of Nations. The Rise and Fall of International Law 1870 – 1960. Cambridge 2002.
Koskenniemi, Martti: International Law and Hegemony. A Reconfiguration, in: Cambridge Review of International Affairs 17:2 (2004), S. 197 – 218.
Kott, Sandrine: Towards a Social History of International Organisations. The ILO and the Internationalisation of Western Social Expertise (1919 – 1949), in: Miguel Bandeira Jerónimo, José Pedro Monteiro (Hg.): Internationalism, Imperialism and the Formation of the Contemporary World. The Pasts of the Present. Basingstoke 2018, S. 33 – 57.
Krause, Keith: Arms and the State: Patterns of Military Production and Trade. Cambridge/New York/Melbourne/Madrid/Cape Town/Singapore/Sao Paulo 1992.
Krisch, Nico: International Law in Times of Hegemony. Unequal Power and the Shaping of the International Order, in: The European Journal of International Law 16:3 (2005), S. 369 – 408.
Kroener, Bernhard R.: Militär, Staat und Gesellschaft im 20. Jahrhundert (1890 – 1990). München 2011.
Krumeich, Gerd: Aufrüstung und Innenpolitik in Frankreich vor dem Ersten Weltkrieg. Die Einführung der dreijährigen Dienstpflicht 1913 – 1914. Wiesbaden 1980.
Kuisel, Richard F.: Capitalism and the State in Modern France. Renovation and Economic Management in the Twentieth Century. Cambridge 1981.
Kyba, Patrick: Covenants without the Sword. Public Opinion and British Defense Policy, 1931 – 1935. Waterloo 1983.
Lachaise, Bernard (Hg.): Documents d'histoire contemporaine: Le XXe siècle, vol. II. Paris 2000.
Lademacher, Horst von: Die Illusion vom Frieden. Die Zweite Internationale wider den Krieg 1889 – 1919. Münster 2018.

Laird, Robbin F.: Soviet Arms Trade with the Noncommunist Third World, in: Proceedings of the Academy of Political Science 35:3 (1984), S. 196 – 213.

Laity, Paul: The British Peace Movement 1870 – 1914. Oxford 2002.

Lambert, Robert W.: Soviet Disarmament Policy, 1922 – 1931. Washington DC 1964.

Lamoreaux, Naomi R.: The Great Merger Movement in American Business, 1895 – 1904. Cambridge 1985.

Landen, Robert Geran: Oman Since 1856. Princeton 1967.

Lappenküper, Ulrich: Die deutsch-französischen Beziehungen 1949 – 1963. Von der „Erbfeindschaft" zur „Entente élémantaire" I: 1949 – 1958. München 2001.

Laqua, Daniel (Hg.): Internationalism Reconfigured. Transnational Ideas and Movements Between the World Wars. London 2011.

Laqua, Daniel: Democratic Politics and the League of Nations. The Labour and Socialist International as a Protagonist of Interwar Internationalism, in: Contemporary History 24:2 (2015), S. 175 – 192.

Launay, Louis/Sennac, Jean: Les relations internationales de industries de guerre. Paris 1932.

Laurance, Edward J.: The International Arms Trade. New York 1992.

Laybourn, Keith: Philip Snowden. A Biography, 1864 – 1937. Aldershot 1988.

League of Nations (Hg.): Profits in Arms. Being Extracts from the Evidence Before the United States Senatorial Committee of Inquiry at Washington. London 1934.

Lefranc, Georges: Le mouvement syndical. sous la troisième république. Paris 1967.

Lefranc, Georges: Der Sozialismus in Frankreich. Frankfurt a. M./Berlin/Wien 1978.

Lehmann-Russbüldt, Otto: Die blutige Internationale der Rüstungsindustrie. Hamburg 1929.

Leitz, Christian M.: Arms as Levers: Materiel and Raw Materials in Germany's Trade with Romania in the 1930s, in: The International History Review 19:2 (1997), S. 312 – 332.

Leitz, Christian M.: Arms Exports from the Third Reich, 1933 – 1939. The Example of Krupp, in: The Economic History Review 51 (1998), S. 133 – 154.

Lemke, Bernd: Der Irak und Arabien aus der Sicht deutscher Kriegsteilnehmer und Orientreisender 1918 bis 1945. Aufstandsfantasien, Kriegserfahrungen, Zukunftshoffnungen, Enttäuschungen, Distanz. Frankfurt a. M. 2012.

Leonhard, Jörn: Der überforderte Frieden. Versailles und die Welt 1918 – 1923. München 2018.

Leonhard, Jörn: Die Büchse der Pandora. Geschichte des Ersten Weltkriegs. München 2014.

Lewis, Arthur W.: Growth and Fluctuations 1870 – 1913. London 1978.

Liebknecht, Karl: Militarismus und Antimiliarismus: unter besonderer Berücksichtigung der internationalen Jugendbewegung. Berlin 1957.

Liefmann, Robert: Internationale Kartelle, in: Weltwirtschaftliches Archiv 25 (1927), S. 260 – 294.

Lincove, David: Data for Peace. The League of Nations and Disarmament 1920 – 40, in: Peace & Change 43:4 (2018), S. 498 – 529.

Lindo-Fuentes, Héctor: El alborotador de Centroamérica. El Salvador frente al imperio. San Salvador 2019.

Lindo-Fuentes, Héctor: El Salvador vs. *Imperialismo Yanqui*, 1912 – 14, in: Journal of Latin American Studies 52:3 (2020), S. 495 – 519.

Lippmann, Walter: US Foreign Policy. Shield of the Republic. Boston 1943.

Lischka, Johannes R.: Armor Plate: Nickel and Steel, Monopoly and Profit, in: Benjamin Franklin Cooling (Hg.): War, Business, and American Society. Historical Perspectives on the Military-Industrial Complex. New York 1977, S. 43 – 58.

Lloyd, Edward M.H.: Experiments in State Control. At the War Office and the Ministry of Food. Oxford 1924.

Lloyd-Jones, Roger/Lewis, Myrddin John: A War of Machinery: The British Machine Tool Industry and Arming the Western Front, 1914–1916, in: Essays in Economic and Business History 26 (2008), S. 117–132.
Lloyd-Jones, Roger/Lewis, Myrddin John: Armament Firms, the State Procurement System, and the Naval Industrial Complex in Edwardian Britain, in: Essays in Economic and Business History 24 (2011), S. 23–40.
Lloyd-Jones, Roger/Lewis, Myrddin John Lewis: Arming the Western Front. War, Business and the State in Britain 1900–1920. London/New York 2016.
Löhr, Isabella: Die Globalisierung geistiger Eigentumsrechte. Neue Strukturen internationaler Zusammenarbeit 1886–1952. Göttingen 2010.
López Jiménez, Ramón: In Memoriam. José Gustavo Guerrero, in: Revista Española de Derecho Internacional 16 (1963), S. 633–639.
Lowitt, Richard: Roosevelt and Progressive Republicans. Friends and Foes, in: Thomas P. Wolf, William D. Pederson, Byron W. Daynes (Hg.): Franklin D. Roosevelt and Congress. The New Deal and Its Aftermath. New York/London 2001, S. 7–13.
Lynch, Cecelia: Beyond Appeasement. Interpreting Interwar Peace Movements in World Politics. Ithaca 1999.
Lynch, Cecelia: Peace Movements, Civil Society, and the Development of International Law, in: Bardo Fassbender, Anne Peters (Hg.): The Oxford Handbook of the History of International Law. Oxford 2012, S. 198–221.
Lynch Dungy, Madeleine Louise: Order and Rivalry: Rewriting the Rules of International Trade after the First World War. Cambridge 2023.
MacMillan, Margaret: Peacemakers. Six Months that Changed the World. London 2001.
Macola, Giacomo: The Gun in Central Africa. A History of Technology and Politics. Ohio 2016.
Madariaga, Salvador de: Disarmament. London 1929.
Mahan, Alfred Thayer: The Influence of Sea Power upon History, 1660–1783. London 1965 (1889).
Mahnken, Thomas/Maiolo, Joseph/Stevenson, David (Hg.): Arms Races in International Politics: From the Nineteenth to the Twenty-First Century. Oxford 2016.
Maiolo, Joseph: Cry Havoc. How the Arms Race Drove the World to War, 1931–1941. New York 2010.
Maiolo, Joseph: Naval Armaments Competition Between the Two World Wars, in: Thomas Mahnken, Joseph Maiolo, David Stevenson (Hg.): Arms Races in International Politics: From the Nineteenth to the Twenty-First Century. Oxford 2016, S. 93–114.
Manchester, William: The Arms of Krupp, 1587–1968. Boston 1968.
Manela, Erez: The Wilsonian Moment. Self-Determination and the International Origins of Anticolonial Nationalism. New York 2007.
Mansfield, Peter. A History of the Middle East. New York 2013.
Marchand, C.R.: The American Peace Movement and Social Reform, 1898–1918. Princeton 1972.
Marcobelli, Elisa: La France de 1914 était-elle antimilitariste? Les socialistes et la loi de trois ans. Paris 2013.
Martin, Bernd (Hg.): Deutsch-chinesische Beziehungen 1928–1937. „Gleiche“ Partner unter „ungleichen“ Bedingungen: Eine Quellensammlung. Berlin 2003.
Martin, Gustav: Geschichtliche Entwicklung der Kartellbildung in der deutschen Sprengstoff-Industrie. Heidelberg 1903.
Martin, Laurence W.: Peace without Victory. Woodrow Wilson and the British Liberals. New Haven 1958.

Mastanduno, Michael: Economic Containment. CoCom and the Politics of East-West Trade. Itahaca/London 1992.

Mathew, Johan: Margins of the Market. Trafficking and Capitalism across the Arabian Sea. Oakland 2016.

Mathews, Shailer: Some Larger Aspects of the Trade in War Materials, in: Journal of Political Economy 24:1 (1916), S. 14–24.

Mathur, Ritu: Postcolonial Perspectives on Weapons Control, in: Asian Journal of Political Science 26:3 (2018), S. 293–296.

Maul, Daniel: The International Labour Organization. 100 Years of Global Social Policy. Berlin 2019.

Mawdsley, Evan: Land Armaments, 1919–1941, in: Thomas Mahnken, Joseph Maiolo, David Stevenson (Hg.): Arms Races in International Politics: From the Nineteenth to the Twenty-First Century. Oxford 2016, S. 69–92.

Mazower, Mark: No Enchanted Palace. The End of Empire and the Ideological Origins of the United Nations. Princeton 2009.

McAllister, William B.: Drug Diplomacy in the Twentieth Century. An International History. London/New York 2000.

McBride, William M.: The Unstable Dynamics of a Strategic Technology. Disarmament, Unemployment, and the Interwar Battleship, in: Technology and Culture 38:2 (1997), S. 386–423.

McCarthy, Helen: The British People and the League of Nations: Democracy, Citizenship and Internationalism, c. 1918–45. Manchester 2011.

McCurdy, Charles A.: A Clean Peace. The War Aims of British Labour. New York 1918.

McKenzie, Francine: Rebuilding the Postwar Order. Peace, Security and the UN-System, 1941–1948. London/New York/Oxford/New Delhi/Sydney 2023.

McKercher B.J.C. (Hg.): Arms Limitation and Disarmament: Restraints on War, 1899–1939. Westport 1992.

McKercher, B.J.C.: Of Horns and Teeth: The Preparatory Commission and the World Disarmament Conference, 1926–1934, in: B.J.C. McKercher (Hg.): Arms Limitation and Disarmament: Restraints on War, 1899–1939. Westport 1992, S. 173–201.

McKillen, Elizabeth: Making the World Safe for Workers. Labor, the Left, and Wilsonian Internationalism. Urbana/Chicago/Springfield 2013.

McPherson, Alan: The Invaded. How Latin Americans and Their Allies Fought and Ended U.S. Occupations. Oxford 2014.

McPherson, Alan: The First World War and the Decline of US Empire in the Caribbean, in: Bulletin de la Société d'Histoire de la Guadeloupe 168 (2014), S. 203–219.

McPherson, Alan: World War I and US Empire in the Americas, in: Andrew Tait Jarboe, Richard S. Fogerty (Hg.): Empires in World War I. Shifting Frontiers and Imperial Dynamics in a Global Conflict. New York 2014, S. 328–350.

McPherson, Alan: Anti-Imperialism and the Failure of the League of Nations, in: Alan McPherson, Yannick Wehrli (Hg.): Beyond Geopolitics. New Histories of Latin America at the League of Nations. Albuquerque 2015, S. 21–32.

McPherson, Alan: A Short History of U.S. Interventions in Latin America and the Caribbean. Chichester 2016.

Menon, Rajan: The Soviet Union, the Arms Trade and the Third World, in: Soviet Studies 34:3 (1982), S. 377–396.

Meyer, Jean: Revolution and Reconstruction in the 1920s, in: Leslie Bethell (Hg.): Mexico Since Independence. Cambridge 2012, S. 204–240.

Michel, Marc: L'Appel à l'Afrique. Contributions et Réactions à l'Effort de guerre en A.O.F. (1914–1919). Paris 1982.
Miers, Suzanne: Britain and the Ending of the Slave Trade. London 1975.
Miller, Carol: „Geneva – the Key to Equality": Inter-War Feminists and the League of Nations, in: Women's History Review 3:2 (1994), S. 219–245.
Miller, Christopher William: Planning and Profits. The Political Economy of Private Naval Armaments Manufacture and Supply Organization in Britain, 1918–41. PhD thesis submitted to the University of Glasgow, 2014.
Miller, Paul B.: From Revolutionaries to Citizens: Antimilitarism in France, 1870–1914. Durham/London 2002.
Millward, Robert/Singleton, John (Hg.): The Political Economy of Nationalisation in Britain, 1920–1950. Cambridge 1995.
Mitchell, Richard H.: Political Bribery in Japan. Honolulu 1996.
Morefield, Jeanne: Covenants without Swords. Idealist Liberalism and the Spirit of Empire. Princeton 2005.
Morefield, Jeanne: Empires Without Imperialism: Anglo-American Decline and the Politics of Deflection. Oxford 2014.
Morel, Edmund D.: Truth and the War. London 1918.
Morris, A.J.A.: The English Radical's Campaign for Disarmament and the Hague Conference of 1907, in: The Journal of Modern History 43:3 (1971), S. 367–393.
Morris, A.J.A. (Hg.): Edwardian Radicalism, 1900–1914. Some Aspects of British Radicalism. London/Boston 1974.
Mouton, Marie-Renée: La société des nations et les intérets de la France (1920–1924). Bern/Berlin/Franfurt a. M./New York/Paris/Wien 1995.
Muehlon, Wilhelm: Ein Fremder im eigenen Land. Erinnerungen und Tagebuchaufzeichnungen eines Krupp-Direktors 1908–1914. Hg. und Eingel. von Wolfgang Benz. Bremen 1989.
Mueller, Chelsi: The Origins of the Arab-Iranian Conflict. Nationalism and Sovereignty in the Gulf between the World Wars. Cambridge/New York 2020.
Müller, Dietmar/Troebst, Stefan (Hg.): Philanthropy, Conflict Management, and International Law. The 1914 Carnegie Report on the Balkan Wars of 1912/1913. Budapest/Vienna/New York 2022.
Müller, Dietmar: Die Balkankriege und der Carnegie-Bericht. Historiographie und völkerrechtliche Bedeutung, in Comparativ 24:6 (2014), S. 7–24.
Murray, Williamson R./Millett, Allan R. (Hg.): Military Innovation in the Interwar Period. Cambridge 1996.
Nadolny, Sten: Abrüstungsdiplomatie 1932–1933: Deutschland auf der Genfer Konferenz im Übergang von Weimar zu Hitler. München 1978.
Nehring, Holger: Politics of Security. British and West German Protest Movements and the Early Cold War, 1945–1970. Oxford 2013.
Newbold, Walton: The War Trust Exposed. Manchester 1914.
Newbold, Walton: How Europe Armed for War (1871–1914). London 1916.
Newton, Douglas J.: British Labour, European Socialism and the Struggle for Peace 1889–1914. Oxford 1985.
Nichols, Beverley: Cry Havoc! Cry Havoc, and Let Slip the Dogs of War. London 1933.
Nippold, Otfried: The Development of International Law After the World War. Oxford 1923.

Nishio, Takashi: Aero-Technology Transfer from Germany to Japan during the 1930s: Connection between Heinkel and the Japanese Navy (Japanisch), in: History of Global Arms Transfer 6 (2018), S. 93 – 117.

Noel Baker, Philip John: Disarmament. New York 1926.

Noel-Baker, Philip John: Hawkers of Death. The Private Manufacture and Trade in Arms. London 1935.

Noel-Baker, Philip John: The Private Manufacture of Armaments. London 1936.

Noel Baker, Philip John: The World Disarmament Conference, 1932 – 1935 and Why It Failed. Oxford 1979.

Notter, Harley: The Origins of the Foreign Policy of Woodrow Wilson. Baltimore 1937.

Notz, William: Cartels During the War, in: Journal of Political Economy 27 (1919), S. 1 – 38.

O'Connell, Mary Ellen: Peace and War, in: Bardo Fassbender, Anne Peters (Hg.): The Oxford Handbook of the History of International Law. Oxford 2012, S. 272 – 293.

O'Connor, Raymond: Perilous Equilibrium. The Unites States and the London Conference of 1930. Kansas 1959.

O'Toole, Patricia: The Moralist. Woodrow Wilson and the World He Made. New York 2018.

Offen, Karen (Hg.): Globalizing Feminisms, 1789 – 1945. London/New York 2010.

Offiler, Ben: US Foreign Policy and the Modernization of Iran. Kennedy, Johnson, Nixon, and the Shah. New York 2015.

Olson, James S./Domitrovic, Brian: The Banking Crisis, in: William D. Pederson (Hg.): A Companion to Franklin D. Roosevelt. Oxford 2011, S. 259 – 278.

Omissi, David E.: Air Power and Colonial Control. The Royal Air Force, 1919 – 1939. Manchester 1990.

Onley, James: Britain and the Gulf Shaikhdoms, 1820 – 1971. The Politics of Protection. Occasional Paper No. 4 of the Center for International and Regional Studies of the Georgetown University, 2009.

Organisation Centrale pour une Paix durable (Hg.): Recueil de Rapports sur les Différents Points du Programme-Minimum, Deuxième Partie. La Haye 1916.

Otto, Werner (Hg.): Liebknecht contra Rüstungskapital. Karl Liebknechts Kampf gegen Krupp, Imperialismus und Kriegsgefahr 1913/1914. Berlin 1961.

Overy, Richard: Aircraft and the Arms Race between the World Wars, in: Thomas Mahnken, Joseph Maiolo, David Stevenson (Hg.): Arms Races in International Politics: From the Nineteenth to the Twenty-First Century. Oxford 2016, S. 115 – 134.

Owens, Patricia/Rietzler, Katharina (Hg.): Women's International Thought. A New History. Cambridge 2021.

Pach, Chester J.: Arming the Free World: The Origins of the United States Military Assistance Program, 1945 – 1950. Chapel Hill/London 1991.

Packard, Edward Frederick: Whitehall, Industrial Mobilisation and the Private Manufacture of Armaments: British State-Industry Relations, 1918 – 1936. Diss. MS London School of Economics, 2009.

Paech, Norman/Stuby, Gerhard: Völkerrecht und Machtpolitik in den internationalen Beziehungen. Aktualisierte Ausgabe. Hamburg 2013.

Patel, Klaus Kiran: The New Deal. A Global History. Princeton 2017.

Paton-Walsh, Margaret: Women's Organizations, U.S. Foreign Policy, and the Far Eastern Crisis, 1937 – 1941, in: Pacific Historical Review 70:4 (2001), S. 601 – 626.

Patterson, David S.: The Search for Negotiated Peace. Women's Activism and Citizen Diplomacy in World War. New York/London 2008.

Pauls, Christina: Neokolonialer Frieden?! Die koloniale Unterseite modern-liberaler Friedensvorstellungen, in: Wissenschaft und Frieden 40:3 (2022), S. 42–45.
Payk, Marcus M.: Frieden durch Recht? Der Aufstieg des modernen Völkerrechts und der Friedensschluss nach dem Ersten Weltkrieg. Berlin/Boston 2018.
Payk, Marcus M.: Sammelrezension Woodrow Wilson und der amerikanische Internationalismus, in: HSozKult 7.6.2018.
Pearton, Maurice: The Knowledgeable State. Diplomacy, War and Technology since 1830. London 1982.
Pedan, George C.: Arms, Economics, and British Strategy. From Dreadnoughts to Hydrogen Bombs. Cambridge 2007.
Pedersen, Susan: Back to the League of Nations. Review Essay, in: The American Historical Review 112:4 (2007), S. 1091–1117.
Pedersen, Susan: The Guardians. The League of Nations and the Crisis of Empire. Oxford 2015.
Pedersen, Susan: Empires, States and the League of Nations, in: Glenda Sluga, Patricia Clavin (Hg.): Internationalisms. A Twentieth-Century History. Cambridge 2016, S. 113–138.
Pederson, William D. (Hg.): A Companion to Franklin D. Roosevelt. Oxford 2011.
Pendas, Devin: Against War. Pacifism as Collaboration and as Resistance, in: Michael Geyer, Adam Tooze (Hg.): The Cambridge History of the Second World War. Cambridge 2015, S. 788–789.
Perris, George Herbert: The War Traders. An Exposure. London 1913.
Peterson, J.E.: Britain and the Gulf. at the Periphery of Empire, in: Lawrence G. Potter (Hg.): The Persian Gulf in History. New York 2009, S. 277–292.
Petzina, Dietmar/Baelshauser, Werner/Faust, Anselm: Sozialgeschichtliches Arbeitsbuch III. Materialien zur Statistik des Deutschen Reiches 1914–1945. München 1978.
Pfullmann, Uwe: Die deutsch-saudischen Beziehungen und die Akteure auf der Arabischen Halbinsel von 1924 bis 1939, in: Comparativ 14:1 (2004), S. 86–106.
Pierre, Andrew J. (Hg.): Russia in the World Arms Trade. 1997.
Pierre, Andrew J.: The Global Politics of Arms Sales. Princeton 1982.
Porte, Rémy: Mobilisation industrielle et guerre totale: 1926, année charnière, in: Revue historique des armées 242 (2006), S. 1–10.
Porter, Glenn: The Rise of Big Business, 1860–1910. New York 1973.
Postan, Michael M.: British War Production. London 1952.
Pott, Wilfried: Auf der Suche nach Unterstützung für Irland. Roger Casements Wirken in Deutschland und die deutsche Unterstützung des Osteraufstandes. München 2011.
Prost, Antoine: Autour du Front Populaire. Aspects du mouvement social au XXe siècle. Paris 2006.
Pugh, Michael C.: Liberal Internationalism. The Interwar Movement for Peace in Britain. New York 2012.
Pugh, Michael: Pacifism in Britain, 1931–1935, in: The Historical Journal 23:3 (1980), S. 641–656.
Raab, Friedrich (Hg.): Die Vertragsverletzungen bei Auferlegung und Ausführung des Diktates von Versailles. Berlin 1934.
Raffo, Peter: The Anglo-American Preliminary Negotiations for a League of Nations, in: Journal of Contemporary History 9:4 (1974), S. 153–176.
Rapport du Congrès International de Femmes, Zurich Mai 12–17, 1919. Genf 1919.
Rasilla, Ignacio de la: International Law and History. Modern Interfaces. Cambridge 2021.
Rausch, Helke: Internationales Recht und Verständigungs-Internationalismus unter Druck: Politische Profile der Carnegie Men im Umfeld des Balkanberichts von 1914, in: Comparativ 24:6 (2014), S. 25–51.

Reader, Luke: „An Alternative to Imperialism“. Leonard Woolf, the Labour Party and Imperial Internationalism, 1915 – 1922, in: The International History Review 41:1 (2019), S. 157 – 177.

Reagan, Patrick D.: Business, in: William D. Pederson (Hg.): A Companion to Franklin D. Roosevelt. Oxford 2011, S. 186 – 205.

Reichherzer, Frank: „Alles ist Front!“ Wehrwissenschaften und die Bellifizierung der Gesellschaft im Zeitalter der Weltkriege. Paderborn 2012.

Reinisch, Jessica (Hg.): Agents of Imperialism, Special Issue, Contemporary European History 25:2 (2016).

Rémond, René: Le pacifisme en France au 20e siècle, in: Autres Temps. Les cahiers du christianisme social 1 (1984), S. 7 – 19.

Report of the International Commission to Inquire into the Causes and Conduct of the Balkan Wars. Washington DC 1914.

Reuter, Paul: La Nationalisation des usines de guerre, in: Revue d’économie politique 53 (1939), S. 740 – 756.

Ribi Forclaz, Amalia: Humanitarian Imperialism. The Politics of Anti-Slavery Activism, 1880 – 1940. Oxford 2015.

Richardson, Dick/Kitching, Carolyn: Britain and the World Disarmament Conference, in: Peter Catterall, C.J. Morris (Hg.): Britain and the Threat of Stability in Europe 1918 – 1945. Leicester 1993, S. 35 – 56.

Richardson, Dick: The Evolution of British Disarmament Policy in the 1920s. London 1989.

Richardson-Little, Ned: Arms Intervention. Weimar Germany, Post-Imperial Influence and Weapons Trafficking in Warlord China, in: Journal of Modern European History 19:4 (2021), S. 510 – 528.

Richter, Hedwig/Wolff, Kerstin (Hg.): Frauenwahlrecht. Demokratisierung der Demokratie in Deutschland und Europa. Hamburg 2018.

Robbins, Keith: The Abolition of War: The „Peace Movement“ in Britain, 1914 – 1919. Cardiff 1976.

Robertson, Murray H.: Krupp’s and the International Armaments Ring: The Scandal of Modern Civilization. London 1915.

Robson, Brian: Crisis on the Frontier. The Third Afghan War and the Campaign in Waziristan, 1919 – 20. Staplehurst 2004.

Rockoff, Hugh: America’s Economic Way of War. War and the US Economy from the Spanish-American War to the Persian Gulf War. Cambridge 2012.

Rodogno, Davide/Kozma, Liat (Hg.): The League of Nations’ Work on Social Issues. Visions, Endeavours and Experiments. New York 2016.

Ropp, Theodore: Nineteenth-Century European Military-Industrial Complexes, in: Benjamin Franklin Cooling (Hg.): War, Business, and American Society. Historical Perspectives on the Military-Industrial Complex. New York 1977, S. 10 – 23.

Ropp, Theodore: The Development of a Modern Navy. French Naval Policy, 1871 – 1904. Annapolis, MD 1987.

Rosenberg, Emily S.: World War I and the Growth of United States Prominence in Latin America. New York 1987.

Rosert, Elvira: Die Nicht-Entstehung internationaler Normen. Permissive Effekte in der humanitären Rüstungskontrolle. Frankfurt a. M. 2016.

Rossi, Christopher R.: Whiggish International Law. Elihu Root, the Monroe Doctrine, and International Law in the Americas. Leiden/Boston 2019.

Roussillon, Alain: Republican Egypt Interpreted. Revolution and Beyond, in: M. W. Daly (Hg.): The Cambridge History of Egypt. Vol. 2: Modern Egypt, from 1517 to the End of the Twentieth Century. Cambridge 2008, S. 334 – 393.

Royal Commission on the Private Manufacture of and Trading in Arms: Minutes of Evidence. London 1935.

Royer, Patrick: La guerre colonial du Bani-Volta, 1915 – 1916 (Burkina-Faso, Mali), in: Autrepart 26 (2003), S. 35 – 51.

Ruotsila, Markku: The Great Charter for the Liberty of the Workingmen: Labour, Liberals and the Creation of the ILO, in: Labour History Review 67 (2000), S. 29 – 47.

Rupp, Leila J.: Worlds of Women: The Making of an International Women's Movement. Princeton 1997.

Rupp, Leila J.: Constructing Internationalism. The Case of Transnational Women's Organizations, 1888 – 1945, in: Karen Offen (Hg.): Globalizing Feminisms, 1789 – 1945. London/New York 2010, S. 139 – 152.

Sabaratnam, Meera: Avatars of Eurocentrism in the Critique of the Liberal Peace, in: Security Dialogue 44:3 (2013), S. 259 – 278.

Sager, Eric: The Origins of Victorian Pacifism, in: Victorian Studies 23:2 (1980), S. 211 – 236.

Saini, Krishan G.: The Economic Aspects of India's Participation in the First World War, in: DeWitt C. Ellingwood, S.D. Pradhan (Hg.): India and World War. New Delhi 1978, S. 141 – 176.

Salewski, Michael: Entwaffnung und Militärkontrolle in Deutschland 1919 – 1927. München 1966.

Sané, Sokhna: Le contrôle des armes à feu en Afrique occidentale française (1834 – 1958). Paris 2008.

Sarè, Sami: The League of Nations and the Debate on Disarmament (1918 – 1919). Rom 2013.

Sater, William F./Herwig, Holger H.: The Grand Illusion. The Prussianization of the Chilean Army. Lincoln 1999.

Satia, Priya: The Defense of Inhumanity: Air Control and the British Idea of Arabia, in: American Historical Review 111:1 (2006) S. 16 – 51.

Satia, Priya: Developing Iraq: Britain, India and the Redemption of Empire and Technology in the First World War, in: Past and Present 197 (2007), S. 211 – 255.

Satia, Priya: Empire of Guns. The Violent Making of the Industrial Revolution. Standford 2018.

Saul, Mahir/Royer, Patrick: West African Challenge to Empire. Culture and History in the Volta-Bani Anticolonial War. Athens, OH, 2001.

Saul, S.B.: The Myth of the Great Depression, 1873 – 1896. London 1969.

Scarfi, Juan Pablo: The Hidden History of International Law in the Americas. Empire and Legal Networks. Oxford 2017.

Schabas, William A.: The International Legal Orders's Colour Line. Racism, Racial Discrimination, and the Making of International Law. Oxford 2023.

Schäfer, Axel R.: Britain, Europe and the Critique of Capitalism in American Reform, 1880 – 1920, in: Mark Bevir, Frank Trentmann (Hg.): Critiques of Capital in Modern Britain and America. Transatlantic Exchanges 1800 to the Present Day. London 2002, S. 98 – 126.

Schäfer, Jürgen: Deutsche Militärhilfe an Südamerika. Militär und Rüstungsinteressen in Argentinien, Bolivien, Chile vor 1914. Düsseldorf 1974.

Schanetzky, Tim: „Kanonen statt Butter". Wirtschaft und Konsum im Dritten Reich. München 2015.

Schanetzky, Tim: Regierungsunternehmer. Henry J. Kaiser, Friedrich Flick und die Staatskonjunkturen in den USA und Deutschland. Göttingen 2015.

Schiff, Warren: The Influence of the German Armed Forces and War Industry on Argentina, 1880 – 1914, in: The Hispanic American Historical Review 52:3 (1972), S. 436 – 455.

Schmid, Michael: Der „Eiserne Kanzler“ und die Generäle. Deutsche Rüstungspolitik in der Ära Bismarck (1871 – 1890). Paderborn 2003.

Schmitz, David F.: Triumph of Internationalism. Franklin D. Roosevelt and a World in Crisis, 1933 – 1941. Washington 2007.

Schmitz, Yves: Illegaler Waffenhandel in imperialen Grenzregionen. Randfiguren im südlichen Afrika und Nordamerika im späten 19. Jahrhundert. Wien/Köln 2022.

Schott, Linda K.: Reconstructing Women's Thoughts. The Women's International League for Peace and Freedom before World War II. Stanford 1997.

Schrafstetter, Susanna/Twigge, Stephen: Avoiding Armageddon. Europe, the United States, and the Struggle for Nuclear Nonproliferation, 1945 – 1970. London 2004.

Schrafstetter, Susanna: Die dritte Atommacht. Britische Nichtverbreitungspolitik im Dienst von Statussicherung und Deutschlandpolitik 1952 – 1968. Oldenbourg 1999.

Schröter, Harm: Cartelization and Decartelization in Europe, 1870 – 1995: Rise and Decline of an Economic Institution, in: Journal of European Economic History 25 (1996), S. 129 – 153.

Schröter, Harm: Cartels Revisited. An Overview on Fresh Questions, New Methods, and Suprising Results, in: Revue économique 64 (2013), S. 989 – 1010.

Schröter, Harm: Kartellierung und Dekartellierung 1890 – 1990, in: Vierteljahrschrift für Sozial- und Wirtschaftsgeschichte 81 (1994), S. 457 – 493.

Schulz, Matthias: Deutschland, der Völkerbund und die Frage der europäischen Wirtschaftsordnung 1925 – 1933. Hamburg 1997.

Schulz, Matthias: Globalisierung, regionale Integration oder Desintegration? Der Völkerbund und die Weltwirtschaft, in: Zeitschrift für Geschichtswissenschaft 54 (2006), S. 840 – 851.

Schulz-Forberg, Hagen: Neoliberals and the League of Nations. On the Incidental Birth of Neoliberalism within the League's Dot-Connecting System, in: Haakon Ikonomou, Karen Gram-Skjoldager (Hg.): The League of Nations. Perspectives from the Present. Aarhus 2019, S. 137 – 149.

Scott, John Dick: Vickers. A History. London 1962.

Segesser, Daniel Marc: Recht statt Rache oder Rache durch Recht? Die Ahndung von Kriegsverbrechen in der internationalen wissenschaftlichen Debatte, 1872 – 1945. Paderborn/München/Wien/Zürich 2010.

Seldes, George: Iron, Blood, and Profits. An Exposure of the World-Wide Munitions Racket. New York/London 1934.

Seligmann, Matthew S.: Intelligence Information and the 1909 Naval Scare. The Secret Foundations of a Public Panic, in: War in History 17 (2010), S. 37 – 59.

Serrano Ortega, José Antonio: México y la fallida unificación de Centroamérica, 1916 – 1922, in: Historia Mexicana 45:4 (1996), S. 843 – 866.

Sharp, Alan: The New Diplomacy and the New Europe, 1916 – 1922, in: Nicholas Doumanis (Hg.): Oxford Handbook of European History, 1914 – 1945. Oxford 2016, S. 119 – 137.

Sharp, Ingrid/Acsády, Judit/Vukov, Nikolai: Internationalism, Pacifism, Transnationalism. Women's Movements and the Building of a Sustainable Peace in the Post-War World, in: Ingrid Sharp, Matthew Stibbe (Hg.): Women Activists between War and Peace. Europe, 1918 – 1923. London 2017, S. 77 – 122.

Sharp, Ingrid/Stibbe, Matthew (Hg.): Women Activists between War and Peace. Europe, 1918 – 1923. London 2017.

Sharp, Ingrid: Love as Moral Imperative and Gendered Anti-War Strategy in the International Women's Movement 1914 – 1919, in: Diplomacy and Statecraft 31:4 (2020), S. 630 – 647.

Shay, Robert Paul: British Rearmament in the Thirties. Politics and Profits. Princeton 1977.
Shuster, Richard J.: German Disarmament after World War I. The Diplomacy of International Arms Inspection 1920 – 1931. New York 2006.
Siegel, Mona L.: The Moral Disarmament of France. Education, Pacifism, and Patriotism, 1914 – 1940. Cambridge 2004.
Simner, Mark: Pathan Rising. Jihad on the North West Frontier of India 1897 – 1989. Fonthill 2016.
Singer, Eric S.: Generalprobe für den Weltuntergang. Planer, Bürger und die Kultur des Zivilschutzes in Baltimore, 1950 – 1954, in: Bernd Greiner, Christian Th. Müller, Dierk Walter (Hg.): Angst im Kalten Krieg. Hamburg 2009, S. 34 – 60.
SIPRI (Hg.): The Arms Trade Registers. The Arms Trade with the Third World. Cambridge, Mass./ London 1975.
SIPRI (Hg.): The Arms Trade with the Third World. Harmondsworth 1975.
Skrivan, Ales: On the Nature and Role of Arms Production in Interwar Czechoslovakia, in: Journal of Slavic Military Studies 23 (2010), S. 630 – 640.
Slobodian, Quinn: Globalists. The End of Empire and the Birth of Neoliberalism. Cambridge, Mass. 2018.
Sloutsky, Naoum: The League of Nations and the Control of Trade in Arms. Cambridge 1974.
Sloutsky, Naoum: The World Armaments Race 1919 – 1939. Geneva 1941.
Sluga, Glenda/Clavin, Patricia (Hg.): Internationalisms. A Twentieth-Century History. Cambridge 2016.
Sluga, Glenda/James, Carolyn (Hg.): Women, Diplomacy and International Politics since 1500. London 2016.
Sluga, Glenda: Internationalism in the Age of Nationalism. Philadelphia 2013.
Sluga, Glenda: Women, Feminisms and Twentieth-Century Internationalisms, in: Glenda Sluga, Patricia Clavin (Hg.): Internationalisms. A Twentieth-Century History. Cambridge 2016, S. 61 – 84.
Sluglett, Peter: Formal and Informal Empire in the Middle East, in: Robin Winks (Hg.): The Oxford History of the British Empire, Vol. V: Historiography. Oxford 1999, S. 416 – 436.
Smuts, Jan C.: The League of Nations. A Practical Suggestion. London/Toronto/New York 1918.
Smuts, Jan C.: War-Time Speeches. New York 1917.
Snowden, Philip: Dreadnoughts and Dividends: An Exposure of the Armaments Ring. Report of the Speech by Philip Snowden, MP on the Naval Estimates. Westminster 1914.
Spear, Joanna: Carter and Arms Sales. Implementing the Carter Administration's Arms Transfer Restraint Policy. Basingstoke 1995.
Spear Joanna: The Business of Armaments. Armstrongs, Vickers and the International Arms Trade, 1855 – 1955. Cambridge 2023.
Speece, Mark: Aspects of Economic Dualism in Oman, 1830 – 1930, in: International Journal of Middle East Studies 21:4 (1989), S. 495 – 515.
Stahl, Daniel: The Decolonization of the Arms Trade. Britain and the Regulation of Exports to the Middle East, in: History of Global Arms Transfer 7 (2019), S. 3 – 19.
Stahl, Daniel: Confronting US Imperialism with International Law. Central America and the Arms Trade of the Inter-War Period, in: Journal of Modern European History 19:4 (2021), S. 489 – 509.
Stahl, Daniel: Freedom Fighter. Weapons and Rights in the Cold War, in: Michael Homberg, Benjamin Möckel (Hg.): Human Rights and Technological Change. Conflicts and Convergences after 1945. Göttingen 2022, S. 189 – 209.
Stahl, Daniel: Verschwenderische Rüstungspolitik. Die Statistiken der US-Regierung über globale Militärausgaben, in: Jürgen Finger, Benjamin Möckel (Hg.): Ökonomie und Moral im langen 20. Jahrhundert. Eine Anthologie. Göttingen 2022, S. 238 – 251.

Stargardt, Nicholas: The German Idea of Militarism. Radical and Socialist Critics, 1866–1914. Cambridge 1994.
Statistical Abstract for the United Kingdom in Each of the Last Fifteen Years, 1894–1908. London 1909.
Stedman, Murray: Exporting Arms. The Federal Arms Exports Administration, 1935–1945. New York 1947.
Steiner, Zara: The Lights that Failed. European International History 1919–1933. Oxford 2005.
Steiner, Zara: The Triumph of the Dark. European International History, 1933–1939. Oxford 2011.
Steller, Verena: Zwischen Geheimnis und Öffentlichkeit. Die Pariser Friedensverhandlungen 1919 und die Krise der universalen Diplomatie, in: Zeithistorische Forschungen/Studies in Contemporary History 8:3 (2011), S. 350–372.
Stevens, William S.: The Powder Trust, 1872–1912, in: The Quarterly Journal of Economics 26:3 (1912), S. 444–481.
Stevenson, David: Armaments and the Coming of War. Europe 1904–1914. Oxford 1996.
Stevenson, David: Britain, France and the Origins of German Disarmament, 1916–19, in: Journal of Strategic Studies 29:2 (2006), S. 195–224.
Stocking, George W.: The Du Pont-General Motors Case and the Sherman Act, in: Virginia Law Review 44:1 (1958), S. 1–40.
Stöckmann, Jan: The First World War and the Democratic Control of Foreign Policy, in: Past and Present 249 (2020), S. 121–166.
Stöckmann, Jan: Women, Wars, and World Affairs. Recovering Feminist International Relations, 1915–39, in: Review of International Studies 44:2 (2020), S. 215–235.
Stoker, Donald J. Jr./Grant, Jonathan A. (Hg.): Girding for Battle. The Arms Trade in a Global Perspective, 1815–1940. Westport 2003.
Stoker, Donald J. Jr.: Britain, France and the Naval Arms Trade in the Baltic, 1919–1939: Grand Strategy and Failure. London 2003.
Stone, David R.: Imperialism and Sovereignty: The League of Nations' Drive to Control the Global Arms Trade, in: Journal of Contemporary History 35 (2000), S. 213–230.
Stone, David: Soviet Arms Exports in the 1920s, in: Journal of Contemporary History 48:1 (2012), S. 57–77.
Stone, William T.: International Traffic in Arms and Ammunition, in: Foreign Policy Reports 9:12 (1933), S. 130–140.
Storey, William Kelleher: Guns, Race, and Power in Colonial South Africa. Cambridge 2008.
Streeter, Michael: Central America and the Treaty of Versailles. London 2010.
Suter, Jan: Prosperität und Krise in einer Kaffeerepublik. Modernisierung, sozialer Wandel und politischer Umbruch in El Salvador, 1910–1945. Frankfurt a. M. 1996.
Sutton, John L./Kemp, Geoffrey: Arms to Developing Countries, 1945–1965. London 1966.
Swartz, Marvin: The Union of Democratic Control in British Politics during the First World War. Oxford 1971.
Sylvest, Casper: Interwar Internationalism, the British Labour Party, and the Historiography of International Relations, in: International Studies Quarterly 48 (2004), S. 409–432.
Tal, David: The Making, Operation and Failure of the May 1950 Tripartite Declaration on Middle East Security, in: British Journal of Middle Eastern Studies 36:2 (2009), S. 177–193.
Tavenner, Clyde Howard: The Navy League Unmasked. Washington 1916.
Tenfelde, Klaus: Disarmament and Big Business: The Case of Krupp, 1918–1925, in: Diplomacy and Statecraft 16:3 (2006), S. 531–549.

Thayer, George: War Business. Geschäfte mit Waffen und Krieg. Hamburg 1970.
The Labour Party: For Socialism and Peace. Programme of the Labour Party. London 1938 (1934).
The Next Five Years. An Essay in Political Agreement. London 1935.
Thelander, Theodore: Josephus Daniels and the Publicity Campaign for Naval and Industrial Preparedness before World War I, in: North Carolina Historical Review 43:3 (1966), S. 316–332.
Thomas, Martin: To Arm an Ally: French Arms Sales to Romania, 1926–1940, in: Journal of Strategic Studies 19:2 (1996), S. 231–259.
Thomas, Martin: At the Heart of Things? French Imperial Defense Planning in the Late 1930s, in: French Historical Studies 21:2 (1998), S. 325–361.
Thomas, Martin: The French Empire between the Wars. Imperialism, Politics and Society. Manchester 2007.
Thomas, Martin: The Challenge of an Absent Peace in the French and British Empires after 1919, in: Peter Jackson, William Mulligan, Glenda Sluga (Hg.): Peacemaking and International Order after the First World War. Cambridge 2023, S. 151–175.
Thompson, J.A.: Lord Cecil and the Pacifists in the League of Nations Union, in: The Historical Journal 20:4 (1977), S. 949–959.
Thompson, J.A.: The „Peace Ballot“ and the „Rainbow“ Controversy, in: Journal of British History 20 (1981), S. 150–170.
Thorne, Christopher: The Quest for Arms Embargoes: Failure in 1933, in: Journal of Contemporary History 5:4 (1970), S. 129–149.
Thorpe, Rebecca U.: The American Warfare State. The Domestic Politics of Military Spending. Chigaco 2014.
Tierney, Dominic: Franklin D. Roosevelt and Covert Aid to the Loyalists in the Spanish Civil War, 1936–39, in: Journal of Contemporary History 39:3 (2004), S. 299–313.
Tignor, Robert L.: Maintaining the Empire. General Sir John Maxwell and Egypt during World War I, in: The Princeton University Library Chronicle 53:2 (1992), S. 173–199.
Tinker, Hugh: India in the First World War and after, in: Journal of Contemporary History 3:4 (1968), S. 89–107.
Tollardo, Elisabetta: Fascist Italy and the League of Nations, 1922–1935. London 2016.
Tomlinson, B.R.: The British Economy and the Empire, 1900–1939, in: Chris Wrigley (Hg.): A Companion to Early Twentieth-Century Britain. Malden/Oxford/Melbourne/Berlin 2003, S. 198–211.
Tomlinson, B.R.: The Economy of Modern India. From 1860 to the Twenty-First Century. Cambridge 2013.
Tooley, T. Hunt: Merchants of Death Revisited: Armaments, Bankers, and the First World War, in: Journal of Libertarian Studies 19:1 (2005), S. 37–78.
Tooze, Adam: Sintflut. Die Neuordnung der Welt 1916–1931. München 2015.
Tosstorff, Reiner: Profintern. Die rote Gewerkschaftsinternationale 1920–1937. Paderborn u. a. 2004.
Tosstorff, Reiner: The International Trade-Union Movement and the Founding of the International Labour Organization, in: International Review of Social History 50:3 (2005), S. 399–433.
Towards Permanent Peace. A Record of the Women's International Congress held at the Hague, April 28th – May 1st, 1915. 1915.
Towle, Philip: British Security and Disarmament Policy in Europe in the 1920s, in: Rolf Ahmann, Adolf M. Birke, Michael Howard (Hg.): The Quest for Stability: Problems of West European Security, 1918–1957. Oxford 1993, S. 127–153.

Trebilcock, Clive: Legends of the British Armament Industry 1890–1914: A Revision, in: Journal of Contemporary History 5:4 (1970), S. 3–19.
Trebilcock, Clive: Radicalism and the Armament Trust, in: in: A.J.A. Morris (Hg.): Edwardian Radicalism, 1900–1914. Some Aspects of British Radicalism. London/Boston 1974, S. 180–201.
Trebilcock, Clive: The Vickers Brothers: Armaments and Enterprise, 1854–1914. London 1977.
Trimble, William F.: The Naval Aircraft Factory, the American Aviation Industry, and Government Competition, 1919–1928, in: The Business History Review 60:2 (1986), S. 175–198.
Trotnow, Helmut: Karl Liebknecht. Eine politische Biographie. München 1982.
Trotter, Anne: Development of the „Merchants of Death" Theory, in: Benjamin Franklin Cooling (Hg.): War, Business, and American Society. Historical Perspectives on the Military-Industrial Complex. New York 1977, S. 93–104.
Tucker, Kenneth H.: French Revolutionary Syndicalism and the Public Sphere. Cambridge 1996.
Tyrrell, Ian/Sexton, Jay (Hg.): Empire's Twin. U.S. Anti-imperialism from the Founding Era to the Age of Terrorism. Itahaca/London 2015.
Tzouvala, Ntina: Capitalism as Civilisation. A History of International Law. Cambridge 2020.
UN Department of Political and Security Council Affairs (Hg.): The United Nations and Disarmament, 1970–1975. New York 1976.
UN Office of Public Information (Hg.): The United Nations and Disarmament, 1945–1965. New York 1970.
Urofsky, Melvin I.: Josephus Daniels and the Armor Trust, in: The North Carolina Historical Review 45:3 (1968), S. 237–263.
Urofsky, Melfin I.: Big Steel and the Wilson Administration. A Study in Business-Government Relations. Ohio 1968.
Union of Democratic Control: The International Industry of War. London 1915.
Union of Democratic Control: The Secret International. Armament Firms at Work. London 1932.
Union of Democratic Control: „Patriotism LTD." An Exposure of the War Machine. London 1933.
Union of Democratic Control: The Story of the USA Arms Inquiry. London 1934.
Vaïsse, Maurice: Sécurité d'abord. La politique francaise en matièrede désarmement, 9 décembre 1930 – 17 avril 1934. Paris 1981.
Vaïsse, Maurice (Hg.): Le pacifisme en Europe des années 1920 aux années 1950. Bruxelles 1993.
Vaïsse, Maurice: Security and Disarmament: Problems in the Development of the Disarmament Debates, 1919–1934, in: Rolf Ahmann, Adolf M. Birke, Michael Howard (Hg.): The Quest for Stability: Problems of West European Security, 1918–1957. Oxford 1993, S. 173–200.
Valone, Stephen J.: „A Policy Calculated to Benefit China". The United States and the China Arms Embargo, 1919–1929. New York 1991.
VanDaele, Jasmien: Engineering Social Peace: Networks, Ideas, And the Founding of the International Labour Organization, in: International Review of Social History 50:3 (2005), S. 435–466.
Vander Meulen, Jacob: The Politics of Aircraft. Building an American Military Industry. Lawrence 1991.
Vellacott, Jo: Feminism as if All People Mattered. Working to Remove the Causes of War, 1919–1929, in: Contemporary European History 10:3 (2001), S. 375–394.
Vellacott, Jo: Pacifists, Patriots and the Vote: The Erosion of Democratic Suffragism in Britain During the First World War. London 2008.
Vitalis, Robert: White World Order, Black Power Politics. The Birth of American International Relations. Ithaca 2015.
Wade, Peter: Rethinking „Mestizaje". Ideology and Lived Experience, in: Journal of Latin American Studies 37:2 (2005), S. 239–257.

Waechter, Matthias: Geschichte Frankreichs im 20. Jahrhundert. München 2019.
Wagner, Florian: Naturism, the Permanent Mandates Commission and the Denial of the Violent Nature of Colonialism, in: Haakon A. Ikonomou, Karen Gram-Skjoldager (Hg.): The League of Nations. Perspectives from the Past. Aarhus 2019, S. 78–89.
Wagner, Florian: Colonial Internationalism and the Governmantality of Empire, 1893–1982. Cambridge 2022.
Wagner, Kim A.: Amritsar 1919: An Empire of Fear and the Making of a Massacre. New Haven 2019.
Waldmann, Seymour: Deaths and Profits. Brewer 1932.
Walter, John C.: Congressman Carl Vinson and Franklin D. Roosevelt. Naval Preparedness and the Coming of World War II, 1932–40, in: The Georgia Historical Quarterly 64:3 (1980), S. 294–305.
Wandycz, Piotr: The Little Entente Sixty Years Later, in: The Slavonic and East European Review 59:4 (1981), S. 548–564.
Warren, Kenneth: Armstrongs of Elswick: Growth in Engineering and Armaments to the Merger with Vickers. London 1989.
Warren, Kenneth: Steel, Ships and Men: Cammell Laird, 1824–1993. Liverpool 1998.
Warren, Kenneth: Bethlehem Steel. Builder and Arsenal of America. Pittsburgh 2008.
Webster, Andrew: The Transnational Dream: Politicians, Diplomats and Soldiers in the League of Nations' Pursuit of International Disarmament, 1920–1938, in: Contemporary European History 14:4 (2005), S. 493–518.
Webster, Andrew: Making Disarmament Work: The Implementation of the International Disarmament Provisions in the League of Nations Covenant, 1919–1925, in: Diplomacy and Statecraft 16:3 (2005), S. 551–569.
Webster, Andrew: From Versailles to Geneva: The Many Forms of Interwar Disarmament, in: Journal of Strategic Studies 29:2 (2006), S. 225–246.
Webster, Andrew: „Absolutely Irresponsible Amateurs“. The Temporary Mixed Commission on Armaments, 1921–1924, in: Australian Journal of Politics and History, 54:3 (2008), S. 373–388.
Webster, Andrew: The League of Nations, Disarmament and Internationalism, in: Glenda Sluga, Patricia Clavin (Hg.): Internationalisms. A Twentieth-Century History. Cambridge 2016, S. 139–169.
Webster, Andrew: Strange Allies. Britain, France and the Dilemmas of Disarmament and Security, 1929–1933. London/New York 2019.
Wehberg, Hans: Die internationale Beschränkung der Rüstung. Berlin/Leipzig 1919.
Wehler, Hans-Ulrich: Bismarck und der Imperialismus. Köln/Berlin 1969.
Wehrli, Yannick: New Histories of Latin America at the League of Nations, in: Alan McPherson, Yannick Wehrli (Hg.): Beyond Geopolitics. New Histories of Latin America at the League of Nations. Albuquerque 2015, S. 1–18.
Wells, Herbert George: The End of the Armament Rings. World Peace Foundation Pamphlet Series 57. Boston 1914.
Wengst, Udo: Der Reichsverband der Deutschen Industrie in den ersten Monaten des Dritten Reiches. Ein Beitrag zum Verhältnis von Großindustrie und Nationalsozialismus, in: Vierteljahrshefte für Zeitgeschichte 28 (1980), S. 94–110.
Wertheim, Stephen: The League of Nations. A Retreat from International Law? In: Journal of Global History 7:2 (2012), S. 210–232.
Wertheim, Stephen: Reading the International Mind: International Public Opinion in Early Twentieth Century Anglo-American Thought, in: Nicolas Guilhot, Daniel Bessner, (Hg.): The Decisionist

Imagination: Sovereignty, Social Science, and Democracy in the Twentieth Century. New York 2018, S. 27–63.

Westad, Odd Arne: The Global Cold War. Third World War Interventions and the Making of Our Times. Cambridge 2005.

Wester Wemyss, Victoria: The Life and Letters of Lord Wester Wemyss, Admiral of the Fleet. London 1935.

Wette, Wolfram: Militarismus in Deutschland. Geschichte einer kriegerischen Kultur. Darmstadt 2008.

White, Freda: Traffic in Arms. 1934.

White, Stephen: Britain and the Bolshevik Revolution. A Study in the Politics of Diplomacy, 1920–1924. London 1979.

White, Stephen: Colonial Revolution and the Communist International, 1919–1924, in: Science & Society 40:2 (1976), S. 173–193.

Williams, William J.: Josephus Daniels and the US Navy's Shipbuilding Program During World War I, in: The Journal of Military History 60:1 (1996), S. 7–38.

Wilmers, Annika: Pazifismus in der internationalen Frauenbewegung (1914–1920). Handlungsspielräume, politische Konzeptionen und gesellschaftliche Auseinandersetzungen. Essen 2008.

Wilson, Mark R.: Destructive Creation: American Business and the Winning of World War II. Philadelphia 2016.

Wiltz, John Edward: In Search of Peace. The Senate Munitions Inquiry, 1934–1936. Balton Rouge 1963.

Wintzer, Joachim: Deutschland und der Völkerbund, 1918–1926. Paderborn 2006.

Wöbse, Anna-Katharina: „To cultivate the international mind". Der Völkerbund und die Förderung der globalen Zivilgesellschaft, in: Zeitschrift für Geschichtswissenschaft 54 (2006), S. 852–863.

Wohlgemuth, Heinz: Karl Liebknecht. Eine Biographie. Berlin 1973.

Wolbring, Barbara: Krupp und die Öffentlichkeit im 19. Jahrhundert. München 2000.

Wolff, Rohe, Stephanie: Der Reichsverband der Deutschen Industrie 1919–1924/25. Frankfurt a. M. 2001.

Woodward, Ernest L.: Great Britain and the German Navy. London 1935.

Wright, Theodore P.: Honduras: A Case Study of United States Support of Free Elections in Central America, in: The Hispanic American Historical Review 40:2 (1960), S. 212–223.

Wrigley, Chris: The Ministry of Munitions. An Innovatory Department, in: Kathleen Burk (Hg.): War and the State. The Transformation of British Government, 1914–1919. London 1982, S. 32–56.

Wulff, Petter: Sweden and Clandestine German Rearmament Technology, in: Icon 11 (2005), S. 33–50.

Wurm, Clemens (Hg.): Internationale Kartelle und Außenpolitik. Beiträge zur Zwischenkriegszeit. Stuttgart 1989.

Wyrtzen, Jonathan: Colonial State-Building and the Negotiation of Arab and Berber Identity in Protectorate Morocco, in: International Journal of Middle East Studies 43:2 (2011), S. 227–249.

Xu, Guangqiu: American-British Aircraft Competition in South China, 1926–1936, in: Modern Asian Studies 35:1 (2001), S. 157–193.

Yakemtchouk, Romain: Les transferts internationaux d'armes de guerre. Paris 1980.

Yasuhara, Yoko: The Myth of Free Trade. COCOM and CHINCOM, 1945–1952. Madison 1984.

Yearwood, Peter: „A Genuine and Energetic League of Nations Policy". Lord Curzon and the New Diplomacy, 1918–1925, in: Diplomacy and Statecraft 21:2 (2010), S. 159–174.

Yearwood, Peter: Guarantee of Peace. The League of Nations in British Policy 1914–1925. Oxford 2009.

Zaidi, Waqar H.: „Aviation Will Either Destroy or Save Our Civilization“. Propoals for the International Control of Aviation, 1920–45, in: Journal of Contemporary History 46:1 (2011), S. 150–178.

Zaidi, Waqar H.: Technological Internationalism and World Order. Aviation, Atomic Energy and the Search for International Peace, 1920–1950. Cambridge 2021.

Zeidler, Manfred: Reichswehr und Rote Armee 1920–1933. Wege und Stationen einer ungewöhnlichen Zusammenarbeit. München 1994.

Zhu, Lili: Der machtlose Monopolist. Deutsch- Chinesischer Waffenhandel nach dem Ersten Weltkrieg, in: Akten des XIII. Internationalen Germanistenkongresses Shanghai 2015 – Germanistik zwischen Tradition und Innovation, Band 7. Frankfurt a. M. 2017, S. 231–235.

Ziemann, Benjamin: Perspektiven der Historischen Friedensforschung, in: Benjamin Ziemann (Hg.): Perspektiven der Historischen Friedensforschung. Essen 2002, S. 13–39.

Ziemann, Benjamin (Hg.): Peace Movements in Western Europe, Japan and the USA during the Cold War. Essen 2008.

Zimmermann, Adolf (Hg.): Prozeß Brandt und Genossen. Der sogenannte Krupp-Prozess. Berlin 1914.

Abkürzungen

AD MAE	Archives diplomatiques, Ministère des Affaires étrangères
CGT	Confédération générale du travail
CIA	Central Intelligence Agency
ČKD	Českomoravská-Kolben-Daněk
COCOM	Coordinating Committee on Multilateral Export Controls
FO	Foreign Office
FOIA	Freedom of Information Act
FRUS	Foreign Relations of the United States Diplomatic Papers
HHC	Hull History Center
ILO	International Labour Organization
IOR	India Office Records
IMKK	Interalliierte Militär-Kontrollkommission
LNA	League of Nations Archives (Genf)
MAP	Military Assistance Program
NARA	National Archives and Records Administration (Washington)
PA AA	Politisches Archiv des Auswärtigen Amts
PAC	Permanent Armaments Commission
RAF	Royal Air Force
RdI	Reichsverband der deutschen Industrie
SCPC	Swarthmore College Peace Collection
SFIO	Section française de l'Internationale ouvrière
SIPRI	Stockholm International Peace Research Institute
TMC	Temporary Mixed Commission
TNA	The National Archives (London)
QDL	Qatar Digital Library
UDC	Union of Democratic Control
UNAR NY	United Nations Archives and Records Management Section New York
WILPF	Women's League for Peace and Freedom
WPI	Wholesale Price Index

https://doi.org/10.1515/9783111571638-010

Personenregister

https://doi.org/10.1515/9783111571638-011